rororo sport
Herausgegeben von Bernd Gottwald

Grundlagen · Methoden · Analysen

KLAUS WILLIMCZIK (HG.)

BIOMECHANIK DER SPORTARTEN

Rowohlt

SPORT rororo

Originalausgabe

Layout Angelika Weinert
Umschlaggestaltung Jürgen Kaffer/Peter Wippermann
(Abbildung: Computer Grafic Design GmbH)
Veröffentlicht im Rowohlt Taschenbuch Verlag GmbH,
Reinbek bei Hamburg, August 1989

Satz Times (Linotron 202)
Gesamtherstellung Clausen & Bosse, Leck
Printed in Germany
2680-ISBN 3 499 18601 2

Inhalt

Klaus Willimczik

Einführung

Zu den zentralen Kriterien, deren Erfüllung für eine Anerkennung als Wissenschaft gefordert wird, gehören

- ein eigenständiger, strukturierter Gegenstandsbereich,
- ein spezifischer Forschungsansatz,
- spezifische Forschungsmethoden,
- eine Systematik von Erkenntnissen.

Eine Beantwortung der Frage, ob die Biomechanik des Sports die geforderten Kriterien erfüllt und damit als Wissenschaft anzuerkennen ist, ist differenziert vorzunehmen. Während die drei ersten Kriterien als weitgehend erfüllt angesehen werden können, muß das Vorliegen einer Systematik von Erkenntnissen kritisch gesehen werden.

Eigenständiger Gegenstandsbereich der Biomechanik des Sports ist unbestritten der sporttreibende Mensch einschließlich der benötigten Sportgeräte (vgl. ausführlich S. 14f). Der *spezifische Forschungsansatz* ist der mechanische in seiner klassischen Differenzierung von Kinematik und Dynamik, aber unter Berücksichtigung der biologischen Bedingungen des Menschen. Die *Spezifität der Forschungsmethoden* zeigt sich vor allem in der Modifikation klassischer Methoden aus der Mechanik und in der Modellbildung für sportliche Bewegungen (vgl. ausführlich S. 101ff).

Nicht zuletzt, um die Weiterentwicklung der Biomechanik des Sports zu fördern, sollte man offen zugestehen, daß das Gebäude wissenschaftlicher Erkenntnisse zur Biomechanik des Sports noch recht unvollkommen ist, daß von einer *Systematik vorliegender Erkenntnisse* noch nicht gesprochen werden kann. Und dies gilt gleichermaßen für den Grundlagen- wie für den Anwendungsbereich.

Im Rahmen der Grundlagenforschung muß vor allem der geringe Kenntnisstand hinsichtlich des Zusammenhangs von biologischen und mechanischen Phänomenen herausgestellt werden. Besonders augenfällig tritt das

Defizit an systematischen Erkenntnissen aber im Bereich der Forschung zu den einzelnen Sportarten zutage. Zwar sind für diesen Bereich in jüngster Vergangenheit eine Reihe von biomechanischen Untersuchungen vorgelegt worden, vom Vorhandensein eines systematischen Erkenntnisbestandes kann aber noch keineswegs gesprochen werden. Dafür ist die Anzahl der im einzelnen untersuchten Techniken zu gering, ist der Umfang der zugrunde gelegten Merkmalsstichproben nicht ausreichend groß und fehlt für eine Generalisierung der Ergebnisse die Überprüfung der Gültigkeit der Aussagen an unterschiedlichen Stichproben. Als äußerst gering ist vor allem aber die Anzahl experimenteller Untersuchungen zur Effektivierung sportlicher Techniken anzusehen.

Die *Biomechanik der Sportarten* ist als Lehrbuch konzipiert und nicht als eine «Systematik wissenschaftlicher Erkenntnisse» als Grundlage und Anlaß für weitere Forschung. Trotzdem hat das Fehlen einer (vollständigen) Systematik von Erkenntnissen weitreichende Konsequenzen für die Konzeption des Lehrbuchs gehabt. Diese betreffen zum ersten die berücksichtigten Sportarten, zum zweiten den jeweiligen Forschungsansatz und zum dritten den Aufbau der einzelnen Beiträge.
In die *Biomechanik der Sportarten* sind nur jene Sportarten aufgenommen worden, für die zum einen der biomechanische Forschungsansatz als angemessen angesehen werden kann und für die zum anderen genügend Erkenntnisse vorliegen. Beide Kriterien sind nicht unabhängig voneinander, denn verständlicherweise haben sich Biomechaniker in der Vergangenheit verstärkt denjenigen Sportarten zugewandt, die ihnen für biomechanische Erklärungen als besonders geeignet erschienen sind. Es sind dies vorzugsweise Sportarten, bei denen die Optimierung einer Leistung im mechanischen Sinne im Mittelpunkt steht. Entsprechend umfangreich ist die Literatur zu den leichtathletischen Disziplinen, zum Schwimmen, zum Rudern oder aber auch zum Turnen. Unterrepräsentiert sind dagegen vor allem die Spiele, die Zweikampfsportarten und die Gymnastik. Daß die Spiele von der Biomechanik bisher eher vernachlässigt worden sind, ist vor allem auf die Komplexität ihrer Leistungsvoraussetzungen zurückzuführen. Der biomechanische Erklärungsanteil steht hier in Konkurrenz vor allem zu physiologischen und sozialpsychologischen Beiträgen. Das geringe Interesse, das die Zweikampfsportarten gefunden haben, liegt an deren schwerer Standardisierung. Für die Gymnastik ist festzustellen, daß für ihr Hauptkriterium, die Gestaltung, die biomechanische Betrachtung nur sehr bedingt geeignet ist.
Auch hinsichtlich des spezifischen Forschungsansatzes ist eine Einheitlichkeit nur bedingt erzielt worden. Sie besteht darin, daß jeweils der kinematische und der dynamische Ansatz zum Ausgangspunkt der Überlegungen gemacht worden ist. Wie unterschiedlich aber Biomechanik sein kann, wird

am Beispiel der beiden Beiträge zur Biomechanik der Spiele deutlich. Während KOLLATH die Analyse einzelner Techniken in den Mittelpunkt seines Beitrags gestellt hat, handelt STUCKE die Spiele vorzugsweise unter dem Blickwinkel energetischer Überlegungen ab. Beide Ansätze sind für die biomechanische Analyse der Spiele ausgesprochen fruchtbar. Und eben dies zeigt die Gefahren, die in einer Beschränkung auf einen einheitlichen Forschungsansatz bestehen, und die Vorteile einer Forschungsansatzvielfalt. Gleichsam als Nebenziel der Entscheidung für letztere wird die Anregung zukünftiger Forschung in aller Breite erreicht.

Die *Biomechanik der Sportarten* wendet sich in erster Linie an Trainer, Sportlehrer, Sportstudenten und interessierte Aktive. Ihr Anliegen ist es, die biomechanischen Grundlagen der Sportarten zu vermitteln sowie den derzeitigen wissenschaftlichen Erkenntnisstand bekannt zu machen. Als Voraussetzung für das Verständnis der einzelnen Beiträge werden biomechanische Grundkenntnisse angesehen. Ihre Aufarbeitung erfolgt im ersten Teil des Buches. Zunächst wird eine Charakterisierung der Biomechanik als Wissenschaft gegeben (Kap. 1). Es folgt eine zusammenfassende Abhandlung jener Forschungsmethoden, mit denen die im einzelnen dargestellten wissenschaftlichen Erkenntnisse ermittelt worden sind (Kap. 2). Als gleichsam synthetische Ergänzung zur analytischen Forschungsmethodik kann die biomechanische Modellbildung angesehen werden (Kap. 4). Durch sie wird der forschungsmethodisch notwendige Schritt der Zergliederung in operationalisierte Merkmale wieder aufgehoben. Den Hintergrund hierfür bilden die mechanischen und biologischen Grundlagen der Biomechanik (Kap. 3).
Der Gliederung des zweiten Hauptteils liegt das Bemühen zugrunde, Gemeinsames in der Vielfalt der einzelnen Sportarten herauszustellen. In diesem Sinne sind die leichtathletischen Disziplinen in den Gruppierungen Läufe, Sprünge und Würfe zusammengefaßt worden. Besonders ausführlich ist auf die Gemeinsamkeiten der biomechanischen Erklärung bei den Wassersportarten eingegangen worden. Dies erschien deshalb angebracht, weil die Hydrodynamik als spezielle biomechanische Erklärung für den Wassersport noch relativ unbekannt ist. Als ausgesprochen heterogen stellt sich die Situation für den Wintersport dar. Hier sind die biomechanischen Voraussetzungen für Skilanglauf, Ski alpin, Skispringen und Schlittensport so unterschiedlich, daß nur bedingt auf Gemeinsamkeiten verwiesen werden konnte.

Die erfolgreiche Herausgabe eines Buches setzt die Mitarbeit von kompetenten Autoren voraus. Dies bedeutete für die *Biomechanik der Sportarten*, Autoren zu gewinnen, die gleichermaßen kompetent für biomechanische Fragestellungen wie für die Sportpraxis sind. Wie schwierig es ganz

allgemein ist, Wissenschaftler mit diesen beiden Kompetenzen zu finden, dafür ist der allseits beklagte Theorie-Praxis-Graben ein deutlicher Hinweis.
Die Liste der Autoren der *Biomechanik der Sportarten* umfaßt Namen, die sowohl in der Welt der Praxis als auch in der Welt der Wissenschaft hoch anerkannt sind. Neben ihrer (selbstverständlichen) wissenschaftlichen Qualifikation haben sie sich durch hervorragende Leistungen in der Sportpraxis und/oder in der Aktiven- und Trainerberatung ausgezeichnet. Daß fast alle Autoren direkt oder indirekt aus den Biomechanikinstituten der Universität Frankfurt oder der Sporthochschule Köln kommen, ist insofern kein Zufall, als diese beiden Institute die biomechanische Forschung in der Bundesrepublik Deutschland in der Vergangenheit dominiert haben.

Von einem Lehrbuch erwartet man eine weitgehende Einheitlichkeit. Diese bezieht sich zum einen auf den Aufbau der einzelnen Kapitel, zum anderen aber auch auf so formale Gesichtspunkte wie die Formelschreibweise, die Konzeption und die Beschriftung von Tabellen und Abbildungen sowie das Zitieren. Auch hier ist das Ziel der Systematisierung nur bedingt erreicht worden. Die bestehen gebliebene Unterschiedlichkeit mag damit erklärt und begründet werden, daß Form und Inhalt eben nicht vollkommen voneinander zu trennen sind. Sie weist aber auch darauf hin, daß es allgemein verbindliche Normen hier nicht gibt und daß bei der Herausgabe eines Buches jedem Autor ein Gestaltungsspielraum belassen werden muß, denn schließlich trägt der Autor die Verantwortung für seinen Beitrag in inhaltlicher und in darstellender Hinsicht.
Trotz des Gestaltungsspielraums und damit der Verantwortung der einzelnen Autoren war es natürlich das Bestreben, das Lehrbuch so homogen und ‹abgerundet› wie möglich zu erstellen. In einer umfangreichen Korrespondenz mit den Autoren einerseits und mit dem Verlag andererseits ist versucht worden, die Beiträge in formaler, aber auch in inhaltlicher Hinsicht aufeinander abzustimmen. Für die Erledigung dieser zeitaufwendigen und anspruchsvollen Arbeit danke ich meiner Mitarbeiterin, Frau Elisabeth Sahre, recht herzlich. Mein besonderer Dank gilt auch Frau Renate Schubert, die für sieben Kapitel die Zeichnungen angefertigt hat.

Biomechanik des Sports

Klaus Willimczik

1 Biomechanik als Wissenschaft

Die Biomechanik stellt eine eigenständige Wissenschaft dar, auch wenn sie gleichzeitig «Subdisziplin» interdiziplinärer Wissenschaften, wie der Sportwissenschaft, der Sportmedizin oder der Arbeitswissenschaft, ist.
Als zentrale Kriterien für die Anerkennung einer Wissenschaft als Wissenschaft sind oben angegeben worden:
- ein eigenständiger Gegenstandsbereich,
- ein spezifischer Forschungsansatz,
- spezifische Forschungsmethoden und
- eine Systematik von Erkenntnissen (vgl. auch S. 9f).

Während die Prüfung auf Vorliegen systematischer Erkenntnisse und – in der Folge – des Vorhandenseins einer bedeutenden Geschichte des Faches einen Hinweis auf den Entwicklungsstand einer Wissenschaft gibt, sind für den Nachweis der Eigenständigkeit einer Wissenschaft die Problemfelder Gegenstandsbereich und Forschungsmethoden von besonderer Bedeutung.

1.1 Gegenstand der Biomechanik

Der Gegenstand einer Wissenschaft läßt sich auf drei Ebenen bestimmen. Grundlage bildet zunächst das Materialobjekt («das materiale Feld»). Hier teilen sich viele Wissenschaften ein und dasselbe Objekt. Ein solches materiales Feld ist die Erde, das Tier oder aber der Mensch. Eine weitere Differenzierung von Wissenschaften ermöglicht die Angabe eines Formalobjektes (WILLIMCZIK 1968) bzw. eines Gegenstandsaspektes (HECKHAUSEN

1986). Formalobjekt der Physiologie ist dann z. B. die Gesamtheit der organismischen Funktionen der Lebenserhaltung, Formalobjekt der Anatomie sind die materialen Substrate des Organismus. Als Formalobjekt der Sportwissenschaft kann der sporttreibende Mensch angesehen werden.
Aber auch die Nennung eines Formalobjektes läßt eine hinreichende Differenzierung von Wissenschaften noch nicht zu. Hierfür ist der Rückgriff auf ein «theoretisches Integrationsniveau» (dritte Ebene) erforderlich, auf das hin die Wissenschaften ihre Gegenstandsaspekte entwerfen (HECKHAUSEN 1986). Für die Anatomie ist dies die «Zweckmäßigkeit hinsichtlich Anordnung und Aufbau der materialen Körpersubstrate», für die Physiologie werden die organstrukturellen Funktionsweisen und letztlich auch die chemophysikalischen Prozesse angegeben, die das Funktionieren der zum Lebenserhalt erforderlichen Prozesse ermöglichen (HECKHAUSEN 1986).
Auf der Grundlage dieser wissenschaftstheoretischen Vorstellungen ergibt sich für die Biomechanik, daß sie die Wissenschaft von der mechanischen Beschreibung und Erklärung der Erscheinungen und Ursachen von Bewegungen unter Zugrundelegung der Bedingungen des Organismus ist (vgl. ähnlich auch GUTEWORT/PÖHLMANN 1966; BAUMANN 1972a; BALLREICH/KUHLOW 1974; BUCHMANN et al. 1974; DONSKOI 1975; BALLREICH 1980; HOCHMUTH 1981; WILLIMCZIK 1983a; BRÜGGEMANN 1984). Zur Unterscheidung von Biomechaniken anderer wissenschaftlicher Disziplinen (vgl. z. B. Biologie) spricht man von der «Biomechanik des Sports», wenn es sich bei den zugrundeliegenden Bewegungen um sportliche Bewegungen handelt.
Die Wissenschaftsbezeichnung *Biomechanik sportlicher Bewegungen* bedeutet gegenüber der Bezeichnung *Sportmechanik* (BÄUMLER/SCHNEIDER 1981) eine notwendige Spezifizierung. Mit ihr soll zum Ausdruck gebracht werden, daß eine rein mechanische Betrachtungsweise, ein mechanisches Integrationsniveau für den Sport unangemessen ist. Vielmehr ist den biologischen Voraussetzungen des Sportlers Rechnung zu tragen. Als wichtige Konsequenz aus dieser biologisch bedingten Einschränkung folgt, daß die Gesetzmäßigkeiten der Mechanik im Sport durch die Komplexität des Gegenstandsbereiches in der Weise überlagert werden, daß sie nicht mehr deterministisch, sondern nur noch als stochastische Gesetze, d. h. im Sinne von Wahrscheinlichkeiten, nachweisbar erscheinen.
Die Gründe, die für diesen allgemein anerkannt notwendigen «Rückschritt» von mechanischen, naturwissenschaftlichen zu biomechanischen, stochastischen Gesetzen angegeben werden, sind ja nach «Weltbild» der Autoren sehr unterschiedlich. Zum einen wird argumentiert, daß die Einschränkung der naturwissenschaftlichen Gesetzmäßigkeiten darauf zurückzuführen ist, daß das biologische System Mensch von sehr vielen (noch) unbekannten und damit nicht kontrollierbaren Einflußgrößen bestimmt wird. Das bedeutet, daß auch für Lebewesen deterministische Gesetzmäßigkeiten ange-

nommen werden, die wegen der Komplexität des Systems nur noch nicht erkannt werden können. Demgegenüber weisen andere Wissenschaftler darauf hin, daß die Gültigkeit von (nur) stochastischen Gesetzmäßigkeiten beim Menschen auf den ihm zur Verfügung stehenden Entscheidungsspielraum zurückzuführen ist. Das aber bedeutet, daß die Differenzierung von deterministischen und stochastischen Gesetzmäßigkeiten nicht eine Frage des Entwicklungsstandes der Wissenschaften, sondern prinzipieller Natur ist.

Auch die Ansichten darüber, welche forschungsstrategischen Konsequenzen aus der Spezifizierung der Mechanik durch das «bios» für die «Grenzwissenschaft Biomechanik» (Brüggemann 1984) gezogen werden sollen, gehen weit auseinander. Dies hat seinen Niederschlag vor allem in der Gegenstandsbestimmung der Biomechanik gefunden.
Unumstrittenes Kernstück der Biomechanik ist die sogenannte *äußere* Biomechanik (vgl. Baumann 1972a). Sie wird von einer Reihe von Autoren als alleiniger Gegenstandsbereich der Biomechanik angesehen (Buchmann et al. 1974; Gutewort/Pöhlmann 1966). Demgegenüber plädieren andere Autoren dafür, die *innere* Biomechanik als gleichberechtigten Pfeiler der Biomechanik anzuerkennen (Baumann 1972a). Sie ist in starkem Maße auf jenen Aspekt gerichtet, der in Übernahme der Gedanken von Gutewort/Pöhlmann (1966) als Gegenstand der Motorik angesehen wird. Bekanntester Vertreter der weiten Gegenstandsdefinition der Biomechanik ist Donskoi. In seinem klassischen Werk «Grundlagen der Biomechanik» (1975) gibt er eine Fülle von sportbezogenen Anwendungsbereichen der inneren und äußeren Biomechanik. Diese Tradition wird von Zaciorskij fortgesetzt.
In jüngerer Vergangenheit scheint sich – zumindest im deutschen Sprachraum – der enge Begriff der Biomechanik durchgesetzt zu haben, der nur die äußere Biomechanik umfaßt. Diese Abgrenzung gegenüber der Motorik wird im allgemeinen als Fortschritt im Sinne einer Konzentrierung angesehen (vgl. Gutewort/Marhold 1974; Ballreich/Kuhlow 1980).

Ähnlich vielfältig und unterschiedlich wie für den Gegenstandsbereich der Biomechanik sind die Ansichten über die Problemstellungen, die tatsächlich bearbeitet werden, und über die Aufgaben, die der Biomechanik zugeschrieben werden. Aufgrund einer Analyse von Arbeiten von Gutewort/Thorhauer, Hochmuth, Nigg, Wartenweiler, Ballreich/Kuhlow und Baumann kommt Brüggemann (1984) zu acht voneinander abgrenzbaren Problembereichen:

- Beschreibung und Erklärung sportlicher Bewegungsabläufe
- Analyse der sportlichen Technik und ihre fortschreitende Optimierung

- Identifikation biomechanischer Einflußgrößen der sportlichen Bewegung
- Wichtung biomechanischer Einflußgrößen der sportlichen Bewegung
- Aufstellung biomechanischer Normwerte, Gesetze und Prinzipien
- Analyse von Technik- und Konditionsübungen im Hinblick auf ihre Effizienz für die Entwicklung der sportmotorischen Leistung
- Aufstellung von Bewegungsindikatoren für das motorische Eigenschaftsniveau
- Analyse der mechanischen Belastung des menschlichen Bewegungsapparates bei sportlichen Bewegungen.

Bereits 1980 hatten Ballreich und Kuhlow eine Systematik für die Aufgaben einer trainingswissenschaftlich orientierten Biomechanik des Sports vorgelegt (vgl. Abb. 1). Als Ausgangspunkt hatten sie die übergreifenden Zielsetzungen «Leistung», «Eignung» und «Prävention» gewählt. Entsprechend unterscheiden sie Aufgaben der *Leistungsbiomechanik*, der *anthropometrischen Biomechanik* und der *präventiven Biomechanik*.

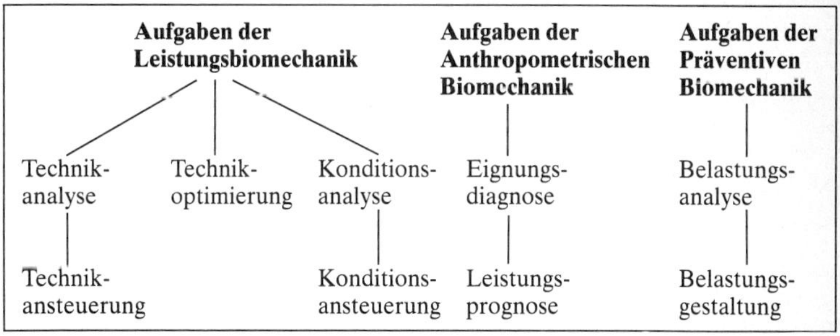

Abb. 1: Aufgabenbereich der trainingswissenschaftlich orientierten Biomechanik des Sports (Ballreich/Baumann 1982)

Der *Leistungsbiomechanik* weisen sie im einzelnen die folgenden nicht-disjunktiven Aufgaben zu:

- Ziel der Technikanalyse, die mit einer Analyse des technomotorischen Leistungszustandes gleichgesetzt wird, ist zum einen die Identifikation biomechanischer Einflußgrößen des technomotorischen Leistungszustandes, zum anderen die Schätzung der Einflußhöhe biomechanischer Einflußgrößen auf die sportmotorische Leistung.
- Ziel der Technikansteuerung ist die Veränderung des individuellen technomotorischen Leistungszustandes oder der individuellen sportmotorischen Leistung in Richtung eines anzusteuernden Sollwertes sowie die Beschleunigung des Ansteuerungsvorgangs.

- Ziel der Technikoptimierung ist zum einen die Untersuchung konkurrierender sportmotorischer Techniken hinsichtlich ihrer Effektivität mit dem Ziel der Identifikation des zweckmäßigsten biomechanischen Lösungsverfahrens der bestehenden sportlichen Bewegungsaufgabe. Das zweite Ziel ist – wenn möglich – die Entwicklung neuartiger Techniken.
- Ziel der Konditionsanalyse ist zum ersten die Identifikation valider biomechanischer Leistungsindikatoren für die konditionellen Komponenten motorische Kraft, motorische Schnelligkeit und Gelenkigkeit. Ein zweites Ziel ist das Aufsuchen einer bewegungsstrukturellen Affinität zwischen konditionellen Übungen und disziplinspezifischen Bewegungsabläufen. Eine dritte Aufgabe besteht in der Schätzung der Einflußhöhe konditioneller Komponenten auf die sportmotorische Leistung.
- Ziel der Konditionsansteuerung ist neben der Veränderung des individuellen konditionellen Leistungszustandes in Richtung eines anzusteuernden Sollwertes die Beschleunigung dieses Ansteuerungsvorgangs.

Bei den Aufgaben der *anthropometrischen Biomechanik* wird zwischen einem beschreibenden und einem prognostischen Aspekt unterschieden:

- Ziel der (anthropometrischen) Eignungsdiagnose ist die Identifikation biomechanisch-anthropometrischer Anforderungsprofile der sportmotorischen Leistung sowie die Erstellung entsprechender Eignungsfaktoren.
- Ziel der (anthropometrischen) Leistungsprognose ist die Erstellung und die Überprüfung von biomechanisch-anthropometrisch orientierten prognostischen Modellen.

Die Aufgaben der *präventiven Biomechanik* werden wie die der Leistungsbiomechanik in Istanalysen einerseits und Veränderungsmöglichkeiten andererseits unterteilt.

- Ziel der Belastungsanalyse ist zum ersten die Identifikation mechanischer Faktoren der Belastung und Beanspruchung des passiven und aktiven Bewegungsapparates und zum zweiten die Analyse der Wirkung (Beanspruchung) mechanischer Belastungsfaktoren auf den aktiven und passiven Bewegungsapparat.
- Das Ziel der Belastungsgestaltung besteht in einer Abstimmung der mechanischen Beanspruchung auf die Belastbarkeit des Bewegungsapparates. Ein Teilziel ist die Abstimmung der mechanischen Beanspruchung auf die Belastbarkeit des aktiven und passiven Bewegungsapparates zum Zweck einer verletzungsvorbeugenden Belastungsgestaltung. Zweites Teilziel ist die Entwicklung von sportmotorischen Techniken, Sportböden und Sportgeräten zur Minimierung von Sportverletzungen und Sportschäden.

1.2 Forschungsmethoden der Biomechanik

Hinsichtlich der Forschungsmethodik kann zwischen zwei Ebenen unterschieden werden. Dann werden die wissenschaftstheoretischen Kategorien Beschreiben und Erklären den einzelnen konkreten Forschungsmethoden gegenübergestellt.

1.2.1 Beschreiben und Erklären

Die Fähigkeit, Sachverhalte exakt zu beschreiben und sie zu erklären, kann als ein wesentliches Kriterium für die Beurteilung des Entwicklungsstandes einer Wissenschaft angesehen werden. Die Grundlage der *biomechanischen Beschreibung* bilden die biomechanischen Forschungsmethoden *Kinematografie* (Orts-Zeit-Messung) und *Dynamografie* (Kraftmessung). Charakteristisch für beide (vor allem im Unterschied zur Morphologie) sind die Exaktheit und Differenziertheit, mit der vorgegangen wird (BALLREICH/KUHLOW 1974, 344), und die Beschränkung auf das tatsächlich Beobachtbare, d. h. den Verzicht auf Erklärungen. Die Exaktheit wird durch den Rückgriff auf naturwissenschaftliche Meßmethoden, die Differenziertheit durch ein analytisches Vorgehen erreicht, bei dem ganzheitliche Bewegungen in Einzelmerkmale (z. B. Absprungwinkel, Schrittlänge, Abfluggeschwindigkeit usw.) zerlegt werden (vgl. im einzelnen S. 26ff).

Abb. 2: Systematik biomechanischer Erklärungen

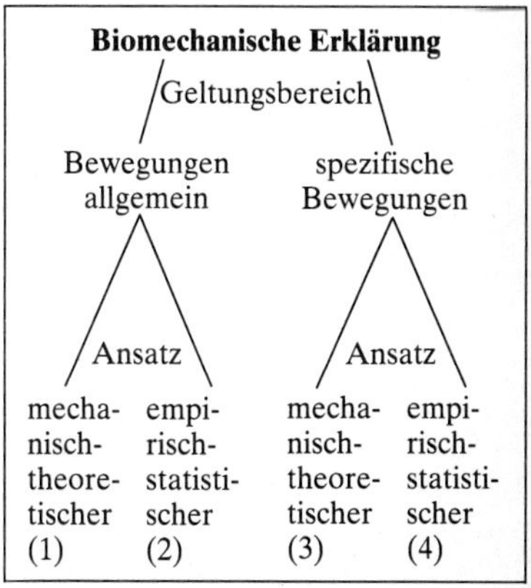

Biomechanische Erklärungen können einerseits auf Bewegungen allgemein oder auf Einzelbewegungen bezogen werden oder aber andererseits hinsichtlich des Forschungsansatzes in *mechanisch-theoretisch* oder *empirisch-statistisch* unterschieden werden (WILLIMCZIK 1983a). Entsprechend ergeben sich für die Biomechanik vier prinzipiell unterschiedliche Arten von Erklärungen (vgl. Abb. 2).
Die mechanisch-theoretische Erklärung von Bewegungen *allgemein* (1) entspricht in ihrer Arbeitsweise der Sportmechanik (BÄUMLER/SCHNEI-

der 1981). Sie sieht ihre Aufgabe darin, auf mechanische Gesetzmäßigkeiten von Bewegungen (Schwerkraft, Zentrifugalkraft, Trägheitsmoment, Drehmoment, Gleichgewicht usw.) hinzuweisen. Da bei der mechanisch-theoretischen Erklärung die biologisch bedingten Überlagerungen noch nicht berücksichtigt und vor allem noch nicht quantifiziert werden, wird sie von vielen Autoren (z. B. Donskoi 1975; Hochmuth 1981) nur als Vorstufe einer Biomechanik eingestuft.
Dic Einbeziehung der biologischen Voraussetzungen in die mechanische Betrachtungsweise erfolgt empirisch-statistisch (2), indem über sozialwissenschaftlich ausgerichtete Experimente versucht wird, die Auswirkungen des Bio-Anteils zu quantifizieren; die biologischen Vorgänge selbst bleiben außerhalb der biomechanischen Betrachtung. Die so gewonnenen «allgemeinsten Erkenntnisse über die Ausnutzung der mechanischen Gesetze bei sportlichen Bewegungen» (Hochmuth 1967, 1981) haben zur Formulierung von biomechanischen Prinzipien geführt. Am bekanntesten sind das Prinzip des optimalen Beschleunigungsweges und das Prinzip der Gegenwirkung (vgl. Willimczik 1983 a).

Ziel der mechanisch-theoretischen Modellbildung für *einzelne* Bewegungen (3) ist die Leistungsoptimierung über den Mechanikanteil einer Bewegung. Entsprechend werden Bewegungsaktivitäten nicht berücksichtigt und der Mensch z. B. auf die im Körperschwerpunkt vereinigte Masse reduziert. Das Verfahren ist von Baumann (1973) auf das Rennrodeln angewandt worden. Dabei minimierte er die Abfahrtszeit aufgrund mechanisch-theoretischer Überlegungen (Modellbildung), überprüfte das Modell empirisch (Evaluierungsphase) und berechnete in Modellsimulationen, inwieweit sich die Variation von im Gleichungssystem enthaltenen Parametern wie Gewicht oder Anfangsgeschwindigkeit auf die benötigte Zeit, das Leistungskriterium beim Rennrodeln, auswirkt (vgl. auch S. 101 ff).
Im Unterschied zur mechanisch-theoretischen Modellbildung ist die empirisch-statistische Modellbildung für einzelne Bewegungen (4) auf die Quantifizierung des Anteils einer Bewegungsleistung gerichtet, die vom Sportler aktiv gestaltet werden kann (z. B. die Ausführung des Weitsprungs). Dabei wird versucht, über statistische Optimierungsverfahren wahrscheinlichkeitstheoretische Gesetzmäßigkeiten zwischen einzelnen (und mehreren) Bewegungsmerkmalen (z. B. das Anlauf- und das Absprungverhalten beim Weitsprung) und der Leistung (z. B. der Weitsprungweite) herauszufinden. Im einzelnen besteht die empirisch-statistische Modellbildung aus der Bestimmung der Leistungsrelevanz von Körper- und Bewegungsmerkmalen und der Bestimmung der Einflußhöhe einzelner Merkmale auf die komplexe sportmotorische Leistung (Ballreich 1981; vgl. auch S. 106 ff). Der Modellbildung sollte sich nach Möglichkeit eine Modellevaluierung und kann sich eine Modellsimulation anschließen.

1.2.2 Biomechanische Forschungsmethoden in ihrer Entwicklung

Die Qualität biomechanischer Beschreibung und in der Folge biomechanischer Erklärung ist in entscheidendem Maße davon abhängig, daß entsprechend differenzierte und exakte Forschungsmethoden zur Verfügung stehen. Auf diesem Hintergrund kann die Geschichte der Biomechanik auch als Entwicklung ihrer Forschungsmethoden dargestellt werden.
Als Vorläufer der Biomechanik gelten die philosophisch-mechanischen Betrachtungen von ARISTOTELES (384–322 v. Chr.) und die mechanischen Überlegungen von LEONARDO DA VINCI (1452–1519). Die Bedeutung von ARISTOTELES für die Bewegungslehre ergibt sich aus seinen grundlegenden Überlegungen zur Mechanik und zu den Bewegungen von Tieren. LEONARDO DA VINCI wird als erster Wissenschaftler angesehen, der Proportionen und Bewegungen des Menschen vom Standpunkt der Mechanik aus analysierte (vgl. Abb. 3). Die Grundlagen für eine empirisch arbeitende Biomechanik sind dann im 19. Jahrhundert mit der Entwicklung der Kinematografie, der Dynamografie, der Elektromyografie und von Verfahren zur Körperschwerpunktbestimmung gelegt worden.
Als Wegbereiter der *Kinematografie* kann MUYBRIDGE gesehen werden, der 1878 die Serienfotografie zur Bewegungsbeschreibung des Laufes von Pferden, später zur Analyse von Laufbewegungen bei Kindern eingesetzt hat. Für seine Aufnahmen verwendete er 24 Fotoapparate, deren Verschlüsse er nach einem festgelegten Plan öffnete und schloß. Dieses Verfahren ließ nur in beschränktem Maße Raum-Zeit-Aussagen zu, da er seine Serienfotografie noch nicht so synchronisieren konnte, daß er exakte Aussagen über Zeitabläufe machen konnte. Dieses Problem wurde von MAREY mit Hilfe der Chrono-Zyklo-Fotografie gelöst. Er experimentierte mit einer Kamera, deren Verschluß aus einem rotierenden Schlitz vor der Optik bestand. Mit diesem einfachen Verfahren war es ihm erstmals möglich, aufgrund empirischer Daten Aussagen über Zeiten, Geschwindigkeiten und Beschleunigungen zu machen. Mit dieser objektiven Orts- und Zeitmessung war erstmals die Möglichkeit einer «Überwindung» der subjektiven

Abb. 3: Der Mann im Quadrat und Kreis (LEONARDO DA VINCI)

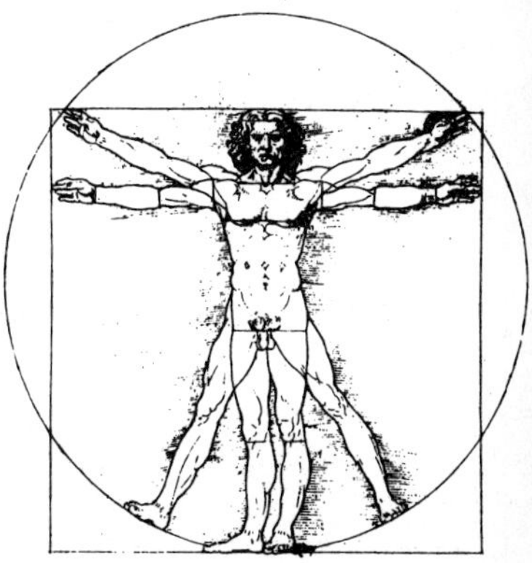

Methode gegeben, wie sie vor allem in künstlerischen Darstellungen zum Ausdruck kommt. Als charakteristisch für den «(künstlerischen) Subjektivismus» ist von ASMUSSEN (1976, 24) angegeben worden, daß Individuen sich an Bewegungen erinnern und sie auf ihrem jeweiligen Hintergrund als Künstler wiedererschaffen. Damit wird die Bewegung nicht im Sinne einer Istanalyse, sondern so dargestellt, wie sie nach der Meinung der Künstler sein sollte.

Die Kinematografie wurde zur beherrschenden Methode durch die Verbreitung der Filmtechnik. Durch sie konnten die vorhandenen Möglichkeiten der Orts- und Zeitmessung so verfeinert und ökonomisiert werden, daß Bewegungsstudien in großem Umfang und mit wissenschaftlicher Genauigkeit durchgeführt werden konnten. Heutzutage kann mit Hilfe der dreidimensionalen Filmanalyse so gut wie jede Bewegung analysiert werden (vgl. auch S. 39ff).

Parallel zur Entwicklung der Kinematografie lief die der *Dynamografie*. Auch hier kommt MAREY das Verdienst zu, entscheidende Impulse gegeben zu haben. Schon um 1880 experimentierte er mit Kraftaufnehmern auf pneumatischer Grundlage und machte mit ihnen Messungen beim Gehen und Laufen. Das Ergebnis waren Angaben über Beschleunigungen des Kopfes in vertikaler Richtung. Als Nachteil seiner «luftgefüllten Schläuche und Kapseln zur Druckmessung zwischen Fuß und Boden» muß vor allem gesehen werden, daß die Versuchspersonen das gesamte Meßinstrumentarium selbst tragen mußten (vgl. Abb. 4). Diesen Nachteil behob zunächst AMAR (1916), als er ein «trottoir dynamographique» entwickelte. Mit dieser Kraftmeßplatte auf der Grundlage von mehreren Gummikugeln war ihm die Registrierung sowohl horizontaler wie vertikaler Kräfte möglich. Den Durchbruch schaffte die Dynamografie aber erst mit der Entwicklung einer Kraftmeßplatte auf der Grundlage des Piezoeffektes von LAURU (1957). Gegenwärtig werden Kraftmessungen auf der Grundlage des Piezoeffektes oder aber auf der Grundlage von Dehnmeßstreifen in fast allen Sportarten durchgeführt.

Abb. 4: Kraft- und Beschleunigungsmessung nach MAREY 1886

Die Entwicklung der Datenerhebungsmethoden Kinematografie und Dynamografie hat dem Fortschritt der äußeren Biomechanik gedient. Hauptmethode zur Analyse von Problemstellungen der inneren Biomechanik ist die *Elektromyografie*. Auch für sie gilt, daß die Anfänge weit in die Geschichte zurückreichen. So experimentierte Galvani schon 1792 mit der elektrischen Stimulation von Muskeln und nutzte damit das grundlegende Prinzip der Elektromyografie, den korrelativen Zusammenhang zwischen Aktionspotential und Muskelkontraktion (siehe auch Abb. 5). Die systematischen Untersuchungen in diesem Feld gehen bereits auf Duchenne (1885) zurück. Die Elektromyografie wird heute als ‹Brücke› zwischen äußerer und innerer Biomechanik verwendet. Sie ist der (subjektive) muskuläre Beanspruchungsparameter für die (objektive) Belastung, wie sie als Kraft im Rahmen der äußeren Biomechanik diskutiert wird.

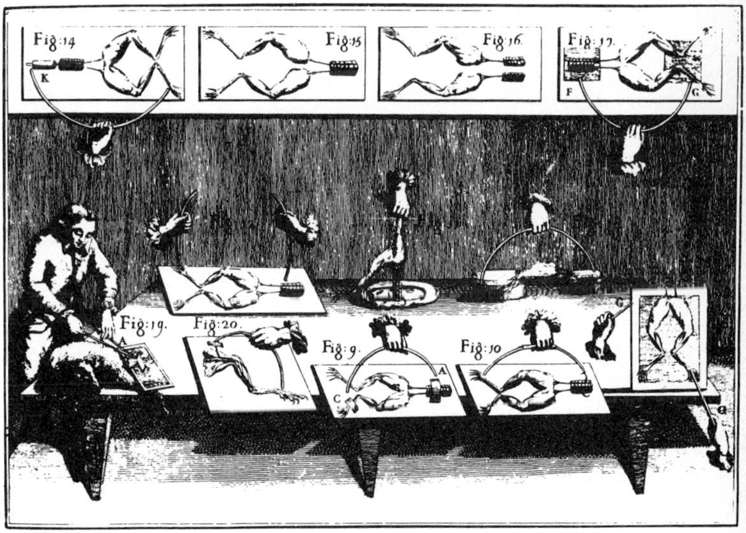

Abb. 5: Elektrische Stimulation von Muskeln nach Galvani 1792

Der Körperschwerpunkt (KSP) gilt als wichtiger Parameter zur kategorialen Erfassung von Bewegung. Als Vater der experimentellen Bestimmung des Körperschwerpunktes des menschlichen Körpers gilt der Arzt, Mathematiker und Physiker Borelli (1679). Über seinen Forschungsansatz hinausgegangen sind erst Braune und Fischer, die um 1900 den Körperschwerpunkt aus der Lage der Schwerpunkte der einzelnen Körperteile be-

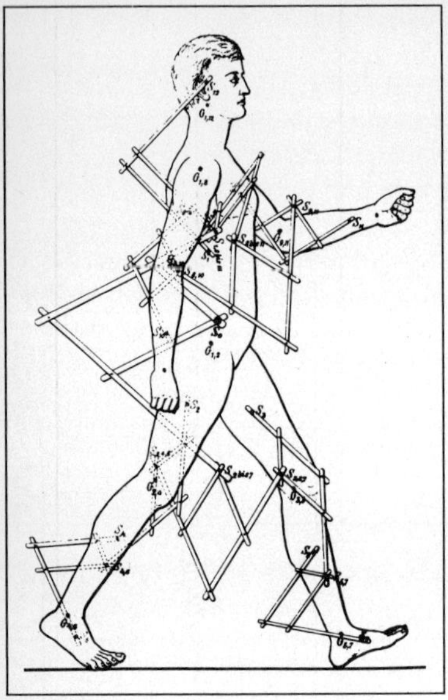

Abb. 6: Modell zur Bestimmung der Position des Körperschwerpunktes nach FISCHER 1899

stimmten (siehe Abb. 6). Dieses Verfahren bildet auch heute noch die Grundlage für Körperschwerpunktbestimmungen anhand von Fotomaterial. Die neu entwickelten Methoden und Modelle sind in dem Sinne Verfeinerungen, daß zum einen das Verfahren ökonomisiert worden ist und zum anderen Ungenauigkeiten vermindert worden sind. Bei BRAUNE und FISCHER waren diese vor allem dadurch zustande gekommen, daß sie die Individualität des menschlichen Körpers nicht berücksichtigen konnten (siehe auch S. 38 f).

Die gegenwärtige Diskussion in der biomechanischen Forschungsmethodik ist durch eine Umorientierung gekennzeichnet: Nachdem die Datenerhebungsmethoden für die anstehenden Problemstellungen weitgehend perfektioniert worden sind, wird der Schwerpunkt von der Bewegungsanalyse auf die Bewegungskonstruktion, d. h. auf die Modellbildung gelegt (vgl. dazu den Beitrag von BALLREICH in diesem Band, S. 101 ff). Voraussetzung hierfür war die Entwicklung von leistungsfähigen Computern, mit deren Hilfe die ausgesprochen komplexen Gleichungen zur Erklärung von Bewegungsaufgaben gelöst werden können.

Klaus Willimczik

2 Biomechanische Forschungsmethodik

Die Durchführung von wissenschaftlichen Untersuchungen setzt allgemein und damit natürlich auch in der Biomechanik die Beachtung von Kriterien voraus. Erst durch ihre Einhaltung werden Erkenntnisse als wissenschaftliche Erkenntnisse ausgewiesen. Entsprechende Wissenschaftskriterien gelten schon für die Formulierung von Problemstellungen, die entweder aus bestehenden Theorien logisch hinreichend abgeleitet werden müssen oder aber – in der angewandten Forschung – in ihrer praktischen Relevanz begründet werden müssen. Weitere wesentliche Gesichtspunkte, die bei der Durchführung von wissenschaftlichen Untersuchungen zu berücksichtigen sind, beziehen sich auf die zugrunde zu legende Untersuchungsstrategie, auf die zu verwendende Versuchsanordnung, auf die Datenerhebung und auf die (statistische) Datenverarbeitung.

Die bekanntesten Untersuchungsstrategien sind die des Laborexperiments, des Feldexperiments und der Feldstudie. Bei den Versuchsanordnungen unterscheidet man vor allem zwischen einer «naturwissenschaftlichen» Versuchsanordnung, bei der auf die Untersuchung von Kontrollgruppen verzichtet wird (werden kann), und verschiedenen Formen der Kontrollgruppenanordnung, mit deren Hilfe es möglich ist, bekannte Einflußgrößen, die als Störgrößen auftreten können, zu kontrollieren.

Da sowohl die Untersuchungsstrategien als auch die Versuchsanordnungen wie auch die Datenverarbeitung nur in sehr geringem Umfang biomechanikspezifisch sind, ist es ausreichend, hier nur auf die entsprechende Fachliteratur hinzuweisen (vgl. für die Sportwissenschaft allgemein Willimczik/Singer 1985 und mit Bezug auf die Biomechanik Ballreich/Baumann 1982, 93–102). Dagegen sind die Fragen der Datenerhebung für die Biomechanik ausgesprochen spezifisch. Die biomechanik-spezifischen Datenerhebungsmethoden und ihre Anwendungsprobleme stehen deshalb im Mittelpunkt dieses Kapitels.

2.1 Systematik biomechanischer Meßverfahren

Grundlage jeder Messung ist die *Operationalisierung* der zu messenden Merkmale. Für die Biomechanik, in der physikalische Größen zu messen sind, ergibt sich:

physikalische Größe = Zahlenwert × Einheit

Die interessierende physikalische Größe stellt die Meßgröße (= Meßwert) dar. Sie ist das Produkt aus dem gemessenen (Zahlen-)Wert und der zugrunde gelegten Einheit (Dimension). Entsprechend gilt z. B. für die Meßgröße Weitsprung, daß der Meßwert 8,90 × m oder in der Kurzform 8,90 m beträgt.

In sozialwissenschaftlicher Terminologie werden die Meßwerte auch als *Variablen* bezeichnet. Im Unterschied zu *Merkmalen* handelt es sich hierbei um (meßbare) veränderliche Größen auf unterschiedlichem Skalenniveau (vgl. u. a. WILLIMCZIK 1982, 13–15). Die Variablen bzw. Meßwerte können als zentral für wissenschaftliche Untersuchungen angesehen werden. Zum einen sind sie eine notwendige Voraussetzung zur Lösung der durch Untersuchungsstrategien und in Untersuchungsanordnungen konkretisierten Problemstellungen, zum anderen können sie ohne weitere Transformationen statistischen Analysen zugrunde gelegt werden.

Zur Ermittlung von Meßwerten sind in der Biomechanik zum Teil sehr spezifische Meßverfahren entwickelt worden. Ihre Systematisierung kann nach unterschiedlichen Kriterien erfolgen. Am gebräuchlichsten sind die nach der Art der gemessenen Größen und die nach dem Meßprinzip (vgl. BALLREICH/BAUMANN 1982, 64ff).

Bei der Systematisierung nach der *Art der gemessenen Größen* unterscheidet man zwischen kinemetrischen und dynamometrischen Verfahren. Mit den *kinemetrischen* Verfahren werden die kinematischen Größen Länge und Zeit sowie alle daraus ableitbaren Größen, also z. B. die Geschwindigkeit und die Beschleunigung, bestimmt. Bei den *dynamometrischen* Verfahren wird zusätzlich zu Länge und Zeit die Masse bestimmt und wiederum die daraus ableitbaren Größen. In Tabelle 1 sind die für die Biomechanik wichtigsten Größen sowie die für sie gebräuchlichen Formelzeichen und Maßeinheiten aufgeführt.

Bei der Einteilung nach dem *Meßprinzip* wird zwischen mechanischen, elektronischen und optischen Meßverfahren unterschieden. Beispiele für *mechanische* Meßverfahren sind die Verwendung eines Maßbands für Längenmessungen, die Angabe von Zeiten mit Hilfe von (mechanischen) Stoppuhren sowie eine Kraftmessung mit Hilfe von Feder- oder Balkenwaagen. Die Grundlage für *elektronische* Meßverfahren bildet die Umwand-

Kinematische Größen			
Größe	**Formel-zeichen**	**Maßeinheit**	**Kurzzeichen der Grundeinheiten**
Länge	l, s	Meter	m
Zeit	t	Sekunde	s
Geschwindigkeit	v	$\frac{\text{Meter}}{\text{Sekunde}}$	$\frac{m}{s}$
Bechleunigung	a, b	$\frac{\text{Meter}}{\text{Sekunde}^2}$	$\frac{m}{s^2}$
Winkel	α, β, γ	Radiant, Grad	rad, °
Winkelgeschwindigkeit	ω	$\frac{\text{Radiant}}{\text{Sekunde}}$	$\frac{1}{s}, \frac{rad}{s}$
Winkelbeschleunigung	α	$\frac{\text{Radiant}}{\text{Sekunde}^2}$	$\frac{1}{s^2}, \frac{rad}{s^2}$
Dynamische Größen			
Größe	**Formel-zeichen**	**Maßeinheit**	**Kurzzeichen der Grundeinheiten**
Masse	m	Kilogramm	kg
Kraft	F	Newton	$\frac{kg\,m}{s^2}$
Massenträgheitsmoment	J, Θ	Kilogramm × Meter^2	$kg\,m^2$
Impuls	p	Newton × Sekunde	$\frac{kg\,m}{s}$
Drehimpuls	L	Newton × Meter × Sekunde	$\frac{kg\,m^2}{s}$
Arbeit, Energie	A, W	Newton × Meter	$\frac{kg\,m^2}{s^2}$
Leistung	N	$\frac{\text{Newton} \times \text{Meter}}{\text{Sekunde}}$	$\frac{kg\,m^2}{s^3}$
Druck-Zugspannung	σ	$\text{Pascal} = \frac{\text{Newton}}{\text{Meter}^2}$	$\frac{kg}{m \cdot s^2}$

Tab. 1: Zusammenstellung biomechanisch relevanter kinematischer und dynamischer Größen (nach Ballreich/Baumann 1982)

lung mechanischer Meßgrößen in elektrische. Dabei macht man sich z. B. zunutze, daß sich der elektrische Widerstand eines Metalls bei mechanischer Dehnung ändert. Die *optischen* Meßverfahren und hier vor allem die Filmanalyse sind in der Biomechanik weit verbreitet. Bei diesem Meßverfahren erfolgt die Bestimmung der kinematischen und dynamischen Größen nicht direkt, sondern am Modell.

Da es sich bei der Differenzierung aufgrund der Kriterien «Art der gemessenen Größen» und «Meßprinzip» nicht um disjunktive Einteilungen handelt, können beide auch kombiniert werden und damit zur jeweils weiteren Differenzierung verwendet werden. Entsprechend ist es z. B. möglich, daß die kinematische Größe ‹Beschleunigung› sowohl mit einem mechanischen Meßverfahren bestimmt wird (auf der Grundlage einer Längenmessung mit einem Maßband und einer Zeitmessung mit einer mechanischen Stoppuhr) als auch mit einem elektronischen Meßverfahren über die Beziehung «Kraft = Masse × Beschleunigung». Dabei wird die Kraft mit Hilfe von Dehnmeßstreifen oder über den piezoelektrischen Effekt (vgl. ausführlich S. 47ff) gemessen. Bei der Bestimmung der Beschleunigung mit optischen Meßverfahren schließlich werden die für die Bestimmung der Beschleunigung erforderlichen Längen- und Zeitgrößen über das auf dem Film abgebildete Modell gewonnen.

Die folgende Darstellung einzelner biomechanischer Meßverfahren erfolgt pragmatisch, indem für die in der Biomechanik des Sports besonders wichtigen Meßgrößen die jeweils gebräuchlichsten Meßverfahren abgehandelt werden. Es sind dies

- die *mechanischen* Verfahren für die direkte Orts- und Zeitmessung (2.2),
- die *optischen* Verfahren für die indirekte Orts- und Zeitmessung (2.3),
- die *elektronischen* Verfahren für die Kraftmessung (2.4).

In einem abschließenden Abschnitt (S. 52ff) werden Möglichkeiten aufgezeigt, Messungen hinsichtlich des Auftretens von Fehlern zu beurteilen.

2.2 Mechanische Verfahren für die direkte Orts- und Zeitmessung

Die *direkte Ortsmessung* ist auf solche Merkmale beschränkt, die auf einen die aktuelle Bewegung zumindest kurzfristig überdauernden meßbaren «Eindruck» zurückgehen. Als Medium für die Registrierung kommt dabei eigentlich nur der Fußboden als Grundlage der sportlichen Bewegung in Frage. Weiter einschränkend muß sogar gesagt werden, daß die unmittelbare Ortsmessung bisher nur für solche Sportarten praktische Bedeutung gewonnen hat, die zum einen mit Spikes ausgetragen werden und für die zum anderen die Schrittgestaltung von Interesse ist.

Als technische Hilfsmittel für die Registrierung haben sich Hartfolien bewährt. Aufgrund der Spikesabdrücke können dann sowohl Längen als auch Winkel relativ einfach entweder direkt gemessen oder aber über die Ermittlung von Koordinatenpunkten bestimmt werden. Für den letzteren Fall ist zuvor die Einordnung der Folie in ein Koordinatensystem erforderlich.

Abbildung 1 a zeigt die exemplarische Anwendung der direkten Ortsmessung mit Hilfe einer Folie beim Hürdenlauf. Als gemeinsame Bezugsachse für alle y-Werte wird die rechte Folienkante (in Laufrichtung gesehen) gewählt: Bezugspunkt für x_1 und x_2 ist die Hürde; x_3 wird auf x_2 bezogen. Gemessen wird jeweils vom vorderen, inneren Spike-Eindruck. Abbildung 1 b verdeutlicht die Definition der Fußstellung α, das ist der Winkel zwischen Laufrichtungsnorm und Längsachse des Fußes.

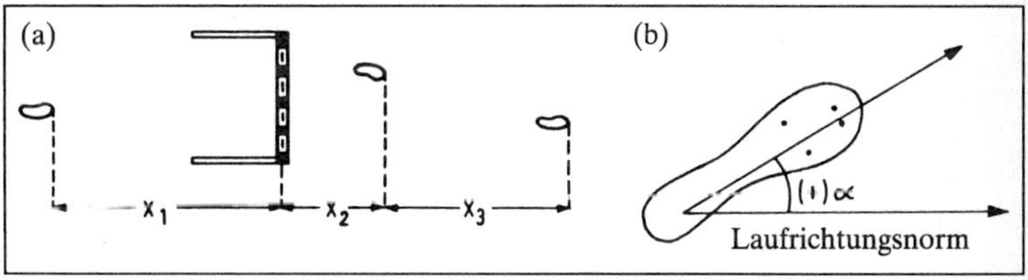

Abb. 1: Längenmerkmale (a) und Fußstellung (b) beim Hürdenlauf

In Tabelle 2 sind die über eine direkte Ortsmessung (z. B. Hartfolien) zu ermittelnden Ortsmerkmale bzw. aus ihnen zu berechnende Merkmale exemplarisch für den Hürdenlauf zusammengestellt.

Tab. 2: Zusammenstellung exemplarischer Meßgrößen der direkten Ortsmessung beim Hürdenlauf

Merkmalskategorie	**exemplarische Meßgröße**	**Symbol und Operationaldefinition**
Längenmerkmal	Teilstrecke Absprung–Hürde Teilstrecke Hürde–Landung Hürdenschrittlänge	x_1 x_2 $x_H = x_1 + x_2$
Relation	Relation der Teilstrecke Absprung–Hürde (x_1) zum Hürdenschritt (x_H)	$R_1 = x_1 / x_H$
Winkel	Fußstellung beim Absprung	α_1

Das Verfahren der unmittelbaren Ortsmessung weist sowohl Vor- als auch Nachteile auf. Zu den Hauptvorteilen gehört, daß der notwendige meßtechnische Aufwand gering ist, daß Auswertungsprobleme kaum auftreten und daß die Meßgenauigkeit im allgemeinen sehr groß ist. Bei der Schrittlängenmessung beträgt der relative Fehler z. B. nur 0,2 bis 0,5 Prozent (Ballreich/Baumann 1982, 68). Der Hauptnachteil ist darin zu sehen, daß nur sehr wenige Ortsmerkmale, nämlich auf dem Boden registrierbare Raummerkmale, analysiert werden können.

Die *direkte Zeitmessung* läßt sich dort optimal einsetzen, wo Aussagen über mittlere Geschwindigkeiten für bestimmte Phasen eines Bewegungsablaufes von Interesse sind (z. B. Teilstrecken des Weitsprunganlaufs, des Sprints, des alpinen Abfahrtslaufes).
Für die direkte Zeitmessung werden neben Kontakt- und Berührungsschaltern am häufigsten Lichtschranken eingesetzt. Ihre Arbeitsweise beruht auf dem lichtelektrischen Effekt: Eine Fotozelle, die an der zur Lichtquelle gegenüberliegenden Seite installiert ist, reagiert auf jede schnelle Unterbrechung des Lichtstrahls, z. B. hervorgerufen durch einen Läufer. Nach einer Verstärkung kann dieser Effekt eine Stoppuhr in Gang setzen bzw. wieder stoppen. Dieses Verfahren wird hier behandelt, da es sich um eine direkte Zeitmessung handelt, die allerdings auf elektronischer Grundlage durchgeführt wird.
Die Zeit- bzw. Geschwindigkeitsmessung (unter Hinzuziehung einer fest definierten Wegstrecke) kann dabei auf zweifache Weise durchgeführt werden:
1. Messung des Zeitintervalls, währenddessen die Fotozelle verdeckt ist (eine Stoppuhr wird zu Beginn der Unterbrechung in Gang gesetzt und am Ende wieder gestoppt).
2. Messung des Zeitintervalls, das für das Durchlaufen der Strecke, die durch zwei Lichtschranken begrenzt wird, benötigt wird (eine Stoppuhr wird bei der Unterbrechung der ersten Lichtschranke in Gang gesetzt und bei der Unterbrechung der zweiten wieder gestoppt).

Die direkte Zeitmessung über Lichtschranken ist nicht unproblematisch. Dies ist vor allen Dingen darauf zurückzuführen, daß der sich in Bewegung befindende Körper Lichtschranken je nach Körperhaltung und Bewegungsphase mit unterschiedlichen Körperteilen auslösen kann (Arme, Beine, Rumpf). Das kann zu Fehlern sowohl beim *intraindividuellen* Vergleich (z. B. beim Durchlaufen der ersten und der zweiten Lichtschranke) als auch beim *interindividuellen* Vergleich (bei der Messung unterschiedlicher Versuchspersonen) führen. Die direkte Zeitmessung sollte deshalb entweder auf solche Zeiten beschränkt werden, für die eine Auslösung durch unterschiedliche Körperteile nicht anzunehmen ist, wie dies z. B. bei

Verwendung von relativ starren Körpern (Booten, Fahrrädern usw.) der Fall ist, oder aber es sollten sogenannte Doppel- oder Zweifachschranken verwendet werden.
Ein weiterer Nachteil der direkten Zeitmessung ist darin zu sehen, daß über sie nur mittlere Geschwindigkeiten bestimmt werden können. Aussagen über den Geschwindigkeitsverlauf, z. B. beim Weitsprunganlauf, sind erst nach der Einrichtung relativ vieler Lichtschranken möglich. Und schließlich ist besonders bei hohen Bewegungsgeschwindigkeiten sicherzustellen, daß die Meßstrecke nicht zu kurz gewählt wird, da der relative Fehler sonst schnell sehr hohe Werte annehmen kann (Ballreich/Baumann 1982, 75).

Als Sonderform mechanischer Verfahren zur Bestimmung kinematischer Größen kann die Bestimmung von Körpermaßen, die sogenannte *Somatometrie*, angesehen werden. Die Erhebung solcher Merkmale ist erforderlich, weil eine ganze Reihe von kinematischen und dynamischen Größen, wie sie in Tabelle 1 aufgeführt sind, die Bestimmung von Körperbaumerkmalen voraussetzt. Zu bestimmen sind vor allem Längen von Körperteilen sowie die Masse, das Volumen, der Schwerpunkt und das Massenträgheitsmoment des menschlichen Körpers. So kann z. B. die Hürdenschrittlänge auf die Beinlänge relativiert werden.
Die Bestimmung von Längenmerkmalen erfolgt im allgemeinen mit Hilfe des Maßbandes bzw. des Tasterzirkels. Zur Bestimmung von Volumen hat sich die Immersionsmethode bewährt, bei der der Körper ins Wasser eingetaucht wird. Über die Hebung des Flüssigkeitsspiegels kann dann das eingetauchte Volumen bestimmt werden. Die Bestimmung der Körpermasse erfolgt über Waagen, die nach unterschiedlichen Prinzipien arbeiten können. Für die Bestimmung des Körperschwerpunkts (KSP) kann auf eine sog. Körperschwerpunktswaage (vgl. vor allem Fetz/Drees 1966; Winter 1979), für die Bestimmung des Massenträgheitsmoments auf einen entsprechenden Drehtisch zurückgegriffen werden (vgl. im einzelnen Ballreich/Baumann 1982, 70).

Grundlage für eine Vielzahl von Fragestellungen biomechanischer Untersuchungen stellt die Bewegung des Gesamtsystems dar. Dabei wird davon ausgegangen, daß man sich die Gesamtmasse des menschlichen Körpers in einem Punkt vereinigt denken kann. Es ist dies der sogenannte *Körperschwerpunkt* (KSP). Daß es sich bei ihm um einen konstruierten, theoretischen Punkt handelt, wird darin deutlich, daß er für bestimmte Körperpositionen durchaus außerhalb des Körpers liegen kann.
Wegen der großen Bedeutung des Körperschwerpunkts innerhalb der Biomechanik sollen seine Ermittlung und die damit zusammenhängenden Probleme hier ausführlicher dargestellt werden. Grundlage und Vorausset-

zung für die Bestimmung des Körperschwerpunkts sind traditionellerweise die Kenntnisse bzw. Prämissen, daß

1. beim normal gebauten, erwachsenen Körper die Gewichte der einzelnen Körperteile in einem bestimmten festen Verhältnis zum Gesamtgewicht stehen und
2. die Schwerpunkte der Extremitäten fast genau auf ihren Längsachsen liegen und auf den Extremitäten eine interindividuell gleiche Entfernung des Schwerpunkts von den beteiligten Gelenkpunkten angenommen werden kann.

Die erste Prämisse impliziert eine notwendige interindividuelle ‹Gleichmachung›, um für die einzelnen Körperteile allgemein gültige relative Gewichte angeben zu können. Es sind dies die auf das Gesamtkörpergewicht F_{ges} relativierten und damit dimensionslosen Teilgewichte der einzelnen Körperteile $R_i = \frac{F_i}{F_{ges}}$. Sie sind in Spalte 2 der Tabelle 3 aufgeführt.
Aus ihr kann entnommen werden, daß der Kopf z. B. ein relatives Gewicht von 0,07 oder 7 Prozent und die Hände je ein relatives Gewicht von 0,01 oder 1 Prozent haben. Diese Voraussetzung von bestimmten festen Verhältnissen der Körperteile zum Gesamtgewicht bedeutet, daß bei einem Gesamtgewicht von z. B. 100 kp der Kopf 7 kp wiegt, daß er aber bei einem Gesamtgewicht von 50 kp nur 3,5 kp wiegt usw. Das relative Gesamtgewicht R_{ges} beträgt natürlich 1 oder 100 Prozent.
Die Lage der Schwerpunkte der einzelnen Körperteile auf ihren Längsachsen (Prämisse 2) sind als sogenannte Schwerpunktradien in Spalte 3 der Tabelle 3 zusammengestellt. Der Schwerpunktradius ist der Abstand des Schwerpunkts vom proximalen Gelenk (das zum Rumpf hin gelegene Gelenk) des jeweiligen Körperteils, gemessen auf der Längsachse des Körperteils. Der Schwerpunkt des Rumpfes liegt in der Seitenansicht auf der Verbindungslinie von Schulter- und Hüftgelenk mit dem Schultergelenk als Mittelpunkt des Schwerpunktradius. In Abbildung 2 (Vorder- und Seitenansicht) sind die für die Analyse benötigten Gelenkpunkte und die Teilschwerpunkte der einzelnen Körperteile eingezeichnet. Dabei addieren sich die Schwerpunktradien zum proximalen Gelenk und zum distalen Gelenk zu 1 auf (z. B. Schwerpunkt-

Abb. 2: Gelenkpunkte und Teilschwerpunkte des menschlichen Körpers

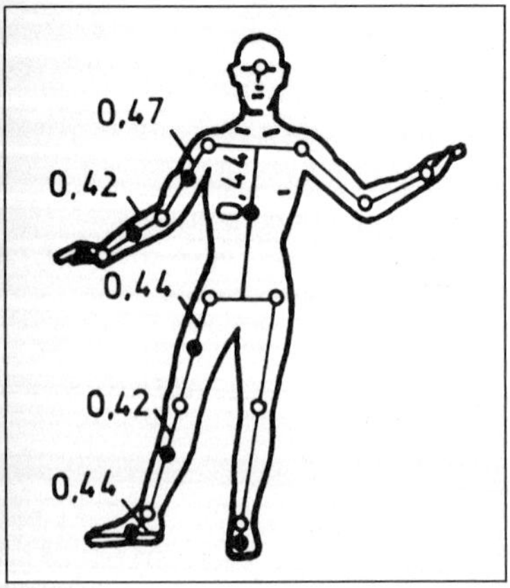

Körperteil	relatives Gewicht R_i (in %)	Schwerpunktradius	
Kopf	7 (8,1)	(Ohrgang)	(66,0)
Rumpf	43 (49,7)	0,44	
Oberarm	3 (2,8)	0,47	(43,6)
Unterarm	2 (1,6)	0,42	(43,0)
Hand	1 (0,6)	(Mitte)	(50,6)
Oberschenkel	12 (9,9)	0,44	(43,3)
Unterschenkel	5 (4,0)	0,42	(43,4)
Fuß	2 (1,4)	0,44	(50,0)

Tab. 3: Relative Gewichte und Schwerpunktradien nach FISCHER (nach HOCHMUTH 1967, 144) und DEMPSTER (nach BRÜGGEMANN 1984, 292)

radius Oberschenkel – Hüfte = 0,44; Schwerpunktradius Oberschenkel – Knie = 0,56). Der Anteil des relativen Gewichts des Oberschenkels, das im jeweiligen Gelenk angreift, verhält sich umgekehrt proportional zur Länge des Schwerpunktradius.

Die in Tabelle 3 dokumentierten, zum Teil erheblichen Unterschiede zwischen den Autoren hinsichtlich der relativen Gewichte und der Schwerpunktradien weisen darauf hin, wie problematisch die beiden oben angeführten Prämissen sind. Um hier zuverlässigere Ausgangswerte zu erhalten, die vor allem den individuellen anthropometrischen Voraussetzungen Rechnung tragen, sind Experimente am lebenden Objekt und mit mathematischen Modellen durchgeführt worden, deren Ergebnisse heute Schwerpunktbestimmungen im allgemeinen zugrunde gelegt werden (vgl. BRÜGGEMANN 1984, 291–296).

Eine experimentelle Bestimmung des Körperschwerpunkts am lebenden Objekt ist u. a. von WINTER (1979) vorgelegt worden. Die mechanische Grundlage ist in Abbildung 3, S. 34, dargestellt. Danach kann das Gewicht eines Körperteils G_U (hier von Unterschenkel und Fuß) bestimmt werden, wenn die Gewichtskraft des Körperteils in seinen medialen Drehpunkt verlegt wird.

Das Modell besteht aus einer harten Unterlage, die an einem Ende auf einer Waage und am anderen Ende auf einem festen Drehpunkt liegt. Dieser kann beliebig auf der rechten Seite des Körperschwerpunkts gewählt werden, wobei die Genauigkeit der Messungen steigt, je näher man den Drehpunkt an den Körperschwerpunkt heranlegt. Bekannt ist das Gewicht der Unterlage (G_B), ihre Entfernung vom festen Drehpunkt (G_K), die Gewichtskraft im Punkt A (G_A) und die Entfernung x_3. Mit Hilfe der Hebelgesetze erhält man dann

$$G_B x_1 + G_K x_2 = G_A x_3$$

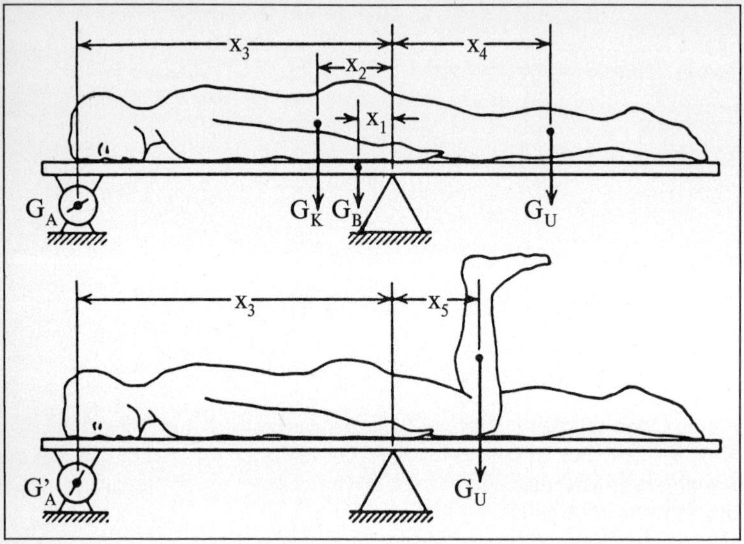

Abb. 3: Experimentelle Bestimmung des Gewichts des Unterschenkels (nach WINTER 1979) mit G_A = Gewichtskraft im Punkt A, G_B = Gewichtskraft der Unterlage, G_K = Gewichtskraft des Körpers, G_U = Gewichtskraft des Unterschenkels, x_1 = Hebelarm für die Gewichtskraft der Unterlage, x_2 = Hebelarm für die Gewichtskraft des Körpers, x_3 = Hebelarm für die Gewichtskraft im Punkt A, x_4 = Hebelarm für die Gewichtskraft des Unterschenkels

Für die Bestimmung der Lage des KSP ergibt sich dann

$$x_2 = \frac{G_A \cdot x_3 - G_B \cdot x_1}{G_K}$$

Für die Ermittlung des Gewichts des Körperteils (Unterschenkel und Fuß) wird das Bein angewinkelt, so daß sein Massenschwerpunkt über dem Gelenkpunkt liegt. Die Veränderung von G_A $(= G'_A)$ ist auf die verkleinerte Entfernung x_5 des Massenschwerpunkts vom festen Drehpunkt zurückzuführen. Damit ergibt sich die folgende Gleichung

$$G'_A \, x_1 = (x_4 - x_5) \, G_U,$$

G_U berechnet sich nach

$$G_U = \frac{G'_A \cdot x_1}{(x_4 - x_5)}$$

Die Werte für x_4 werden dabei gewöhnlich aus anthropometrischen Tabellen entnommen und stellen die Hauptfehlerquellen dar.

Zu individuellen anthropometrischen Maßen gelangt man auch über einen regressionsanalytischen Ansatz von CLAUSER (1969), der die Segmentmassen aus der Gesamtmasse und verschiedenen anthropometrischen Meßgrößen errechnet.

Die Körperschwerpunktbestimmung erfolgt im allgemeinen auf fotografischer Grundlage (vgl. S. 40f). Im einzelnen sind für die KSP-Bestimmung drei Verfahren entwickelt worden:

- das «grafische» (nach DÄHNE 1966),
- das «grafisch-analytische» (nach KNOLL-EGGERS),
- das «analytische» (nach DICKWACH 1967).

Die drei Verfahren lassen sich hinsichtlich ihrer Darstellbarkeit, des mit ihnen verbundenen Arbeitsaufwandes und des bei ihrer Bestimmung auftretenden Fehlers unterscheiden. Obwohl heute in der Forschung nur noch auf das analytische Verfahren zurückgegriffen wird, erscheint es sinnvoll, aus Gründen der Anschaulichkeit die Arbeitsweise des grafischen Verfahrens kurz darzustellen.

Der Arbeitsprozeß bei der *grafischen* Schwerpunktbestimmung läßt sich in drei relativ abgeschlossene Arbeitsschritte unterteilen:

1. Einzeichnen der Gelenkpunkte und der Längsachsen für die Extremitäten und den Rumpf;
2. Einzeichnen der Teilschwerpunkte für Extremitäten, Rumpf und Kopf;
3. grafische Ermittlung der Teilschwerpunkte für jeweils zwei Körperteile bzw. zwei Gruppen von Körperteilen (vgl. Abb. 4, S. 36).

Die beiden ersten Arbeitsschritte ergeben sich direkt aus den auf Seite 32 aufgeführten Prämissen. Dem dritten Arbeitsschritt liegt der Gedanke zugrunde, daß der gemeinsame Schwerpunkt von zwei Teilschwerpunkten auf der Verbindungsstrecke beider Schwerpunkte liegt, und zwar in Relation zu den jeweils beteiligten Gewichten (vgl. im einzelnen WILLIMCZIK 1982, 26–30).

Neben dem damit verbundenen großen Arbeitsaufwand ist als Hauptnachteil der grafischen Methode eine durch die Vielzahl der Zeichenoperationen hervorgerufene Fehlergröße zu nennen. Beide Nachteile können durch Verwendung des grafisch-analytischen Verfahrens nach KNOLL-EGGERS abgebaut werden. Bei diesem Verfahren erfolgt grafisch die Ermittlung der Schwerpunkte für die einzelnen Körperteile (das sind die Punkte 1. und 2. des oben beschriebenen Arbeitsprogramms). Der weitere Arbeitsprozeß besteht darin, die Koordinatenpunkte der Teilschwerpunkte zu ermitteln und über sie die Koordinaten des Gesamtkörperschwerpunkts unter Anwendung des Momentensatzes (analytisch) zu bestimmen (vgl. im einzelnen WILLIMCZIK 1982, 30–32).

Abb. 4: Grafische Bestimmung von Teilschwerpunkten und des Körperschwerpunkts

Grundlage für die *analytische Schwerpunktbestimmung* ist die Erkenntnis aus der Statik, daß die im Schwerpunkt eines Körperteils angreifende Kraft F_0 ersetzt werden kann durch zwei fiktive, in den angrenzenden Gelenkmittelpunkten angreifende Kräfte F_1 und F_2, und zwar derart, daß das Kraftmoment für den jeweiligen Schwerpunkt der Summe der Kraftmomente für die beiden fiktiven Schwerpunkte gleich ist (vgl. auch Abb. 5).
Die Aufteilung der im Schwerpunkt angreifenden Kraft F_0 auf die in den Gelenkmittelpunkten angreifenden Kräfte F_1 und F_2 erfolgt in dem durch den Schwerpunktradius gegebenen Teilungsverhältnis. Für den Oberschenkel ergibt sich dann z. B. die folgende Rechnung:

Relatives Gewicht des Oberschenkels	12,0 %
Anteil des relativen Gewichts des Oberschenkels, das im Hüftgelenk angreift:	12 % × 0,56 = 6,7 %
Anteil des relativen Gewichts des Oberschenkels, das im Kniegelenk angreift:	12 % × 0,44 = 5,3 %

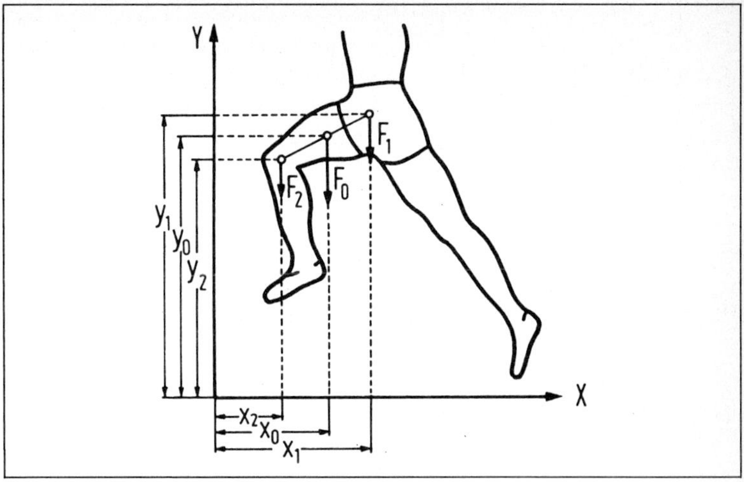

Abb. 5: Grafische Darstellung für die Aufteilung der relativen Gewichte einzelner Körperteile auf die angrenzenden Gelenkpunkte

Zu diesen Gewichtsanteilen, die im Hüft- bzw. im Kniegelenk angreifen, kommen noch die entsprechenden Anteile der angrenzenden Körperteile hinzu; für das Hüftgelenk ist der Anteil des Rumpfes, für das Knie der entsprechende Anteil des Unterschenkels zu berücksichtigen.

Für den Unterschenkel lautet die Rechnung:

Relatives Gewicht des Unterschenkels 5,0 %

Anteil des relativen Gewichts des Unterschenkels, das im Kniegelenk angreift: $5\,\% \times 0{,}58 = 2{,}9\,\%$

Anteil des relativen Gewichts des Unterschenkels, das im Fußgelenk angreift: $5\,\% \times 0{,}42 = 2{,}1\,\%$

Damit ergibt sich für das Kniegelenk insgesamt ein relatives Gewicht von 8,2 % (5,3 % + 2,9 %).

Die relativen Gewichte für die übrigen Gelenkpunkte können entsprechend berechnet werden. Für Kopf, Hände und Füße werden die Mittelpunkte eingesetzt. Das relative Gewicht des Rumpfes wird auf die angrenzenden Gelenke, auf das Schulter- und auf das Hüftgelenk angerechnet.

Es ergeben sich für:

Kopf	7,0 %	Hüftgelenk	16,2 %
Hand	1,0 %	Kniegelenk	8,2 %
Handgelenk	0,8 %	Fußgelenk	2,1 %
Ellbogengelenk	2,6 %	Fuß	2,0 %
Schultergelenk	13,6 %		

Die Berechnung des KSP erfolgt über die Koordinaten (x und y) der Teilschwerpunkte, das sind hier die Gelenkpunkte. Für diese werden die relativen Gewichte der Gelenke R_i eingesetzt. Es ergibt sich dann für

$$x_{KSP} = \sum_{i=1}^{n} R_i \cdot x_i \qquad y_{KSP} = \sum_{i=1}^{n} R_i \cdot y_i$$

Von den *mathematischen Modellen* zur individuellen KSP-Bestimmung (und der Trägheitsmomente) ist das von Hanavan (1964) am bekanntesten und wird entsprechenden Untersuchungen heute fast ausschließlich zugrunde gelegt. Das Hanavan-Modell (vgl. Abb. 6) beschreibt den menschlichen Körper mit Hilfe von 14 Segmenten (Kugeln, Kugelstümpfen, Ellipsoiden). Die Berechnung der Trägheitsmomente hinsichtlich der drei Hauptträgheitsachsen der Körpersegmente erfolgt unter Annahme homogener Körper auf der Grundlage des geometrisch kalkulierten Segmentvolumens und der Segmentmasse. Die Bestimmung der Segmentmasse nimmt Hanavan durch die Verwendung der einfachen Regressionsgleichungen von Barter (1957) vor. Zu einer späteren Modellversion von Miller und Morrison (1975) werden die präziseren Gleichungen von Clauser (1969) verwendet. Als empirische Basis dienen 25 (individuelle) körperliche Längen- und Breitenmerkmale (zur Berechnung vgl. Hanavan 1964).

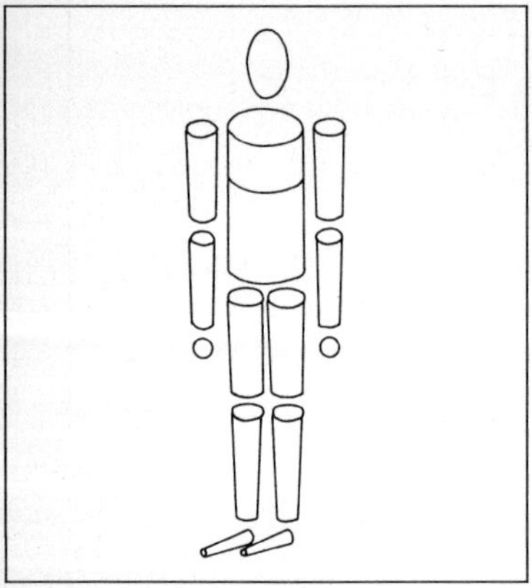

Abb. 6: Hanavan-Modell (nach Hanavan 1964)

In Tabelle 4 sind nach dem Hanavan-Modell exemplarisch die Längen, Massen und Trägheitsmomente für einen Sportler angegeben, dessen Gewicht 69 kg und dessen Körperhöhe 1,76 m beträgt.

In Anbetracht der nur zum Teil vermeidbaren Fehler und des großen Aufwands sollte keineswegs immer eine KSP-Bestimmung vorgenommen werden. Für den Fall günstiger Voraussetzungen kann vielmehr empfohlen werden, näherungsweise auf den *Hüftpunkt* als Ersatz für den Körperschwerpunkt zurückzugreifen. Günstig sind die Voraussetzungen, wenn Geschwindigkeiten für vergleichbare Phasen eines Bewegungsablaufs be-

	Länge [m]	Masse [kg]	I_x	I_y [kg m$^2 \cdot 10^{-2}$]	I_z
Kopf	,312	5,45	3,5	3,5	1,8
Oberer Rumpf	,190	10,79	11,3	6,2	11,0
Unterer Rumpf	,426	22,01	47,4	38,2	19,0
Oberarm	,364	2,12	2,4	2,4	0,3
Unterarm	,299	1,28	1,0	1,0	0,1
Hand	,099	0,51	0,9	0,9	0,9
Oberschenkel	,320	7,01	6,7	6,7	1,9
Unterschenkel	,436	3,40	5,5	5,5	0,4
Fuß	,278	1,04	0,7	0,7	0,1

Tab. 4: Nach dem Hanavan-Modell berechnete individuelle Massenträgheitsmomente (BRÜGGEMANN 1984, 295)

stimmt werden sollen. Beim Hürdenlauf trifft dies für die Phase zu Beginn und am Ende des Hürdenschritts zu. In diesen Phasen liegen sehr ähnliche Körperhaltungen vor. Es zeigt sich dann auch, daß die Geschwindigkeiten des Hüftpunkts und des Körperschwerpunkts zu Beginn und am Ende des Hürdenschritts fast identisch sind, während sie während der Überquerung der Hürde aufgrund der unterschiedlichen Geschwindigkeiten der verschiedenen Körperteile nicht zusammenfallen.

2.3 Optische Verfahren für die indirekte Orts- und Zeitmessung

Innerhalb der Kinematografie, aber auch der Biomechanik allgemein, haben Abbildverfahren eine zentrale Stellung. Das ist wohl darauf zurückzuführen, daß zum einen bei diesen Verfahren sowohl die Datenerhebung als auch die Datenanalyse keine Probleme aufzuwerfen scheinen und daß zum anderen mit diesen Verfahren erhobene Meßgrößen anschaulich und damit für den Sportpraktiker verständlich bleiben, so daß eine Verwertung der Ergebnisse für den Trainingsprozeß erleichtert wird.
Allen Aufnahmeverfahren zur Bewegungsanalyse (vgl. Abb. 7, S. 40) ist gemeinsam, daß die Ortsveränderung eines Körpers in Raum und Zeit (verkleinert) registriert wird, so daß die Bewegungsabläufe später in ihrer räum-

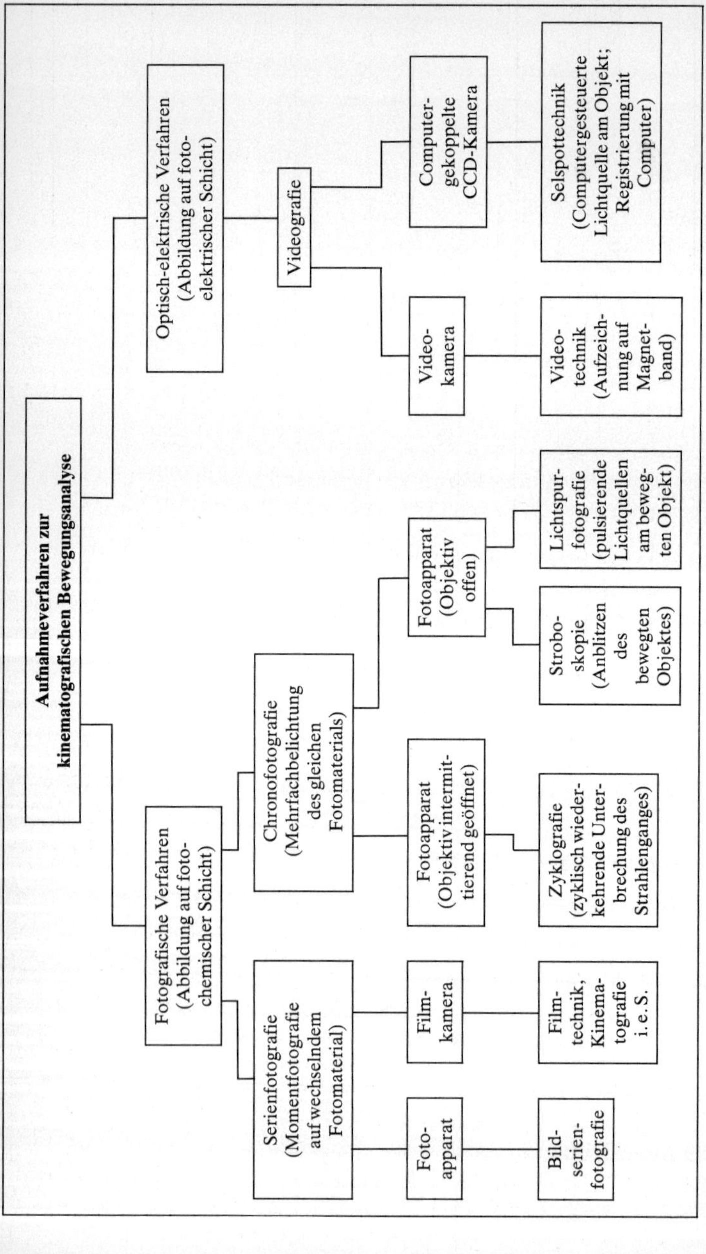

Abb. 7: Systematik fotografischer und optisch-elektrischer Aufnahmeverfahren

lichen und zeitlichen Dimension – gleichsam am Modell – verzerrungsfrei reproduziert und analysiert werden können. Erfolgt die Speicherung des Bildes auf der Grundlage von fotochemischen Schichten, bezeichnet man die Produkte als Fotografien bzw. Filme, während die Verwendung von optisch-elektrischen Verfahren zur Video- bzw. Selspottechnik führt.
Bei der *Serienfotografie*, die auch als Bildfolgeverfahren bezeichnet wird (Ballreich/Baumann 1982, 83), werden aufeinanderfolgende Bewegungsphasen auf räumlich getrennten Einzelbildern registriert. Hierbei können bis zu zehn Bilder pro Sekunde aufgenommen werden. Bei der Filmaufnahme wird für sportliche Bewegungen meist mit einer Frequenz zwischen 100 und 400 Aufnahmen pro Sekunde gearbeitet.
Im Unterschied zur Serienfotografie werden bei der *Chronofotografie* (Zeitfolgeverfahren) zeitlich aufeinander folgende Bewegungsphasen durch Mehrfachbelichtung auf dem gleichen Filmmaterial registriert. Die bekanntesten Verfahren sind hier die Stroboskopie, bei der das sich bewegende Objekt mehrfach angeblitzt wird (vgl. Abb. 8), und die Lichtspurfotografie. Bei ihr sind am sich bewegenden Objekt pulsierende Lichtquellen angebracht, die auf den Bildern zu unterbrochenen Lichtspuren führen (vgl. Abb. 9).
Die Grundlage der *Videotechnik* bildet die Umsetzung einer «flächenhaften Helligkeitsverteilung» eines Bildes in elektrische Signale, die zeitlich und räumlich analysiert werden können (Ballreich/Baumann 1982, 90).

Abb. 8: Stroboskopie eines Hürdenlaufs (Foto: IfS Tübingen)

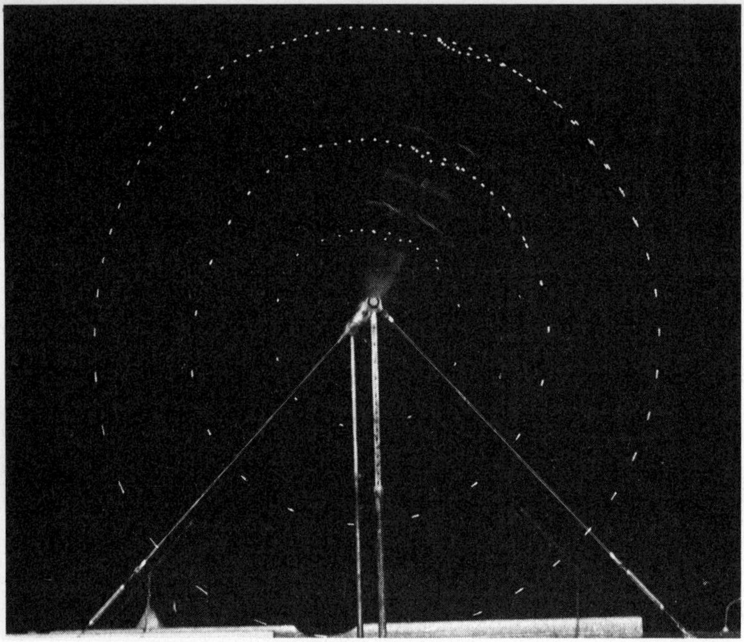

Abb. 9: Lichtspuraufnahme einer Turnübung (Riesenfelge)
(Foto: Klaus Willimczik)

Trotz zum Teil erheblicher Verbesserungen ist die *Videotechnik* hinsichtlich des zeitlichen und räumlichen Auflösevermögens für quantitative biomechanische Analysen auch heute noch eher skeptisch zu beurteilen. Zwar liegt das räumliche Auflösevermögen zwischen dem eines Filmbildes im Super-8-Format und eines 16-mm-Filmbildes, oft wird das Videobild aber noch durch Störsignale und Verzeichnungen des Schirmbildes beeinträchtigt. Hinzu kommt, daß – zumindest für die handelsüblichen Geräte – nur eine Bildfrequenz von 25 Bildern pro Sekunde erreicht wird und es bei Zeitlupen- und Stillstandprojektionen zu Verwischungen kommt (BALLREICH/BAUMANN 1982, 90ff). Den aufgeführten Nachteilen der Videotechnik für die biomechanische Analyse steht der gegenüber dem Film große Vorteil der möglichen Sofortinformation gegenüber, wie sie z. B. für die Trainingssteuerung sehr wichtig ist. (Zur Videotechnik als biomechanischer Methode siehe auch TERAUDS 1982 und KOLLATH/SCHWIRTZ 1985.)

Die *Selspottechnik*, die ebenfalls auf der optisch-elektrischen Grundlage arbeitet, verbindet den Vorteil der quantitativen Genauigkeit der Filmanalyse mit dem der Sofortinformation der Videotechnik. Allerdings unterliegt auch dieses Verfahren Einschränkungen in der Anwendung. Wie bei der Lichtspurfotografie ist es vor allem nur möglich, markierte Punkte zu analysieren. Die notwendigen speziellen Lichtverhältnisse schränken die Anwendung des Selspotverfahrens darüber hinaus weitgehend auf die Arbeit im Laboratorium ein (zum Selspotverfahren siehe auch LINDHOLM 1974; MACELLARI/POSSI/BUGARINI 1985; MANN et al. 1983).

Allen optischen Verfahren ist gemeinsam, daß es sich zunächst (nur) um «geometrische Konfigurationen» eines Objekts in der Projektion zu einem bestimmten Zeitpunkt handelt. Von dieser werden Längen- und Winkelmerkmale über die Bestimmung von Bildkoordinaten der relevanten Objektpunkte gewonnen. Die Bestimmung der Zeitmerkmale erfolgt bei der Serienfotografie über die Aufnahmefrequenz, bei der Chronofotografie über die Frequenz der Blitze (Stroboskopie) oder aber über die Frequenz der pulsierenden Lichtquellen (Lichtspurfotografie).
Die aufgeführten Verfahren unterscheiden sich vor allem hinsichtlich ihres Informationsgehaltes. Informationen, die mit Hilfe der Bildserienfotografie, Zyklografie und der Stroboskopie gewonnen werden, sind im Verhältnis zur Filmanalyse relativ gering, da bei ihnen im allgemeinen nur eine begrenzte Anzahl von Zeitangaben möglich ist. Der geringe Informationsgehalt der Lichtspurfotografie und der Selspottechnik besteht darin, daß nur eine eng begrenzte Anzahl vorher mit Lichtquellen markierter Körperpunkte analysiert werden kann. Auf die nur eingeschränkten Möglichkeiten der Videotechnik ist bereits hingewiesen worden.

Die große Anwendungsbreite der *Filmanalyse* zeigt sich darin, daß
- Ortsmerkmale auch dann registriert werden können, wenn kein Ein- oder Abdruck, z. B. auf einer Unterlage, vorhanden ist;
- sehr kleine Zeitdifferenzen für den Gesamtkörper, vor allem aber für einzelne Körperteile gemessen werden können;
- Orts- und Zeitmerkmale ohne weitere Hilfsmittel und ohne Rückwirkung auf die die Bewegung ausführende Person registriert werden können.

Wegen der großen Bedeutung der Filmanalyse für die Biomechanik des Sports soll sie den weiteren Ausführungen über die Arbeitsweise der optischen Meßverfahren zugrunde gelegt werden.
Voraussetzung für eine einwandfreie biomechanische Analyse der mit Hilfe der Filmanalyse gewonnenen Daten ist die Erfüllung von Anwendungsvoraussetzungen, über die sicherzustellen ist, daß mögliche Fehler

minimiert werden. Im einzelnen können diese Fehler auf die technische Ausrüstung (Filmkamera und Auswertegerät), dann aber auch auf die Arbeitsweise zurückgehen.
Bei der zu verwendenden Filmkamera muß es sich um eine Präzisionskamera handeln, die höchsten Ansprüchen sowohl in bezug auf das optische Auflösevermögen als auch auf die Bildfrequenzgenauigkeit genügt. Darüber hinaus müssen sich die Verschlußzeiten bis zu 1/500 Sekunde verkürzen lassen (vgl. auch Baumann 1968, 2168f; Willimczik 1982, 15–17; Ballreich/Baumann 1982, 83ff und Baumann 1983, 725ff).
Für die Auswertung der gefilmten Bewegungsabläufe dienen Filmprojektionsgeräte, die für die speziellen Aufgaben der wissenschaftlichen Filmanalyse mehr oder weniger stark umgebaut worden sind. So müssen die Filmbilder über eine Einzelbildschaltung weitertransportiert werden können, und es muß sichergestellt sein, daß alle Einzelbilder ohne Ortsverschiebung projiziert werden.
Die Grundlage für die Filmanalyse bildet die Berechnung der (realen) Orts- und Zeitmerkmale über das Modell im Film. Die Umrechnung der Ortsmerkmale auf dem Filmbild auf den Objektraum erfolgt (wie z. B. bei Straßenkarten) über den Maßstab. Für die Bestimmung des Maßstabs und damit die Berechnung aller Längenmerkmale ist das Mitfilmen eines Gegenstands von bekannter Länge (Meßlatte) erforderlich. Der Maßstab ergibt sich dann als Quotient von Abbildgröße und Objektgröße. Wenn also z. B. ein mitgefilmter 100 cm langer Stab (Objektgröße) in der Projektion 5 cm lang ist, ergibt sich für den Maßstab m = 5:100 oder 1:20. Der Maßstab 1:20 bedeutet, daß die Multiplikation aller Längenmerkmale der Projektion mit 20 die Objektgröße ergibt.
Bei der Analyse der Ortsmerkmale wird so vorgegangen, daß der aufgenommene Bewegungsablauf entweder bildweise oder in vorher festgelegten Bildabständen oder aber auch für bestimmte Bewegungsphasen über das Projektionsgerät auf die Projektionsfläche abgebildet wird und die entsprechenden Ortsveränderungen entweder direkt gemessen oder – wie bei der direkten Ortsmessung – über Koordinaten bestimmt werden können.
Zeitmerkmale lassen sich über die Anzahl der auszuwählenden Bildwechsel (= Anzahl der Bilder – 1) und die Bildfrequenz, mit der der Film aufgenommen worden ist, berechnen. Für Zeitintervalle gilt:

$$\Delta t = \frac{\text{Anzahl der Bildwechsel}}{\text{Bildfrequenz}} \, [s]$$

Die Verwendung dieser Formel setzt natürlich voraus, daß die Konstanz der Bildfrequenz gewährleistet ist.

Voraussetzung für eine einwandfreie Interpretation ist eine hohe Qualität des Filmmaterials. Sie wird durch folgende Maßnahmen erreicht:

- Die aufgenommenen Bilder sollen kontrastreich sein. Das bezieht sich gleichermaßen auf die Versuchsperson selbst wie auf die Absetzung der Versuchspersonen vom Hintergrund, der nach Möglichkeit einfarbig, schwarz oder weiß zu wählen ist. Damit die einzelnen Körperteile in ihrem Umriß deutlich erkannt werden können, sollten die Versuchspersonen keine die Konturen verdeckende Bekleidung tragen. Ist man an einzelnen Körperpunkten interessiert, so können diese durch Aufkleben von Markierungen besonders hervorgehoben werden.
- Der Aufnahmeraum soll möglichst gut ausgeleuchtet sein, damit sich für die Wahl der Blende bzw. Verschlußzeiten und damit die Qualität der Bilder keine wesentlichen Einschränkungen ergeben.
- Die zu analysierende Bewegung ist so auszuführen, daß Verdeckungen von Körperteilen bzw. Bewegungsphasen minimiert werden. Das bedeutet, daß bei entsprechenden Bewegungen, z. B. dem Kugelstoßen, die Seitigkeit zu berücksichtigen ist.
- Wenn irgend möglich, sollte nur mit feststehender Kamera unter Verwendung eines Stativs gefilmt werden, da es nur dann möglich ist, Ortsveränderungen in der o. g. Weise zu analysieren. Sollte hiervon abgewichen werden, weil der Bewegungsraum zu groß ist und damit die Bewegungsausführung bei feststehender Kamera zu klein werden würde, kann mit mitschwenkender Kamera gearbeitet werden. Es ist dann sicherzustellen, daß die Ortsveränderung über den Objektraum selbst, durch eine fest definierte räumliche Aufteilung, gemessen werden kann.

Vor einer Filmanalyse ist eine weitere, sehr wichtige Entscheidung zu treffen. Mit einer Kamera können nur solche Bewegungen aufgenommen bzw. analysiert werden, die nicht oder nur unwesentlich aus einer Bewegungsebene (Zweidimensionalität) heraustreten, wie dies z. B. beim Weitsprung, Sprint, Pferdsprung oder beim Rudern der Fall ist. Zweidimensional nicht erfaßbar sind dagegen alle Rotationsbewegungen (Schrauben, Drehung des Diskuswerfers usw.). Eine Ausnahme bilden hier nur solche Drehbewegungen, die als Drehachse die Senkrechte zur Bewegungsebene aufweisen (z. B. Salto von der Seite aufgenommen). Für die Analyse von Bewegungen, die aus der Bewegungsebene heraustreten, ist eine *dreidimensionale* Analyse erforderlich. Sowohl die entsprechenden Filmaufnahmen wie auch ihre Analyse sind heute sowohl theoretisch als auch praktisch gelöst. Bereits als klassisch muß die dreidimensionale Analyse mit zwei Filmkameras angesehen werden (vgl. Van Gheluwe 1978, Williams 1985). Weiterentwickelt worden ist die klassische Methode vor allem von Shapiro (1978) und von Marchand et al. (1985).

Filmaufnahmen liefern nur das Material für die biomechanisch-analytische Betrachtungsweise, denn der Film bietet ja (noch) eine ganzheitliche Abbildung des Bewegungsablaufs. Auf der Grundlage der Reproduktionen

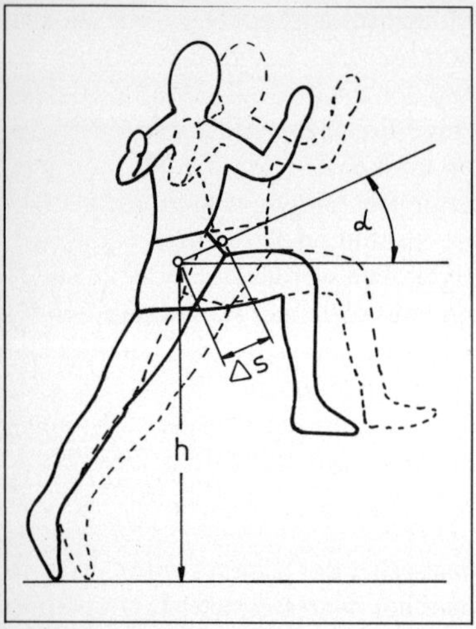

Abb. 10: Absprungphase beim Weitsprung mit den für die Bestimmung der Flugparabel benötigten Merkmalen: h = Abflughöhe, α = Abflugwinkel

werden dann die für die jeweilige Fragestellung relevanten Merkmale operational definiert, d. h., es wird für sie die Meßvorschrift angegeben. In Abb. 10 wird dies exemplarisch für den Absprung beim Weitsprung vorgeführt. Es sind diejenigen Merkmale eingezeichnet worden, die für die Flugweite von besonderer Bedeutung sind. Dabei wird (stark vereinfacht) davon ausgegangen, daß der Hüftpunkt die Masse des Weitspringers repräsentiert (vgl. dazu auch S. 31 ff).

Das gewählte Beispiel macht deutlich, daß auch die biomechanische Beschreibung keineswegs voraussetzungsfrei und theorielos ist; denn die Operationalisierung von Merkmalen stellt immer eine Auswahl dar. Diese geschieht nach Möglichkeit aufgrund von Theorien bzw. Gesetzmäßigkeiten (z. B. des schiefen Wurfs), zumindest aber aufgrund von Vorüberlegungen.

Allgemein können mit Hilfe der Filmanalyse folgende Merkmalsgruppen gemessen werden:

1. Längenmerkmale (z. B. Abflughöhe beim Weitsprung oder Kugelstoßen, Hürdenschrittlänge bzw. die entsprechenden Teilstrecken, Beschleunigungswege bei Würfen);
2. Winkelmerkmale (z. B. Absprung- und Abflugwinkel beim Weitsprung und Hürdenlauf, «Abknickwinkel» zwischen Oberkörper und Oberschenkel beim Überqueren der Hürde, Winkel zwischen Rumpf und Beinen bei Turnübungen wie Kippen und Felgumschwüngen);
3. Zeitmerkmale (z. B. Zeitdauer der Hürdenüberquerung, Flugdauer der Kugel, des Speeres, des Weitspringers, Ballkontaktzeit beim Volleyball).

Aus den genannten Merkmalen können durch Kombinationen untereinander oder unter Hinzuziehung weiterer, z. B. anthropometrischer Merkmale zusammengesetzte Größen gebildet werden:

4. Relationen von Längen- oder Winkelmerkmalen (Verhältnis von Absprung- und Landeweite beim Hürdenschritt – vgl. auch Abb. 1, S. 29 –,

Verhältnis vom Bremsphase zu Beschleunigungsphase beim Weitsprungabsprung – vgl. auch Abb. 11, S. 49);
5. Geschwindigkeits- und Beschleunigungsmerkmale als Relationen von Orts- und Zeit- bzw. Geschwindigkeits- und Zeitmerkmalen (Sprintgeschwindigkeit als Verhältnis von 100-m-Strecke zu der dafür benötigten Zeit, Winkelgeschwindigkeit als Verhältnis von Geschwindigkeitsänderungen in der Zeit);
6. Relationen von Längen- und anthropometrischen Merkmalen (Schrittlängenindex als auf die Beinlänge relativierte Länge des Sprintschritts).

2.4 Elektronische Verfahren für die Kraftmessung

Voraussetzung für (raum-zeitliche) Bewegungen, also den Gegenstand der Kinematik, ist die Wirkung von Kräften. Die Kraftwirkungen sind als Wechselspiel zwischen den Muskelkräften eines Sportlers und den (äußeren) Kräften der Umwelt, vor allem der Schwerkraft, anzusehen. Mit dynamometrischen Verfahren werden diejenigen Kräfte erfaßt, die zwischen dem Gesamtsystem Mensch und seiner Umwelt bestehen. Es sind dies die an der Peripherie des Körpers in Erscheinung tretenden Reaktionskräfte; die Muskelkräfte selbst, die elektromyografisch erfaßt werden können (vgl. dazu u. a. LAURIG 1983), bleiben unberücksichtigt.
Die Reaktionskräfte an der Peripherie des Körpers treten je nach Sportart unterschiedlich in Erscheinung und müssen entsprechend spezifisch gemessen werden. Bisher sind vor allem für die folgenden Bewegungen Meßverfahren entwickelt worden:
- Meßplattformen zur Bestimmung der am Boden auftretenden Reaktionskräfte (vgl. S. 48). Sie dienen zur Bestimmung von dynamischen Parametern bei allen Sprüngen der Leichtathletik, beim Turnen, aber auch beim Schwimmstart und bei Sprüngen in den Spielen;
- eine dynamometrische Reckstange zur Bestimmung der horizontalen und vertikalen, der radialen und der tangentialen Kraftkomponenten, die vom Gesamtsystem Reckturner auf die Reckstange ausgeübt werden (vgl. BAUER 1976);
- dynamometrische Dollen und Stemmbretter zur Registrierung aller vom Ruderer auf das Ruderboot ausgeübten Kräfte (SCHNEIDER 1980, NOLTE 1984);

- dynamometrische Skier zur Bestimmung derjenigen Kräfte, die vom Skiläufer über die Schuhe auf die Skier einwirken (vgl. zuerst Fukuoka 1971);
- Fahrraddynamometer mit dem Ziel, die tangentialen und radialen Kräfte bei der Tretbewegung zu ermitteln.

Die Messung dynamometrischer Kräfte ist zwar auch mechanisch möglich (vgl. u. a. Hochmuth 1981), sie erfolgt heute im allgemeinen aber elektronisch. Dabei macht man sich zunutze, daß Kräfte elastische Körper verformen. Diese mechanische Verformung kann in elektrische Größen umgewandelt werden.
Es erfolgt dies vorzugsweise über den Piezoeffekt oder aber über Dehnmeßstreifen.
Auf der Grundlage des Piezoeffekts arbeiten u. a. die weltweit verbreiteten Kistler-Mehrkomponenten-Meßplattformen, die in unterschiedlicher Größe im Handel sind. Als Piezoeffekt wird das Verhalten von bestimmten Kristallen, vor allem Quarz, bezeichnet, sich aufgrund von (mechanischem) Druck an den Kristallflächen elektrisch aufzuladen. Die sich in einer bestimmten Richtung ändernde Ladungsverteilung wird zunächst verstärkt, dann in eine Spannung umgewandelt und gemessen (vgl. ausführlich Ballreich/Baumann 1982, 78 und Nigg 1983, 40). Die Mehrkomponenten-Meßplattform ermöglicht es, die auftretenden Kräfte (z. B. beim Weitsprung) in die beiden horizontalen und die vertikale Komponente zu zerlegen und getrennt zu registrieren (vgl. auch Abb. 11).
Auf das Prinzip der Dehnmeßstreifen wird heute vor allem dort zurückgegriffen, wo kleinere Datengeber gebaut werden müssen, z. B. an der Ruderdolle, beim Skidynamometer oder beim Tretkurbeldynamometer. Das Meßprinzip beruht auf dem physikalischen Verhalten von halbleitenden Elementen, die ihren Widerstand bei Dehnung oder Streckung ändern. Die sich ergebende Widerstandsänderung kann ebenfalls in eine Spannungsänderung umgewandelt werden. Sie ist in gewissen Grenzen der angreifenden Kraft linear proportional (vgl. Ballreich/Baumann 1982, 78 und Nigg 1983, 40f).
Allen dynamometrischen Meßverfahren ist gemeinsam, daß die Kraft in Abhängigkeit von der Zeit registriert wird. Das Ergebnis sind sogenannte Dynamogramme. In Abbildung 11 ist ein solches Dynamogramm exemplarisch für den Weitsprung dargestellt.
So wie eine Filmaufnahme nicht unmittelbar und ganzheitlich interpretiert werden kann, sondern erst auf der Grundlage von operationalisierten Merkmalen (vgl. im einzelnen S. 46f), sind auch für Dynamogramme sportart- bzw. bewegungsspezifische Operationalisierungen vorzunehmen. In Abbildung 11 sind exemplarisch untersuchungsrelevante Merkmale für den Weitsprung operationalisiert eingetragen. Es sind dies:

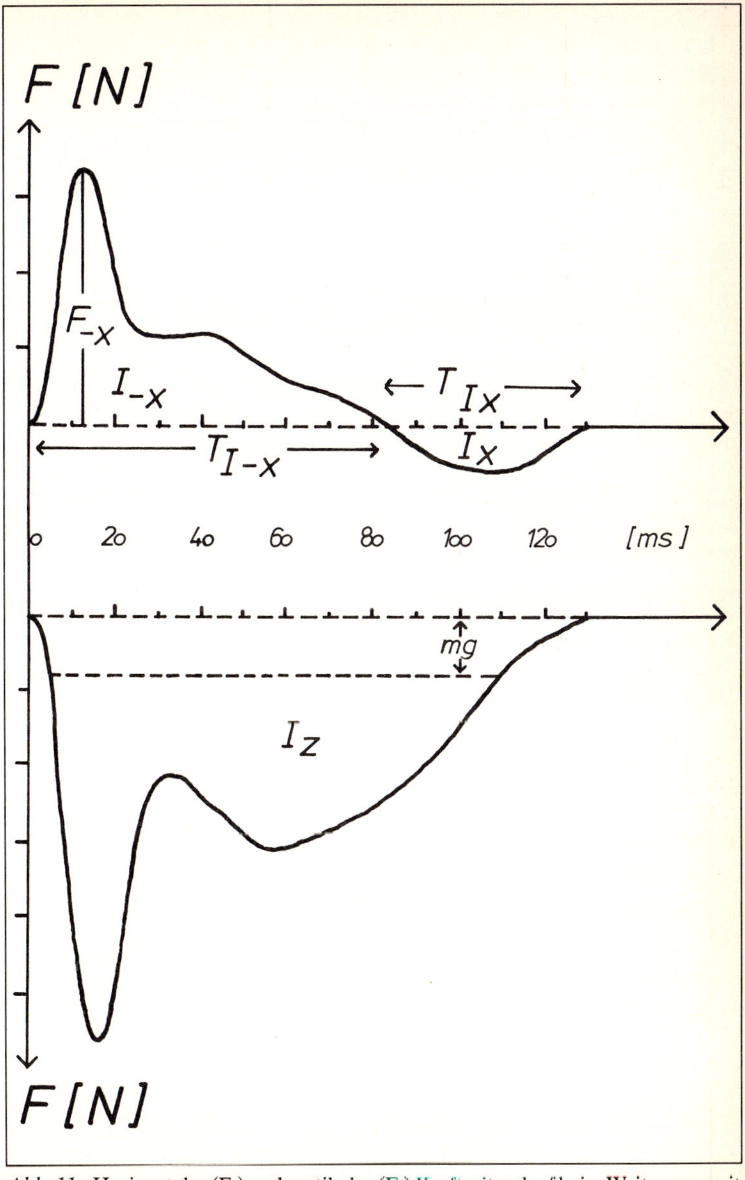

Abb. 11: Horizontaler (F_x) und vertikaler (F_z) Kraftzeitverlauf beim Weitsprung mit ausgewählten Operationaldefinitionen (nach BALLREICH 1970)

- vertikaler Impuls (I_Z),
- negativer horizontaler Impuls (Bremsimpuls; I_{-X}),
- positiver horizontaler Impuls (Beschleunigungsimpuls; I_X),
- maximale horizontale Bremskraft (F_{-X}),
- Zeitdauer des Bremsimpulses (T_{I-x}),
- Zeitdauer des Beschleunigungsimpulses (T_{Ix}).

Für die Auswertung von Dynamogrammen stehen heute – wie für die Kinematografie – hochwertige elektronische Analysegeräte zur Verfügung. Mit ihrer Hilfe ist es möglich, Strecken und Winkel, vor allem aber Flächen schnell und genau zu analysieren.

Dynamometrisch erhobene Kräfte sind als die «Ursache» für Bewegungen angegeben worden (vgl. S. 47). Entsprechend ist es möglich, in Raum und Zeit beobachtbare Bewegungen und die sie verursachenden Kräfte zueinander in Beziehung zu setzen. Es soll dies exemplarisch am «vertikalen Strecksprung» verdeutlicht werden, für den in Abbildung 12 die Bewegungsausführung und die dazugehörige Kraftkurve dargestellt ist.

Der Zusammenhang zwischen der Bewegung und der diese verursachenden Kraft beim vertikalen Strecksprung ergibt sich über das folgende Gleichungssystem:

$$\Delta H = \frac{\left[\int_{t_0}^{t_3} \left|F_z(t) - mg\right| dt\right]^2}{m^2 \cdot 2 \cdot g}$$

In dieser Formel ist

ΔH	die Sprunghöhe, gemessen über die Differenz zwischen dem KSP im Stand und im höchsten Punkt der Sprungbahn
$\int_{t_0}^{t_3} \left|F_z(t) - mg\right| dt$	die während der Absprungzeit $t_3 - t_0$ für den Sprung aufgewendete vertikale Kraft (Impuls)
m	Masse des Springers
g	Erdbeschleunigung

Um sich ein Bild davon machen zu können, welche Fläche der Impulsbestimmung zugrunde zu legen ist, soll im folgenden der Bewegungsablauf des Strecksprungs kurz analysiert werden. Läßt man einen Sportler auf einer Kraftmeßplatte einen einfachen vertikalen Strecksprung mit Ausholbewegung durchführen, ergibt sich der in Abbildung 12 wiedergegebene Raum- und Kraftverlauf jeweils in der Zeit. Bei der Ausholbewegung wird der Körperschwerpunkt zunächst abgesenkt. In dieser Phase (t_0–t_1) findet eine Entlastung der Kraftmeßplatte statt, die bei der höchsten Abwärtsbe-

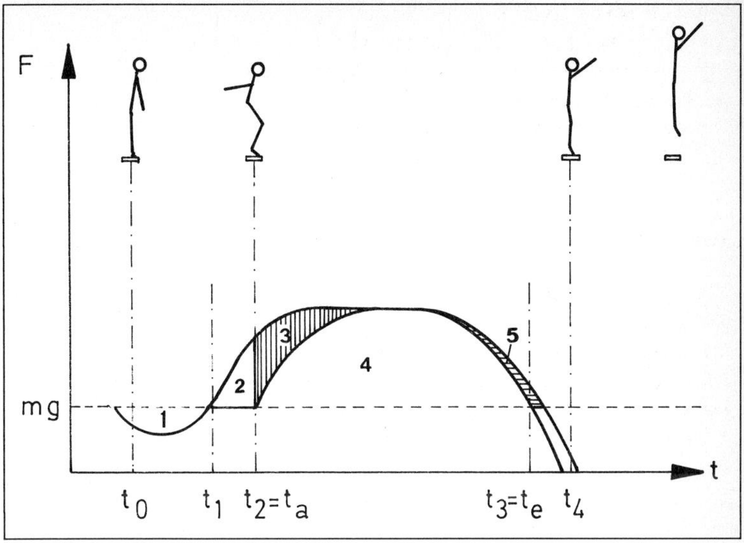

Abb. 12: Bewegungskurve des KSP und Kraftkurve bei einem vertikalen Strecksprung mit Ausholbewegung

schleunigung am größten ist. Zu diesem Zeitpunkt weist die Kraftkurve ihr Minimum auf. Vom Zeitpunkt t_1 an wird diese Abwärtsbewegung dann abgebremst. Es führt dies zu einer über das Gewicht des Springers hinausgehenden Kraftwirkung. Zum Zeitpunkt der Bewegungsumkehr des Körperschwerpunkts (t_2) wirkt dann bereits eine relativ große Kraft, die beim Sprung ohne Ausholbewegung nicht vorhanden ist. Diese Kraft wird als Anfangskraft bezeichnet (vgl. HOCHMUTH 1981). Im folgenden wirkt die positive Beschleunigungskraft auf den Körper. Mit dem Verlassen der Meßplattform (t_3) endet die Wirksamkeit der Kraft.
Für die Berechnung des Impulses ist von der Fläche des positiven Impulses (Flächen 2, 3 und 4) die des negativen Impulses (Fläche 1; Ausholbewegung) abzuziehen, da dieser Anteil der positiven Beschleunigung nur zum Abbremsen der Ausholbewegung verwendet wird, so daß nur der den Flächen 3 und 4 entsprechende Impuls wirksam wird.

Die Kraftmessung ist in der Biomechanik das am weitesten verbreitete elektronische Verfahren. Neben ihr werden vor allem noch Beschleunigungsmessungen (Accelerometrie) und Winkelmessungen (Goniometrie) durchgeführt. Beschleunigungsmessungen (vgl. im einzelnen NIGG 1983, 51–55) nutzen die Tatsache, daß die mechanische Wirkung einer Beschleunigungskraft in einen elektrisch meßbaren Wert umgewandelt werden kann. Die Grundlage bilden auch hier die oben beschriebenen dynamometrischen Datenerhebungsmethoden. Bei der Goniometrie (vgl. im einzelnen NIGG 1983, 56–63) werden die (mechanischen) Winkeländerungen über ein Potentiometer in eine Spannungsänderung umgesetzt.

2.5 Biomechanische Fehlerrechnung

Die Wissenschaftlichkeit von Aussagen wird in empirisch ausgerichteten Wissenschaften dadurch nachgewiesen, daß (nach Möglichkeit quantitative) Angaben über zu berücksichtigende Fehler gemacht werden. In den Naturwissenschaften, denen die Biomechanik im allgemeinen zugeordnet wird, erfolgt die Fehlerabschätzung über eine sogenannte Fehlerrechnung. Für die Biomechanik ist allerdings mit Nachdruck darauf hinzuweisen, daß eine solche naturwissenschaftliche Fehlerrechnung nicht ausreichend ist. Im Unterschied zu den Naturwissenschaften, in denen die (unbelebte) Natur der Problemgegenstand ist und für die ein deterministisches Verhalten angenommen wird, ist der Gegenstand der Biomechanik der (sporttreibende) Mensch. Diesem lebenden Objekt der Messung aber muß eine Verhaltensfluktuation zugestanden werden. Deutlich wird dieser Sachverhalt etwa daran, daß sich für einen bestimmten Körper im freien Fall (bei gleichen äußeren Bedingungen) immer die gleiche Fallgeschwindigkeit ergibt, während die Technik eines Sportlers, ein zentraler biomechanischer Forschungsgegenstand, intraindividuell durchaus variieren kann (vgl. auch die Ausführungen zur indeterministischen Modellbildung von BALLREICH, S. 110ff). Für biomechanische Forschung ist demnach zu fordern, daß neben der (naturwissenschaftlichen) Fehlerrechnung, die der Objektivitätsbestimmung in den Sozialwissenschaften weitgehend entspricht, auch die Merkmalskonstanz der Versuchspersonen (Reliabilität) und, zumindest für bestimmte Problemgegenstände, wie die Bestimmung motorischer Fähigkeiten über biomechanische Indikatoren, auch die Validität zu bestimmen sind.
Natur- und Sozialwissenschaften gemeinsam ist zunächst aber die Unterscheidung der folgenden vier Fehlerarten, die damit auch für die Biomechanik volle Gültigkeit hat:

grobe Fehler	beziehen sich auf Einzelfehler: Ablesefehler, Übertragungsfehler, Transformationsfehler z. B. beim Vorliegen von individuellen Verstärkungseinstellungen elektronischer Geräte;

systematische (regelmäßige) Fehler	beziehen sich auf Meßwertreihen; gehen meist auf falsche Eichung zurück; treten einseitig als Unter- oder Überschätzung eines Meßwertes auf;
zufällige (unregelmäßige) Fehler	treten z. B. als die Rundungsfehler in einer Meßwertreihe sowohl als Unter- als auch Überschätzung auf;
totale Fehler	beziehen sich auf den gesamten Forschungsprozeß; verteilen sich – besonders bei großen Meßwertreihen – nach dem Zufallsprinzip.

Von den genannten Fehlern kommt dem zufälligen Fehler eine besondere Bedeutung zu. Er ist Gegenstand einer eigenständigen Fehlertheorie geworden, die heute für die Angabe und Beurteilung von Fehlern in Naturwissenschaften allgemein als verbindlich angesehen werden kann. Die folgenden Angaben zur Fehlerrechnung beziehen sich deshalb ausschließlich auf die Fehlertheorie des zufälligen Fehlers.

Innerhalb der Fehlertheorie wird zwischen Fehlern für einfache und für zusammengesetzte Meßwerte unterschieden. Einfache Meßwerte sind «Grundgrößen», die auf einen einzelnen Meßvorgang zurückgehen (z. B. Weitsprungweite, 100-m-Zeit). Ein zusammengesetzter Meßwert ist z. B. die Geschwindigkeit als Relation aus Weg- und Zeitmerkmalen.
Für einfache Fehler wird zwischen absoluten und relativen Fehlern einerseits und zwischen maximalen, durchschnittlichen und mittleren Fehlern anderseits differenziert. Die Relativierung eines (absoluten) Fehlers auf die Meßgröße ist in vielen Fällen notwendig, weil erst dann abgeschätzt werden kann, welche Auswirkungen ein Fehler auf einen Meßvorgang hat. So fällt z. B. ein Fehler von 10 cm beim Hochsprung stärker ins Gewicht als beim Speerwerfen.
Bei der Differenzierung in maximale, durchschnittliche und mittlere Fehler wird auf statistische Maßzahlen zurückgegriffen: Der maximale Fehler entspricht der Streuungsbreite, der durchschnittliche Fehler der durchschnittlichen Abweichung und der mittlere Fehler der Standardabweichung. Aus statistischer Sicht ist der mittlere Fehler am aussagekräftigsten. Tabelle 5, S. 54, enthält eine Systematik der möglichen zufälligen einfachen Fehler (zur Berechnung vgl. WILLIMCZIK 1983c, 180ff).
Grundlage für die Berechnung von Fehlern für zusammengesetzte Meßgrößen bildet das Fehlerfortpflanzungsgesetz von GAUSS. Danach gilt für den Fehler y einer zusammengesetzten Meßgröße Y

$$\Delta y = \left|\frac{dy}{dx_1}\right| \cdot |\Delta x_1| + \left|\frac{dy}{dx_2}\right| \cdot |\Delta x_2| + \ldots + \left|\frac{dy}{dx_n}\right| \cdot |\Delta x_n|$$

	absolute Fehler (F_a) (Dimension der Meßgröße)	relative Fehler (F_r) (%)
maximaler Fehler (F_{max})	absoluter maximaler Fehler $F_{a,\,max} = \pm \frac{x_{max} - x_{min}}{2}$	relativer maximaler Fehler $F_{r,\,max} = \pm \frac{\lvert F_{a,\,max}\rvert \cdot 100}{\bar{x}}$
durchschnittlicher Fehler (F_d)	absoluter durchschnittlicher Fehler $F_{a,\,d} = \pm \frac{1}{N} \Sigma \lvert x_i - \bar{x}\rvert$	relativer durchschnittlicher Fehler $F_{r,\,d} = \pm \frac{\lvert F_{r,d}\rvert \cdot 100}{\bar{x}}$
mittlerer Fehler (F_m)	absoluter mittlerer Fehler $F_{a,\,m} = \pm \sqrt{\frac{1}{N} \Sigma (x_i - \bar{x})^2}$	relativer mittlerer Fehler $F_{r,\,m} = \pm \frac{\lvert F_{a,m}\rvert \cdot 100}{\bar{x}}$

Tab. 5: Systematik der zufälligen einfachen Fehler

Aus dieser Grundgleichung lassen sich alle Formeln zur Berechnung der Fehler bei Vorliegen additiv oder multiplikativ verknüpfter Meßgrößen ableiten (zur Berechnung vgl. WILLIMCZIK 1983c, 185ff). Da beim Vorliegen einer additiven Verknüpfung von Meßwerten der Art $y = x_1 + x_2 + \ldots + x_n$ die partiellen Ableitungen $\frac{dy}{dx_i} = 1$ ergeben, vereinfacht sich die Berechnung des absoluten Fehlers zu

$$\Delta y = \lvert \Delta x_1 \rvert + \lvert \Delta x_2 \rvert + \ldots + \lvert \Delta x_n \rvert$$

Beispielsweise erhält man bei der Hürdenschrittlänge Y ($y = x_1 + x_2$), bestehend aus den Teilstrecken «Absprung-Hürde» (x_1) und «Hürde-Landen» (x_2) einen maximalen absoluten Fehler von

$$F_{a,\,max} = \Delta y = \lvert \Delta x_1 \rvert + \lvert \Delta x_2 \rvert$$

Für x_1 werden dabei üblicherweise die maximalen Einzelfehler eingesetzt. Man erhält dann den sogenannten Größtfehler, der zur «oberen Abschätzung» eines Fehlers herangezogen wird. Für die Berechnung des relativen Fehlers ergibt sich entsprechend

$$F_{r,\,max} = \frac{\Delta y}{y} = \frac{\lvert \Delta x_1 \rvert + \lvert \Delta x_2 \rvert}{x_1 + x_2}$$

Bei der Berechnung des mittleren Fehlers für zusammengesetzte Größen werden als Ausgangswerte sowohl für die Bestimmung des absoluten wie des relativen Fehlers die mittleren Fehler der einfachen Meßgrößen eingesetzt. Für diese Fehler ergibt sich somit eine doppelte Mittlung. Zum ersten wird ein mittlerer Fehler für die Einzelwerte berechnet, zum zweiten wird nicht die Summe der Absolutfehler berechnet, sondern wird aus der Summe der Quadrate der einzelnen Fehler die Wurzel gezogen. Für den absoluten mittleren Fehler ergibt sich für das Hürdenbeispiel

$$F_{a,m} = \pm \sqrt{\Delta x_1^2 + \Delta x_2^2}$$

Die Formel zur Berechnung des relativen mittleren Fehlers lautet

$$F_{r,m} = \pm \sqrt{\frac{x_1^2 + x_2^2}{x_1 + x_2}}$$

Für die Berechnung eines Fehlers bei einer multiplikativ zusammengesetzten Meßgröße wie der Geschwindigkeit ($v = \frac{\text{Weg}}{\text{Zeit}} = \frac{y}{t}$ mit y = Hürdenschrittlänge und t = Zeit für das Überlaufen der Hürde) ergibt sich nach Umformung der Fehlerformel von GAUSS für den absoluten maximalen Fehler

$$F_{a,max} = \pm \frac{1}{t} \left| \Delta y \right| + \frac{y}{t^2} \left| \Delta t \right|$$

Bei einem angenommenen $F_{a,max}$ von 0,05 m für die Hürdenschrittlänge von 3,70 m und einem entsprechenden Fehler von $F_{a,max} = 0{,}01$ s für die Zeit für das Überlaufen der Hürde (0,5 s) ergibt sich für den zusammengesetzten Fehler:

$$F_{a,max} = \pm \left(\frac{1}{0{,}5} \cdot 0{,}05 + \frac{3{,}70}{0{,}25} \cdot 0{,}01 \right) = \pm 0{,}248 \left[\frac{m}{s} \right]$$

Berücksichtigt man die oben eingeführte Tatsache, daß der Gegenstand der Biomechanik nicht die unbelebte Natur, sondern der insgesamt «indeterministische» Mensch ist, erscheint es sinnvoll, zumindest kurz auf die sozialwissenschaftliche Art der Fehlerberechnung hinzuweisen, zumal sie auch für biomechanische Veröffentlichungen durchaus herangezogen wird. Es sind dies die sogenannten Gütekriterien Objektivität, Reliabilität und Validität.

«Die *Objektivität* eines Testverfahrens (einer Befragung, einer Einstellungsmessung) ist definiert als der Grad der Unabhängigkeit von Ergebnissen gegenüber störenden Einflüssen des Testleiters, des Testauswerters und des Beurteilers. Entsprechend dieser personalen Differenzierung spricht man nicht nur von der Objektivität eines Tests, sondern unterscheidet zwischen der Objektivität der Durchführung, der Auswertung und der Interpretation» (ROTH 1983, 100). Für biomechanische Fragestellungen ist zu bedenken, daß die Grundlage der Durchführungs- und Auswertungsobjektivität dieselbe ist, die der (naturwissenschaftlichen) Fehlertheorie zugrunde liegt, so daß jeweils nur eine Art der Fehlerrechnung durchzuführen ist.

Im Unterschied zur Objektivität werden bei der *Reliabilität* neben den Fehlern, die auf die Untersuchungsbedingungen zurückgehen, auch jene «Fehler» berücksichtigt, die in der Versuchsperson selbst begründet sind. Damit wird in die Fehlerrechnung mit einbezogen, daß die Ausprägung eines biomechanischen Merkmals auch dann variieren kann, wenn die zugrunde liegende Leistungsfähigkeit sich nicht ändert. Da die Reliabilität eine Aussage über die Merkmalskonstanz (in der Versuchsperson) und der Bedingungskonstanz (Objektivität) macht, ist sie im allgemeinen geringer als die Objektivität. Im günstigsten Fall ist sie der Höhe nach mit der Objektivität identisch (wenn der Fehleranteil der Bedingungskonstanz gleich Null ist). Die Forderung nach Reliabilitätsprüfungen in der Biomechanik gilt natürlich nicht für Materialprüfungen; sie muß aber um so nachdrücklicher gestellt werden für alle biomechanischen Technikanalysen. Dabei ist zu berücksichtigen, daß die Frage der Merkmalskonstanz bzw. Merkmalsfluktuation je nach sportmotorischer Technik, nach untersuchtem Merkmal und nach Leistungsniveau unterschiedlich ist und somit spezifisch überprüft werden muß.

Objektivität und Reliabilität beschränken sich auf die formale Genauigkeit eines Tests. Dagegen macht die *Validität* Angaben darüber, ob das, was zu messen beansprucht wird, auch tatsächlich gemessen wird. Über die Validität wird damit die Berechtigung einer Operationaldefinition geprüft. Die Validität der operationalen Definition eines Merkmals kann immer dann als gegeben angesehen werden, wenn die Interpretation sich auf die tatsächlich durchgeführte Operation beschränkt. Es trifft dies z. B. für biomechanisch analysierte Technikmerkmale zu. Beansprucht man dagegen, über biomechanische Indikatoren Aussagen z. B. über motorische Fähigkeiten zu machen, tritt das Validitätsproblem in voller Schärfe zutage. Es kann an der Kraftmessung verdeutlicht werden. Die Grundlage für eine Analyse z. B. der Schnellkraft bilden Dynamogramme, die auf das (formale) Meßverfahren Dynamografie zurückgehen, für das eine (inhaltliche) Validierung weder erforderlich noch möglich ist. Für die Definition der motorischen Fähigkeit Startkraft als Kraftanstieg während der ersten 50 m/s ist unbedingt ein Validitätsnachweis zu führen.

Wolfgang Baumann

3 Mechanische und biologische Grundlagen

Die Biomechanik untersucht den menschlichen Körper und seine Bewegungen auf der Grundlage mechanischer Gesetzmäßigkeiten und Methoden unter Einbeziehung biologischer, d. h. vorrangig anatomischer und physiologischer Erkenntnisse. Mechanische Eigenschaften des Körpers und der Bewegung werden gemessen und quantitativ beschrieben. Gegenüber der qualitativen Analyse zeichnet sich die biomechanische Bewegungsanalyse aus durch Objektivität und Differenziertheit auf einem hohen Quantifizierungsniveau.
Voraussetzung für die Anwendung dieser wissenschaftlichen Methoden sind modellmäßige Vereinfachungen der Realität, die die wesentlichen Charakteristiken des biologischen Originals widerspiegeln. Die in Form mechanischer bzw. mathematischer Beschreibungen vorliegenden Modelle sind natürlich nicht ein für allemal festgelegt, sondern werden in Abhängigkeit der zunehmenden Leistungsfähigkeit der theoretischen und meßtechnischen Methodik sowie des jeweiligen Erkenntnisstands weiterentwickelt, d. h. verfeinert.
Die Biomechanik gewinnt ihre Erkenntnisse einerseits aus der korrekten Anwendung mechanischer Gesetze auf den Menschen und andererseits aus den Ergebnissen biomechanischer Untersuchungen realer Bewegungsabläufe.
Im folgenden werden die wesentlichen Grundbegriffe und Gesetzmäßigkeiten aus den Bereichen Mechanik und Biologie dargestellt.

3.1 Mechanische Grundlagen

Die Mechanik befaßt sich mit den Bewegungen von Körpern sowie den Kräften, die Bewegungen verursachen oder miteinander im Gleichgewicht stehen. Den Zusammenhang zwischen der *Kraft* als *Ursache* und der *Bewegung* als *Wirkung* beschreiben in mathematischer Form die mechanischen Gesetze. Sie stellen verallgemeinerte Aussagen als Ergebnis systematischer Messungen und daraus gewonnener geordneter Erfahrungstatsachen dar. Mechanische Gesetze gelten für alle Körper der belebten und unbelebten Natur. Demnach unterliegen ihnen auch die menschlichen Körperbewegungen. Daraus folgt, daß die Kenntnis der mechanischen Grundlagen der Bewegung von fundamentaler Bedeutung für das Verständnis der sportlichen Bewegung ist.
Die Mechanik unterteilt man in zwei Teilgebiete: die Kinematik und die Dynamik. Die *Kinematik* beschreibt die räumlich-zeitliche Charakteristik der Bewegung, ohne die Masse der Körper und die einwirkenden Kräfte zu berücksichtigen. Die *Dynamik* befaßt sich mit der Wirkung von Kräften. Sie läßt sich weiter aufteilen in Statik und Kinetik. Die *Statik* untersucht die Bedingungen, unter denen Kräfte miteinander im Gleichgewicht stehen und somit keine beschleunigte Bewegung verursachen. Die *Kinetik* befaßt sich mit der Bestimmung der von Kräften hervorgerufenen Bewegungen. Dies ist die umfassendste und schwierigste Aufgabe. Um die wesentliche Charakteristik der Bewegungen und der sie verursachenden Kräfte zu erfassen, ist es häufig nicht erforderlich, sämtliche Details der Bewegung sowie der Eigenschaften des menschlichen Körpers exakt zu beschreiben. Bei vielen Fragestellungen ist es notwendig, idealisierende Vereinfachungen vorzunehmen. Man sieht z. B. von der Verformbarkeit des Körpers ab und

Abb. 1: Einteilung der Mechanik

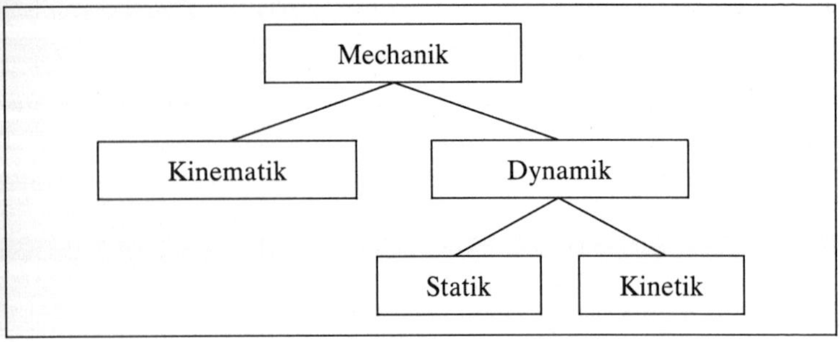

führt den idealisierten starren Körper ein; räumlich und flächenhaft verteilte Kräfte werden durch ideale Einzelkräfte ersetzt; Gelenke werden als ideale Scharnier- bzw. Kugelgelenke aufgefaßt. Durch solche Vereinfachungen wird es möglich, die mechanischen Gesetze in relativ einfacher Darstellung zu formulieren und in der Anwendung auf die menschliche Körperbewegung leichter zu verstehen.

3.1.1 Grundbegriffe und Gesetze

3.1.1.1 Kinematik

Bewegungen sind Ortsveränderungen von Körpern in Raum und Zeit. Bewegung ist nur feststellbar in bezug auf einen anderen Körper. Dieser Körper stellt das Bezugssystem dar, und alle Bewegungen werden relativ dazu beobachtet und beschrieben. Absolute Bewegungen gibt es nicht. Normalerweise wählt man die als ruhend angesehene nähere Umgebung des betrachteten Körpers als Bezugssystem: den Sportplatz, den Hallenboden, ein fest installiertes Sportgerät.

Nach der *räumlichen* Charakteristik unterscheiden wir zwei Bewegungsarten: die fortschreitende Bewegung (Translation) und die Drehbewegung (Rotation). Die *Translation* kann auf einer geraden Linie oder auf einer beliebig gekrümmten Kurve im Raum erfolgen. Dabei beschreiben alle Punkte eines Körpers die gleichen (parallel zueinander verschobenen) Bahnen. Es erfolgt keine Drehung des Körpers in sich. Bei der *Rotation* beschreiben alle Punkte eines Körpers konzentrische Kreise um den Drehpunkt, d. h. Kreise mit gemeinsamem Mittelpunkt. Der Drehpunkt kann dabei sowohl innerhalb als auch außerhalb des Körpers liegen. Im allgemeinen sind menschliche Körperbewegungen zusammengesetzt aus beiden Bewegungsarten.

Abb. 2: Räumliche Charakteristik der Bewegung

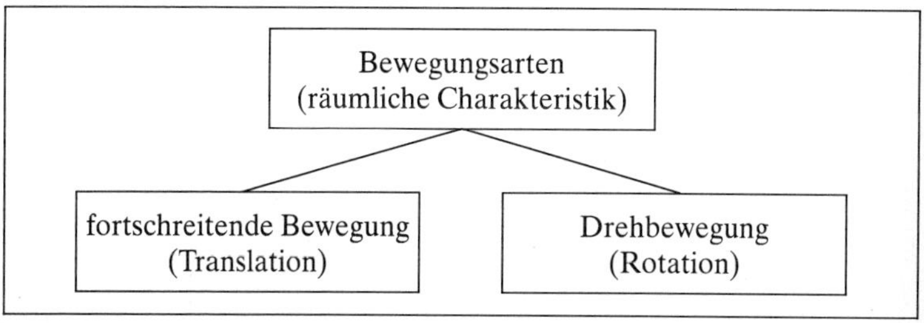

Nach der *zeitlichen* Charakteristik unterscheiden wir: gleichförmige und ungleichförmige Bewegungen. Bei der *gleichförmigen* Bewegung ist die Geschwindigkeit konstant, d. h., in gleichen Zeiten werden gleiche Wege zurückgelegt. Bei der *ungleichförmigen* Bewegung ist die Geschwindigkeit zeitlich veränderlich. Die ungleichförmige Bewegung kann gleichmäßig oder ungleichmäßig beschleunigt sein. Gleichmäßig beschleunigt heißt konstante Beschleunigung, d. h., in gleichen Zeiten werden gleiche Geschwindigkeitsveränderungen hervorgerufen. Ungleichmäßig beschleunigt heißt, die Beschleunigung ist veränderlich, d. h., in gleichen Zeiten werden ungleiche Geschwindigkeitsveränderungen hervorgerufen. Der letztere Fall ist der allgemeinste, der auch am häufigsten bei menschlichen Körperbewegungen vorkommt.

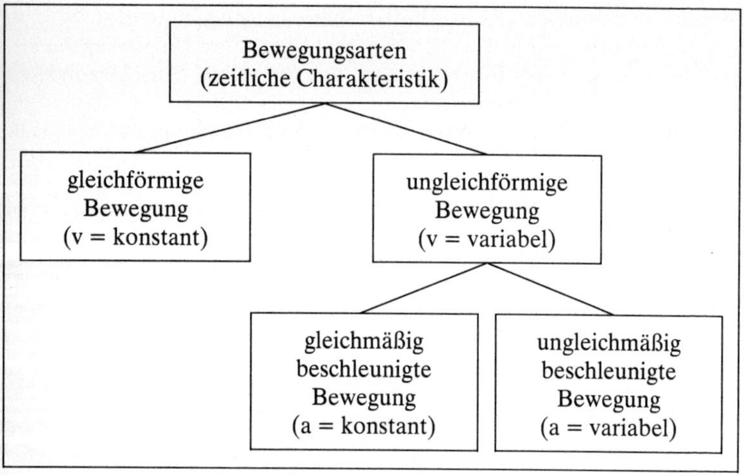

Abb. 3: Zeitliche Charakteristik der Bewegung

3.1.1.1.1 Bewegungsgesetze

Die in der Kinematik verwandten Beschreibungsgrößen der Bewegung sind Zeit, Weg bzw. Winkel, Geschwindigkeit und Beschleunigung. Dabei stellen Zeit und Weg die Grundgrößen dar, Geschwindigkeit und Beschleunigung sind daraus abgeleitete Größen.
Die Definition der einzelnen Größen geschieht durch die allgemeinen Bewegungsgesetze, die den Zusammenhang zwischen den einzelnen Größen beschreiben.

Translation

Die Definitionen der kinematischen Parameter werden für den Fall der geradlinigen fortschreitenden Bewegung vorgenommen.

(1) Geschwindigkeit

Ein sich bewegender Punkt wird zu aufeinanderfolgenden Zeitpunkten t_0 und t_1 an verschiedenen Orten x_0 und x_1 beobachtet. Zwischen zwei Beobachtungen ist ein Zeitintervall Δt verstrichen, und der Körper hat den Weg Δx zurückgelegt.

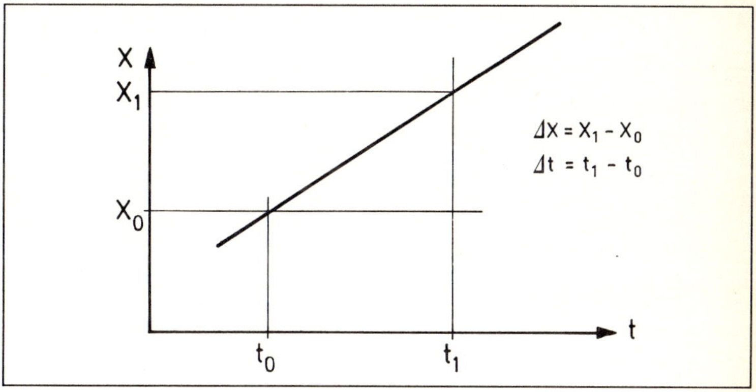

Abb. 4: Weg-Zeit-Funktion

Als Geschwindigkeit v des Punktes wird definiert:

$$\text{Geschwindigkeit} = \frac{\text{zurückgelegter Weg}}{\text{benötigte Zeit}}$$

$$v = \frac{\Delta x}{\Delta t} = \frac{x_1 - x_0}{t_1 - t_0}$$

Die Einheit der Geschwindigkeit ist Meter/Sekunde (m/s).

Bei konstanter Geschwindigkeit gilt

$$v = \frac{x}{t}$$

für jedes betrachtete Zeitintervall und jeden Zeitpunkt. Konstante Geschwindigkeit heißt: in gleichen Zeiten werden gleiche Wege zurückgelegt.

Bei veränderlicher Geschwindigkeit ist mit

$$\bar{v} = \frac{\Delta x}{\Delta t}$$

die *mittlere* Geschwindigkeit $\bar{v}$ für das Zeitintervall Δt gegeben. Die momentane oder augenblickliche Geschwindigkeit v für einen bestimmten Zeitpunkt kann davon abweichen. Je kleiner das Zeitintervall Δt gewählt wird, desto geringer werden die Abweichungen von der momentanen zur mittleren Geschwindigkeit sein.
Mathematisch wird dies durch den Grenzübergang $\Delta t \to 0$ erreicht:

$$v = \lim_{\Delta t \to 0} \frac{\Delta x}{\Delta t} = \frac{dx}{dt}$$

(2) Beschleunigung
Ist die Geschwindigkeit variabel, dann liegt eine beschleunigte Bewegung vor. Beschleunigung ist gleichbedeutend mit Geschwindigkeitsänderung. Ein bewegter Punkt habe zu den Zeitpunkten t_0 und t_1 die Geschwindigkeiten v_0 und v_1. Im Zeitintervall $\Delta t = t_1 - t_0$ ist die Geschwindigkeit um $\Delta v = v_1 - v_0$ verändert worden.

Die Beschleunigung a wird definiert:

$$\text{Beschleunigung} = \frac{\text{Geschwindigkeitsveränderung}}{\text{benötigte Zeit}}$$

$$a = \frac{\Delta v}{\Delta t} = \frac{v_1 - v_0}{t_1 - t_0}$$

Die Einheit der Beschleunigung ist Meter/Sekunde^2 (m/s^2).

Bei konstanter Beschleunigung gilt

$$a = \frac{v}{t}$$

für jedes betrachtete Zeitintervall und jeden Zeitpunkt. Konstante Beschleunigung heißt: in gleichen Zeiten nimmt die Geschwindigkeit um gleiche Beträge zu (oder ab). Sonderfall: konstante Beschleunigung = 0, d. h., die Geschwindigkeit ist ebenfalls konstant.
Bei veränderlicher Beschleunigung ist mit

$$\bar{a} = \frac{\Delta v}{\Delta t}$$

eine mittlere Beschleunigung definiert. Der Momentanwert der Beschleunigung kann davon abweichen. Die Abweichung ist um so geringer, je kleiner das Zeitintervall Δt gewählt wird.

Analog zu v wird der Grenzübergang $\Delta t \rightarrow 0$ durchgeführt:

$$a = \lim_{\Delta t \to 0} \frac{\Delta v}{\Delta t} = \frac{dv}{dt} = \frac{d^2x}{dt^2}$$

Bei der Untersuchung realer Bewegungen kann man aus meßtechnischen Gründen nicht mit beliebig kleinen Zeitintervallen Δt arbeiten. Bei Filmanalysen ist Δt durch den zeitlichen Abstand zweier aufeinanderfolgender Bilder gegeben, z. B. 100 Bilder/s, $\Delta t = 1/100$ s (vgl. auch S. 44).
Die Bewegungsgesetze stellen die allgemeingültigen, gesetzmäßigen Zusammenhänge zwischen den kinematischen Größen x, t, v und a dar.
Ist der Weg x eines Punktes als Funktion der Zeit t gegeben, dann ist die Geschwindigkeit definiert durch

$$v = \frac{dx}{dt}$$

als Differentialquotient 1. Ordnung oder als Ableitung des Weges nach der Zeit. In der grafischen Darstellung als x(t)-Diagramm bedeutet dies: Die Geschwindigkeit zu einem bestimmten Zeitpunkt ist gegeben durch die Steigung der Tangente an die x(t)-Kurve. Je steiler die Kurve, desto größer ist die Geschwindigkeit; bei horizontaler Tangente (Umkehrpunkt der Bewegung) ist die Geschwindigkeit gleich Null (vgl. Abb. 5):

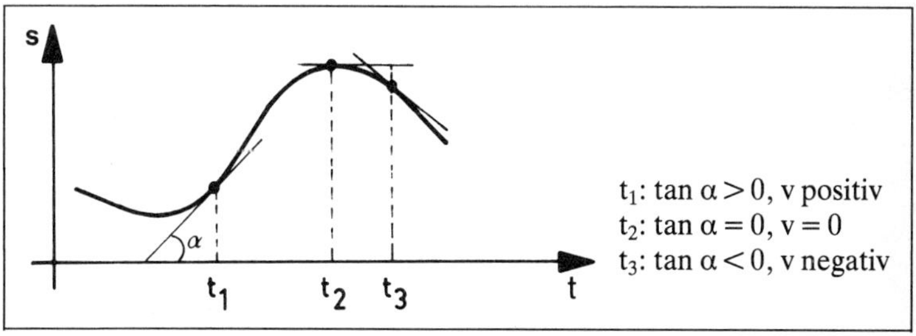

Abb. 5: Weg-Zeit-Funktion bei veränderlicher Geschwindigkeit

Durch eine weitere Ableitung der Funktion v ergibt sich die Beschleunigung a durch

$$a = \frac{dv}{dt} = \frac{d^2x}{dt^2}$$

Ist, umgekehrt, die Beschleunigung a bekannt, dann können die Geschwindigkeits-Zeit- bzw. Weg-Zeit-Funktionen durch Integration ermittelt werden:

$$v = \int_{t_0}^{t_1} a\,dt$$

Die Geschwindigkeit ist das Zeitintegral der Beschleunigung:

$$x = \int_{t_0}^{t_1} v\,dt$$

Der Weg ist das Zeitintegral der Geschwindigkeit.
In der grafischen Darstellung bedeutet dies: Der in der betrachteten Zeit zurückgelegte Weg ist gegeben durch die Fläche A, die zwischen der v(t)-Kurve und der t-Achse liegt (Abb. 6).

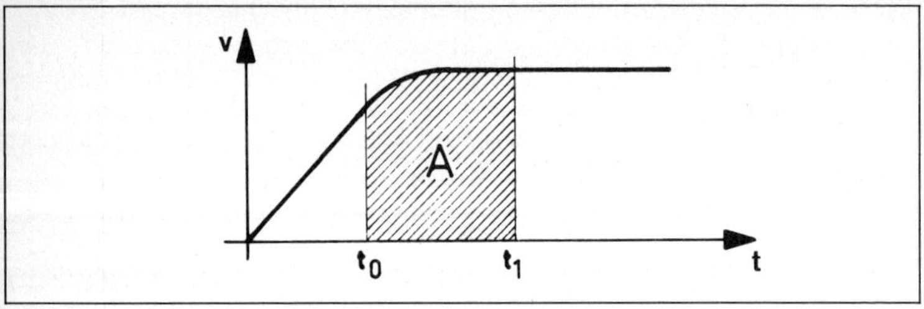

Abb. 6: Integration der Geschwindigkeits-Zeit-Funktion

Bei der Integration ist zu beachten, daß die Funktionen v(t) bzw. x(t) in den Intervallgrenzen t_0 bis t_1 nur bis auf eine additive Konstante bekannt sind. Diese Konstanten sind die Anfangswerte x_0 bzw. v_0 für den Beginn des betrachteten Intervalls. Sind x_0 und v_0 bekannt, dann sind auch x(t) und v(t) eindeutig bestimmt.

Rotation

Bei einer Drehung werden von allen Punkten eines festen Körpers Kreise um die Drehachse beschrieben. Dem Weg x bei der Translation entspricht hier der Drehwinkel. Die Einheit des Drehwinkels ist das Grad (°) oder der Radiant (rad). 1 rad = 57,3°, 1° = 0,017 rad.

(1) Winkelgeschwindigkeit

Analog zur Translation wird hier als Winkelgeschwindigkeit ω definiert:

$$\text{Winkelgeschwindigkeit} = \frac{\text{zurückgelegter Winkel}}{\text{benötigte Zeit}}$$

$$\omega = \frac{\Delta\varphi}{\Delta t} = \frac{\varphi_1 - \varphi_0}{t_1 - t_0}$$

In gleicher Weise wie bei v werden Momentan- und mittlere Winkelgeschwindigkeiten unterschieden.
Neben der Winkelgeschwindigkeit können wir noch die Umfangsgeschwindigkeit u eines Punktes auf der Kreisbahn vom Radius r angeben:

$$\text{Umfangsgeschwindigkeit} = \frac{\text{zurückgelegter Weg}}{\text{benötigte Zeit}}$$

$$u = r \cdot \omega$$

Bei gleicher Winkelgeschwindigkeit nimmt die Umfangsgeschwindigkeit proportional dem Radius zu.

(2) Winkelbeschleunigung
Ist die Winkelgeschwindigkeit ω veränderlich, dann liegt eine beschleunigte Drehbewegung vor. Die Winkelbeschleunigung α ist wie folgt definiert:

$$\text{Winkelbeschleunigung} = \frac{\text{Änderung der Winkelgeschwindigkeit}}{\text{benötigte Zeit}}$$

$$\alpha = \frac{\Delta\omega}{\Delta t} = \frac{\omega_1 - \omega_0}{t_1 - t_0}$$

3.1.1.1.2 Fall- und Wurfbewegungen

Für die Flugphase eines Körpers gelten besonders einfache, spezielle Bewegungsgesetze, wenn man die Bewegung des Körperschwerpunkts betrachtet und den Luftwiderstand vernachlässigen kann. Letzteres trifft für viele sportliche Bewegungen zu.

(1) Freier Fall
Der freie Fall ist eine gleichmäßig beschleunigte Bewegung nach unten. Hier werden zweckmäßigerweise alle Größen nach unten positiv gezählt. Die Beschleunigung ist konstant und gleich der Erdbeschleunigung.

Bezeichnungen: v = Fallgeschwindigkeit (nach Zeit t)
x = Fallweg (nach Zeit t)
t = Zeit
g = Erdbeschleunigung ($= 9{,}81\ m/s^2$)

Beim Fall aus der Ruhe gelten:

$$x = \frac{1}{2} \cdot g \cdot t^2$$

$$v = gt$$

$$v = \sqrt{2gx}$$

Zahlenbeispiel: Turmspringer
Gegeben: Fallhöhe x = 10 m
Gesucht: Fallzeit t bis zum Eintauchen
Fallgeschwindigkeit beim Eintauchen

Fallzeit: $$t = \sqrt{\frac{2x}{g}} = \sqrt{\frac{2 \cdot 10\,m}{9{,}81\,\frac{m}{s^2}}} = \sqrt{2{,}04\,s^2} = 1{,}43\,s$$

Fallgeschwindigkeit: $$v = g \cdot t = 9{,}81\,\frac{m}{s^2} \cdot 1{,}43\,s = 14{,}0\,m/s$$

(2) Senkrechter Wurf nach oben

Der senkrechte Wurf nach oben ist eine gleichmäßig beschleunigte Bewegung. Die Anfangsgeschwindigkeit ist nach oben gerichtet. Bis zum Umkehrpunkt der Bewegung (maximale Höhe) ist die Beschleunigung der Geschwindigkeit entgegengerichtet. Alle Größen werden nach oben positiv, nach unten negativ gezählt.

Bezeichnungen: v = Geschwindigkeit (nach Zeit t)
x = Weg bzw. Ort (nach Zeit t)
v_0 = Anfangsgeschwindigkeit
t = Zeit
g = Erdbeschleunigung (= $9{,}81\,\frac{m}{s^2}$)

Es gelten folgende Zusammenhänge:

$$x = v_0 \cdot t - \frac{1}{2} g t^2$$

$$v = v_0 - gt$$

Die maximale Flughöhe x_{max} wird erreicht bei v = 0:

$$x_{max} = \frac{v_0^2}{2g}$$

Die Steigzeit t_s bis zum Erreichen von x_{max} beträgt:

$$t_s = \frac{v_0}{g}$$

Bei gleicher Abflug- und Landehöhe sind Steigzeit und Fallzeit gleich, die gesamte Flugdauer beträgt:

$$t = \frac{2v_0}{g}$$

(3) Schräger Wurf

Beim schrägen Wurf hat der Körper eine Anfangsgeschwindigkeit, die gegen die Horizontale nach oben geneigt ist. Die Bewegung hat die Form einer Parabel, sie verläuft in einer Ebene, die von der Senkrechten und der horizontalen Wurfrichtung gebildet wird. Der schräge Wurf tritt bei sportlichen Bewegungen sehr häufig auf, in sehr anschaulicher Form etwa beim Kugelstoßen (vgl. S. 207). Grundsätzlich gelten jedoch die Gesetze des schrägen Wurfs für alle Flugphasen des menschlichen Körpers oder von Geräten, bei denen man den Luftwiderstand vernachlässigen kann. So bei Sprüngen in vielen Disziplinen und in den Flugphasen beim Laufen.

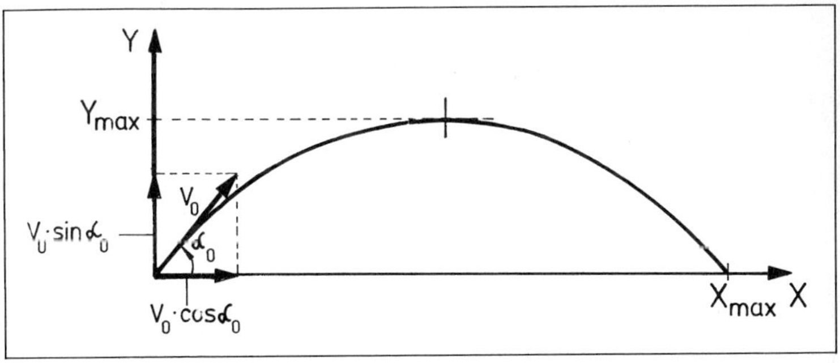

Abb. 7: Schräger Wurf mit Anfangsgeschwindigkeit v_0 und Abflugwinkel α_0
x_{max}, y_{max} = Maximalwerte der Weite X und der Höhe Y

Die Bewegung des schrägen (oder schiefen) Wurfs besteht aus zwei zueinander rechtwinkligen Translationen, der Bewegung in vertikaler Richtung und der Bewegung in horizontaler Richtung. Die vertikale Bewegung ist identisch mit dem senkrechten Wurf nach oben (gleichmäßig beschleunigte Bewegung), die horizontale Bewegung ist eine gleichförmige Bewegung (mit konstanter Geschwindigkeit). Die Flugbahn ist eine Parabel, die von der Abfluggeschwindigkeit v_0 und dem Abflugwinkel α_0 abhängt, bei ungleicher Abflug- und Landehöhe auch noch von dieser Höhendifferenz h_0. Die Abfluggeschwindigkeit kann man in eine vertikale und eine horizontale Komponente unterteilen. Man bezeichnet mit

$v_{0x} = v_0 \cdot \cos \alpha_0$ die horizontale Abfluggeschwindigkeit (in Wurfrichtung)

und mit

$v_{0y} = v \cdot \sin \alpha_0$ die vertikale Abfluggeschwindigkeit (vgl. auch S. 207).

Wir stellen die Bewegung in dem x-y-Diagramm dar, dessen horizontale und vertikale Achse den Achsen der Bewegungsebene entsprechen. Abflug- und Landehöhe seien gleich. Die Abfluggeschwindigkeit v_0 bildet mit der Horizontalen den Abflugwinkel α_0. Wir können die Bewegung in zwei voneinander unabhängige rechtwinklige Bewegungen in x- bzw. y-Richtung zerlegen. Für einen beliebigen Punkt der Bewegungsbahn gilt:

$$x = v_0 \cdot t \cdot \cos \alpha_0$$

$$y = v_0 \cdot t \cdot \sin \alpha_0 - \frac{1}{2} g t^2$$

Die Gleichungen beschreiben die Wegkomponenten x und y in Abhängigkeit von der Zeit t. Sie entstehen aus:

$$x = v_{0x} \cdot t \text{ und } y = v_{0y} \cdot t - \frac{1}{2} g t^2$$

durch Integration und Einsetzen der Werte für v_{0x} und v_{0z}. Daraus kann man den Zusammenhang zwischen x und y berechnen.

Die Funktion stellt eine Parabel dar und lautet:

$$y = x \cdot \tan \alpha_0 - \frac{g}{2 v_0^2 \cos^2 \alpha_0} \cdot x^2$$

Durch die Bedingungen zu Beginn der Flugbahn, nämlich die Werte v_0 und α_0, ist die Flugparabel eindeutig bestimmt, und jeder beliebige Punkt auf ihr kann berechnet werden.

Die maximale Flughöhe y_{max} beträgt:

$$y_{max} = \frac{v_0^2 \sin^2 \alpha_0}{2g}$$

Die maximale Flugweite x_{max} beträgt:

$$x_{max} = \frac{v_0^2 \sin 2\,\alpha_0}{g}$$

Für eine gegebene Anfangsgeschwindigkeit v_0 hängen Wurfweite und Wurfhöhe nur noch vom Abflugwinkel α_0 ab. So wird die maximale Höhe erreicht bei einem Abflugwinkel $\alpha_0 = 90°$ (der senkrechte Wurf nach oben), die maximale Weite hingegen bei einem Abflugwinkel von 45°. Steilere oder flachere Abwurfwinkel führen zu einer geringeren Wurfweite.

Die Flugdauer beträgt:

$$t_F = \frac{2\,v_0 \cdot \sin \alpha_0}{g}$$

Weitere wichtige Kennzeichen dieser Bewegung sind:
- die horizontale Geschwindigkeit ist während der ganzen Flugphase konstant,
- die Flugdauer hängt nur von der vertikalen Abfluggeschwindigkeit, d. h. nur von der maximalen Flughöhe ab (die Horizontalbewegung hat keinen Einfluß auf die Flugdauer).

Erfolgt der Abwurf aus einer Höhe h_0 über der Landehöhe, dann gilt für die Weite:

$$W = \frac{v_0^2 \sin 2\,\alpha_0}{2g} + v_0 \cos \alpha_0 \sqrt{\frac{2}{g}\left(h_0 + \frac{v_0^2 \sin^2 \alpha_0}{2g}\right)}$$

In diesem Fall wird die maximale Wurfweite nicht unter einem Abflugwinkel von 45° erreicht, sondern bei einem geringfügig flacheren Winkel. Der mechanisch optimale Winkel α_{opt} zur Erreichung maximaler Weite berechnet sich gemäß:

$$\cos(2\alpha_{0pt}) = \frac{h_0 \cdot g}{h_0 g + v_0^2}$$

α_{0pt} hängt nur von h_0 und v_0 ab. Je größer v_0 und je kleiner h_0 ist, desto näher ist α_{opt} an 45°.

Zahlenbeispiel: Kugelstoß
Gegeben: $h_0 = 2$ m, $v_0 = 10$ m, $g = 9{,}81 \frac{m}{s^2}$
Gesucht: α_{opt}

$$\cos(2\alpha_{opt}) = \frac{19{,}62}{119{,}62} = 0{,}164$$

$$\alpha_{opt} = 40{,}3°$$

3.1.1.2 Dynamik

Die Dynamik behandelt die Wirkung von Kräften auf Körper. Sie gliedert sich in Statik und Kinetik. In der *Statik* werden die Bedingungen untersucht, unter denen Kräfte im Gleichgewicht sind, d. h. die betrachteten Körper im Zustand der Ruhe oder der gleichförmigen Bewegung sind. Die Körper werden nicht beschleunigt. Die *Kinetik* befaßt sich mit dem Zusammenhang zwischen den einwirkenden Kräften und den Bewegungen der Körper.

3.1.1.2.1 Statik

Kraft

Obgleich der Kraftbegriff von grundlegender Bedeutung für die Bewegung ist, läßt sich die Kraft letztlich nur aus ihren Wirkungen definieren: die verformende Wirkung und die beschleunigende Wirkung. Unmittelbar anschaulich wird der Begriff Kraft durch unser Empfinden von Muskelkraft, das Muskelgefühl. Leider ist dieses Empfinden kein verläßliches Meßinstrument für die Größe Kraft. Die Wirkungen der Kraft – Verformung und Beschleunigung – sind der visuellen Beobachtung im allgemeinen nicht zugänglich, insbesondere was das komplizierte Zusammenwirken vieler Kräfte bei der menschlichen Körperbewegung angeht.
Wir betrachten auf einen starren Körper einwirkende Kräfte, die den Körper nicht beschleunigen. Die Kraft ist eine vektorielle Größe, die bestimmt ist durch Betrag, Angriffspunkt und Richtung. Sie wird dargestellt durch einen Pfeil, dessen Länge ein Maß für die Kraft ist. Die Pfeilrichtung gibt die Richtung der Kraft an. Man spricht auch von der Wirkungslinie der Kraft (WLF). Beim starren Körper kann man die Kräfte längs ihrer Wirkungslinie verschieben, ohne die Wirkung der Kraft auf den Körper zu ändern.
Das Symbol für Kraft ist F. Die Einheit der Kraft ist das Newton, Kurzzeichen N. Die früher übliche Krafteinheit ist das Kilopond, Kurzzeichen kp. Es gilt die Umrechnung 1 N = 0,102 kp oder 1 kp = 9,81 N.
Wirken mehrere Kräfte auf einen Körper, dann können sie mit der geometrischen Addition auf eine resultierende Kraft zusammengefaßt werden. Dies geschieht durch Aneinanderreihen der einzelnen Kraftvektoren. Die resultierende Kraft wird durch den Vektor dargestellt, der vom Anfang des ersten zum Ende des letzten Vektors zeigt. Bei der Addition von Kräften nennt man diese Konstruktion Krafteck.

Greifen Kräfte an verschiedenen Punkten eines Körpers an, dann verschiebt man sie längs ihrer Wirkungslinie bis zum gemeinsamen Schnittpunkt und addiert sie dann geometrisch.

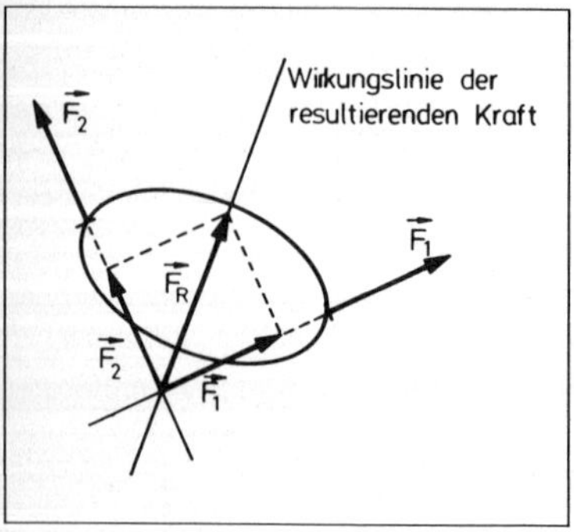

Abb. 8: Addition von Kräften
F_1, F_2 = am starren Körper angreifende Kräfte
F_R = resultierende Kraft

Drehmoment

Wirkt eine Kraft F auf einen drehbaren Körper, dann kann sie ein Drehmoment M erzeugen. Das Drehmoment ist definiert als Produkt aus der Kraft F und dem senkrechten Abstand r ihrer Wirkungslinie vom Drehpunkt (r = Hebelarm):

$$M = \vec{F} \cdot r$$

Den senkrechten Abstand r erhält man, wenn vom Drehpunkt das Lot auf die Wirkungslinie der Kraft fällt. Das Symbol für das Drehmoment ist M. Die Einheit ist Newton × Meter, Kurzform: Nm.

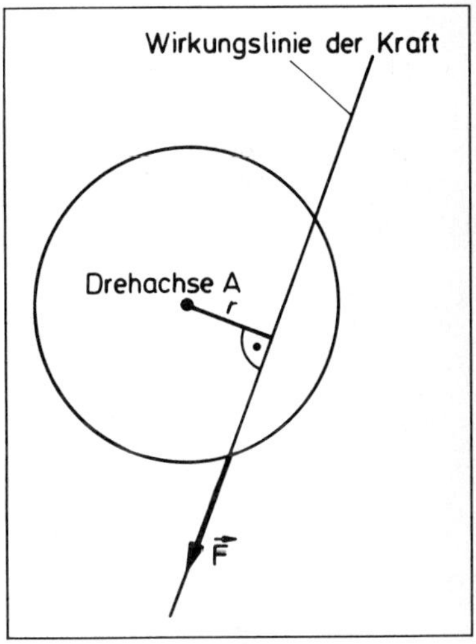

Abb. 9: Kraft am drehbaren Körper

Der Begriff des Drehmoments ist wichtig für alle Drehbewegungen, insbesondere für das Verständnis der Anordnung und Wirkung der Muskeln am Bewegungsapparat. Ein Skelettmuskel bewirkt ein Drehmoment im Gelenk, weil die Wirkungslinie seiner resultierenden Zugkraft nicht durch die Gelenkmitte, sondern in einem Abstand zu diesem Drehpunkt verläuft.
Dieser Abstand wird Hebelarm des Muskels genannt. Das Drehmoment einer bestimmten Muskelkraft ist um so höher, je größer der Hebelarm des Muskels ist.
Drehmomente lassen sich addieren. Wirken auf einen Körper mehrere Drehmomente, dann ergibt sich das resultierende Drehmoment als Summe der einzelnen Drehmomente. Dabei werden im Gegenuhrzeigersinn wirkende (linksdrehende Momente) positiv bezeichnet, im Uhrzeigersinn wirkende (rechtsdrehende) negativ.

Gleichgewichtsbedingungen

Bedingungen, unter denen sich Körper im Gleichgewicht befinden, nennt man Gleichgewichtsbedingungen. Kräfte können eine Translation, Momente eine Rotation des Körpers bewirken. Beide Bewegungen dürfen im Gleichgewicht nicht hervorgerufen werden, d. h., es muß gelten:
- die Summe aller Kräfte ist gleich Null und
- die Summe aller Momente ist gleich Null.

Numerieren wir die Kräfte F_i von i = 1 bis n und die Momente M_j von j = 1 bis m fortlaufend, lauten die *Gleichgewichtsbedingungen* formelmäßig:

$$F_1 + F_2 + \ldots + F_n = 0 \text{ oder } \sum_{i=1}^{n} F_i = 0$$

$$M_1 + M_2 + \ldots + M_m = 0 \text{ oder } \sum_{j=1}^{m} M_j = 0$$

Zerlegt man in der xy-Ebene die Kräfte beliebiger Richtung in ihre Komponenten F_x (horizontal) und F_y (vertikal), dann gilt:

$$\Sigma F_x = 0$$

$$\Sigma F_y = 0,$$

d. h. im Gleichgewicht müssen die Summen der Kräfte auch komponentenweise gleich Null sein.

Gleichgewicht und Standsicherheit

Ein Körper befindet sich so lange im stabilen Gleichgewicht, wie das Lot durch seinen Schwerpunkt innerhalb der Unterstützungsfläche des Körpers liegt. Will man einen Körper aus dem stabilen Gleichgewicht bringen, dann versucht man, beispielsweise durch Kippen um einen Drehpunkt, die Senkrechte durch den Schwerpunkt außerhalb der Unterstützungsfläche zu bringen.

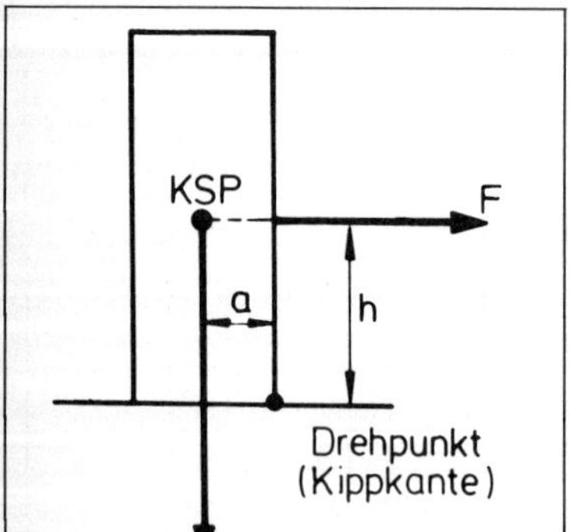

Abb. 10: Standsicherheit gegen Kippen

Beispiel: Der Quader befindet sich im stabilen Gleichgewicht. Das Lot durch den KSP, identisch mit der Richtung der Gewichtskraft G, liegt innerhalb der Unterstützungsfläche (Abstand a von der Kippkante). Durch eine Kraft F, die in der Höhe h des Schwerpunktes über der Grundfläche angreift, kann man versuchen, den Körper zu kippen. Die Kraft, die ausreicht, um den Körper um die Kippkante aus der stabilen in eine labile Gleichgewichtslage zu drehen, ist gegeben durch:

$$F > \frac{a}{h} \cdot G$$

Die Standfestigkeit eines Körpers ist demnach um so größer, je größer das Gewicht G ist, je tiefer der Schwerpunkt (KSP) liegt und je größer der Abstand a des Lotes durch den Schwerpunkt von der Kippkante ist.

3.1.1.2.2 Kinetik

Die Kinetik untersucht den Zusammenhang zwischen den auf den Körper einwirkenden Kräften (= Bewegungsursache) und den daraus resultierenden Bewegungen. Die Newtonschen Gesetze (Axiome) stellen Gesetzmäßigkeiten dar, denen alle Körper unterworfen sind und deren korrekte Anwendung auf den menschlichen Körper und seine Bewegung die wesentliche Grundlage der Biomechanik darstellt.

Newtonsche Gesetze

1. Newtonsches Gesetz (Trägheitsgesetz)
Jeder Körper verharrt in seinem Zustand der Ruhe oder der gleichförmig geradlinigen Bewegung, solange er nicht durch äußere Kräfte gezwungen wird, seinen Bewegungszustand zu ändern.

Dieses Gesetz bezieht sich auf die Trägheit, das Beharrungsvermögen von Körpern. Es besagt rein *qualitativ*, daß zur Änderung des Bewegungszustandes eines Körpers, also zur Änderung seiner Geschwindigkeit (nach Betrag und/oder Richtung) eine Kraft auf den Körper einwirken muß.

2. Newtonsches Gesetz (Aktionsgesetz, Dynamisches Grundgesetz, Grundgesetz der Mechanik)
Die Änderung des Bewegungszustands ist der einwirkenden Kraft proportional und geschieht längs derjenigen Linie, in der die Kraft wirkt:

$$F = m \cdot a$$

Die Kraft ist proportional der Beschleunigung. Der Proportionalitätsfaktor m ist die Masse des Körpers. Dieses Gesetz ist von grundlegender Bedeutung. Es quantifiziert die Aussage des 1. Gesetzes. Damit wird die Kraft durch ihre beschleunigende Wirkung definiert. Mit diesem Gesetz wird außerdem der Zusammenhang zwischen den kinematischen Größen und den dynamischen Größen hergestellt.

3. Newtonsches Gesetz (Reaktionsgesetz; actio – reactio)
Die von zwei Körpern aufeinander ausgeübten Wirkungen (Kräfte und Momente) sind stets gleich groß und von entgegengesetzter Richtung:

$$F_{1\rightarrow 2} = -F_{2\rightarrow 1}$$

Das Gesetz besagt, daß Kräfte stets paarweise auftreten, daß zu jeder Kraft eine Gegenkraft existiert. Kraft und Gegenkraft greifen dabei an verschiedenen Körpern an. Die Gegenkraft bezeichnet man auch als Reaktionskraft.

Impuls

Das Produkt aus der Masse m eines Körpers und seiner Geschwindigkeit v bezeichnet man als Impuls p:

$$p = m \cdot v$$

Der Impuls ist ein Vektor, seine Richtung ist die der Geschwindigkeit. Der Impuls wird gemessen in Newton × Sekunde, Kurzzeichen: Ns.
Bei konstanter Masse ist eine Änderung des Impulses gleichbedeutend mit einer Änderung der Geschwindigkeit. Diese kann nur durch eine einwirkende Kraft verursacht werden.

Impulssatz

Aus dem Grundgesetz $F = m \cdot a$ erhält man mit $a = \frac{\Delta v}{\Delta t}$:

$$F = m \cdot \frac{\Delta v}{\Delta t} \quad \text{oder}$$

$$\underbrace{F \cdot \Delta t}_{\text{Kraftstoß}} = \underbrace{m \cdot \Delta v}_{\text{Impulsänderung}}$$

Die Aussage dieser Gleichung ist der Impulssatz: der Kraftstoß ist gleich der Änderung des Impulses. Der Kraftstoß charakterisiert den zeitlichen Aspekt der Krafteinwirkung.
Die obige Schreibweise ist nur zulässig unter der Annahme, daß während der Zeit Δt die Kraft F konstant ist. Ist das nicht der Fall, schreibt man:

$$\int^{t} F(t)\, dt = m \cdot \Delta v$$

Der Impulssatz wird vor allem bei kurzzeitigen Krafteinwirkungen (Stoß, Schlag) als Rechenansatz benutzt.

Arbeit

Arbeit ist definiert als Produkt aus Kraft und Weg. Damit ist der räumliche Aspekt der Kraftwirkung charakterisiert:

$$\text{Arbeit} = \text{Kraft} \times \text{Weg}$$

$$W = F \cdot x$$

Die Einheit der Arbeit ist Newton × Meter, Kurzzeichen: Nm. Diese Einheit ist äquivalent zu Joule (J) und Wattsekunde (Ws):

$$1\,\text{Nm} = 1\,\text{J} = 1\,\text{Ws}$$

Der Begriff der *mechanischen Arbeit* ist immer mit Kraft und Weg verbunden. Das bloße Wirken einer Kraft bedeutet nicht, daß Arbeit verrichtet

wird. Wird eine Kugel vom Gewicht G im Gleichgewicht gehalten, dann muß die entsprechende Muskulatur die Gegenkraft F_{Hand} entwickeln. Da die Kugel in Ruhe gehalten wird, ist damit keine mechanische Arbeit verbunden: F_{Hand} ist eine nichtarbeitende Kraft. Der mit der Entwicklung der Muskelspannung verbundene Energieverbrauch kann physiologisch an Stoffwechselgrößen gemessen werden und wird auch als *physiologische Arbeit* bezeichnet. Diese sogenannte physiologische Arbeit ist nicht gleichbedeutend mit mechanischer Arbeit. Das ist insbesondere immer dann der Fall, wenn Muskeln isometrisch arbeiten, d. h. Spannung entwickeln, ohne ihre Länge zu ändern.
Ist die Kraft längs des Weges gegeben (Kraft-Weg-Diagramm), dann ergibt sich die Arbeit als Fläche unter der F(x)-Kurve: von x_1 bis x_2 wird die durch die schraffierte Fläche dargestellte Arbeit verrichtet.

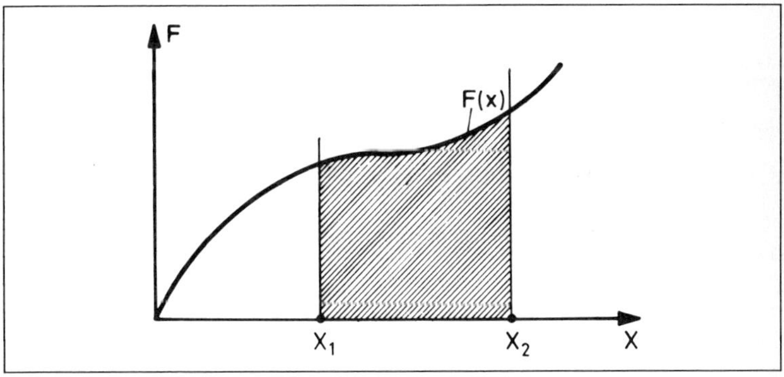

Abb. 11: Kraft-Weg-Diagramm

Hubarbeit

Eine besondere, häufig vorkommende Art der Arbeit ist die Hubarbeit, die im Schwerefeld der Erde verrichtet wird. Hebt man einen Körper (ohne ihn zu beschleunigen) gegen die Schwerkraft an, dann wird Hubarbeit W_H aufgewendet. Bezeichnet man die Höhe, um die der Körper gehoben wird, mit h und mit $G = m \cdot g$ seine Gewichtskraft, dann wird die Hubarbeit:

$$W_H = m \cdot g \cdot h$$

Zahlenbeispiel: Eine Hantel mit der Masse m = 50 kg wird um eine Höhe h = 1,5 m angehoben. Wie groß ist die Hubarbeit?

$$W_H = m \cdot g \cdot h = 50\,kg \cdot 9{,}81\,\frac{m}{s^2} \cdot 1{,}5m$$

$$W_H = 735{,}75\,\frac{kgm^2}{s^2} = 735{,}75\,Nm$$

Die Hubarbeit beträgt ca. 736 Nm.

Beschleunigungsarbeit

Wird ein Körper durch eine Kraft F längs des Weges x beschleunigt, dann wird Beschleunigungsarbeit W_B verrichtet. Sie ist gegeben durch:

$$W_B = F \cdot x$$

Mit $F = m \cdot a$

erhält man $W_B = m \cdot a \cdot x$

(Dabei hat die Beschleunigung a die gleiche Richtung wie der Weg x.)

Ist insbesondere die Kraft und damit die Beschleunigung zeitlich konstant (gleichmäßig beschleunigte Bewegung), dann wird bei Beschleunigung aus der Ruhe:

$$W_B = \frac{1}{2} m \cdot v^2$$

wobei v die erreichte Geschwindigkeit bedeutet.

Der Begriff der Beschleunigungsarbeit enthält die beschleunigende Kraft und den Weg, auf dem beschleunigt werden *kann*. Im Zusammenhang mit sportlicher Bewegung wird dieser Weg häufig als *Beschleunigungsweg* bezeichnet. Dabei wird der «optimalen» Gestaltung des Beschleunigungswegs (betreffend seine Länge und seine Krümmungen) besondere Bedeutung beigemessen. Die Beschleunigungsarbeit zeigt, daß die erreichte Geschwindigkeit auch von der Kraft abhängt, die längs dieses Weges wirkt (die aber häufig nicht bekannt ist).

Es genügt also nicht, beispielsweise den Beschleunigungsweg zu vergrößern, um eine größere Endgeschwindigkeit zu erreichen, vielmehr muß der verfügbare Weg auch durch entsprechenden Krafteinsatz für eine vermehrte Beschleunigungsarbeit genutzt werden.

Häufig werden Trainingsübungen durch die in der Trainingseinheit zur Hochstrecke gebrachte Masse (oder deren Gewichtskraft) charakterisiert. Für eine Quantifizierung der Trainingsübung sind solche Angaben völlig nichtssagend. Notwendig ist die Angabe der physikalischen Leistung, d. h. des Quotienten der verrichteten Arbeit und der benötigten Arbeitszeit (darüber hinaus ist natürlich auch noch die Technik zu beschreiben).

Energie

Der Begriff der Energie hängt eng mit dem der Arbeit zusammen. Energie bedeutet Arbeitsvermögen, die Fähigkeit, Arbeit zu verrichten. In Nahrungsmitteln z. B. (Treibstoff) ist chemische Energie vorhanden, die der Muskel (Motor) in mechanische Arbeit umwandeln kann, in Hubarbeit oder Beschleunigungsarbeit. Durch Hubarbeit oder Beschleunigungsarbeit an einem Körper erhöhen wir das Arbeitsvermögen, die mechanische Energie des Körpers, der dann seinerseits in der Lage ist, Arbeit zu verrichten.

Energie E wird in den gleichen Einheiten wie Arbeit gemessen: Nm, J, Ws. Man unterscheidet Lageenergie E_{pot} (=potentielle Energie) und Bewegungsenergie E_{kin} (=kinetische Energie).

Lageenergie hat ein Körper aufgrund seiner Lage (Höhe) im Schwerefeld der Erde. Wird ein Körper um die Höhe h angehoben, dann ist die Hubarbeit $W_H = m \cdot g \cdot h$ verrichtet worden; sie ist nun als Lageenergie E_{pot} im Körper gespeichert:

$$E_{pot} = m \cdot g \cdot h$$

Die potentielle Energie eines Körpers ist proportional zur Masse und der Hubhöhe über ein zweckmäßig festzulegendes Ausgangsniveau. Dies ist im allgemeinen die tiefste bei einer Bewegung auftretende Lage des Körperschwerpunkts, z. B. beim Abfahrtsläufer (auch Bob, Schlitten) die Höhe des Zieldurchlaufs, beim Reckturner die tiefste KSP-Lage beim Durchschwingen.

Bewegungsenergie hat ein Körper aufgrund seiner Bewegung, genauer: aufgrund seiner Geschwindigkeit. Beim Erhöhen der Geschwindigkeit eines Körpers wird die Beschleunigungsarbeit $W_B = 1/2\,mv^2$ verrichtet, die dann als kinetische Energie E_{kin} im Körper enthalten ist:

$$E_{kin} = \frac{1}{2} m \cdot v^2$$

Die kinetische Energie eines Körpers ist proportional zur Masse und dem Quadrat der Geschwindigkeit. Bei Verdoppelung der Geschwindigkeit vervierfacht sich die kinetische Energie.

Satz von der Erhaltung der Energie

Die verschiedenen Formen von Energie können ineinander umgewandelt werden. Anschaulich ist das für einen frei fallenden Körper, der seine Energie der Lage beim Fall in Bewegungsenergie umwandelt. Bei all diesen Umwandlungsprozessen kann weder Energie entstehen noch verlorengehen.

Dies ist der Inhalt des Energieerhaltungssatzes, der lautet: *In einem abgeschlossenen System bleibt die Summe der Energie konstant.*

Dieser Satz umfaßt alle Energieformen einschließlich der chemischen Energie und der Wärmeenergie. In der Mechanik gilt dieser Satz nur eingeschränkt, nämlich unter der Voraussetzung, daß keine Reibung auftritt, die mechanische Energie in Wärmeenergie umwandelt.
Setzen wir idealisierend ein solches verlustfreies System voraus, dann gilt für die mechanischen Energien der Energiesatz in der Form: *In einem abgeschlossenen System bleibt die Summe der potentiellen und kinetischen Energie konstant:*

$$E_{pot} + E_{kin} = \text{konstant}$$

Zahlenbeispiel: Abfahrt im Skilauf. Ein Skiläufer durchfährt bei einer Abfahrt bis zur Talsohle einen Höhenunterschied von 50 m. Wie groß ist die erreichte Geschwindigkeit, wenn er aus der Ruhe gestartet ist (und Luftwiderstand und Reibung vernachlässigt werden!)?
Gegeben: Höhendifferenz h = 50 m.

$$E_{pot} + E_{kin} = \text{const.}$$

$$(E_{pot} + E_{kin})_{oben} = (E_{pot} + E_{kin})_{unten}$$

Wegen <u>oben</u>: v = 0, <u>unten</u>: h = 0 folgt daraus:

$$v^2 = 2 \cdot gh \rightarrow v = \sqrt{2 \cdot g \cdot h}$$

$$v = \sqrt{2 \cdot 9{,}81 \frac{m}{s^2} \cdot 50\,m} = \sqrt{981 \frac{m^2}{s^2}} = 31{,}3\ m/s\ (= 113\ km/h)$$

Die erreichte Geschwindigkeit beträgt 31,3 m/s.
Unter den genannten Vereinfachungen ist das Ergebnis von der Körpermasse unabhängig.
Bei der Anwendung des Energiebegriffs und insbesondere des Energieerhaltungssatzes bei menschlichen Körperbewegungen ist meist Vorsicht geboten. Bei jeder Bewegung wird durch den Muskel chemische Energie in mechanische Energie umgewandelt und gleichzeitig auch mechanische Energie in Wärmeenergie. Diese Gewinne bzw. Verluste an Energie sind jedoch nicht quantitativ bekannt und treten daher nicht, wie erforderlich, in der Energiebilanz auf.

Leistung

In der Mechanik ist Leistung definiert als Quotient aus verrichteter Arbeit und dazu benötigter Zeit:

$$\text{Leistung} = \frac{\text{Arbeit}}{\text{Zeit}}$$

Leistung setzt Arbeit voraus. Je größer die in einer bestimmten Zeit t verrichtete Arbeit W ist, desto größer ist auch die Leistung P:

$$P = \frac{W}{t}$$

Die Einheit der Leistung ist Newtonmeter/Sekunde; Nm/s:

$$1\ \mathrm{Nm/s} = 1\ \mathrm{W} = 1\ \mathrm{J/s}$$

Im Sport kommt es häufig darauf an, die erforderliche Arbeit in möglichst kurzer Zeit zu verrichten, d. h. eine große Leistung aufzubringen. Das betrifft in erster Linie den «Motor» des Systems, die Muskulatur. Ein Begriff aus der Trainingslehre, der offensichtlich mit großer Muskelleistung verknüpft ist, ist der der *Schnellkraft*. Ohne auf die zahlreichen, nicht immer auch aufschlußreichen Definitionen von Schnellkraft näher einzugehen, sind damit sicher die Aspekte Muskelkraft und Schnelligkeit ihrer Entfaltung angesprochen.

Aus der Leistung $P = \frac{W}{t}$ wird mit

$$W = F \cdot x$$

$$P = \frac{F \cdot x}{t} \quad \text{und mit}$$

$$\frac{x}{t} = v$$

$$P = F \cdot v$$

Damit ist die mechanische Leistung definiert als Produkt der Kraft F und der Geschwindigkeit v, mit der die Kraft Arbeit verrichtet. Diese Definition enthält die zur Schnellkraft gehörenden Faktoren, hier jedoch in quantitativer, meßbarer Form.

Stoßgesetze

Das Zusammenprallen zweier Körper nennt man einen Stoß. Bei dem meist kurzzeitigen Kontakt werden im allgemeinen die Geschwindigkeiten der beiden Körperschwerpunkte nach Betrag und Richtung sowie die Winkelgeschwindigkeiten der Körper verändert. Der zeitliche Verlauf der beim Stoß auftretenden Kräfte und Verformungen ist in der Regel nicht einfach zu messen oder zu berechnen. Da man jedoch meist nur an den Geschwindigkeiten der Körper nach dem Stoß interessiert ist, kann man mit Hilfe der Erhaltungssätze für den Impuls und die mechanische Energie zumindest für idealisierte Grenzfälle entsprechende Aussagen ableiten. Im folgenden wird nur der gerade zentrale Stoß behandelt, bei dem die Schwerpunkte beider Körper sich auf einer gemeinsamen Geraden bewegen und die resultierenden Stoßkräfte ebenfalls auf dieser Geraden liegen. Die Winkelgeschwindigkeiten beider Körper seien gleich Null.

Elastischer Stoß

Beim vollkommen elastischen Stoß bleibt die kinetische Energie der beiden Körper erhalten. Für diesen Fall gilt der Impulserhaltungssatz:

$$m_1 \cdot v_1 + m_2 \cdot v_2 = m_1 \cdot v_1' + m_2 \cdot v_2'$$

und der Erhaltungssatz der mechanischen Energie:

$$\frac{1}{2} m_1 \cdot v_1^2 + \frac{1}{2} m_2 \cdot v_2^2 = \frac{1}{2} m_1 \cdot v_1'^2 + \frac{1}{2} m_2 \cdot v_2'^2$$

Dabei bedeuten:

m_1, m_2 = Massen der beiden Körper
v_1 = Geschwindigkeit von m_1 vor dem Stoß
v_2 = Geschwindigkeit von m_2 vor dem Stoß
v_1' = Geschwindigkeit von m_1 nach dem Stoß
v_2' = Geschwindigkeit von m_2 nach dem Stoß

Aus den beiden Gleichungen ergeben sich die Geschwindigkeiten der Körper nach dem Stoß wie folgt:

$$v_1' = \frac{(m_1 - m_2)v_1 + 2m_2v_2}{m_1 + m_2}$$

$$v_2' = \frac{(m_2 - m_1)v_2 + 2m_1v_1}{m_1 + m_2}$$

Unelastischer Stoß

Beim vollkommen unelastischen Stoß wird ein Teil der kinetischen Energie in Verformungsarbeit bzw. Wärme umgewandelt. Die Bewegungsenergie des Systems nach dem Stoß ist geringer als vor dem Stoß. In diesem Fall gilt noch der Impulssatz, nicht aber der Erhaltungssatz der mechanischen Energie. Nach dem Stoß bewegen sich die beiden Körper mit der gleichen Geschwindigkeit v. Diese Geschwindigkeit läßt sich aus dem Impulssatz berechnen:

$$v = \frac{m_1v_1 + m_2v_2}{m_1 + m_2}$$

Teilelastischer Stoß

Alle realen Stöße sind mit einem gewissen Verlust an mechanischer Energie verbunden. Ein Maß für diesen Energieverlust stellt die Stoßzahl e dar. Der Wert von e liegt zwischen 0 (= vollkommen unelastischer Stoß) und 1

(= vollkommen elastischer Stoß), er hängt ab von den elastischen Eigenschaften der beiden Körper und der Geschwindigkeit, mit der sie aufeinanderprallen.
Für die idealen vollkommen elastischen bzw. vollkommen unelastischen Stöße gibt es keine praktischen Beispiele. Ein Beispiel für einen nahezu elastischen Stoß wäre das Abprallen einer Stahlkugel von einer gehärteten Stahlplatte. Ein nahezu unelastischer Stoß läge vor beim Auftreffen einer verformbaren Plastilinkugel auf einer festen Unterlage oder einer festen Holz- oder Stahlkugel auf einer verformbaren Unterlage wie Sand.
Die Geschwindigkeiten nach dem Stoß berechnen sich gemäß:

$$v_1' = \frac{m_1 v_1 + m_2 v_2 - (v_1 - v_2) m_2 e}{m_1 + m_2}$$

$$v_2' = \frac{m_1 v_1 + m_2 v_2 + (v_1 - v_2) m_1 e}{m_1 + m_2}$$

Ist die Geschwindigkeit der Masse m_2 vor dem Stoß v_2 gleich 0, dann vereinfacht sich der Ausdruck für v_2' wie folgt:

$$v_2' = \frac{m_1 v_1 (1 + e)}{m_1 + m_2}$$

Damit läßt sich näherungsweise ein Golfschlag (e = 0,7) oder der Aufschlag beim Tennis (e = 0,75) behandeln.

Zahlenbeispiel zum Golfschlag. Es seien gegeben:
m_1 = 0,250 kg (näherungsweise die Masse des Schlägerkopfes)
m_2 = 0,046 kg (Masse des Golfballs)
v_1 = 40 m/s (Geschwindigkeit des Schlägerkopfes bei Kontaktbeginn)
v_2 = 0 (Geschwindigkeit des Golfballs bei Kontaktbeginn)
e = 0,7
Gesucht wird die Abfluggeschwindigkeit v_2' des Golfballs.
Gemäß obiger Formel ergibt sich

$$v_2' = \frac{0{,}250\,\text{kg} \cdot 40\,\text{m/s} \cdot (1 + 0{,}7)}{0{,}250\,\text{kg} + 0{,}046\,\text{kg}} = 57{,}4\,\frac{\text{m}}{\text{s}} \quad (= 207\,\text{km/h})$$

3.1.1.2.3 Kinetik der Rotation

Die Beschreibung der Rotation oder Drehbewegung erfordert die Einführung neuer Begriffe, die analog zu entsprechenden Größen bei der Translation definiert und benutzt werden. Sämtliche Erscheinungen lassen sich durch das dynamische Grundgesetz für die Drehbewegung beschreiben, das aus dem bekannten Grundgesetz $F = m \cdot a$ abgeleitet werden kann. Es lautet: $M = I \cdot \alpha$

Dabei bedeuten:
M = Drehmoment
I = Massenträgheitsmoment
α = Winkelbeschleunigung
Ein auf einen drehbaren Körper wirkendes Drehmoment erzeugt eine proportionale Winkelbeschleunigung α, wobei das Massenträgheitsmoment I den Proportionalitätsfaktor darstellt.

Massenträgheitsmoment

Das Massenträgheitsmoment (auch Drehmasse genannt) ist ein Maß für die Trägheit eines Körpers bei Drehbewegungen. Es hängt ab von der Verteilung der Körpermasse in bezug auf eine Drehachse. Für eine Punktmasse m im Abstand r von der Drehachse ist das Massenträgheitsmoment I gegeben durch:

$$I = m \cdot r^2$$

Die Einheit des Massenträgheitsmoments ist Kilogramm · Meter^2.
Kurzform: $kg \cdot m^2$
Die Drehmasse ist proportional zur Masse und zum Quadrat des Abstands von der Drehachse. Verdoppelt man beispielsweise den Abstand zur Drehachse, dann vervierfacht sich die Drehmasse.
Unregelmäßig geformte Körper wie die Segmente des menschlichen Körpers lassen in der Regel nur eine experimentelle Bestimmung der Drehmasse zu. Ist die Körpermasse durch entsprechende Körperhaltung im Mittel sehr nahe der Drehachse (z. B. bei der Pirouette, beim gehockten Salto, beim angewinkelten Bein bezüglich des Hüftgelenks), dann ist die Drehmasse klein. Bei großem Abstand der Körpermasse (z. B. Auflösung der Pirouette, gestreckter Salto, gestrecktes Bein bezüglich Hüftgelenkachse) ist die Drehmasse groß. Im Gegensatz zur Masse kann die Drehmasse des Körpers (immer bezogen auf die Drehachse) durch Veränderung der Körperhaltung verändert werden. Um Drehbewegungen einzuleiten, sind bei großen Drehmassen große Drehmomente erforderlich, Drehungen in der Luft erfolgen bei gleichem Drehimpuls schneller bei kleinen Drehmassen, langsamer bei großen Drehmassen (Beispiel: gestreckter und gehockter Salto). Bei Drehungen um die quere Hüftgelenkachse kann das Verhältnis von kleinster zu größter Drehmasse bis zu 1:4 betragen.

Drehimpuls

Der Drehimpuls L eines sich drehenden Körpers ist gegeben durch das Produkt aus Massenträgheitsmoment und Winkelgeschwindigkeit:

$$L = I \cdot \omega$$

Die Einheit des Drehimpulses ist Kilogramm · Meter^2/Sekunde.
Kurzform: $kg \cdot m^2/s$

Kinetische Energie bei der Rotation
Ein sich drehender Körper besitzt kinetische Energie der Rotation, die gegeben ist wie folgt:

$$E_{rot} = \frac{1}{2} I \cdot \omega^2$$

Die Einheit der kinetischen Energie ist $kg \cdot m^2/s^2$, gleichbedeutend mit $N \cdot m$, was schon von der Translation her bekannt ist.

Erhaltungssatz des Drehimpulses
Analog zum Impulssatz bei der Translation gibt es einen Erhaltungssatz für den Drehimpuls, der sich unmittelbar aus dem dynamischen Grundgesetz für die Drehbewegung ableiten läßt. Er lautet: *Wirken auf einen Körper keine äußeren Momente, dann bleibt sein Drehimpuls erhalten.* Dies trifft zu auf alle Flugphasen der Körperbewegungen, wenn man den Luftwiderstand vernachlässigt.
Die Erhaltung bzw. Konstanz des Drehimpulses $L = I \cdot \omega$ besagt, daß das Produkt $I \cdot \omega$ konstant bleibt. Im Gegensatz zur translatorischen Bewegung, bei der die Masse konstant ist, kann die Drehmasse als entsprechende Größe bei der Drehbewegung durch die Körperhaltung verändert werden. Dann folgt aus dem Erhaltungssatz, daß sich die Winkelgeschwindigkeit entsprechend verändert. Damit kann durch die Änderung der Körperhaltung die Drehgeschwindigkeit gesteuert werden.

3.2 Biologische Grundlagen

Bei der biomechanischen Betrachtung menschlicher Körperbewegungen ist es erforderlich, die wesentlichen biologischen Fakten und Gesetzmäßigkeiten zu berücksichtigen. Dazu gehören vorrangig anatomische und muskelphysiologische Bedingungen, die den Aufbau und die Funktion des Bewegungsapparats bestimmen. In jedem Fall handelt es sich dabei um mechanische Eigenschaften bzw. mathematisch formulierbare Zusammenhänge. Wie bei jeder wissenschaftlichen Methode erforderlich, sind die realen Bedingungen durch modellmäßige Annahmen zu vereinfachen. Nach dem von Roux (1895) ausgesprochenen «Prinzip der funktionellen Anpassung» antwortet der Bewegungsapparat auf äußere mechanische Reize gesetzmäßig mit einem biomechanischen und biochemischen Auf- bzw. Abbau, der – natürlich in gewissen Grenzen – eine ständig bessere Anpassung an die gestellten Anforderungen anstrebt, der, mit anderen

Worten, die Differenz zwischen den Anforderungen und der Leistungsfähigkeit des Bewegungsapparats verkleinert. Der Aufbau des Bewegungsapparats ist demnach entscheidend von seiner Funktion geprägt. Dies stellt z. B. die Voraussetzung für die eindrucksvolle Ausbildung der Knochenstrukturen nach den Hauptbelastungen dar, bildet aber auch die Grundlage für jegliches Training, bei dem durch mechanische Reize gezielt bestimmte Reaktionen vor allem bezüglich der Leistungsfähigkeit der Muskulatur hervorgerufen werden. Die funktionelle Anpassung geschieht auch in umgekehrter Richtung: Bei Unterforderung wird Gewebe abgebaut, die Leistungsfähigkeit vermindert. Geringe Reize sind nutzlos, mittlere nützen, große schaden.

3.2.1 Grundbegriffe und Definitionen

Beim Bewegungsapparat unterscheidet man einen aktiven und einen passiven Teil. Den *aktiven Bewegungsapparat* stellt die Skelettmuskulatur dar, der *passive Bewegungsapparat* wird gebildet durch das knöcherne Skelett und seine Verbindungselemente, die Gelenke. Dazu gehören auch Knorpel, Sehnen und Bänder.

Zur Beschreibung von Haltungen und Bewegungen benutzt man in der Anatomie *Körperebenen* und *Körperachsen*. Die Körperebenen orientieren sich an drei zueinander senkrecht stehenden Achsen. Die vertikale Achse, die beim aufrechten Stand senkrecht zur Unterlage steht, ist die Längsachse des Körpers. Dazu senkrecht stehen zwei horizontale Achsen: die sagittale Achse, die von der Körperrückseite zur -vorderseite zeigt und die transversale Achse, die – senkrecht zu den beiden anderen Achsen – von links nach rechts zeigt. Die vertikale Ebene, die den Körper in zwei (näherungsweise) gleiche Hälften teilt, heißt Haupt-Sagittalebene, jede zu ihr parallele Ebene heißt *Sagittalebene*. Die vertikale Ebene, die den Körper in einen vorderen und einen hinteren Teil gliedert und senkrecht zur Sagittalebene steht, sowie jede zu ihr parallele Ebene heißt *Frontalebene*. Horizontale Ebenen zerlegen den Körper in oben und unten, sie heißen *Transversalebenen*. Für exakte mathematische Beschreibungen von räumlichen Körperhaltungen sind diese Achsen bzw. Ebenen häufig nicht geeignet.

3.2.2 Der passive Bewegungsapparat

Der passive Bewegungsapparat wird gekennzeichnet durch die mechanischen Eigenschaften seiner Bauteile, u. a. durch:
- Körpergröße und Körpergewicht,

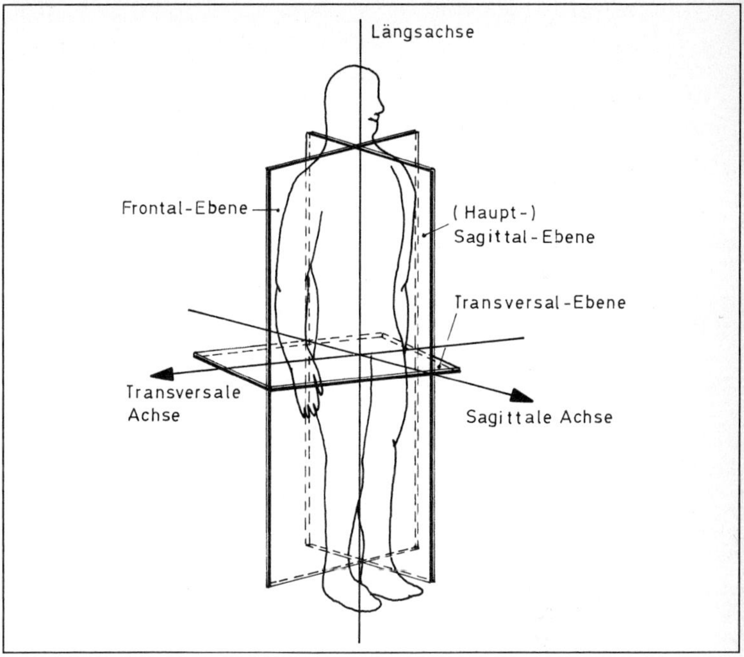

Abb. 12: Körperebenen und Körperachsen

- Längen der Teilglieder,
- Gelenkkonstruktion (z. B. Kugel oder Scharniergelenk),
- Masse der Teilglieder,
- Massenverteilung (Lage des Körperschwerpunkts, Massenträgheitsmomente),
- Festigkeitseigenschaften der verschiedenen Gewebematerialien.

Die mechanische Beschreibung erfordert idealisierende, d. h. nur das Wesentliche enthaltende modellmäßige Vereinfachungen. Eine angenäherte, aber relativ einfache Beschreibung des Bewegungsapparats ergibt sich bei folgenden Annahmen:

- Die Gelenke werden entweder als Kugel- oder Scharniergelenke aufgefaßt, die nur reine Drehbewegungen zulassen;
- die Längsachsen der Teilglieder werden als Verbindungslinien der Gelenkachsen bzw. Gelenkmittelpunkte definiert;
- die Teilglieder werden als starre, nicht verformbare Körper aufgefaßt;
- die über Sehnen, Bänder und Gelenke übertragenen Kräfte werden als resultierende Einzelkräfte dargestellt.

Eine weitere, sehr häufig gemachte Annahme betrifft den Charakter der Bewegung, vereinfacht aber auch die Betrachtungsweise des Bewegungsapparats: Man läßt nur ebene Bewegungen zu. Dabei betrachtet man die Sagittalebene des Körpers als Hauptbewegungsebene. Vernachlässigt werden Haltungen und Bewegungen – genauer: Komponenten der Bewegung – in der dritten Dimension, z. B. das Abspreizen eines Beines oder das zur Laufrichtung schräge Aufsetzen des Fußes. Auch Drehbewegungen – sofern sie nicht ganz oder teilweise um Achsen senkrecht zur Sagittalebene erfolgen – werden nicht berücksichtigt. Diese eingeschränkte Betrachtungsweise kann eine unzulässige Vergröberung der Bewegung darstellen, und die daraus abgeleiteten Ergebnisse sind sorgfältig zu analysieren und zu interpretieren.

Die oben vereinbarten Idealisierungen lassen eine einfache Darstellung des Bewegungsapparats zu. Die Projektion des Skeletts in die Bildebene ist die Grundlage für die Konstruktion der Gelenkmittelpunkte und der Gliederlängsachsen. Damit können Gelenkwinkel definiert und meßbar gemacht werden.

Darüber hinaus können auf den Gliederlängsachsen die Lagen der Teilschwerpunkte der Segmente eingetragen werden, die die Voraussetzung für die Berechnung der Lage des Gesamtschwerpunkts darstellen.

Körperschwerpunkt (vgl. auch S. 31 ff)

Der Körperschwerpunkt (KSP) oder Massenmittelpunkt des Körpers ist ein physikalisch-mathematisch definierter Punkt. Bei nicht verformbaren Körpern ist die Lage des KSP körperfest, d. h. anderen Körperpunkten geometrisch fest zugeordnet. Bei verformbaren oder aus mehreren Teilkörpern zusammengesetzten Körpern ist die Lage des KSP von der jeweiligen Haltung, d. h. der gegenseitigen Lage der einzelnen Teilkörper (Körperteile) abhängig, also nicht mehr körperfest. Der KSP kann beim menschlichen Körper anatomischen Strukturen nicht fest zugeordnet oder gar markiert werden.

Insbesondere kann der Körperschwerpunkt außerhalb des Körpers liegen, z. B. bei extremen Überstreckungen im Hüftgelenk (Hochspringer, Weitspringer) nach rückwärts oder bei starken Beugungen im Hüftgelenk (Weitsprunglandung, Salto gehockt) nach vorwärts.

Die Kenntnis des Körperschwerpunkts ist erforderlich, weil

- alle äußeren Kräfte (einschließlich der Schwerkraft) auf den Körper bezüglich der Translation so wirken, als würden sie am Schwerpunkt angreifen,
- die drehenden Momente der äußeren Kräfte (z. B. in der Stützphase) sich aus dem Kraftvektor und der Lage des KSP ergeben,
- in allen Flugphasen die Bahn des KSP eine Parabel beschreibt (wenn wir vom Luftwiderstand absehen),

– in den Flugphasen Drehungen des Körpers nur um Achsen durch den KSP erfolgen.

Die Bestimmung des KSP für eine bestimmte Körperhaltung kann experimentell oder analytisch erfolgen (vgl. S. 31 ff).

Massenträgheitsmoment (vgl. auch S. 38 ff)
Das Massenträgheitsmoment ist ein Maß für die Trägheit eines Körpers bei Drehbewegungen. Je größer das Massenträgheitsmoment ist, desto größer muß das Produkt aus Drehmoment und Wirkungsdauer sein, um dem Körper eine bestimmte Änderung der Drehgeschwindigkeit zu erteilen. Das Massenträgheitsmoment eines starr angenommenen Körpersegments ist konstant bezüglich einer beliebig vorgebbaren Drehachse. Zwei oder mehr beweglich miteinander verbundene Segmente können durch unterschiedliche gegenseitige Orientierung das Massenträgheitsmoment bezüglich der gegebenen Achse verändern. Ein im Knie gebeugtes Bein hat bezüglich des Hüftgelenks ein geringeres Massenträgheitsmoment als ein gestrecktes Bein. Es läßt sich demnach auch mit geringerer Muskelkraft beschleunigen. Ein im Hüftgelenk gebeugter Körper hat bezüglich der Drehachse, die in der Flugphase durch den Körperschwerpunkt geht, ein geringeres Massenträgheitsmoment als ein gestreckter Körper. Er hat demnach bei gleichem Drehimpuls des Systems eine größere Drehgeschwindigkeit. Somit kann man – wegen der Konstanz des Drehimpulses in Flugphasen – durch Veränderung der Körperhaltung die Geschwindigkeit der Drehung steuern. Die individuell unterschiedliche Variationsbreite hängt sowohl von den Massen und Massenverteilungen der einzelnen Segmente als auch von der Gelenkigkeit bzw. Beweglichkeit des Körpers ab.
Die näherungsweise Ermittlung des individuellen Massenträgheitsmoments für bestimmte Körperhaltungen kann in Spezialfällen experimentell, im allgemeinen auch analytisch auf der Grundlage unterschiedlich differenzierter Körperbaumodelle erfolgen (vgl. S. 38 ff).

3.2.3 Der aktive Bewegungsapparat

Der aktive Bewegungsapparat ist die Skelettmuskulatur. Der Muskel ist der Motor (Beweger), der die Aufgabe hat, aus chemischer Energie mechanische Spannung bzw. Arbeit zu erzeugen. Der Muskel kann nur Zugspannungen erzeugen, die im allgemeinen über Sehnen auf das Skelettsystem übertragen werden. Der Ursprung des Muskels liegt stets proximal, d. h. rumpfnäher (an der größeren Masse), der Ansatz ist stets distal, d. h. rumpfferner (an der kleineren Masse) befestigt.
Biomechanisch kann man den Gesamtmuskel (zwischen Ursprung und An-

satz) auffassen als ein aus drei Elementen zusammengesetztes System. Er enthält:
- das *kontraktile* Element (K. E.), das durch aktive, willkürliche Kontraktion Kraft entwickelt,
- das *parallel-elastische* Element (P. E.), welches parallel zum kontraktilen Element vergleichbar einer elastischen Feder wirkt (im wesentlichen im Muskel befindliches Bindegewebe),
- das *serien-elastische* Element (S. E.), das in Reihe mit den beiden vorgenannten Elementen wirkt (im wesentlichen durch Bindegewebe u. a. der Sehne repräsentiert).

(Die Dämpfung d. h. den Energieverlust durch Umwandlung in Wärme haben wir hier vernachlässigt. Sie ist besonders groß im kontraktilen Element.)

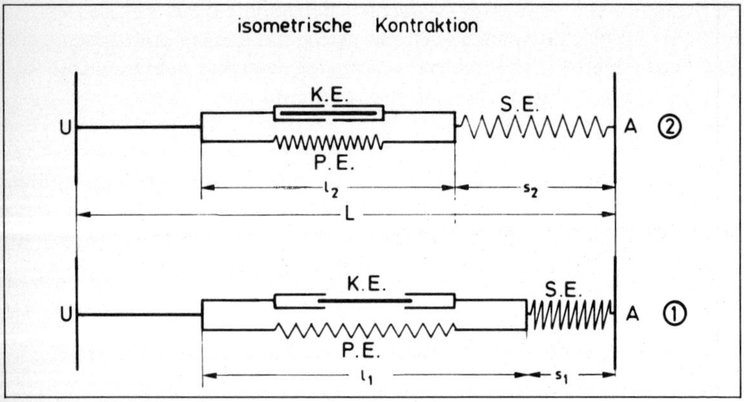

Abb. 13: Modell des Muskels in Ruhe (1) und bei isometrischer Kontraktion (2)

Bei der Muskelaktivität unterscheidet man die folgenden drei *Kontraktionsarten*:
- *Isometrische* Kontraktion: Die Gesamtlänge des aktiven Muskels zwischen Ursprung und Ansatz bleibt konstant, es erfolgt keine Bewegung in dem überspannten Gelenk. Abbildung 13 zeigt das aus den drei Elementen zusammengesetzte Muskelsystem bei isometrischer Kontraktion. Die Verkürzung des kontraktilen Elements wird durch entsprechende Verlängerung des serien-elastischen Elements kompensiert: Die Kraft des kontraktilen Elements wird übertragen zwischen Ursprung und Ansatz, ohne daß eine Änderung der Länge erfolgt.

- *Konzentrische* Kontraktion: die Aktivität des Muskels bewirkt eine Verkürzung der Muskellänge, es findet Bewegung statt, der Muskel überwindet Bewegungswiderstände. Beuger bewirken eine Beugung, Strekker bewirken eine Streckung des Gelenks.
- *Exzentrische* Kontraktion: der aktive Muskel wird durch äußere Kräfte/Momente (Antagonisten, äußere Krafteinwirkungen) gedehnt, der Muskel arbeitet nachgebend. Gegen die Aktivität der Beuger (Strecker) wird gestreckt (gebeugt).

Um die Kontraktionsart zu bestimmen, ist es erforderlich, die Aktivität des Muskels festzustellen sowie die Änderung oder Konstanz der Muskellänge zu bestimmen. Ohne die gleichzeitige Kenntnis beider Größen kann die Kontraktionsart nicht näher charakterisiert werden. Insbesondere ist es nicht möglich, allein aus der Gelenkwinkeländerung auf die Muskelkontraktion zu schließen.
In der Biomechanik kann die muskuläre Aktivität des Muskels mit der Elektromyografie bei sportlichen Haltungen und Bewegungen bestimmt werden. Die Bestimmung der aktuellen Längenänderung des Gesamtmuskels erfolgt auf der Basis von Gelenkwinkelmessungen und zusätzlicher trigonometrischer Berechnungen (vgl. Frigo/Pedotti 1978).

Muskelkraft und Muskellänge

Die von der Sehne auf den Ansatz des Muskels übertragene Kraft bezeichnet man als Muskelkraft. Im statischen Fall ist die Muskelkraft gleich der Summe der vom aktiven kontraktilen Element (K. E.) und der vom (passiven) parallel-elastischen Element (P. E.) entwickelten Kräfte. Wie in Abbildung 14 dargestellt, nimmt die Kraft des parallel-elastischen Elements ab einer ge-

Abb. 14: Gesamtkraft des Muskels in Abhängigkeit von der Muskellänge (großer Anteil Bindegewebe)

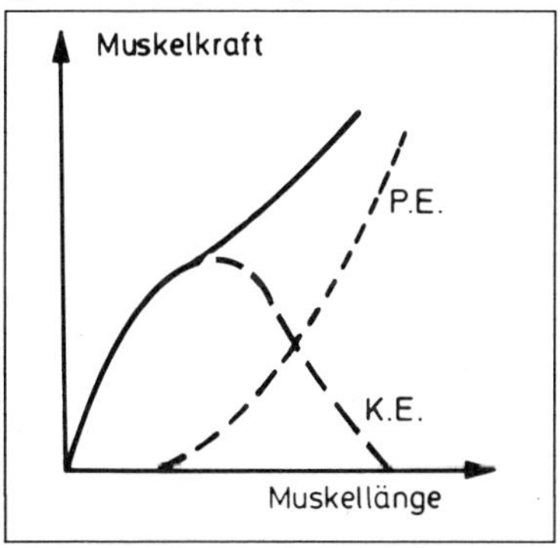

Abb. 15: Gesamtkraft des Muskels in Abhängigkeit von der Muskellänge (geringer Anteil Bindegewebe)

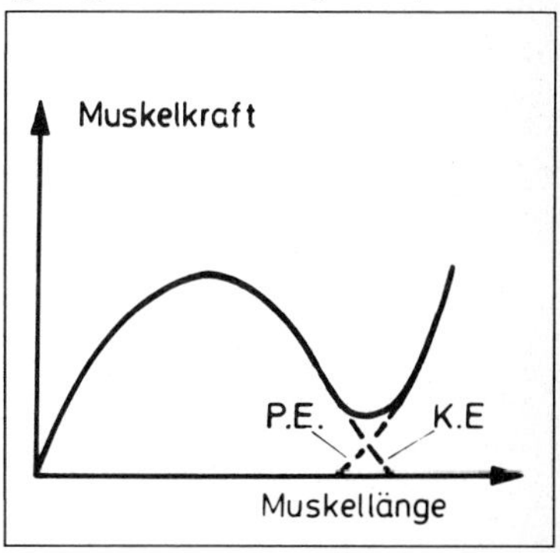

wissen Länge des Muskels von Null aus kontinuierlich zu. Die Kraft des kontraktilen Elements dagegen entwickelt bei einer gewissen mittleren Länge, der Ruhelänge, ihre maximale Kraft.
Bei geringerer oder größerer Muskellänge nimmt diese Kraft geringere Werte an. Die Summe der beiden Kräfte ist die durchgezogene Linie. Man kann sich klarmachen, daß eine maximale Verlängerung des Muskels – soweit sie bei extremer Gelenkstellung möglich ist – dazu führt, daß die gesamte Muskelkraft durch das parallel-elastische Element repräsentiert wird und eine willkürliche Kontraktion des Muskels kaum noch möglich ist (Überdehnung des Muskels).
In Abbildung 15, S. 89, ist der Fall mit geringem Anteil an Bindegewebe im Muskel und entsprechend geringem Anteil des parallel-elastischen Elements an der Gesamtkraft dargestellt.

Muskelkraft und Geschwindigkeit

Geht man von der statischen Arbeitsweise zu dynamischer Muskelarbeit über, dann bewirkt die Muskelkraft Bewegungen, die zu einer Längenänderung des Muskels führen. (Für den zeitlichen Ablauf spielt jetzt die Dämpfung im Muskel eine Rolle; die am Ansatz meßbare Muskelkraft folgt mit zeitlicher Verzögerung der durch das kontraktile und das parallelelastische Element entwickelten Kraft.) Die Muskelkraft hängt nun ab von der Geschwindigkeit der Längenänderung des Muskels, d. h. von der Bewegungsgeschwindigkeit. Je größer die erforderliche Muskelkraft ist (z. B. bei zunehmender Last beim Anheben), desto geringer wird die Bewegungsgeschwindigkeit.
Der Zusammenhang zwischen Kraft und Geschwindigkeit ist in Abbildung 16 dargestellt. Der rechte Kurvenast repräsentiert die konzentrische Kontraktion, der linke die exzentrische Kontraktion, bei der der aktive Muskel gedehnt wird. Ersichtlich kann die unter isometrischen Bedingungen ($v=0$) gemessene Maximalkraft F_{max} bei exzentrischer Kontraktion noch überschritten werden. (Das ist etwa der Fall beim sog. plyometrischen Training durch kurzzeitiges Abbremsen des Körpers beim Niederspringen.)
Mit der Kraft-Geschwindigkeits-Kurve ist auch die Muskelleistung bestimmt, die ja als Produkt aus Kraft und Geschwindigkeit definiert ist. Dabei ergibt sich, daß auch die Muskelleistung im Falle exzentrischer Kontraktion am größten ist.

Muskelkraft und Muskelquerschnitt

Die von einem Muskel maximal zu entwickelnde Kraft hängt ab vom (physiologischen) Querschnitt der Muskulatur. Deshalb kann man den Zuwachs an Muskelkraft in grober Näherung aus dem Zuwachs an Querschnitt (über den Umfang berechenbar) ermitteln. Als Näherungswert gilt:

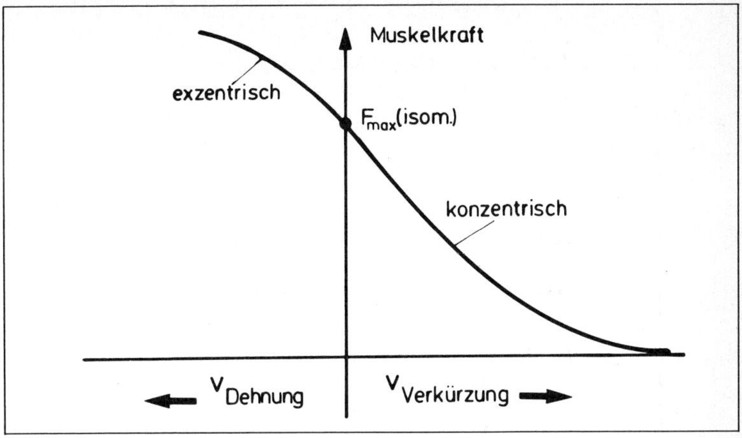

Abb. 16: Gesamtkraft des Muskels in Abhängigkeit von der Geschwindigkeit seiner Dehnung bzw. Verkürzung
F_{max} = die isometrisch bestimmte Maximalkraft

je Quadratzentimeter Muskelquerschnitt können 50–100 N an Muskelkraft entwickelt werden. Ein Muskel von 100 cm^2 Querschnitt kann demnach eine Kraft von maximal 10000 N aufbringen.

Hebelarme des Muskels

Für die mechanische Wirkung der Muskelkräfte ist der jeweilige Hebelarm des Muskels bezüglich des betrachteten Gelenks von Bedeutung. Dieser Hebelarm ergibt sich bei Annahme eines resultierenden Vektors der Muskelkraft aus dem senkrechten Abstand der Wirkungslinie der Kraft vom Gelenkmittelpunkt. Bei den meisten Gelenken verändert sich der Hebelarm mit der Gelenkwinkelstellung. Die exakte Bestimmung der Hebelarme der Muskulatur ist im allgemeinen schwierig.
Für die Hauptmuskeln der unteren Extremität sind die Längen der Hebelarme etwa 40–50 mm (Kniestrecker, Fußstrecker) bzw. 25 mm (Fußbeuger). Eine sehr ausführliche Darstellung der erörterten Problematik ist bei Zaciorskij et al.: «Biomechanik des menschlichen Bewegungsapparats» (1984) zu finden.

3.3 Innere und äußere Biomechanik

In der historischen Entwicklung der Biomechanik hat sich die Unterscheidung in innere und äußere Biomechanik herausgebildet. Unter *innerer* Biomechanik versteht man die Behandlung von Aufgaben/Problemen, die sich mit Kräften und deren Wirkungen im Innern beschäftigen. Die *äußere* Biomechanik befaßt sich mit Kräften und deren Wirkungen an der Peripherie oder außerhalb des Körpers (vgl. auch S. 16). Diese Trennung hat u. a. auch methodologische Gründe: Zur (nichtinvasiven) Bestimmung innerer Kräfte sind – zusätzlich zu den «äußeren» Methoden – weitergehende Annahmen und theoretische Ansätze erforderlich. Die innere Biomechanik baut dabei auf den Ergebnissen der äußeren Biomechanik auf (siehe auch Hochmuth 1981).

Die *äußere* Biomechanik befaßt sich mit der kinematischen und dynamischen Analyse sportlicher Haltungen und Bewegungen, d. h. mit Größen, die an der Peripherie des Körpers beobachtbar bzw. meßbar sind. Grundlage der äußeren Biomechanik ist die Kinematik, die in der Beschreibung der Lage, Haltung und Orientierung des Körpers in Raum und Zeit gegeben ist. Darüber hinaus werden die von außen auf den Körper einwirkenden Kräfte bestimmt: Gewichtskraft, Reaktionskräfte, Widerstandskräfte in Luft und Wasser.

Die *innere* Biomechanik befaßt sich mit der Ermittlung von Kräften im Körperinnern, vorrangig mit Muskelkräften bzw. Muskelkraftmomenten, Gelenkkräften sowie Kräften in Sehnen und Bändern. Diese Kräfte sind sowohl die Ursachen der Bewegungen als auch der positiven und negativen Beanspruchungen des biologischen Materials. Aufbauend auf der äußeren Biomechanik werden durch zusätzliche Annahmen bzw. Messungen die nicht direkt meßbaren inneren Kräfte berechnet. Trotz der erheblichen Schwierigkeiten der Verfahren und der eingeschränkten Gültigkeit der Ergebnisse stellt die innere Biomechanik die derzeit einzige wissenschaftlich haltbare Vorgehensweise zur Bestimmung von Muskel- und Gelenkkräften dar.

3.3.1 Das Schnittprinzip

Die Unterscheidung in innere und äußere Größen setzt die Definition eines abgegrenzten Körpers voraus, wie es z. B. der menschliche Körper ist: Man kann innen und außen eindeutig trennen. Die in der äußeren Biomechanik behandelten Kräfte sind jedoch nicht die einzigen Kräfte, die bei einer Bewegung wirken. So sind bei der Bewegungsausführung offensichtlich die Muskelkräfte von besonderer Bedeutung. Als sog. innere Kräfte sind sie – gemäß «actio = reactio» – stets im Gleichgewicht. Bei der Anspannung der Hüftbeuger etwa greift eine Kraft am Oberschenkel an und eine gleich große, entgegengesetzt gerichtete am Rumpf. Der gleiche Sachverhalt trifft für alle anderen inneren Kräfte ebenfalls zu. Diese Größen kann man nur erfassen, wenn man den Körper «aufschneidet». Natürlich führt man diesen Schnitt nur in Gedanken durch. Faßt man beispielsweise den Unterarm mit der Hand als Körper auf, dann legt man den theoretischen Schnitt in die Gelenkmitte des Ellbogengelenks. An dem nun «freigeschnittenen» Unterarm bringt man alle Kräfte und Momente an, die vom Oberarm auf den Unterarm wirken. Damit ist der Unterarm mechanisch in der gleichen Situation wie vor dem Schnitt, mit dem Unterschied, daß man jetzt Muskel- und Gelenkkräfte von außen auf den getrennten Unterarm wirken läßt: Die inneren Kräfte sind zu äußeren Kräften geworden. Unter bestimmten Voraussetzungen lassen sich nach dem Schnittprinzip Muskel- und Gelenkkräfte berechnen. Allerdings ist es derzeit noch nicht möglich, das Ergebnis der Rechnung durch eine direkte Messung zu überprüfen. Eine sorgfältige Abschätzung der Ergebnisfehler ist deshalb stets erforderlich.

3.3.2 Muskel- und Gelenkkräfte im Fuß

An einem einfachen Fall sollen im folgenden die grundsätzlichen Arbeitsschritte bei der Ermittlung innerer Kräfte dargestellt werden.

Problemstellung: Für den einbeinigen Zehenstand sind folgende Kräfte zu bestimmen: die in der Achillessehne wirkende Kraft und die Gelenkkraft im oberen Sprunggelenk.

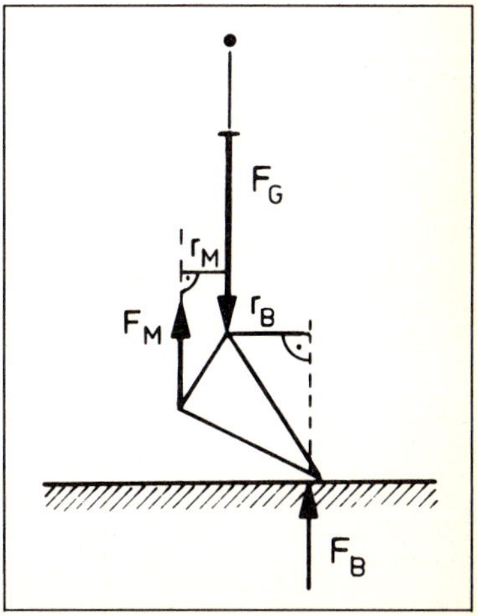

Abb. 17: Freigeschnittener Fuß mit äußeren Kräften.
F_B = Bodenreaktionskraft
F_M = Muskelkraft, durch Achillessehne übertragen
F_G = Gelenkkraft im oberen Sprunggelenk
r_B = Hebelarm von F_B
r_M = Hebelarm von F_M

Theoretischer Ansatz und Annahmen: Das Problem kann statisch behandelt werden, es treten keine Trägheitskräfte auf. Dies bedeutet keine grundsätzliche Einschränkung. Die bei beschleunigten Bewegungen auftretenden Trägheitskräfte können durch eine komplexe Bewegungsanalyse ermittelt und entsprechend berücksichtigt werden.
Folgende *Vereinfachungen* werden eingeführt:
- Kräfte treten nur in der Sagittalebene auf,
- Kräfte wirken nur in vertikaler Richtung.

Diese Vereinfachungen sind nicht grundsätzlicher Natur, sie betreffen nur den meßmethodischen und rechnerischen Aufwand.
Darüber hinaus wird die *Annahme* gemacht, daß die Fußbeuger inaktiv sind.
Diese Annahme ist von grundlegender Bedeutung. Bei gleichzeitiger Aktivität von Beugern und Streckern in einem Gelenk ist es nicht möglich, den absoluten Betrag der Muskelkraft bzw. des Muskelkraftmoments zu berechnen, man kann nur die minimalen Nettomomente der Muskelkraft angeben. Im praktischen Fall indessen kann man diese Annahme durch Registrierung des Elektromyogramms der entsprechenden Muskelgruppe überprüfen.

Die *Frage* lautet: Welche Muskelkraft F_M muß über die Achillessehne übertragen werden, und mit welcher Druckkraft F_G wird das obere Sprunggelenk belastet, wenn in diesem Gelenk keine Bewegung stattfinden soll, also Gleichgewicht herrscht?

Die Bedingungen für das Gleichgewicht lauten:

(1) $\Sigma F = 0$ und

(2) $\Sigma M = 0$

Ohne etwas über die Richtung der Kräfte vorwegzunehmen, ergibt sich für das Kräftegleichgewicht:

$$F_M + F_G + F_B = 0 \quad (1)$$

Für das Gleichgewicht der Drehmomente bezüglich der Drehachse oberes Sprunggelenk erhalten wir:

$$F_M \cdot r_M - F_B \cdot r_B = 0 \quad (2)$$

(Das Minuszeichen können wir setzen, da die Momente im Gleichgewicht verschiedene Vorzeichen haben müssen.)

Die Kraft F_G hat kein Moment bezüglich des oberen Sprunggelenks, da sie durch die Gelenkmitte geht und somit keinen Hebelarm hat.
Die Momentgleichung (2) können wir umstellen:

$$F_M \cdot r_M = F_B \cdot r_B$$

und erhalten schließlich

$$F_M = \frac{r_B}{r_M} \cdot F_B$$

Die Hebelarme lassen sich messen, ebenso die Bodenreaktionskraft F_B. Damit können wir die Muskelkraft F_M berechnen. Das errechnete F_M setzen wir nun in Gleichung (1) ein und erhalten:

$$\frac{r_B}{r_M} \cdot F_B + F_G + F_B = 0$$

daraus wird

$$F_B \left(1 + \frac{r_B}{r_M}\right) + F_G = 0$$

und schließlich

$$F_G = -F_B \left(1 + \frac{r_B}{r_M}\right)$$

Damit ist auch die Gelenkkraft F_G berechnet. Dafür können wir auch schreiben:

$$F_G = -(F_B + F_M)$$

Die Gelenkkraft ist die Summe von Muskelkraft und Bodenreaktionskraft. Sie ist stets größer als die Muskelkraft. (Das Minuszeichen steht für die negative Kraftrichtung von F_G.)

Führen wir die Berechnungen zahlenmäßig mit folgenden Meßwerten durch:

$F_B = G$ (Gewichtskraft)
$r_M = 4\,\text{cm}$
$r_B = 12\,\text{cm}$

dann erhalten wir für die Muskelkraft:

$$F_M = \frac{12\,\text{cm}}{4\,\text{cm}} \cdot G = 3 \cdot G$$

Die erforderliche Muskelkraft ist dem Betrag nach gleich dem Dreifachen der Gewichtskraft.
Und für die Gelenkkraft:

$$F_G = G + 3\,G = 4\,G$$

Die Gelenkkraft ist dem Betrag nach gleich dem Vierfachen der Gewichtskraft.

Wie man sieht, bestimmt die von außen auf den Körper einwirkende Kraft nicht allein die inneren Kräfte in Muskeln, Sehnen und Gelenken. Die inneren Kräfte sind wohl proportional zur äußeren Kraft, werden aber in ihrer Größe durch die geometrischen Bedingungen stark beeinflußt. (Zur Problematik und Methodik der inneren Biomechanik vgl. STUCKE 1984.)

3.4 Biomechanische Prinzipien

3.4.1 Gesetz und Prinzip

Gesetze beschreiben den objektiven und allgemeinen Zusammenhang zwischen meßbaren Größen. Die mechanischen Gesetze stellen klassische Beispiele exakter naturwissenschaftlicher Gesetze dar. Sie sind abgeleitet aus der Erfahrung (messende Beobachtung der Natur, Experiment) und sind allgemein gültig für die belebte und die unbelebte Natur. Daher sind sie auch ohne Einschränkung anwendbar auf biologische Systeme.
Man unterscheidet kausale und nichtkausale Gesetze. *Kausale* Gesetze verknüpfen Ursache und Wirkung, sie sind meist in Form von Differentialgleichungen darstellbar. Das dynamische Grundgesetz (2. Newtonsches Gesetz) ist das bekannteste und wichtigste Gesetz dieser Art. In der Formulierung Kraft = Masse × Beschleunigung ist die Kraft als Ursache der Beschleunigung einer Masse definiert. *Nichtkausale* Gesetze enthalten keine Ursache-Wirkungs-Relation, sie verknüpfen rein formal mechanische Größen. Beispiele dafür sind die Erhaltungssätze für den Impuls, die Energie u. a. (vgl. S. 83, 77f).
Ist die Wirkung auf eine oder wenige genau bekannte Ursachen zurückzuführen, dann liegt ein deterministisches Gesetz vor. Der Zusammenhang zwischen den Größen ist eindeutig bestimmt und läßt eine quantitative Vorhersage (Prognose) des zeitlichen Ablaufs des Geschehens zu, wenn die Anfangsbedingungen bekannt sind. Dies trifft für alle in der Biomechanik angewandten mechanischen Gesetze zu. Ist jedoch die Gesamtheit der Kausalfaktoren für ein Geschehen so umfangreich, daß sie praktisch nicht bekannt ist, dann können für den Einzelfall nur Wahrscheinlichkeitsaussagen gemacht werden: Es liegt ein statistisches Gesetz vor. Dieses gilt nur für Gruppen von Versuchspersonen.
Das Vorliegen «nur» statistischer Relationen steht keinesfalls im Widerspruch zur Kausalität, es besagt lediglich, daß nicht alle Kausalfaktoren bzw. -ketten bekannt sind. Statistische Gesetze gibt es auch in der Physik

(z. B. in der kinetischen Gastheorie), typisch ist dieser Sachverhalt jedoch für Aussagen im Bereich der Biologie, wo außerordentlich viele einzelne Faktoren das Gesamtgeschehen beeinflussen. Hier sind eindeutige quantitative Prognosen nur mit mehr oder minder großer Wahrscheinlichkeit zu formulieren. Bei der *bio*mechanischen Analyse kann daher trotz der strengen Gültigkeit mechanischer Gesetze stets dann eine eindeutige Aussage für das Individuum nicht erwartet werden, wenn biologische Faktoren im Spiel sind und auch berücksichtigt werden.

Prinzipien sind allgemeine, den Gesetzen übergeordnete Grundsätze, die das Verhalten von meist komplexen Systemen bestimmen. In den exakten Naturwissenschaften lassen sich aus den Prinzipien die Gesetze herleiten. Gelegentlich werden die Begriffe Gesetz und Prinzip synonym gebraucht, und im Bereich der Biologie ist eine scharfe Trennung häufig gar nicht möglich. Bei biologischen Prinzipien ist eine mathematische Formulierung meist nicht durchführbar.

3.4.2 Prinzipien in der Biomechanik

Biomechanische Prinzipien werden in der Praxis meist als allgemeine Leitlinien verstanden, nach denen das biologische System Mensch seine Bewegungen kontrolliert, aber auch die funktionell-strukturellen Zusammenhänge regelt. Ein klassiches biomechanisches Prinzip ist das von Roux (1895) ausgesprochene Prinzip der funktionellen Anpassung. Dieses stellt eine allgemeine und damit wesentliche Gesetzlichkeit für biologische Systeme dar, die auf Veränderungen äußerer (z. B. mechanischer) Bedingungen mit systemerhaltenden Anpassungen reagieren. Für den Bewegungsapparat bedeutet dies, daß er sich aufgrund äußerer mechanischer Reize in seiner Struktur (biomechanisch und biochemisch) an diese Anforderungen anpaßt. Dieses Prinzip ist fundamental für alle biologischen Systeme. Auf die Biomechanik des Sports angewandt, sind alle Wirkungen von Training auf dieses Prinzip zurückzuführen.
Biomechanische Prinzipien müssen biologische Charakteristiken enthalten, die natürlich mit den mechanischen Gesetzen verträglich sein müssen. Keinesfalls sind sie identisch mit mechanischen Gesetzen. Biologische Charakteristiken sind gegeben in den Struktur-/Funktionszusammenhängen, die leider noch zu wenig bekannt und erforscht sind.

Im folgenden sollen verschiedene Prinzipien charakterisiert werden, die in der Biomechanik benutzt werden.

3.4.2.1 Aus der Mechanik abgeleitete Prinzipien

Zur Beurteilung der Zweckmäßigkeit sportlicher Techniken sind Kriterien erforderlich, die anhand des zeitlichen Verlaufs mechanischer Parameter eine entsprechende Bewertung des Bewegungsablaufs erlauben. Im deutschen Sprachraum besonders bekannt sind die als biomechanische Prinzipien von HOCHMUTH (1981) eingeführten Kriterien. Sie basieren ausdrücklich auf mechanischen Überlegungen, schließen dabei «in ihre Aussagen die mechanische Erscheinung der biologisch bedingten Sachverhalte, die sich in den Bewegungsabläufen widerspiegeln, mit ein, ohne jedoch die biologische Begründung dafür angeben zu können» (1981, 153). Die HOCHMUTHschen Prinzipien der *zeitlichen Koordination von Einzelimpulsen*, der *Gegenwirkung* und der *Impulserhaltung* sind allgemein bekannte oder einfach ableitbare mechanische Gesetze, die in keiner Weise «biologisch bedingte Sachverhalte» widerspiegeln.

Die Prinzipien des *optimalen Beschleunigungswegs*, der *Anfangskraft* und der *optimalen Tendenz des Beschleunigungsverlaufs* sind teilweise empirisch unter Einbeziehung – aber nicht Erklärung – biologischer Realisierungsmöglichkeiten, teilweise wiederum rein mechanisch abgeleitet.

Die Allgemeingültigkeit sämtlicher Prinzipien wird durch sportartspezifische Bedingungen eingeschränkt, was dem Charakter eines Prinzips widerspricht. Mit diesen Prinzipien – soweit es sich nicht um mechanische Gesetze handelt – konkurrierende Kriterien schränken die Anwendbarkeit dieser Art von Prinzipien weiter ein.

Die dargestellten Prinzipien sind bei kritischer Anwendung hilfreiche Leitlinien bei der Beurteilung sportlicher Techniken, Prinzipien im strengen Sinne allgemeingültiger Grundsätze sind es nicht. Die biologischen Charakteristiken fehlen vollständig.

3.4.2.2 Aus der Optimierungsrechnung abgeleitete Prinzipien

Die rein mechanische Analyse der menschlichen Körperbewegung basiert auf mathematisch formulierten Körperbaumodellen (vgl. z. B. das Modell von HANAVAN, s. auch S. 38ff), für die die Bewegungsgleichungen z. B. in Form der Newtonschen Gleichungen aufgestellt werden. Dabei ergibt sich eine Zahl von Unbekannten, die stets größer ist als die Zahl der verfügbaren Gleichungen. Ohne zusätzliche Bedingungen ist das Gleichungssystem daher nicht lösbar. Man behilft sich dann mit Annahmen bezüglich der Muskeltätigkeit, postuliert z. B. die Abwesenheit antagonistischer Muskelaktionen, die man, wenigstens in einigen Fällen, elektromyografisch überprüfen kann. Meistens jedoch kann man wegen der gleichzeitigen bzw. nicht bekannten antagonistischen Innervation die resultierenden Muskelkraftmomente nur als Nettomomente und die Muskel- und Gelenkkräfte als Minimalwerte interpretieren.

Einen Ausweg aus dieser Situation verspricht die Anwendung von Verfahren der mathematischen Optimierung. Diese werden zur Analyse komplexer Systeme, die nach gewissen Prinzipien funktionieren, seit langem eingesetzt. Der menschliche Körper stellt zweifellos ein solches komplexes System dar. Die zentrale Frage ist: Nach welchen Prinzipien bzw. Kriterien arbeitet der Körper, welche Größen können als Zielfunktion gewählt werden, die dann im Optimierungsverfahren maximiert oder minimiert werden und die – was sehr wesentlich ist – auch biologische Bedeutung haben? NUBAR und CONTINI (1961) minimierten die mechanische Arbeit, BECKET und CHANG (1968) minimierten die Gesamtenergie, CHOW und JACOBSON (1971) wählten die gesamte während eines Gangzyklus verrichtete Arbeit als Zielfunktion. Ebenfalls für den menschlichen Gang wurden von SEIREG und ARVIKAR (1975) Linearkombinationen von Kräften und Momenten gewählt, PEDOTTI et al. (1978) definierten verschiedene Summen und Verhältnisse von Kräften als Kriterien. BAUER (1983) optimierte die Bewegung bei der Riesenfelge und minimierte dabei die mechanische Energie.

Es kann nachgewiesen werden, daß bei zyklischen Bewegungen über einen bestimmten Zeitraum das Kriterium «Minimierung der Gesamtenergie» zutrifft, jedoch gibt es keinen direkten Zusammenhang zwischen dieser Energie und den Muskelkräften. Bei Bewegungen mit maximaler Muskelleistung wird das Kriterium ohnehin kaum zutreffen. Alle anderen genannten Kriterien lassen antagonistische Muskelaktionen völlig außer Betracht. Es gibt keinen Beweis, daß diese Kriterien von biologischer Relevanz sind. Es sind formale mathematische Funktionen, die in erster Linie die Anforderungen des Optimierungskalküls erfüllen.

3.4.2.3 Biologisch relevante Prinzipien

Prinzipien bzw. Kriterien, die biologische Bedeutung haben, müssen wahrscheinlich den von ROUX (1895) formulierten Struktur-/Funktionszusammenhang berücksichtigen. Dieses *Prinzip der funktionellen Anpassung* stellt qualitativ die Beziehungen zwischen dem mechanischen Reiz auf das biologische Material und der biologischen Antwort, der Anpassung der Struktur an die Funktion her. Damit steht für die Analyse auch der Rückschluß von der Struktur auf die Funktion offen.

PAUWELS (1965) hat mit großer Sorgfalt die Konstruktionsprinzipien des menschlichen Körpers ingenieurwissenschaftlich untersucht. Ausgehend von den strukturell bedingten Festigkeitseigenschaften des Knochens und den Wirkungen der Skelettmuskulatur, haben sich unter statischen Bedingungen die im folgenden zusammengefaßten *Prinzipien* ergeben:

- Das menschliche Skelett stellt eine ideale Leichtbaukonstruktion dar.
- Die Biegespannung ist die gefährlichste Beanspruchung des Knochens; Form, Dichte und Struktur des Knochens sind auf Reduktion der Biegespannung ausgelegt.

- Die Anordnung der Muskeln ist derart, daß Biegespannungen in den Knochen reduziert werden.
- Antagonistische Muskelaktionen bewirken im Gelenk eine Vergrößerung der Druckfläche und damit eine Verminderung der Druckspannung.
- Die großflächige Insertion der Muskeln in den Knochen vermeidet Spitzenspannungen und bewirkt eine gleichmäßige Druckverteilung im Gelenk.

Für all diese Ergebnisse hat PAUWELS schlüssige Beweise geliefert. Es besteht keine Veranlassung, die Gültigkeit dieser Grundsätze für dynamische Fälle in Zweifel zu ziehen. Bisher wurden keine dem widersprechende Resultate berichtet (STUCKE 1984).

Offensichtlich sind diese Konstruktionsprinzipien als biologisch bedeutende biomechanische Prinzipien anzusprechen. Sie stellen einen vielversprechenden Ansatz im Sinne der Zielfunktionen in der Optimierung dar, deren mathematische Formulierung freilich noch aussteht.

Rainer Ballreich

4 Modellierung in der Biomechanik

Terminologie, Konstruktion und Simulation

4.1 Begriff, Gegenstand und Zweck der Modellierung

4.1.1 Zum allgemeinen Begriff der Modellierung

In Übereinstimmung mit KLAUS/LIEBSCHER (1976, 483) bezeichnen wir als Modellmethode (Modellierung) «Konstruktion und Gebrauch von Modellen zur Erkenntnisgewinnung, Kenntnisvermittlung oder für den Ersatz der Funktion dynamischer Systeme». Modelle als Mittel der Erkenntnisgewinnung bzw. Kenntnisvermittlung finden in der Biomechanik des Sports eine bevorzugte Verwendung. Beispiele für Modelle als Ersatz der Funktion dynamischer Systeme liegen in der Orthopädischen Biomechanik bei Prothesen vor, die die Funktion bestimmter Extremitäten modellieren.

4.1.2 Zum Gegenstand der Modellierung

Die von STACHOWIAK (1973, 133) aufgeworfene Frage, «wovon etwas Modell ist» (Modelloriginal oder Modellbezug), d. h. die Frage nach dem *Gegenstand* der Modellierung, kann sowohl unter dem für eine Forschungssystematik konzipierten biowissenschaftlichen als auch zweckorientierten Ansatz beantwortet werden.

Zum Modelloriginal unter biowissenschaftlichem Ansatz

Analog einem Vorgehen in tradierten Biowissenschaften kann man das primäre Objekt der Biomechanik des Sports – und damit den Gegenstand der Modellierung (Modelloriginal oder Modellbezug) –, den sporttreibenden Menschen, unter dem Aspekt seines Funktionierens (Verhaltens), seiner Struktur (seines Aufbaus) und seines Substrats (Materials) in Einzelobjekte gliedern (MATTHEIS/PLIQUETT 1972).

Unter dem Aspekt seines *Verhaltens* (Funktionierens) sind sowohl die Funktionsprozesse als auch die Funktionsprodukte zu modellieren.

- *Funktionsprozesse:*

1. Zusammenwirken innerer (Muskelkräfte) und äußerer Kräfte (Schwer-, Reibungs-, Widerstands-, Stütz-, Trägheitskräfte): Biodynamik.
2. Bewegungssteuerung und -regelung: Innervationsdauer oder zeitliche Koordinierung von Muskelkontraktionen, Intensitäts-Zeit-Verläufe von Muskelkontraktionen: Elektromyogramme als Indikatoren für Bewegungsmuster.

- *Funktionsprodukte:*

1. Änderung des Bewegungszustandes (sportliche Bewegung): Biokinematik.
2. Änderung von Form- und Spannungszustand des aktiven und passiven Bewegungsapparats: Biodynamik.

Zur *Struktur* (Aufbau) des Körperbaus – und damit als Modelloriginale – zählen biomechanische Eigenschaften wie Längen-, Breiten-, Umfangs-, Flächen-, Volumenmaße; Masse, Massenverteilung; Trägheitsmomente der Körperteile um die Gelenkachsen; Körperteil-Proportionen, Hebelverhältnisse; Freiheitsgrade der Gelenke, Freiheitsgrade der Bewegung; kinematische Ketten.

Zum *Substrat* (Material) des Bewegungsapparats – und somit als Modelloriginale – zählen biomechanische Eigenschaften des aktiven (Muskelsystem) und passiven (Knochen-, Gelenksystem) Bewegungsapparats wie Festigkeit bzw. Elastizität und Plastizität hinsichtlich Druck-, Zug-, Scher-, Biege- und Verdreh-Beanspruchung.

Eine Unterscheidung der Modellierung «auf den Stufen des Verhaltens, der Struktur und des Materials»... «läßt sich nur im Rahmen einer konkreten Untersuchung rechtfertigen, aber in allgemeiner gnoseologischer (erkenntnistheoretischer, d. Verf.) Hinsicht muß vor allem die Relativität dieser Unterscheidung, die tiefe Wechselbeziehung (in der Erkenntnis) dieser Stufen der Modellierung berücksichtigt werden» (BASHENOW/BIRJUKOW 1972, 45). Forschungsgenetisch ist andererseits zu berücksichtigen, daß man an jedes neue Objekt ohne oder mit unzureichender Kenntnis seiner Struktur herangeht und «somit der einzig mögliche Weg zum Erkennen des Objekts die Untersuchung seines Verhaltens ist» (BASHENOW/BIRJUKOW

1972, 48), d. h. die Anwendung der sogenannten Makromethode (im Unterschied zur Mikromethode, die von einer bereits bekannten Struktur ausgeht und auf deren Grundlage das Verhalten prognostiziert). In Abhängigkeit vom Niveau der Information über Struktur und Material des Bewegungsapparats wird in der Biomechanik des Sports sowohl die makro- als auch die mikroanalytische Modellierung herangezogen.

Zum Modelloriginal unter zweckorientiertem Ansatz

Für eine Auflistung von möglichen Objekten der Modellierung (Modelloriginale oder Modellbezüge) können die dargestellten Untersuchungsziele aus den Gebieten Leistungsbiomechanik, Anthropometrische Biomechanik und Präventive Biomechanik herangezogen werden. Nach einem solchen Ansatz sind im Rahmen der Leistungsbiomechanik Modelle der Technikanalyse, der Techniksteuerung, der Technikoptimierung, der Konditionsanalyse und der Konditionssteuerung zu unterscheiden. In der Anthropometrischen Biomechanik stehen Körperbaumodelle im Vordergrund und in der Präventiven Biomechanik Modelle der Belastungsanalyse sowie der Belastungsgestaltung.

4.1.3 Zum Zweck der Modellierung

Biomechanische Modelle können unterschiedlichen *Zwecken* dienen (vgl. Harbordt 1974). Tabelle 1 informiert ohne Anspruch auf Vollständigkeit über Modelloriginal und Modellzweck in den drei Lehr- und Forschungsge-

Tab. 1: Übersichtsdarstellung von Modelloriginal und Modellzweck in der Biomechanik des Sports (Ballreich 1988, 110)

Modellzweck	**Leistungsbiomechanik**		**Präventive Biomechanik**		**Anthropometrische Biomechanik**
	Modelloriginal		**Modelloriginal**		**Modelloriginal**
	Technik	Kondition	Belastung	Belastbarkeit	Körperbaumerkmale
			des Bewegungsapparates		
Beschreibung	×	×	×	×	×
Erklärung	×	×	×	×	×
Voraussage	×	×	×	×	×
Entscheidungshilfe	×	×	×	×	×
Steuerung	×	×	×	×	×
Optimierung	×	×	×	×	×

bieten der Biomechanik des Sports, d. h. in der Leistungsbiomechanik, in der Präventiven Biomechanik und in der Anthropometrischen Biomechanik. Der Informationsgehalt von Tabelle 1 liegt darin, daß die jeweiligen Modellzwecke allen Modelloriginalen zugeordnet werden können.
Nach dieser Darstellung kommen z. B. als Alternativen für den Modellzweck in der Leistungsbiomechanik die Entwicklung (Optimierung) einer sportmotorischen Technik, die Erklärung bzw. Voraussage des sportmotorischen (technomotorischen oder/und konditionellen) Leistungszustandes sowie Wissensvermittlung oder Entscheidungshilfen in bezug auf die Bestimmung der Einflußhöhe von biomechanischen Einflußgrößen oder bezüglich der Auswahl von biomechanischen Ansteuerungsgrößen in Betracht.

4.1.4 Definitionsvorschlag für Modelle in der Biomechanik des Sports

Wenn man den sportmotorischen Leistungszustand als gemeinsamen und zentralen Gegenstand der Modellierung in der Biomechanik des Sports bezeichnet, dann lassen sich biomechanische Modelle wie folgt definieren: Biomechanische Modelle des sportmotorischen Leistungszustandes (Y) stellen verkürzte und pragmatische Abbildungen dieses Zustandes (Modellierung) dar, mit dem Ziel, seine Änderung ($y + \Delta y$) in Abhängigkeit von der Änderung biomechanischer Einflußgrößen X_i um einen Betrag Δx_i möglichst quantitativ zu bestimmen.
Unter dem Aspekt des Bewegungsverhaltens (Funktionierens), der Struktur- und Materialeigenschaften des sporttreibenden Menschen kann der Leistungszustand über technikanalytische, d. h. biokinematische/biodynamische Einflußgrößen oder/und anthropometrische Merkmale oder/und materialbezogene Eigenschaften des Bewegungsapparats wie seine mechanische Belastbarkeit auf Druck-, Zug-, Scher-, Biege- und Verdrehbeanspruchung geändert werden.
Ein solcher Modellbegriff berücksichtigt die drei Hauptmerkmale eines Modells (STACHOWIAK 1973):

- das Abbildungsmerkmal,
- das Verkürzungsmerkmal,
- das pragmatische Merkmal (Subjektivierungsmerkmal).

Das *Abbildungsmerkmal* gewährleistet, daß zwischen Modelloriginal und Modell eine Ähnlichkeit hergestellt werden kann, die einen Analogieschluß von bekannten Modelleigenschaften auf unbekannte, empirisch erst nachzuweisende Eigenschaften des Modelloriginals ermöglicht.
Im *Verkürzungsmerkmal* kommt ein verfahrensökonomischer Aspekt zum Ausdruck, wonach nicht alle Eigenschaften des Originals auf das Modell

abgebildet werden, «sondern nur solche, die den jeweiligen Modellerschaffern oder/und Modellbenutzern relevant erscheinen» (STACHOWIAK 1973, 132).

«Durch das *pragmatische Merkmal* – auch als Subjektivierungsmerkmal bezeichnet – wird jener Eigenschaft des Modells Rechnung getragen, die darin besteht, daß Modelle nur für einen bestimmten, mit den Spielregeln vertrauten Personenkreis bedeutungsvoll sein können» (BERTALANFFY/BEIER/LAUE 1977, 8).

Aus diesem pragmatischen Merkmal leitet STACHOWIAK ein vierfach gestuftes Frageschema ab, das nicht nur erfragt, «wovon etwas Modell ist (Originalbezug), sondern auch, für wen (Benutzerbezug), wann (Zeitbezug) und wozu bezüglich seiner spezifischen Funktionen es Modell (Zweckbezug) ist» (STACHOWIAK 1973, 132). Hierbei drückt der Zeitbezug aus, daß, «sobald ein neues, vollkommeneres Modell des gleichen Originals existiert, das erste Modell wertlos wird bzw. dann lediglich noch historischen Wert besitzt» (BERTALANFFY/BEIER/LAUE 1977, 8).

4.1.5 Zum Modellmonismus und zur Modellbewertung

Zum Modellmonismus: Im Hinblick auf monistische Modellkonzeptionen ist auf die Achillesferse der Modellierung hinzuweisen, wonach «jedes Modell nicht auf die Frage ‹wie ist es?›, sondern auf die Frage ‹wie kann es sein?› antwortet». Dieses bereits von BERNSTEIN (1958) festgestellte Informationsdefizit der Modellierung ist darauf zurückzuführen, daß «ein und derselbe Prozeß in der Regel durch verschiedene Modelle beschrieben werden kann» (PERSON 1972).

Nach ZACIORSKIJ (1978) sind bei der biomechanischen Modellierung sportlicher Bewegungsabläufe zwei Trends zu beobachten: zum einen die Anwendung klassischer Methoden der theoretischen Mechanik und der Theorie der Regelung (deterministische Modellierung), zum anderen die Anwendung stochastischer Methoden, im besonderen die multidimensionale Statistik und die Wahrscheinlichkeitstheorie (indeterministische oder statistische Modellierung), wobei in seltenen Fällen beide Arten der Modellierung simultan angewandt werden.

Zur Modellbewertung: Wird ein Modelloriginal durch verschiedene Modelle abgebildet, so kann eine Modellbewertung vorgenommen werden. Es erscheint einsichtig, daß für eine Bewertung u. a. die drei Hauptmerkmale eines Modells, das Abbildungs- sowie das Verkürzungsmerkmal und das pragmatische Merkmal, als Bewertungskriterien herangezogen werden sollten. Im Sinne einer intersubjektiv prüfbaren Bewertung kann das Abbildungsmerkmal durch den Vergleich zwischen dem Output des Originals,

d. h. durch den Grad der Übereinstimmung zwischen beobachtetem Zielgrößenwert Y_{Orig} und errechnetem (vorhergesagtem) Zielgrößenwert Y_{Mod} operationalisiert werden und der verfahrensökonomische Aspekt des Verkürzungsmerkmals durch die Anzahl und den Erstellungsaufwand der biomechanischen Modellvariablen sowie das pragmatische Merkmal durch den Grad der Abstimmung des Modells auf den geplanten Benutzerbezug (Sportler, Trainer, Wissenschaftler ...) und auf den geplanten Zweckbezug (Erklärung, Voraussage, Entscheidungshilfe, Optimierung ...).

4.2 Zur Modellkonstruktion

Die Arbeitsschritte der Modellmethode erstrecken sich auf Problemformulierung, Konstruktion, Gültigkeit und Simulation eines Modells (Abb. 1). Im folgenden zeigen wir an den beiden grundlegenden Arbeitsschritten der Modellmethode, d. h. an Konstruktion und Simulation, exemplarisch alternative Entscheidungen bzw. Lösungsansätze auf.
Die Modellkonstruktion beinhaltet an Konstruktionsschritten die Wahl des Modellansatzes (Modellkonzept und Modellform), die Identifikation und Auswahl der Variablen, die das Modell beschreiben, die Beschaffung der Daten zur näheren quantitativen Bestimmung der Modellvariablen sowie die Erstellung der Relationen zwischen diesen Variablen. Nachstehende Ausführungen beziehen sich auf den zentralen Konstruktionsschritt, die Wahl des Modellansatzes.
Hierbei sind zwei Grundentscheidungen zu treffen: Wahl des Modellkonzepts (datenbasiert – theoriebasiert) und Wahl der Modellform (deterministisch – indeterministisch).

4.2.1 Wahl des Modellkonzepts (datenbasiert – theoriebasiert)

Die Bezeichnung «datenbasiert – theoriebasiert» für alternative Modellkonzepte beinhaltet ein Weniger oder Mehr an theoriegeleitetem Vorgehen bei der Auswahl der Modellvariablen. Beide Vorgehensweisen stellen in strengem Sinn keine sich wechselseitig ausschließenden Alternativen dar; eine Kombination dieser Alternativen ist möglich und insbesondere dann vorteilhaft heranzuziehen, wenn das theoretische Umfeld des Modelloriginals dem theoriebasierten Ansatz Grenzen setzt, die nur mit Hilfe eines datenbasierten Ansatzes überschritten werden können.

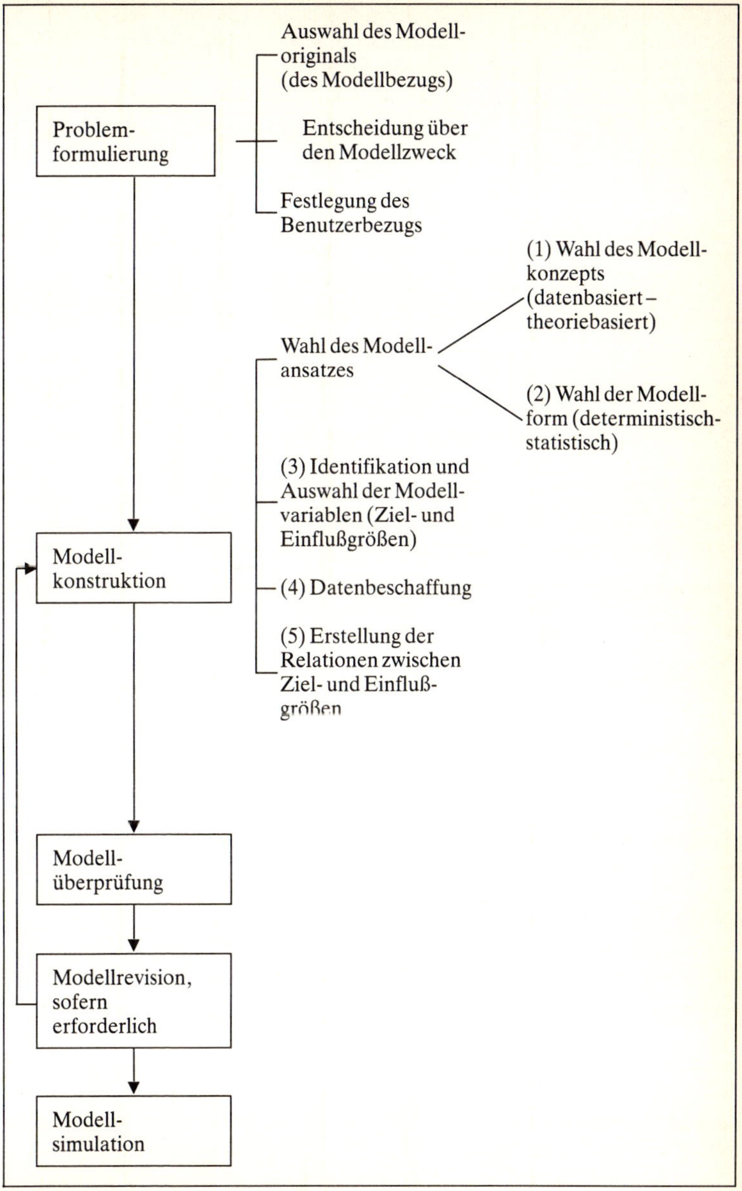

Abb. 1: Arbeitsschritte der Modellmethode

Der *datenbasierte* Ansatz läßt sich tendenziell durch ein als «Schrotschußmethode» bezeichnetes empirisches Vorgehen beschreiben, wobei ohne tiefergehende theoretische Vorüberlegung über das Modelloriginal, jedoch mit problemadäquaten Versuchsanordnungen zur Identifikation von Einflußgrößen eine möglichst umfassende und detaillierte Menge potentieller Einflußgrößen des Originals ausgewählt wird. Dem Nachteil einer aufwendigen Datenbeschaffung steht der Vorteil eines breiten Spektrums auswählbarer Modellvariablen gegenüber; ein Spektrum, das beispielsweise für die einflußgrößenorientierte Analyse und Steuerung des sportmotorischen Leistungszustandes erforderlich sein kann.
Dem *theoriebasierten* Ansatz liegen aus dem theoretischen Umfeld des Modelloriginals Informationen über die Modellvariablen und gegebenenfalls über funktionale Zusammenhänge zwischen diesen Variablen zugrunde. Nach Harbordt (1974, 78) gewinnt «der datenbasierte Ansatz in zunehmendem Maße an Bedeutung, wenn das Modell heuristischen Zwecken (als ‹erster Versuch›), dem besseren Verständnis des Gegenstandes oder gar der Erklärung, Voraussage oder Optimierung dienen soll... Geht es jedoch um die präzisere Explikation bzw. ...Darstellung einer Theorie, ...so kann man auf eine empirische Grundlage weitgehend verzichten und mit fiktiven Daten arbeiten», d. h. den theoriebasierten Ansatz bevorzugen. Dieser Ansatz wurde u. a. von Hochmuth/Marhold (1978) in bezug auf die Weiterentwicklung der biomechanischen Prinzipien verfolgt.

Zur Erläuterung ein Beispiel aus dem Hochsprung: Der vertikale Beschleunigungskraftstoß Δp_z während der Absprungstreckung beim Hochsprung kann sowohl vollständig als auch unvollständig mit Hilfe von Einflußgrößen beschrieben werden (Abb.2). Bei einer vollständigen und damit theoriebasierten Beschreibung ist Δp_z nach Hay (1978) als resultierender Kraftstoß auf Teilkraftstöße zurückzuführen, die während bestimmter Zeitintervalle der Absprungdauer wirken. Diese wiederum sind durch ihre biomechanischen Ursachen in Form von (mittleren) Drehmomenten in bezug auf die Körpergelenke (Gelenkmomente) und durch die Dauer ihrer Wirkung bestimmt. Der theoriebasierte Ansatz ermöglicht – bei Kenntnis des wechselseitigen Zusammenhangs der Teilkraftstöße – grundlagentheoretische Informationen mit Hilfe einer Simulationsstudie über das Zusammenwirken der von Sprung-, Schwungbein- und Armbewegung erzeugten Teilkraftstöße bzw. Gelenkmomente zu einem resultierenden Gesamtkraftstoß.
Liegt jedoch der Modellzweck in der Ansteuerung eines größeren vertikalen Beschleunigungskraftstoßes und damit einer größeren Flug-(Sprunglatten-)höhe, dann eignet sich für diesen Zweck kein theoriebasierter Ansatz, der auf eine hochkomplexe Einflußgröße wie das Gelenkmoment zurückgreift. In diesem Falle bietet sich ein datenbasierter Ansatz, d. h. eine un-

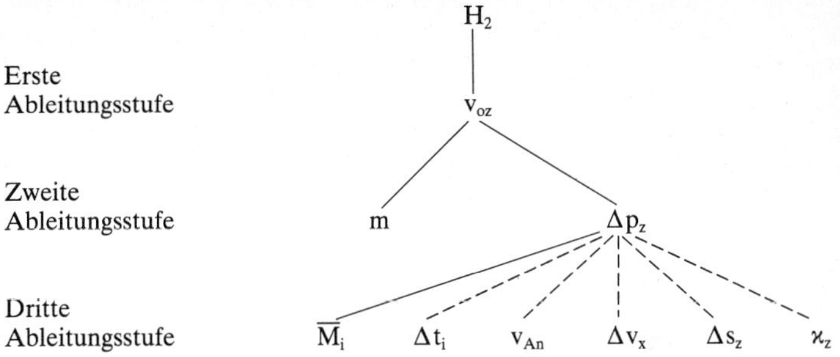

Bezeichnung:

H_2	Flughöhe
v_{oz}	vertikale Abfluggeschwindigkeit
v_{An}	Anlaufgeschwindigkeit (momentane Geschwindigkeit des KSP zu Beginn des Absprungs)
Δv_x	Reduktion der Horizontalgeschwindigkeit des KSP während des Absprungs
Δp_z	vertikaler Beschleunigungsstoß während des Absprungs
m	Gesamtmasse des Springers
$\overline{M}_i$, Δt_i	mittleres Gelenkmoment des i-ten Gelenks, Dauer des i-ten Moments während der Absprungstreckung
$\varkappa_z$	Quotient aus vertikalem Brems- und Beschleunigungsstoß
Δs_z	vertikaler Beschleunigungsweg (des KSP) während des Absprungs
———	Linie: vollständige Beschreibung einer Zielgröße durch ihre Einflußgrößen
- - - -	Linie: unvollständige Beschreibung einer Zielgröße durch ihre Einflußgrößen

Abb. 2: Übersichtsdarstellung einer schrittweisen Bestimmung biomechanischer Einflußgrößen der Flughöhe H_2 (BALLREICH 1988a, 25)

vollständige Beschreibung von Δp_z mit solchen Einflußgrößen an, für die eine Reihe quantitativer Untersuchungsbefunde vorliegt und die sich ihres elementaren Charakters wegen – im Unterschied zum Gelenkmoment – als ansteuerbare Einflußgrößen eignen. Zu diesen Einflußgrößen des vertikalen Beschleunigungskraftstoßes Δp_z bzw. der Flughöhe H_2 zählen u. a. (Abb. 2) die Anlaufgeschwindigkeit v_{An} (Optimaltrend zwischen v_{An} und H_2), die Reduktion der horizontalen Anlaufgeschwindigkeit Δv_x während des Absprungs (Optimaltrend zwischen Δv_x und H_2), der vertikale Beschleunigungsweg Δs_z (Optimaltrend zwischen Δs_z und H_2) sowie das vertikale $\varkappa_z$-Verhältnis bzw. das Verhältnis zwischen maximaler Beugegeschwindigkeit und maximaler Streck-(Abflug-)geschwindigkeit während des Absprungs (Optimaltrend zwischen $\varkappa_z$ und H_2). Damit können wir die unmittelbar nicht ausführbare Bewegungsanweisung: «Versuche, eine um x cm (oder um y %) größere als deine maximale Flughöhe zu erreichen» über eine Änderung elementarer Einflußgrößen wie Anlaufgeschwindigkeit, Reduktion der horizontalen Anlaufgeschwindigkeit, vertikaler Beschleunigungsweg sowie das Verhältnis zwischen Beuge- und Streckgeschwindigkeit schrittweise erfolgreich anzusteuern.

4.2.2 Wahl der Modellform (deterministisch-indeterministisch)

Mit der Wahl der Modellform verbindet sich eine Entscheidung darüber, ob der Zufallscharakter biomechanischer Beobachtungsgrößen (Ziel-, Einflußgrößen) zu berücksichtigen ist (indeterministische, d. h. statistische Modellform) oder vernachlässigt werden kann (deterministische Modellform). Die Bedingungen der Zufälligkeit liegen in unbekannten und damit unkontrollierbaren sowie unkontrollierten Einflüssen (u. a. in der Variabilität der «Versuchsobjekte bzw. des Beobachtungsmaterials sowie der Versuchs- und Beobachtungsbedingungen»; Sachs 1973, 27), die man nicht konstant halten kann (u. a. die sportmotorische Leistungsbereitschaft, Ermüdungsgrad) bzw. aus durchführungsökonomischen Erwägungen, beispielsweise im Zusammenhang mit ‹fehlenden› Wettkampfbestimmungen, nicht konstant halten will (u. a. klimatische Faktoren bei Freiluftwettkämpfen, Kunststoffbahnen für alpinen oder nordischen Skilauf). Wegen dieser Einflüsse, die sich in zufälliger, d. h. unkontrollierter Weise ändern, wird die biomechanische Beobachtungsgröße (Einfluß-, Zielgröße) zu einer Zufallsgröße, d. h. einer «Größe, die unter gegebenen Bedingungen einmal diesen, einmal einen anderen Wert annimmt» (Sachs 1973, 27).
Die Modellform *deterministisch-indeterministisch* kennzeichnet zwei Arten von Zusammenhängen zwischen einer Zielgröße Y (abhängige Variable) und ihren Einflußgrößen $X_1, \ldots, X_n$ (unabhängige Variablen). Ein *deterministischer* oder *funktionaler* Zusammenhang liegt dann vor, wenn bei vorgegebenen Werten $x_{10}, \ldots, x_{n0}$ der Einflußgrößen $X_1, \ldots, X_n$, die Zielgröße Y nur einen einzigen Wert y_0 annehmen kann (Abb. 3). *Indeterministische* oder *statistische* Zusammenhänge sind dadurch gekennzeichnet, daß die Zielgröße bei vorgegebenen Werten der Einflußgrößen verschiedene Werte im Intervall y_{01}, y_{02} annimmt (Abb. 4).
Die Abbildungen 3 und 4 veranschaulichen beide Arten von Zusammenhängen für den vereinfachten Fall, daß die Zielgröße Y von einer einzigen Einflußgröße X abhängt. Wenn der Zufallscharakter biomechanischer Beobachtungsgrößen nicht vernachlässigt werden darf, ist die statistische Modellform angezeigt, sofern der Zufallscharakter unberücksichtigt bleiben kann, ist die deterministische Modellform anzuwenden. Wie im Falle des

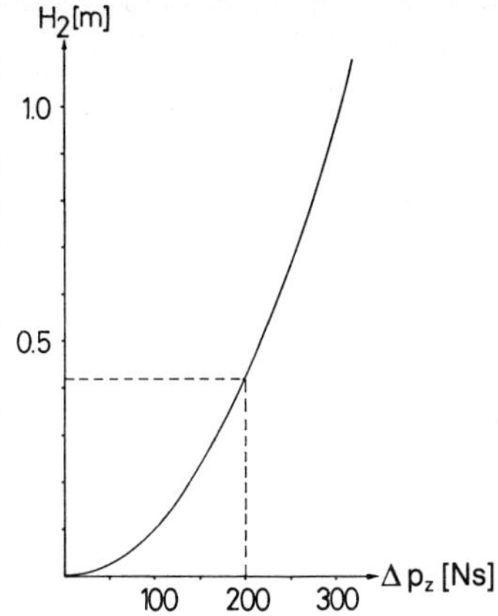

Bezeichnung:
H_2 : Flughöhe
Δp_z : vertikaler Beschleunigungskraftstoß
m : Masse des Hochspringers

Abb. 3: Schaubild der Funktion $H_2 = f(\Delta p_z; m = const.)$ (BALLREICH 1988b, 116)

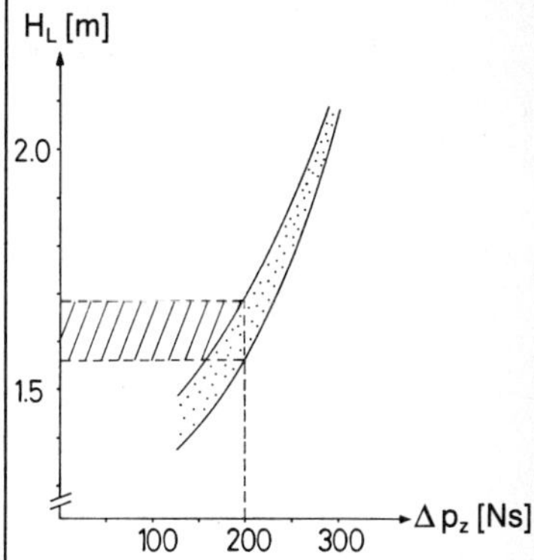

Bezeichnung:
H_L : Sprunglattenhöhe
Δp_z : vertikaler Beschleunigungskraftstoß
m : Masse des Hochspringers

Abb. 4: Schaubild der empirischen Funktion $H_L = f(\Delta p_z; m = const.)$ (BALLREICH 1988b, 116)

datenbasierten bzw. theoriebasierten Modellkonzepts stellen deterministische und indeterministische Modellformen keine sich gegenseitig ausschließenden Alternativen dar; beide Modellformen können sich im Rahmen der Modellierung eines bestimmten Modelloriginals ergänzen.

Anwendungsbezogenes Beispiel in bezug auf den Hochsprung: Der Zusammenhang zwischen der Flughöhe H_2 und ihren – sie vollständig erfassenden – biomechanischen Einflußgrößen Δp_z (vertikaler Beschleunigungsstoß in der Absprungphase) und m (Masse des Hochspringers) ist deterministisch, d. h., bei gegebenen Werten der beiden Einflußgrößen Δp_z und m kann die Zielgröße H_2 nur einen einzigen Wert annehmen. Erzeugt ein Springer A mit der Körpermasse 70 kg (entspricht einem Körpergewicht von 70 kp) einen vertikalen Beschleunigungsstoß Δp_z von 200 Ns (Newtonsekunden), dann ist diesen beiden Werten (eindeutig) eine Flughöhe H_2 von 0.42 m zugeordnet (Abb. 3). Im Unterschied hierzu ist der Zusammenhang zwischen der erfolgreich bewältigten Sprunglattenhöhe H und den biomechanischen Einflußgrößen Δp_z (vertikaler Beschleunigungsstoß in der

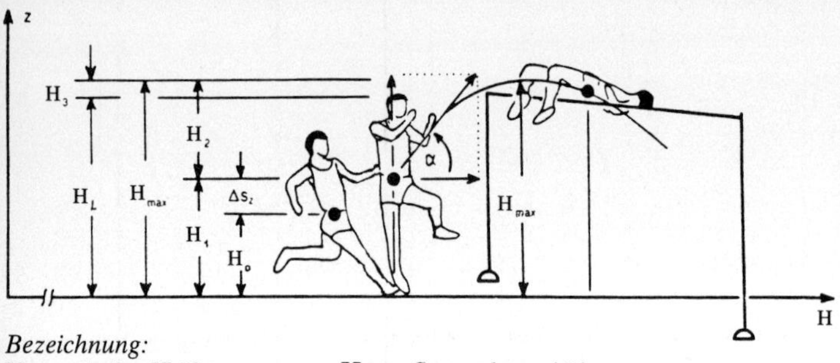

Bezeichnung:

H_o : Auftreffhöhe
H_1 : Abflughöhe
H_2 : Flughöhe
H_3 : Lattenüberhöhung
H_L : Sprunglattenhöhe
H_{max} : Scheitelhöhe der KSP-Flugbahn
Δs_z : vertikaler Beschleunigungsweg

Abb. 5: Teilhöhen beim Hochsprung (nach MÜLLER 1986, 54)

Absprungphase) und m (Masse des Hochspringers) weniger eng, da die Sprunglattenhöhe H_L nicht nur von der Flughöhe H_2 und damit von ΔP_z und m abhängt, sondern auch von der Abflughöhe H_1 und der Lattenüberhöhung H_3 (Abb. 5). Ein solcher nicht alle Einflußgrößen berücksichtigender Zusammenhang ist indeterministisch (statistisch), d. h., bei vorgegebenen Werten der beiden Einflußgrößen Δp_z und m nimmt die Zielgröße H_2 verschiedene Werte an. Erzeugt ein Springer A mit der Körpermasse 70 kg bei mehreren Versuchen einen vertikalen Beschleunigungsstoß Δp_z von 200 Ns und nehmen wir an, daß seine Absprunghöhe (intraindividuell) um ± 0.02 m und seine Lattenüberhöhung (intraindividuell) um ± 0.03 m variieren, dann variiert seine Sprunglattenhöhe H_L um ± 0.05 m. Damit sind einem Δp_z von 200 Ns alle Sprunglattenhöhen zugeordnet, die in einem Intervall von 0.10 m, also beispielsweise zwischen 1.57 m und 1.67 m liegen (Abb. 4).

MARINO/DILLMANN (1978) sind der Auffassung, daß die statistische (indeterministische) Modellierung gegenüber der deterministischen in bezug auf die Kombination von kinematischen und dynamischen Einflußgrößen einer Zielgröße weniger restriktiv sei – und somit offener in bezug auf die Ansteuerung biomechanischer Einflußgrößen –; daß sie kein vereinfachtes Abbild des menschlichen Körpers in ein Gelenksystem erfordere, sondern eine direkte Analyse mechanischer Parameter ermögliche, wie sie in allen Phasen der Bewegung tatsächlich zu beobachten sind; und daß sie schließlich einen mathematischen Zusammenhang zwischen sportmotorischer

Leistung und Technik und deren Indikatoren herstelle und – mit Einschränkung – zur Simulation von Bewegungsabläufen herangezogen werden könne.

Im Unterschied zu statistischen Trendanalysen, die u. a. zu einer vergleichbaren Schätzung der Einflußhöhe biomechanischer Einflußgrößen E_i auf die Leistung L führen, informieren mathematische Optimierungsverfahren über diejenigen Werte von Einflußgrößen E_i, für die eine vorgegebene Funktion dieser Veränderlichen, d. h. Zielgröße L, zu einem Maximum oder Minimum wird. Zur Problemlösung werden u. a. Verfahren der Differential- und Variationsrechnung herangezogen (vgl. TOLLE 1971). Der empirische Informationsgehalt einer mathematischen Optimierung ist davon abhängig, ob und inwieweit die vorgegebene(n) Funktion(en) zwischen Zielgröße und Einflußgrößen die individuelle Entwicklung biomechanischer Einflußgrößen extrapolierend, d. h. unter einem prognostischen Aspekt, abbildet.
Damit ist die Zielsetzung dieser mathematischen Optimierungsverfahren sehr viel weiter gesteckt als die der vergleichenden statistischen Schätzung über die Einflußhöhe biomechanischer Einflußgrößen. Mathematische Optimierungsverfahren beanspruchen, die maximale individuelle sportmotorische Leistungshöhe «exakt vorauszusagen» (HATZE 1976a), während statistische Schätzverfahren lediglich eine Wenn-dann-Aussage der folgenden Art zulassen: Wenn eine vergleichbare Änderung des Betrags biomechanischer Einflußgrößen vorliegt, dann ist eine Voraussage über die wahrscheinliche Einflußhöhe dieser Größen auf die sportmotorische (Teil-) Leistung möglich.
Ein schwerwiegendes Argument gegen die Anwendung mathematischer Optimierungsverfahren – ohne Berücksichtigung wahrscheinlichkeitstheoretischer Implikationen – zum Zwecke der Voraussage einer sportmotorischen Leistungshöhe bezieht sich darauf, daß die biomechanischen wie andere Beobachtungsgrößen zufallsbeeinflußt sind. Unter Berücksichtigung dieser Implikationen relativiert sich der empirische Informationsgehalt der von HATZE (1976a) mit einem «gigantischen» Forschungsaufwand und unter Anwendung mathematischer Optimierungsverfahren «exakt vorhergesagten» minimalen Bewegungsdauer von 0.46 s der Kickbewegung einer Versuchsperson. Im übrigen setzt die exakte Vorhersage einer individuellen sportmotorischen Leistung die ideale Reproduzierbarkeit dieser Leistung voraus – ein Ereignis, dessen empirische Bestätigung aussteht.

4.3 Zur Modellsimulation

Ein letzter Schritt bei der Arbeit mit der Modellmethode ist das Experiment mit dem Modell, die sogenannte Modellsimulation. Zweck der Modellsimulation ist, «das Verhalten oder den Zustand des abgebildeten Systems für einen begrenzten Zeitraum oder Zeitpunkt abzuschätzen – unter der Voraussetzung, daß das Modell für den Voraussagezeitpunkt gültig bleibt... Nun ist die Phase erreicht, in der das Modell praktischen Zwecken (Entscheidungshilfe, Systementwurf, Planung usw.) dienen kann» (Harbordt 1974, 18, 65). Die Modellsimulation liefert (theoretische) Informationen über die Auswirkung einer Variation der Einflußgrößen auf die Zielgröße. Grundsätzlich können die Einflußgrößen um fiktive Werte – bspw. um 20 Prozent ihrer Modelloriginalwerte geändert werden; jedoch ist dann auf empirisch orientierte Werte zurückzugreifen, wenn nicht nur fiktive, sondern reale Möglichkeiten der Änderung gefragt sind.
Die folgenden Ausführungen erläutern exemplarisch die Modellsimulation als ein Instrument der Entscheidungshilfe und der Optimierung.

4.3.1 Modellzweck «Entscheidungshilfe»

Die Modellsimulation kann u. a. zur Entscheidungshilfe in bezug auf die zu erwartende Änderung der sportmotorischen Leistungshöhe in Abhängigkeit von einer Änderung ihrer Einflußgrößen herangezogen werden. Unter der Annahme einer Änderung verschiedener Einflußgrößen läßt sich eine Wirkungsproportion dieser Größen erstellen, die die voraussichtliche Änderung der sportmotorischen Leistungshöhe schätzt. Grundlage dieser vergleichenden Schätzung der Einflußhöhe bilden einerseits die im Rahmen der Modellkonstruktion erstellten funktionalen Relationen auf metrischem Skalenniveau – deterministischer oder indeterministischer Art – zwischen Ziel- und Einflußgrößen sowie eine Änderung der Einflußgrößen bei Konstanz bzw. Kovariation der übrigen Einflußgrößen und andererseits Versuchsanordnungen mit intraindividueller Leistungsvariation im submaximalen Leistungsbereich bzw. mit interindividueller Leistungsvariation im maximalen Bereich.
Hierbei wird die Einflußhöhe biomechanischer Einflußgrößen X auf die Zielgröße Y operational wie folgt definiert: Höhe der Änderung Δy der Zielgröße Y, wenn die biomechanische Einflußgröße X um einen standardisierten Betrag Δx geändert wird. Je größer die Änderung Δy der Zielgröße, desto größer ist die Einflußhöhe der biomechanischen Einflußgröße.

Die Schätzung der Einflußhöhe kann sich zumindest an drei Simulationsstrategien orientieren.

- *Strategie I:* Nichtstandardisierte Änderung biomechanischer Einflußgrößen ohne Berücksichtigung des Unabhängigkeitsprinzips in bezug auf die Einflußgrößen.
- *Strategie II:* Standardisierte Änderung biomechanischer Einflußgrößen ohne Berücksichtigung des Unabhängigkeitsprinzips in bezug auf die Einflußgrößen.
- *Strategie III:* Standardisierte Änderung biomechanischer Einflußgrößen mit Berücksichtigung des Unabhängigkeitsprinzips in bezug auf die Einflußgrößen.

Nach dem Unabhängigkeitsprinzip setzt die isolierte (univariate) Variation von Einflußgrößen ihre wechselseitige Unabhängigkeit voraus.

Anwendungsbezogenes Beispiel zur Strategie I: Rennrodelsport
(Nichtstandardisierte Änderung biomechanischer Einflußgrößen ohne Berücksichtigung des Unabhängigkeitsprinzips in bezug auf die Einflußgrößen)
BALLREICH/BAUMANN (1982) erstellten ein deterministisches Modell der Abfahrtsmechanik des Rennschlittens. Als Einflußgrößen der Zielgröße «Wettkampfleistung (Fahrzeit)» wurden das Gewicht von Schlitten und Fahrer, die Anfangsgeschwindigkeit ca. 1 m nach der Startlichtschranke, die Gleitreibung zwischen Kufen und Eis, der Luftwiderstand des besetzten Fahrzeugs, die Neigung der Bahn und die Radien der Kurven auf der Kunsteisrodelbahn in Berchtesgaden herangezogen.
Die Brauchbarkeit des Modells für eine Berechnung des Einflusses der o. a. Einflußgrößen auf die Wettkampfleistung bestätigt die «Übereinstimmung zwischen berechneten und anläßlich einer Rennrodelweltmeisterschaft von über 200 Endlaufabfahrten gemessenen Werten von besser als 98 Prozent. Abfahrten, bei denen durch Kontrolle aufeinanderfolgender Zwischenzeiten und der Videoaufzeichnung gröbere Fahrfehler nicht festgestellt wurden, beschreibt das Modell mit einer Genauigkeit von 1 Prozent. Als Modellexperiment konnte daraufhin folgende Frage beantwortet werden: Welchen Einfluß haben Gewichtskraft, Anfangsgeschwindigkeit, Reibungskoeffizient und Luftwiderstand auf die Gesamtzeit auf der untersuchten Bahn? Zur Beantwortung der Frage wurden diese Einflußgrößen variiert und die hierdurch erzeugte Änderung der Gesamtzeit berechnet. Das Ergebnis ist in Tabelle 2, S. 116, dargestellt.
Das Ergebnis macht deutlich, durch welche Maßnahmen eine wirkungsvolle Beeinflussung der Gesamtzeit erwartet werden kann. Das entsprechende Experiment wäre im Original nur mit außerordentlich großem Aufwand möglich, wobei es immer noch nicht gelingen würde, eine Variation jeweils nur einer Einflußgröße durchzuführen» (BALLREICH/BAUMANN

Einflußgröße	Variation der Einflußgröße	Änderung der Gesamtzeit
Gewichtskraft	+ 10 kg	− 0.25 bis − 0.35 s
Anfangsgeschwindigkeit	+ 1 m/s	− 0.6 s
Reibungskoeffizient	+ 10 %	+ 0.25 bis + 0.30 s
Luftwiderstand	+ 10 %	+ 0.45 bis + 0.70 s

Tab. 2: Einflußhöhe von Gewichtskraft, Anfangsgeschwindigkeit, Reibungskoeffizient und Luftwiderstand auf die Gesamtzeit (Ballreich 1988b, 126)

1982, 131). So informativ das Simulationsergebnis auch ist, es läßt sowohl die Frage nach Vergleichbarkeit und Machbarkeit der Variationsbreite o. a. Einflußgrößen (10 kg Gewichtskraft gegen 1 m/s Anfangsgeschwindigkeit) als auch die Frage nach der Abhängigkeit zwischen diesen Einflußgrößen (u. a. Gewichtskraft und Anfangsgeschwindigkeit) unberücksichtigt, da eine isolierte Variation voneinander abhängiger Einflußgrößen und damit ein Verstoß gegen das Unabhängigkeitsprinzip praktiziert wurden.

Anwendungsbezogenes Beispiel zur Strategie II: Weitsprung
(Standardisierte Änderung biomechanischer Einflußgrößen ohne Berücksichtigung des Unabhängigkeitsprinzips in bezug auf die Einflußgrößen)
Die zum Zweck des Vergleichs der Einflußhöhe unterschiedlicher biomechanischer Einflußgrößen standardisierte Änderung Δx ist die Standardabweichung s(x) der jeweiligen Einflußgröße X. Die Vergleichbarkeit der Standardabweichung $s(x_i)$ verschiedener Einflußgrößen X_i besteht darin, daß ihr Zuwachswert relativ zum jeweiligen Mittelwert $\bar{x}_i$, d. h. $[\bar{x}_i + s(x_i)]$ im Falle normalverteilter Daten, stets von demselben Prozentsatz (16 Prozent) der untersuchten Fälle (z. B. Vpn) überschritten wird. Verfahrensgemäß können bei einer «systematisch» durchgeführten Modellsimulation im Falle normalverteilter Einflußgrößen als Änderungsmaß beliebige Vielfache (0.1 s; 0.2 s; 0.3 s;...; 1 s;... 3 s) der Standardabweichung eingesetzt werden.
Angenommen, ein Weitspringer steht vor der Entscheidung, seine Sprung- oder Sprintfähigkeit bevorzugt zu trainieren, d. h. seine Anlaufgeschwindigkeit besser zu übersetzen zugunsten der vertikalen und damit zu Lasten der horizontalen Abfluggeschwindigkeit oder schlechter zu übersetzen zugunsten der horizontalen und damit zu Lasten der vertikalen Abfluggeschwindigkeit. So steht er vor der Frage: Erzeugt eine vergleichbare Zunahme der horizontalen oder der vertikalen Abfluggeschwindigkeit eine größere Zunahme der Sprungweite bzw. Flugweite? Diese Frage kann über eine simulierte und vergleichbare Änderung der horizontalen und vertikalen Abfluggeschwindigkeit und der Bestimmung ihrer Einflußhöhe auf die

Zunahme der Flugweite wie folgt beantwortet werden. Setzen wir voraus, der Weitspringer trainiert nach einem mehr oder weniger einheitlichen Plan in einer Gruppe von 15 Weitspringern, wobei Sprungweite W, horizontale v_{ox} und vertikale Abfluggeschwindigkeiten v_{oz} folgende Mittelwerte und Standardabweichungen aufweisen:

W:	7.98 [m] – 7.18 [m];	$\overline{W}$ = 7.60 [m];	s = 0.25 [m]
v_{ox}:	9.7 [m/s] – 8.4 [m/s];	$\overline{v}_{ox}$ = 9.1 [m/s];	s = 0.30 [m/s]
v_{oz}:	3.5 [m/s] – 3.0 [m/s];	$\overline{v}_{oz}$ = 3.2 [m/s];	s = 0.04 [m/s]
Δz:	ohne Angabe		

W: Sprungweite
v_{ox}: horizontale Abfluggeschwindigkeit
v_{oz}: vertikale Abfluggeschwindigkeit
$\overline{W}$, $\overline{v}_{ox}$, $\overline{v}_{oz}$: Gruppenmittelwerte
s: Standardabweichung
Δz: Differenz zwischen Abflug- und Landehöhe

Neben diesen Meßwertinformationen ist eine weitere Grundlage für die Schätzung der o. a. Einflußhöhe ein – nach den Gesetzen des schiefen Wurfes (physikalisch-mechanisch entspricht «Springen» einem «Werfen des eigenen Körpers») – funktionaler Zusammenhang zwischen der Zielgröße «Flugweite $W_2 + W_3$» und ihren biokinematischen Einflußgrößen horizontale v_{ox} und vertikale Abfluggeschwindigkeit v_{oz} sowie Differenz zwischen Abflug- und Landehöhe Δz (Abb. 6).

Abb. 6: Teilweiten W_{1-4} der Sprungweite W

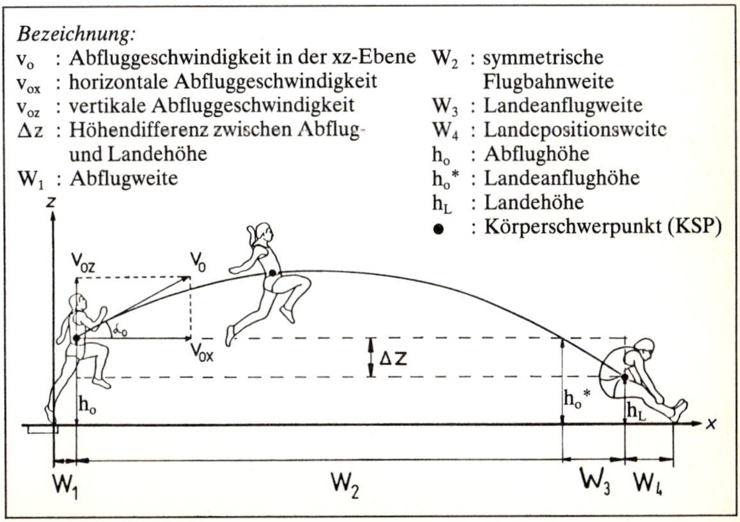

In Abbildung 7 ist die Flugweite $W_2 + W_3$ in Abhängigkeit von der horizontalen Abfluggeschwindigkeit v_{ox} dargestellt, wobei die vertikale Abfluggeschwindigkeit $v_{oz} = 3.2\,m/s$ und die Differenz Δz zwischen Abflug- und Landehöhe des Körperschwerpunktes (KSP) von 0.6 m konstant gehalten wurden.

In Abbildung 8 ist die Flugweite $W_2 + W_3$ in Abhängigkeit von der vertikalen Abfluggeschwindigkeit v_{oz} dargestellt, wobei die horizontale Abfluggeschwindigkeit $v_{ox} = 9.1\,m/s$ und $\Delta z = 0.6\,m$ als konstant angenommen wurden. Eine vergleichbare Änderung von v_{oz} um $s(v_{oz}) = 0.04\,m/s$ und von v_{ox} um $s(v_{ox}) = 0.30\,m/s$ bewirkt in bezug auf v_{oz} eine Änderung der Flugweite um 0.07 m und in bezug auf v_{ox} eine Änderung der Flugweite um 0.28 m. Definitionsgemäß weist damit die horizontale Abfluggeschwindigkeit eine vierfach größere Einflußhöhe auf die Flugweite $W_2 + W_3$ auf als die vertikale Abfluggeschwindigkeit.

Aufgrund dieses Simulationsergebnisses empfiehlt sich – sofern eine Übereinstimmung zwischen Individual- und Gruppentrend vorliegt – eine Steigerung der Sprintfähigkeit. Methodenkritisch ist anzumerken, daß – wie im Falle des Beispiels aus dem Rennrodelsport – die real bestehende Abhängigkeit zwischen der horizontalen und vertikalen Abfluggeschwindigkeit unberücksichtigt blieb, da zwar eine vergleichbare, jedoch isolierte Variation voneinander abhängiger Einflußgrößen und damit ein Verstoß gegen das Unabhängigkeitsprinzip praktiziert wurden.

Abb. 7: Flugweite $W_2 + W_3$ in Abhängigkeit von der horizontalen Abfluggeschwindigkeit v_{ox} bei einer konstanten Höhendifferenz $\Delta z = 0.6\,m$ zwischen Abflug- und Landehöhe und konstanter vertikaler Abfluggeschwindigkeit $v_{oz} = 3.2\,m/s$; $\Delta v_{ox} = s(v_{oz}) = 0.3\,m/s$ (BALLREICH 1988b, 128)

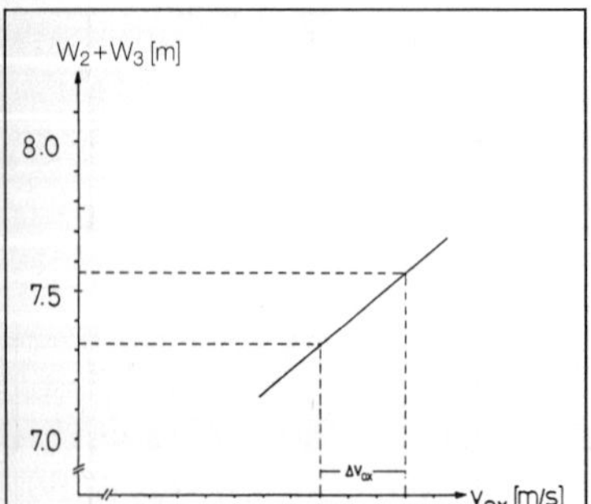

Abb. 8: Flugweite $W_2 + W_3$ in Abhängigkeit von der vertikalen Abfluggeschwindigkeit v_{oz} bei einer konstanten Höhendifferenz $\Delta z = 0.6$ m zwischen Abflug- und Landehöhe und konstanter horizontaler Abfluggeschwindigkeit $v_{ox} = 9.1$ m/s; $\Delta v_{oz} = s(v_{oz}) = 0.04\,m/s$ (BALLREICH 1988b, 128)

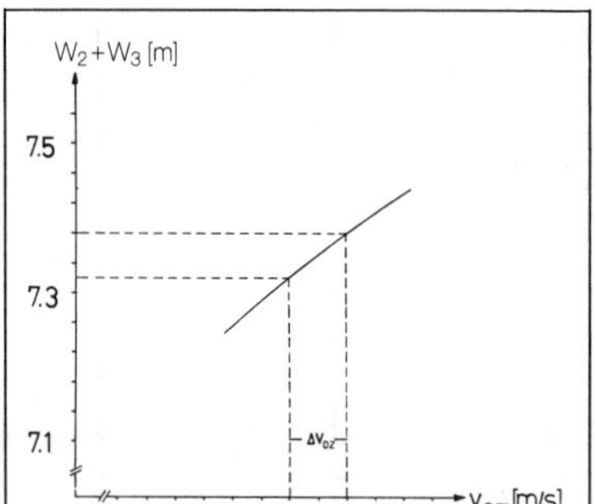

Beispiel zur Strategie III: Laufsprint
(Standardisierte Änderung biomechanischer Einflußgrößen mit Berücksichtigung des Unabhängigkeitsprinzips in bezug auf die Einflußgrößen)
Die Simulationsstrategie III unterscheidet sich von Strategie II dadurch, daß – im Falle real bestehender Abhängigkeiten zwischen den Einflußgrößen – die durch die isolierte Variation einer Einflußgröße erzeugten Kovariationen anderer Einflußgrößen mit berücksichtigt werden.
Angenommen, eine Sprinterin steht vor der Entscheidung, entweder ihre Sprintkraftfähigkeit oder ihre Sprinttechnik bevorzugt zu trainieren, so ist sie mit der Frage konfrontiert: Erzeugt eine vergleichbare Zunahme der Schrittlänge – als Ergebnis einer gesteigerten Sprintkraft – oder eine vergleichbare Zunahme der Schrittfrequenz – als Ergebnis einer verbesserten Sprinttechnik – eine größere Zunahme ihrer mittleren Schrittgeschwindigkeit und damit eine größere Abnahme ihrer Laufzeit (Laufzeitverbesserung)? Analog zum Weitsprungbeispiel kann diese Frage über eine simulierte und vergleichbare Änderung von Schrittlänge und Schrittfrequenz einer Sprinterinnengruppe vom Leistungsniveau der Sprinterin und der Bestimmung ihrer Einflußhöhe auf die Änderung ihrer mittleren Schrittgeschwindigkeit bzw. ihrer 100-m-Laufzeit beantwortet werden.
Die folgenden Ausführungen demonstrieren, wie unterschiedlich in bezug auf eine bestimmte Gruppe von Sprinterinnen (100-m-Lauf-Teilnehmerinnen an den Olympischen Spielen 1972) die Antwort auf die Frage nach der Einflußhöhe von Schrittlänge und Schrittfrequenz ausfällt, je nachdem, ob die real bestehende Abhängigkeit zwischen diesen beiden Einflußgrößen der mittleren Schrittgeschwindigkeit bzw. der 100-m-Laufzeit berücksichtigt wird oder nicht.

Meßwertinformationen über 32 Teilnehmerinnen am 100-m-Lauf der Olympischen Spiele 1972:

$\bar{T}_{100}$: 11.57 [s]; s = 0.22 [s]
$\bar{l}$: 1.95 [m]; s = 0.08 [m]
$\bar{f}$: 4.44 [1/s]; s = 0.21 [1/s]
r(l,f): −0.91

T_{100} : 100-m-Laufzeit
l (f) : mittlere Schrittlänge(frequenz) über 100 m
$\bar{T}_{100}, \bar{l}, \bar{f}$: Gruppenmittelwerte
r (l, f): Produkt-Moment-Korrelationskoeffizient zwischen l und f
s: Standardabweichung

(Ballreich 1988b, 129)

In Tabelle 3, S. 120, sind die Ergebnisse der Simulationsstrategien II und III aufgeführt. In beiden Strategien wurden Schrittlänge und Schrittfrequenz um ihre jeweilige Standardabweichung innerhalb der Sprintergruppe vergrößert. Im Falle von Strategie III berücksichtigten wir mit Hilfe eines regressionsanalytischen Ansatzes die bei Zunahme der Schrittlänge(-frequenz) erzeugte Kovariation der Schrittfrequenz(-länge). Strategie II läßt definitionsgemäß diese Kovariation unberücksichtigt.

Strategie	$T[\bar{l}+s(l)]$ [s]	$T[\bar{f}+s(f)]$ [s]	$\bar{l}$ [m]	s(l) [m]	$\bar{f}$ [1/s]	s(f) [1/s]	r(l,f)
III	+0.02	−0.11	1.95	0.08	4.44	0.21	−0.91
II	−0.46	−0.53	1.95	0.08	4.44	0.21	–

Tab. 3: Änderung der Laufzeit bei Zunahme der Schrittlänge $T[\bar{l}+s(l)]$ bzw. Schrittfrequenz $T[\bar{f}+s(f)]$ um jeweils eine Standardabweichung s(l) bzw. s(f) (Ballreich 1988b, 129)

Nach Tabelle 3 unterscheidet sich qualitativ und quantitativ die zu erwartende Änderung der Laufzeit in Abhängigkeit von der jeweiligen Simulationsstrategie. Der qualitative Unterschied liegt darin, daß nach Strategie III sowohl eine Laufzeitverschlechterung um 0.02 s (als Folge der Schrittlängenvergrößerung) als auch eine Laufzeitverbesserung um (−)0.11 s (als Folge der Schrittfrequenzerhöhung) zu erwarten ist, während Strategie II bei Schrittlängenvergrößerung *und* Schrittfrequenzerhöhung ausschließlich eine Laufzeitverbesserung um (−)0.46 s und (−)0.53 s voraussagt.

Der quantitative Unterschied drückt sich in den erheblich kleineren Änderungen der Laufzeit bei Strategie III gegenüber Strategie II aus. Dieses Ergebnis überrascht insofern nicht, als der enge und ungleichsinnige Zusammenhang ($r = -0.91$) zwischen den beiden Einflußgrößen der Laufzeit, d. h. zwischen Schrittlänge und Schrittfrequenz, bei Zunahme der einen Einflußgröße eine Abnahme der anderen Einflußgröße bewirkt und dieser Zusammenhang nur in Strategie III berücksichtigt wird. Im Falle der Schrittlängenvergrößerung führt diese nicht – wie bei der Schrittfrequenzerhöhung – zu einer überkompensierenden Zunahme der anderen Einflußgröße und deshalb zu einer Laufzeitverschlechterung. Aufgrund des empirisch gehaltvolleren Ergebnisses von Simulationsstrategie III gegenüber II empfiehlt sich – sofern eine Übereinstimmung zwischen Individual- und Gruppentrend vorliegt – ein intensiviertes Training der Sprinttechnik und nicht der Sprintkraftfähigkeit. Generell ist Simulationsstrategie III gegenüber Strategie II vorzuziehen, da sie infolge Berücksichtigung real bestehender Abhängigkeiten zwischen den Einflußgrößen empirisch gehaltvollere Ergebnisse liefert.

4.3.2 Modellzweck «Optimierung»

Aufgabe ist, konkurrierende motorische Lösungsverfahren zur Ansteuerung von Bewegungszielen im Sport nach dem Grad ihrer Zielansteuerung zu analysieren (u. a. konkurrierende Starttechniken in den Sportarten Leichtathletik, Schwimmen, Skilauf, Rodeln unter der Zielsetzung Zeitminimierung oder konkurrierende Sprungtechniken in Leichtathletik, Spielsportarten, Gerätturnen, Trampolinspringen mit der Zielsetzung Distanzoptimierung bzw. -maximierung) sowie neue, in höherem Maße zielangepaßte motorische Lösungsverfahren zu entwickeln. Während erstgenannte Aufgaben im wesentlichen auf eine Reproduktion von Fakten hinauslaufen, eröffnet die Lösung der zweiten Aufgabe den Zutritt in biomechanisches Neuland.

Am Beispiel des Hochsprungs lassen sich beide Untersuchungsziele anschaulich erläutern. Die Bearbeitung des Untersuchungsziels «Analyse konkurrierender Techniken» kann bei der Beurteilung unterschiedlicher Hochsprungtechniken u. a. auf das biomechanische Merkmal «Lattenüberhöhung» H_3 zurückgreifen (vgl. MÜLLER 1986). H_3 ist definiert als Differenz zwischen der Scheitelhöhe H_{max} der Flugbahn des Körperschwerpunkts und der Sprunglattenhöhe H_L ($H_3 = H_{max} - H_L$). Analysiert man die Lattenüberhöhung unterschiedlicher Hochsprungtechniken, dann nimmt mit fortschreitender Optimierung der Hochsprungtechnik – vom Hocksprung bis zum Flopsprung – die Lattenüberhöhung ab (Abb. 9), so

Abb. 9: Lattenüberhöhung H_3 ($H_{max} - H_L$) in Abhängigkeit von der Sprungtechnik (nach: MÜLLER 1986, 48)

Bezeichnung:
H_3 : Lattenüberhöhung
H_{max} (– – –) : Scheitelhöhe der Körperschwerpunktsbahn
H_L (——) : Sprunglattenhöhe
● : Körperschwerpunkt (KSP)

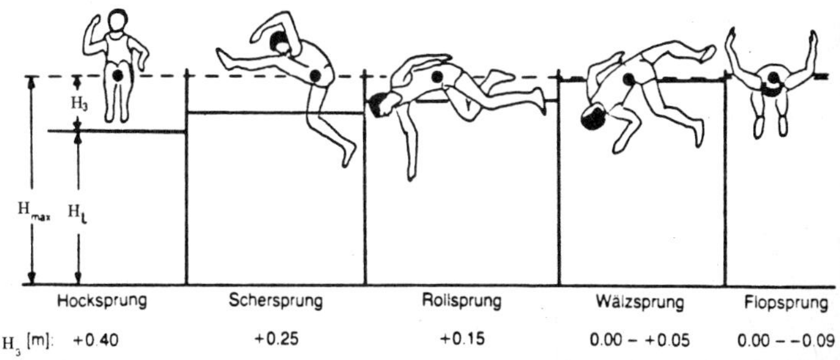

daß für das Überspringen einer vorgegebenen Sprunglattenhöhe immer weniger an Hubarbeit zu verrichten ist. Anders formuliert: Moderne Hochsprungtechniken (Wälz-, Flopsprung) ermöglichen eine 30–50 cm geringere Lattenüberhöhung als Techniken aus den Anfängen des Sports (Hocksprung, Schersprung) und damit um ca. 30–50 cm größere Sprunglattenhöhen.

Das Untersuchungsziel «Entwicklung einer neuartigen sportmotorischen Technik» wird zunächst am Beispiel des Hochsprungs und anschließend am Beispiel des gehockten Dreifachsaltos als Abgang vom Reck erläutert. Während das Hochsprungbeispiel eine fehlgeschlagene Technikentwicklung kennzeichnet, ist die Technik des Reckabgangs Beispiel einer erfolgreichen Entwicklung (individuelle Optimierung).

Abb. 10: Original-Kinegramm der HAY-Technik (HAY 1973, 312)

Beispiel einer fehlgeschlagenen Technikentwicklung: In konsequenter Fortsetzung der o. a. Entwicklungslinie von Hochsprungtechniken konstruierte HAY (1973) die nach ihm benannte HAY-Technik, welche eine theoretisch errechnete Lattenüberhöhung von −26 cm (d. h. die Scheitelhöhe H_{max} der Flugbahn des Körperschwerpunkts liegt 26 cm unter der Sprunglattenhöhe H_L) ermöglichen soll. Diese Hochsprungtechnik weist folgende von HAY biomechanisch begründete Bewegungscharakteristika (Abb. 10) auf.

1. Anlauf: Richtung senkrecht zur Latte
   «hohe» Anlaufgeschwindigkeit
2. Absprung: Sprungbein – völlige Streckung im Fuß- und Kniegelenk
   Schwungbein – gebeugte Bewegungsführung
   Oberkörper aufrecht
3. Lattenüberquerung: Klappmesserposition

Nach HAY maximieren die Bewegungscharakteristika des Anlauf- und Absprungverhaltens die Flughöhe (Höhendifferenz zwischen Abflughöhe – Abstand des KSP vom Boden im Abflugzeitpunkt – und Scheitelhöhe der KSP-Flugbahn), während die Klappmesserposition eine optimale Lattenüberquerung erzeugt.
PREISS (1987) konstruierte ein aus sechs Körpersegmenten bestehendes

Modell, das die Änderung der motorisch gesteuerten Flugbewegungen des menschlichen Körpers in der Hauptbewegungsebene in Abhängigkeit von ihren biomechanischen Einflußgrößen (Anfangswerte: Abflugort und -geschwindigkeit, Anfangslagewinkel sowie -drehimpuls; Randwerte: Winkel-Zeit-Verläufe der Schulter- sowie der Hüft- und Kniegelenke) beschreibt. Mit Hilfe der Simulation von Anfangs- und Randwerten des Modells (Abb. 11) kommt er zu dem Ergebnis, «daß die HAY-Technik zwar in einem gewissen Grade ausführbar ist, aber keine optimale Hochsprungtechnik darstellt.

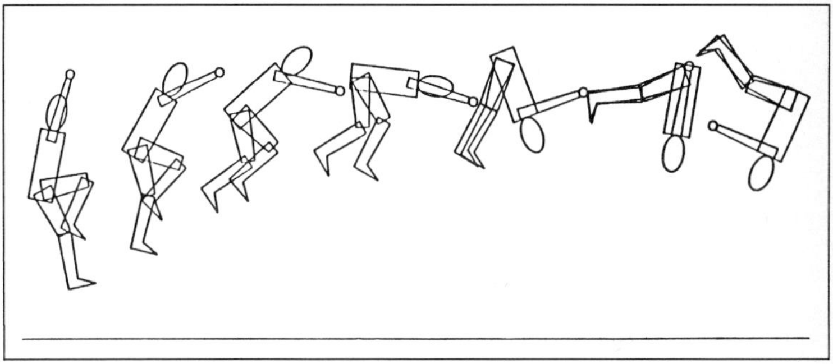

Abb. 11: Modell-Kinegramm der HAY-Technik
(Originalgetreuer räumlicher Bildabstand in vertikaler [Sprunghöhen-]Richtung und – aus Gründen der Bildüberschneidung – nicht originalgetreuer Bildabstand in horizontaler [Anlauf-]Richtung)

Vielmehr ergibt sich zum einen eine größere Lattenüberhöhung als bei den derzeit verwendeten Techniken Straddle und Flop, zum anderen führt die HAY-Technik zu einer verletzungsträchtigen Landeposition.
Einerseits darf der Rumpf des Athleten, um über die Latte geführt werden zu können, in der Steigphase des Fluges nicht nach vorne rotieren, andererseits muß er jedoch bei der Lattenüberhöhung sehr schnell nach vorne rotieren, um die Klappmesserposition zu erreichen und anschließend diese Position wieder aufzulösen. Diese Doppelanforderung widerspricht dem Satz von der Erhaltung des Gesamtdrehimpulses des Systems. Durch Gegenbewegungen der Arme und Beine kann zwar eine verminderte Drehung des Rumpfes erreicht werden, die funktionell-anatomischen Bedingungen lassen allerdings nur eine teilweise – mit wachsender Sprunghöhe abnehmende – Kompensation zu. Einnahme und Auflösung der Klappmesserposition über der Latte können nur über Lagen des Körpers erfolgen, in denen der tiefste Körperoberflächenpunkt weitaus näher zum Körperschwer-

punkt liegt, als es Hay für die optimale Lage des Körpers errechnete. Diese Ergebnisse erklären den Mißerfolg der bisher durchgeführten praktischen Realisierungsversuche der Hay-Technik» (Preiss 1987, 113).

Beispiel einer erfolgreichen Technikentwicklung: Das Untersuchungsziel «Entwicklung einer neuartigen sportmotorischen Technik» kann auch unter dem Aspekt der individuellen Optimierung einer sportmotorischen Technik betrachtet werden, insbesondere dann, wenn Entwicklung und Anwendung der Technik in denselben Zeitraum fallen.
Zur Erläuterung ein Beispiel: Ein Turner A ist in der Lage, einen Doppelsalto gestreckt als Abgang vom Reck durchzuführen (Abb. 12). Unter welchen Bedingungen kann er einen bis zu diesem Zeitpunkt weitgehend unbekannten Dreifachsalto gehockt als Reckabgang ausführen? Diese Frage wurde von Preiss u. a. (1983) mit Hilfe der Bewegungssimulation des o. a. Modells beantwortet. Aus dem Modelloriginal (Doppelsalto gestreckt von Turner A) wurden die Anfangswerte ‹Abflugort und -geschwindigkeit sowie Anfangslagewinkel und -drehimpuls› bestimmt. Mit diesen Anfangswerten und angenommenen Randwerten, die ein relativ langsames Beugen bzw. Strecken im Hüft- und Kniegelenk beschreiben, kommt die Bewegungssimulation zu dem Ergebnis eines 2 ¼fachen Saltos mit Landung in der Bauchlage (Abb. 13). Sofortiges und schnelles Beugen bzw. späteres und schnelles Strecken im Hüft- und Kniegelenk ermöglichen den angesteuerten Dreifachsalto gehockt mit regelkonformer Landung (Abb. 14).
Der mögliche Einwand, dieses Simulationsergebnis auf der Grundlage eines aufwendigen theorieorientierten Modellkonzepts könne bereits aus dem Drehimpulserhaltungssatz abgeleitet werden, ist wie folgt zu entkräften. Ausschließlich die Simulationsstudie informiert in quantitativer Form über die zur erfolgreichen Ansteuerung des Dreifachsaltos gehockt erforderlichen Anfangswerte, d. h. über die KSP-Koordinaten des Abflugortes, über Betrag und Richtung der Abfluggeschwindigkeit sowie über Betrag und Richtung des Anfangslagewinkels und -drehimpulses. Darüber hinaus informiert die Simulationsstudie nicht nur qualitativ, sondern auch quantitativ über die zur erfolgreichen Ansteuerung des Dreifachsaltos gehockt notwendige schnellere Beuge- und Streckgeschwindigkeit (Winkelgeschwindigkeit) in den Hüft- und Kniegelenken. Damit liegt – in quantitativer Form – ein technomotorisches Anforderungsprofil des Dreifachsaltos gehockt für Turner A als Grundlage für eine erfolgreiche und ökonomische Technikansteuerung vor. Ergänzend bleibt festzustellen, daß Turner A inzwischen den Dreifachsalto gehockt beherrscht.

Abschließend ist anzumerken, daß sowohl die Analyse bestehender als auch die Entwicklung neuer sportmotorischer Techniken der Biomechanik in unterschiedlichem Maße zugänglich sind, je nachdem, ob es sich um «re-

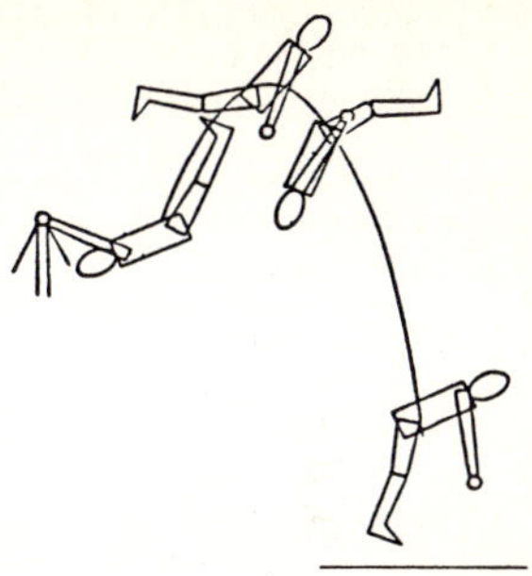

Abb. 12: Modelloriginal – Doppelsalto gestreckt – (Ballreich 1988 a, 33)

Abb. 13: Simulationsstudie 1 – Dreifachsalto gehockt (mit langsamem Beugen bzw. Strecken im Hüft- und Kniegelenk) (Ballreich 1988 a, 33)

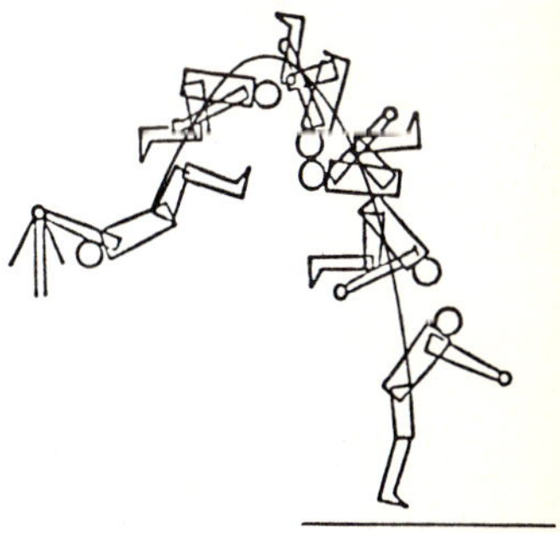

Abb. 14: Simulationsstudie 2 – Dreifachsalto gehockt (mit sofortigem und schnellem Beugen bzw. spätem und schnellem Strecken im Hüft- und Kniegelenk) (Ballreich 1988 a, 34)

sultatoptimierende» Bewegungen (Zeitminimierung, Distanzmaximierung) oder «verlaufsoptimierende» Bewegungen (Optimierung der Ablaufpräzision, Fehlerminimierung) handelt (Göhner 1979). Es ist einsichtig, daß resultatoptimierende Bewegungen infolge ihres quantitativ festgelegten Bewegungsziels dem biomechanischen Zugriff in höherem Maße unterliegen als verlaufsoptimierende Bewegungen mit vorwiegend qualitativ formulierten Bewegungszielen.

Biomechanik der Sportarten

Leichtathletik

Ansgar Schwirtz/Volker Groß
Wolfgang Baumann

1 Läufe

Das Wettkampfziel bei den leichtathletischen Läufen ist, eine vorgegebene Strecke in möglichst kurzer Zeit zu durchlaufen. Man ist bestrebt, nach einem Start aus der Ruhe heraus die Laufgeschwindigkeit zu optimieren und bis zum Ziel möglichst hoch zu halten. Beim Sprint gilt es, möglichst schnell eine maximale Laufgeschwindigkeit zu erreichen und lange zu halten.
Eine Einteilung der verschiedenen Disziplinen wird in Anlehnung an die Länge der vorgegebenen Laufstrecke vorgenommen. Man unterscheidet den Kurz- (bis 400 m), den Mittel- (bis 1500 m) und den Langstreckenlauf (bis Marathon). Außerdem grenzt man davon noch den Hürden- bzw. den Hindernislauf ab.
In Tabelle 1, S. 128, sind die Weltrekordzeiten aller olympischen Laufdisziplinen dargestellt. Gleichzeitig werden darin die mittleren Laufgeschwindigkeiten sowohl in m/s als auch in km/h jeweils getrennt nach Männern und Frauen angegeben.
Mit über 10 m/s bzw. fast 40 km/h stellen dabei die Sprintwettbewerbe (100 m/200 m) der Männer die schnellste Disziplin dar. Die mittlere Laufgeschwindigkeit nimmt selbstverständlich ab, je länger die vorgegebene Strecke ist. So ist sie beim 400-m-Lauf schon um 10 % langsamer als beim Kurzsprint. Bemerkenswert ist auch, daß die Laufleistung der Frauen in nahezu allen Disziplinen (nur) um etwa 10 % unter der der Männer liegt.

	Maenner			Frauen		
Disziplin	Laufzeit h, min, s	mittl. Geschw. m/s	km/h	Laufzeit h, min, s	mittl. Geschw. m/s	km/h
100 m	9.83	10.2	36.6	10.76	9.3	33.5
200 m	19.72	10.1	36.5	21.71	9.2	33.2
400 m	43.86	9.1	32.8	47.60	8.4	30.3
800 m	1: 41.73	7.9	28.3	1: 53.28	7.1	25.4
1500 m	3: 29.46	7.2	25.8	3: 52.47	6.5	23.2
3000 m	-	-	-	8: 22.62	6.0	21.5
5000 m	12: 58.39	6.4	23.1	-	-	-
10000 m	27: 13.81	6.1	22.0	30: 13.74	5.5	19.9
Marathon *	2: 07: 12.00	5.5	19.9	2: 21: 06.00	4.8	17.2
100 m H	-	-	-	12.25	8.2	29.4
110 m H	12.93	8.5	30.6	-	-	-
400 m H	47.02	8.5	30.6	53.24	7.5	27.0
3000 m H	8: 05.40	6.2	22.3	-	-	-
* Inoffizielle Zeiten				Stand 31.8.1987		

Tab. 1: Weltrekordzeiten und mittlere Geschwindigkeiten bei den olympischen Laufdisziplinen (vgl. VOLLMER 1987)

Vor dem Hintergrund des zunehmenden sportwissenschaftlichen Einflusses auf Training und leistungsfördernde Materialverbesserungen bei Laufbahnen und Schuhen (z. B. zur besseren Übertragung von Kräften vom Fuß/Schuh auf den Boden) könnte man beispielsweise die tatsächliche Entwicklung im Sprint der Männer (in 50 Jahren von 10.2 s auf 9.83 s, das sind 3,6 %) als bescheiden bewerten. Allerdings berücksichtigt dieser Vergleich nur den Gesichtspunkt der Höchstleistung. Die Leistungsdichte ist heute so ausgeprägt, daß Zehntelsekunden Klassenunterschiede bedeuten. In der Jahresbestenliste des Deutschen Leichtathletikverbandes von 1987 liegen nur 41/100 s zwischen der Bestleistung und dem 30. Platz im 100-m-Lauf der Männer.

Die Leistungsdichte, die durch die geringen Zeitdifferenzen zum Ausdruck kommt, stellt selbstverständlich auch hohe Anforderungen an die Trainingssteuerung und die damit verbundene Präzision der Messungen zur leistungsdiagnostischen Bewertung. Heute werden zum Beispiel nicht mehr nur «Augenmaß» und Stoppuhr in Training und Wettkampf eingesetzt, sondern Lichtschranken oder exakt vermessene Film- oder Videokameras zur qualitativen und quantitativen biomechanischen Auswertung.

Die Laufleistung hängt im wesentlichen von konditionellen, technischen und taktischen Faktoren ab, die natürlich in jeder Disziplin unterschiedlichen Einfluß haben. So wird z. B. bei den Mittel- und Langstreckenläufen der konditionelle Faktor der Ausdauer gegenüber Kraft und Schnelligkeit

aufgewertet. Hier bestimmen besonders die Stoffwechselvorgänge und die Leistungsfähigkeit des Herz-Kreislauf-Systems die sportliche Leistung.
Die vorgegebene Laufstrecke wird mit einer Vielzahl von einzelnen Laufschritten bewältigt, und eine umfassende biomechanische Analyse müßte eigentlich Schritte berücksichtigen, die für einen entsprechenden Laufabschnitt charakteristisch sind (im Sprint sind dies schon mehr als 20 Schritte in der Beschleunigungsphase). Dies ist in der Forschungspraxis nicht durchführbar. Gerade bei den längeren Strecken werden deshalb neben der Ermittlung von Zwischenzeiten kaum differenziertere Analysen durchgeführt. Auch Studien zur Beschreibung der Belastungen beim Laufen (z. B. zur Anpassung des Schuhmaterials) haben sich als ein äußerst komplexes Sachgebiet herausgestellt. Allein aus der Winkelstellung des Fußes und der daraus abgeleiteten Beschreibung eines «Pronationswinkels» (z. B. Knickfuß) kann man nicht so einfach auf eine entsprechende Belastung des Bewegungsapparates schließen. Hier liegen noch Defizite vor, die von der sportwissenschaftlichen Forschung bearbeitet werden müssen.
In Abhängigkeit von der Länge der vorgegebenen Strecke sind unterschiedliche anthropometrische Bedingungen vorteilhaft. Ein interessanter Vergleich zur Kennzeichnung einzelner Disziplinen ist in Tabelle 2 dargestellt. Hier sind Körpergewicht und -größe der jeweiligen Finalteilnehmer/innen anläßlich der Europameisterschaften in Stuttgart 1986, nach Disziplinen und Geschlecht getrennt, gegenübergestellt. Bei der Angabe der Relation Größe zu Gewicht als Indikator für die Statur werden besonders die Gruppenunterschiede erkennbar.

Tab. 2: Anthropometrische Daten zu den Athleten/innen der jeweiligen Finale bei den Europameisterschaften in Stuttgart 1986 (vgl. Presseinformation 1986)

	Maenner				Frauen			
Disziplin	n	Gewicht (kg)	Groesse (cm)	Groesse/ Gewicht	n	Gewicht (kg)	Groesse (cm)	Groesse/ Gewicht
100 m	13	75	182	2.4	14	57	166	2.9
200 m	14	73	181	2.5	16	61	171	2.8
400 m	14	75	185	2.5	15	60	173	2.9
110 m H	15	78	187	2.4	-	-	-	-
100 m H	-	-	-	-	13	63	172	2.7
400 m H	14	74	184	2.5	16	60	173	2.9
Mittelwert	70	75	184	2.5	74	60	171	2.9
800 m	7	65	180	2.8	8	55	167	3.0
1500 m	9	65	181	2.8	8	55	168	3.1
10000 m	10	61	177	2.9	10	47	160	3.4
Marathon	9	64	178	2.8	7	49	165	3.4

Hier wird deutlich, wie sich die unterschiedlichen konditionellen Anforderungen gerade auf das Gewicht niederschlagen. Obwohl sich die Körpergröße nur geringfügig ändert (ca. 2%), nimmt das Gewicht bei längerer Laufstrecke stark ab (ca. 15%). Bei den Männern wird der Faktor Größe/Gewicht von 2.5 (Kurzstrecke) auf 2.8 (Langstrecke), und bei den Frauen entsprechend von 2.9 auf 3.4 gesteigert.
Auch wenn diese Angaben nicht statistisch abgesichert sind, so bleibt doch festzuhalten, daß die Tendenz eindeutig ist und im Trainingsalltag und bei der Talentsichtung berücksichtigt werden sollte.
Im folgenden wird keine allgemeine biomechanische Beschreibung aller Laufdisziplinen angestrebt, sondern es sollen ausgehend von der kurzen anthropometrischen Betrachtung exemplarisch Ergebnisse aus biomechanischen Untersuchungen im Kurzstreckenlauf und im Hürdenlauf dargestellt werden. Über die Angabe von Gruppenwerten und beispielhaften Einzelwerten soll die grundsätzliche biomechanische Struktur der Disziplinen herausgearbeitet werden. Eine Individualanalyse der Lauftechnik einzelner Athleten/innen wird hier nicht angestrebt.

1.1 Der Kurzstreckenlauf

1.1.1 Allgemeine Struktur der Disziplin

Zu diesem Disziplinblock gehören die Flachlaufstrecken 100, 200 und 400 m und die beiden Staffeln 4 × 100 m und 4 × 400 m der Männer und Frauen.
Bei den Staffeln wird aufgrund der Arbeitsteilung ein Zeitgewinn von ca. 6 s (Differenz der Weltrekorde 400 m, 4 × 100 m) erreicht. Das sichere Übergeben und Übernehmen des Stabs bei höchstmöglichem Tempo führt bei entsprechendem Zurückführen und Vorstrecken des Armes zu zusätzlichem Raumgewinn. Die verschiedenen Wechseltechniken (Stabübergabe von unten nach oben, von oben nach unten oder gerade), die methodisch in der Leichtathletik-Fachliteratur beschrieben werden, bieten sich als individuelle Lösungsmöglichkeiten an.
Der 100-m-Lauf, als die klassische leichtathletische Disziplin, war schon häufig Gegenstand biomechanischer Untersuchungen (Ballreich 1969; Ballreich/Gabel 1975; Baumann 1976, 1979b, 1985a; Baumann/Schwirtz/Gross 1986; Gundlach 1963, 1973; Ikai 1968; Letzelter 1974). Dabei ist zu berücksichtigen, daß es sich zum großen Teil um Trainings- und nicht um Wettkampfuntersuchungen handelt. Die ermittelten Resultate lassen sich also nur zum Teil auf den Wettkampf übertra-

gen. Hinzu kommt, daß auch die Laufleistungen z. T. sehr unterschiedlich sind. Im folgenden werden die wichtigsten Ergebnisse aus diesen Untersuchungen aufgegriffen und durch eigene ergänzt.

1.1.1.1 Der Geschwindigkeitsverlauf

In Abbildung 1 sind typische Beispiele für den Geschwindigkeitsverlauf beim 100-m-Lauf der Männer und Frauen dargestellt. Diese Beispiele beruhen auf einer sehr aufwendigen Analyse. Bei den Deutschen Leichtathletikmeisterschaften in Bremen 1983 wurden 16-mm-Filmaufnahmen (100 B/s) mit Hilfe einer exakt vermessenen, schwenkbaren Kamera durchgeführt. Bei der Auswertung der Aufnahmen diente eine vor Wettkampfbeginn befestigte und dann im Bildfeld vorhandene Reihe von Paßpunkten (koordinatenmäßig bekannte Punkte) zur Orientierung der Daten. Die Geschwindigkeitsverläufe basieren zum einen auf Auswertungen von 17 Körperpunkten, die eine Körperschwerpunktberechnung zuließen (C. H.), und zum anderen auf der Auswertung der kamerazugewandten Hüfte.

Deutlich zu erkennen sind bei allen vier Kurven der rasche Geschwindigkeitsanstieg, an den sich ein Abschnitt etwa gleichförmiger Geschwindigkeit (hier ca. 11 m/s bei C. H.) anschließt. Im letzten Teil fällt die Geschwindigkeit wieder leicht ab. Damit wird auch hier die allgemein übliche Dreiteilung des Geschwindigkeitsverlaufs bestätigt (vgl. GUNDLACH

Abb. 1: Geschwindigkeitsverläufe beim 100-m-Sprint der Frauen und Männer. DLM Bremen 1983

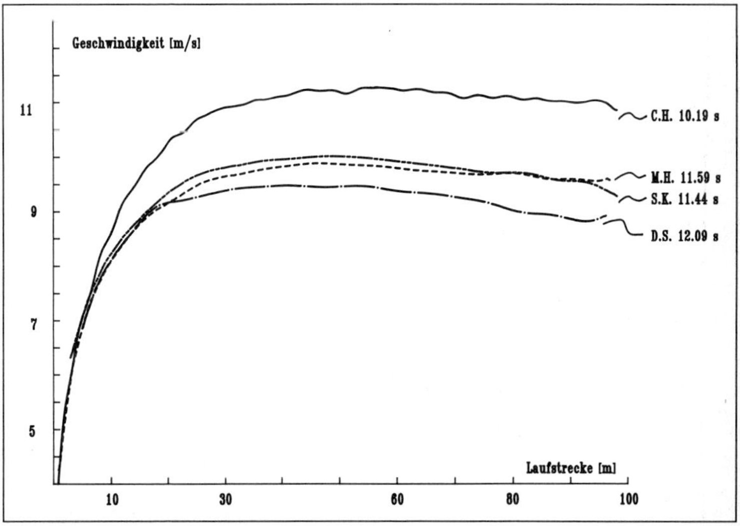

1963, IKAI 1968, BALLREICH 1969). Sie umfaßt unabhängig von Geschlecht und Qualifikationsgrad:

- Beschleunigungsphase (Sprintbeschleunigung),
- Phase maximaler Geschwindigkeit (Sprintschnelligkeit),
- Phase absinkender Geschwindigkeit (Sprintausdauer).

Innerhalb der Beschleunigungsphase kann noch der Start (incl. Reaktionsphase [Reaktionsschnelligkeit]) abgegrenzt werden. In Klammern ist die jeweilige technomotorische Eigenschaft angegeben.

Der Laufzeitunterschied zwischen stärkeren und schwächeren Läufern/innen ist etwa gleichmäßig auf die ganze Strecke verteilt. Eine bessere Leistung ist im Mittel gekennzeichnet durch höhere Beschleunigung, längere Dauer des Beschleunigungsabschnitts, höhere Maximalgeschwindigkeit, längere Dauer des Abschnitts der maximalen Geschwindigkeit, geringeren Abfall der Geschwindigkeit im letzten Abschnitt.

Die Länge des Beschleunigungsabschnittes liegt bei Männern etwa bei 40–50 m, bei Frauen etwa bei 30–40 m. Die Angaben zu den Längen der einzelnen Abschnitte sind abhängig von der Definition der Werte, die der Phase der maximalen Geschwindigkeit zugeordnet werden. BALLREICH (1969, 141) z. B. ordnet ihr alle Werte zu, die 95 % der maximalen Geschwindigkeit erreichen, GUNDLACH (1963, 351) dagegen legt diese Grenze bei 99 % fest. Mit höherer Qualifikation nehmen die Längen nur der ersten beiden Phasen im allgemeinen zu, wobei gerade im Höchstleistungsbereich allerdings individuelle Variationen zu finden sind. So können auch Frauen die Länge des Beschleunigungsabschnitts auf über 50 m steigern. V. Borsow schaffte es sogar, diese Phase auf etwa 70 m auszudehnen. Gerade bei Höchstleistungen wird die Phase der absinkenden Geschwindigkeit immer kürzer oder ist kaum noch vorhanden.

1.1.1.2 Zwischenzeiten, Differenzzeiten, mittlere Geschwindigkeiten

Zur Charakterisierung des Geschwindigkeitsverlaufs erscheint die Ermittlung des Körperschwerpunkts (vgl. Abb. 1, C. H.) als unvertretbar hoher Aufwand. Bei der Technikanalyse des Einzelschritts zu ausgewählten Zeitpunkten ist dies allerdings unumgänglich. Nur zur Ermittlung der mittleren Laufgeschwindigkeit sind als Methode zweckmäßigerweise Lichtschranken einzusetzen, die dann auch eine Sofortinformation zulassen. Dies ist aber nur im Training möglich.

Eine andere Einteilung des Laufs ergibt sich, indem man die 100-m-Laufstrecke in fünf fest vorgegebene Abschnitte unterteilt: 0–10 m, 10–30 m, 30–60 m, 60–80 m, 80–100 m. Jeweils am Ende der Abschnitte werden die Zwischenzeiten ermittelt. Obwohl damit zweifellos eine Vergröberung der Auflösung verbunden ist, die die exakte zeitliche Zuordnung der auf Seite

132 beschriebenen Beschleunigungen kaum noch zuläßt, werden selbst bei dieser Einteilung die Hauptmerkmale des Kurzstreckenlaufs erfaßt:

0– 30 m: Beschleunigungsphase, differenziert in die Teilabschnitte 0–10 m (Start) und 10–30 m (Sprintbeschleunigung),

30– 80 m: Phase maximaler Geschwindigkeit, differenziert in die Teilabschnitte 30–60 m und 60–80 m,

80–100 m: Phase der möglicherweise absinkenden Geschwindigkeit.

Die Vorteile dieser Strukturierung sind 1. geringer Aufwand für hinreichend genaue Bestimmung der Zwischenzeiten aus Lichtschrankenmessungen (Training) oder der Auswertung von Video- oder Filmaufzeichnungen (Wettkampf); 2. Möglichkeit der Sofortinformation im Training, der Schnellinformation im Wettkampf; 3. Standardisierung der Kennwertermittlung. In der internationalen Trainingspraxis ist dieses Verfahren akzeptiert und liefert eine Fülle von Vergleichsdaten.

In Tabelle 3, S. 134, sind Wettkampfdaten nationaler und internationaler Veranstaltungen aus den Jahren 1985 und 1986 für verschiedene Gruppen von Frauen und Männern aus eigenen Untersuchungen zusammengestellt. Die über das *OMEGA*-Meßsystem erhaltenen Reaktionszeiten vervollständigen die vorliegenden Daten sinnvoll (vgl. Seite 140 f). Vergleicht man die drei Gruppen der Frauen, so sieht man deutlich, daß die mittlere Gruppe (F-G2) gegenüber der besten (F-G1) erst ab 30 m (4.20 s/4.30 s) Zeit verliert. Ab hier nimmt der Abstand bei den Zwischenzeiten kontinuierlich um $^{8}/_{100}$–$^{13}/_{100}$ s zu.

In Analogie zum 100-m-Lauf zeigt Tabelle 4, S. 134, wie man auch den 200-m-Lauf durch Zwischenzeiten strukturieren kann. Bei einer weiteren Aufteilung sind hier meßmethodisch jedoch, bedingt durch den Kurvenlauf, einige Probleme bei den ersten 100 Metern gegeben.

Die Bestimmung der vier Zwischenzeiten gestattet zusammen mit der Endzeit eine ausreichend exakte Analyse der Laufleistung.

Eine andere Form der Darstellung und Verarbeitung der Daten aus Tabelle 3 und 4 zeigen die Abbildungen 2 und 3, S. 135. Das Differenzzeit-Diagramm bietet eine informative Darstellung. Es ist besonders gut geeignet zur Veranschaulichung sehr kleiner Zeitdifferenzen, wie dies gerade beim Sprint der Fall ist. Man wählt einen Lauf als Referenz und trägt die Zwischenzeitmarken auf der 100-m-Strecke entsprechend ein. Für den zu vergleichenden Lauf bildet man die Differenz der einzelnen Zwischenzeiten zu den entsprechenden Werten des Referenzlaufes. Diese im allgemeinen sehr kleinen Differenzzeiten trägt man auf der Ordinate in einem stark gespreizten Zeitmaßstab über dem zugehörigen Streckenpunkt ein, je nach positiver oder negativer Abweichung nach oben oder unten. Die geradlinige Verbindung der aufeinanderfolgenden Differenzzeiten ergibt einen Polygonzug, der auf einen Blick die abschnittsweisen Unterschiede zwischen den Läufen verdeutlicht.

		FRAUEN			MAENNER		
Merkmal	Einheit	EM 86 n=17	DLM 85 n=14	DLM 85 n=15	EM 86 n=18	DLM 85 n=13	DLM 85 n=24
Bereich	s	10.91-11.29	11.31-11.84	11.91-12.27	10.15-10.29	10.28-10.67	10.69-11.08
Reaktionszeit	s	.18	.17	.19	.16	.16	.17
10m - Zeit	s	2.03	2.08	2.13	1.92	1.94	1.99
30m - Zeit	s	4.20	4.30	4.46	3.93	4.00	4.10
60m - Zeit	s	7.13	7.36	7.67	6.63	6.75	6.94
80m - Zeit	s	9.11	9.42	9.85	8.41	8.59	8.88
100m- Zeit	s	11.15	11.55	12.08	10.24	10.46	10.85
Gruppe		F-G1	F-G2	F-G3	M-G1	M-G2	M-G3

Tab. 3: Zwischenzeiten beim 100-m-Lauf

Merkmal	Einheit	MAENNER n= 8	n= 8	M.JUG. n=13	FRAUEN n= 8	n= 8	W.JUG. n=15
Bereich	s	19.80-20.85	20.70-21.22	21.99-22.67	21.81-22.86	22.75-23.45	24.17-25.58
60m-Zeit	s	-	-	7.20	-	-	7.88
100m-Zeit (1)	s	10.50	10.53	11.24	11.39	11.66	12.42
160m-Zeit	s	-	-	17.76	-	-	19.79
200m-Zeit	s	20.35	20.88	22.29	22.28	23.07	24.92
100-200m Zeit (2)	s	9.85	10.35	11.05	10.89	11.41	12.50
Diff. (1) - (2)	s	+.65	+.18	+.19	+.50	+.25	-.08

Tab. 4: Zwischenzeiten beim 200-m-Lauf. Jugend: Eigene Ergebnisse von der DJLM Krefeld 1986
Frauen u. Männer: Ergebnisse der OS Los Angeles 1984 (vgl. Omega Sports Timing 1985)

Für den Vergleich der Leistungsgruppen aus Tabelle 3 wurden jeweils als Referenzlauf die Ergebnisse der besten Gruppe (F-G1 und M-G1) gewählt (siehe Abb. 2 und 3). Es zeigt sich, daß sowohl bei den Männern als auch noch deutlicher bei den Frauen die schwächeren gegenüber den stärkeren Läufern/innen über die gesamte Distanz an Boden verlieren. Der fast

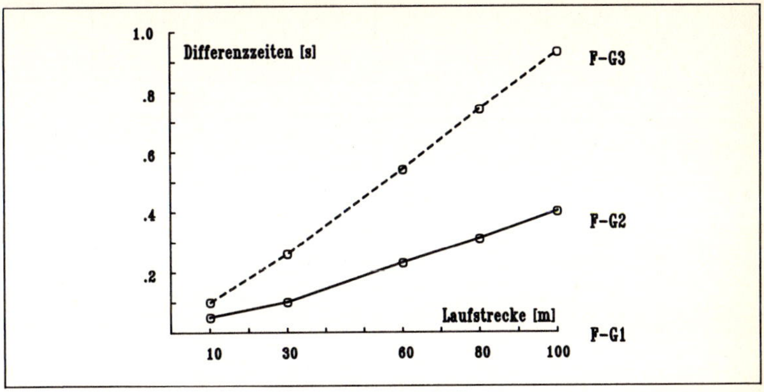

Abb. 2: Differenzzeitdiagramm bzgl. der Zwischenzeiten der Frauen in Tab. 3

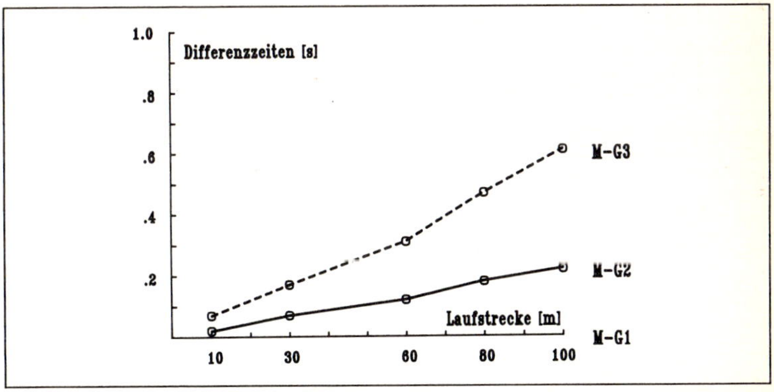

Abb. 3: Differenzzeitdiagramm bzgl. der Zwischenzeiten der Männer in Tab. 3

lineare Verlauf des Kurvenzugs der Gruppe F-G3 macht deutlich, daß hier fast gleichmäßig auf allen Teilstrecken Zeit verloren wird und nicht, wie vielleicht angenommen, zu Beginn oder Ende des Laufs. Etwas anders sieht dies bei F-G2 aus. Der steilere Anstieg ab der 30-m-Zwischenzeit signalisiert, daß erst hier der Zeitverlust stärker wird.

Aus den Zwischenzeiten lassen sich im Gegensatz zur Abbildung 1 nur mittlere Geschwindigkeiten in den entsprechenden Streckenabschnitten berechnen. Daraus ergeben sich die in Abbildung 4 dargestellen Verläufe. Bei den besonders heterogenen Gruppen sind hier deutlich unterschiedliche Laufcharakteristika zu erkennen.

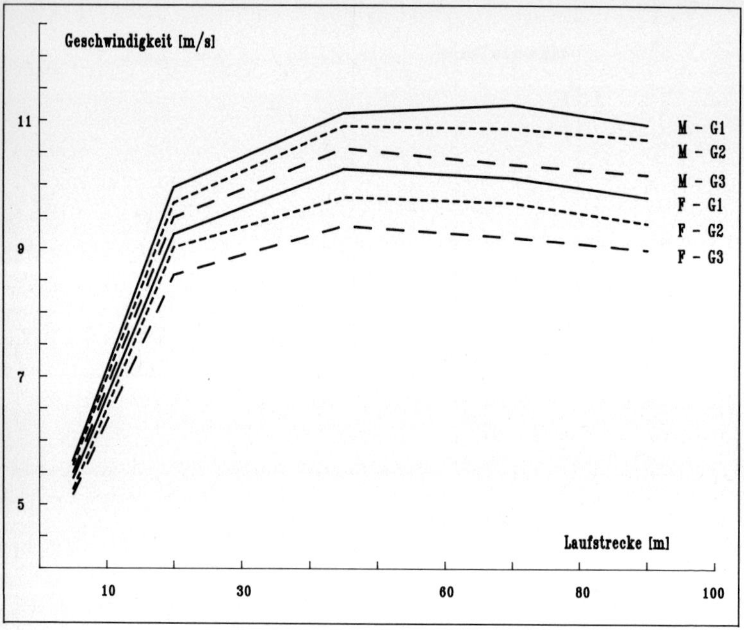

Abb. 4: Mittlere Laufgeschwindigkeiten beim 100-m-Sprint bei unterschiedlichen Laufleistungen (Gruppen und Zahlen aus Tab. 3)

Abbildung 4 zeigt auf, daß die leistungsstarken Gruppen (F-G1 und M-G1) schon auf den beiden ersten Teilabschnitten höhere Geschwindigkeiten erreichen. Der Vergleich der Gruppen F-G2 und F-G3 mit der besten Gruppe F-G1 weist auf Laufgeschwindigkeitsdefizite zwischen 30 und 80 m von bis zu 1 m/s hin. Männer beschleunigen deutlich stärker als Frauen. Sie erreichen mit fast 11.5 m/s eine um 1 m/s höhere Laufgeschwindigkeit. Es wird deutlich, daß sich grundlegende Charakteristika der auf Seite 131f beschriebenen Geschwindigkeitsverläufe auch hieraus ermitteln lassen. Damit ist die Möglichkeit einer Leistungsanalyse auch aus diesen einfacher gewonnenen Daten möglich.

1.1.1.3 Stützzeiten, Flugzeiten

Ein Laufschritt setzt sich zusammen aus Flug- und Stützphase. Er kann durch einfache kinematische, d. h. Zeit- und Wegmerkmale, charakterisiert werden:

- *Stützzeit:*
  Dauer der Kontaktphase des Fußes mit dem Boden

- *Flugzeit:*
  Dauer der Flugphase des Körpers, beginnend mit dem Ende der Kontaktphase eines Beines und endend mit dem Beginn der Stützphase des anderen Beines

Als Schrittdauer bezeichnet man dann die Summe aus Flug- und Stützzeit. Alle Zeitmerkmale werden in Sekunden gemessen. Der Ausprägungsgrad der verschiedenen Schrittmerkmale ist auch im Bereich konstanter Laufgeschwindigkeit von der Höhe der Geschwindigkeit abhängig. Mit zunehmender Laufgeschwindigkeit nehmen im allgemeinen
- die Stützzeit ab,
- die Flugzeit zu,
- das Flugzeit-Stützzeit-Verhältnis zu,
- die Schrittdauer ab.

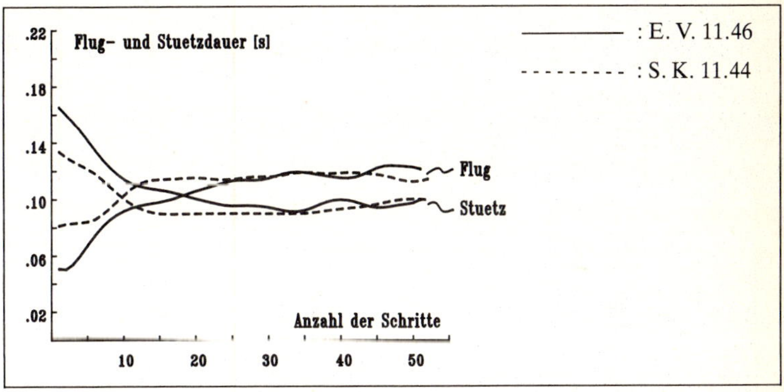

Abb. 5: Verlauf von Stütz- und Flugzeit beim 100-m-Lauf der Frauen

Abb. 6: Verlauf von Stütz- und Flugzeit beim 100-m-Lauf der Männer

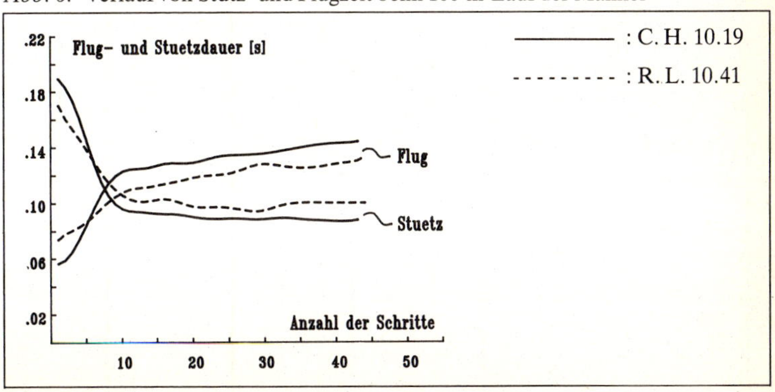

Abbildung 5 zeigt für die Läufe der beiden Frauen E. V. (11.46 s) und S. K. (11.44 s), daß die Wahl der Schrittgestaltung auch bei gleicher Lauffähigkeit schon deutlich unterschiedlich sein kann. Dies wird hier besonders in der Start- und Beschleunigungsphase deutlich, wo E. V. sehr spät eine deutliche Zunahme des Flugzeit-Stützzeit-Verhältnisses erreicht.
Abbildung 6 zeigt die Zusammenhänge zwischen Schrittgestaltung und Höhe der Laufgeschwindigkeit besonders deutlich für den Lauf von C. H. (10.19 s) auf. Die Stützzeit beträgt im Mittel sowohl bei Frauen als auch bei Männern 0.10 s, die Flugzeit 0.12 s und die Schrittdauer 0.22 s. Der leistungsschwächere Läufer R. L. (10.41 s) besitzt besonders im mittleren und letzten Teil seines Laufes keine stabile Schrittgestaltung.

1.1.1.4 Schrittanzahl, Schrittfrequenz, Schrittlängen

Zur Gesamtanalyse eines 100-m-Laufs gehört auch die Kenntnis über Schrittanzahl, -frequenz und -längen. Schon über ein einfaches, aber aufwendiges Auszählen von Videoaufnahmen eines Laufs läßt sich die Anzahl der Schritte in einzelnen Teilstrecken feststellen. Hier wurden die Schritte jeweils von Zwischenzeit zu Zwischenzeit auf ¼-Schritt genau gezählt. In den Tabellen 5 und 6 ist eine Schrittanalyse für die bekannten Teilstrecken eines 100-m-Laufs dargestellt. Männer benötigen dabei im Mittel 45.8, Frauen 53.1 Schritte für die 100-m-Distanz.
Bei den Werten der Tabellen 5 und 6 handelt es sich um Mittelwerte einer Schrittanalyse der Zwischen- und Endlaufteilnehmer der EM 1986 in Stuttgart (Frauen) und der DLM Gelsenkirchen 1987 (Männer).
Als Schrittfrequenz ist die Anzahl der Schritte pro Zeiteinheit, als Schrittlänge die Distanz zwischen den Aufsetzpunkten aufeinanderfolgender

Laufabschnitt (m)	Schrittanalyse Laenge (m)	Frequenz (1/s)	Anzahl
0 - 10	1.32	4.0	8.0
10 - 30	1.84	5.0	10.9
30 - 60	2.05	5.0	14.7
60 - 80	2.07	4.9	9.7
80 - 100	2.05	4.8	9.8
0 - 100	1.90	4.8	53.1
Bereich: 10.91-11.29s, Mittelwert: 11.15s, n=17			

Tab. 5: Schrittanalyse zum 100-m-Lauf der Frauen

Tab. 6: Schrittanalyse zum 100-m-Lauf der Männer

Laufabschnitt (m)	Schrittanalyse Laenge (m)	Frequenz (1/s)	Anzahl
0 - 10	1.47	3.7	7.3
10 - 30	2.14	4.6	9.4
30 - 60	2.38	4.5	12.6
60 - 80	2.36	4.6	8.5
80 - 100	2.46	4.3	8.2
0 - 100	2.20	4.4	45.8
Bereich: 10.24-10.61s, Mittelwert: 10.47s, n=15			

Stützphasen des Fußes definiert. Im allgemeinen ist dies immer die Projektion der Distanz der Schuhspitzen in Laufrichtung.
Die Tabellen 5 und 6 geben Auskunft über die Schrittgestaltung in den einzelnen Laufabschnitten sowie über die Unterschiede bei Männern und Frauen. Bei der Ermittlung der mittleren Schrittlänge auf den ersten 10 Metern wird dabei eine zusätzliche Distanz von 0.65 m für den mittleren Abstand des Startblocks von der Startlinie berücksichtigt.
Die größere Anzahl der gelaufenen Schritte kompensieren Frauen über eine höhere Schrittfrequenz in allen Laufabschnitten. Sie laufen im Maximum sogar mit 5 Schritten/s bei einer Schrittlänge von 2.05 m gegenüber den Männern, die 4.6 Schritte/s und 2.36 m erreichen.
In Abbildung 7, S. 140, ist noch einmal die Entwicklung der Schrittlängen über 100 m der Männer und Frauen graphisch dargestellt. Die Graphik zeigt die kontinuierliche Zunahme der Schrittlänge vom Start bis zum Ende der Beschleunigungsphase. Im weiteren Verlauf bleibt die Schrittlänge mit ca 2.10 m (Frauen) und ca. 2.50 m (Männer) konstant. Individuelle Gestaltungsmöglichkeiten werden bei den Männern besonders deutlich, wo der leistungsstärkere Sprinter (C. H.) mit Ausnahme der ersten 6–7 Schritte über die gesamte Distanz längere Schritte macht.
Die Frage nach der Gewichtung der beiden Merkmale Schrittlänge und Schrittfrequenz insbesondere als leistungsdifferenzierende Faktoren ist Gegenstand zahlreicher Untersuchungen u. a. von Gundlach (1963), Ballreich (1969), Ballreich/Gabel (1975) und Letzelter (1974) gewesen. Insgesamt hat sich dabei keine eindeutige Aussage hinsichtlich der Leistungsrelevanz bzw. Dominanz eines der beiden Merkmale herausgestellt, die in vielfältiger Weise mit- und gegeneinander variieren können.

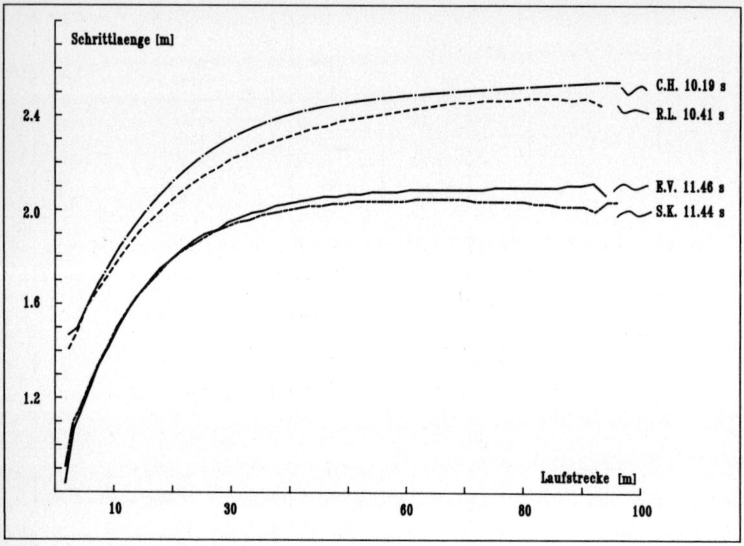

Abb. 7: Verlauf der Schrittlänge beim Sprint.
DLM Bremen 1983
Frauen: E. V. und S. K. Männer: C. H. und R. L.

Beide Größen hängen von einer Vielzahl sie gemeinsam bedingender Faktoren ab, z. B. von der Beinlänge, den Hebelarmen, der Beinmuskulatur, der Massenverteilung der einzelnen Segmente des Beines, der Leistung der Muskeln bei der Kraftentfaltung, der Reaktionsschnelligkeit u. a. m. Die individuelle Variabilität dieser Einflußgrößen läßt angesichts der geringen Veränderungen des Produkts Schrittlänge · Schrittfrequenz nicht erwarten, daß generell eine Dominanz einer der beiden Größen besteht. Sehr wahrscheinlich existiert für sie ein individuell verschiedenes Optimum.

1.1.2 Spezielle Aspekte der Bewegung

1.1.2.1 Start

Im allgemeinen kennt man zwei Arten des Starts beim Wettkampflauf. In allen Disziplinen ab 800 m erfolgt er in Form des Hochstarts, auf den kürzeren Strecken wird ausschließlich der Tiefstart bevorzugt. Bedenkt man, daß z. B. ²⁄₁₀ s, jeweils bezogen auf die Weltrekordzeiten (vgl. Tab. 1), beim

100-m-Sprint 2%, beim 800-m-Lauf dagegen nur 0.2% der Gesamtlaufzeit ausmachen, dann wird die Bedeutung des Starts in den Sprintwettbewerben klar. Laufgeschwindigkeiten von 7–8 m/s (vgl. Abb. 1) sind auf den ersten 10 m nur zu erreichen, wenn eine optimale Kraftübertragung zwischen Athlet und Untergrund (Boden) erfolgt. Dies ist wohl nur mittels Startblock und tiefer Startstellung zu erreichen.
Neben HENRY (1952), PAYNE und BLADER (1971) hat sich BAUMANN (1976, 1979 b) mit verschiedenen Aspekten des Starts beschäftigt. Die im folgenden angeführten Ergebnisse stammen aus Untersuchungen, die am Institut für Biomechanik der Deutschen Sporthochschule durchgeführt wurden. Sie werden in großen Teilen durch Untersuchungen von MERO / LUHTANEN / KOMI (1983) bestätigt.
Die kinematischen und dynamischen Analysen basieren auf 16-mm-Filmaufnahmen bzw. auf Kraftmessungen, die über *Kistler*-Kraftmeßplatten gewonnen wurden.
Erwähnt werden soll an dieser Stelle, daß, falls nicht ausdrücklich darauf hingewiesen wird, es sich bei der Startstellung immer um die Fertig-Position handelt.

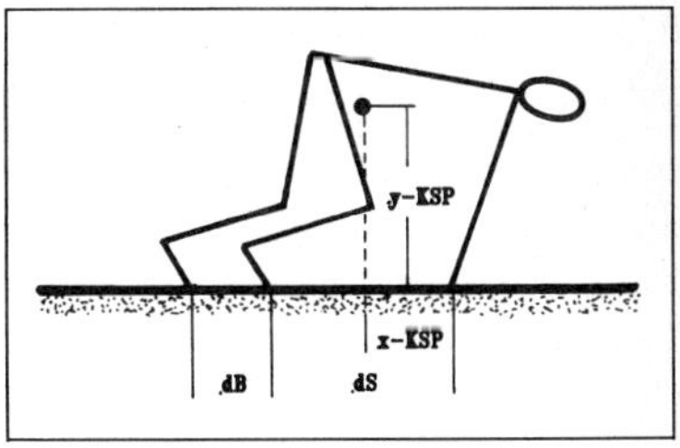

Abb. 8: Geometrie der Startposition (Fertig-Position)
- dB: Abstand zwischen vorderem und hinterem Block
- dS: Abstand zwischen vorderem Block und Startlinie
- x-KSP, y-KSP: horizontaler bzw. vertikaler Abstand des Körperschwerpunkts zur Startlinie

Die Neigung der Blockflächen (45–60 Grad) und die tiefe Startstellung bilden die Grundlage für eine größtmögliche Übertragung von horizontalen Antriebskräften des Sprinters auf den Boden. Abbildung 8 verdeutlicht die wesentliche Geometrie des Starts.
Eine optimale Startstellung ergibt sich fast ausschließlich aus der Anthropometrie des Athleten. Körpergröße und Beinlänge bestimmen den Abstand des vorderen Blocks von der Startlinie (dS).

Tabelle 7, S. 142, macht dies besonders deutlich, wenn man Frauen und Männer vergleicht. Ebenso zeigt sich, daß der Blockabstand (dB) ziemlich konstant ist, während der horizontale Abstand des KSP zur Startlinie (x-KSP) ein Kriterium zur Einschätzung nach guten und schlechten Sprintern darstellt.

Merkmal	Einheit	MAENNER			FRAUEN	
Bereich	s	10.20–10.60 (n=12)	11.60–12.40 (n=10)	10.40–12.00 (n=12)	11.03–12.20 (n=10)	12.20 14.00 (n=13)
5m – Zeit	s	–	–	1.36	–	–
20m – Zeit	s	3.12	3.40	–	3.42	3.8
ABSTAENDE	cm					
vord.Block-hint.Block		28	25	22.5	26	27
vord.Block-Startl.		60	56	56.6	37	44
KSP-Startl. (horiz.)		16	27	20.5	11	15
KSP-Boden (vert.)		66	63	79.5	50	52
Gruppe		M1	M2	M3	F1	F2

Tab. 7: Geometrische Merkmale der Startposition (Fertig-Stellung)

Tabelle 8 schafft zusammen mit Abbildung 8 eine Vorstellung, wie in den beiden wichtigsten Körperwinkeln, dem Knie- und Hüftgelenk, gebeugt bzw. gestreckt wird. Detaillierte Betrachtungen über Variationen der Startstellung (normal-eng) haben gerade hier gezeigt, daß die Unterschiede nur unwesentlich sind.

Der Erfolg einer Startaktion ist im wesentlichen abhängig von:
- einer kurzen Reaktionszeit und
- der Wirkung der auf den Block ausgeübten Kräfte.

Abbildung 9 zeigt horizontale und vertikale Kraftverläufe während der Blockaktion. Es handelt sich dabei um die Summe der Kräfte von beiden Beinen bzw. Armen. Der Beginn der Blockaktion ist durch das Startkommando gekennzeichnet, das Ende entspricht dem Verlassen des vorderen Blocks (c). Die Abbildung veranschaulicht somit den kompletten Verlauf einer Blockaktion.

Nach dem Startkommando charakterisiert besonders der Anstieg des horizontalen Kraftverlaufs der Beine das Ende der Reaktionsdauer (a), ebenso wie der F_z-Anstieg der Arme eine deutliche Verlagerung des Gesamtgewichts nach vorne kennzeichnet. Bis zum Verlassen des hinteren Blocks (b) überwiegen die horizontalen Antriebskräfte, während die dritte Phase einen stärkeren vertikalen Impuls aufweist. Entscheidend für

MAENNER (M3, n=12)				
Merkmal	Fertig - Stellung		Fuss-ab (vord.Bein)	
Startstellung	normal	eng	normal	eng
Anz.der Vers.	n=34	n=44	n=34	n=44
WINKEL (Grad)				
-Knie (vord.Bein)	96	93	74	75
-Knie (hint.Bein)	101	100	171	175
-Huefte (vord.Bein)	56	54	77	79
-Huefte (hint.Bein)	92	90	161	166

Tab. 8: Körperwinkel in den Startpositionen

Abb. 9: Blockkräfte der Arme und Beine in der Blockaktion (— F_z -Beine, - - - F_x-Beine, - · - F_z-Arme)

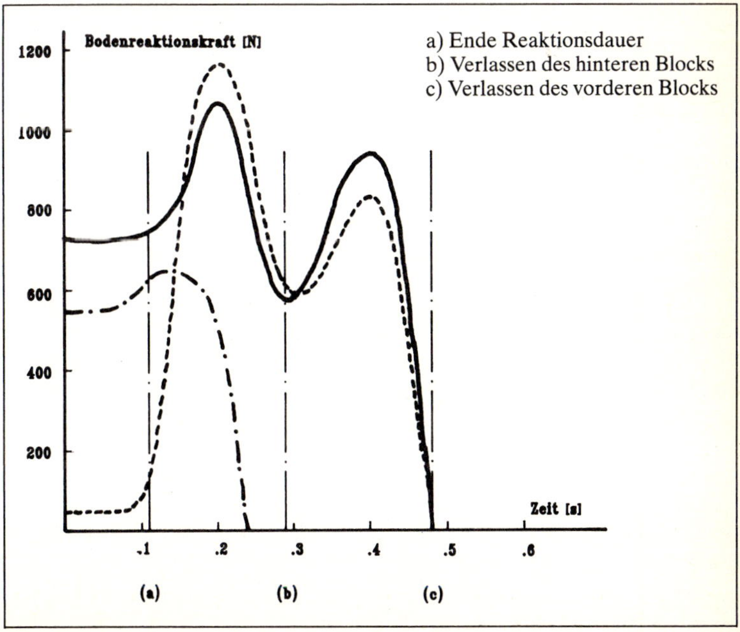

die Qualität des Starts wird dabei immer das Verhältnis von horizontalem zu vertikalem Impuls sein.

Eine vergleichende Betrachtung der Blockdynamik zeigt, daß

- schwächere Sprinter einen stärkeren Abdruck auf dem vorderen Bein haben;
- schwächere Sprinter sich stärker über die Arme vom Boden abdrücken, und damit natürlich mehr vertikalen Impuls erzeugen und damit eine längere Stützzeit der Arme erhalten.

Aus über 300 Versuchen wurden die in Tabelle 9 zusammengefaßten wichtigsten zeitlichen Parameter ermittelt. Vergleicht man die bzgl. der Leistungsfähigkeit deutlich heterogenen Gruppen, dann zeigt sich, daß diese zeitlichen Merkmale der Blockaktion nicht unbedingt leistungsbestimmend sein müssen. Die im Vergleich zu Tabelle 3 niedrigeren Reaktionszeiten erklären sich aus der Tatsache, daß hier die Reaktionszeiten über den vertikalen Kraftverlauf der Arme ermittelt wurden. Die Reaktionszeiten der offiziellen Zeitmessung werden über die horizontale und vertikale Kraftwirkung der Beine auf den Startblock ermittelt. Ein Start wird hier zum Fehlstart erklärt, wenn vor Ablauf von 0.1 s nach dem Startkommando eine Kraft von mehr als 350 N auf den Block wirkt.

Die Qualität der gesamten Blockaktion spiegelt sich vielmehr in der erreichten horizontalen Körperschwerpunkt-Geschwindigkeit als dem Produkt der gesamten Startaktion wieder.

Tab. 9: Zeit- und Weg-Zeit-Merkmale der Blockaktion

Merkmal	Einheit	MAENNER			FRAUEN	
Bereich	s	10.20–10.60 (n=12)	11.60–12.40 (n=10)	10.40–12.00 (n=12)	11.03–12.20 (n=10)	12.20–14.00 (n=13)
Reaktionszeit	s	.11	.11	.11	.11	.12
hint. Bein ab	s	.30	.32	.29	.31	.37
vord. Bein ab	s	.47	.50	.48	.50	.57
Aktionsdauer	s	.37	.40	.37	.39	.45
horiz. Beschl.	m/s^2	10.0	7.8	–	7.4	5.6
horiz. Blockgeschw.	m/s	3.6	2.9	3.3	2.9	2.5
vert. Blockgeschw.	m/s	–	–	.75	–	–
Gruppe		M1	M2	M3	F1	F2

1.1.2.2 Die Schrittgestaltung

Der Lauf ist zusammengesetzt aus einzelnen Laufschritten, die in den verschiedenen Laufabschnitten unterschiedliche Funktionen und Bewegungsabläufe aufweisen. Man kann diese Schrittvarianten durch dynamische und kinematische Größen charakterisieren. Dynamische Kennlinien des Laufschritts haben mit Sicherheit eine höher zu bewertende Aussagekraft als die der Kinematik. Beide Meßmethoden zusammen erlauben eine feine Differenzierung, die gerade beim Sprint mit minimalen absoluten Unterschieden in der Merkmalsausprägung notwendig ist. Mit der Dynamik des Laufschritts bei Sprintern, im wesentlichen beschränkt auf die Ermittlung der Stützkräfte und daraus ableitbarer Größen, haben sich u. a. SOLIMAN (1964) und TIUPA (1978a, 1978b) beschäftigt.

Mit Hilfe von Abbildung 10 sollen die wichtigen Kennlinien der Dynamik anhand deutlich unterschiedlicher Laufbewegungen erläutert werden. Die Kraft-Zeit-Verläufe in vertikaler und horizontaler Richtung in den Stützphasen dreier grundlegender menschlicher Fortbewegungsformen sind schon deutlich über ihre zeitliche Dauer zu unterscheiden. Auch die vertikalen Kraft-Zeit-Verläufe von Gang und Jogging haben eine deutlich abweichende Charakteristik vom Sprintschritt. Dieser wiederum hat einen typischen Verlauf, der bereits bei niedrigen Laufgeschwindigkeiten (um 5 m/s) anzutreffen ist und der sich unter Beibehaltung der Verlaufscharakteristik

Abb. 10: Horizontale (F_x) und vertikale (F_z) Kraft-Zeit-Verläufe bei Gang, Lauf und Sprint

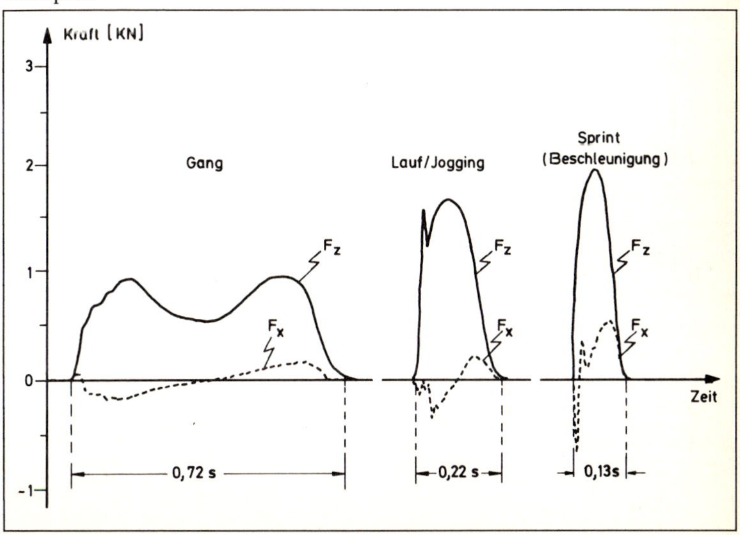

bis zu hohen Geschwindigkeiten (um 10–11 m/s) kontinuierlich nur in seinen Amplituden bzw. den Zeitdauern und -verhältnissen einzelner Phasen verändert. Der noch beim Jogging registrierte zweigipflige Verlauf, resultierend u. a. aus einem Aufsetzen des Fußes über die Ferse, geht beim Sprint verloren. Hier bestätigen hochfrequente Filmaufnahmen, daß der schnelle Sprint nur mit dem Aufsetzen des Vorfußes, meist im Bereich der Zehengrundgelenke auf der lateralen Seite mit dem Fuß in Supinationsstellung gelaufen werden kann. Der Kraftanstieg ist somit abhängig von der Schnelligkeit des Fußaufsetzens, bedingt durch die Horizontalgeschwindigkeit des Körpers und die Art des Stützens. Maximale vertikale Kräfte können beim Sprint in der Größenordnung vom Drei- bis Dreieinhalbfachen des Körpergewichts auftreten.
Die horizontale Kraft, beim Gang und Jogging noch ausgewogen bezüglich Brems- und Beschleunigungskraft, zeigt beim Sprint eine deutlich andere Struktur. Es ist klar, daß bei hohen Laufgeschwindigkeiten die der Laufrichtung entgegenwirkende Bremskraft natürlich wesentlich geringer ist. Die für die Horizontalgeschwindigkeit des Sprinters bedeutenden Größen sind somit die horizontalen Brems- und Beschleunigungsimpulse bzw. deren Verhältnis. Maximale horizontale Brems- oder Beschleunigungskräfte liegen dabei in der Nähe des Körpergewichts eines Athleten.
Zur Definition verschiedener Winkel, die beim Lauf von Bedeutung sind, zeigt Abbildung 11 einen Sprinter zu Beginn einer Stützphase im Bereich hoher Laufgeschwindigkeit. Hier sind die entsprechenden Winkel eingezeichnet.

Abb. 11: Schematische Darstellung zur Definition der berechneten Winkel

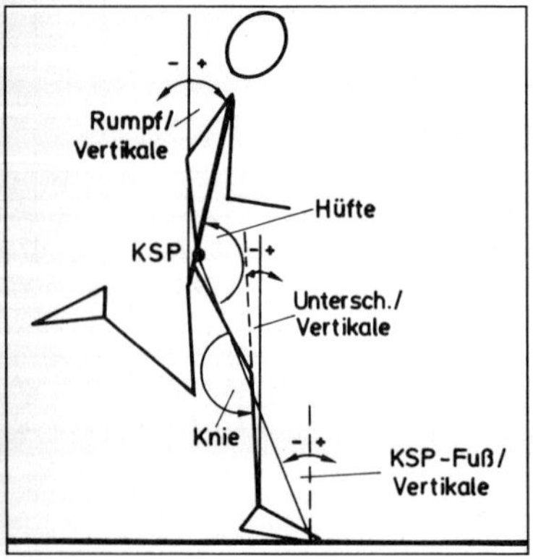

In Abbildung 12 ist ein Beispiel für den Verlauf dieser Winkelgrößen kurz vor, während und nach der Stützphase eines Sprintschritts dargestellt.
Die kurze Stützdauer deutet auf eine hohe Laufgeschwindigkeit hin. Die Steifigkeit des Stützbeins wird von der vorgespannten Streckmuskulatur in Fuß- und Kniegelenk, aber auch im Hüftgelenk wesentlich beeinflußt. Je gestreckter das Kniegelenk ist, desto größer kann die Steifigkeit des Beins sein. Ist das Bein unnachgiebig, dann ist die Rücklage des Körpers, beschrieben durch den

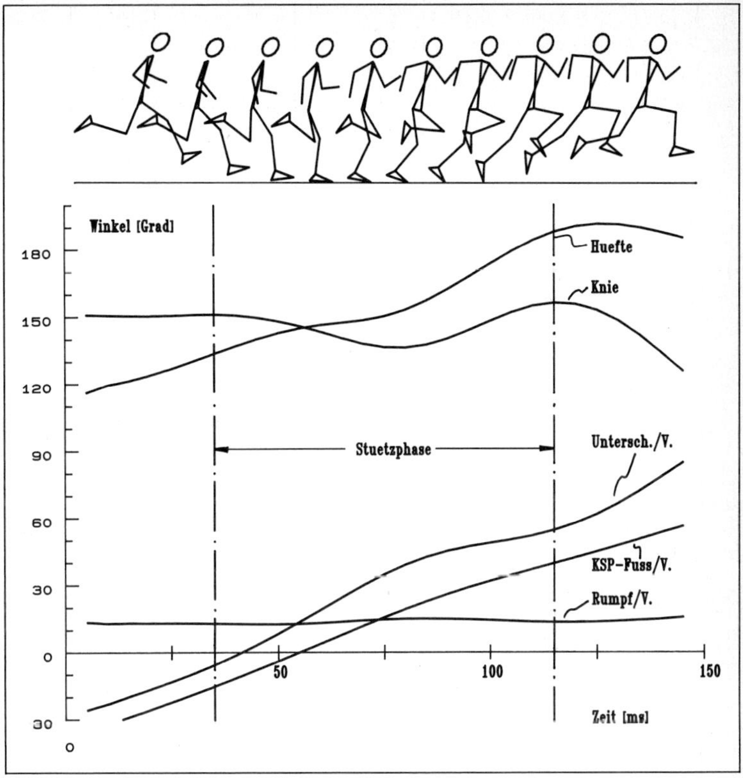

Abb. 12: Winkelverläufe während der Stützphase in einem Laufabschnitt bei maximaler Geschwindigkeit (10.7 m/s)
oben: Darstellung des Bewegungsablaufs in Form von Strichmännchen (50 B/s), seitlich verschoben

Winkel, den die Verbindungslinie KSP-Stützpunkt mit der Vertikalen bildet, von Bedeutung für die Entstehung einer gegen die Laufrichtung gerichteten Bremskraft. Je größer die Rücklage, desto größer wird i. a. die Bremskraft sein. Darüber hinaus ist die Geschwindigkeit des aufsetzenden Fußes relativ zum Boden von Bedeutung für die entstehenden Kräfte. In jedem Falle wird beim Fixieren des Fußes die Geschwindigkeit dieses Segments und je nach meachnischer Kopplung auch der benachbarten Segmente (z. B. Unterschenkel) abgebremst.
In Tabelle 10, S. 148, werden Merkmalsausprägungen der zuletzt besprochenen Größen für zwei unterschiedliche Phasen des Sprints dargestellt. In der

Merkmal	Einheit	3.Stuetz (Beschl.phase)		Stuetz bei V-maximal	
		Beginn	Ende	Beginn	Ende
WINKEL	Grad				
-Untersch./V.		25 ± 6	46 ± 2	-3 ± 2	53 ± 7
-Knie		127 ± 7	171 ± 3	152 ± 3	158 ± 8
-Knie (Min)				135 ± 4	
-Hueft		116 ±15	173 ± 6	137 ± 6	191 ± 8
-Rumpf/V.		42 ± 7	40 ± 5	15 ± 4	11 ± 3
-KSP-Fuss/V.		6 ± 4	42 ± 2	-14 ± 2	37 ± 4
GESCHW.	m/s				
-Vx - KSP		5.0 ±.3	5.9 ±.3	10.6 ±.4	
-Vx - Fuss		.2 ±.5		1.8 ±.3	
-Vy - Fuss		-1.0 ±.4		-3.3 ± 1	
WEG des KSP	cm	82 ± 8		107 ±13	
STUETZDAUER	ms	163 ±23		102 ±11	

Tab. 10: Angaben zur Schrittgestaltung im Beschleunigungsabschnitt und im Abschnitt bei maximaler Geschwindigkeit

Stützphase vor dem 4. Schritt nach dem Start beträgt dabei die horizontale Geschwindigkeit des Körperschwerpunkts 5.0 m/s zu Stützbeginn, während sie in der Phase maximaler Geschwindigkeit bei 10.6 m/s liegt. Der Vergleich von Stützdauer (163 ms und 102ms) bzw. des horizontalen Weges des Körperschwerpunkts (eine Zunahme von 82 auf 107 cm) als Folge längerer Schritte bestätigen die vorher gemachten Aussagen. Besonders deutlich gemacht wird noch einmal die unterschiedliche Funktion des Stützbeins durch die völlig voneinander abweichenden Kniegelenkwinkel. Beim Stütz während maximaler Geschwindigkeit deuten die Kniegelenkwinkel von 152/135/158 Grad auf eine geringe Beugung und damit auf die geforderte Steifigkeit des Segments hin. Insgesamt beschreiben die Merkmalsausprägungen allerdings völlig unterschiedliche Körperpositionen, die zur Lösung unterschiedlicher Aufgaben eingenommen werden (Beschleunigung bzw. Erhaltung maximaler Geschwindigkeit).
Sicher ist, daß trotz relativ homogener anthropometrischer Merkmale von Läufern mit gering unterschiedlichen oder gleichen Laufleistungen große Variationen in wichtigen Details der Bewegungsausführung möglich sind. Diese können wiederum von der Kinematik allein nicht ausreichend bewertet werden. In diesem Sinne sollten solche Ergebnisse auch immer nur als Orientierungsdaten angesehen werden.

1.2 Der Hürdenlauf

Die beiden Disziplinen Flach- und Hürdensprint weisen einige Gemeinsamkeiten auf (z. B. Start sowie Beschleunigungsschritte im Anlauf zur ersten Hürde, zwischen den Hürden und im Auslauf). Auch wenn man beim Start durch den festgelegten Abstand zur ersten Hürde gezwungen ist, seine Schrittzahl und/oder die Blockstellung entsprechend zu ändern, so sollte dies zumindest im Spitzenbereich zu keiner Veränderung im Sprintverhalten führen.
Da die Charakteristik des Hürdenlaufs besonders im 100- bzw. 110-m-Hürdenlauf zum Ausdruck kommt, werden diese Disziplinen hier verstärkt berücksichtigt. Zur Ergänzung werden exemplarisch Ergebnisse vom 400-m-Hürdenlauf herangezogen.

1.2.1 Allgemeine Struktur der Disziplin

Der Hürdenlauf ist im Gegensatz zum Sprint ein ‹Zwangslauf über Hindernisse›. Ziel ist es, die vorgegebene Strecke in möglichst kurzer Zeit zu durchlaufen und dabei die aufgestellten Hürden zu überwinden. Dem Hürdenlauf liegen bestimmte in den Wettkampfregeln der Leichtathletikverbände festgelegte Bedingungen zugrunde, auf die sich jeder Läufer entsprechend einzustellen hat. Er muß infolgedessen Schrittzahl, -länge und -rhythmus den speziellen Hürdenmaßen anpassen.
Olympische Disziplinen sind der 100-m-Hürdenlauf der Frauen, der 110-m-Hürdenlauf der Männer und der 400-m-Hürdenlauf der Frauen und Männer. Da der Sprint durch die Hürdenüberquerung immer wieder unterbrochen wird und es beim eigentlichen Zwischenhürdenlauf nur sehr begrenzt möglich ist, die mittlere Laufgeschwindigkeit zu erhöhen, beträgt die Gesamtzeit für den Hürdenlauf etwa 2–3 s mehr als beim Sprint. Die Laufgeschwindigkeit ist entsprechend um 1–1.5 m/s geringer.
Beim 100- bzw. 110-m-Hürdenlauf ergibt sich aus den spezifischen Abmessungen, daß nach dem Start acht (manchmal auch sieben) Schritte bis zur ersten Hürdenüberquerung und danach je drei Schritte von einer Hürde bis zur nächsten und zum Schluß fünf bis sechs Auslaufschritte zu absolvieren sind.
Die Technik der Hürdenüberquerung selbst spielt je nach Hürdenstrecke eine unterschiedliche Rolle. Da beim 400-m-Hürdenlauf der Männer und Frauen die Hürden wesentlich niedriger sind, fällt den Athleten dadurch

das sogenannte Überlaufen der Hürden leichter, so daß bei diesen Disziplinen der Gestaltung des Zwischenhürdenlaufs größere Bedeutung zukommt. Der Athlet muß sich auf die vorgegebenen Entfernungen bezüglich seiner Schrittanzahl einstellen. In Tabelle 11 ist eine Übersicht der Anzahl der Schritte beim 400-m-Hürdenlauf dargestellt.

	Anzahl der Schritte		
	bis zur 1.Huerde	zw. den Huerden	im Auslauf
Frauen	23 - 24	15 - 18	20 - 22
Maenner	19 - 21	13 - 15	17 - 18

Tab. 11: Schrittgestaltung beim 400-m-Hürdenlauf

Hier sind gewisse Abweichungen von Athlet zu Athlet möglich. Gewöhnlich erfolgt bei den Männern bei Ermüdung ein Schrittwechsel von 13 auf 14 oder gar 15 Schritte. Edwin Moses läuft mit 19 Schritten an und behält bis zum Schluß seinen 13er Schrittrhythmus bei, Harald Schmid dagegen stellt nach der achten Hürde auf 14 Schritte um. Dabei muß beachtet werden, daß bei einer Erhöhung der Schrittanzahl auf eine gerade Zahl auch ein Wechsel des Schwungbeins beim Hürdenschritt erfolgt. Neben der Ermüdung spielt damit der Wechsel vom starken auf das vermeintlich schwächere Bein eine leistungsrelevante Rolle.
Die Unterbrechung durch die zehn Hürdenüberquerungen führt im allgemeinen zu einer Verschlechterung der Hürdenzeit im Vergleich zum 400-m-Lauf von 2.5–3.5 s (vgl. SCHMOLINSKI 1971, 212). Vergleicht man die Weltrekorde miteinander, sind sogar Unterschiede von 3.16 s bei den Männern und 5.64 s bei den Frauen feststellbar (vgl. Tab. 1).
Beim 100- bzw. 110-m-Hürdenlauf wird die Zeitdifferenz zwischen Hürden- und Flachsprintbestzeit gerne als *Technikfaktor* (WILLIMCZIK 1972, 23) oder als *Technikindex* (SCHMOLINSKI 1971, 211/212) bezeichnet. SCHMOLINSKI (1971, 211) gibt eine Zeit von 1.5–2 s für gute bis sehr gute Hürdenläuferinnen an und verlangt eine 100-m-Zeit von 11.5 s für Frauen und 10.5 s für Männer als Voraussetzung für eine gute Hürdenzeit. Es ist jedoch problematisch, eine allgemeingültige Zahl zu finden, die man zur 100-m-Zeit addieren muß, um die entsprechende Hürdenzeit zu erhalten.
In Tabelle 12 sind die Mittelwerte aus einigen Laufzeiten zum Sprint- und Hürdenlauf der gleichen Personen dargestellt. Die Werte sind der Zeit-

	Laufzeiten		Differenzzeiten	
	100m/110m Huerden s	100m s	Huerden-Sprint s	Bereich s
Frauen n= 16	12.97 ± .44	11.62 ± .21	1.35 ± .30	0.92 - 2.13
Maenner n= 12	14.41 ± .44	10.69 ± .18	3.72 ± .43	2.85 - 4.38

Tab. 12: Vergleich der Laufzeiten 100-m-Sprint und 100- bzw. 110-m-Hürdenlauf (aus Zeitschrift Leichtathletik und Ergebnisliste der EM Stuttgart 1986)

schrift Leichtathletik und der Ergebnisliste der Europameisterschaften Stuttgart 1986 entnommen. Wenn man die Werte miteinander vergleicht, so wird darin bestätigt, daß eine gute Sprintfähigkeit eine notwendige Voraussetzung für eine gute Hürdenzeit ist. Aber obwohl die – hier elektronisch gemessenen – Flachsprintzeiten in etwa mit den von SCHMOLINSKY geforderten Werten übereinstimmen, sind die daraus abgeleiteten Hürdenzeiten jedoch sehr unterschiedlich, worauf die Standardabweichung von 0.44 s und ein Bereich von 0.92–2.13 s bei den Frauen und 2.85–4.38 s bei den Männern hindeutet. Man muß versuchen, sowohl die Laufgeschwindigkeit zu maximieren als auch die Hürdentechnik entsprechend darauf abzustimmen. Aus beidem sollte man ein persönliches Optimum entwikkeln, um so zu einer guten Hürdenleistung zu kommen. Hier fallen mit Sicherheit Merkmale wie Rhythmusgefühl, Bewegungsfertigkeit, Körpergröße und Beinlänge ins Gewicht. Dies gilt für die Männer auf Grund ihrer anthropometrischen Voraussetzungen (im Verhältnis zu den Anforderungen) (vgl. Tab. 2) noch mehr als für die Frauen.
Bei einem Vergleich der Beinlängen, Körpergrößen und Hürdenhöhen von Sprinter/innen und Hürdenläufer/innen ergeben sich nach eigenen Untersuchungen die in Tabelle 13 dargestellten Werte.

Tab. 13: Körpergröße und Beinlänge in Relation zur Hürdenhöhe

	Groesse cm	Beinlaenge cm	Huerdenhoehe cm	Differenz cm
Frauen n= 59	170	88	84	+ 4
Maenner n= 17	182	94	106.7	-12.7

Daraus kann man schließen, daß die Männer zur Überwindung der Hürde im Vergleich zu den Frauen etwa 17 cm höher springen müssen, denn ihre Beinlänge ist nicht wie bei den Frauen 4 cm höher als die Hürde, sondern sogar 12,7 cm niedriger. Die hier dargestellte Relation von Körpergröße zu Beinlänge (Quotient etwa 1.93), haben wir auch bei anderen anthropometrischen Untersuchungen (n = 168) gefunden, was den obengenannten Vergleich bestätigt.

1.2.1.1 Zwischenzeiten und Abschnittszeiten

Bei einer zeitlich formalen Gliederung des 100- bzw. 110-m-Hürdenlaufs ergeben sich drei Abschnitte:

- Startschuß bis Stützende vor der ersten Hürde,
- Zwischenhürdenlauf einschließlich der letzten Überquerung,
- Dauer vom ersten Stütz hinter der zehnten Hürde bis zum Ziel.

Dabei kann man den zweiten Abschnitt noch in die Teile Hürdenüberquerung (Dauer der Flugphase über der Hürde) und Zwischenhürdenlauf unterteilen (vgl. u. a. Bauersfeld / Schröter 1979).

Tab. 14: Mittlere Zwischenzeiten und Abschnittszeiten beim 100-m-Hürdenlauf

PARAMETER/EINHEIT		FRAUEN				
		DJLM 86 n=16	DM 85 n=13	EM 86 n=21	ASV 86 n= 6	ASV 86 DONKOVA
Bereich	s	(13.65– 14.61)	(12.84– 14.10)	(12.38– 13.29)	(12.29– 13.04)	
Reaktionszeit	s	–	.180	.176	–	–
10m – Zeit	s	2.19	2.11	2.07	2.05	2.01
Laufzeit bis 1.H	s	2.42	2.33	2.28	2.27	2.19
Fuss-auf nach						
1.Huerde	s	2.78	2.68	2.59	2.57	2.47
2.Huerde	s	3.91	3.76	3.62	3.60	3.49
3.Huerde	s	5.02	4.81	4.63	4.60	4.45
4.Huerde	s	6.12	5.86	5.62	5.59	5.41
5.Huerde	s	7.21	6.90	6.61	6.55	6.35
6.Huerde	s	8.32	7.96	7.60	7.52	7.29
7.Huerde	s	9.43	9.01	8.60	8.50	8.25
8.Huerde	s	10.56	10.09	9.62	9.50	9.19
9.Huerde	s	11.70	11.17	10.65	10.50	10.17
10.Huerde	s	12.87	12.26	11.70	11.50	11.17
Auslauf	s	1.23	1.16	1.15	1.13	1.12
Endzeit	s	14.10	13.42	12.85	12.63	12.29
Sum. Flugzeit	s	3.46	3.40	3.05	2.97	2.72
Sum. Laufzeit	s	6.98	6.52	6.38	6.27	6.26

Neben diesen Abschnittszeiten ist es international üblich, die Zwischenzeiten beim 100- bzw. 110-m-Hürdenlauf für den Zeitpunkt ‹Schwungbeinaufsetzen hinter der jeweiligen Hürde› anzugeben. In Tabelle 14 und 15 sind diese Zwischenzeiten und Abschnittszeiten für den 100-m-Hürdenlauf der Frauen bzw. den 110-m-Hürdenlauf der Männer angegeben. Außerdem sind in den Tabellen zum Vergleich mit entsprechenden Werten zum Flachsprint die Reaktionszeit und die 10-m-Zeit angegeben.
Die Werte wurden bei verschiedenen Wettkämpfen 1985/86 ermittelt (Deutsche Jugendmeisterschaften Krefeld, Deutsche Meisterschaften und Europameisterschaften in Stuttgart und ASV-Sportfest in Köln). Dazu wurden mehrere Videokameras mit entsprechender Zeiteinblendung und Anbindung an die offizielle Zeitmessung eingesetzt.
Wir haben die Ergebnisse zu verschiedenen Leistungsgruppen zusammengefaßt und hier auch die Zeiten von A-Jugendlichen berücksichtigt. Außerdem sind jeweils die Zeiten für einen Weltklasselauf angegeben (Donkova

Tab. 15: Mittlere Zwischenzeiten und Abschnittszeiten beim 110-m-Hürdenlauf

PARAMETER/EINHEIT		MAENNER			
		DJLM 86 n=18	DLM 85 n=15	EM 86 n=25	EM 86 CARISTAN
Bereich	s	(14.08-15.31)	(13.77-14.72)	(13.20-14.34)	
Reaktionszeit	s	-	.170	.180	.148
10m - Zeit	s	2.09	2.02	1.97	1.91
Laufzeit bis 1.H	s	2.40	2.31	2.24	2.20
Fuss-auf nach					
1.Huerde	s	2.76	2.69	2.60	2.59
2.Huerde	s	3.87	3.80	3.66	3.62
3.Huerde	s	4.96	4.90	4.71	4.63
4.Huerde	s	6.05	5.99	5.76	5.62
5.Huerde	s	7.14	7.08	6.81	6.63
6.Huerde	s	8.24	8.19	7.91	7.66
7.Huerde	s	9.35	9.30	8.94	8.66
8.Huerde	s	10.48	10.43	10.02	9.72
9.Huerde	s	11.63	11.57	11.11	10.76
10.Huerde	s	12.80	12.73	12.27	11.86
Auslauf	s	1.84	1.51	1.42	1.34
Endzeit	s	14.63	14.24	13.69	13.20
Sum. Flugzeit	s	3.47	3.74	3.64	3.81
Sum. Laufzeit	s	6.93	6.68	6.36	5.85

12.29 s, Caristan 13.20 s). Folgende Ergebnisse lassen sich daraus ableiten:

- Die Zwischenzeiten in den jeweiligen Leistungsgruppen stimmen in etwa mit den bei Letzelter (1977, 35; 50) angegebenen Werten überein.
- Vergleicht man die Zwischenzeiten der Gruppen untereinander, so ergibt sich das gleiche Bild wie beim Kurzstreckenlauf. Auch hier könnte man mit Hilfe eines Differenzzeitdiagramms nachweisen, daß die schlechteren Läufer/innen auf die besseren nahezu gleichmäßig über den gesamten Lauf verlieren.
- Die Reaktionszeit spielt im Mittel keine relevante Rolle.
  Die 10-m-Zwischenzeiten liegen bis auf die beiden Weltklasseläufe über den Zeiten, die beim Flachsprint erreicht werden. Dies ist verständlich, da nach weiteren 3 m bzw. 3.72 m die erste Hürde steht.

Bei einer Differenzierung der Laufleistung in Flugzeit (Summe über alle zehn Hürdenüberquerungen) und Laufzeit (Summe über alle neun Zwischenhürdenläufe) läßt sich erkennen, wie unterschiedlich diese Parameter die Laufleistung bestimmen. Bei den Frauen nimmt sowohl die Flugzeit als auch die Laufzeit mit steigender Qualifikation ab. Bei den Männern wird die bessere Endzeit zum großen Teil über eine Verbesserung der Laufzeit zwischen den Hürden erreicht. Nur bei Donkova wird bei den Frauen die besonders gute Hürdentechnik bei gleicher Sprintfähigkeit deutlich. Sie gewinnt gegenüber der zweitbesten Gruppe nur 1/100 s beim Lauf zwischen den Hürden, aber 25/100 s beim Flug über die Hürden. Mit der Laufzeit vom Start bis zum Schwungbeinaufsetzen hinter der 1. Hürde sind bei den Männern schon 50 % ($r = 0.74$) und bei den Frauen schon 64 % ($r = 0.80$) der Varianz in der Gesamtlaufzeit determiniert. Letzelter (1977, 46) fand für den gleichen Zusammenhang einen Faktor von 61,5 % für die Männer. Dabei ist zu berücksichtigen, daß gerade beim Hürdenlauf nach dem Anlauf zur ersten Hürde kaum noch eine Steigerung der Geschwindigkeit möglich ist und dieser Abschnitt das Gesamtergebnis mehr als beim Sprint beeinflußt.

1.2.1.2 Geschwindigkeitsverlauf

Mit Hilfe der festgelegten Abstände zwischen den Hürden ist es möglich, die mittleren Laufgeschwindigkeiten in den Intervallen zwischen je zwei Hürden sowie in den Abschnitten vom Start bis zur ersten Hürde und von der zehnten Hürde bis zum Ziel zu bestimmen. Wir haben dazu die jeweiligen Zwischenzeiten zu dem Zeitpunkt ermittelt, wo die Hüfte über der Hürde ist. Daher brauchen hier auch keine Annahmen bzgl. der Landeweite hinter der Hürde gemacht zu werden. Unterteilt man durch die 10-m-Zeit das erste Beschleunigungsintervall noch einmal, so ist es möglich, detaillierte Informationen zum Geschwindigkeitsverlauf zu erhalten und dadurch Leistungsunterschiede in den Gruppen aufzuzeigen. In den Abbildungen 13 und 14 sind die mittleren Laufgeschwindigkeiten über den entsprechenden Wegstrecken für Frauen und Männer dargestellt.

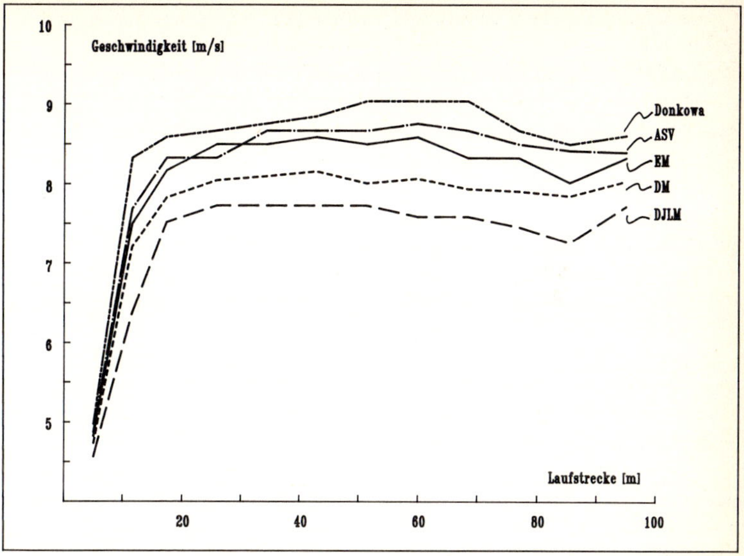

Abb. 13: Mittlere Laufgeschwindigkeiten von fünf Leistungsgruppen beim 100-m-Hürdensprint (vgl. Tab. 14)

Abb. 14 : Mittlere Laufgeschwindigkeiten von drei Leistungsgruppen beim 110-m-Hürdensprint (vgl. Tab. 15)

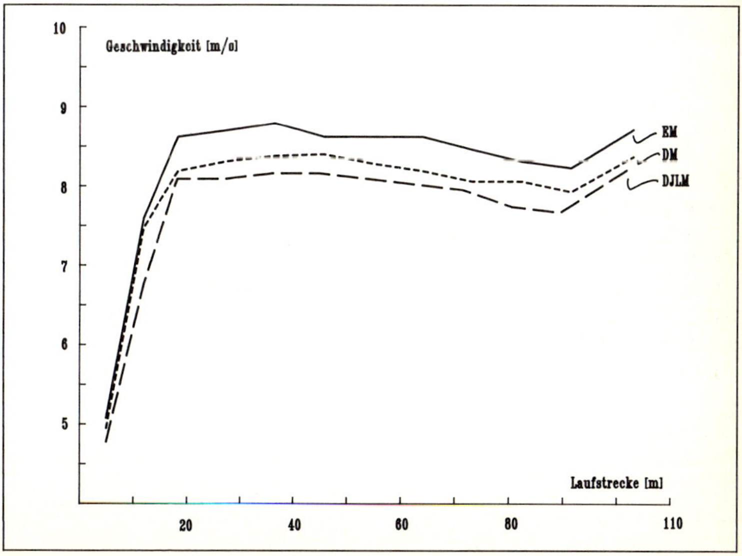

An Hand dieser Kurvenverläufe läßt sich die Einteilung des Hürdensprints in vier Phasen statt drei, wie beim Sprint, nachvollziehen, wie dies schon ähnliche Untersuchungen (Letzelter 1974; Schmolinsky 1959, 1971; Gundlach u. a. 1973) gezeigt haben:

- erste positive Beschleunigungsphase,
- Phase maximaler Geschwindigkeit,
- Phase absinkender Geschwindigkeit,
- zweite positive Beschleunigungsphase.

Die erste positive Beschleunigungsphase enthält dabei den Start inklusive der Reaktionsphase.

Die Frauen erreichen ihre Maximalgeschwindigkeit zwischen der dritten und vierten Hürde mit knapp über 8 m/s. Nur Donkova gelingt es, ihre Geschwindigkeit bis zur sechsten/siebten Hürde auf knapp 9 m/s zu steigern. Normalerweise bleibt die Geschwindigkeit bis zur sechsten/siebten Hürde gleich, um dann bis zur zehnten etwas abzufallen. Im Auslauf wird noch einmal positiv beschleunigt und die Geschwindigkeit entsprechend gesteigert.

Die Männer erreichen ihre Maximalgeschwindigkeit (im Mittel über 8.5 m/s) zwischen der vierten und fünften Hürde. Sie können sie etwa bis zur sechsten/siebten Hürde halten, um dann ebenfalls bis zur zehnten Hürde an Geschwindigkeit zu verlieren und sich im Auslauf erneut zu steigern.

Diese Diagramme bringen deutlich zum Ausdruck, worauf die guten Laufzeiten zurückzuführen sind:

- der Anstieg der Geschwindigkeit-Weg-Kurve ist steiler,
- das Maximum der Geschwindigkeit ist größer,
- die Maximalgeschwindigkeit wird länger gehalten,
- der Abfall zum Schluß ist nicht so stark,
- im Auslauf wird ebenfalls die Geschwindigkeit noch einmal gesteigert.

Es wird bei allen Verläufen deutlich, daß es nicht möglich ist, die etwa ab der dritten/vierten Hürde annähernd konstante Geschwindigkeit beizubehalten. Dies ist wie im Flachsprint auch beim Hürdenlauf nicht bis zum Ziel möglich.

In Abbildung 15 sind die sechs Geschwindigkeitsverläufe vom 400-m-Hürdenlauf eingetragen (fünf Männer, eine Frau). Eine am Geschwindigkeitsverlauf orientierte Einteilung des 400-m-Hürdenlaufs ergibt eine Zweiteilung:

- Phase positiver Beschleunigung,
- Phase mit absinkender Geschwindigkeit.

Die maximale Geschwindigkeit wird zwischen der ersten und zweiten Hürde erreicht. Sie beträgt bei den Männern maximal 9.5 m/s und bei den Frauen 8 m/s. Diese doch relativ hohen Geschwindigkeiten sinken in der zweiten Phase auf 7.5–8 m/s bei den Männern und auf etwa 6.5 m/s bei den Frauen ab.

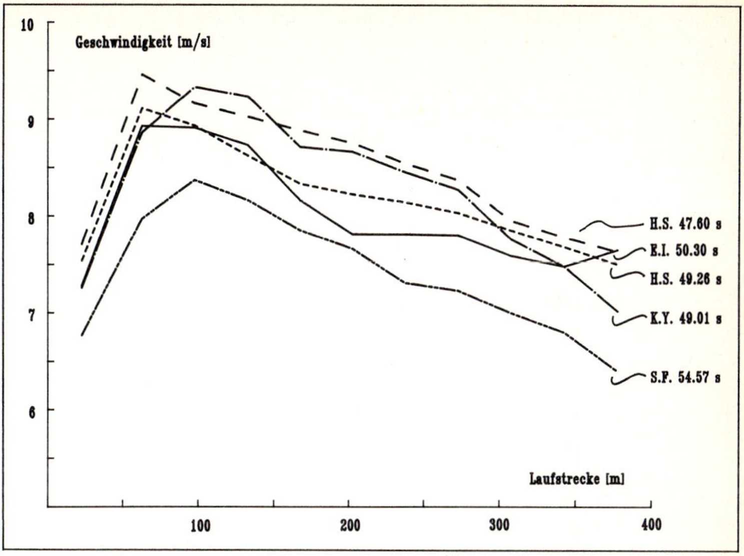

Abb. 15: Mittlere Laufgeschwindigkeiten beim 400-m-Hürdenlauf (Frauen: S. F. Männer: alle anderen)

Auch hier gilt, daß leistungsstärkere Läufer/innen eine höhere Maximalgeschwindigkeit erreichen und diese auch über eine längere Zeit trotz Ermüdung und Schrittwechsel relativ höher halten können.

1.2.2 Spezielle Aspekte der Bewegung

1.2.2.1 Schrittlängen

Mit Hilfe einer schwenkbaren 16-mm-Filmkamera wurden bei den deutschen Meisterschaften in Berlin 1986 und bei einer Trainingsuntersuchung in Köln die Schrittlängen für den ersten, zweiten, dritten bzw. letzten Zwischenhürdenschritt sowie für den eigentlichen Hürdenschritt gemessen (in Berlin vier Frauen und drei Männer über den gesamten Lauf, in Köln sechs Männer [400-m-Hürden] bei verschiedenen Hürdenüberquerungen). Dabei wurde der Hürdenschritt selbst noch in zwei Teillängen zerlegt, die den jeweiligen Abstand vor und hinter der Hürde angeben (vgl. Abb. 16, S. 160). Wie man aus Tabelle 16, S. 158, erkennen kann, sind folgende Kennzeichen der Schrittlängen beim Hürdenlauf ableitbar:

- der erste Schritt ist immer der kürzeste,
- der zweite Schritt ist immer der längste,

	Laufzeit s	Absprung m	Landung m	Huerden-schritt m	Schritte nach der Huerde 1.	2. m	3./1.
100 m H n= 36							
$\bar{x}$	13.46	1.93	1.20	3.13	1.60	1.96	1.79
s	.20	.09	.11	.05	.03	.05	.03
110 m H n= 27							
$\bar{x}$	13.87	2.08	1.51	3.59	1.52	2.02	1.99
s	.10	.13	.08	.09	.04	.06	.04
400 m H-Maenner n= 22							
$\bar{x}$	-	2.22	1.36	3.59	1.62	-	2.02
s	-	.18	.18	.22	.08	-	.21

Tab. 16: Mittlere Schrittlängen beim Hürdenlauf

- der dritte bzw. letzte Schritt ist immer etwas verkürzt,
- die Länge der Schritte ist besonders beim 400-m-Hürdenlauf sehr unterschiedlich,
- aufgrund der relativ hohen Standardabweichung lassen sich keine generellen Angaben zur Schrittlänge festlegen.

Die unterschiedlichen Schrittlängen werden auch von Willimczik (1972, 76/77) bestätigt. Bei einer mittleren Hürdenschrittlänge von 3.65 m für die Männer fand er verschiedene Aufteilungen (2.22/1.45 m, 2.11/1.49 m und 2.02/1.67 m). Je besser die Hürdentechnik, desto weiter springt man vor der Hürde ab. Insgesamt bleibt festzuhalten, daß man zwar grobe Orientierungsmaße bezüglich der Schrittlängen angeben kann (vgl. Tab. 16), diese aber sowohl von Läufer(in) zu Läufer(in) als auch von Hürde zu Hürde sehr stark schwanken können und es problematisch ist, eine generelle Struktur daraus abzuleiten. Auch die unterschiedlichen Bedingungen bezüglich Laufgeschwindigkeit und Ermüdungsgrad müssen dabei berücksichtigt werden. Gerade im Techniktraining sollte daher das korrekte Überqueren der Hürde (vgl. Seite 159 ff) bei verschiedenen Abständen zur Hürde und bei Ermüdung berücksichtigt werden.

1.2.2.2 Stützzeiten, Flugzeiten

Neben der Berücksichtigung der Länge ist für die Schrittgestaltung die Kenntnis über Stütz- und Flugzeiten beim Hürdenlauf wichtig. Tabelle 17

Tab. 17: Stütz- und Flugzeiten des Hürdenschritts und der Zwischenhürdenschritte

Frauen n= 36	Stuetzdauer s	Flugdauer s
Huerdenschritt	0.12	0.33
1.Zwh.-Schritt	0.10	0.09
2.Zwh.-Schritt	0.12	0.14
3.Zwh.-Schritt	0.12	0.10

enthält solche Angaben, die aus einer Trainingsuntersuchung stammen, bei der drei Athletinnen die Aufgabe hatten, jeweils drei 60-m-Hürdenläufe maximal schnell zu absolvieren (Filmaufnahmen 100 B/s).

Wenn man die Stütz- und Flugzeiten miteinander vergleicht, so wird darin die Aussage über die Schrittgestaltung bzgl. der Länge im Zwischenhürdenlauf bestätigt. Auch hier ist erkennbar, daß der erste Schritt der kürzeste ist (Flugdauer 0.09s), der zweite Schritt der längste (Flugdauer 0.14s) und der dritte Schritt wiederum etwas verkürzt ist. An den Zeiten läßt sich ablesen, daß der Zwischenhürdenlauf mit Beschleunigungsschritten beim Sprint vergleichbar ist. Es wird deutlich, wie im Zwischenhürdenlauf versucht werden muß, den Abfall der Geschwindigkeit von etwa 0.5–1 m/s auf Grund der langen Flugphase über die Hürde während der drei Zwischenhürdenschritte wieder auszugleichen oder gar zu überkompensieren.

1.2.2.3 Zur Kinematik des Hürdenschritts

Jeder Hürdenschritt bedeutet mechanisch gesehen eine Ablenkung der Körperschwerpunktbahn nach oben, wobei sowohl im Abdruck als auch bei der Landung horizontale Geschwindigkeit verlorengeht. Die Qualität eines Hürdenschritts kann also daran gemessen werden, wie gering der horizontale Geschwindigkeitsverlust ist und wie harmonisch der Übergang in den folgenden Zwischenhürdenlauf vollzogen wird.

Als Beispiel ist in Abbildung 16, S. 160, das Kinegramm (Strichmännchen) eines Hürdenschritts dargestellt. Es zeigt die Überquerung der 91.4 cm hohen 400-m-Männerhürde (Harald Schmid, EM Stuttgart 1986, 5. Hürde). Diese Höhe entspricht in etwa dem Mittelwert der verschiedenen Hürdenhöhen. Es basiert auf einer Auswertung von 17 Körperpunkten aus einer geschwenkten Filmaufnahme. Mit Hilfe der Gelenkpunktkoordinaten konnte der KSP direkt berechnet werden. Er ist in jeder Phase als kleines schwarzes Dreieck eingetragen. Die parabelförmige Flugbahn des KSP über der Hürde ist erkennbar. Der KSP wurde hier mit etwa 20 cm auf 1.30 m etwas zu stark angehoben, was zu einer Geschwindigkeitsreduktion

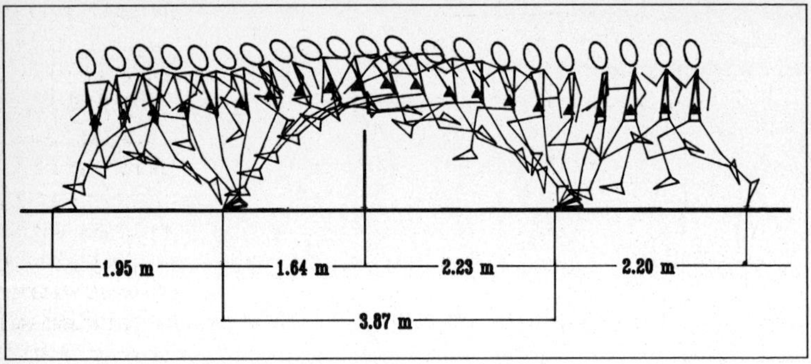

Abb. 16: Kinegramm (Strichmännchen) einer Hürdenüberquerung inkl. letzter Schritt vor und erster Schritt nach der Hürde. ▲ = KSP (darunter Angaben zu den Schrittlängen)

von 9.2 m/s bei Stützbeginn vor auf 8.4 m/s nach der Hürde führt. Unter der Abbildung 16 sind die Schrittlängen angegeben. Sie zeigen noch einmal die unterschiedlichen Ausführungsmöglichkeiten bzgl. der Schrittgestaltung auf, wenn man diese Werte mit den Mittelwerten aus Tabelle 16 vergleicht.

Bei einer Trainingsmessung untersuchte Willimczik (1972) die Hürdentechnik von dreißig 110-m-Hürdenläufern, die er in drei Leistungsgruppen zu je zehn Athleten aufteilte. In Tabelle 18 sind einige kinematische Parameter der umfangreichen Ergebnisse dargestellt. Aus der Gegenüberstellung der drei Gruppen wird deutlich, worin sich eine schnelle von einer langsamen Hürdenüberquerung unterscheidet. Bei der schnellen Gruppe (G1) werden immer kleinere Winkel (z. B. zwischen Rumpf und Oberschenkel über der Hürde) gemessen, und die Hürde wird von ihnen auch flacher überquert (Fersen-, Kniehöhe). Das Nachziehbein dagegen ist bei der Landung wesentlich höher und ermöglicht so eine optimalere Ausgangsposition für den folgenden Zwischenhürdenlauf. Erstaunlich ist der relativ weite Abstand des KSP vom Aufsatzfuß bei der Landung. Dies bedeutet, daß das Schwungbein zwar im allgemeinen senkrecht auf den Boden aufgesetzt wird, aber der KSP dennoch nicht senkrecht über diesem Punkt ist. Das aktive Herunterführen des Schwungbeins nach der Hürde führt infolge der nötigen Ausgleichsbewegung auch zum notwendigen Aufrichten des Oberkörpers in die Laufhaltung. Ähnliches gilt wohl auch für die seitliche Führung des Armes, als Ausgleich zur Bewegung des Nachziehbeins.

Wenn man die Güte einer Hürdenüberquerung neben der Geschwindigkeit auch an der Flughöhe festmacht, so läßt sich folgende Modellrechnung anstellen:

Merkmal	Einheit	G1	G2	G3
110m-Huerden Bestzeit	s	14.6	15.1	17.4
mittl. Huerdenschritt-geschwindigkeit	m/s	7.5	6.8	5.8
WINKEL	grd			
-Absprung		19	19	23
-Rumpf/H. bei Absprung		70	69	80
-Rumpf/H. bei Landung		72	74	83
-Rumpf/Oberschenkel d. Schwungbeins (Min)		32	35	45
-Knie d. Vorschwungbeins bei Absprung (Min)		23	39	43
horiz. Abstand KSP/Fuss bei Landung	cm	19	22	29
Hoehe Ferse d. Vorschwung-beins ueber Huerde	cm	7	14	15
Hoehe Knie d. Vorschwung-beins ueber Huerde	cm	17	21	27
Hoehe Knie d. Nachzieh-beins bei Landung	cm	128	125	103

Tab. 18: Kinematische Merkmale des Hürdenschritts beim 110-m-Hürdenlauf (vgl. WILLIMCZIK 1972)

Gelingt es einem Läufer, bei jeder Hürde etwa 5 cm Flughöhe einzusparen, bei Beihaltung der übrigen Parameter (Laufgeschwindigkeit v_x z. B. 7.5 m/s), so bedeutet dies, daß er seine vertikale Abfluggeschwindigkeit von z. B. 2.2 m/s auf 2.0 m/s reduzieren müßte. Dadurch überquert er jede Hürde 4/100 s schneller, was insgesamt einem Zeitgewinn von 0.4 s entspricht. Damit wird die Bedeutung des Einsatzes einer möglichst geringen vertikalen Abfluggeschwindigkeit mit einer daraus folgenden niedrigen Flughöhe deutlich.
Der Einfluß einzelner Körpersegmente auf die Gestaltung des Hürdenschritts und insbesondere auf die vertikale Abfluggeschwindigkeit des KSP beim 100-m-Hürdenlauf ist von KOLLATH (1983c) ausführlich dargestellt worden. Dabei ergab sich, daß die vergleichsweise geringen Vertikalgeschwindigkeiten von Rumpf und Kopf sowie des Stützbeins einen wesentlich höheren Anteil an der vertikalen Abfluggeschwindigkeit des KSP besitzen als das Schwungbein und beide Arme, die deutlich höhere vertikale Geschwindigkeiten aufweisen. Dies ist unter anderem auf die unterschiedlichen Teilmassen der Segmente zurückzuführen. Im Techniktraining sollte dies bei der Fehlerkorrektur berücksichtigt werden.

Um eine vollständige kinematische Analyse durchführen zu können, müßte jede einzelne Hürdenüberquerung nicht nur zwei-, sondern dreidimensional erfaßt werden. Ansonsten gehen wertvolle Informationen (z. B. Armhaltung bzw. Führung des Nachziehbeines und entsprechende Winkel) verloren.

1.2.2.4 Zur Dynamik des Hürdenschritts

Bei Wettkämpfen sind kaum umfangreichere biomechanische Bewegungsanalysen möglich, die sowohl kinematische als auch dynamische Untersuchungen beinhalten. Gerade die Bestimmung äußerer Kräfte ermöglicht jedoch genauere Analysen, als dies mit kinematischen Parametern möglich ist. Änderungen eines Bewegungszustands eines Körpers wie z. B. Geschwindigkeitserhöhung oder -reduzierung sind auf das Wirken von Kräften zurückzuführen und damit grundsätzlich in der Dynamik enthalten. Der zeitliche Verlauf der vertikalen Bodenreaktionskraft gibt Aufschluß über die Kräfte, die in der Stützphase den KSP in vertikaler Richtung beschleunigen.

Fällt der Kraftstoß in vertikaler Richtung zu groß aus, so erfährt der KSP eine höhere vertikale Abfluggeschwindigkeit, als zur Überquerung der Hürde erforderlich ist. Neben einer unnötig verlängerten Flugdauer können damit auch unnötig hohe Gelenkbelastungen verbunden sein. Kollath/Tusker (1984) haben mit Hilfe eines mechanischen Modells den zeitlichen Verlauf der auf das obere Sprunggelenk wirkenden Gelenkkraft bestimmt. Bei den Stützphasen eines Zwischenhürdenlaufs werden demnach Fußgelenkkräfte von im Maximum mehr als dem Zehnfachen des Körpergewichtes erreicht. Diese Werte entsprechen etwa denen beim Sprint.

Wenn man die Kraftkurven der vier Stützphasen im Zwischenhürdenlauf miteinander vergleicht, so kann man feststellen, daß der zweite und dritte Stütz normalen Sprintschritten entspricht, während der Stütz vor der Hürdenüberquerung charakteristische Verlaufseigenschaften eines Sprungs (z. B.: Weitsprung, vgl. Abb. 17) aufweist.

Allein mit Hilfe einer Kraftmeßplatte, die die horizontalen und vertikalen Bodenreaktionskräfte beim Abdruck vor der Hürde ermittelt, können Erkenntnisse bezüglich des Geschwindigkeitsverlaufs des KSP und damit der Güte der Hürdenüberquerung gewonnen werden. In Abbildung 17 ist der Kraft-Zeit-Verlauf der Stützphase vor der Hürdenüberquerung von zwei 400-m-Hürdenläufern dargestellt.

Anhand des Verlaufs von F_z ist zu erkennen, daß die beiden Athleten den Fuß unterschiedlich aufsetzen. Der steile Anstieg der Kraft beim Stütz von C. W. unmittelbar nach Stützbeginn des Abdrucks vor der Hürde deutet auf ein Aufsetzen mit dem Fersenbereich hin, wobei maximal Kräfte bis zum Achtfachen des Gewichts auftreten können. M. K. setzt vermutlich mit dem Mittelfußbereich auf und erreicht so nicht solch hohe Werte zu Beginn der

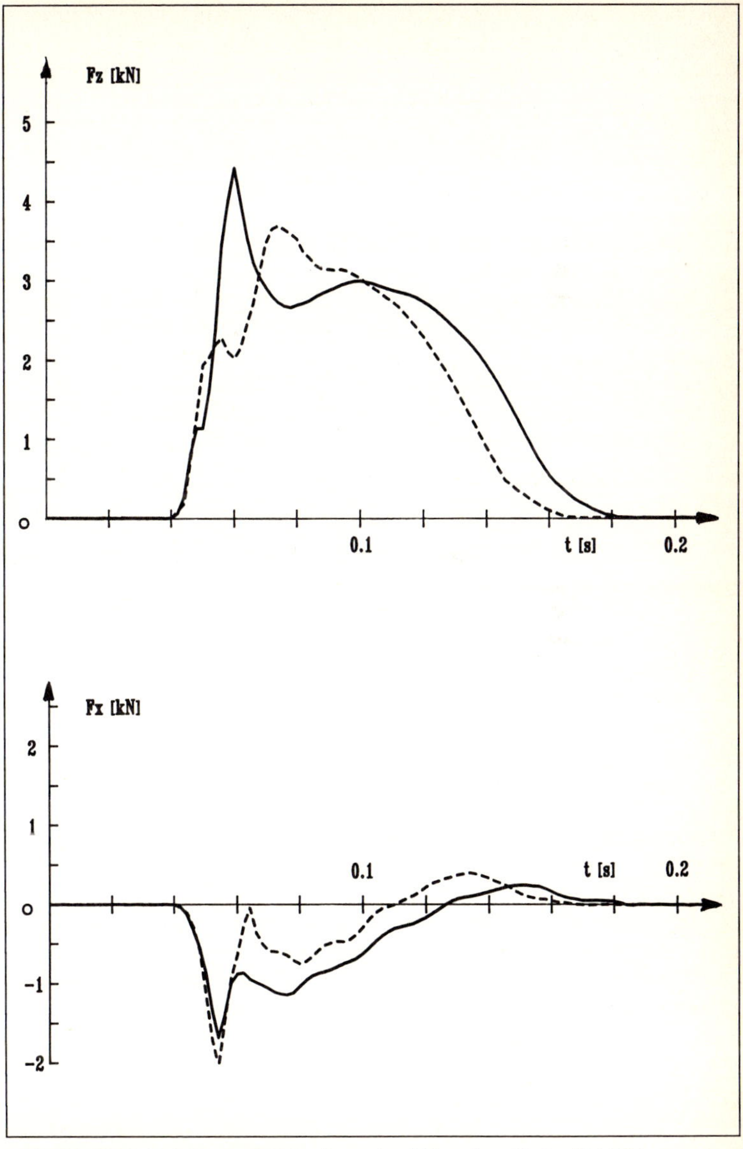

Abb. 17: Kraft-Zeit-Verläufe in horizontaler (F_x) und vertikaler (F_z) Richtung einer Stützphase beim Absprung zur Hürde
——— : C. W. (746 N), - - - - : M. K. (738 N)

Stützphase. Über die Güte der Hürdenüberquerung sagt dieses Kriterium allein allerdings nichts aus.
Gewöhnlich gleichen die Kurven eher dem Absprungtyp C. W. Als Besonderheiten fallen im Hinblick auf eine Leistungsbewertung folgende Dinge auf:

- Die absoluten Stützzeiten differieren mit 0.124 s bei M. K. gegen 0.132 s bei C. W. um fast 1/100 s. Sie liegen im gleichen Bereich der Werte, die wir für den Hürdenlauf der Frauen gefunden haben (vgl. Tab. 17).
- Obwohl beide Vpn annähernd die gleiche Masse haben (C. W. 76 kg, M. K. 75 kg), erzeugt C. W nahezu im gesamten Verlauf des Abdrucks größere Kräfte, die zu einer unnötig hohen Flugparabel führen. Daraus ergeben sich tatsächliche vertikale Abfluggeschwindigkeiten von 1.70 m/s bei M. K. und sogar 2.45 m/s bei C. W. (Die Anfangsgeschwindigkeiten wurden an Hand von Filmaufnahmen berechnet.)
- In horizontaler Richtung (F_x) wirken über längere Zeit größere Kräfte entgegen der Bewegungsrichtung (horizontaler Bremsimpuls) und über eine kürzere Zeit Kräfte in Laufrichtung (horizontaler Beschleunigungsimpuls). Der sich daraus ergebende Geschwindigkeitsverlust beträgt 0.37 m/s bei M. K. und sogar 0.73 m/s bei C. W.
- Allgemein läßt sich ableiten: Gute Hürdenläufer/innen setzen beim Abdruck vor der Hürde vertikal weniger Kraft ein als schlechte. Sie beschleunigen darüber hinaus in horizontaler Richtung auch mehr und erreichen so eine höhere mittlere Geschwindigkeit.

Der Einsatz von Kraftmeßplatten, verbunden mit der Ableitung leistungsbestimmender dynamischer Merkmale, wie sie oben beschrieben wurden, ist im Training durchaus möglich. Der Vorteil liegt darin, daß die Zusammenhänge relativ schnell ermittelt werden und so fast direkt in den Trainingsprozeß zurückfließen können. Dabei müßten nicht nur der Abdruck vor der Hürde, sondern auch die anderen Schritte, besonders der erste Stütz nach der Hürde, zur Vorbereitung für die Sprintbeschleunigung untersucht werden. Hier hat die Untersuchung von WILLIMCZIK (1972) gezeigt, daß die Landung nach der Hürde von guten und schlechten Läufern unterschiedlich durchgeführt wird. Neben einer ungünstigen Verlängerung der Stützzeit von 0.107 s auf 0.134 s, gelingt es den weniger qualifizierten Läufern nicht, die Landung mit einer kurzen Beschleunigungsphase einzuleiten. Eine mögliche Ursache ist vermutlich das zu passive Fußaufsetzen der langsameren Athleten.

Eine Zusammenstellung der Daten, die zur Kennzeichnung der Dynamik des Hürdenschritts in den verschiedenen Hürdendisziplinen dient, ist in Tabelle 19 gegeben. Hier sind einige dynamische Parameter zusammengefaßt, die in eigenen Trainingsuntersuchungen an bundesdeutschen Kaderathleten durchgeführt wurden.

	Stuetzdauer s	vertikaler Impuls m/s	Bremsimpuls m/s	horizontaler Beschleunigungsimpuls m/s	Geschwindigkeitsverlust m/s
100m H n= 6	.116	2.18	-.63	.14	-.49
110m H n= 1	.140	2.66	-.72	.21	-.51
400m H-Maenner n= 22	.137	2.45	-.70	.14	-.56

Tab. 19: Dynamische Größen zur Stützphase des Hürdenschritts

Auch wenn die Anzahl der Versuche recht unterschiedlich ist (beim 110-m-Hürdenlauf sogar nur einer, wobei die Angaben zu diesem Versuch in etwa mit den Mittelwerten der Ergebnisse von WILLIMCZIK [1972, 91 ff] übereinstimmen), so wird mit dieser Tabelle doch wiederum deutlich, wie unterschiedlich die Bedingungen für eine Hürdenüberquerung aufgrund der Hürdenhöhe ist. Die nötigen vertikalen Impulse zur Überwindung der Hürde verhalten sich genau entsprechend der Hürdenhöhe: 2.18 m/s bei den Frauen, 2.45 m/s bei den um 6.5 cm höheren Hürden beim 400-m-Hürdenlauf und 2.66 m/s bei den 1.067 m hohen Hürden beim 110-m-Hürdenlauf. Auch an den Größen in horizontaler Richtung läßt sich direkt die Aussagefähigkeit einer dynamischen Untersuchung feststellen.

Karl Quade/Elisabeth Sahre

2 Sprünge

Sprünge gehören zu den natürlichen Bewegungsformen des Menschen. In den verschiedenen Sportarten treten viele unterschiedliche Sprungformen auf. In der Leichtathletik findet man Disziplinen, die den reinen Sprung in die Weite oder die Höhe als Zielgröße haben. In den Sportspielen dienen die Sprünge dazu, dem Spieler eine bessere Ausgangsposition zu verschaffen. Versucht man, gemeinsame Charakteristika für verschiedene Sprünge zu finden, so kann man sie in die folgenden Gruppen unterteilen (vgl. Abb. 1).

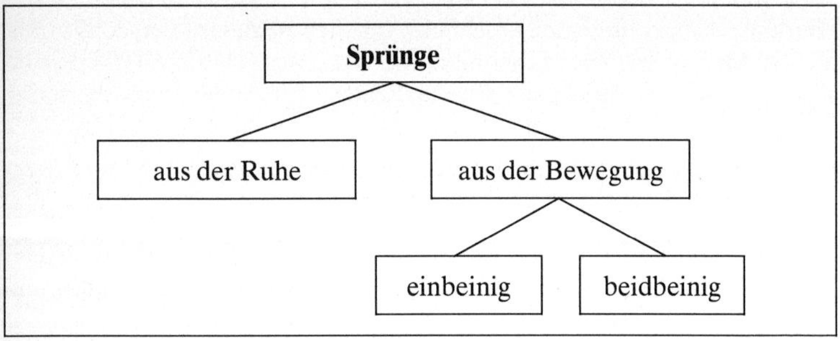

Abb. 1: Einteilung der Sprünge

Sprünge aus der Ruhe kommen u. a in den Mannschaftsspielen (z. B. beim Rebound im Basketball), im Schwimmsport (z. B. beim Startsprung) und im Tennis (z. B. beim Aufschlag) vor. Außerdem spielen sie im Training zahlreicher Sportspiele eine bedeutende Rolle. Gemeinsam ist ihnen, daß der Körper zu Beginn der Absprungbewegung keine oder nur eine sehr geringe kinetische Energie besitzt, d. h., der Sportler bewegt sich nicht.
Bei den Sprüngen aus der Bewegung erzielt der Springer bei beiden Sprungformen (einbeinige und beidbeinige Sprünge) eine größere Höhe. Er nutzt die – wenn auch geringe – horizontale Körperschwerpunktgeschwindigkeit von ca. 2–4 m/s (kinetische Energie) bei beidbeinigen Absprüngen und ca. 7–11 m/s bei einbeinigen Absprüngen aus.
Beidbeinige Sprünge aus der Bewegung findet man häufig in den Mannschaftssportspielen. Beispiele sind der «Stemmschritt» im Volleyball zur

Vorbereitung eines Schmetterschlags oder einer Blockabwehr oder der «Sprungwurf» im Basketball.
Einbeinige Sprünge aus der Bewegung, d. h., der Sportler kommt mit einer mehr oder weniger großen Geschwindigkeit an die Absprungstelle, findet man u. a. in der Leichtathletik, den Mannschaftssportspielen und dem Eiskunstlaufen.
In diesem Beitrag werden die leichtathletikspezifischen Sprünge Weitsprung, Dreisprung, Hochsprung und Stabhochsprung hinsichtlich der jeweiligen Sprungabschnitte und Sprungphasen beschrieben und unter biomechanischen Aspekten betrachtet. Zu Sprungbewegungen im allgemeinen sei auf den Beitrag von STUCKE (S. 395ff) verwiesen.

2.1 Weitsprung

2.1.1 Sprungabschnitte und Sprungphasen

Allgemein wird der Weitsprung in vier Abschnitte unterteilt: Anlauf, Absprung, Flug und Landung. BALLREICH/BRÜGGEMANN (1986, 29) unterteilen diese Sprungabschnitte weiter in Sprungphasen (vgl. Tab. 1).
Hauptfunktionsphase des Weitsprungs ist der Absprung, da durch ihn die Sprungweite (W) am stärksten beeinflußt wird. Diese berechnet sich nach der Formel des «Schiefen Wurfs» (vgl. S. 67ff und Abb. 2, S. 168).

$$W = \frac{v_o^2 \cdot \sin 2\alpha_o}{2g} + v_o \cdot \cos\alpha_o \cdot \sqrt{\frac{2}{g}\left(h_o + \frac{v_o^2 \cdot \sin^2\alpha_o}{2g}\right)} \qquad (1)$$

Um eine maximale Sprungweite zu erreichen, müssen nach BALLREICH/BRÜGGEMANN (1986, 29) folgende Kriterien erfüllt werden:
- maximale Anlaufgeschwindigkeit am Ende der Beschleunigungsphase des Anlaufs;
- optimale Kombination von Anlaufgeschwindigkeit v_{An} und Absprunggeschwindigkeit v_{Ab} zur Maximierung der symmetrischen Flugbahn W_2;
- optimale Gestaltung der Flug- und Landebewegung zur Maximierung der Landeweite $W_3 + W_4$ (vgl. Abb. 2).

Die sich anschließende biomechanische Beschreibung der Sprungbewegung erfolgt in einem zweidimensionalen xz-Koordinatensystem, dessen Ursprung der Absprungort des Sprungbeines bildet. Die x-Achse zeigt in die Anlauf- und Sprungrichtung, die z-Achse ist nach oben gerichtet. Diese

Sprung-abschnitte	Sprungphasen
Anlauf	1. Beschleunigungsphase 2. Absprungvorbereitende Phase
Absprung	1. Phase der Absprungbeugung 2. Phase der Absprungstreckung
Flug	1. Symmetrische Flugbahnphase 2. Landeanflugphase
Landung	1. Phase der Landepositionierung 2. Phase der Landedurchführung

Tab. 1: Sprungabschnitte und ihre Sprungphasen˙ (BALLREICH/BRÜGGEMANN 1986, 29)

Beschreibung ist berechtigt, da man den räumlichen Bewegungsablauf gut in einer Bewegungsebene darstellen kann.

Im folgenden werden kinematische und dynamische Merkmale analysiert und erläutert.

Abb. 2: Sprungweite W, ihre Teilweiten W_1–W_4 sowie Höhen- und Geschwindigkeitsmerkmale (BALLREICH 1986, 28)

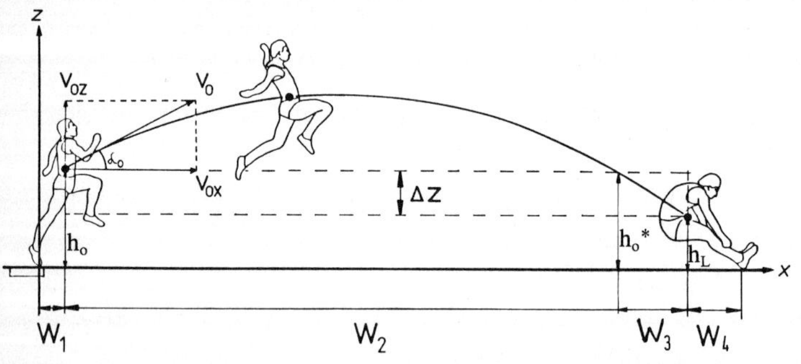

Bezeichnung:

W	Sprungweite	α_o	Abflugwinkel
W_1	Absprungpositionsweite	v_{ox}	horizontale Abfluggeschwindigkeit
W_2	symmetrische Flugbahnweite	v_{oz}	vertikale Abfluggeschwindigkeit
		Δv_x	horizontale Geschwindigkeitsabnahme
W_3	Landeanflugweite		
W_4	Landepositionsweite	v_{An}	Anlaufgeschwindigkeit
W_2+W_3	Flugweite	v_{Ab}	Absprunggeschwindigkeit
W_3+W_4	Landeweite	h_o	Abflughöhe
●	Körperschwerpunkt	h_o^*	Landeanflughöhe
v_o	Abfluggeschwindigkeit	h_L	Landehöhe

2.1.2 Anlauf

Der Anlauf im Weitsprung hat zum Ziel, optimale Ausgangsbedingungen für den folgenden Absprung zu schaffen. Er läßt sich in eine Beschleunigungsphase und eine absprungvorbereitende Phase unterteilen.
In der Beschleunigungsphase, die vom Anlaufbeginn bis zum Ende des viertletzten Anlaufschrittes dauert, soll der Körper eine möglichst hohe horizontale Anlaufgeschwindigkeit (v_{An}) erhalten. Die Länge dieser Phase entspricht ungefähr der Beschleunigungsphase im Sprint und schwankt zwischen 20 und 40 m je nach Könnensstand des Springers (vgl. Tab. 2).

Springergruppen	$\overline{W}$ [m]	$\bar{l}_{Be}$ [m]
G_1	6.80	31.50
G_2	6.16	28.39
G_3	5.63	24.20

Bezeichnung:
$\overline{W}$: Gruppenmittelwert der Sprungweiten
$\bar{l}_{Be}$: Gruppenmittelwert der Länge der Beschleunigungsphase

Tab. 2: Länge der Beschleunigungsphase bei leistungsheterogenen Weitspringergruppen (BALLREICH/BRÜGGEMANN 1986, 30)

Als ein individuelles und leistungsunabhängiges Maß für die Länge der Beschleunigungsphase empfehlen BALLREICH/BRÜGGEMANN (1986, 30) die «individuelle Länge des Startabschnitts (positiver Beschleunigungsabschnitt) beim Kurzstreckenlauf».
Möglichkeiten, die individuelle Anlaufgeschwindigkeit zu erhöhen, liegen in der Änderung der Einflußgrößen ‹Schrittlänge› und ‹Schrittfrequenz›. Untersuchungen von BALLREICH/GABEL (1975) ergaben, daß sich bei einem Geschwindigkeitsmaximum unter 9.5 m/s eine Erhöhung der Schrittfrequenz effizienter auswirkt als eine Zunahme der Schrittlänge. Bei einem Geschwindigkeitsmaximum über 9.5 m/s dagegen wird eine größere Zunahme erreicht, indem bei relativ konstanter Schrittfrequenz die Schrittlänge vergrößert wird.
An die Beschleunigungsphase schließen sich die drei absprungvorbereitenden Schritte an. In dieser Phase sollen optimale Bedingungen für einen guten Absprung angesteuert werden. Dabei sind folgende Einflußgrößen zu berücksichtigen: die vertikale und horizontale Auftreffgeschwindigkeit beim Absprung, die horizontale und vertikale Geschwindigkeitsänderung und die vertikale Abfluggeschwindigkeit, wobei diese nicht alle gleichzeitig maximiert bzw. minimiert werden können. Zum einen soll die horizontale Geschwindigkeitsreduktion (Δv_{ox}) beim Absprung niedrig gehalten werden, zum anderen soll beim Absprung eine möglichst hohe vertikale Abfluggeschwindigkeit (v_{oz}) erreicht werden. Um diese zu erzielen, muß der

Springer in der absprungvorbereitenden Phase die vertikale Auftreff- oder Aufsetzgeschwindigkeit des Körperschwerpunkts (KSP) beim Absprung möglichst gering halten. Diese vertikale Geschwindigkeitsänderung kann aufgrund konditioneller und anthropometrischer Fähigkeiten und Merkmale ca. 3–3.5 m/s betragen. Zugleich muß der Springer aber auch versuchen, den vertikalen Beschleunigungsweg des Absprunges durch KSP-Absenkung zu vergrößern. Dies geschieht durch die Schrittgestaltung «kurz–lang–kurz» der letzten drei Schritte (vgl. BAUERSFELD/SCHRÖTER 1979, 228; NIXDORF/BRÜGGEMANN 1982, 1539). Dabei wird der vorletzte Schritt um ca. 8% gegenüber dem drittletzten Schritt verlängert, was ungefähr 20 cm ausmacht.

Dies wird aus den von KOLLATH (1980) zusammengestellten Ergebnissen verschiedener Autoren deutlich (vgl. Tab. 3). Der letzte Schritt vor dem Absprung ist dann wieder normal lang oder etwas kürzer, wodurch die vertikale Auftreffgeschwindigkeit des KSP auf den Balken verringert wird und durch den niedrigen KSP auch der mögliche Beschleunigungsweg vergrößert wird. NIXDORF/BRÜGGEMANN (1982, 1539) sprechen in diesem Zusammenhang von einer Zunahme der vertikalen Abfluggeschwindigkeit um 0.2 m/s.

Autor	$\overline{W}$ [m]	$\bar{l}_3$ [m]	$\bar{l}_2$ [m]	$\bar{l}_1$ [m]
Djatschkow	6.80	1.94	2.12	1.96
Belberow	6.95	2.05	2.35	2.00
Hay	7.86	2.20	2.45	2.12
Nigg	7.70	2.18	2.42	2.18
Carter	7.14	2.05	2.18	2.00

Bezeichnung:
$\overline{W}$: mittlere Sprungweite
$\bar{l}_3$: mittlere Länge des drittletzten Schrittes
$\bar{l}_2$: mittlere Länge des zweitletzten Schrittes
$\bar{l}_1$: mittlere Länge des letzten Schrittes

Tab. 3: Sprungweite und Schrittlänge in der absprungvorbereitenden Phase (BALLREICH/BRÜGGEMANN 1986, 31)

2.1.3 Absprung

Für den Absprung liegen sowohl kinematische als auch dynamische Merkmale vor. Grundlage für diese Phase des Weitsprungs bilden die auftretenden horizontalen und vertikalen Bodenreaktionskräfte, deren Verlauf in Abbildung 3 dargestellt ist (vgl. auch Gleichung (2) und (3)).
Der beim Absprung produzierte Kraftstoß ergibt sich als Produkt aus Absprungkraft und Dauer der Kraftwirkung. Die Absprungkraft setzt sich aus einer horizontalen (F_x) und einer vertikalen (F_z) Komponente zusammen. Betrachtet man die horizontalen Bodenreaktionskräfte, so erkennt man zuerst einen Bremskraftstoß (A_x), durch den die horizontale Geschwindigkeit reduziert wird. Nachfolgende Beschleunigungskräfte (B_x) verringern

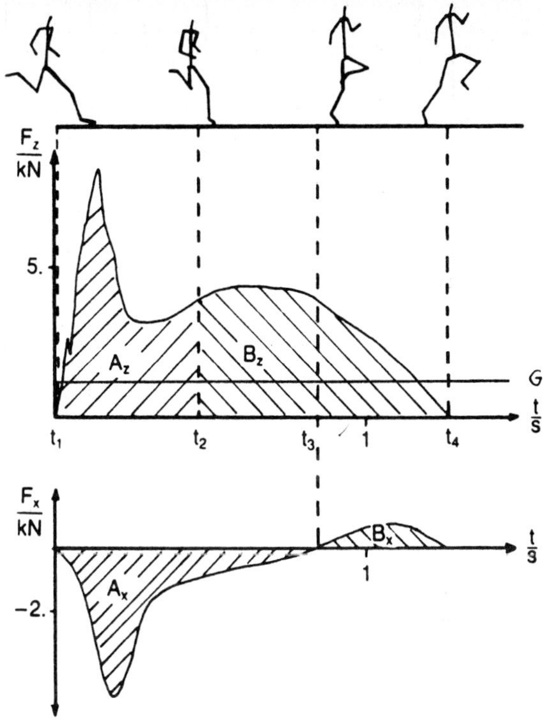

Bezeichnung:

F_z Vertikale Absprungkraft
F_x Horizontale Absprungkraft
t_1 Beginn des Absprungs
t_2 Ende des vertikalen Bremsvorgangs
t_3 Ende des horizontalen Bremsvorgangs
t_4 Ende des Absprungs
A_z Vertikaler Bremsstoß
A_x Horizontaler Bremsstoß
B_z Vertikaler Beschleunigungsstoß
B_x Horizontaler Beschleunigungsstoß
G Gewichtskraft

Abb. 3: Typischer Verlauf der Absprungkräfte beim Weitsprung (nach BALLREICH/BRÜGGEMANN 1986, 34)

diese Geschwindigkeitsreduktion auf Δv_x. In vertikaler Richtung kann der Absprung ebenfalls in einen Bremsabschnitt (A_z) und einen Beschleunigungsabschnitt (B_z) unterteilt werden. Durch den vertikalen Beschleunigungsstoß ($t_2 - t_4$) verläßt der Springer den Absprungbalken mit einer nach oben gerichteten Vertikalgeschwindigkeit.

Der Absprung hat zum Ziel, eine maximale Abfluggeschwindigkeit (v_o) unter einem möglichst großen Abflugwinkel α_o zu erzielen. Aus der Gesetzmäßigkeit des «Schiefen Wurfes» (vgl. S. 207f und Abb. 2) ergibt sich die Bedeutung der Abfluggeschwindigkeit. Sie setzt sich aus einer horizontalen (v_{ox}) und einer vertikalen (v_{oz}) Komponente zusammen. Während des Absprungs wird der KSP um Δv_x in horizontaler Richtung «abgebremst» und in vertikaler Richtung um Δv_z beschleunigt. Δv_x und Δv_z sind die beiden Komponenten der Absprunggeschwindigkeit (v_{Ab}), durch die die Anlaufgeschwindigkeit (v_{An}) in die Abfluggeschwindigkeit (v_o) übertragen wird.
In Tabelle 4 sind einige Parameter zu Anlauf und Absprung aufgeführt, wie sie von verschiedenen Autoren (Ballreich/Brüggemann 1986, Kollath 1980, Nigg 1974) empirisch ermittelt worden sind.

Parameter	Ballreich	Kollath	Nigg	Einheit
v_{oz}	2.8	2.9	3.2	m/s
v_{ox}	8.1	8.5	9.7	m/s
v_{An}	9.0	9.8	10.7	m/s
α_o	19.0	18.8	18.3	Grad
t_{Ab}	0.13	0.13	0.1	s
h_{max}	0.39	0.42	0.65	m
W	6.80	6.64	7.98	m
v_{oz}	vertikale Abfluggeschwindigkeit des KSP			
v_{ox}	horizontale Abfluggeschwindigkeit des KSP			
v_{An}	horizontale Anlaufgeschwindigkeit			
α_o	Abflugwinkel			
t_{Ab}	Bodenkontaktzeit beim Absprung (= Absprungdauer)			
h_{max}	maximale KSP-Überhöhung im Flug			
W	gemessene Sprungweite			

Tab. 4: Parameter von Anlauf und Absprung beim Weitsprung (Ballreich/Brüggemann 1986, Kollath 1980, Nigg 1974)

Im folgenden sollen detaillierte Aussagen zur Abfluggeschwindigkeit v_o gemacht werden, deren Komponenten v_{ox} und v_{oz} man mit Hilfe der obigen Betrachtungen der beim Absprung wirksam werdenden Kräfte wie folgt kennzeichnen kann:
Die horizontale Abfluggeschwindigkeit (v_{ox}) setzt sich zusammen aus der horizontalen Anlaufgeschwindigkeit (v_{An}) und der horizontalen Geschwindigkeitsreduktion während des Absprungs (Δv_x). Diese hängt vom horizontalen Bremskraftstoß sowie dem am Ende des Absprungstützes wirkenden Beschleunigungskraftstoß und der Masse m des Springers ab:

$$v_{ox} = \frac{\int F_x dt}{m} + v_{An_x} \quad (\text{mit } F_x = A_x - B_x) \qquad (2)$$

Die vertikale Abfluggeschwindigkeit erhält man analog aus der zu Stützbeginn nach unten (negativen) vertikalen Auftreffgeschwindigkeit und der vertikalen Geschwindigkeitsänderung des KSP während des Absprungstützes (Δv_z). Diese ist wiederum auf den vertikalen Beschleunigungskraftstoß und die Masse des Springers zurückzuführen:

$$v_{oz} = \frac{\int (F_z - G)\,dt}{m} + v_{A_{nz}} \quad (\text{mit } F_z = A_z - B_z) \tag{3}$$

Welche Komponente der Abfluggeschwindigkeit den größeren Einfluß auf die Sprungweite hat, ist noch nicht endgültig geklärt. BALLREICH (1970, 70) und KOLLATH (1980, 108ff) schätzen den Einfluß der vertikalen Abfluggeschwindigkeit höher ein als den der horizontalen. Andererseits kommt BALLREICH (1979) bei Stichproben im höchsten Leistungsbereich zum umgekehrten Ergebnis. NIXDORF/BRÜGGEMANN (1982, 1539) begründen dies damit, daß «im oberen Leistungsbereich die Variationsbreite der vertikalen Abfluggeschwindigkeit gegenüber der horizontalen Geschwindigkeit sehr gering ausfällt». Somit kann es bei wenig homogenen Stichproben durch eine höhere Variabilität der vertikalen Abfluggeschwindigkeit zu einer stärkeren Bewertung dieser kommen (BALLREICH 1970, KOLLATH 1980).

Für die Praxis ergibt sich eine Differenzierung nach der Sprungweite: Im Weitenbereich bis zu 7 m scheint nach KOLLATH (1982b, 1674) eine Erhöhung der vertikalen Abfluggeschwindigkeit eher realisierbar zu sein, während bei Springern über 7 m eine Steigerung von v_{oz} schwieriger ist als eine Erhöhung von v_{ox}.

Der Abflugwinkel α_o wird im Weitsprung bei empirischen Untersuchungen zwischen 18 und 20 Grad (KOLLATH 1980) angegeben. Setzt man dagegen in die Gleichung (1) Werte für die Abfluggeschwindigkeit (v_{Ab}) und die Abflughöhe (h_o) von 9 m/s und 1.2 m ein, so kommt man zu dem Ergebnis, daß Abflugwinkel um 40 Grad die Flugweite maximieren würden. Daß dieser Wert nicht erreicht wird, hat folgenden Grund:

Die nach oben gerichtete Vertikalgeschwindigkeit des KSP muß beim Absprung erzeugt werden. Wenn der Springer auf den Boden tritt, hat der KSP eine Vertikalgeschwindigkeit von −0.5 m/s, die nach unten gerichtet ist. Eine Änderung dieser Geschwindigkeit kann nur durch Einwirkung einer vertikalen Kraft, die während des Absprungs auf den Körper wirkt, erreicht werden (vgl. Abb. 3). Aus dieser vertikalen «Einfluggeschwindigkeit» und der Anfluggeschwindigkeit ergibt sich ein Einflugwinkel von ca. 2.8 Grad, es wird also sehr flach eingesprungen.

Betrachtet man die in Tabelle 4 angegebenen Kontaktzeiten (≙ Absprungdauer t_{Ab}) der Weitspringer, die zwischen 0.1 und 0.13 Sekunden liegen, so bleibt dem Springer nur eine sehr kurze Zeitspanne, um die notwendige vertikale Geschwindigkeitsänderung zu erzielen. Außerdem kann der

Springer in diesem Zeitraum keine beliebig hohen Bodenreaktionskräfte erzeugen, die zu einer größeren Impulsänderung führen. Abhängig von seinen physikalischen Fähigkeiten erreicht er Bodenreaktionskräfte in der aktiven Phase des Absprungs, die zwischen dem Vier- und Sechsfachen seines Körpergewichts liegen.
Neben den translatorischen haben auch die rotatorischen Merkmale Bedeutung für den Absprung, vor allem für den sich anschließenden Flug. Während des Absprunges bewirken die Kräfte bei bestimmten Körperpositionen eine Änderung des Drehimpulses bzgl. der Breitenachse durch den KSP (s. Abb. 4).

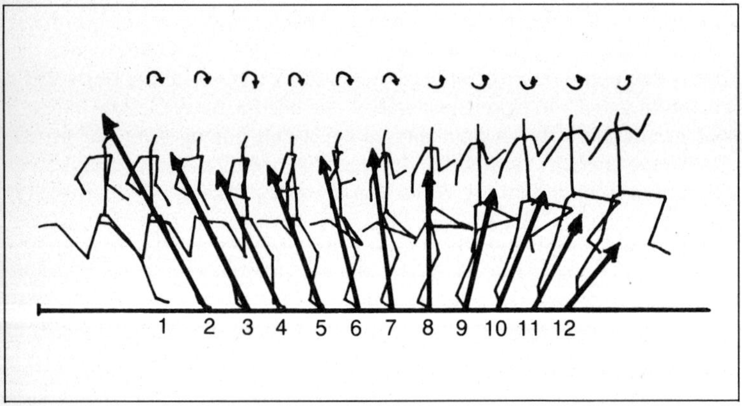

Abb. 4: Lage des Absprungkraftvektors beim Weitsprung (Ballreich/Brüggemann 1986, 34)

In Phase 2–7 erzeugt der Absprungkraftvektor ein (im Uhrzeigersinn) vorwärtsgerichtetes Drehmoment. Es verläuft hinter dem KSP des Springers. Dadurch wird der Anfangsdrehimpuls vergrößert. In Bild 8–12 verläuft der Kraftvektor vor dem KSP des Springers, was ein entgegenwirkendes Drehmoment erzeugt, wodurch der Anfangsdrehimpuls wieder reduziert wird. Insgesamt wird nach dem Absprung ein vorwärtsgerichteter Drehimpuls wirksam. Ergebnisse empirischer Untersuchungen (vgl. Ballreich/Brüggemann 1986, 34–35) bestätigen, daß die Drehimpulse je nach der Flugtechnik des Springers unterschiedlich sind; sie sind bei Laufspringern höher als bei Hangspringern, betrachtet man den oberen Leistungsbereich. Im Unterschied zu Ballreich/Brüggemann gehen Koch (1984, 138), Bauersfeld/Schröter (1979, 229) und Schmolinsky (1980, 236–237) davon aus, daß im Absprung kein Drehimpuls eingeleitet wird.

2.1.4 Flug

Der Flugbahnverlauf wird durch die Einflußgrößen Abfluggeschwindigkeit (v_o), Abflugwinkel (α_o) und Abflughöhe (h_o) bestimmt und kann nach dem Absprung vom Springer nicht mehr beeinflußt werden. Der Springer kann lediglich durch unterschiedliche Flugvarianten (Hock-, Hang-, Schritt-, Laufsprung; vgl. BAUERSFELD/SCHRÖTER 1979, 229) versuchen, eine optimale Landung vorzubereiten. Durch die je nach Technik im Flug ausgeführten Bewegungen der Beine, des Rumpfes und der Arme wird außerdem festgelegt, wie lange die Springer auf der Flugbahn verweilen.
Den Flug kann man in einen symmetrischen Teil (W_2) und die Landeanflugphase (W_3) unterteilen (vgl. auch Tab. 1 und Abb. 2), wobei die Landevorbereitung schon im symmetrischen Teil des Fluges beginnt. Nach BALLREICH/BRÜGGEMANN (1986, 29) ist die symmetrische Flugbahnphase (W_2) die dominierende Einflußgröße auf die Sprungweite, da sie 80–90% der Sprungweite ausmacht (vgl. Abb. 2). Somit ist das Ziel ‹Erreichen einer maximalen Sprungweite› gleichbedeutend mit der Maximierung der Weite der symmetrischen Flugbahnphase. Diese beginnt zum Abflugzeitpunkt und endet an dem Flugbahnpunkt, an dem der KSP unter seine Abflughöhe fällt.
Aus Gleichung (4) läßt sich die symmetrische Flugbahnweite (W_2) berechnen:

$$W_2 = \frac{v_o^2 \cdot \sin 2\,\alpha_o}{g} = \frac{2\,v_{ox} \cdot v_{oz}}{g} \qquad (4)$$

Es bieten sich mehrere Möglichkeiten an, die Flugbahnweite W_2 durch entsprechende Veränderung der horizontalen (v_{ox}) bzw. vertikalen (v_{oz}) Abfluggeschwindigkeit zu maximieren.
BALLREICH (1970) kam nach zahlreichen Untersuchungen zu dem Ergebnis, daß in einem Sprungweitenbereich zwischen 5.0 und 7.2 m das Anwachsen der symmetrischen Flugbahnweite sowohl durch eine erhöhte vertikale als auch durch eine erhöhte horizontale Abfluggeschwindigkeit bedingt ist, wobei die relative Zunahme der vertikalen Abfluggeschwindigkeit die der horizontalen überwiegt. Eine derartige Verbesserung der Sprungweite halten BALLREICH/BRÜGGEMANN (1986, 38) nur im Rahmen einer Langzeitstrategie für möglich, da in diesem Fall vor allem konditionelle Fähigkeiten verbessert werden müssen. Als Kurzzeitstrategie schlagen sie eine überkompensierende Zunahme der vertikalen Abfluggeschwindigkeit vor, indem der Springer durch eine veränderte Schrittgestaltung in der absprungvorbereitenden Phase die horizontale Abfluggeschwindigkeit senkt (vgl. auch S. 170).
Die Landeanflugphase beginnt am Flugbahnpunkt, an dem der Körperschwerpunkt unter seine Abflughöhe fällt, und endet mit dem ersten Bodenkontakt der Fersen nach dem Flug. Sie hat eine Optimierung

der Landeanflugweite W_3 (s. Abb. 2) zum Ziel. Eine Weitenmaximierung wird in dieser Phase nicht gefordert, da man keinen statistisch abgesicherten Zusammenhang zwischen Sprungweite (W) und Landeanflugweite (W_3) feststellen konnte (vgl. BALLREICH/BRÜGGEMANN 1986, 38).

Mit dem Absprung vom Balken kann der Springer die Flugbahn des KSP nicht mehr beeinflussen. Sie wird allein durch die Schwerkraft, Trägheit und eine geringe Luftreibung bestimmt. Nach dem 1. Newtonschen Gesetz (vgl. auch S. 73) kann nun der Bewegungszustand des Springers in der Luft nicht mehr durch innere Kräfte (Muskelkräfte) beeinflußt werden.

Führen die Springer in der Luft Arm-, Bein- und Rumpfbewegungen aus, versuchen sie die Sprungweite positiv zu beeinflussen und durch entsprechende Körperbewegungen eine möglichst günstige Landeanflughaltung zu erreichen. Ziel ist, möglichst spät mit den Füßen den Boden zu berühren. Die Springer erreichen das z. B. durch eine «Klappbewegung» in der Luft nach dem Prinzip der Gegenwirkung (3. Newtonsches Gesetz «actio et reactio»).

Senkt z. B. ein Springer vor der Landung die hochgehobenen Arme nach unten, verschiebt sich der Schwerpunkt der Arme um ca. 0.5 m nach unten, und damit wird der Restkörper um ca. 6 cm angehoben. Durch die verringerte Landehöhe h_L erhöht sich die Landeanflugweite um ca. 0.13 m (BALLREICH/BRÜGGEMANN 1986, 40).

Abb. 5: Prinzip der Gegenwirkung beim Weitsprung (HOCHMUTH 1981)

2.1.5 Landung

Die Landung kann man in die Phase der Landepositionierung (= erster Bodenkontakt bei der Landung) und die Phase der Landedurchführung untergliedern (s. auch Tab. 1). Ziel ist die Optimierung der Landepositionsweite (W_4) (vgl. Abb. 2), die zusammen mit der Landeanflugweite (W_3) die sogenannte Landeweite ergibt. W_4 ist definiert als «Abstand zwischen der senkrechten Projektion des KSP auf die Absprungebene im Landezeitpunkt und dem hinteren Landeeindruck» (Ballreich/Brüggemann 1986, 43). W_3 und W_4 bedingen sich wechselseitig, wodurch nicht eine Maximierung, sondern eine Optimierung dieser Einzelweiten eine maximale Landeweite ($W_3 + W_4$) zur Folge hat.
Abbildung 6 zeigt die Einflußgrößen auf die Landepositionsweite. Diese ist um so größer, je kleiner der Landepositionswinkel α_L, je kleiner die Landehöhe h_L und je größer die Beinlänge l_B und der Kniegelenkwinkel β ist.

Die Phase der Landedurchführung – ebenfalls mit dem Ziel der Optimierung von W_4 – dauert vom ersten Bodenkontakt bei der Landung bis zur Absicherung des hinteren Eindrucks. In dieser Phase soll die erreichte Weite abgesichert werden, indem man ein Zurückfallen nach hinten verhindert.

Abb. 6: Landeweite und ihre Teilweiten sowie biomechanische und anthropometrische Einflußgrößen der Landepositionsweite (Ballreich/Brüggemann 1986, 43)

Bezeichnung:

W_3	Landeanflugweite
W_4	Landepositionsweite
$W_3 + W_4$	Landeweite
h_o^*	Landeanflughöhe (höhengleich mit Abflughöhe)
h_L	Landehöhe
●	Körperschwerpunkt
l_B	Beinlänge: Oberschenkellänge HK + Unterschenkellänge KF
α_L	Landepositionswinkel
β	Kniegelenkwinkel
H	Hüftgelenkpunkt
K	Kniegelenkpunkt
F	Sprunggelenkpunkt

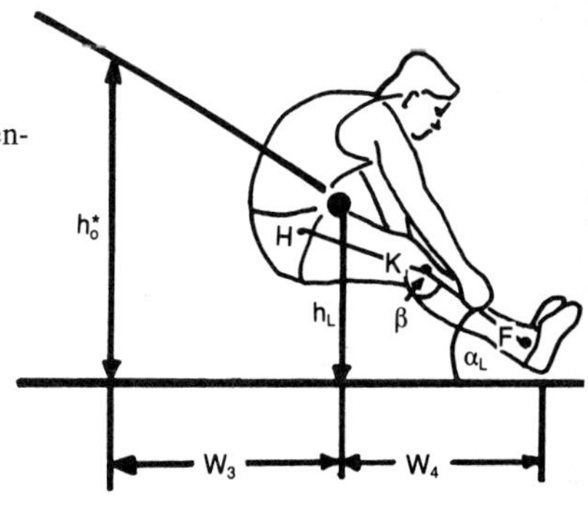

2.2 Dreisprung

Der Dreisprung wird unterteilt in die Sprungabschnitte Anlauf, «Hop», «Step» und «Jump». Dabei müssen laut Regel der Hop und der Step mit dem gleichen Bein und der Jump mit dem anderen Bein gesprungen werden.
Da die kinematische und dynamische Struktur des Jumps zum größten Teil dem Weitsprung entspricht, werden im folgenden die Abschnitte Anlauf, Hop und Step schwerpunktmäßig beschrieben.

2.2.1 Anlauf

NIXDORF (1986, 61) unterteilt den Anlauf – wie beim Weitsprung – in eine Beschleunigungsphase und eine absprungvorbereitende Phase. Diese umfaßt die letzten 3–6 Schritte. Sie beginnt mit der Rhythmusänderung im Anlauf und endet mit dem Absprung zum Hop.
Die Länge des Anlaufs ist unterschiedlich, je nachdem, welche Strecke der Springer zum Erreichen seiner optimalen Anlaufgeschwindigkeit benötigt. ARNOLD (1985, 1827) stellte fest, daß die meisten Springer zwischen 17 und 23 Schritte bis zum Absprungbalken benötigen; HUTT (1984, 1672), der die Dreisprünge der WM 1983 in Helsinki analysierte, gibt 19–21 Schritte an; bei BAUERSFELD/SCHRÖTER (1979, 257) werden 18–20 Schritte und eine Länge von 38–41 m genannt.
ARNOLD (1985, 1827) konnte beobachten, daß Athleten mit einem kürzeren Anlauf durch eine größere Kontrolle beim ersten Absprung während des gesamten Sprungs von einem besseren Gleichgewicht und einem besseren Rhythmus profitierten.
Die Zielsetzung der Beschleunigungsphase entspricht der des Weitsprunganlaufs. In der absprungvorbereitenden Phase besteht aber – im Gegensatz zum Weitsprung – die Tendenz, daß der Dreispringer in vertikaler Richtung schwächer abspringt als ein Weitspringer. Dies resultiert aus der Anlaufgestaltung der letzten 3–6 Schritte. Der Springer erhöht in der Regel die Schrittfrequenz und tendiert dazu, die Schrittlänge leicht zu verkürzen. Dadurch wird, zusammen mit einem aktiv aufsetzenden Sprungbein, das Stemmen zum größten Teil verhindert, und der Springer kann den Verlust an Horizontalgeschwindigkeit gering halten (vgl. NIXDORF 1986, 64). Bedeutsam für eine große Weite ist eine hohe Anlaufgeschwindigkeit, wie eine Untersuchung von FUKASHIRO und MIYASHITA (1983) zeigt. Sie ermittelten eine hochsignifikante ($\alpha = .001$) Korrelation von $r = .90$ zwischen der horizontalen Anlaufgeschwindigkeit und der Gesamtsprungweite.

Dieser hohe Korrelationskoeffizient resultiert allerdings aus der großen Spannweite der Sprünge (13.80 m bis 16.30 m) und zeigt, daß eine hohe Anlaufgeschwindigkeit eine notwendige Bedingung (keine hinreichende) für große Sprungweiten darstellt. Für eine homogenere Gruppe dagegen ($\overline{W}$ = 16.75 m, s = 0.42 m) konnte Amadio (1985) keinen signifikanten Zusammenhang zwischen der horizontalen Anlaufgeschwindigkeit und der Sprungleistung ermitteln.

2.2.2 Hop, Step und Jump

Im Dreisprung kann der Athlet seine ganzen Sprungfähigkeiten nicht in den ersten Sprung, den Hop, legen, da er von seinen physischen Fähigkeiten her nicht in der Lage wäre, auf einem Bein zum Step zu landen und anschließend wieder abzuspringen.

Es ist oft versucht worden (vgl. Nett 1970, Hutt 1983, Nixdorf 1986), ein allgemeingültiges Schema für einen ökonomischen Dreisprung anzugeben. Dazu wurde die Gesamtsprungweite in die Einzelweiten der Teilsprünge zerlegt, und die jeweiligen Anteile wurden prozentual aufgeführt. Je nach der angewendeten Dreisprungtechnik (Steilsprungtechnik oder Flachsprungtechnik) wurden unterschiedliche Angaben gemacht. Bei der Steilsprungtechnik, die durch einen sehr hohen Flug des Körperschwerpunkts im Hop gekennzeichnet ist, beträgt die Teilsprungweite des Hop ca. 38 %, die des Step ca. 29 % und die des Jump ca. 33 % der Gesamtsprungweite (Hutt 1983, 25). Bei der Flachsprungtechnik dagegen, die sich mehr und mehr durchsetzt, da durch eine zu hohe Sprungkurve der Verlust der Horizontalgeschwindigkeit bei der Steilsprungtechnik zu groß ist, geht man von einem Verhältnis von 35–30–35 % aus (Hutt 1983, 25). Diese Angaben entsprechen denen von Nixdorf (36–30–34 %), der festgestellt hat, daß diese Zahlen unabhängig vom Leistungsniveau sind (1986, 63).

Hop und Step weisen im Gegensatz zum Jump eine sehr ähnliche Struktur und Zielsetzung auf. Beim Absprung versucht der Springer, eine möglichst optimale Teilweite zu erreichen und gleichzeitig die Abnahme der Horizontalgeschwindigkeit so gering wie möglich zu halten. In der Flugphase geht es – sowohl beim Hop als auch beim Step – um das Ansteuern einer aufrechten Rumpfhaltung während des Fluges und um das Erhalten der Horizontalgeschwindigkeit für den anschließenden Absprung zum Step bzw. zum Jump (vgl. Nixdorf 1986, 65–67).

Tabelle 5, S. 180, gibt einen Überblick über einige kinematische Parameter bei den jeweiligen Teilsprüngen.

Für das Merkmal v_{ox} ergibt sich, daß der Springer bei jedem Teilsprung an horizontaler Geschwindigkeit verliert. Dieser Verlust entsteht zu ca. 22 % durch den Luftwiderstand und zu 78 % durch die Stemmbewegung wäh-

Merkmal	W	v_{tdx}	v_{ox}	v_{tdz}	v_{oz}	W	t_{Ab}	α_{Ein}	α_o
Einheit	[m]	[m/s]	[m/s]	[m/s]	[m/s]	[%]	[s]	[Grad]	[Grad]
Hop	5.85	9.11	8.57	−0.39	1.95	35	0.14	2.5	12.8
Step	4.93	8.39	7.65	−2.07	1.74	29.5	0.17	13.9	12.8
Jump	5.97	7.35	6.39	−1.54	2.38	35.5	0.19	11.8	20.5
ges.	16.75								

Anzahl der Versuche: 19
Anzahl der Versuchspersonen: 7
v_{tdx}, V_{tdz}: Geschwindigkeit «touch down» (horizontal, vertikal)
v_{ox}, v_{oz}: Geschwindigkeit «take off» (horizontal, vertikal)
t_{Ab}: Kontaktzeit
α_{Ein}: Einflugwinkel des Körperschwerpunkts
α_o: Abflugwinkel des Körperschwerpunkts
W: Weite

Tab. 5: Kinematische Parameter beim Dreisprung (eigene Untersuchung vom Institut für Biomechanik, DSHS Köln)

rend der Kontaktphase. Diese Unterteilung konnte gemacht werden, da bei der Untersuchung für die Daten in Tabelle 5 komplexe biomechanische Meßverfahren eingesetzt wurden, die gleichzeitig kinematische und dynamometrische Größen erfaßten. Im Gegensatz zum Weitsprung soll nicht eine möglichst hohe vertikale Abfluggeschwindigkeit (v_{oz}) erreicht werden, da diese in etwa gleicher Höhe bei der Landung zum Step kompensiert werden muß. Die Abflugwinkel beim Hop und Step liegen bei ca. 13 Grad; Nixdorf (1986, 66) gibt 12–15 Grad als Optimaltrend an. Der Absprung beim Jump ist von seiner Charakteristik (α_o = 20.5 Grad) sehr dem Weitsprung ähnlich. Zum Hop versucht der Dreispringer sehr flach einzuspringen, um nicht zu viel Horizontalgeschwindigkeit zu verlieren. Der Einflugwinkel (α_{Ein}) des Körperschwerpunkts beträgt nur 2.5 Grad. Demgegenüber halten sich während des zweiten Sprungs (Step) Einflug- und Abflugwinkel ungefähr die Waage (α_{Ein} = 13.9 Grad), und beim abschließenden Jump ist der Abflugwinkel wieder deutlich größer (vgl. Tab. 5). Der Springer versucht hier – wie beim Weitsprung – den sich aufgrund des schiefen Wurfes ergebenden optimalen Abflugwinkel zu erreichen.
Für die Flugphase des Dreispringers ist bei den jeweiligen Teilsprüngen ein Anfangsdrehimpuls um die Breitenachse (im Uhrzeigersinn) günstig (Nixdorf 1986, 66–68). Dieser bewirkt eine aufrechte Rumpfhaltung während des Fluges, indem er den rückwärtigen Drehimpuls, der beim Hop z. B. durch den Beinwechsel in der Flugphase als auch durch das Vorbereiten des Aufsetzens des Sprungbeins entsteht, vermindert.
Zur Armführung während der drei Teilsprünge findet man in der Literatur

zahlreiche unterschiedliche Angaben. Analysen der WM-Dreisprünge in Helsinki (1983) konnten die bisherigen Zuordnungen des wechselseitigen Armschwungs bei den Flachspringern bzw. des parallelen Doppelarmschwunges bei den Steilspringern nicht bestätigen (HUTT 1984, 24). In Helsinki konnte man zahlreiche Varianten beobachten, z. B. Doppelarmschwünge in den Hop, Doppelarmschwünge in allen drei Phasen, Einarm-Doppelarm-Doppelarm-Kombinationen und auch Einarmschwünge in allen drei Phasen. Es kam sogar vor, daß Springer ihren Armeinsatz von Sprung zu Sprung änderten (JARVER/BOASE 1984, 1671 und 1672).

Merkmal	Δv_z	F_z	Δv_x	F_x
Einheit	[m/s]	[N]	[m/s]	[N]
Hop	2.34	1337	0.54	309
Step	3.81	1793	0.74	348
Jump	3.92	1650	0.96	404

Tab. 6: Geschwindigkeitsänderungen und durchschnittliche Kräfte während des Dreisprunges (Körpermasse = 80 kg) (F_x = horizontale Bodenreaktionskraft, F_z = vertikale Bodenreaktionskraft)

Betrachtet man die Geschwindigkeitsänderungen während der einzelnen Teilsprünge, stellt man fest, daß der horizontale Geschwindigkeitsverlust (Δv_x) vom Zeitpunkt «Beginn Hop» bis zum «Absprung Jump» insgesamt 2.72 m/s (9.11–6.39 m/s) beträgt. Der Anteil der durch «Stemmwirkung» verlorenen Geschwindigkeit ist 2.24 m/s und teilt sich auf in 0.54 m/s beim Hop, 0.74 m/s beim Step und 0.96 m/s beim Jump (vgl. Tab. 5, 6). Der restliche Geschwindigkeitsverlust (0.48 m/s) entsteht durch den Luftwiderstand. Dynamografisch drückt sich die Geschwindigkeitsveränderung in der Zunahme der horizontalen Bremskräfte (von 309 N beim Hop auf 404 N beim Jump) aus.

Die vertikale Geschwindigkeitsänderung ist besonders beim Hop (im Vergleich zum Step und zum Jump) sehr gering. Damit wird das Ziel eines geringen vertikalen Geschwindigkeitsverlustes in diesem ersten Teilsprung erreicht.

Für die auf den Springer durchschnittlich wirkende vertikale Bodenreaktionskraft (Tab. 6) ergibt sich, daß beim Step die höchste vertikale Belastung auftritt.

HUTT (1983, 25) hat anhand der Daten von 200 Dreispringern mit Weiten zwischen 12.02 m und 17.89 m ‹Gesetzmäßigkeiten› für einen «ökonomischen Dreisprung» formuliert. Danach soll die Dauer von Hop und Step gleichlang sein und ein «festes optimales Verhältnis» von Horizontalgeschwindigkeit und Dauer bestehen. Daß der Springer beim Hop eine größere Weite erzielt als beim Step, liegt am Geschwindigkeitsverlust beim Absprung zum Step.

2.3 Hochsprung

Der Hochsprung kann in die Phasen Anlauf, Absprung, Lattenüberquerung und Landung untergliedert werden.
Für die Zielgröße, die Höhe, hat sich für biomechanische Analysen eine Differenzierung als nützlich erwiesen, wie sie in Abbildung 7 dargestellt ist. Die Hochsprungleistung setzt sich aus den Teilhöhen Abflughöhe H_1 und Flughöhe H_2, abzüglich der Lattenüberhöhung H_3, zusammen.

Als zentral für die Technikentwicklung im Hochsprung (Abb. 8) hat sich lange Zeit die Lattenüberquerung herausgestellt. Sie zielt darauf ab, den Körperschwerpunkt möglichst nah über die Latte zu bringen, ohne dabei die Latte zu berühren. Abbildung 8 zeigt, daß mit jeder neuen Technik versucht wird, den Körperschwerpunkt der Latte näher zu bringen.
Die neueste Technik ist der Fosbury-Flop. Seine Vorteile liegen nicht in der Lattenüberquerung, sondern vor allem in den biomechanisch günstigen Absprungmerkmalen. Der Fosbury-Flop wurde von dem Amerikaner Dick Fosbury kreiert, der 1968 bei den Olympischen Spielen in Mexiko mit dieser damals neuen Technik überraschend die Goldmedaille gewann. Mittlerweile hat sich der Fosbury-Flop sowohl bei den Frauen als auch bei den Männern durchgesetzt. Äußere Umstände (Absprungmatten aus Schaumgummi, Kunststoffbelag der Anlaufbahn etc.) trugen dazu bei, Techniken wie den Flop überhaupt erst zu ermöglichen.

Abb. 7: Komponenten der Hochsprungleistung (MÜLLER 1986, 54)

H_1: Abflughöhe
H_2: Flughöhe
H_3: Lattenüberhöhung
H_L : Lattenhöhe
H_{max}: maximale Körperschwerpunkthöhe

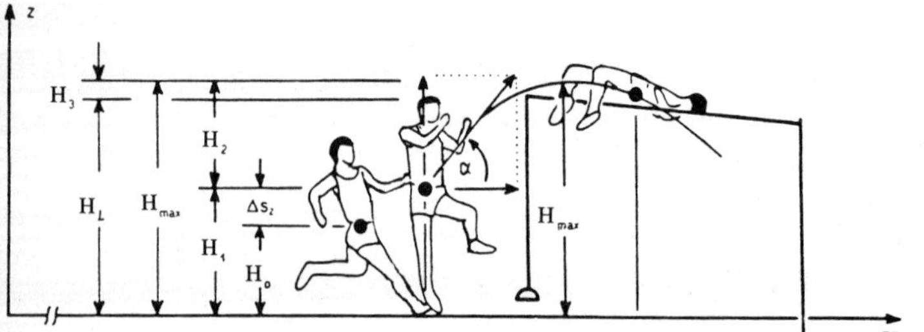

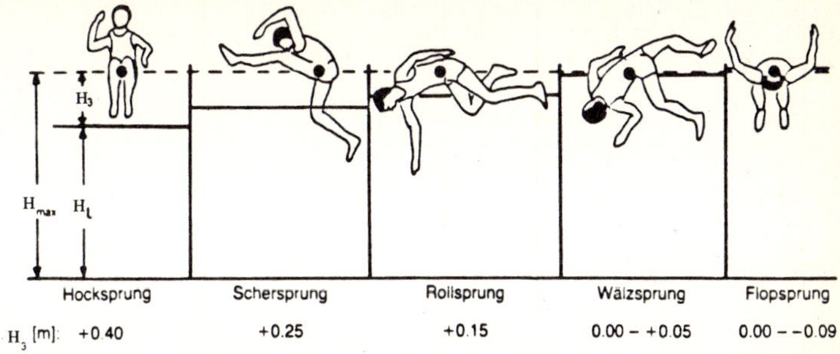

Bezeichnung:

H_3 Lattenüberhöhung
H_{max} (– – –) Scheitelhöhe der Körperschwerpunktbahn
H_L (——) Sprunglattenhöhe
● Körperschwerpunkt (KSP)

Abb. 8: Technikentwicklung im Hochsprung (MÜLLER 1986, 48)

Im folgenden werden die Sprungabschnitte bis auf die Phase der Landung, die die gesprungene Höhe nicht beeinflußt, anhand der Technik des Fosbury-Flops biomechanisch analysiert.
Grundsätzliche Überlegungen zum Anlauf, Absprung und zur Lattenüberquerung können auch auf andere Hochsprungtechniken übertragen werden.

2.3.1 Anlauf

Der Flop wird aus einem bogenförmigen Anlauf mit einer Gesamtlauflänge von ca. 9–12 Schritten gesprungen. Die ersten 6–9 Schritte sind ein Steigerungslauf, der dem Springer eine horizontale Anlaufgeschwindigkeit von 6–8 m/s verleiht. Die letzten drei Anlaufschritte dienen der Absprungvorbereitung. Zum Absprung hin wird der Körperschwerpunkt abgesenkt, um einen längeren Beschleunigungsweg zu ermöglichen und die vertikale Auftreffgeschwindigkeit beim Absprung, wie beim Weitsprung oder Dreisprung, zu minimieren.
Abbildung 9, S. 184, zeigt den Weg des Körperschwerpunkts und des Kopfes bei dem letzten Anlaufschritt und der Lattenüberquerung. Der KSP beschreibt in der xy-Ebene während des gesamten betrachteten Zeitraums nahezu eine Gerade und wird im Absprung nicht zur Seite ausgelenkt.
Ziel des bogenförmigen Anlaufens ist das Erreichen einer Körperinnennei-

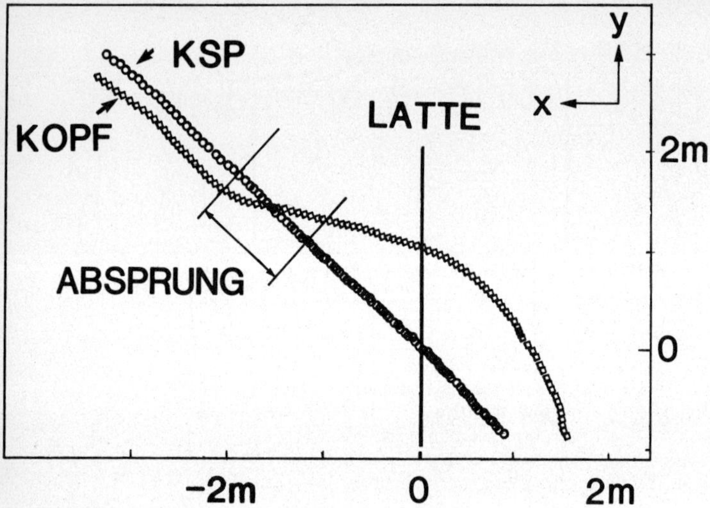

Abb. 9 Weg von KSP und Kopf (von oben gesehen)

gung (von der Latte weg), wodurch der Springer in eine günstige Sprungauslage gelangt. Die größte Neigung (gemessen im vorletzten Schritt) beträgt bei Männern um 30 Grad (BAUERSFELD/SCHRÖTER 1979, 238).

2.3.2 Absprung

Der Absprung hat zum Ziel, die horizontale Anlaufgeschwindigkeit in eine vertikale Absprunggeschwindigkeit umzusetzen, um eine möglichst hohe Abfluggeschwindigkeit bei einem optimalen Abflugwinkel zu erzeugen. Weiterhin sollen in dieser Phase günstige Voraussetzungen bzgl. Abflugposition, Abflugimpuls und Abflugdrehimpuls geschaffen werden.
Bei Flop-Spitzenspringern werden Abflugwinkel von ca. 55° berechnet. Die resultierende Abfluggeschwindigkeit beträgt ca. 5.5 m/s und teilt sich auf in 4.4 m/s für die vertikale und 3.0 m/s für die horizontale Komponente. Umgerechnet ergibt die vertikale Abfluggeschwindigkeit von 4.4 m/s eine Körperschwerpunkterhöhung in der Luft von fast einem Meter.
Im einzelnen ergibt sich folgendes für die Einflußgrößen der Flugbahn des KSP.
Die KSP-Abflugposition H_1 (vgl. Abb. 7) ist zu Beginn des Fluges durch die relative Lage der Körpersegmente zueinander und durch die frontale und

seitliche Körperhöhe des Springers und seine Körperbaumerkmale festgelegt und kann damit durch Training kaum beeinflußt werden.
Zu interindividuellen Vergleichen von Hochspringern relativiert man die KSP-Abflughöhe H_1 prozentual auf die Körperhöhe des jeweiligen Springers und betrachtet die relative Abflughöhe H_{1rel}. VIITASALO u. a. (1982, 147) fanden durch Korrelationsstudien anhand von Filmanalysen bei acht finnischen Hochspringern heraus, daß die KSP-Erhöhung während der Flugphase mit der Absprungzeit sowie mit der relativen KSP-Abflughöhe H_{1rel} zusammenhängt: Springer mit kürzeren Absprungzeiten und einer niedrigeren Abflughöhe erreichen während der Flugphase eine größere KSP-Erhöhung. Weiterhin korrelieren Absprungzeit und relative KSP-Abflughöhe in der Weise, daß kurze Absprungzeiten mit einer geringeren KSP-Abflughöhe verbunden sind.
Ein dynamisches Merkmal, das die KSP-Flugbahn neben der Abflughöhe mitbestimmt, ist der Abflugimpuls P_o. Er setzt sich zusammen aus dem Abflugimpuls zu Beginn des Absprungstützes P_{An} (= Anlaufimpuls) und dem Absprungkraftstoß ΔP_{Ab}, der die während der Absprungdauer auftretende Impulsänderung mißt:

$$P_o = P_{An} + \Delta P_{Ab} \quad (5)$$

Der Absprungkraftstoß ist das Integral der während der Absprungdauer $t_{Ab} = t_2 - t_1$ wirkenden Kräfte:

$$\Delta P_{Ab} = \int_{t_1}^{t_2} F_{Ab}(t)\, dt \quad (6)$$

Die Komponenten von ΔP_{Ab} errechnen sich aus den Bodenreaktionskräften, wie sie in Abbildung 10, S. 186, angegeben sind. Dabei absolvierte der Springer Versuche über die Höhen von 2.10, 2.15 und 2.20 m, wobei ein ähnlicher Kraftverlauf erkennbar ist.

Die äußere Belastung beim Hochsprung ist sehr groß. Legt man eine vertikale Geschwindigkeitsänderung während des Absprungs von 4.5 m/s und eine Masse von 80 kg zugrunde, so errechnet man bei einer Kontaktzeit von 0.15 s eine durchschnittliche Bodenreaktionskraft von 2400 N.

Im Vergleich zum Weit- und Dreisprung, die in der xz-Ebene betrachtet wurden, sind beim Hochsprung Drehbewegungen und Drehimpulse zu berücksichtigen, die dreidimensional zu analysieren sind. Der Abflugdrehimpuls L_o läßt sich ähnlich wie der Abflugimpuls P_o untergliedern. Er setzt sich zusammen aus dem Anlaufdrehimpuls L_{An} und der Änderung ΔL_{Ab} durch den Drehmomentenstoß während des Absprungs (vgl. MÜLLER 1986, 52):

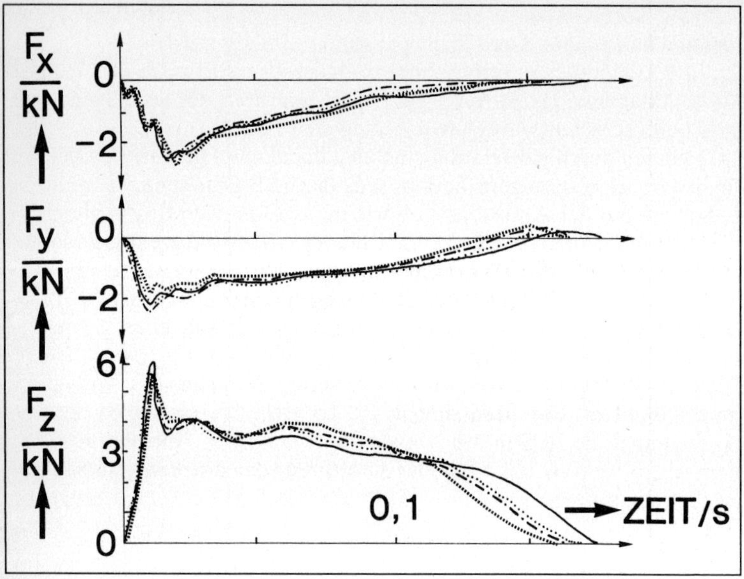

Abb. 10: Bodenreaktionskräfte beim Hochsprung
(F_x: senkrecht zur Lattenebene; F_y: parallel zur Lattenebene; F_z: vertikal zur Lattenebene)

$$L_o = L_{An} + \Delta L_{Ab} \tag{7}$$

Dabei ist der Absprungdrehmomentenstoß das Integral der während der Absprungdauer $t_{Ab} = t_2 - t_1$ wirkenden Drehmomente:

$$\Delta L_{Ab} = \int_{t_1}^{t_2} M(t)\, dt \tag{8}$$

2.3.3 Flug

Nach dem Absprung ist die Flugparabel durch die Parameter vertikale Abfluggeschwindigkeit des KSP (v_{oz}), horizontale Abfluggeschwindigkeit des KSP (v_{ox}), Abflugwinkel α_o und KSP-Abflugposition H_1 festgelegt.
Die Flughöhe H_2 des KSP (vgl. Abb. 7), die die Sprungleistung im hohen Maße mitbestimmt, wird in erster Linie durch die vertikale Abfluggeschwindigkeit v_{oz} bzw. den vertikalen Abflugimpuls beeinflußt.

Die Lattenüberhöhung H_3 ist definiert als Differenz zwischen der maximalen Körperschwerpunkthöhe H_{max} und der Lattenhöhe H_2. Sie ist – wie der Verlauf der Flugparabel – im Moment des Absprungs festgelegt. Der Springer muß nun versuchen, die vorgegebene Lattenüberhöhung durch entsprechende Bewegungen für eine erfolgreiche Lattenüberquerung zu nutzen.

Die erreichbare Lattenüberhöhung H_3 eines Springers wird durch unterschiedliche Drehbewegungen beeinflußt. Nach dem Absprung dreht sich der Springer mit seiner Schulter- und Beckenachse zur Latte, wobei Drehungen um die Tiefen-, Breiten- und Längsachse entstehen. Nach MÜLLER (1986, 58), der sich auf die Untersuchungsergebnisse von DAPENA (1980b) bezieht, kann die Drehimpulswirkung in Komponenten zerlegt werden.

Die Drehimpulskomponente L_x überführt die Körperlängsachse von einer vertikalen Position zum Absprungende in eine horizontale Lage zum Zeitpunkt der Lattenüberquerung. Die Drehimpulskomponente L_y führt zu einer Drehung der Körperlängsachse um die Tiefen- und Breitenachse zu Absprungbeginn. Während des Fluges ist L_y nur sehr gering, da bei gestreckter Körperhaltung relativ hohe Massenträgheitsmomente um die Breiten- und Tiefenachse auftreten.

Die L_z-Komponente des Drehimpulses bewirkt zu Beginn des Fluges, daß der Rücken des Springers zur Latte hin gedreht wird.

Der sich der Lattenüberquerung anschließende Landevorgang beeinflußt die erreichte Sprunghöhe nicht mehr. Dieser dient dem Schutz vor Verletzungen. Andererseits erkennt man anhand der Landestellung mögliche Fehler, die im Verlauf des Sprungs – entweder beim Absprung oder bei der Lattenüberquerung – gemacht worden sind.

2.3.4 Technikvarianten

Die Floptechnik wird nach TANCIC (1978) in zwei Sprungvarianten, den «Flop 1» und den «Flop 2» unterteilt. Kennzeichnend sind für den Flop 1 – im Vergleich zu Flop 2 – die höhere Anlaufgeschwindigkeit (7.5–8.2 vs. 7.0–8.0 m/s), der längere Anlauf (8–12 vs. 8–11 Anlaufschritte), die kürzere Absprungzeit (0.16–0.18 vs. 0.17–0.21 s) sowie der kürzere Einsatz der Schwungelemente im Absprung (stark gebeugtes Schwungbein, Wechselarmschwung bzw. kurzer Doppelarmschwung vs. gestrecktes Schwungbein, Doppelarmschwung). Im letzten Anlaufschritt ist der Verlust an horizontaler Anlaufgeschwindigkeit beim Flop 2 höher als beim Flop 1. Außerdem entstehen beim Flop 2 größere Bremskräfte und damit eine größere Belastung des Sprungbeins.

2.4 Stabhochsprung

Der Stabhochsprung ist der einzige leichtathletische Sprung, bei dem mit einem Hilfsmittel, dem Stab, die Wettkampfleistung erzielt wird. Vergleicht man den Stabhochsprung mit dem Hochsprung, erreicht man mit dem Hilfsmittel «Stab» eine Leistungssteigerung von ca. 250 %. Mittlerweile werden Höhen über 6 m gesprungen.
Die Leistungsexplosion ist auf die Einführung des Glasfiberstabs 1961 zurückzuführen, nachdem vorher die Weltrekordhöhe 20 Jahre lang bei ca. 4.80 m stagnierte. Im Vergleich zum Metallstab besitzt der Glasfiberstab – ein aus Glasfiberkunststoff gewickeltes, mit Kunstharz verbundenes Rohr – eine größere Elastizität und ein geringeres Gewicht. Damit wird eine höhere Anlaufgeschwindigkeit und eine größere Griffhöhe erreicht, was sich auf die Sprungleistung positiv auswirkt.
Der Glasfiberstab kann vor allem durch seine starke Biegefähigkeit die Energie aus Anlauf und Absprung während der Biegephase speichern und gibt sie dem Springer bei der Stabstreckung wieder dosiert zurück. Beim Metallstab wird diese Energie zu einem großen Teil vom Körper abgefangen und kann somit anschließend nicht mehr genutzt werden (Weisspfennig/Simon 1980, 62; Allmann 1983, 21/22).

2.4.1 Sprungabschnitte und Teilhöhenmodell

Der Stabhochsprung setzt sich aus den Sprungabschnitten Anlauf, Einstich und Absprung, Stabphase und Lattenüberquerung zusammen. Die folgende biomechanische Beschreibung erfolgt vereinfacht in der xz-Ebene, da Bewegungen in y-Richtung nur geringfügig auftreten und von daher zu vernachlässigen sind.
Die Sprunghöhe H (entspricht der Sprunglattenhöhe) läßt sich in vier Teilhöhen (H_1 bis H_4) untergliedern. Das sogenannte Teilhöhenmodell der Sprunglattenhöhe H nach Hay (1978) und in Anlehnung an Woznik (1986, 71–72) soll den weiteren Ausführungen zugrunde liegen (Abb. 11).
Die Sprunglattenhöhe H wird differenziert in Abflughöhe H_1, Stabphasenhöhe H_2, Flughöhe H_3 und Lattenüberhöhung H_4. Dabei versteht man unter der Abflughöhe H_1 die Höhe des KSP, die der Springer in der Absprungposition erreicht. Die Stabphasenhöhe H_2 ist die Höhe, die der Springer mit Stabkontakt, die Flughöhe H_3 diejenige Höhe, die er ohne Stabkontakt erzielt. Die Lattenüberhöhung H_4 errechnet sich als Differenz zwischen der Scheitelhöhe des KSP (H_{max}) und der Sprunglattenhöhe H.

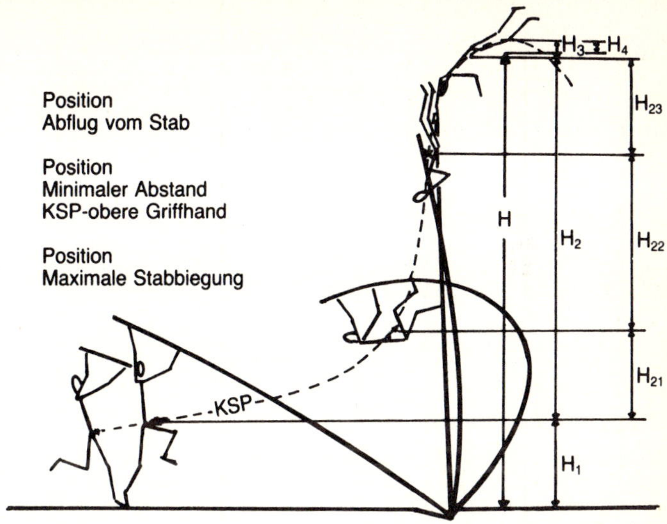

Bezeichnung:

H	Sprunghöhe oder Sprunglattenhöhe ($H_1 + H_2 + H_3 - H_4$)	H_{21}	Stabphasenteilhöhe bis zur Position maximale Stabbiegung
H_1	Abflughöhe	H_{22}	Stabphasenteilhöhe bis zur Position minimaler Abstand KSP-obere Griffhand
H_2	Stabphasenhöhe	H_{23}	Stabphasenteilhöhe bis zur Position Abflug vom Stab
H_3	freie Flughöhe		
H_4	Lattenüberhöhung		

Abb. 11: Teilhöhenmodell der Sprunglattenhöhe H (nach WOZNIK 1986, 72)

WOZNIK/GEESE (1980, 321) schätzen anhand eines Modells zur Bestimmung biomechanischer Einflußgrößen über korrelationsstatistische Analysen den Einfluß der Stabphasenhöhe H_2 auf die Sprungleistung H mit 72 % am höchsten ein. Danach kommen die Abflughöhe H_1 mit 13 %, die Lattenüberhöhung H_4 mit 7 % und die freie Flughöhe H_3 mit lediglich 3 %.
Die Qualität der Bewegungstechnik in der Stabphase, die die Sprungleistung in hohem Maße determiniert, kann durch die maximale Stabbiegung beurteilt werden. Deshalb differenziert man die Stabphasenhöhe H_2 weiter in die Stabphasenteilhöhe H_{21} bis zur Position der maximalen Biegung des Sprungstabs und die verbleibende Resthöhe ($H_2 - H_{21}$). Die Resthöhe wird weiter unterteilt in die Stabphasenteilhöhe H_{22} bis zur Position minimaler Abstand KSP – obere Griffhand und die sich daran anschließende Teilhöhe H_{23} bis zur Position Abflug vom Stab. Somit kann sowohl die Katapultwir-

kung des Stabs als auch die Zugabstoßwirkung des Springers zum Stab gemessen und analysiert werden (vgl. WOZNIK 1986, 72; WOZNIK/GEESE 1980, 317/318).

2.4.2 Anlauf, Einstich und Absprung

Der Anlauf wird häufig in eine Beschleunigungsphase und eine einstichvorbereitende Phase (die letzten drei Schritte) unterteilt (WOZNIK 1986, 74). Er liegt längenmäßig im Bereich von 35–45 m, wozu die Springer ca. 20–22 Schritte benötigen (JONATH/HAAG/KREMPEL 1977, 271; WEISSPFENNIG/SIMON 1980, 45).
Untersuchungsergebnisse von KELLER (1974) weisen auf einen hohen Zusammenhang zwischen Anlaufgeschwindigkeit und Sprungleistung ($r = 0.79$) hin. Spitzenstabhochspringer erreichen Anlaufgeschwindigkeiten von 9.5 m/s. Davon büßen sie schon in der Phase der Absprungvorbereitung ca. 1.5 m/s durch die Stemmwirkung und das Einstechen des Stabs ein. Das zur Vorbereitung des Einstichvorgangs notwendige Absenken des Stabs in den Einstichkasten soll nach Möglichkeit die maximale Anlaufgeschwindigkeit nicht mindern. Dazu ist nach HAY (1978) die Anwendung der «side-arm-plant-Technik» zu empfehlen, die sich durch körpernahe und drehmomentenarme Bewegungen auszeichnet. Der Zeitpunkt, zu dem mit der Stabsenkung günstigerweise begonnen wird bzw. werden soll, ist abhängig von der Griffhöhe H_G, der Reichhöhe H_R, der Abflughöhe H_1 und dem Lagewinkel des Stabes φ_{St}. φ_{St} bezeichnet den Winkel zwischen der Stabsehne (obere Griffhand – Einstichkasten) und der Horizontalen.
WOZNIK (1986, 77) gibt für die Dauer t der Stababsenkung bis zum Absprung bzw. Einstich eine Schätzung von

$$t = \sqrt{\frac{H_G \cdot H_R}{2g}}$$

an, wobei er ein momentenfreies Absenken voraussetzt.
Der sich anschließende Absprung hat folgende Bewegungsziele (vgl. auch GEESE/WOZNIK 1980, 1502):

1. Maximierung der Abflughöhe H_1, z. B. durch Anheben des Schwungbein-Oberschenkels in die Horizontale und eine volle Körperstrekkung;
2. maximale Versteifung der kinematischen Kette ab Hüftgelenk aufwärts zur Optimierung der Energieübertragung auf den Stab;
3. minimale Verdrehung um die Körperlängsachse, um nach dem Absprung Schwingungen um diese Achse zu vermeiden.

Die Abflughöhe H_1 wird in erster Linie durch anthropometrische Daten

des jeweiligen Springers beeinflußt und festgelegt und unterliegt dadurch nur geringen Einflußmöglichkeiten.
Die horizontale Geschwindigkeitsreduktion dagegen wird durch die während des Einstich- und Absprungvorgangs auf den Springer wirkenden Kräfte und deren Dauer bestimmt:

$$\Delta v_{An_x} = \frac{1}{m}\left[\int F_{ax}(t)\,dt + \int F_{ex}(t)\,dt\right]$$

F_{ax} sind die horizontalen Bodenreaktionskräfte, die durch das Sprungbein, F_{ex} diejenigen, die durch den Einstichkasten auf den KSP wirken (vgl. auch Woznik 1986, 79). Stabhochspringern stehen verschiedene Möglichkeiten zur Verfügung, die Geschwindigkeitsänderung möglichst gering zu halten.
Hay (1978 in Woznik 1986, 76) stellte einen Einfluß der Absprungdauer t_{Ab} auf die Stabhochsprungleistung fest. Dieses Merkmal mißt die Wirkungsdauer der über das Sprungbein wirkenden Kräfte und nimmt mit zunehmender Sprunghöhe und Qualifikation der Springer ab. Geese/Woznik (1980, 1471) konnten allerdings bei einem Vergleich unterschiedlicher Leistungsklassen in bezug auf die Absprungdauer keine Unterschiede feststellen.
Ähnlich abgesicherte Ergebnisse liegen für die Wirkungsdauer der durch den Einstichkasten auf den KSP des Springers wirkenden Kräfte nicht vor. Dies liegt an den verschiedenen Absprung- und Einstichtechniken der Springer. Man unterscheidet Stabhochspringer, die
a) vor Absprungbeginn,
b) mit Absprungbeginn und
c) nach Absprungbeginn den Stab in den Einstichkasten führen.
Springer der Kategorie (a) unterlaufen die obere Griffhand in höherem Maße als die der Kategorien (b) und (c). Merkmal für dieses «Unterlaufen» bzw. «dynamische Unterlaufen» ist der horizontale Abstand von der Fußspitze zur oberen Griffhand am Ende des Absprungs. Die Werte liegen unabhängig vom Leistungsniveau um 0.06 m (Geese/Woznik 1980, 1469).
Weitere Merkmale, die die unterschiedlichen Techniken kennzeichnen, sind die Stabvorspannung, die Abfluggeschwindigkeit und die Reduktion der horizontalen Anlaufgeschwindigkeit.
Ein Springer, der vor Absprungbeginn den Stab in den Einstichkasten führt (a), erzielt durch ein weites Unterlaufen eine hohe Stabvorspannung, reduziert dadurch jedoch seine Anlaufgeschwindigkeit in höherem Maße und erreicht eine relativ geringe Abfluggeschwindigkeit. Hinzu kommt, daß die Kraftrichtung ungünstig ist. In den Fällen (b) und (c) ist die Geschwindigkeitsreduktion zwar gering und die Abfluggeschwindigkeit relativ hoch, gleichzeitig hat der Stab jedoch nur eine geringe Vorspannung.
Beide Varianten können zur selben Sprungleistung führen. Differenzierte

Aussagen bzgl. der Effektivität der Energieübertragung bei den unterschiedlichen Techniken können noch nicht gemacht werden (GEESE/WOZNIK 1980, 1469).
Die vertikale Abfluggeschwindigkeit hat laut BALLREICH/GEESE/WOZNIK (1979, nach GEESE/WOZNIK 1980, 1471) einen höheren Einfluß auf die Sprungleistung als die Anlaufgeschwindigkeit. Sie liegt deutlich niedriger als z. B. beim Weit- oder Hochsprung. Das ist mit den fehlenden Schwunggliedern zu begründen, die Arme müssen den Stab halten.
Abbildung 12 gibt einen Überblick über den Verlauf der vertikalen, horizontalen und resultierenden Geschwindigkeit des KSP während eines Sprungs.
Bei dem in Abbildung 12 ausgewerteten Sprung über 4.66 m beträgt die maximale Anlaufgeschwindigkeit 8.2 m/s (a). Bis zum Absprungende reduziert sich die resultierende KSP-Geschwindigkeit auf 7.4 m/s (b), da bei der Vorbereitung auf den Absprung durch den horizontalen Bremsstoß Ge-

Abb. 12: Geschwindigkeit des KSP (——) mit horizontaler (·········) und vertikaler (- - -) Komponente (nach GROS/TERAUDS 1983, 755)

Bezeichnung:
t_o: Zeitpunkt des Kontaktes Stab – hintere Wand des Einstichkastens
t_1: Zeitpunkt der maximalen Stabbiegung
t_2: Ende der Entbiegephase des Stabs
t_3: Verlassen des Stabs durch den Springer
t_4: Erreichen des Scheitelpunkts der Flugkurve

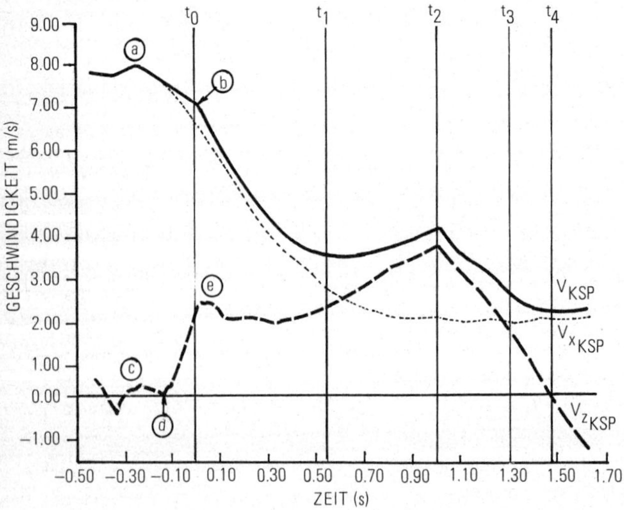

schwindigkeit verlorengeht. Die vertikale KSP-Geschwindigkeit erreicht am Ende der hinteren Stützphase des letzten Schritts ein relatives Maximum (c) und am Ende der Amortisationsphase ein relatives Minimum (d). Zum Absprungende beträgt die vertikale Abfluggeschwindigkeit in diesem Beispiel 2.6 m/s (e). Zur gleichen Zeit beträgt die horizontale Anlaufgeschwindigkeit 6.9 m/s (f). Es ergibt sich ein Abflugwinkel von 22 Grad.

2.4.3 Stabphase und Lattenüberquerung

Nach den Untersuchungsergebnissen von Woznik/Geese (1980, 321) ist die Stabphasenhöhe H_2 sprungentscheidend. Auf die gesamte Sprungleistung relativiert, kann man den Einfluß der Stabphasenteilhöhen folgendermaßen bewerten: H_{23} klärt 37 %, H_{22} 24 % und H_{21} 10 % der gesamten Varianz auf. Diese Korrelationen dürfen nicht zu falschen Schlüssen führen. Da der Bewegungsablauf in der Teilphase H_{21} grundlegend für den in den weiteren Phasen ist, darf diese Phase nicht vernachlässigt werden, wenn auch ihr Einfluß auf die gesamte Sprungleistung mit nur 10 % sehr gering ist.
Die maximal erreichbare Stabphasenhöhe eines Springers kann nach Woznik (1986, 83) durch die folgende Formel näherungsweise berechnet werden:

$$H_2 = H_G + H_R - 2H_1 - 0.2\,(\mathrm{m})$$

In der Stabphase wird das Gesamtsystem Springer/Stab aufgerichtet. Das kann man durch die Aufrichtbewegung der Stabsehne (einschließlich des gestreckten Stabs) und durch das Bewegungsverhalten des KSP nach dem Absprung bis zur Lattenüberquerung beschreiben. Dies wird nach Allmann (1983, 22) durch folgende Größen bestimmt:

- Drehimpuls aus Anlauf und Absprung um die Stabspitze,
- Schwerkraftmoment,
- Trägheitsmoment des Gesamtsystems bzgl. der Drehachse durch die Stabspitze quer zur Bewegungsebene,
- Biegungsgrad und Rückstellkraft des Stabs.

Durch die ständig wirkende Gewichtskraft des Springers entsteht ein rückwärtiges Drehmoment, das die Aufrichtbewegung verzögert. Das Trägheitsmoment des Gesamtsystems sollte nach dem Absprung möglichst klein gehalten werden, um eine möglichst große Aufrichtgeschwindigkeit zu erreichen. Mit Annäherung an die vertikale Lattenebene vergrößert sich das Trägheitsmoment zunehmend. Der Springer sollte außerdem versuchen, einen möglichst hohen Biegegrad des Stabs bei möglichst großer Rückstellverzögerung zu erzielen. Durch die erste Maßnahme erfolgt eine große Energiespeicherung, durch die zweite eine zusätzliche Energiegewinnung.

Betrachtet man nun die Stabphasenteilhöhen H_{21}, H_{22} und H_{23}, ergibt sich für die Phase H_{21} vom Absprungende bis zur maximalen Stabbiegung die Forderung nach der Ansteuerung einer möglichst großen Höhe in dieser Phase bei gleichzeitig maximaler Stabbiegung. Berücksichtigt man die verschiedenen Härten der Sprungstäbe, Griffhöhe und Lagewinkel von Stab (vgl. S. 190) bzw. Athlet (Winkel zwischen der Strecke obere Griffhand – KSP und der Horizontalen) in der Position der maximalen Stabbiegung, kommt man zu folgenden Sollvorgaben (vgl. auch GEESE 1984, 1566 und WOZNIK 1986, 84): Der Springer soll einen möglichst harten Stab wählen, den er aber noch bis etwa 30 % biegen kann und dessen Länge seine Griffhöhe möglichst nicht mehr als 30 cm überschreitet. Mit diesem Stab und optimaler Nutzung von Anlauf- und Absprunggeschwindigkeit soll er versuchen, den Stab und sich selbst möglichst hoch gegen die Vertikale aufzurichten.
In dieser Phase ist außerdem die Aufrollgeschwindigkeit von Bedeutung. GEESE/WOZNIK (1980, 1501) konnten feststellen, daß mit zunehmender Sprungleistung auch die Aufrollgeschwindigkeit des Springers zunimmt.
In der Stabphasenteilhöhe H_{22} (maximale Stabbiegung bis minimaler Abstand KSP – obere Griffhand) muß der Springer versuchen, die maximale Stabbiegung aus H_{21} in Sprunghöhe zu überführen. Dazu muß H_{22} maximiert werden und dem Körper des Stabhochspringers eine maximale vertikale Geschwindigkeit erteilt werden. Korrelationen von $r = 0.87$ zwischen Griffhöhe und H_{22} (WOZNIK 1986, 85) unterstützen das Bewegungsziel, eine möglichst hohe Griffhöhe der oberen Hand anzusteuern. Dies wird – neben dem Einfluß der Körpergröße des Springers – erreicht durch eine hohe Anlaufgeschwindigkeit in der Beschleunigungsphase des Anlaufs und ihre geringe Reduktion in der Absprungphase.
Ziel der Stabphasenteilhöhe H_{23} (minimaler Abstand KSP – obere Griffhand bis zum Abflug vom Stab) ist neben ihrer Maximierung das Vorbereiten einer optimalen Lattenüberquerung. Dabei soll der Springer günstigerweise zum einen eine möglichst hohe vertikale, zum anderen eine horizontale Abfluggeschwindigkeit vom Stab um ca. 1 m/s erzielen. Gleichzeitig ist ein ausreichender horizontaler Abstand zur Latte einzunehmen.
Nach WOZNIK/GEESE (1980, 326) wird H_{23} durch drei Merkmale bestimmt:

- Ellenbogen-Körperwinkel,
- Griffhöhe der oberen Hand,
- mittlere Winkelgeschwindigkeit des Rumpfes in der Sprungphase nach der maximalen Stabbiegung und Dauer der Teilhöhe H_{22}.

Durch diese Merkmale steuert der Springer eine für die Sprunghöhe positive lange Dauer dieser Phase und eine möglichst steile vertikale Position am Ende der Stabphase an. Dabei beeinflussen ein geringer Ellenbogen-Körper-Winkel, eine hohe Griffhöhe und eine geringe mittlere Winkelgeschwindigkeit die Sprunghöhe positiv.

Hinsichtlich der Teilphasenhöhe H_4 konnte WOZNIK (1986, 86) zeigen, daß sich mit zunehmender Abflughöhe H_1 und gleichzeitig abnehmender Lattenüberhöhung H_4 die Sprunghöhe H positiv verändert. Als Ziel wird deshalb oft die Minimierung der Lattenüberhöhung H_4 angegeben. Vorliegende Untersuchungsergebnisse zeigen, daß dabei der Wert von 0.06 m nicht unterschritten werden kann, ohne die Latte zu reißen (WOZNIK 1986, 86). Ein «sicherer» Sprung setzt somit eine hohe Lattenüberquerung voraus. Dies gelingt durch einen optimalen Abstand der maximalen Flughöhe des KSP von der Latte und durch einen möglichst großen Winkel zwischen der Verbindungslinie von oberer Griffhand, Hüfte und Stab in der Abflugposition.

Die Lattenüberquerung wird in der Abstoßphase durch eine Drehbewegung des Springers eingeleitet. Der Anfangsdrehimpuls bewirkt die Drehung der vertikalen «Kopfüber-Position» beim Abflug in eine horizontale Lage über der Latte. Das Trägheitsmoment soll der Springer möglichst gering halten. HAY (1978) hält die Klappmesserposition für die sinnvollste Bewegungstechnik zur Lattenüberquerung (Abb. 13).

Diese Technik zeichnet sich durch ein geringes Trägheitsmoment und eine geringe Lattenüberhöhung H_4 aus.

Zusammenfassend geben die Tabellen 7 und 8, S. 196, die Dauer der jeweiligen Sprungphasen bei Springern unterschiedlicher Leistungsklassen an. Springer von höherem Leistungsniveau zeichnen sich in ihrer Sprungweise durch ein kurzes Einrollen, eine längere Streckphase und ein gleichlanges Drehumstützen und Abstoßen aus, während Springer aus dem unteren Leistungsbereich eine längere Einrollphase und ein längeres Abdrücken vom Stab benötigen (vgl. auch WEISSPFENNIG/SIMON 1980, 25).

Abb. 13: Lattenüberquerung mit der Klappmessertechnik (nach WOZNIK 1986, 88)

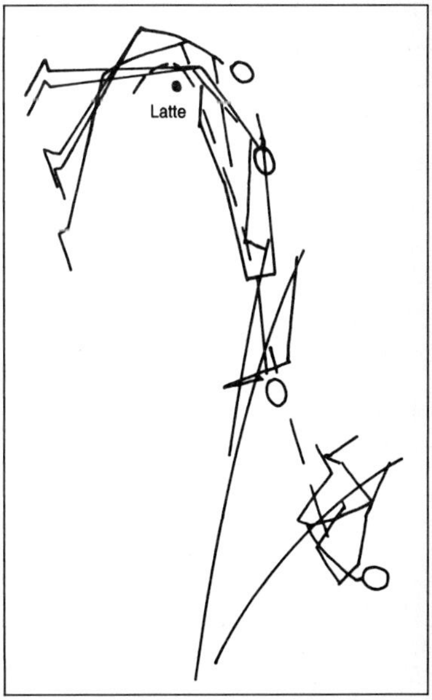

Phasen	Leistungsklassen (cm)				
	360–390	400–440	440–460	480–500	520–540
Hang	6,4	7,0	7,2	8,0	8,5
Einrollen	43,1	42,8	42,2	40,4	38,0
Strecken am Stab	3,5	11,8	13,8	16,5	20,1
Drehumstütz	20,0	17,7	17,0	15,0	16,0
Abstoßen	27,0	20,7	19,8	20,1	17,4

Tab. 7: Prozentanteile einzelner Phasen an der Gesamtzeit des Sprunges (WEISSPFENNIG / SIMON 1980, 25)

Grenzen	Hang	Einrollen	Strecken am Stab	Drehumstütz	Abstoßen
obere	8	37	21	17	17
untere	8	42	17	13	20

Tab. 8: Rhythmusgrenzen im Stabhochsprung bei einer Sprunghöhe von 4.80–5.00 m; Prozentanteile an der Gesamtzeit des Sprunges (WEISSPFENNIG / SIMON 1980, 25)

Rainer Ballreich

3 Stoß- und Wurfdisziplinen

Die Disziplinen Kugelstoß, Diskuswurf und Speerwurf werden aus Gründen einer Unterstützung von Informationsaufnahme und -verarbeitung nach einem einheitlichen Darstellungsschema aufbereitet. Das Schema orientiert sich an den Darstellungspunkten

- Stoßabschnitte und -phasen bzw. Wurfabschnitte und -phasen
- Bewegung des Stoß- bzw. Wurfgeräts
- Bewegung des Athleten.

Die Disziplin ‹Hammerwurf› bleibt unberücksichtigt, da der derzeitige biomechanische Stand ihrer Erforschung und damit ihres möglichen Bearbeitungsumfangs hinter dem Forschungsstand der Disziplinen Kugelstoß, Diskus- und Speerwurf zurückbleibt.

Die Vereinheitlichung in der Darstellung von Kugelstoß, Diskus- und Speerwurf spiegelt sich u. a. in einer gemeinsamen Bezeichnung für die drei *Stoß- bzw. Wurfabschnitte* wider: Startabschnitt, abstoß- bzw. abwurfvorbereitender Abschnitt und Abstoß- bzw. Abwurfabschnitt. Ihre Grenze findet diese Gemeinsamkeit an den disziplinspezifischen Bezeichnungen der Stoß- bzw. Wurfphasen infolge unterschiedlicher Bewegungsabläufe, wie sie später im einzelnen verwendet werden.
Über die Bewegungsziele der Abschnitte und Phasen sowie über Bedingungen ihrer Ansteuerung informiert in den jeweiligen Beiträgen der dritte Darstellungspunkt «Bewegung des Athleten».

Die *Bewegung des Geräts* wird beschrieben durch

- Verlauf und Länge des Beschleunigungswegs
- Geschwindigkeits-Zeit-Verlauf
- Flugbahnverlauf

jeweils während der Stoß- bzw. Wurfbewegung.
Die Weg- und Geschwindigkeits-Zeit-Verläufe von Hochleistungs- und Nachwuchsathleten werden gekennzeichnet und kriterienbezogen analysiert.
Eine Zunahme des Beschleunigungswegs wirkt nur dann weitenunterstützend, wenn die aufgebrachten Beschleunigungskräfte zu einem Geschwindigkeitszuwachs des Stoß- bzw. Wurfgeräts führen. Bei einem Vergleich des

Geschwindigkeitszuwachses in Relation zur Länge des Beschleunigungswegs im Abstoß- bzw. Abwurfabschnitt wird erkennbar, daß diese Relation in den Disziplinen Kugelstoß und Diskuswurf sich in einer Größenordnung um 5 und im Speerwurf um 10 bewegt.

Nach den Wettkampfbestimmungen ist das Leistungskriterium für den Flugbahnverlauf die Flugweite, d. h. die Stoß- bzw. Wurfweite. Die Stoß- bzw. Wurfweite des Geräts hängt nach Tutjowitsch (1976) ab von

- Abfluggeschwindigkeit
- Abflughöhe
- Abflugwinkel
- aerodynamischen Eigenschaften

sowie von

- atmosphärischen Bedingungen
- der Höhenlage über dem Meeresspiegel und der geographischen Breite des Wettkampforts.

In allen Stoß- und Wurfdisziplinen ändert sich die Stoß- bzw. Wurfweite in Abhängigkeit vom Quadrat der Abfluggeschwindigkeit und von der Abflughöhe (vgl. S. 207f). Die Einflußhöhe der restlichen o. a. Einflußgrößen ist gerätespezifisch. Den kleinsten Einfluß üben diese Größen auf die Weite des Kugelstoßes und den größten auf die Weite des Diskuswurfes aus. Für alle Stoß- bzw. Wurfgeräte sind die optimalen Abflugwinkel – sie bewirken bei einer vorgegebenen Abflughöhe und Abfluggeschwindigkeit ein Maximum an Stoß- bzw. Wurfweite – kleiner als 45°.

Hinsichtlich der aerodynamischen Geräteeigenschaften und der atmosphärischen Bedingungen ist festzustellen, daß alle Stoß- und Wurfgeräte der Schwerkraft und der Luftwiderstandskraft unterliegen. Während die Schwerkraft den Bahnverlauf des schiefen Wurfs eines Massenpunktes erzeugt, sind die Abweichungen von dieser Bahn durch die Luftkraft bedingt. Im Vergleich zur Luftwiderstandskraft der Kugel führt die Form von Diskus und Speer nicht nur quantitativ, sondern auch qualitativ zu einer anderen Luftkraft, d. h. neben der Luftwiderstandskraft zur Auftriebskraft. Der qualitative Unterschied ermöglicht durch eine zweckmäßige Nutzung der Luftkraft eine größere Flugweite als beim schiefen Wurf einer gleichschweren Eisenkugel.

Die zweckmäßige Nutzung der Luftkraft ist im Diskus- und Speerwurf – insbesondere bei unterschiedlichen Windbedingungen – durch eine Veränderung von Abflug- und Anstellwinkel des Wurfgeräts zu erreichen, wie aus den nachfolgenden Beiträgen entnommen werden kann.

Die *Bewegung des Athleten* wird – gesondert für jeden Stoß- bzw. Wurfabschnitt – beschrieben durch

- das Bewegungsziel
- biokinematische und biodynamische Einflußgrößen bzw. -faktoren zur

erfolgreichen Ansteuerung des Bewegungsziels (biomechanische Ansteuerungsstrategie) im Leistungs- und Hochleistungsbereich.

Für den Abstoß- bzw. Abwurfabschnitt kann disziplinübergreifend festgestellt werden:

- Bewegungsziel ist die Erzeugung des größten abschnittsbezogenen Geschwindigkeitszuwachses der Stoß- bzw. Wurfgeräte in horizontaler und vertikaler Richtung.
- Die Geschwindigkeitsübertragung (Impulsübertragung) von den Beinen über Hüfte, Rumpf und Schulter auf Stoßarm und Kugel bzw. Wurfarm und Speer/Diskus ist zum einen an eine hohe Geschwindigkeitsentwicklung und zum anderen an ein starkes Abbremsen dieser Körperteile gekoppelt. Die Geschwindigkeitsmaxima von Knie-, Hüft-, Schulter- und Handgelenk werden in dieser Reihenfolge zeitversetzt erzeugt und unterschiedlich stark reduziert.

Unbeantwortet sind noch die Fragen sowohl nach der optimalen Dauer der Geschwindigkeitsübertragung zwischen den Körperteilen als auch nach den Optima der Geschwindigkeitsunterschiede zwischen den Körperteilen.

Rainer Ballreich

3.1 Kugelstoß

3.1.1 Stoßabschnitte und -phasen

Die Kugelstoßbewegung nach der Angleittechnik (O'Brien-Technik) wird in die folgenden Abschnitte und Phasen gegliedert (Tab. 1, Abb. 1–3).

Kugelstoßabschnitte	**Kugelstoßphasen**
Startabschnitt (A_1)	1. Startvorbereitungsphase (Ph_o) 2. Startbeschleunigungsphase (Ph_1)
Abstoßvorbereitender Abschnitt (A_2)	1. Angleitphase (Ph_2) 2. Übergangsphase (Ph_3)
Abstoßabschnitt (A_3)	1. zweistützige Abstoßphase (Ph_4) 2. einstützige Abstoßphase (Ph_5) 3. stützlose Abstoßphase (Ph_6) 4. Bremsphase (Ph_7)

Tab. 1: Kugelstoßabschnitte (A_1–A_3) und Kugelstoßphasen (Ph_o–Ph_7) (Ballreich/Kuhlow 1986, 89)

Abb. 1: Startabschnitt mit Startvorbereitungsphase (Ph_o) und Startbeschleunigungsphase (Ph_1) (Ballreich/Kuhlow 1986, 97)

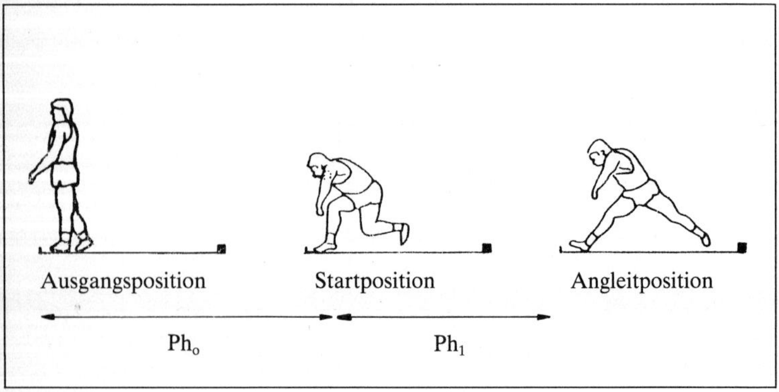

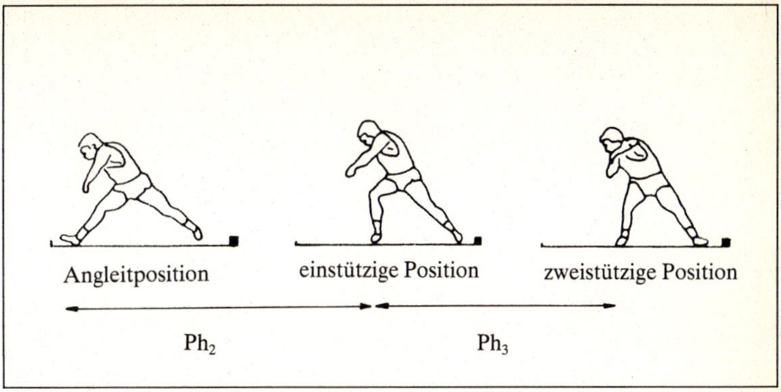

Abb. 2: Abstoßvorbereitender Abschnitt mit Angleitphase (Ph_2) und Übergangsphase (Ph_3) (BALLREICH/KUHLOW 1986, 99)

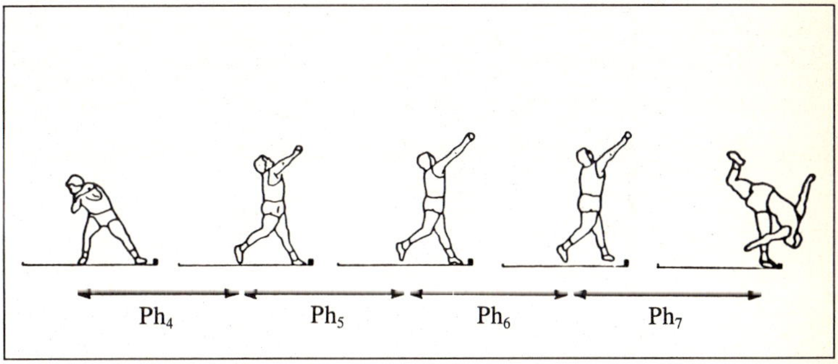

Abb. 3: Abstoßabschnitt mit zweistütziger (Ph_4), einstütziger (Ph_5), stützloser (Ph_6) Abstoßphase sowie Bremsphase (Ph_7) (BALLREICH/KUHLOW 1986, 103)

3.1.2 Bewegung des Wurfgeräts

Die Bewegung der Kugel wird beschrieben durch

- Verlauf und Länge des Beschleunigungswegs
- Geschwindigkeits-Zeit-Verlauf
- Flugbahnverlauf

jeweils während der Stoßbewegung.
Wir kennzeichnen den Wegverlauf ab dem tiefsten Bahnpunkt der Kugel (Startposition Abb. 1) nach Richtung und Länge in der Seiten- und Obenansicht.

3.1.2.1 Verlauf und Länge des Beschleunigungswegs der Kugel in der Seitenansicht (xz-Ebene)

Richtung des Wegverlaufs: Aufgrund von Untersuchungsergebnissen (GRIGALKA 1974, DESSUREAULT 1978, Eigenuntersuchungen an Hochleistungsathleten und Zehnkämpfern 1982–1984) können zwei Trends unterschieden werden.

Trend I: abgeflachter s-förmiger Verlauf bis zum Beginn der zweistützigen Abstoßphase, der sich bis zum Abflugpunkt der Kugel geradlinig fortsetzt (Abb. 4).

Trend II: Annäherung des Kugelwegs an drei geradlinige Strecken (Abb. 5).

Stellungnahme zu den Trends: Jede Abweichung vom geradlinigen Wegverlauf der Kugel erfordert eine zusätzliche Zentripetalbeschleunigung bzw. Zentripetalkraft, die jedoch ausschließlich die Krümmung des Kugelwegs und nicht eine Zunahme der Bahngeschwindigkeit der Kugel bewirkt. Wenn die Abflachung des Kugelwegs im Grenzbereich zwischen

Abb. 4: Abgeflachter s-förmiger Wegverlauf der Kugel in der Seitenansicht (xz-Ebene) (BALLREICH / KUHLOW 1986, 93)

Abb. 5: Quasi-geradliniger Wegverlauf der Kugel in der Seitenansicht (xz-Ebene) (BALLREICH / KUHLOW 1986, 93)

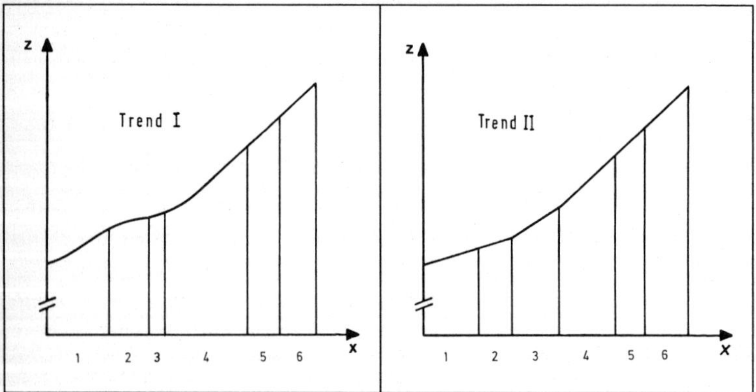

Bezeichnung:
A_1 : Startabschnitt (1 : Ph_1)
A_2 : Abstoßvorbereitender Abschnitt (2, 3 : Ph_2, Ph_3)
A_3 : Abstoßabschnitt (4, 5, 6 : Ph_4, Ph_5, Ph_6)
x : Stoßnormrichtung
z : senkrecht zur Stoßnormrichtung (in der Vertikalebene)

Angleit- und Übergangsphase mit einer Absenkung des Gesamtschwerpunkts des Systems ‹Athlet – Kugel› verbunden ist, dann kann über ein kurzes amortisierendes Beugen im Fuß-, Knie- und Hüftgelenk des rechten Beins beim Aufsetzen nach dem Biomechanischen Prinzip der Anfangskraft (Hochmuth 1982) eine größere Streckkraft erzeugt werden. Sofern diese nicht nur die zusätzliche Zentripetalkraft für die Krümmung der Kugelbahn kompensiert, sondern überkompensiert, somit teilweise als Beschleunigungskraft in Richtung der Kugelbahn wirksam wird, dann ist Trend I vermutlich in höherem Maße leistungsfördernd als Trend II.

Länge des Wegverlaufs: Die Stoßweite der Kugel hängt in erster Linie von ihrer Abfluggeschwindigkeit ab, die mit Hilfe einer optimalen Länge des Beschleunigungswegs der Kugel vergrößert werden kann. Da während des Kugelwegs die Geschwindigkeit der Kugel entweder zunimmt (positiv beschleunigt wird) oder abnimmt (negativ beschleunigt wird), verwenden wir für den Kugelweg auch die Bezeichnung ‹Beschleunigungsweg der Ku-

Tab. 2: Gruppenmittelwerte der Stoßweite sowie des Kugelwegs in der Seitenansicht während der Stoßphasen (Ballreich / Kuhlow 1986, 93)

Längenmerkmale Einheit	DJM s [m]		CK s [m]		LK s [m]	
Stoßweite $\overline{W}$	14.99		16.32		18.94	
$W_{min} - W_{max}$	14.16–15.92		16.00–16.60		18.62–19.17	
Kugelweg in der Stoßebene während der ...						
Startbeschleunigungsphase	0.45		0.48		0.66	
Angleitphase	0.42	0.98	0.32	0.94	0.18	1.09
Übergangsphase	0.11		0.14		0.25	
zweistützige Abstoßphase	0.64		0.70		0.93	
einstützige Abstoßphase	0.60	1.67	0.85	1.73	0.29	1.71
stützlose Abstoßphase	0.43		0.18		0.49	
$s_{4-6\,(min)} - s_{4-6\,(max)}$	1.50 - 1.81		1.52 - 1.97		1.50 - 1.89	

Bezeichnung:

DJM	8 Endkampfteilnehmer Deutscher Jugendmeisterschaften 1984
CK	4 Mitglieder des Nachwuchskaders im Kugelstoßen 1983
LK	5 Teilnehmer des Länderkampfes Deutschland–Italien 1982
$W_{min} - W_{max}$	minimale und maximale Stoßweite der jeweiligen Teilnehmergruppe
$s_{4-6\,(min)} - s_{4-6\,(max)}$	minimaler und maximaler Kugelweg im Abstoßabschnitt

gel›. Abweichungen der Kugelwege in der Seitenansicht von den wahren räumlichen Kugelwegen bewegen sich maximal in der Größenordnung von 10%.
Eigenuntersuchungen (Tab. 2) zeigen, daß trotz großer Leistungsunterschiede in den Gruppenmittelwerten der Stoßweiten (14.99 – 16.32 – 18.94 m) die Summe der Gruppenmittelwerte der Kugelwege im Startabschnitt und abstoßvorbereitenden Abschnitt (0.98–0.94–1.09 m) sowie die Gruppenmittelwerte im Abstoßabschnitt (1.67–1.73–1.71 m) relativ geringfügig voneinander abweichen. Erhebliche Unterschiede liegen dagegen in der Aufteilung der phasenbezogenen Kugelwege innerhalb dieser drei Stoßabschnitte vor. Allgemein zeichnen sich die größeren Stoßweiten aus durch längere Kugelwege in der Startbeschleunigungsphase (0.45–0.48–0.66 m) und in der zweistützigen Abstoßphase (0.64–0.70–0.93 m), d. h. in Bewegungsphasen, in denen beide Beine am effektivsten über ihren Streckeinsatz das System ‹Athlet – Kugel› beschleunigen können. Als Normwertbereich für die Länge des Beschleunigungswegs der Kugel im Abstoßabschnitt (Beginn der zweistützigen Phase bis zum Abflugzeitpunkt der Kugel) gibt Schpenke (1973, 8f) 1.60 m–1.80 m an. Die Verbindlichkeit dieser Zahlenangaben ist zweifelhaft, denn Eigenuntersuchungen lieferten im Leistungsbereich zwischen 19 m und 21 m Beschleunigungswege des Abstoßabschnitts bis zu 1.90 m. Einschränkend bzgl. der Angabe eines optimalen Normwertbereichs für die Beschleunigungswege der Kugel im Abstoßabschnitt wirkt sich die Nichtberücksichtigung von Körperbaulängenmerkmalen (Bein-, Rumpf-, Armlänge) aus. Erst eine Berücksichtigung dieser Merkmale ermöglicht individuell vergleichbare und verbindliche Normwertangaben.

3.1.2.2 Verlauf und Länge des Beschleunigungswegs der Kugel in der Obenansicht (xy-Ebene)

Richtung des Wegverlaufs: Aufgrund von Eigenuntersuchungen (Abb. 6) können drei typische Trends unterschieden werden. Sie beziehen sich ausschließlich auf den Abstoßabschnitt (Beginn der zweistützigen Phase bis zum Abflugzeitpunkt der Kugel), da im start- und abstoßvorbereitenden Abschnitt relativ geringfügige Richtungsunterschiede zu beobachten sind.

Stellungnahme zu den Trends: Trend I tritt bei schlechteren Stößen doppelt so oft auf wie bei besseren Stößen und führt in den beiden Leistungsgruppen $G_1(\overline{W} = 20.89\,m)$ und $G_2(\overline{W} = 19.89\,m)$ der Kugelstoßteilnehmer an den Olymischen Spielen 1972 zu den kleinsten Stoßweiten. Die seitliche Abweichung ist bei Trend I am größten. Nach Zaciorskij et al. (1980) läßt sich die leistungsmindernde Wirkung von Trend I u. a. dadurch erklären, daß mit zunehmender seitlicher Abweichung des Krümmungsradius (des

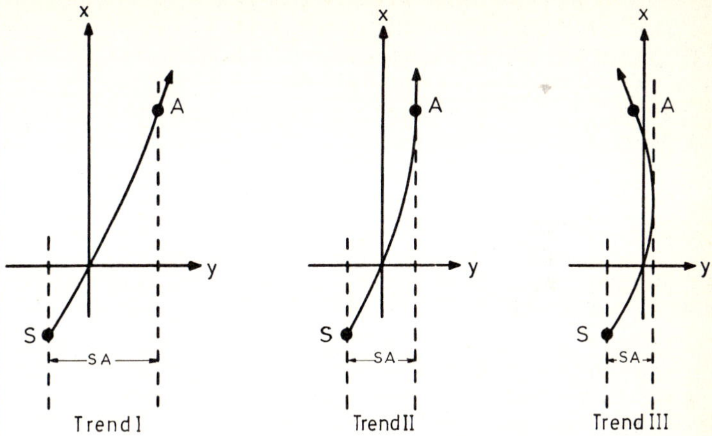

Bezeichnung:
x : Stoßnormrichtung
y : quer zur Stoßnormrichtung
A : Abflugpunkt der Kugel
S : Beginn der zweistützigen Abstoßphase
SA : größte seitliche Abweichung der Kugel

Abb. 6: Typische Trends im Wegverlauf der Kugel während des Abstoßabschnitts in Obenansicht (xy-Ebene) (aus: Ballreich/Kuhlow 1986, 94)

Bogens) der Kugelbahn und – bei gleicher Winkelgeschwindigkeit – ihre Bahngeschwindigkeit zunimmt und damit – selbst bei einer schnellen Armstreckung – die Kugel nicht ‹voll getroffen› wird.

Trend II und III weisen in beiden Leistungsgruppen die größten Stoßweiten auf. Der weitenunterstützende Einfluß von Trend II gegenüber Trend I ist vermutlich darauf zurückzuführen, daß – trotz einer relativ großen seitlichen Abweichung der Kugelbahn – der Schwerpunkt des Systems ‹Athlet – Kugel› in viel geringerem Maße von der Stoßnormrichtung abweicht als bei Trend I und damit eine wirkungsvollere Endbeschleunigung der Kugel ermöglicht. Für den weitenunterstützenden Einfluß von Trend III gegenüber Trend I spricht zum einen die geringere seitliche Abweichung der Kugelbahn und zum anderen der infolge einer linksorientierten Stoßrichtung verlängerte Endbeschleunigungsweg der Kugel.

3.1.2.3 Geschwindigkeits-Zeit-Verlauf der Kugel während der Stoßbewegung

Wir kennzeichnen den Geschwindigkeitsverlauf der Kugel nach Betrag und Richtung der Geschwindigkeitszunahme während der Stoßabschnitte bzw. Stoßphasen. Die Kennzeichnung beschränkt sich auf den Geschwindigkeitsverlauf in der (xz-)Stoßebene, da nach Eigenuntersuchungen die senkrecht zur (xz-)Stoßebene verlaufende y-Geschwindigkeitskomponente die Abfluggeschwindigkeit der Kugel maximal um 1% (~ 0.1 m/s) beeinflußt.

Aus Tabelle 3 ist zu entnehmen, daß im Gruppentrend die resultierende Startgeschwindigkeit $v_{1xz}(A_1)$ im Stoßweitenbereich 16 m bis 19 m zwischen 2.0 m/s und 3.0 m/s liegt. Die gegenüber G_1 ($\overline{W}$ = 18.94 m) und dem Individualergebnis I (W = 22.04 m) erhöhte Startgeschwindigkeit von G_2 (2.9 m/s) ist im abstoßvorbereitenden Abschnitt mit einer bei G_1 und dem Individualergebnis nicht zu beobachtenden Geschwindigkeitsabnahme von 0.5 m/s gekoppelt. Im Abstoßabschnitt A_3 werden sowohl bei G_1 ($\overline{W}$ = 18.94 m) und G_2 ($\overline{W}$ = 16.32 m) als auch im Individualergebnis (W = 22.04 m) ca. 80% der Abfluggeschwindigkeit der Kugel erzeugt. Nach den Untersuchungen von Marhold (1974) liegen die Prozentangaben bei Größen über 21 m – im Unterschied zu o. a. Individualergebnis – um 75%, d. h., die vorausgehenden Stoßabschnitte A_1 und A_2 erzeugen ca. 25% der Kugelabfluggeschwindigkeit. Unabhängig von der Prozentangabe 80%

Tab. 3: Änderung der horizontalen Δv_x, vertikalen Δv_z und resultierenden Kugelgeschwindigkeit Δv_{xz} in den Stoßabschnitten A_{1-3} (G_1, G_2: Gruppentrends; I: Individualtrend; A_1: Startabschnitt, A_2: abstoßvorbereitender Abschnitt, A_3: Abstoßabschnitt) (Ballreich / Kuhlow 1986, 95)

W [m]	Δv	A_1 v_1 [m/s]	A_2 Δv [m/s]	A_3 Δv [m/s]	$A_1 + A_2 + A_3$ Δv [m/s]
	Δv_x	2.3	0.3	9.1	11.6
W = 22.04	Δv_z	0.9	0.3	7.0	8.1
(I; n = 1)	Δv_{xz}	2.5	0.4	11.3	14.1
$\overline{W}$ = 18.94	$\overline{\Delta v_x}$	2.0	0.4	7.8	10.2
(G_1; n = 5)					
W_{max} = 19.17	$\overline{\Delta v_z}$	0.4	0.2	7.2	7.8
W_{min} = 18.62	$\overline{\Delta v_{xz}}$	2.0	0.5	10.4	12.9
$\overline{W}$ = 16.32	$\overline{\Delta v_x}$	2.6	−0.1	7.4	9.9
(G_2; n = 4)					
W_{max} = 16.60	$\overline{\Delta v_z}$	1.3	−1.1	6.6	6.8
W_{min} = 16.00	$\overline{\Delta v_{xz}}$	2.9	−0.5	9.5	12.0

oder 75 % ist mit zunehmender Stoßweite eine Änderung in der Geschwindigkeitsverteilung der Kugel im Abstoßabschnitt festzustellen. Während bei W = 22.04 m und bei G_1 ($\overline{W}$ = 18.94 m) ca. 60 % der Kugelabfluggeschwindigkeit in der zweistützigen Phase (Ph_4) und hiernach ca. 20 % in der einstützigen Phase (Ph_5) sowie stützlosen Abstoßphase (Ph_6) erzeugt werden, liegt die Produktionsziffer von G_2 ($\overline{W}$ = 16.32 m) in Ph_4 nur bei ca. 35 %. Demzufolge bringt G_2 in Ph_5 und Ph_6 noch ca. 45 % auf, somit ca. 10 % mehr als in der zweistützigen Abstoßphase, d. h. in einer Phase, in der beide Beine am effektivsten über ihren Streckeinsatz das System ‹Athlet – Kugel› beschleunigen können.

3.1.2.4 Flugbahnverlauf der Kugel

Die Flugweite W der Kugel ist eindeutig bestimmt durch die Abfluggeschwindigkeit v_o, den Abflugwinkel α_o und die Abflughöhe h_o, sofern man den Luftwiderstand unberücksichtigt läßt (Abb. 7).

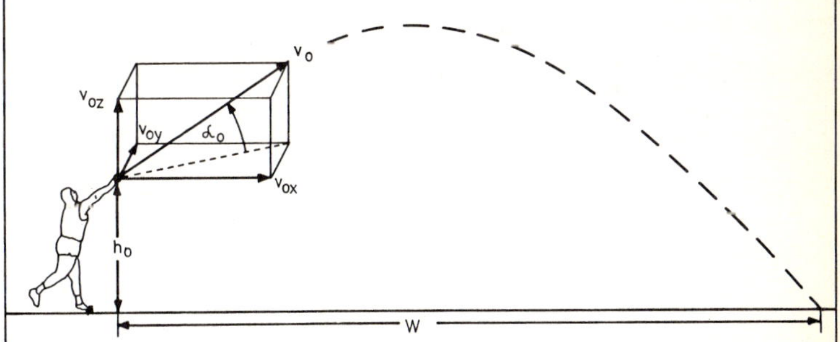

Bezeichnung:
v_{oz}: vertikale Abfluggeschwindigkeit
v_{ox}: horizontale Abfluggeschwindigkeit (in Stoßrichtung)
v_{oy}: horizontale Abfluggeschwindigkeit (quer zur Stoßrichtung)

Abb. 7: Kugelflugweite W, Abfluggeschwindigkeit v_o, Abflugwinkel α_o und Abflughöhe h_o (Ballreich/Kuhlow 1986, 90)

Der funktionale Zusammenhang W = f(v_o, α_o, h_o) ist nach dem Bewegungsgesetz des schiefen Wurfs:

$$W = \frac{v_o^2 \cdot \cos \alpha_o}{g} \cdot \left[\sin \alpha_o + \sqrt{\sin^2 \alpha_o + \frac{2 h_o g}{v_o^2}}\right]$$

Diese Funktion berücksichtigt solche biokinematischen Einflußgrößen der Kugelflugweite W, die durch den Kugelstoßer in stärkerem oder geringerem Maße geändert werden können, wie z. B. die Abfluggeschwindigkeit v_o, der Abflugwinkel α_o und die Abflughöhe h_o.
Nach o. a. Funktion variiert die Kugelflugweite W überproportional mit der Abfluggeschwindigkeit v_o, während W sich nahezu proportional mit der Abflughöhe h_o ändert. Die Einflußgröße Abflugwinkel α_o variiert bis zum optimalen Abflugwinkel α_{opt} ($\alpha_o \leq \alpha_{opt}$) gleichsinnig mit der Flugweite W. Über α_{opt} hinaus ($\alpha_o > \alpha_{opt}$) variiert α_o ungleichsinnig mit W, d. h., je größer α_o, desto kleiner die Flugweite W. Als optimalen Abflugwinkel α_{opt} bezeichnet man den Abflugwinkel, der bei einer vorgegebenen Abflughöhe h_o und bei einer vorgegebenen Abfluggeschwindigkeit v_o ein Maximum an Flugweite erzeugt.
Im Bereich der Stoßweiten zwischen 17 m und 22 m erzeugt eine Zunahme der Abfluggeschwindigkeit um 0.1 m/s (Δv_o = 0.1 m/s) eine Zunahme der Kugelflugweite um 0.25 m bis 0.28 m (ΔW = 0.25 m – 0.28 m), sofern h_o = 2.2 m und $\alpha_o = \alpha_{opt}$ = 41°/42° unverändert beibehalten werden können. Rein zahlenmäßig formuliert, entspricht die Zunahme der Kugelflugweite etwa dem 2,5fachen der Zunahme der Abfluggeschwindigkeit ($\Delta W \sim 2.5 \cdot \Delta v_o$).
Im Bereich der Stoßweiten zwischen 17 m und 22 m erzeugt bei unveränderter Abflughöhe h_o = 2.2 m und jeweils unveränderter Abfluggeschwindigkeit v_o =(12.1 – 14)m/s eine Abweichung vom optimalen Abflugwinkel α_{opt} = 41°/42° um 5°(10°) auf 36°/37° (31°/32°) bei 17 m eine Abnahme der Flugweite W um 0.18 m (0.74 m) und bei 22 m eine Abnahme der Flugweite W um 0.3 m (1.20 m).
Im Bereich der Stoßweiten von 17 m bis 22 m erzeugt bei jeweils unveränderter Abfluggeschwindigkeit v_o =(12.1 – 14)m/s und unverändertem Abflugwinkel α_o = 41°/42° eine Abnahme der Abflughöhe von 2.2 m auf 2.1 m eine Abnahme der Flugweite W um ca. 0.09 m. Faustregel: Einer Abnahme (Zunahme) der Abflughöhe um 1 m entspricht eine Abnahme (Zunahme) der Kugelflugweite W um 1 cm.
Der Einfluß des Luftwiderstands auf die Flugweite der Kugel bewegt sich nach Tutjowitsch (1976) bei Abfluggeschwindigkeiten von 12 – 14 m/s sowie bei einem 5 m/s-Gegenwind zwischen 9 und 14 cm gegenüber Windstille und bei einem 5 m/s-Rückenwind zwischen 6 und 8 cm. Damit beeinflußt der Luftwiderstand bei dieser Windstärke die Flugweite der Kugel im Ein-Prozent-Bereich.

3.1.3 Bewegung des Athleten

Die Bewegung des Athleten wird – gesondert für jeden Stoßabschnitt – beschrieben durch

- das Bewegungsziel,
- biokinematische und biodynamische Einflußgrößen bzw. -faktoren zur erfolgreichen Ansteuerung des Bewegungsziels (biomechanische Ansteuerungsstrategie).

3.1.3.1 Startabschnitt

1. Bewegungsziel des Startabschnitts ist eine nach Betrag und Richtung optimale Startgeschwindigkeit für das System ‹Athlet – Kugel›. Dieses Optimum ist durch eine möglichst hohe Startgeschwindigkeit der Kugel in horizontaler Richtung [v_{1x}~2.5 m/s] sowie eine relativ kleine Startgeschwindigkeit in vertikaler Richtung [v_{1z}(0.5–1.0)m/s] gekennzeichnet und wird über die Startvorbereitungs- und Startbeschleunigungsphase angesteuert (Tab. 3).
2. Am Ende der Startvorbereitungsphase, d. h. in der Startposition, soll der Abstand der Kugel vom Boden höchstens einen Meter betragen, die Winkelwerte des rechten Kniegelenks zwischen 100°–110° und des rechten Hüftgelenks zwischen 50°–60° liegen.
3. Zur Erzeugung einer möglichst hohen horizontalen Startgeschwindigkeit der Kugel wird das System ‹Athlet – Kugel› während der Auftaktbewegung (Startvorbereitungsphase) entgegen der Stoßrichtung beschleunigt, dem Phasenende zu abgebremst und in «fließendem Übergang» aus der Startposition in Stoßrichtung beschleunigt. Ein Indikator für die Intensität der Auftaktbewegung ist der waagerechte Abstand der Kugel von der rechten Fußspitze in der Startposition.
4. Zur Erzeugung einer optimalen Startgeschwindigkeit für das System ‹Athlet – Kugel› während der Startbeschleunigungsphase wird das Angleitbein mit zunehmender Intensität bis 160°–170° gestreckt und durch eine in Richtung des Stoßbalkens geführte Streckbewegung des Schwungbeins unterstützt.
5. Das Abstoßen über die Ferse ermöglicht eine flachere Angleitbewegung des Systems ‹Athlet – Kugel› und vermutlich infolge einer reduzierten vertikalen Auftreffgeschwindigkeit am Ende der Angleitphase einen geringeren Geschwindigkeitsverlust.

3.1.3.2 Abstoßvorbereitender Abschnitt

1. Bewegungsziel des abstoßvorbereitenden Stoßabschnitts ist nicht nur, die in der Angleitphase auftretenden vertikalen Geschwindigkeitsverluste der Kugel durch ein flaches Angleiten zu reduzieren, sondern in der nachfolgenden Übergangsphase durch ein aktives und rasch aufeinanderfolgendes Bodenfassen beider Füße zu kompensieren. Hiernach kann sich am Ende dieses Stoßabschnitts ein Geschwindigkeitszuwachs der Kugel um 0.5 m/s ergeben (Tab. 3).
2. Leistungsstärkere ($\overline{W}$ = 18.94 m) zeichnen sich gegenüber leistungsschwächeren Kugelstoßern ($\overline{W}$ = 16.33 m) durch eine im Gruppenmittel um 40 % (0.05 s) kürzere Angleitdauer als Ergebnis eines flacheren und schnelleren Angleitens sowie durch einen um ca. 55 % (0.14 m) kürzeren Kugelweg zugunsten eines im Abstoßabschnitt verlängerten Weges aus.
3. Der Aufbau einer leistungsfördernden Verwringung zwischen Schulter- und Hüftachse wird bei unveränderter Schulterstellung (-achse) durch intensives Beugen und Nach-vorn-Drehen des zu Phasenbeginn nahezu gestreckten rechten Beins und der Hüfte mit einer gezielten Streckung des Stemmbeins in Richtung Stoßbalken eingeleitet.
4. Über die Vorbereitung zum leistungsfördernden Aufsetzen des rechten Beins liegen unterschiedliche und experimentell nicht überprüfte Auffassungen über den ersten Fußsohlenkontakt (Zehen- oder Flachsohlenkontakt) vor.
5. Nach Grigalka (1970) entscheidet die Art der Ausstoßtechnik (Hebe- oder Rotationstechnik) über die seitliche Abweichung des linken vom rechten Fuß (Hebetechnik: 0.15–0.20 m; Rotationstechnik: 0.25–0.35 m).

3.1.3.3 Abstoßabschnitt

1. Bewegungsziel ist die Erzeugung des größten abschnittsbezogenen Geschwindigkeitszuwachses der Kugel in horizontaler und vertikaler Richtung (Tab. 3).
2. Eine weite Stoßauslage (Fußabstand: ca. 1.1 m–1.2 m) ermöglicht in der Regel weitere Stoßweiten als eine enge Stoßauslage (Fußabstand: < 1.0 m).
3. Eine intensive Verwringung zwischen Schulter- und Hüftachse erzeugt ein neuromuskuläres Bindeglied zwischen Bein- und Stoßarmeinsatz und ist eine Bedingung für große Stoßweiten.
4. Die Geschwindigkeitsübertragung von den Beinen über Hüfte, Rumpf und Schulter auf Stoßarm und Kugel ist zum einen an eine hohe Geschwindigkeitsentwicklung und zum anderen an ein starkes Abbremsen

dieser Körperteile gekoppelt. Die Geschwindigkeitsmaxima von Knie-, Hüft-, Schulter- und Handgelenk werden in dieser Reihenfolge zeitversetzt erzeugt und unterschiedlich stark reduziert.
Unbeantwortet sind noch die Fragen sowohl nach der optimalen Dauer der Geschwindigkeitsübertragung zwischen den Körperteilen als auch nach den Optima der Geschwindigkeitsunterschiede zwischen den Körperteilen.

5. Die zentrale Frage, ob ein Abstoß mit oder ohne Stütz (Bodenkontakt) unter biomechanischem Aspekt vorteilhaft ist, wird von Hay (1978) wie folgt beantwortet: Angesichts fehlender experimenteller Untersuchungen läßt die überwiegende Mehrzahl der den stützlosen Abstoß praktizierenden Topathleten vermuten, daß der bei einem Stützabstoß gegenüber einem stützlosen Abstoß geringere vertikale Stützkrafteinsatz zu einem größeren Verlust in der Abfluggeschwindigkeit führt als der Gewinn an Abfluggeschwindigkeit infolge des stützlosen Abstoßes.
6. Das Risiko des «Übertretens» kann sowohl durch die Bremstechnik des Beinwechsels als auch durch die Technik der Standwaagenposition gemindert werden (Abb. 3).

Wolfgang Schöllhorn

3.2 Diskuswurf

3.2.1 Wurfabschnitte und -phasen

Die Diskuswurfbewegung wird in drei Abschnitte und fünf Phasen untergliedert. Die Phasengrenzen t_1-t_6 sind wie folgt festgelegt:

t_1: Ende des Anschwingens, Umkehrpunkt der Bewegungsbahn des Diskus;
t_2: Ende der zweistützigen Andrehphase, erstes Bein verläßt den Boden;
t_3: Ende der einbeinigen Andrehphase, Abdruck zum Umsprung;
t_4: Ende der Drehumsprungphase, Aufsetzen nach dem Umsprung;
t_5: Ende der einstützigen Übergangsphase, zweites Bein setzt auf;
t_6: der Diskus verläßt die Hand.

Danach ergeben sich folgende Abschnitte bzw. Phasen:

Startabschnitt:
zweistützige Andrehphase Ph_1
(t_1-t_2)

einstützige Andrehphase Ph_2
(t_2-t_3)

Abwurfvorbereitender Abschnitt:
Drehumsprungphase Ph_3
(t_3-t_4)

einstützige Übergangsphase Ph_4
(t_4-t_5)

Abwurfabschnitt:
zweistützige Abwurfphase Ph_5
(t_5-t_6)

3.2.2 Bewegung des Wurfgeräts

3.2.2.1 Bahnverlauf des Diskus während der Wurfbewegung

Der Bahnverlauf wird ab dem Umkehrpunkt des Diskus am Ende des Anschwingens nach Richtung und Länge gekennzeichnet. Richtung des Bahnverlaufs: Abbildung 1 zeigt einen typischen Trend des Diskusbahnverlaufs von der Seite (xz-Ebene).

Schon von Beginn des Startabschnitts an wird die Bahn des Diskus ähnlich der Neigung des Bahnverlaufs vor dem Abwurf gestaltet. Die Ebene E_1 der Diskusbahn während des ersten Umlaufs verläuft parallel zur Ebene E_2 des zweiten Umlaufs. Bei t_6 verläßt der Diskus die Hand und folgt den Gesetzmäßigkeiten eines ballistischen Wurfs. Je größer der Abstand zwischen den Ebenen E_1 und E_2 der Diskusbahn während der beiden Drehungen, desto länger ist der ‹Schritt› des Werfers zur Mitte des Wurfkreises hin. Bei einem zu langen ‹Schritt› kommt es im Abwurfabschnitt zu einer unterdurchschnittlich ausgeprägten Bewegung des Werfers in Wurfrichtung. Ist der Schritt zu kurz, dann wird die Wurfauslage zu groß, und die zweite Ebene E_2 der Diskusbahn wird flacher. Bei einer flachen Ebene E_2 der Diskusbahn kann eine Korrektur in Richtung eines optimalen Abflugwinkels nur durch eine relativ isolierte und damit leistungsmindernde Bewegung des Wurfarms erfolgen.

Einen typischen Trend des Diskusbahnverlaufs von oben (yz-Ebene) zeigt Abbildung 2. Der Diskus legt während des Wurfs mehr als zwei ganze Umläufe U_1 und U_2 zurück. Die Form des zweiten Umlaufs (U_2) zeigt im Vergleich zum ersten (U_1) eine Zunahme der Bewegung in Wurfrichtung im Abwurfabschnitt (t_5–t_6). Der Diskus verläßt die Hand etwa über dem Wurfkreisrand.

Abb. 1: Verlauf der Diskusbahn von der Seite

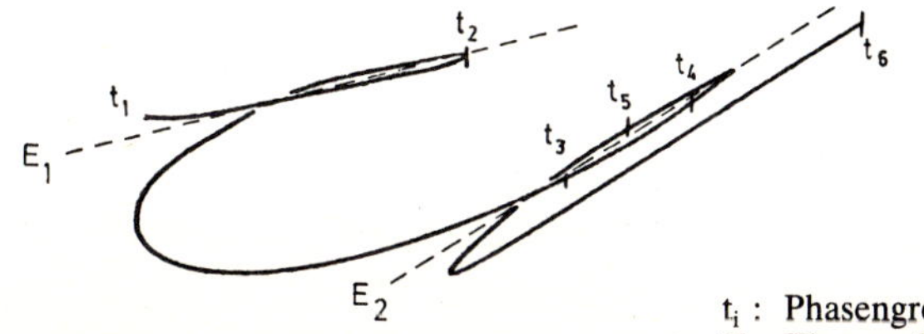

t_i : Phasengrenzen
E_i: Ebenen der Diskusbahn

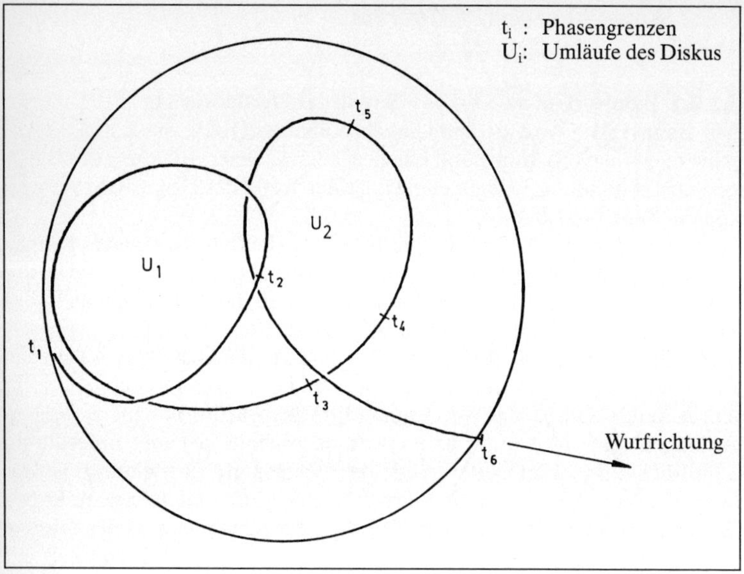

Abb. 2: Verlauf der Diskusbahn von oben

Länge des Bahnverlaufs: Primären Einfluß auf die Flugweite des Diskus hat die Abfluggeschwindigkeit. Sie kann über eine Optimierung des Beschleunigungswegs der Diskusbahn vergrößert werden, sofern die eingesetzten Beschleunigungskräfte zu einem Geschwindigkeitszuwachs des Diskus führen.

Die Länge des Beschleunigungswegs im Startabschnitt weist sowohl bei den Männern als auch bei den Frauen eine sehr individuelle Ausprägung auf und läßt keinen statistischen Zusammenhang mit der Abfluggeschwindigkeit erkennen (Tab. 1). Statistisch gesichert sind die geschlechtsspezifischen Unterschiede im darauffolgenden, abwurfvorbereitenden Abschnitt. Mit zunehmender Wurfweite verkürzt sich der Beschleunigungsweg des Diskus in der Drehumsprungphase (Ph_3) zugunsten eines längeren Beschleunigungsweges in der einstützigen Übergangsphase (Ph_4). Diese Umverteilung des Beschleunigungswegs ist dadurch zu erklären, daß eine positive Beschleunigung des Gesamtsystems nur bei Bodenkontakt möglich ist. Während bei den Männern im Abwurfabschnitt der längste Beschleunigungsweg zurückgelegt wird, trifft dies bei den Frauen im zweiten Teil des Startabschnitts (Ph_2) zu. Die Vermutung einer geschlechtsspezifischen Andrehtechnik liegt nahe, die besagt, daß Frauen das erste

Längenmerkmale Einheit	FK 86 [m]		FE 86 [m]		MZ 83 [m]		MK 82 [m]	
Wurfweite W	53.38		64.58		43.93		58.37	
$W_{min}-W_{max}$	46.22–57.72		60.00–68.34		36.16–47.12		52.62–62.38	
Diskusweg während der ...								
zweistützigen Andrehphase (Ph_1)	2.18	4.83	1.83	4.17	2.11	4.54	1.97	4.44
einstützigen Andrehphase (Ph_2)	2.65		2.34		2.43		2.47	
Drehumsprungphase (Ph_3)	0.76	1.72	0.40	2.01	0.80	1.99	0.64	2.01
einstützigen Übergangsphase (Ph_4)	0.96		1.61		1.19		1.37	
zweistützigen Abwurfphase (Ph_5)	2.31		2.23		2.66		2.58	
Gesamtbeschleunigungsweg des Diskus	8.86		8.41		9.17		9.05	

FK 86: 6 Frauen Nationalkader Diskus 1986
FE 86: 5 Frauen Europameisterschaftsteilnehmerinnen Diskus 1986
MZ 83: 7 Männer Nationalkader Zehnkampf 1983
MK 82: 5 Männer Nationalkader Diskus 1982
$W_{min}-W_{max}$: minimale und maximale Wurfweite der jeweiligen Teilnehmergruppe

Tab. 1: Wegmerkmale

Bein früher vom Boden abheben als Männer. Die geschlechtsspezifischen Unterschiede bezüglich der Länge des Gesamtbeschleunigungswegs sind in erster Linie durch die Längenunterschiede im Startabschnitt bedingt.

3.2.2.2 Geschwindigkeits-Zeit-Verlauf des Diskus

Der Geschwindigkeitsverlauf des Diskus wird nach dem Betrag der Geschwindigkeitszunahme während der Wurfabschnitte bzw. Wurfphasen gekennzeichnet.

Tabelle 2, S. 216, ist zu entnehmen, daß die Startgeschwindigkeit des Diskus (Δv_1) bei Frauen über der Startgeschwindigkeit der Männer liegt.

Dieser Geschwindigkeitsunterschied wird in der einstützigen Andrehphase

Geschwindigkeits-merkmale Einheit	FK 86 [m/s]		FE 86 [m/s]		MZ 83 [m/s]		MK 82 [m/s]	
Wurfweite W	53.38		64.58		43.93		58.37	
Geschwindigkeits-zu- bzw. -abnahme des Diskus während der...								
zweistützigen Andrehphase (Ph_1): Δv_1	5.7	7.0	5.5	7.0	5.2	7.1	5.4	8.8
einstützigen Andrehphase (Ph_2): Δv_2	1.3		1.5		1.9		3.4	
Drehumsprung-phase (Ph_3): Δv_3	−0.8	−0.1	−0.1	−0.3	−0.5	−0.3	−0.5	−0.9
einstützigen Übergangs-phase (Ph_4): Δv_4	0.7		−0.2		0.2		−0.4	
zweistützigen Abwurfphase (Ph_5): Δv_5	17.1		18.4		14.4		16.4	
Abfluggeschwindigkeit des Diskus	23.3		25.1		21.2		24.3	

Tab. 2: Geschwindigkeitsmerkmale

(Ph_2) von den männlichen Werfern überkompensiert, so daß die Männer mit einer insgesamt höheren Diskusgeschwindigkeit in den abwurfvorbereitenden Abschnitt gehen. Hierbei muß berücksichtigt werden, daß ein Vergleich der Geschlechter nur bei ungefähr gleichem Niveau der Wurfweite zulässig ist (FE 86 und MK 82). Den höchsten Geschwindigkeitszuwachs in Phase 2 verzeichnet die männliche Gruppe MK 82 mit 3.4 m/s. Auffallend ist der geschlechtsunabhängige größere Geschwindigkeitsverlust bei den leistungsstärkeren Gruppen mit −0.9 m/s (Männer) und −0.3 m/s (Frauen) im abwurfvorbereitenden Abschnitt. Offensichtlich besteht ein Trend zur Steigerung der Abfluggeschwindigkeit darin, in diesem Abschnitt auf einen Geschwindigkeitszuwachs zugunsten des Abwurfabschnitts zu verzichten. Die bei den männlichen Werfern MK 82 im Vergleich zu den drei anderen Gruppen höchste Geschwindigkeit des Diskus am Ende des Startabschnitts ist verbunden mit dem größten Geschwindigkeitsverlust von −0.9 m/s im folgenden Abschnitt. Hieraus läßt sich eine zu hohe Geschwindigkeitszunahme in den ersten beiden Phasen vermuten.

Die betragsmäßig höchsten Geschwindigkeitszunahmen finden in den zweistützigen Phasen statt. Im Abwurfabschnitt werden von den Frauen 73 %, bei den Männern 67 % der Abfluggeschwindigkeit erzeugt. Der höhere Geschwindigkeitszuwachs der Frauen im Abwurfabschnitt ist durch das im Mittel höhere Leistungsniveau zu erklären.

3.2.2.3 Flugbahn des Diskus

Nach dem Verlassen der Hand unterliegt der Diskus der Schwerkraft und, aufgrund seiner Form, der Luftkraft. Durch die Luftkraft kommt es zur Abweichung der Flugbahn des Diskus von der eines Massenpunktes bzw. angenäherten Massenpunktes in Form einer Kugel (Abb. 3).

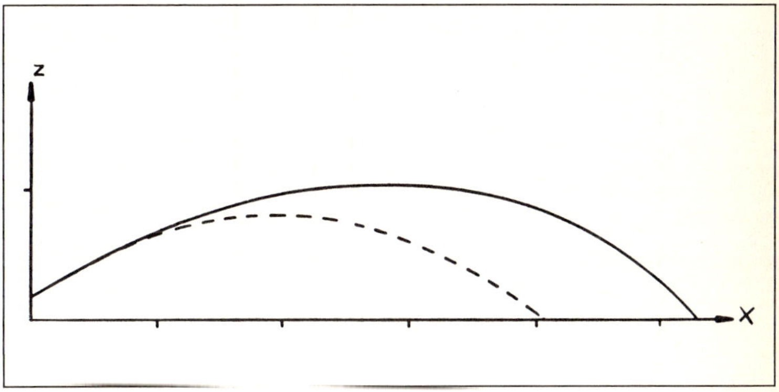

Abb. 3: Flugbahn eines Diskus (—) und einer Kugel (- - - - -) mit gleicher Masse und gleicher Abfluggeschwindigkeit

Die Form des Diskus führt im Vergleich zur Kugel (Luftwiderstandskraft) zu einer qualitativ (Luftwiderstands- und Auftriebskraft) und vor allem quantitativ anderen ‹Luftkraft›. Die Kraft ist nicht nur durch die im Verhältnis zu Volumen und Gewicht größere Oberfläche betragsmäßig größer, sondern sie besitzt vor allem durch die Wirkung des Diskus als Tragfläche eine Richtung, die deutlich von der Bewegungsrichtung des Diskus abweicht. Durch die Rotation um die Figurenachse A verhält sich der Diskus als Kreisel und behält die Richtung seiner Figurenachse als Drehachse während des Fluges bei (Abb. 4, S. 218). Nach vorliegenden Untersuchungen ändert sich die Rotationsgeschwindigkeit des Diskus während des ganzen Flugs nicht.

Die Lage des Diskus wird im allgemeinen durch drei Winkel beschrieben: a) den Flugwinkel α, b) den Anstellwinkel β und c) den Angriffswinkel γ

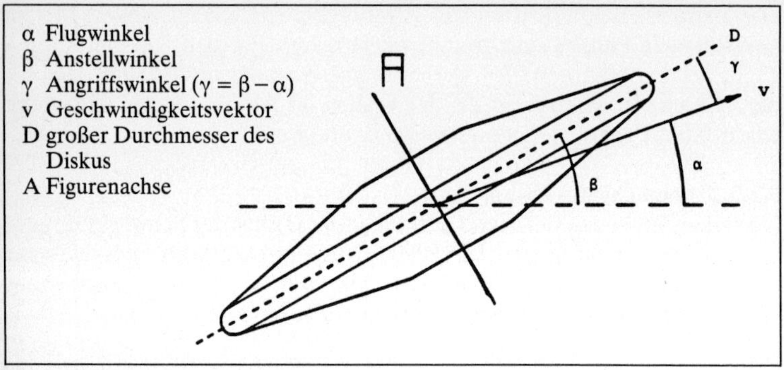

Abb. 4: Definition der Lagewinkel

(Abb. 4). Eine maximale Flugweite des Diskus ergibt sich, wenn der Luftwiderstand minimal und der Auftrieb relativ hoch ist. Dazu sollte beim Abflug (Windstille) ein optimaler Angriffswinkel von $\gamma = -10°$ eingehalten werden, d. h., der Anstellwinkel muß um 10° kleiner sein als der Flugwinkel. Bei Rückenwind sollte der Anstellwinkel vergrößert, bei Gegenwind entsprechend verkleinert werden.

3.2.3 Bewegung des Athleten

3.2.3.1 Startabschnitt

Im Startabschnitt liegt ein typischer Trend darin, den Diskus in der Neigung einer Ebene zu bewegen, die der des Abwurfwinkels gleicht. Die äußerst individuelle Gestaltung der ersten beiden Phasen in bezug auf Länge und Geschwindigkeitszuwachs des Diskus bestätigt die von SCHLÜTER/NIXDORF (1984, S. 21) erwähnte Aussage, wonach die optimale Ausführung der Diskuswurfbewegung von den individuellen Voraussetzungen (konditionelle, technomotorische, anthropometrische etc.) des Werfers abhängt.

3.2.3.2 Vorbereitender Abwurfabschnitt

Durch spätes Lösen des zweiten Andrehbeins und schnelles, aber räumlich nicht zu kurzes Setzen des Fußes nach der Drehumsprungphase wird der Energie- und damit Geschwindigkeitsverlust des Diskus gering gehalten. Die einstützige Übergangsphase dient dem Vordrehen des Körpers (Schulter-Hüftachse) gegenüber dem Diskus (Armachse) zur Erzeugung einer größtmöglichen Vorspannung im ersten Teil des Abwurfabschnitts. Hierbei wird sogar ein Geschwindigkeitsverlust des Diskus in der einstützigen Übergangsphase in Kauf genommen. Die Geschwindigkeitszunahmen von 0.2 m/s (MZ83) und 0.7 m/s (FK86) im zweiten Teil des abwurfvorbereitenden Abschnitts sind auf ein gleichzeitiges Drehen des Arms mit dem Rumpf und damit auf eine fehlende Relativbewegung des Rumpfes gegenüber dem Arm zurückzuführen.

3.2.3.3 Abwurfabschnitt

Der Abwurfabschnitt beginnt mit dem Aufsetzen des zweiten Fußes und endet damit, daß der Diskus die Hand verläßt. Gregor et. al. (1985) unterschieden bei der Untersuchung der Medaillengewinner der Olympischen Spiele 1984 diesen Abschnitt weiter bezüglich des verschiedenartigen Abhebens der Füße vom Boden. Die festgestellte Verwendung geschlechtsspezifischer Abwurftechniken konnte in der zentralen Tendenz bestätigt werden. Während die Frauen einen Standabwurf bevorzugen, verwenden die Männer fast ausschließlich einen Sprungabwurf.

Im ersten Teil des Abwurfabschnitts wird die Vorspannung weiter verstärkt. Im zweiten Teil geht die Rotationsbewegung des Gesamtsystems in eine Translationsbewegung über. Die Hauptaufgabe dieses zweiten Teils besteht in der Erzeugung des größten phasenbezogenen Geschwindigkeitszuwachses des Diskus. Der Geschwindigkeitszuwachs wird zum einen durch Übertragung von Bewegungsenergie des vorher beschleunigten Gesamtsystems ‹Werfer – Diskus› auf das Teilsystem ‹Diskus› erzeugt und zum anderen durch die ‹Eigenbewegung der Abwurfmotorik›.

Dem Naturgesetz von der Erhaltung der Energie zufolge muß ein Teilsystem an Energie abnehmen, wenn ein anderes Teilsystem an Energie zunimmt. Das heißt, das Teilsystem ‹Werfer› muß abgebremst werden, um die Energie auf das Teilsystem ‹Diskus› übertragen zu können. Dabei soll das Endglied der offenen kinematischen Kette (Hochmuth 1982, S. 70) des menschlichen Bewegungsapparates (Hand, Diskus) eine möglichst große Geschwindigkeit erhalten. Die Geschwindigkeitsreduktion der Körpersegmente erfolgt sukzessive vom Fuß ausgehend über das Knie-, Hüft- und Schultergelenk zur Hand. Die Geschwindigkeitsmaxima der jeweiligen Körpersegmente nehmen in gleicher Reihenfolge zu und erreichen ihren höchsten Wert am Endglied der kinematischen Kette ‹Hand – Diskus›.

Hans-Joachim Menzel

3.3 Speerwurf

3.3.1 Wurfabschnitte und -phasen

Die Speerwurfbewegung wird in die folgenden Abschnitte und deren Phasen gegliedert:

- Anlaufabschnitt (Startabschnitt), der aus der zyklischen Anlaufphase besteht und in dem eine optimale Anfangsgeschwindigkeit von Athlet und Wurfgerät erzielt werden soll (die optimale Anfangsgeschwindigkeit ist geringer als die maximal mögliche Anlaufgeschwindigkeit, vgl. 3.3.3.1);
- abwurfvorbereitender Abschnitt, der aus der azyklischen Anlaufphase und der einbeinigen Stützphase besteht und in dessen Verlauf optimale Lagebedingungen für den Abwurf erzielt werden sollen (vgl. 3.3.3.2);
- Abwurfabschnitt, in dem durch das Abbremsen der Anlaufgeschwindigkeit und Bewegungsübertragung auf das Wurfgerät eine maximale Abfluggeschwindigkeit bei optimalem Abflug- und Anstellwinkel des Speers angestrebt wird (vgl. 3.3.3.3).

3.3.2 Bewegung des Wurfgeräts

Die Bewegung des Speers wird beschrieben durch

- Verlauf und Länge des Beschleunigungswegs während der Abwurfbewegung (vgl. 3.3.2.1);
- Geschwindigkeits-Zeit-Verlauf (vgl. 3.3.2.2);
- Flugbahnverlauf sowie Änderung des Anstellwinkels während des Flugs (vgl. 3.3.2.3).

3.3.2.1 Verlauf und Länge des Beschleunigungswegs des Speers

Als Beschleunigungsweg des Speers wird in der Literatur sowohl der Weg bezeichnet, den der Speer während des Stemmschrittes (Beginn: Aufsetzen des rechten Fußes bei Rechtswerfern, Ende: letzter Speer-Hand-Kontakt) zurücklegt, als auch der Weg, den der Speer während der Stemmphase (Beginn: Aufsetzen des Stemmbeins, Ende: letzter Speer-Hand-Kontakt) zurücklegt (Abb. 1).

Der Verlauf des Beschleunigungswegs während des Stemmschritts sollte möglichst geradlinig sein und eine geringe seitliche Abweichung von der Hauptbewegungsebene des Gesamtsystems aufweisen.

Abb. 1: Kinegramme zur Darstellung des Beginns und des Endes von Stemmschritt (a) und Stemmphase (b)

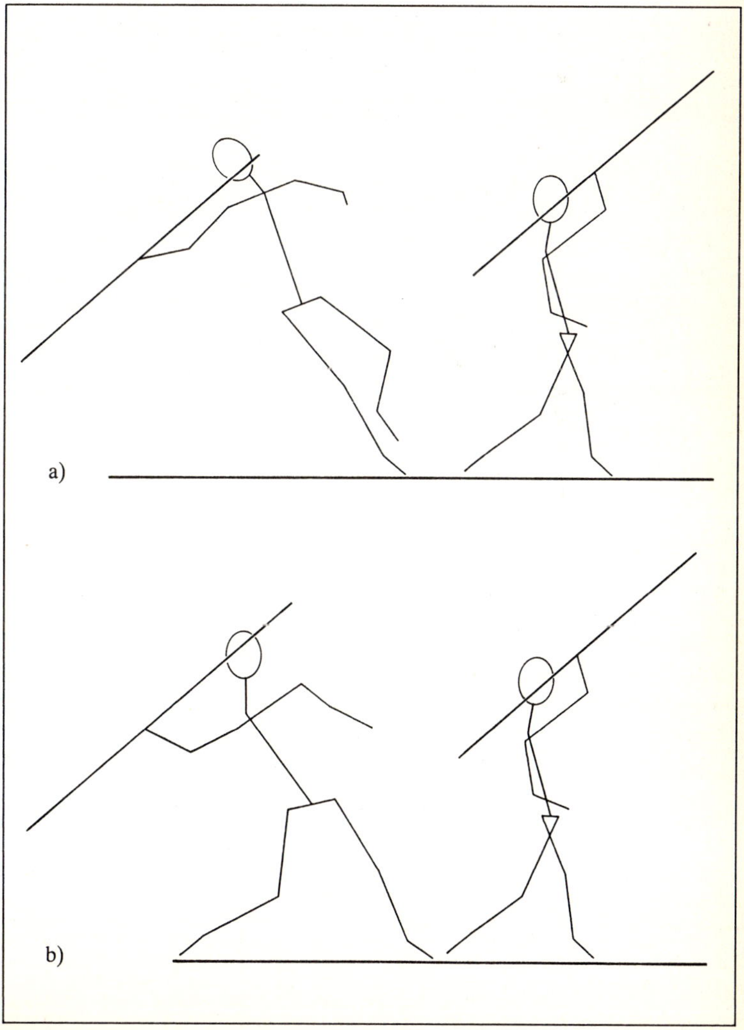

In Abbildung 2 sind die Beschleunigungswege von unterschiedlich qualifizierten Werfern während des Stemmschritts (einbeinige Stützphase und Stemmphase) dargestellt.
Der Beschleunigungsweg des 70-m-Werfers weist eine geringere Krümmung (Abweichung von der Geradlinigkeit) als der des 50-m-Werfers auf.

Abb. 2: Wegverläufe des Speers bei einem 70-m-Werfer und einem 50-m-Werfer in der einbeinigen Stützphase (Ph_1) und der Stemmphase (Ph_2) während des Stemmschritts

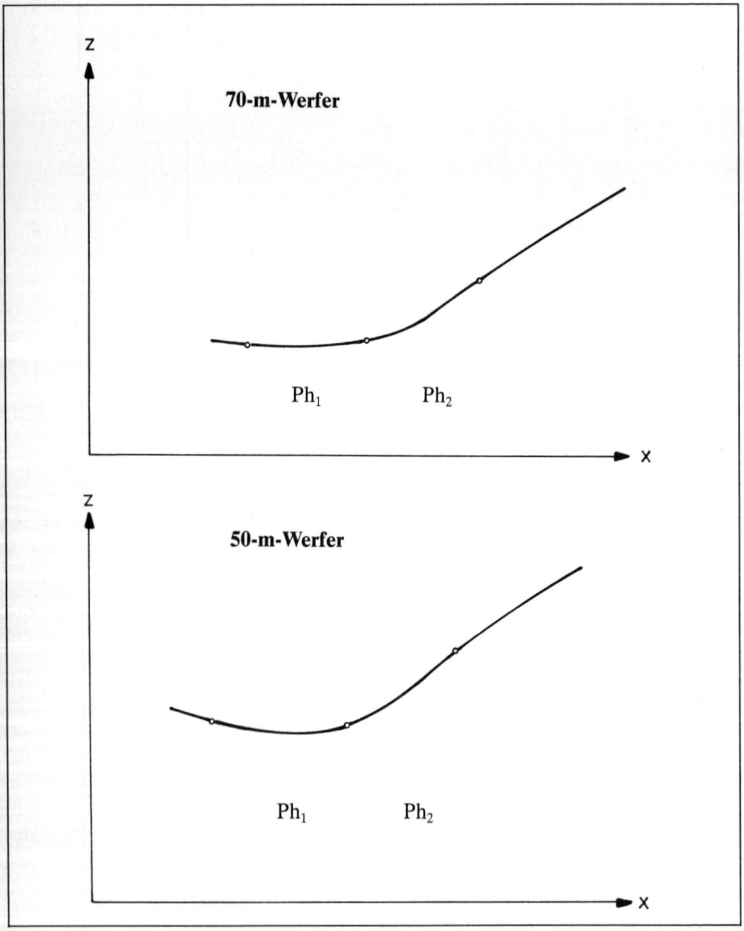

Darüber hinaus beträgt der Anteil des Beschleunigungswegs in der Stemmphase (Ph_2) an dem Gesamtwegverlauf ($Ph_1 + Ph_2$) während des Stemmschritts beim 70-m-Werfer 53% gegenüber 46% beim 50-m-Werfer.
In Abbildung 3 sind die Wegverläufe unterschiedlich qualifizierter Speerwerferinnen in der Stemmphase dargestellt.

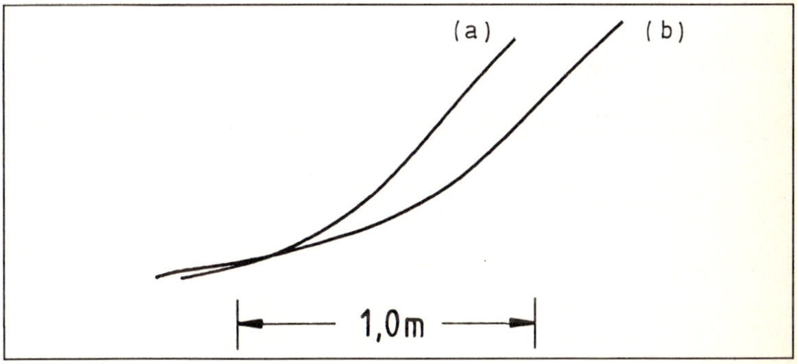

Abb. 3: Beschleunigungswege des Speers bei einer 45-m-Werferin (a) und einer 65-m-Werferin (b) in der Stemmphase

Die Bewegungsführung der 65-m-Werferin ist im Vergleich zur 45-m-Werferin durch einen geringeren mittleren Anstiegswinkel gekennzeichnet. Dies ist u.a. auf die Wirkung des Stemmbeineinsatzes zurückzuführen. Während bei höher qualifizierten Werfern/-innen eine geringere Kniewinkeländerung des Stemmbeins zu beobachten ist, führen weniger qualifizierte Werfer/-innen nach einer relativ starken Beugung des Kniegelenks eine Streckung aus, die zu einem extremen Aufrichten des Rumpfes über dem Stemmbein im Abwurfzeitpunkt führt. Tabelle 1 informiert über die Ausprägung von minimalem Kniewinkel des Stemmbeins und Abwurfhöhe bei unterschiedlichen Werfergruppen.

Tab. 1: Mittlere Wettkampfweite $\overline{W}$ und Gruppenmittelwerte der Stemmschrittlänge $\overline{l_o}$ und des minimalen Stemmbeinkniewinkels $\overline{\varepsilon}$ bei unterschiedlichen Werfergruppen (Eigenuntersuchung)

$\overline{W}$ [m]	$\overline{l_o}$ [m]	$\overline{\varepsilon}_{min}$ [°]	n	Werfergruppe
56.32	1.47	148	7	Spezialistinnen
36.82	1.26	134	8	7-Kämpferinnen
74.64	1.56	156	9	Spezialisten
53.60	1.32	137	9	10-Kämpfer

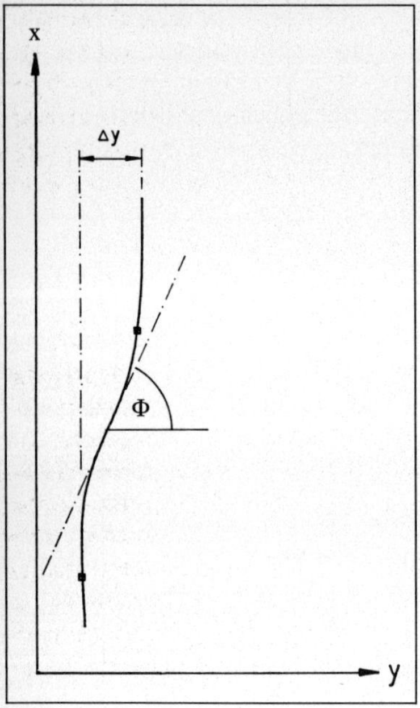

Abb. 4: Darstellung des Beschleunigungswegs des Speers während der Stemmphase in der xy-Ebene

In Abbildung 4 ist der Wegverlauf des Speers in der xy-Ebene (Obenansicht) dargestellt. Hierbei wird die seitliche Abweichung von der Hauptbewegungsrichtung deutlich. Kriterien für einen optimalen Beschleunigungsweg sind sowohl die absolute seitliche Abweichung Δy als auch die maximale relative Abweichung Φ während der Stemmphase. Beide Merkmale sollten eine möglichst geringe Ausprägung aufweisen.

3.3.2.2 Geschwindigkeits-Zeit-Verlauf des Speers während der Abwurfbewegung

65–70 % seiner Abfluggeschwindigkeit erhält der Speer während der Stemmphase (Beginn: Aufsetzen des Stemmbeins, Ende: Letzter Speer-Hand-Kontakt). IKEGAMI et al. (1981) haben diese Phase in zwei Teile gegliedert, die durch den Zeitpunkt, an dem der Speer 50 % seiner Abfluggeschwindigkeit erreicht hat, voneinander abgegrenzt werden (vgl. Abb. 5).

Bei der von IKEGAMI untersuchten Werfergruppe wurde festgestellt, daß höher qualifizierte Werfer eine kürzere Dauer des ersten Teils aufweisen, d. h. daß der Speer früher 50 % seiner Abfluggeschwindigkeit (ca. 50–80 ms nach Aufsetzen des Stemmbeins im Unterschied zu 90–110 ms bei weniger qualifizierten Werfern) erreicht und eine längere Dauer der Endbeschleunigungsphase aufweist.

Die Anfangsgeschwindigkeiten des Speers (zu Beginn der Stemmphase) liegen je nach Leistungsniveau bei Frauen zwischen 5 und 8 m/s und bei Männern zwischen 7 und 10 m/s. Die Abfluggeschwindigkeiten betragen bei Weiten zwischen 35 und 40 m bei Siebenkämpferinnen ca. 19–20 m/s und erreichen bei männlichen Spezialisten Werte um 30 m/s.

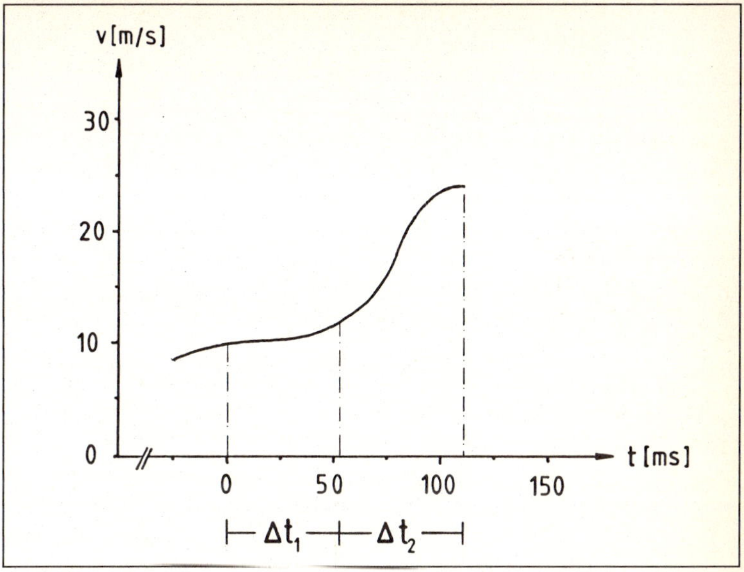

Abb. 5: Darstellung des Geschwindigkeits-Zeit-Verlaufs des Speers und die Phaseneinteilung nach Ikegami (1981)

3.3.2.3 Flugbewegung des Speers

Die ballistische Flugbahn weicht wegen der aerodynamischen Eigenschaften des Speers von der Bahn eines schiefen Wurfes ab.
Aufgrund der Unterschiede zwischen Speer- und Windgeschwindigkeit treten aerodynamische Kräfte auf, die an einem als Druckzentrum (DZ) bezeichneten Punkt angreifen. Da dieser nicht mit dem Schwerpunkt (SP) identisch ist, entsteht ein Kippmoment (M_K), das die Speerspitze nach unten dreht. Beim ‹neuen› Männerspeer (ab 1986) liegt der Schwerpunkt im Vergleich zum ‹alten› Männerspeer weiter vorne, wodurch der Abstand zwischen Druckzentrum und Schwerpunkt vergrößert wird. Dies bewirkt eine Erhöhung des Kippmoments und damit ein früheres Abkippen des Speers.
Vor allem der Anströmwinkel beeinflußt die Auftriebs- und Luftwiderstandskräfte. Dieser wird durch den Flugwinkel α, den Anstellwinkel β und die Windgeschwindigkeit v_w bestimmt (vgl. Abb. 6, S. 226). Nach Untersuchungen von Terauds (1974) besteht bei einem Anströmwinkel zwischen 10° und 16° das größte Auftriebs-Widerstands-Verhältnis, d. h., bei

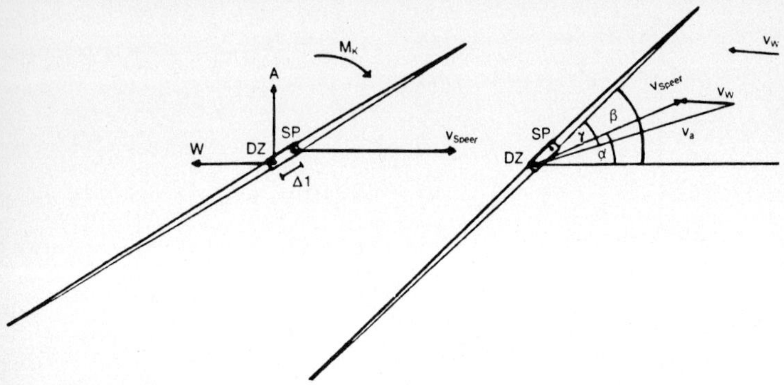

Bezeichnung:

SP	Schwerpunkt	v_{Speer}	absolute Speergeschwindigkeit
DZ	Druckzentrum	v_a	Anströmgeschwindigkeit
A	Auftrieb	α	Flugwinkel
W	Widerstand	β	Anstellwinkel
M_K	Kippmoment	γ	Anströmwinkel
Δl	Abstand SP–DZ	τ	Differenzwinkel (von Anstell- und Abwurfwinkel $\alpha-\beta$)
v_w	absolute Windgeschwindigkeit		

Abb. 6: Aerodynamische Einflußgrößen des Speerflugs

einem Anströmwinkel zwischen 10° und 16° ist der Auftrieb im Verhältnis zum Luftwiderstand am größten.

Da die Bedingungen für das Flugverhalten des Speers (Flug- und Anstellwinkel), die der Athlet beeinflussen kann, zum Abwurfzeitpunkt festgelegt werden, wird eine optimale Ausprägung von Abflugwinkel α_o und Anstellwinkel β_o angesteuert.

Untersuchungsergebnisse zeigen, daß der Optimalbereich des Abflugwinkels aufgrund aerodynamischer Bedingungen unterhalb von 40° liegt. NIGG u. Mitarbeiter (1974) empfehlen Abwurfwinkel zwischen 33 und 39°, TERAUDS (1976) gibt den Bereich für optimale Abwurfwinkel mit 20–35° an.

Um große Wurfweiten zu erzielen, ist ein möglichst kleiner Differenzwinkel τ_o zwischen Anstellwinkel β_o und Abwurfwinkel α_o anzustreben.

Die in Tabelle 2 dargestellten Untersuchungsergebnisse weisen darauf hin, daß die aerodynamischen Voraussetzungen für das Erreichen großer Wurfweiten bei leistungsschwächeren Werfern aufgrund größerer Differenzwinkel, bedingt durch hohe Anstellwinkel, ungünstiger sind als bei leistungsstarken Werfern.

$\overline{W}$ [m]	$\overline{\alpha}_o$ [°]	$\overline{\beta}_o$ [°]	$\overline{\tau}_o$ [°]	n	Werfergruppe	Autoren
56.32	36	40	4	7	Spezialistinnen	Eigenuntersuchung
36.82	38	48	10	8	7-Kämpferinnen	Eigenuntersuchung
80.94	33	40	7	4	Spezialisten	Terauds (1976)
84.98	34	38	4	4	Spezialisten	Terauds (1978a)
74.64	34	36	2	9	Spezialisten	Eigenuntersuchung
53.60	38	47	9	9	10-Kämpfer	Eigenuntersuchung

Tab. 2: Gruppenmittelwerte der Wurfweite $\overline{W}$, der Abflug- $\overline{\alpha}_o$, Anstell- $\overline{\beta}_o$ und Angriffswinkel $\overline{\tau}_o$ bei unterschiedlichen Werfergruppen

3.3.3 Bewegung des Athleten

3.3.3.1 Anlaufabschnitt (Startabschnitt)

Ziel des Anlaufabschnitts ist die Ansteuerung einer optimalen Anfangsgeschwindigkeit von Athlet und Speer. Die zu erzielende Anlaufgeschwindigkeit weist einen leistungsabhängigen Optimaltrend auf.

Die für verschiedene Leistungsgruppen ermittelten Anlaufgeschwindigkeiten am Ende des Anlaufabschnitts sind in Tabelle 3 zusammengefaßt.

W [m]	v_{An} [m/s]	Werfergruppe	Autor
> 65	6.0–6.5	Spezialistinnen	Bauersfeld und Schröter
52.36–60.76	5.8–6.6	Spezialistinnen	Eigenuntersuchung
33.06–43.28	5.3–6.1	7-Kämpferinnen	Eigenuntersuchung
> 85	8.0–8.5	Spezialisten	Bauersfeld und Schröter
67.26–81.16	6.2–7.3	Spezialisten	Eigenuntersuchung
77.84	6.5	Spezialisten	Kollath
51.26–68.90	5.4–7.0	Anfänger und Fortgeschrittene	Ikegami
50.92–67.06	6.1–6.8	10-Kämpfer	Eigenuntersuchung

Tab. 3: Wurfweite W und Anlaufgeschwindigkeit v_{An} in der Beschleunigungsphase

Die Länge der Beschleunigungsphase weist ebenfalls einen Optimaltrend auf. Sie liegt je nach Leistungsniveau zwischen 10 und 26 m.

3.3.3.2 Abwurfvorbereitender Abschnitt

Der abwurfvorbereitende Abschnitt kann in die azyklische Anlaufphase (Beginn: i. a. fünftletzter Schritt – Rücknahme des Speers –, Ende: Landung nach dem Impulsschritt) und die einbeinige Stützphase unmittelbar vor dem Abwurf (Aufsetzen des Stemmbeins) gegliedert werden. Ziel dieses Abschnitts ist die Ansteuerung einer optimalen Anlaufgeschwindigkeit zu Beginn des Abwurfs sowie eine optimale Körperposition beim Aufsetzen des wurfarmseitigen Fußes zum Stemmschritt (Landung nach dem Impulsschritt). Indikator dieser Körperlage ist der Neigungswinkel ε der Körperlängsachse bei der Landung nach dem Impulsschritt (vgl. Abb. 7).

Bezeichnung:
v_L Landegeschwindigkeit
v_x Horizontalgeschwindigkeit
v_{-z} vertikale Auftreffgeschwindigkeit
δ Landewinkel
ε Neigungswinkel der Körperlängsachse gegen die Vertikale
● Körperschwerpunkt

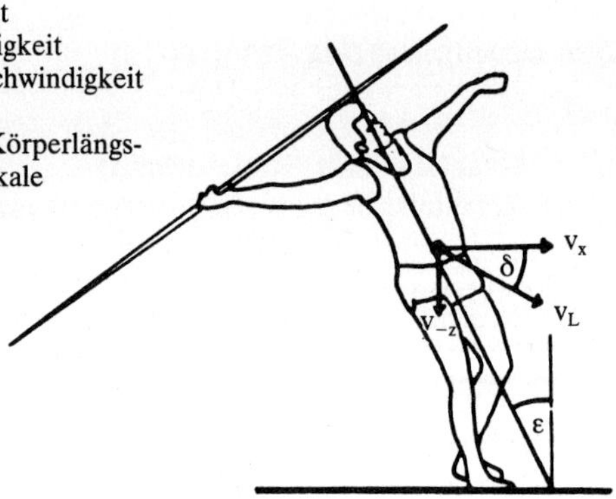

Abb. 7: Beginn der einbeinigen Stützphase des Stemmschritts (Ende der abwurfvorbereitenden Anlaufphase)

Azyklische Anlaufphase

Bezüglich der Anlaufgeschwindigkeit in der azyklischen Anlaufphase ist für alle untersuchten Werfergruppen (Mehrkämpfer/-innen und Spezialisten/-innen) festzustellen, daß während der letzten fünf Anlaufschritte der Geschwindigkeitsverlauf relativ stark schwankt (Tab. 4) und daß am Ende dieser Anlaufphase die Anlaufgeschwindigkeit um 0.4–0.8 m/s reduziert wurde.

Einbeinige Stützphase

Das Einnehmen einer optimalen abwurfvorbereitenden Körperlage ist abhängig von der Gestaltung des Impulsschritts. Dieser wird in der trainings-

$\overline{W}$ [m]	$\bar{v}_5$ [m/s]	$\bar{v}_4$ [m/s]	$\bar{v}_3$ [m/s]	$\bar{v}_2$ [m/s]	$\bar{v}_1$ [m/s]	Werfergruppe
56.32	6.0	5.8	6.1	6.0	5.6	Spezialistinnen
36.82	5.8	5.6	5.8	5.7	5.3	7-Kämpferinnen
74.64	6.6	6.4	6.6	6.5	6.1	Spezialisten
53.60	6.3	6.2	5.9	6.3	5.6	10-Kämpfer

Tab. 4: Mittlere Wettkampfweite $\overline{W}$ und Gruppenmittelwerte der Geschwindigkeiten $\bar{v}_i$ (i = 5, ..., 1) des fünftletzten bis letzten Anlaufschritts (Impulsschritt) bei unterschiedlichen Werfergruppen (Eigenuntersuchung)

methodischen Literatur (u. a. Bauersfeld u. Schröter 1980) als ein verlängerter, jedoch flacher Schritt gekennzeichnet.
Untersuchungen unterschiedlicher Werfergruppen weisen auf einen steileren Landewinkel beim Impulsschritt sowie eine geringere Neigung der Körperlängsachse bei leistungsschwächeren Werfern hin (Tab. 5).

$\overline{W}$ [m]	$\bar{v}_{-z}$ [m/s]	$\bar{\delta}$ [°]	$\bar{\varepsilon}$ [°]	Werfergruppe
56.32	0.9	11	32	Spezialistinnen
36.82	1.1	13	23	7-Kämpferinnen
74.64	1.1	11	27	Spezialisten
53.60	1.3	13	23	10-Kämpfer

Tab. 5: Mittlere Wettkampfweite $\overline{W}$, Gruppenmittelwerte der Landewinkel $\bar{\delta}$ und Neigungswinkel der Körperlängsachse $\bar{\varepsilon}$ bei leistungsheterogenen Werfergruppen (Eigenuntersuchung)

Ziel der einbeinigen Stützphase ist die Ansteuerung einer optimalen Stemmschrittlänge, die eine effektive Bewegungsübertragung (Abbremsen der Anlaufgeschwindigkeit) vom Athlet auf den Speer während der Abwurfphase ermöglichen soll.

Weniger qualifizierte Werfer/-innen weisen i. a. eine kürzere Stemmschrittlänge l_o auf als hochqualifizierte Werfer/-innen (vgl. Tab. 6).

Tab. 6: Mittlere Stemmschrittlänge bei unterschiedlichen Werfergruppen ($\bar{l}_o$)

$\bar{l}_o$	Werfergruppe
1.32 m	10-Kämpfer
1.56 m	Spezialisten
1.26 m	7-Kämpferinnen
1.47 m	Spezialisten

3.3.3.3 Abwurfabschnitt

Ziel des Abwurfabschnitts ist die Ansteuerung einer maximalen Abfluggeschwindigkeit bei einem optimalen Abflug- und Anstellwinkel (vgl. Abschnitt 3.3.2.3).
Das Erreichen einer hohen Abfluggeschwindigkeit ist von der Qualität der Impulsübertragung ‹Rumpf – Wurfarm – Wurfgerät› abhängig.

In Abb. 8 sind die Geschwindigkeits-Zeit-Verläufe von Hüfte, Schulter, Ellbogen und Speer dargestellt.

Abb. 8: Indikatoren der Impulsübertragung in der Stemmphase

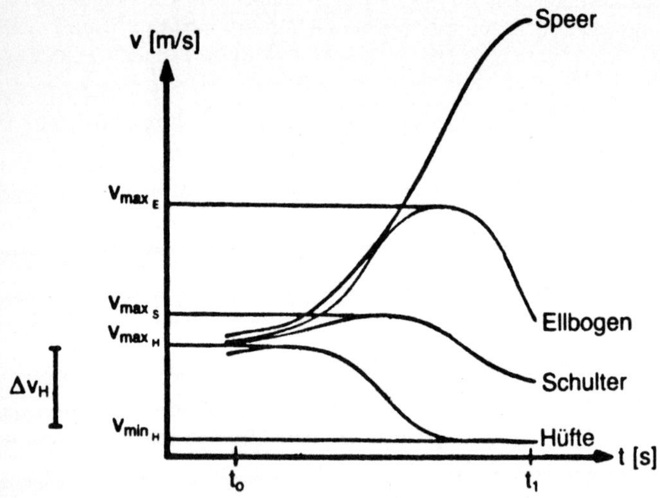

Bezeichnung:

$v_{max(H)}$ Maximalgeschwindigkeit der wurfarmseitigen Hüfte während der Stemmphase

$v_{min(H)}$ Minimalgeschwindigkeit der wurfarmseitigen Hüfte während der Stemmphase

$v_{max(S)}$ Maximalgeschwindigkeit der wurfarmseitigen Schulter während der Stemmphase

$v_{max(E)}$ Maximalgeschwindigkeit des wurfarmseitigen Ellbogens während der Stemmphase

t_0 Beginn der beidbeinigen Stützphase (Stemmphase)

t_1 Abwurfzeitpunkt (Ende der Stemmphase)

Δv_H Reduktion der Hüftgeschwindigkeit

Einen relativ engen Zusammenhang mit der Abfluggeschwindigkeit weist die Maximalgeschwindigkeit des Ellbogens auf (r = 0.78).
Voraussetzung für eine hohe Ellbogengeschwindigkeit ist eine optimale Impulsübertragung vom Rumpf auf den Wurfarm. Indikatoren hierfür sind der Zeitpunkt des Beginns des Abbremsens der Rumpfgeschwindigkeit sowie die Geschwindigkeitsreduktion der Hüfte (Δv_H). Ein schnelles und intensives Abbremsen der Hüft-/Rumpfgeschwindigkeit ist nur bei möglichst gestrecktem Stemmbein möglich. Somit ist die Impulsübertragung vom Rumpf auf den Wurfarm erfolgreich über den Kniegelenkwinkelverlauf anzusteuern (Sollwertbereich des minimalen Kniewinkels des Stemmbeins: 150–160°).
Bezüglich der Eigenbewegung des Wurfarms kommt der Streckdauer des Ellbogengelenks (d. h. Dauer vom Zeitpunkt der maximalen Beugung des Ellbogengelenks bis zum Abwurfzeitpunkt) die größte Bedeutung zu. Die Streckdauer bestimmt zu etwa 50% (r = – 0.75) die Geschwindigkeit der Hand im Abwurfzeitpunkt und sollte deshalb möglichst kurz sein.

Peter Brüggemann

Kunstturnen

Der Trainingsumfang im Kunstturnen hat einen zeitlichen Rahmen erreicht, der aus physiologischen, psychologischen, sozialen und auch organisatorischen Gründen keine Ausweitung zuläßt. Folglich ist eine Leistungssteigerung nicht mehr durch quantitative, sondern hauptsächlich durch qualitative Verbesserungen des Trainings möglich. Diese beziehen sich im wesentlichen auf die technomotorischen und konditionellen Anforderungen, deren ökonomische und effiziente Steuerung bei Berücksichtigung der deutlich gestiegenen Anforderungshöhe der komplexen Leistung im Kunstturnen das wichtigste Element im Hochleistungstraining darstellt. Dabei orientiert sich die Effizienz der Steuerung und Regelung vorrangig an der Präzision und Geschwindigkeit des motorischen Lernvorgangs. Die Steuerung und Regelung der Bewegungstechnik setzt eine hinreichende Kenntnis der Soll- oder Zieltechniken, voraus. Weiterhin ist der Steuerungsvorgang auf die Identifikation leistungsdeterminierender Bewegungselemente angewiesen, um den häufig qualitativen Soll-Ist-Vergleich im Trainingsprozeß an wichtigen, die Leistung beeinflussenden Elementen zu orientieren. Die biomechanische Bearbeitung der Bewegungstechniken ist folglich eine notwendige Voraussetzung für eine gezielte Steuerung und Regelung im Kunstturnen.

Als weiterer Gesichtspunkt wird die Zunahme der mechanischen Belastung des Bewegungsapparates zu berücksichtigen sein, die auf zunehmende Ausführungshäufigkeit und den gestiegenen Schwierigkeitsgrad vieler Übungselemente zurückgeführt werden kann. Obwohl das Kunstturnen in Relation zu anderen Disziplinen (wie z. B. den Spielsportarten) hinsichtlich der Verletzungs- und Unfallhäufigkeit einen deutlich nachgeordneten Rang einnimmt, muß der Aspekt der Belastungssteuerung mit in die gesamte Regelungs- und Steuerungskonzeption einbezogen werden. Nur

bei Kenntnis der bei den Elementen des Kunstturnens vom aktiven und passiven Bewegungsapparat zu tolerierenden mechanischen Beanspruchungen wird die Belastungssteuerung in Hinblick auf eine Reduzierung von Sportverletzungen und Sportschäden primärer und sekundärer Art möglich.
Die biomechanische Durchdringung der vorrangig technomotorisch determinierten Disziplin Kunstturnen stellt infolgedessen in bezug auf Technik- und Belastungssteuerung eine wichtige Voraussetzung für ein effizientes Hochleistungstraining dar.
Obwohl das Kunst- oder Gerätturnen schon früh Gegenstände (bio-)mechanischer Überlegungen lieferte und die Elemente dieser Disziplin an vielen Stellen zur Erläuterung physikalischer Gesetze herangezogen werden, liegen neben solchen Plausibilitätsbetrachtungen äußerst spärliche biomechanische Informationen über das Kunstturnen vor.
Bei Durchsicht der problemrelevanten Literatur stellt sich heraus, daß die Bibliographie experimenteller oder theoretischer Arbeiten zur Biomechanik des Kunstturnens nicht sehr umfangreich ist.
Zwar legten Fetz/Opavsky (1968) eine ‹Biomechanik des Gerätturnens› vor, doch handelt es sich dabei ausschließlich um die Beschreibung ausgewählter kinematischer Merkmale einer Reihe von Turnelementen, die an einem oder wenigen Kunstturnern beobachtet wurden. Die Arbeit bildet eine wichtige Grundlage, kann jedoch aus wissenschaftlicher wie auch aus sportpraktischer Sicht den heutigen Ansprüchen nicht genügen. Die von Söll (1975) vorgelegte Arbeit zur ‹Biomechanik in der Sportpraxis – Gerätturnen› bearbeitet ausschließlich Grundlagen und Basiselemente des Gerätturnens und verzichtet vollständig auf die Darstellung experimenteller Befunde.
Obwohl – wie bereits erwähnt – sich das Turnen wegen der eindeutigen mechanischen Determination vieler Elemente für den biomechanischen Zugang geradezu anbietet, scheint sich die Disziplin den empirischen Arbeiten u. a. auf Grund des Fehlens eindeutiger Leistungskriterien zunächst zu entziehen. Zwar enthalten die Wertungsbestimmungen Ansätze, quantifizierbare Leistungskriterien zu formulieren, doch werden die Versuche zur Quantifizierung nur an wenigen Stellen konsequent aufgegriffen und bearbeitet (vgl. Kaelin, Stricker, Ferretti 1979). Zudem setzt sich die Gesamtbewertung einer Übung aus dem Schwierigkeitsgrad und der bewegungstechnischen Qualität einer Vielzahl von Elementen additiv zusammen. Damit gelingt es bei Berücksichtigung eines solchen breiten Anforderungsprofils nur in wenigen Fällen, näherungsweise quantifizierbare Kriterien für eine Einzelbewegung herauszuarbeiten. Solche Bewegungen wurden zum Teil biomechanischen Analysen unterworfen, während zu einer Reihe anderer Elemente ausschließlich deskriptive Ansätze, also biomechanische Bewegungsbeschreibungen vorliegen.

Die folgenden Kapitel berücksichtigen die Bewegungstechnik und die bei der Bewegungsrealisierung auftretenden mechanischen Belastungen.
An dieser Stelle kann nicht die Menge aller Turnelemente vom biomechanischen Standpunkt diskutiert werden. Auch soll kein Beitrag zu einer Klassifizierung der Vielzahl der Bewegungen des Gerät- und Kunstturnens vorgenommen werden (vgl. dazu BRÜGGEMANN in Vorb.). Aufgabe dieses Beitrags ist die Bearbeitung neuerer, zum Teil noch nicht bzw. nicht deutschsprachig publizierter experimenteller Arbeiten zu speziellen biomechanischen Problemen des Kunstturnens. Damit beschränken sich die Ausführungen auf ausgewählte Elemente des Kunstturnens und erfassen im wesentlichen aktuell diskutierte Themen des Hochleistungssports.
Die Überschriften der Kapitel ‹Boden›, ‹Ringe› und ‹Pferdsprung› sind als akzentuierende Titel zu verstehen. Die Abschnitte können nicht die Biomechanik der Disziplinen (Boden, Ringe...) vollständig enthalten, sondern müssen sich auch hier auf ausgewählte Einzelprobleme beschränken.

1.1 Allgemeine biomechanische Grundlagen des Kunstturnens

Bevor auf die Bearbeitung der einzelnen Elemente näher eingegangen wird, soll die Menge der Elemente des Kunstturnens hinsichtlich ihrer biomechanischen Ziele und den zur Realisierung zugrundeliegenden biomechanischen Prinzipien strukturiert werden. Für das Kunstturnen sind folgende vier Klassen von Bewegungen zu unterscheiden, wobei einzelne Elemente oder Elementekombinationen die Verknüpfung verschiedener Klassen darstellen können.

Klasse I: Absprung/Abdruck von starren und elastischen Widerlagern (optimale Endgeschwindigkeit[en])

Klasse II: Drehung in vertikaler Ebene um feste oder elastische, horizontale Achsen (optimale Energiezuführung und Umwandlung)

Klasse III: Drehungen in horizontaler Ebene um vertikale Achsen (optimale Energiezuführung und Umwandlung)

Klasse IV: Drehungen im freien Flug (optimale Änderung des Massenträgheitsmoments)

Klasse III tritt fast ausschließlich beim Pauschenpferd auf und soll zunächst unberücksichtigt bleiben. Die Klasse I wird in Verbindung mit Klasse IV beim Bodenturnen, Schwebebalkenturnen und beim Pferdsprung repräsentiert, während die Verknüpfung der Klassen II und IV die Bewegungen am Barren, Stufenbarren, Reck und an den Ringen kennzeichnet. Aus biomechanischer Sicht unterscheidet sich Klasse IV grundsätzlich von allen anderen Bewegungen durch die gleichförmige Beschleunigung des Gesamtkörpers. Die Bewegungen im Flug sind durch das Fehlen externer Kräfte und Momente gekennzeichnet, so daß für die Schwerpunktbeschleunigung

$$a_x = 0,\ a_z = -9.81\ \mathrm{m/s^2}$$

und für die Drehmomente bzgl. des Schwerpunkts

$$M_{x,y,z} = 0$$

gilt.
Klasse I und II beinhalten gestützte, ungleichförmig beschleunigte Bewegungsabschnitte. Damit werden Reaktionskräfte auf die jeweilige Stützstelle übertragen, die ungleich der Körpergewichtskraft sind. Klasse I repräsentiert solche Bewegungen, bei denen in kurzer Zeit die Bahn des Körperschwerpunkts umgelenkt und gleichzeitig durch exzentrische Kraftwirkung der Drehimpulse des Gesamtkörpers geändert wird. Ziel der Abdrücke und Absprünge ist die Optimierung von translatorischen und rotatorischen Geschwindigkeiten am Ende des Stützvorgangs. Folglich ist die Berücksichtigung der die Geschwindigkeitsänderungen produzierenden Kraft- und Momentenstöße wesentliches Bearbeitungskriterium. Die Klasse II enthält den größten Teil turnerischer Bewegungen und zeigt innerhalb der Gruppe selbst verschiedene Differenzierungsansätze. Die Drehbewegungen in vertikalen Ebenen können an mechanisch unterschiedlichen Drehachsen (starr, elastisch) geturnt werden, sie können vorwärts oder rückwärts, mit oder ohne Rotationsverstärkung und schließlich mit oder ohne eine anschließende Flugphase auftreten.
Biomechanisch sind die Drehbewegungen in vertikalen Ebenen durch Nutzung, Wandlung und Zufuhr mechanischer Energie durch Annäherung und Entfernung von der jeweiligen Drehachse zu kennzeichnen. Die relative Bewegung des Körperschwerpunkts zum Drehpol erfolgt in der Regel über Beuge- und Streckbewegungen von Hüft- und Schultergelenk. Diesen Bewegungen ist bei der biomechanischen Bearbeitung der Elemente aus Klasse II besondere Aufmerksamkeit zu widmen.

1.2 Bewegungstechniken im Kunstturnen

Die Elemente des Kunstturnens können in Bewegungsabschnitte mit und ohne Kontakt zum Boden oder zu den Geräten differenziert werden. Auf den ersten Blick scheint es, daß sich die größte Entwicklung bei den nichtgestützten Abschnitten, den Flügen oder Flugphasen, vollzogen hat. Diesen wurde zunächst in der Trainingsmethodik hohe Aufmerksamkeit geschenkt. Die Ursache für die Zunahme der Schwierigkeitsgrade in den Flugphasen ist – neben der Optimierung der Flugtechnik – in einer Steigerung der Flugzeiten und einer Vergrößerung der Drehimpulse des Gesamtkörpers zu suchen. Flugzeitverlängerung und Drehimpulsvergrößerung wiederum werden durch die vorgeschalteten Stütz-, Abdruck- oder Absprungphasen determiniert. Aus diesem Grund werden sich die folgenden Ausführungen zur Bewegungstechnik in hohem Maße an der Technik der verursachenden Stütz- oder Hangphasen orientieren.

1.2.1 Boden

Neben Kraftteilen und gymnastischen Verbindungen zeichnet sich die Leistung beim Bodenturnen im wesentlichen durch akrobatische Elemente, also Sprünge oder Sprungfolgen aus. Freie und gestützte Überschläge bilden die wichtigsten Bestandteile des Repertoires eines Bodenturners. Die Dynamik der Sprungfolgen, die Höhe in den Flugphasen und die Art und Anzahl der Drehungen des Körpers bei den Salti charakterisieren den Schwierigkeitsgrad von Bodenübungen. Freie und gestützte Überschläge werden vorwärts, rückwärts oder seitwärts gezeigt. Dabei hat sich in der jüngsten Vergangenheit immer mehr herauskristallisiert, daß die meisten Höchstschwierigkeiten aus dem Absprung rückwärts nach vorgeschalteter Radwende (Rondat) oder Flick-Flack realisiert werden. Der Absprung rückwärts wird damit zu einer der wichtigsten sportmotorischen Techniken beim Bodenturnen. Während des Absprungs rückwärts produziert der Turner die notwendigen rotatorischen und translatorischen Impulse für den gehockten, gebückten oder gestreckten Doppelsalto rückwärts, die einfache Schraube, die Doppel- und Dreifachschraube sowie für den sogenannten Tsukahara (Doppelsalto mit Schraube).

Die Literaturanalyse macht deutlich, daß nur sehr wenige Arbeiten zu diesem wichtigen Bewegungsabschnitt vorliegen. PAYNE und BARKER (1976) beschreiben die Bodenreaktionskräfte beim Absprung zum einfachen Salto rückwärts aus dem Stand und berücksichtigen die bei Sprüngen höherer Schwierigkeitsgrade wichtigen vorgeschalteten Bewegungen nicht. FELLER (1975) untersuchte die Körperschwerpunktbewegung bei Absprüngen zum Salto aus dem Rondat und legte erste Daten über die horizontalen und vertikalen Reaktionskräfte dieser Bewegung vor. Rotatorische Impulse fanden keine Berücksichtigung. Differenzierter wurde der Absprung nach dem Rondat oder Flick-Flack von BRÜGGEMANN (1983a, b, 1984) analysiert. Neben der Ganzkörperbewegung wurde eine Beschreibung der Körpersegmentbewegungen vorgenommen. Hauptaugenmerk dieser Arbeit war die Analyse des Einflusses der Bewegungen der Körperteile auf den translatorischen und rotatorischen Impuls des Gesamtkörpers. Eine besondere Berücksichtigung erfuhr die Armbewegung beim Absprung, der in der Trainingspraxis bis heute große Bedeutung zugeschrieben wird.

Im folgenden werden die wichtigsten Resultate der verschiedenen Arbeiten des Autors zusammengefaßt.
Mehr als sechzig qualifizierte und hochqualifizierte Turner stellten die untersuchte Personenstichprobe dar. Die Analysen der Absprünge wurden bei Untersuchungen unter Labor-, Trainings-, aber auch Wettkampfbedingungen vorgenommen. Während bei den Labor- und Trainingsuntersuchungen sowohl dynamografische (KISTLER-Kraftmeßplattform) als auch kinematografische Meßverfahren (16-mm-Hochfrequenz-Filmkamera, 200 Bilder/s) eingesetzt wurden, beschränkte sich die Datenerfassung bei den Wettkampfanalysen auf rückwirkungsfreie optische Meßwertregistrierung. Alle untersuchten Athleten wurden zusätzlich anthropometrisch vermessen. Diese Meßwerte bildeten die Grundlage für die Berechnung der Körpersegmentträgheitscharakteristika nach dem HANAVAN-Modell (siehe auch S. 38ff).
Ziel des Absprungs rückwärts ist u. a., die Voraussetzungen für die Durchführung möglichst vieler Rotationen um eine oder mehrere Achsen in den folgenden Flugphasen zu schaffen. Die Anzahl der Salto- oder Schraubendrehungen ist durch die zur Verfügung stehenden Drehimpulse beim Abflug und die Flugzeit determiniert. Folglich sind für den Absprung zwei Zielgrößen, der oder die Drehimpulse und die Flugdauer, zu identifizieren. Die Flugdauer hängt ausschließlich von der Flughöhe des Körperschwerpunkts und diese wiederum von der vertikalen Abfluggeschwindigkeit ab. Durch die heute bei einer Vielzahl von Schraubenbewegungen des Bodenturnens vorrangig verwendete Technik der Symmetrieachsenverschiebung ist dem Breitenachsendrehimpuls eine besondere Bedeutung zuzuschreiben.
Die folgenden Ausführungen beziehen sich zum ersten auf die Bewegung des Gesamtkörpers, zum zweiten auf die der Körpersegmente.

Bewegung des Gesamtkörpers: Zunächst wird die Bewegung des Turners durch die des Körperschwerpunkts, der das einfachste Modell des menschlichen Körpers darstellt, charakterisiert. Die horizontale Geschwindigkeit des Körperschwerpunkts während der sehr kurzen Flugphase (< 100 ms) zwischen Handstütz beim Rondat oder Flick-Flack und dem Absprung ist mit ca. 4 m/s anzugeben. Während des Absprungs wird diese Geschwindigkeitskomponente deutlich reduziert, so daß beim Abflug eine Horizontalgeschwindigkeit von ca. 2.6 m/s vorliegt. Die berechnete vertikale Auftreffgeschwindigkeit beim ersten Bodenkontakt des Absprungs beträgt −0.4 m/s. Während des Absprungs nimmt die vertikale Körperschwerpunktgeschwindigkeit zu und erreicht beim Abflug Werte von über 4.1 m/s (Abb. 1). Kunstturner der höchsten Kategorie erreichen vertikale Abfluggeschwindigkeiten von bis zu 4.8 m/s. Damit wird die Körperschwerpunktbahn während des kurzen Absprungs von 120–130 ms um ca. 60° umgelenkt. Der Verlauf der resultierenden Körperschwerpunktgeschwindigkeit zeigt einen bemerkenswerten Verlauf. Nach Stützaufnahme

Abb. 1: Vertikale, horizontale und resultierende Geschwindigkeit des Körperschwerpunkts während des Absprungs zum Salto rückwärts ($\bar{x}$, s von 26 Kunstturnern) (Brüggemann 1987)

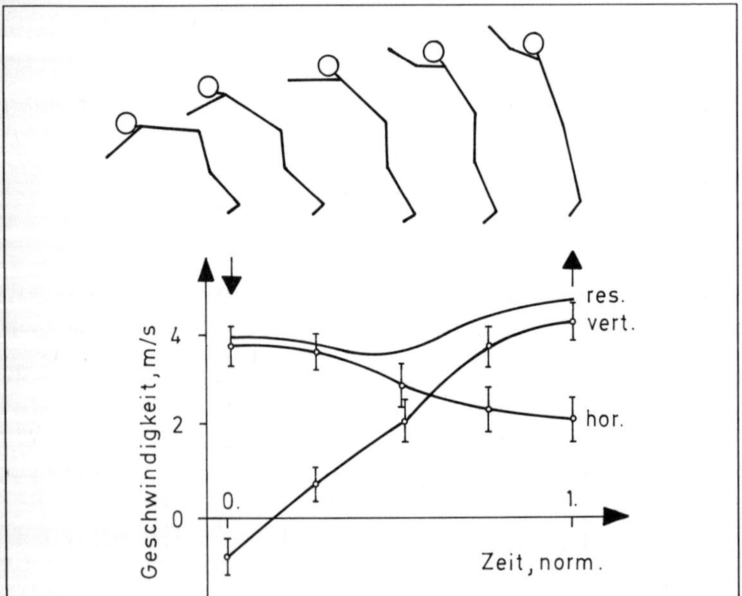

wird die resultierende Geschwindigkeit zunächst reduziert, um in der zweiten Phase des Absprungs wieder anzusteigen.
Die resultierende Geschwindigkeit kann als Repräsentant der translatorischen Bewegungsenergie ($E_{trans} = m/2 \cdot v^2$) interpretiert werden. Damit deutet der Verlauf der Geschwindigkeit auf eine Reduktion der translatorischen Energie in der ersten Phase des Absprungs hin. In diesem Abschnitt des Absprungs wird Energie von der elastischen Absprungunterlage wie auch von den elastischen Komponenten der Streckmuskulatur der unteren Extremität aufgenommen. Ca. 40 ms nach Absprungbeginn ist die Phase der Energieaufnahme beendet. 20 ms danach ist die Bilanz der translatorischen Energie ausgeglichen. Bis zum Absprungende folgt dann eine deutliche Energiezunahme.
Die Ursache für die Reduktion der Horizontalgeschwindigkeit und Vergrößerung der vertikalen Geschwindigkeitskomponente bilden die Bodenreaktionskräfte in horizontaler und vertikaler Richtung (vgl. Abb. 2). Die Kraft-Zeit-Verläufe sind unterschiedlich zu denen anderer sportlicher Absprünge. Das typische erste Kraftmaximum kurz nach dem Fußaufsatz fällt deutlich geringer als z. B. bei leichtathletischen Sprüngen aus.
Als Ursache sind zum einen die geringere Anfangsgeschwindigkeit und zum anderen die verwendeten schockdämpfenden Matten zu nennen. Das zweite Kraftmaximum dagegen zeigt zumindest in vertikaler Richtung leicht höhere Werte gegenüber den in der Literatur beim Weitsprung oder Hochsprung angegebenen Daten (vgl. S. 171 f, 185 f).
Anzumerken bleibt der kleine positive Abschnitt der Horizontalkraft kurz nach dem Aufsetzen. Er scheint mit der später diskutierten Armbewegung beim Fußaufsatz zusammenzuhängen.
Abbildung 3, S. 240, verdeutlicht, daß die beschriebenen Reaktionskräfte während des gesamten Absprungs exzentrisch am Körperschwerpunkt angreifen und am Turner nicht wie erwartet ein rückwärts gerichtetes, sondern ein vorwärts orientiertes Drehmoment wirken lassen.

Abb. 2: Vertikale (F_z) und horizontale (F_x) Bodenreaktionskräfte bei einem typischen Absprung zum Salto rückwärts (BRÜGGEMANN 1987)

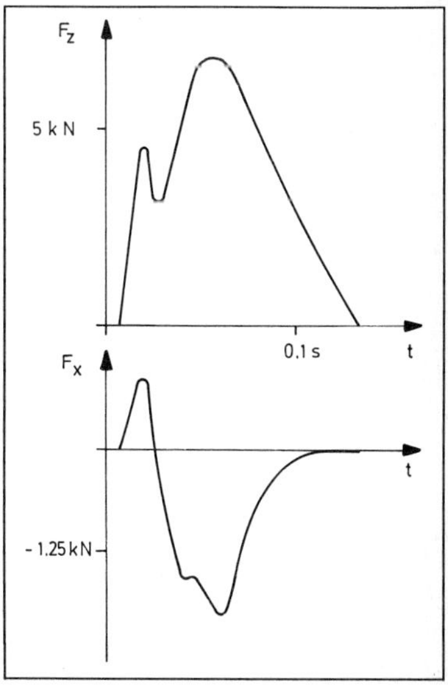

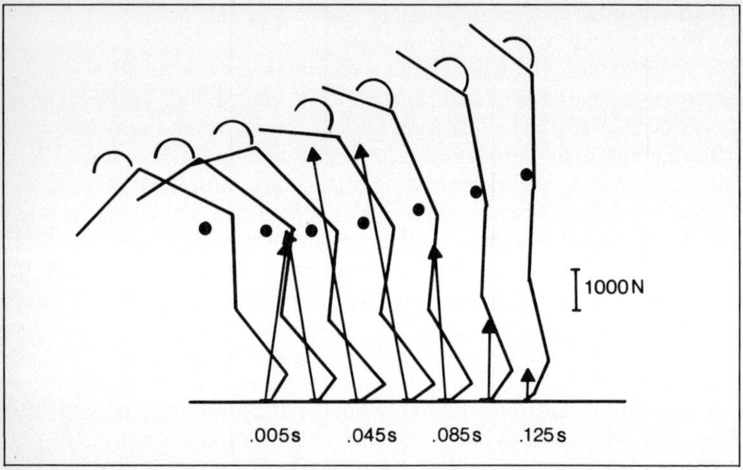

Abb. 3: Vektordiagramm und Körperschwerpunktlage bei einem typischen Absprung zum Salto rückwärts

An dieser Stelle wird das Modell der punktförmigen Masse auf ein mehrgliedriges System starrer, jedoch gegeneinander beweglicher Körper erweitert. Damit wird die Beschreibung der rotatorischen Bewegungskomponente möglich. Bei Absprungbeginn wird ein sehr großer Breitenachsendrehimpuls von ca. $-130\,\mathrm{kgm^2/s}$ verzeichnet (das Minuszeichen charakterisiert die Rückwärtsdrehung im rechtsorientierten Koordinatensystem, wobei die Bewegung von links nach rechts verläuft). Dieser wird durch die beschriebenen Reaktionskräfte während des Absprungs um bis zu 50% seines Betrags reduziert. Damit lenkt der Turner während des Absprungs nicht nur seine Schwerpunktbahn um ca. 60° um, sondern verringert gleichzeitig drastisch den aus den vorgeschalteten Bewegungen verfügbaren Anfangsdrehimpuls.

Dieses wichtige Ergebnis ist für einen typischen Doppelsalto in Abbildung 4 verdeutlicht. Da während des Flugs keine externen Drehmomente am Körper wirken, muß der Drehimpuls während der Flugphase konstant sein. Die gemessenen Schwankungen von ca. ± 5% des Drehimpulsbetrages sind als Meßfehler einzustufen und werden vor allem auf den gekrümmten Rumpf sowie ungenaue individuelle Segmentträgheitsmomente zurückgeführt.

Hay, Wilson, Dapena und Woodworth (1977) berichten von ähnlichen Problemen bei der Berechnung eines konstanten Drehimpulses aus Filmdaten. Die Verringerung des Drehimpulses beim Absprung widerspricht

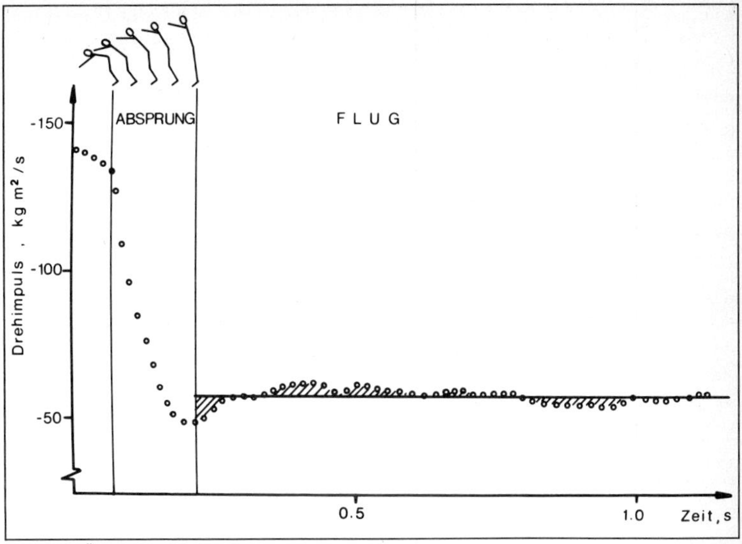

Abb. 4: Änderung des Drehimpulses bzgl. der durch den Körperschwerpunkt verlaufenden Breitenachse während des Einflugs, des Absprungs und des Fluges bei einem typischen Doppelsalto rückwärts (BRÜGGEMANN 1987)

der bisherigen allgemeinen Lehrmeinung im Kunstturnen. Dieses Resultat weist den beschriebenen Absprung als eine völlig eigenständige Bewegungsklasse aus, die sich von allen anderen sportlichen Absprungbewegungen ausgliedern läßt. Bemerkenswert ist weiterhin, daß bei hochqualifizierten Springern durchgängig eine Drehimpulsreduktion von ca. 50% verzeichnet wird. Da der Abflugdrehimpuls hoch mit dem Anfangsdrehimpuls korreliert, scheint die Steuerung des Abflugdrehimpulses und damit des rotatorischen Leistungskriteriums nicht während des Absprungs, sondern vorrangig während der vorgeschalteten Bewegungen vorgenommen zu werden.

Analog zur Translation kann auch bei der rotatorischen Komponente der Impuls als Indikator für die rotatorische Bewegungsenergie herangezogen werden. Sie wird während des gesamten Absprungvorgangs verringert.

Am deutlichsten fällt dabei die Verringerung im ersten Absprungabschnitt aus.

Zusammengefaßt wird die translatorische Energie im ersten Absprungteil und die rotatorische Energie über das gesamte Absprungintervall verringert. Die translatorische (und hier speziell die vertikale Komponente)

Energie erfährt im zweiten Absprungabschnitt eine deutliche Zunahme. Gleichzeitig wird die potentielle Energie vergrößert (KSP-Hub während des Absprungs ca. 30–40 cm).
Im nächsten Schritt soll untersucht werden, durch welche Körpersegmentbewegungen der beschriebene Energietransfer realisiert wird.

Bewegung der Körpersegmente: Betrachtet wird ein dreigliedriges symmetrisches Modell des Körpers, welches durch die Beine, den Rumpf und die Arme charakterisiert ist. Entsprechend der oben angeführten Überlegungen berücksichtigen wir die translatorische und rotatorische Bewegungskomponente. Die Translation wird über die vertikale Beschleunigung des Gesamtkörpers und der Körpersegmente näher analysiert. Dabei repräsentieren die vertikalen Segmentträgheitskräfte ($F_{zi} = m_i \cdot a_{zi}$) die Kraft- bzw. Beschleunigungsanteile der einzelnen Körperteile.
Um interindividuelle Vergleiche zu ermöglichen, relativieren wir die Segmentträgheitskräfte auf die Körpermasse und nehmen damit eine Normalisierung auf die individuelle Gesamtmasse des Sportlers vor. Da die Daten zudem zeitlich normalisiert sind, können überindividuelle Vergleiche angestellt werden. Abbildung 5 zeigt die einzelnen Mittelwertsverläufe für die vertikale Trägheitskraft von 26 hochqualifizierten Kunstturnern beim Absprung zum Salto vorwärts. Der Verlauf der Gesamtkörperbeschleunigung läßt das in der Kurve der vertikalen Bodenreaktionskraft als typisch aufscheinende Zwischenminimum vermissen. Dieses Resultat ist meßtechnisch bedingt, da über die kinematografische Auswertung sehr schnelle Beschleunigungsänderungen, wie sie die Kraftmeßplattform zeigt, nicht erfaßt werden können. Die Beine und der Rumpf sind aufgrund ihrer großen Beschleunigung und ihrer relativ großen Masse für den Hauptteil der Beschleunigung verantwortlich. Dabei weisen die Beine die größten Trägheitskräfte und damit bei Berücksichtigung der Segmentmasse die größten Beschleunigungen im ersten Teil des Absprungs, also während der exzen-

Abb. 5: Vertikale Trägheitskräfte der Segmente und des Körperschwerpunkts (normalisiert auf die Körpermasse) während des Absprungs zum Salto rückwärts (Mittelwert der Sprünge von 26 Kunstturnern) (BRÜGGEMANN 1987)

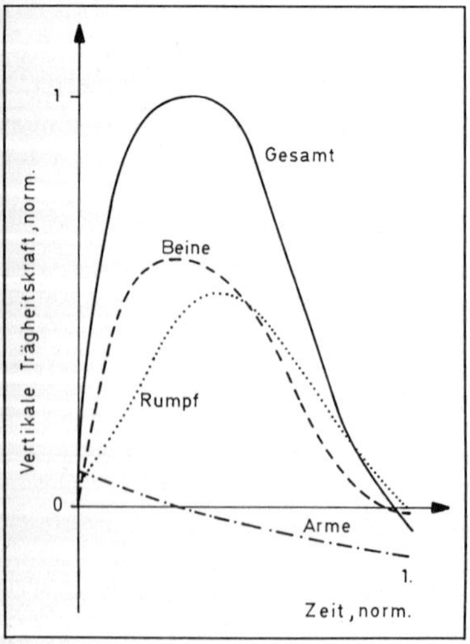

trischen Beanspruchung der Beinstreckmuskeln auf. Das Maximum der Vertikalbeschleunigung des Rumpfes tritt etwas zeitversetzt auf.
Bemerkenswert ist der Verlauf der Trägheitskraft der Arme. Obwohl der Armbewegung vom Trainer häufig viel Aufmerksamkeit gewidmet wird, belegt Abbildung 5 den äußerst geringen Einfluß dieses Segments auf die vertikale Beschleunigungskraft des Gesamtkörpers. Auffällig sind die positiven Armbeschleunigungen im ersten Teil und die deutlich negativen Beschleunigungen der Arme im übrigen Teil des Absprungs. Für die praxisorientierte Interpretation muß an dieser Stelle darauf hingewiesen werden, daß eine negative vertikale Armbeschleunigung nicht ein Blockieren der Arme impliziert. Die negative Beschleunigung weist ausschließlich auf eine Verringerung der Armgeschwindigkeit hin. Mit größter Vorsicht kann die positive Armbeschleunigung im ersten Teil des Absprungs mit der Beanspruchung der Beinstrecker in Verbindung gebracht werden. Es ist anzunehmen, daß die Beschleunigung der Arme eine nicht zu unterschätzende Rolle im Hinblick auf die Beeinflussung des Dehnungsverkürzungszyklus der Beinstrecker spielt und die Belastung der Extensoren in der exzentrischen Kontraktionsphase in geeigneter Weise vergrößert. Gestützt wird dieser Interpretationsansatz durch eine positive vertikale Rumpfbeschleunigung während des betrachteten Zeitintervalls. Während der folgenden Fuß-, Knie- und Hüftwinkelstreckung spielen die Arme eine umgekehrte Rolle. Durch die Produktion einer negativen Vertikalbeschleunigung wird in Verbindung mit relativ geringen Rumpfbeschleunigungen die Belastung der sich verkürzenden Beinextensoren verringert. Im letzten Absprungabschnitt scheinen damit die Arme die Reststreckung von Fuß- und Kniegelenk mit zu beeinflussen.
Damit scheinen die Arme beim Absprung zum Salto rückwärts nach dem Flick-Flack nicht den bisher in der Methodik des Gerätturnens häufig überbetonten Einfluß auf die Flughöhe zu haben. Den Bewegungen dieses Segments scheint eine völlig andere Bedeutung beim Absprung zuzuschreiben zu sein.
Analog zur Translation wird hinsichtlich der rotatorischen Bewegungskomponente verfahren. Dazu bestimmen wir den Breitenachsendrehimpuls der Beine, des Rumpfes und der Arme bzgl. der durch den Körperschwerpunkt verlaufenden Breitenachse. Ähnlich wie bei der Translation finden sich die größten Drehimpulsänderungen im ersten Teil des Absprungs.
Die Verläufe der Segmentdrehimpulse der Beine und des Rumpfes sind ähnlich dem des Gesamtkörpers mit großen Intensitätsänderungen im ersten Absprungabschnitt. Im Gegensatz dazu zeigt die Armbewegung ein quasi entgegengesetztes Verhalten. Einer geringen Drehimpulszunahme folgt eine Drehimpulsreduktion im letzten Absprungabschnitt. Damit scheinen die Arme im exzentrischen Absprungabschnitt die Belastung der Beinextensoren zu beeinflussen und während des weiteren Absprungvor-

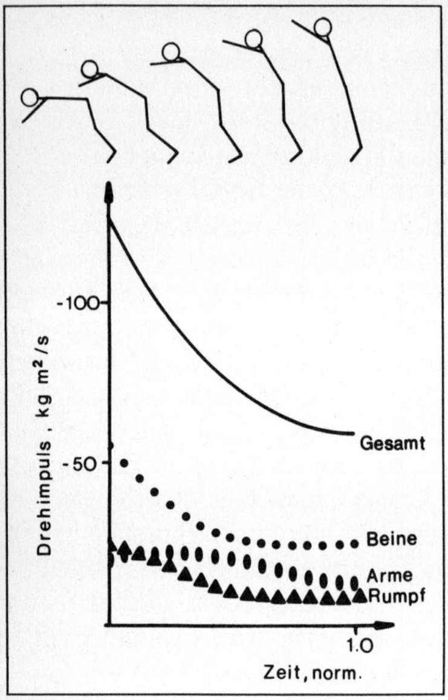

Abb. 6: Breitenachsendrehimpulse der Körpersegmente und des Gesamtkörpers in bezug auf den Körperschwerpunkt während des Absprungs zum Doppelsalto. Der negative Drehimpuls ist im Uhrzeigersinn orientiert und entspricht der Rückwärtsdrehung beim Salto rückwärts (BRÜGGEMANN 1987)

gangs zur Feineinstellung des Drehimpulses beim Abflug sowie der Entlastung der Beinstrecker zu dienen. Aus Abbildung 6 geht hervor, daß die Beine und der Rumpf hinsichtlich der Intensität der Drehimpulsanteile die dominierende Rolle bzgl. des Gesamtdrehimpulses spielen. Der Beitrag der Beine ist sehr groß und ungefähr zweimal so hoch wie der des Rumpfes, da der STEINERsche Drehimpulsanteil der Beine durch die relativ große Entfernung des Segmentschwerpunkts zum Körperschwerpunkt während des Absprungs relativ große Werte erreicht. Infolgedessen muß der Position der Beine beim Absetzen der Füße zum Absprung in Abhängigkeit zur translatorischen und rotatorischen Anfangsgeschwindigkeit des Turners große Aufmerksamkeit gewidmet werden. Die Ergebnisse der Untersuchungen weisen darauf hin, daß der Bewegung der Arme, der von seiten der Trainer lange sehr viel Aufmerksamkeit gewidmet wurde, aus biomechanischer Sicht relativ wenig Einfluß zuzuschreiben ist und ihr eine völlig andere Bedeutung zukommt, als in den meisten Methodikbüchern beschrieben wird.

Die Bedeutung der Anfangsbedingungen für den Absprung und die beim Salto erreichte Höhe kann durch die statistische Analyse der Hocksalti von 40 Kunstturnern erläutert werden. Der multiple Korrelationskoeffizient zwischen der Flughöhe beim Salto und den Prädiktoren Drehimpuls und horizontale Körperschwerpunktgeschwindigkeit nach dem Flick-Flack errechnet sich mit $r = 0.81$ ($n = 40$) und weist auf den relativ hohen Einfluß der Anfangsgrößen vor dem Absprung auf die Zielgröße Flughöhe hin.
Zusammenfassend bleibt anzumerken, daß eine relativ hohe Anfangsgeschwindigkeit in Verbindung mit einem sehr großen Anfangsdrehimpuls die notwendigen Anfangsbedingungen für den Absprung rückwärts beim Bodenturnen darstellen. In Verbindung mit der geometrischen Anordnung

des Körpers beim Absprungbeginn wurde die Bedeutung der Arme für den Gesamtablauf eingehend analysiert und ihr Einfluß auf den Dehnungsverkürzungszyklus der Beinextensoren verdeutlicht. Die Ergebnisse machen deutlich, daß zum einen den Armen eine völlig andere Rolle zuzukommen scheint, als bisher angenommen wurde, und zum anderen die Bedeutung der vorgehaltenen Bewegungen sehr groß ist. Damit muß dem Rondat und dem Flick-Flack vor dem Absprung in der Trainingspraxis viel Aufmerksamkeit geschenkt werden, um die notwendigen Anfangsbedingungen für den Absprung rückwärts zu schaffen.

1.2.2 Ringe

Die Bewegungstechnik beim Ringeturnen hat in den letzten Jahren eine extreme Entwicklung erfahren. In den 60er Jahren dominierten Kraftübungen und statische Elemente sowie dynamische Übungen, die – am heutigen Maßstab orientiert – mit schlechter Bewegungstechnik realisiert wurden. Während der 70er und 80er Jahre erfolgte die Betonung der sogenannten Schwungelemente. Ein Resultat dieser Entwicklung war die Optimierung der Technik der dynamischen Elemente des Ringeturnens. Die Entwicklung der Bewegungstechnik wurde dabei ausschließlich in der Trainingspraxis vollzogen. Eine theoretische Fundierung stand lange aus. Die erste quantitative Analyse von Bewegungen an den stillhängenden Ringen wurde von MARHOLD (1961) publiziert. Er untersuchte die Kinematik und Dynamik von Felgen und Stemmen in den Handstand. Das Ziel dieser Untersuchung war jedoch nicht primär die Technikanalyse, sondern die Analyse der am Gerät auftretenden mechanischen Beanspruchungen. Die Technik der Riesenfelge rückwärts wurde kinematografisch von DUSENBURY (1968), FETZ/OPAVSKI (1968) und PEEK (1968) analysiert. Die von diesen Autoren untersuchten Techniken (Riesenfelgen mit gebeugten Armen) entsprechen jedoch nicht mehr den heutigen Anforderungen. SALE/JUDD (1974) führten eine komplexe kinematografisch-dynamografische Untersuchung der Felge in den Handstand durch. Auch bei dieser Untersuchung wurden Bewegungen berücksichtigt, deren Technik vom heutigen Standpunkt aus betrachtet als nicht optimal bezeichnet werden darf.

NISSINEN legte 1983 die ersten Resultate eines größeren Untersuchungsvorhabens über dynamische Bewegungen des Ringeturnens vor. In diesem Projekt wurden Felgen und Riesenfelgen sowie Stemmaufschwünge rückwärts in den Handstand mit gestreckten Armen einer detaillierten Analyse unterzogen. Grundlage bildeten Aufnahmen bei den Europameisterschaften 1979, den Deutschen Kunstturnmeisterschaften 1980 und den Junioren-Europameisterschaften 1986. Die folgenden Darstellungen basieren auf den Ergebnissen dieser Arbeit. Als Untersuchungsmethode wurde die Hochfrequenzfilmtechnik mit der Reaktionskraftmessung kombiniert angewendet.

Exemplarisch werden die wichtigsten Resultate am Beispiel der Riesenfelge in den Handstand mit gestreckten Armen dargestellt.

Während des Abschwungs ist bei Betrachtung der an den Ringen registrierten Reaktionskraftkurve eine deutliche erste unbelastete Phase zu identifizieren (vgl. Abb. 7).

Die Ringe werden bei paralleler Armführung relativ weit nach vorn ausgelenkt. Daraus resultiert ein großer horizontaler Abstand des Körperschwerpunkts von den Ringen, der ein hohes Drehmoment bezüglich einer transversalen durch die Ringe verlaufenden Achse verursacht. Das Resultat dieser Abschwungtechnik (gestreckte, parallel geführte Arme) ist eine hohe Körperschwerpunktgeschwindigkeit und ein großer Drehimpuls bei Passieren der Vertikalen. Die unterbrochene Linie in Abbildung 7 kennzeichnet vertikale Projektion des Aufhängepunkts der Ringe und erlaubt damit eine räumliche Zuordnung. Nähert sich der Turner dieser Linie, übersteigt die an den Ringen gemessene Reaktionskraft die Körperge-

Abb. 7: Synchronisation von Filmdaten und dem Verlauf der Reaktionskraft bei einer Riesenfelge an den Ringen mit völlig gestreckten Armen (Weltklasseturner) (BRÜGGEMANN 1987)

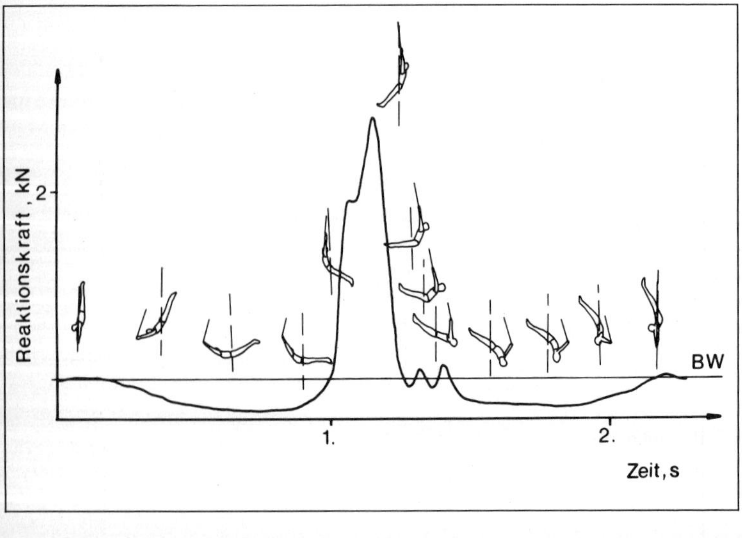

wichtskraft und wächst schnell an. Maximale Reaktionskräfte werden bei Passieren der Vertikalen erreicht. Die untersuchten Bewegungen zeigten Maximalkräfte in der Größe des 6.5- bis 9.2fachen des Körpergewichts. Diese an modernen Techniken gemessenen Werte liegen deutlich über denen früher berichteter Ausprägungen der Ringereaktionskräfte (MARHOLD 1961, SALE/JUDD 1974). Nach dem Kraftmaximum ist ein schneller Abfall der Reaktionskraft zu beobachten, der bis und sogar unter die Gewichtskraftlinie fällt. Es folgen in der Reaktionskraftkurve zwei kleinere Zwischenmaxima.

Diese beiden Kraftspitzen werden durch das Abbremsen des beschleunigten Beinschwungs und den Beginn des Arm-Rumpf-Winkelöffnens erklärt. Diese wichtigen ersten Resultate widersprechen der bisher gängigen Lehrmeinung für die Riesenfelgen an den Ringen. Das häufig betonte Armrückführen nach Passieren der Vertikalen kann bei Riesenfelgen hohen technischen Standards nicht gefunden und der Effekt der geforderten Armbewegung bzgl. der Vertikalimpulse nicht belegt werden. Die an den Ringen registrierte Reaktionskraft erreicht erst wieder im Handstand den Wert der Gewichtskraft. Einzelheiten der Aufschwungphase wurden durch die Relativbewegungen der Körpersegmente und die um die Gelenke wirkenden Nettomuskelkraftmomente analysiert. Zur Beurteilung der relativen Einflüsse der Segmente auf die Vertikalbewegung des Gesamtkörpers wurden

Abb. 8: Verlauf der Nettomuskelkraftmomente um Hüft- und Schultergelenk bei einer Riesenfelge mit gestreckten Armen

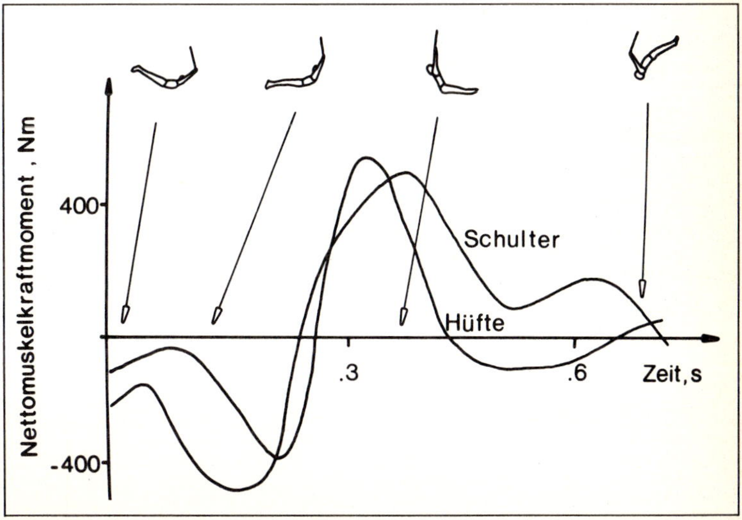

die Bewegungen der Beine relativ zum Hüftgelenk, die Rumpfbewegungen relativ zum Schultergelenk und die Armbewegungen relativ zu den Ringen betrachtet. Nach Passieren der Vertikalen zeigt die Relativgeschwindigkeit der Beine einen schnellen Geschwindigkeitsanstieg bis 5 m/s. Diesem beschleunigten Beinschwung folgt das Abbremsen bis zum Wert 0. Die Bremsbewegung der Beine führt folglich zu einem relativen Stillstand des Segments in bezug auf das Hüftgelenk. Der korrespondierende Geschwindigkeitsverlauf des Rumpfes weist einen späteren und weniger intensiven Anstieg auf. Diese Charakteristika stimmen mit den theoretischen Überlegungen von Djatschkow (1974) zu Beinschwungbewegungen überein. Der Beitrag der Arme an der Gesamtbewegung tritt später auf und korrespondiert mit dem Geschwindigkeitsabfall der relativen Rumpfgeschwindigkeit.
Folglich erfolgt die aktive Armbewegung erst nach der Streckung des Hüftgelenks. Die Koordination von Schulter und Hüftgelenk kann durch die Verläufe der Nettomuskelkraftmomente um die entsprechenden Gelenke weiter verdeutlicht werden (Abb. 8). Die Verläufe der Nettomuskelkraftmomente weisen auf die deutliche Phase der Vordehnung der Beugemuskeln beider Gelenke und die gut koordinierte Beugung von Hüft- und Schultergelenk hin. Das Beugemoment des Hüftgelenks nimmt in der Aufschwungphase ab, während es um das Schultergelenk weiter steigt. Die Streckung des Schultergelenks tritt erst auf, nachdem der Rumpf eine fast senkrechte Lage erreicht hat. Folglich wird das Arm-Rumpf-Gelenk nach Passieren der Senkrechten nicht – wie häufig angenommen wird – geöffnet, sondern zunächst beschleunigend gebeugt.
Die Untersuchung hat gezeigt, daß der Bewegungsanteil der Beine an der Gesamtbewegung Felge deutlich höher ausfällt, als bisher angenommen wurde. Weiterhin konnte verdeutlicht werden, daß ein aktives Zurückführen der Ringe nach dem Passieren der Senkrechten erst sehr spät erfolgt und die optimale Bewegungstechnik der Riesenfelge im wesentlichen durch die Koordination von Hüftbeugung und Hüftstreckung bedingt wird. Für die Trainingspraxis bedeuten diese Resultate eine stärkere Berücksichtigung der Beinschwungbewegung hinsichtlich des zeitlichen Einsatzes und der Intensität der Beugebewegung.
Die zusammengefaßten Resultate lassen sich grundsätzlich auf den Stemmaufschwung rückwärts in den Handstand übertragen. Die oben angeführte Untersuchung bestätigt nachdrücklich diese Aussage, so daß auf eine explizite Diskussion der Ergebnisse beim Stemmaufschwung an dieser Stelle verzichtet werden kann.

1.2.3 Pferdsprung

Schwierige Pferdsprünge lassen sich zunächst in zwei Gruppen unterteilen, die *Tsukahara-Sprünge* und die *frontalen Handstützüberschläge*. Diese zweite Gruppe enthält die Handstützüberschläge mit oder ohne Längsachsendrehungen sowie zusätzlichen Salti in der zweiten Flugphase. Die Klasse der Handstützüberschläge beinhaltet auch die sogenannten Cuervo-Sprünge. Dabei handelt es sich um Handstützüberschläge vorwärts, bei denen in der zweiten Flugphase nach einer halben Längenachsendrehung ein Salto rückwärts geturnt wird. Die Gruppe der Tsukahara-Sprünge, benannt nach dem japanischen Kunstturner TSUKAHARA, enthält als kennzeichnendes Element eine halbe Längenachsendrehung in der ersten Flugphase, der während der zweiten Flugphase ein eineinhalb Salto rückwärts mit oder ohne Längenachsendrehungen folgt. In diese Gruppe lassen sich auch die Kasamatsu-Sprünge einordnen, die nur eine Viertel-Längenachsendrehung in der ersten Flugphase und die restliche Viertel-Längenachsendrehung im zweiten Flug aufweisen. In den meisten Fällen enthält der Kasamatsu in der zweiten Flugphase eine weitere halbe oder eineinhalbe Längenachsendrehung.
Auch die sogenannten Rondat-Sprünge gehören zur Gruppe der Tsukahara-Sprünge. Bei diesen Pferdsprüngen wird eine Radwende oder ein Rondat in das Sprungbrett hinein durchgeführt, so daß der Absprung bereits rückwärts erfolgen kann. In der zweiten Flugphase schließt sich ein Salto rückwärts mit oder ohne Längenachsendrehungen an. Die Rondatsprünge werden aufgrund des unterschiedlichen Reglements nur von den Kunstturnerinnen gezeigt.
Alle Sprünge der genannten Gruppen unterliegen gleichen Prinzipien. Bevor auf die Besonderheiten der einzelnen Sprunggruppen eingegangen wird, sollen die Gemeinsamkeiten der Überschlagsprünge herausgearbeitet werden.
Der Pferdsprung besteht aus sechs aufeinander folgenden und voneinander abhängigen Phasen, dem Anlauf (1), dem Absprung vom Sprungbrett (2), der ersten Flugphase (3), der Stützphase auf dem Pferd (4), der zweiten Flugphase (5) und der Landung (6).
Ein etwa 25 m langer Anlauf wird vom Turner genutzt, um die für einen qualitativ schwierigen Pferdsprung notwendige Energie zu produzieren. Am Ende des Anlaufs erfolgt der Einsprung in das Sprungbrett. Während des beidbeinigen Absprungs wird der durch den Anlauf bereitgestellte Impuls mit dynamischer Unterstützung des Sprungbretts umgelenkt, so daß der Körper des Turners in der relativ kurzen Flugphase zum Pferd schnell um die Breitenachse rotiert.
Während des Handstützes am Pferd erfolgt die Restdrehung bis zur Abflugposition. Nach dem Handstütz, der eine weitere Umlenkung der Kör-

perschwerpunktbahn initiiert, vollzieht der Turner die zweite kräftefreie Phase seines Sprungs, die wichtige zweite Flugphase. Sie endet im Stand auf der Landematte, der gemäß der Wertungsvorschriften für das Erreichen einer guten Beurteilung ohne zusätzliche Schritte zu realisieren ist. Die vorrangige Aufgabe von Absprung, erster Flugphase und Stützphase auf dem Pferd ist die Maximierung von Höhe und Länge der zweiten Flugphase bei gleichzeitiger Optimierung der Rotation des zweiten Flugs in Abhängigkeit der angesteuerten Sprungart. Die zweite Flugphase ist der Bewegungsabschnitt, der den eigentlichen Schwierigkeitsgrad des Sprunges bestimmt. In dieser Phase werden die zusätzlichen und für die Beurteilung wichtigen Breiten- und Längenachsendrehungen eingefügt. Zwar ist der ruhige und sichere Stand nach dem Sprung – bedingt durch die Wertungsvorschriften – ein sehr wichtiges Merkmal für die Beurteilung des Pferdsprungs, jedoch kein hinreichendes Bewertungskriterium. Zudem unterliegt dieses Merkmal nicht oder nur bedingt dem biomechanischen Zugriff. Infolgedessen berücksichtigen biomechanische Untersuchungen zum Pferdsprung in der Regel nur die ersten fünf Phasen der Disziplin.

Aus biomechanischer Sicht ist die zweite Flugphase der wichtigste Bewegungsabschnitt des Pferdsprungs. Als objektive Kriterien zur Beurteilung können Höhe und Weite herangezogen werden. Diese Überlegung kann bei den Pflichtsprüngen belegt werden. Die Höhe der zweiten Flugphase beim Handstützüberschlag unterscheidet sich bei Turnern unterschiedlichen Leistungsniveaus und korreliert mit der Kampfrichterbewertung. Die Beurteilung der Kürsprünge jedoch ist zusätzlich von ihrem Schwierigkeitsgrad abhängig. Folglich sind bei dieser Kategorie von Sprüngen ähnliche Resultate nicht zu beobachten (NELSON et al. 1985).

Unabhängig von den in der Literatur angegebenen Koeffizienten sind Höhe und Drehimpuls der zweiten Flugphase als die leistungslimitierenden Faktoren aller Kürsprünge zu identifizieren, deren Ziel, wie bereits oben angedeutet, und technischer Schwierigkeitsgrad in zusätzlichen Salti und Schrauben liegt. Bei Berücksichtigung der Bewertungsvorschriften sind diese Faktoren nicht die ausschließlichen Kriterien der offiziellen Wertung, doch stellen sie die Bedingungen für alle weiteren Bewertungskriterien (sicherer Stand, geschlossene und gestreckte Beine usw.) dar.

Untersuchungen zur Biomechanik schwieriger Pferdsprünge sind ab 1979 zu finden. Bis zu diesem Zeitpunkt lagen ausschließlich qualitative Informationen in methodisch orientierten Lehrbüchern vor.

Im folgenden werden die wichtigsten biomechanischen Aspekte des Pferdsprungs zusammenfassend erläutert, wobei die Ausführungen auf den experimentellen Arbeiten von BAJIN (1979), BRÜGGEMANN (1979), BRÜGGEMANN/NISSINEN (1981), CHEETHAM (1982), DAINIS (1979), DILLMANN, CHEETHAM und SMITH (1985) und NELSON, GROSS und STREET (1985) sowie auf eigenen – zum Teil nicht publizierten – Untersuchungen basieren.

Schon die alten Römer…

... waren davon überzeugt, daß in einem gesunden Körper auch ein gesunder Geist sein müsse. Beides zu trainieren war daher für sie eine Selbstverständlichkeit. Nach dieser Lebensmaxime ordneten sie ihr Staatswesen, ihr Recht, ihre Verwaltung, ihre Finanzen. Als politische Führungsmacht des alten Europa prägten sie unsere heutigen demokratischen Staatswesen entscheidend mit.
Wir können noch heute viel von ihnen lernen.

Alle biomechanischen Arbeiten zum Pferdsprung verwendeten die Kinematografie als Untersuchungsmethode. Die Auswerteverfahren sind identisch, und die vorliegenden Daten können direkt miteinander verglichen werden. Bevor auf Unterschiede zwischen Sprüngen über das längs- und quergestellte Pferd eingegangen wird und wichtige differenzierende Merkmale der einzelnen Sprunggruppen untersucht werden, wird auf der Grundlage der umfangreichsten Arbeit zum Handstützüberschlag (BRÜGGEMANN/NISSINEN 1981) eine Analyse der wichtigsten grundlegenden Prinzipien vorgenommen.

Anlauf: Ziel des Anlaufs ist das Erreichen einer optimalen Körperschwerpunktgeschwindigkeit beim Auftreffen auf das Sprungbrett. Die Anlaufgeschwindigkeit wird definiert als die horizontale Geschwindigkeit des Körperschwerpunktes beim ersten Kontakt am Reuther-Brett. Die Anlaufgeschwindigkeit v_{An} zeigt einen Maximaltrend und nimmt mit der Qualifikation des Turners oder der Turnerin und der Qualität des Sprunges zu. Dieser Trend wurde durch eine Untersuchung von Weltspitzenathleten (G1), zehn Mitgliedern des A-/B-Kaders (G2) und zehn Nachwuchsturnern (G3) belegt.
Aus diesen Ergebnissen einer sehr heterogenen Stichprobe kann auf die große Bedeutung einer hinreichenden Anlaufgeschwindigkeit geschlossen werden. Die Korrelationskoeffizienten zwischen Anlaufgeschwindigkeit und Höhe sowie Weite der zweiten Flugphase bestätigen diese Aussage. Sie werden mit $r = 0.78$ ($n = 30$) bzw. $r = 0.83$ ($n = 30$) berechnet.
Der varianzanalytische Vergleich der Gruppenmittelwerte weist auf die überzufälligen Unterschiede der Anlaufgeschwindigkeit bei den drei untersuchten Gruppen hin. Der Mittelwert der besten Gruppe (7.98 m/s) wird von den Ergebnissen der Arbeit von DILLMAN et al. (1985) ($\bar{x} = 7,75$ m/s) bestätigt. Der größte gemessene Wert von 8.4 m/s konnte bei einer neueren Untersuchung des Autors bei einem Handstützüberschlag mit zusätzlichem Salto vorwärts in der zweiten Flugphase ermittelt werden.
Damit stellt eine hohe Anlauf- oder besser Auftreffgeschwindigkeit eine notwendige, jedoch nicht hinreichende Bedingung für einen Pferdsprung dar. Die im Moment des Aufsprungs auf das Brett vorhandene vertikale Geschwindigkeit des Körperschwerpunkts scheint einen Minimaltrend aufzuzeigen. Überhöhtes Einspringen in das Brett und damit eine Vergrößerung der vertikalen Auftreffgeschwindigkeit korrespondiert mit einer Reduktion der Horizontalgeschwindigkeit beim letzten einbeinigen Kontakt (letzter Schritt) und ist negativ zu beurteilen.

Absprung: Während des kurzen Absprungs vom Brett (Absprungdauer: ca. 110 ms) reduziert sich die horizontale und vergrößert sich die vertikale Geschwindigkeit des Körperschwerpunkts. Gleichzeitig erfährt der Dreh-

impuls um die Breitenachse eine schnelle und intensive Vergrößerung. Der Betrag der translatorischen Impulsänderungen korrespondiert mit dem Leistungsniveau. Dabei finden sich die größeren horizontalen und vertikalen Änderungen der Schwerpunktgeschwindigkeit bei den hochqualifizierten Springern. Bei Berücksichtigung einer nicht signifikant unterschiedlichen Absprungdauer nehmen folglich sowohl die horizontalen als auch die vertikalen Brettreaktionskräfte in Abhängigkeit vom Leistungsniveau zu.
Der am Ende des Absprungs verfügbare Drehimpuls um die Breitenachse läßt sich als ein weiteres leistungsbestimmendes Merkmal herausarbeiten. Um den interindividuellen Vergleich zu ermöglichen, wird der Drehimpuls durch das individuelle Trägheitsmoment im Augenblick des Abflugs dividiert. Die resultierende Winkelgeschwindigkeit zeigt einen eindeutigen Maximaltrend. Dieser positive Trend wird weiterhin durch den hochsignifikanten Korrelationskoeffizienten mit einem Leistungskriterium des Pferdsprungs, der Höhe der zweiten Flugphase, von $r = 0.75$ ($n = 30$) belegt. Der Mittelwert der Winkelgeschwindigkeit der besten Gruppe kann mit 6.8 rad/s angegeben werden. Die höchsten Winkelgeschwindigkeiten wurden beim Handstützüberschlag mit Salto vorwärts gestreckt und einem sehr guten Cuervo mit 8.9 rad/s bzw. 8.8 rad/s gemessen (nicht publizierte Daten).

Erste Flugphase: Die Dauer der ersten Flugphase ist bei hochqualifizierten Springern extrem kurz. Der hochsignifikante Korrelationskoeffizient von $r = -0.75$ mit der Höhe der zweiten Flugphase deutet auf die Leistungsrelevanz dieses Merkmals hin. Die Flugdauer der ersten Gruppe wird mit 200 ms angegeben. Neuere Ergebnisse deuten auf eine weitere Verkürzung der ersten Flugphase hin. Damit zeigt die vertikale Auftreffgeschwindigkeit auf das Pferd durchgängig positive Werte und den Trend, die nach oben gerichtete Schwerpunktgeschwindigkeit beim Stützbeginn möglichst groß werden zu lassen.
Der Minimaltrend der Flugdauer korrespondiert mit dem Maximaltrend der Winkelgeschwindigkeit dahingehend, daß die Lage des Turners beim Stützkontakt einen Minimalwinkel nicht unterschreiten darf, um die weiteren geforderten Breitenachsendrehungen realisieren zu können. Die Simulationsrechnung von Abbildung 9 verdeutlicht die Abhängigkeit der Körperlage bei der Stützaufnahme von der Flugzeit und dem zur Verfügung stehenden Breitenachsendrehimpuls. Damit hat die Verkürzung der Dauer der ersten Flugphase mit dem Ziel einer möglichst großen Vertikalgeschwindigkeit beim Auftreffen notwendigerweise eine Vergrößerung des Breitenachsendrehimpulses nach dem Absprung zur Folge, um einen hinreichenden Einstützwinkel bei der Stützaufnahme am Pferd zu gewährleisten.

Handstütz: Während des Stützes am Pferd erfährt der Körper eine weitere Umlenkung. Horizontalgeschwindigkeit und Drehimpuls verringern sich,

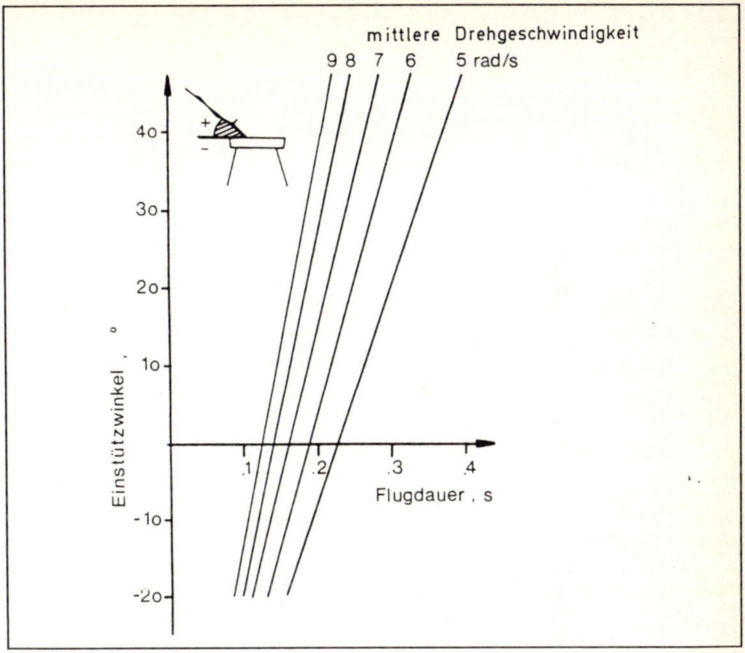

Abb. 9: Zusammenhang von Einstützwinkel, Flugdauer und mittlerer Drehgeschwindigkeit der ersten Flugphase

die Vertikalgeschwindigkeitskomponente wird erhöht. Während sich beim Handstützüberschlag die Drehgeschwindigkeit des Turners um ca. 60 % reduziert, werden bei anderen Sprüngen, wie z. B. Handstützüberschlag mit Salto vorwärts, deutlich geringere Reduktionen verzeichnet. Dennoch ist festzustellen, daß – entgegen der Aussage einer Reihe von methodischen Lehrbüchern – die Breitenachsenrotation des Springers während des Stützes auf dem Pferd nicht vergrößert, sondern verringert wird. Unsere Untersuchungen berichten an nur zwei Fällen von einem geringfügigen Winkelgeschwindigkeitsanstieg, nämlich bei einem Handstützüberschlag mit anschließendem gestrecktem Salto vorwärts und einem gestreckten Tsukahara einer Kunstturnerin. Doch scheinen diese Fälle eine Ausnahme darzustellen. Die Reduktion des Drehimpulses bzw. der Winkelgeschwindigkeit steht im Zusammenhang mit der oben bereits angesprochenen Körperlage bei der Stützaufnahme. Abbildung 10, S. 254, verdeutlicht das Ergebnis einer Simulationsrechnung zur Untersuchung des Einflusses der Körperlage beim Einstütz auf den die Drehgeschwindigkeit reduzierenden

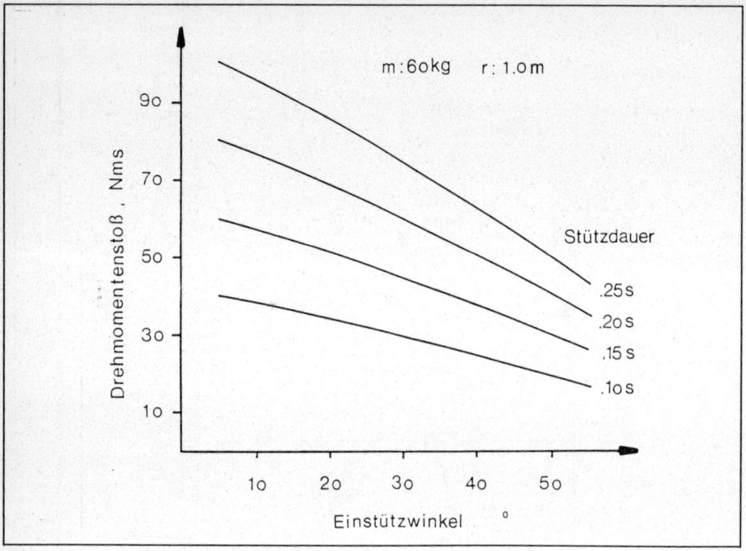

Abb. 10: Abhängigkeit von Einstützwinkel und Drehmomentenstoß während der Stützphase am Pferd

Momentenstoß während des Handstützes. Dabei wird eine starre Körperhaltung während der Stützphase und eine konstante Abflugposition angenommen.
Die empirischen Befunde deuten darauf hin, daß die Stützdauer einen Minimaltrend aufzuweisen scheint. Der Mittelwert der besten Gruppe stimmt mit den Messungen von DILLMANS Arbeit gut überein ($\bar{x}$ = 185 ms). Es ist zu schließen, daß eine zu große Drehgeschwindigkeitsreduktion bei relativ kleinen Einstützwinkeln von hochqualifizierten Kunstturnern durch eine Verkürzung der Wirkungsdauer des die Drehung negativ beeinflussenden Drehmomentenstoßes zumindest partiell kompensiert wird.

Zweite Flugphase: Höhe und Länge differieren in Abhängigkeit des Leistungsniveaus der Springer. Diese Merkmale und der Drehimpuls sind das Resultat der oben diskutierten Einflußgrößen.
Zusammenfassend sind in Tabelle 1 die wichtigsten Daten zusammengestellt, die von verschiedenen Untersuchern für Sprünge aus der Familie der Handstützüberschläge angegeben werden.
Die Arbeiten von CHEETHAM (1982) und DILLMAN et al. (1985) berücksichtigen Kürsprünge aus dieser Gruppe (Handstützüberschläge mit Salto vorwärts und Cuervo), während sich unsere Studie auf den einfachen Hand-

	CHEETHAM 1982 (College-Kunst-turner) n = 8	DILLMAN et al. 1985 (Finalisten der OS 1984) n = 8	BRÜGGEMANN/NISSINEN 1981 (Kunst-turner der Welt-klasse) n = 10	(Kunst-turner nationaler Klasse) n = 10	(Kunst-turner der Nachwuchs-klasse) n = 10
Zeitmerkmale [s]					
Einsprungdauer	–	0.23	–	–	–
Absprungdauer	0.11	0.11	0.11	0.10	0.10
Dauer der ersten Flugphase	0.15	0.17	0.200	0.228	0.280
Stützdauer	0.13	0.18	0.185	0.196	0.209
Dauer der zweiten Flugphase	1.04	0.92	–	–	–
Wegmerkmale [m]					
Einsprunglänge	–	2.45	–	–	–
Länge der ersten Flugphase	1.65	1.78	–	–	–
Länge der zweiten Flugphase	3.51	4.07	–	–	–
Lagemerkmale [Grad]					
Körperlage beim Abflug vom Brett	73.6	74.9	74.3	75.9	79.7
Körperlage beim ersten Pferdkontakt	33.0	33.4	29.4	31.7	39.9
Horizontale Geschwindigkeit [m/s]					
Erster Brettkontakt	7.32	7.79	7.98	7.40	6.79
Abflug vom Brett	4.53	5.11	5.17	5.24	4.70
Abflug vom Pferd	3.56	3.57	3.82	3.73	3.19
Vertikale Geschwindigkeit [m/s]					
Abflug vom Brett	4.02	4.49	4.52	4.31	3.88
Erster Pferdkontakt	2.50	2.75	2.53	1.81	1.07
Abflug vom Pferd	2.86	2.97	2.75	2.37	1.06
Winkelgeschwindigkeit [rad/s]					
Abflug vom Brett	–	–	6.80	6.25	5.93
Abflug vom Pferd	–	–	3.62	3.49	3.60

Tab. 1: Zusammenfassung der drei umfangreichsten Arbeiten zur Kinematik des Handstützüberschlags beim Pferdsprung

stützüberschlag beschränkt, der in der Wettkampfperiode 1976–1980 Pflichtsprung des olympischen Programms war.
Die Ergebnisse der Untersuchungen bestätigen die oben diskutierten Trends und lassen keine wesentlichen Unterschiede erkennen. Bemerkenswert ist die Einstützposition am Pferd, die gemäß unserer oben angestellten Überlegung und Simulationsrechnung bei solchen Sprüngen, bei denen wenig Drehimpulsreduktion während des Stützes angestrebt wird, deutlich größere Einstützwinkel als der einfache Handstützüberschlag aufweist. Auch der Trend der Stützdauer am Pferd entspricht den Vorüberlegungen.
Tabelle 2 enthält den Vergleich der Mittelwerte der wichtigsten Merkmale bei Sprüngen der Gruppen ‹Handstützüberschlag› und ‹Tsukahara›. Alle Meßwerte stammen aus Untersuchungen an männlichen Probanden (Dillman et al. 1985). Unterschiede in der Dauer der ersten Flugphase sind

Tab. 2: Vergleich der wichtigsten Merkmale bei Sprüngen aus den Gruppen ‹Handstützüberschlag› und ‹Tsukahara› (Dillman et al. 1985)

	Handstütz-überschlag	Tsukahara
Zeitmerkmale [s]		
Einsprungdauer	0.23	0.23
Absprungdauer	0.11	0.11
Dauer der ersten Flugphase	0.17	0.09/0.12*
Stützdauer	0.18	0.28
Dauer der zweiten Flugphase	0.92	0.86
Wegmerkmale [m]		
Einsprunglänge	2.45	2.29
Länge der ersten Flugphase	1.78	1.36
Länge der zweiten Flugphase	3.14	3.00
Lagemerkmale [Grad]		
Körperlage beim ersten Brettkontakt	117.5	117.5
Körperlage beim letzten Brettkontakt	74.9	76.1
Körperlage beim ersten Pferdkontakt	33.4	9.6
Horizontale Geschwindigkeit [m/s]		
Erster Brettkontakt	7.79	7.71
Abflug vom Brett	5.11	5.21
Abflug vom Pferd	3.54	3.75
Vertikale Geschwindigkeit [m/s]		
Abflug vom Brett	4.49	4.42
Erster Pferdkontakt	2.75	3.42
Abflug vom Pferd	2.97	2.54

* Flugzeit bis zum Aufsetzen der ersten Hand/Zeit zwischen den Handkontakten

im Zusammenhang mit denen der Stützphase zu interpretieren. Dabei muß berücksichtigt werden, daß die Stützaufnahme beim Tsukahara nacheinander erfolgt. Die zweite Hand stützt erst 120 ms nachdem die erste Hand das Pferd erreicht hat. Der beidhändige Stütz ist hinsichtlich seiner Dauer direkt mit dem beim Handstützüberschlag vergleichbar und mit 160 ms etwas kürzer als beim Überschlag. Während der einhändig gestützten Phase wirken nur relativ kleine Pferdreaktionskräfte, und die Körperlage ist beim Zweihandstütz zur Übertragung großer Horizontalkräfte äußerst ungünstig. Aus diesen Gründen wird die Horizontalgeschwindigkeit beim Tsukahara weniger intensiv reduziert und die Vertikalgeschwindigkeit geringfügiger als beim Handstützüberschlag erhöht.

Während die Absprungkinematik und Absprungdynamik bei beiden Sprunggruppen sehr ähnlich ist, unterscheidet sich die Stützphase durch das Nacheinanderaufsetzen der Hände hinsichtlich der Geometrie und Dynamik.

Es kann zusammengefaßt werden, daß sich die beiden Sprunggruppen hinsichtlich der die zweite Flugphase bedingenden Einflußgrößen des Anlaufs und Absprungs nicht unterscheiden. Die Stützphase am Pferd jedoch läßt deutliche Differenzen vor allem bezüglich der Umlenkung der Körperschwerpunktbahn herausarbeiten. Damit läßt sich der Tsukahara pointiert mehr als ein Horizontalsprung und der Überschlag als ein Vertikalsprung bezeichnen. Wie aus den Tabellen 1 und 2 zu entnehmen ist, liegen zur rotatorischen Bewegungskomponente nur äußerst spärliche quantitative Angaben vor. Aus diesem Grunde sind in Tabelle 3, S. 258, die Drehgeschwindigkeiten um die Breitenachse für verschiedene Sprünge zusammengestellt. Die Daten entstammen zum Teil noch nicht publizierten Arbeiten.

Die Daten verdeutlichen die im Vergleich mit anderen sportlichen Absprüngen extrem hohen Winkelgeschwindigkeiten um die Breitenachse nach dem Abflug vom Brett.

Die höchsten Werte beim Verlassen des Bretts können beim Rondat-Sprung verzeichnet werden. Bemerkenswert sind zudem die Drehgeschwindigkeitsänderungen während des Handstützes am Pferd. Der allgemeine Trend ist negativ, d. h., die Drehgeschwindigkeit wird reduziert. Nur bei Ausnahmen zeigt sich eine leichte Drehgeschwindigkeitszunahme. Entsprechend den oben angeführten Überlegungen zum Tsukahara ist bei dieser Sprunggruppe neben einer relativ geringen Horizontalgeschwindigkeitsreduktion eine relativ geringe Drehgeschwindigkeitsreduktion im Vergleich mit den Handstützüberschlägen zu verzeichnen.

Abschließend ist in Tabelle 4, S. 259, eine Gegenüberstellung der Ausprägung der leistungsbestimmenden Bewegungsmerkmale bei Kunstturnern und Kunstturnerinnen aufgeführt. Die Daten verdeutlichen, daß – obwohl Kunstturner über das längsgestellte und Kunstturnerinnen über das quer-

	Abflug vom Brett [rad/s]	Abflug vom Pferd [rad/s]	Änderung während der Stützphase am Pferd [rad/s]
Gruppe: Handstützüberschlag			
Kunstturner			
Handstützüberschlag gestreckt (n = 10)	6.80	3.62	−3.18
Handstützüberschlag mit Salto vorw. und 1/2 Längenachsendrehung (n = 1)	7.77	6.00	−1.77
Handstützüberschlag mit Salto vorw. gestreckt (n = 1)	8.80	8.90	+0.10
Cuervo (n = 1)	8.90	5.30	−3.60
Kunstturnerinnen			
Cuervo (n = 1)	6.6	6.1	−0.50
Gruppe: Tsukahara			
Kunstturner			
Tsukahara gehockt (n = 10)	6.3	4.8	−1.5
Kunstturnerinnen			
Tsukahara gestreckt (n = 1)	7.8	8.3	+0.5
Gruppe: Rondatsprünge			
Kunstturnerinnen			
Salto rückw. gestreckt mit 2/1 Längenachsendrehung (n = 1)	10.2	10.0	−0.2

Tab. 3: Zusammenstellung von Daten zur Rotationsgeschwindigkeit bzgl. der Breitenachse von internationalen Spitzenathleten

gestellte Pferd springen – die wichtigsten Merkmale der Bewegungstechnik identisch sind oder zumindest ähnliche Ausprägungen bei Kunstturnerinnen und Kunstturnern aufweisen und damit keine geschlechtsspezifische Bewegungstechnik vorzuliegen scheint. Zwar treffen die Turnerinnen mit ca. 10 % geringerer Geschwindigkeit auf das Brett, doch sind die folgenden Trends ähnlich.

Bemerkenswert ist die Gruppe der Rondat-Sprünge. Diese Sprungtechnik scheint bei relativ geringer Reduktion der Horizontalgeschwindigkeit in der Handstützphase und damit relativ geringer Drehgeschwindigkeitsreduktion (vgl. auch Tab. 3) eine günstige vertikale Abfluggeschwindigkeit und folglich eine lange Flugdauer zu ermöglichen.

	Dillman et al. (1985) Kunstturner		Nelson et al. (1985) Kunstturnerinnen		
	Überschlag n = 8	Tsukahara n = 8	Überschlag n = 5	Tsukahara n = 7	Rondat n = 4
Horizontale Geschwindigkeit [m/s]					
1. Brettkontakt	7.79	7.71	7.04	7.07	5.33
Abflug vom Brett	5.11	5.21	4.96	4.86	3.98
Abflug vom Pferd	3.57	3.75	3.20	3.44	3.00
Vertikale Geschwindigkeit [m/s]					
1. Brettkontakt	−0.27	−0.28	−0.88	−0.77	−0.23
Abflug vom Brett	4.49	4.42	3.78	3.63	3.33
1. Pferdkontakt	2.75	3.42	2.00	1.96	1.83
Abflug vom Pferd	2.97	2.54	2.86	2.33	2.53
Zeiten [s]					
Einsprungdauer	0.23	0.23	–	–	–
Absprungdauer	0.11	0.11	0.10	0.11	0.15
Dauer 1. Flugphase	0.17	0.09/0.12	0.16	0.16	0.15
Stützdauer	0.18	0.28	0.17	0.20	0.19
Dauer 2. Flugphase	0.92	0.86	0.86	0.76	0.78

Tab. 4: Vergleich leistungsbestimmender Merkmale der verschiedenen Sprunggruppen bei Kunstturnerinnen und Kunstturnern (Mittelwerte aus verschiedenen Untersuchungen)

Zusammenfassend ist festzustellen, daß auf der Grundlage der biomechanischen Untersuchungen zum Pferdesprung allgemeine, übereinstimmende Prinzipien der verschiedensten Sprünge formuliert und Spezifika einzelner Sprunggruppen herausgearbeitet werden können.

1.3 Zur mechanischen Belastung im Kunstturnen

Im Kunstturnen wird der Körper hohen Belastungen bei Absprüngen und Landungen sowie bei Schwüngen mit großer Amplitude an den Ringen und am Reck unterworfen. Folglich werden die genannten Bewegungen bzw. Bewegungsabschnitte bzgl. der Beanspruchungen des muskuloskelettären Systems tiefergehend analysiert.

Die folgenden Ausführungen basieren im wesentlichen auf den Ergebnissen von NIGG, DENOTH und UNOLD (1982), BRÜGGEMANN (1984), NISSINEN (1983), STUCKE (1984) und noch nicht publizierter Studien.
Gemäß der in der Praxis beobachteten Beschwerden werden Achillessehnenbelastungen bei Absprüngen zum Salto rückwärts, Gelenkbelastungen des Kniegelenks beim Absprung zum Salto vorwärts, Belastungen von Knie und Hüfte bei Landungen von den Geräten und Schultergelenkskräfte während der Schwungbewegungen mit großer Amplitude dargestellt und diskutiert.

1.3.1 Belastung der Achillessehne beim Absprung zum Salto rückwärts

Beobachtungen und klinische Befunde weisen auf eine Anzahl pathologischer Probleme bei den Füßen und Sprunggelenken von Turnern hin, die als Reaktion auf eine hohe und häufig auftretende Beanspruchung beim Bodenturnen interpretiert werden können.
Bereits HEGER (1966) nahm diese Beobachtung zum Anlaß, eine Berechnung der Achillessehnenbelastung beim Absprung zum Salto rückwärts vorzunehmen. Die Arbeit von HEGER beinhaltet jedoch einige fehlerhafte Annahmen und basiert nicht auf experimentellen biomechanischen Daten. In einer experimentellen Studie wurde die Größe der belastenden Achillessehnenkräfte von vier hochqualifizierten Turnern während des Absprungs zum Salto rückwärts und Doppelsalto rückwärts nach einem Rondat bzw. einem Flick-Flack berechnet (BRÜGGEMANN 1985). Dazu wurden die Bodenreaktionskräfte des rechten Fußes mit einer Sechskomponentenmeßplattform registriert und die Kinematik über zwei Hochfrequenzfilmkameras festgehalten. Einen ähnlichen Versuchsaufbau wählte STUCKE (1984), der Absprünge zum Salto rückwärts nach dem Rondat bei weniger qualifizierten Turnern untersuchte. Die Belastung der Muskeln und Sehnen des oberen Sprunggelenks kann durch die Drehmomente in drei senkrecht aufeinander stehenden Ebenen beschrieben werden. Dieses Modell wurde von PAUL (1965) eingeführt und von verschiedenen Autoren auch für sportliche Bewegungsabläufe verwendet. Der Drehmomentenvektor mit seinen drei orthogonalen Komponenten wird im nächsten Schritt in das sogenannte Tibiasystem projiziert (vgl. Abb. 11).
Dabei wird das Tibiakoordinatensystem durch die Längsachse des Unterschenkels, die Achillessehne und den Mittelpunkt des oberen Sprunggelenks definiert. In der durch Tibia und Achillessehne bestimmten Ebene wird das Nettomuskelkraftmoment des M.triceps surae berechnet. Unter der Annahme, daß die Aktivität der Dorsiflexoren vernachlässigt werden

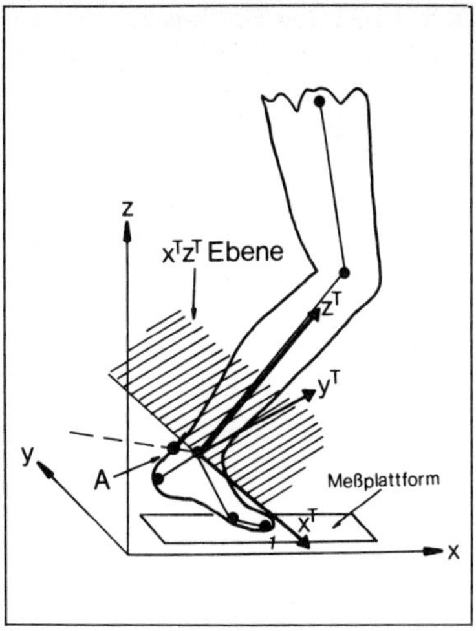

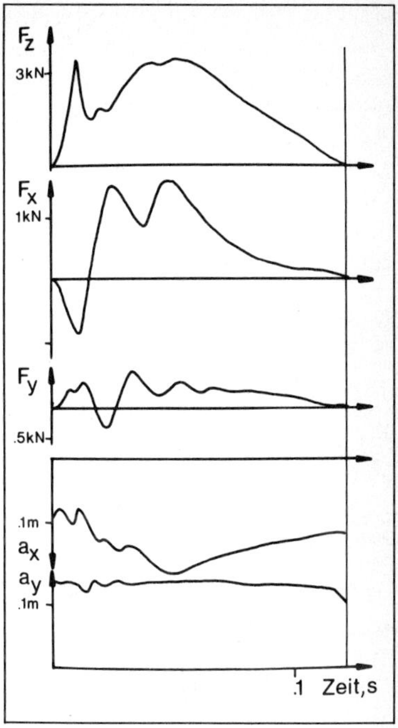

Abb. 11: Definition der Koordinatensysteme

Abb. 12 (rechts): Verlauf der Bodenreaktionskräfte (F_x, F_y, F_z) und des Kraftangriffspunktes (a_x, a_y) beim Absprung zum Salto rückwärts (rechtes Bein) (Brüggemann 1987)

kann und das gesamte Moment durch die Achillessehne übertragen wird, kann die an der Achillessehne wirkende Kraft bei Berücksichtigung des Hebelarms berechnet werden. Die Annahme der minimalen Aktivität des M.tibialis anterior konnte durch entsprechende elektromyografische Untersuchungen bestätigt werden. Der Hebelarm der Achillessehne wurde aus den Filmdaten bestimmt und variierte in Abhängigkeit der Gelenkwinkelstellungen von 3.1–5.4 cm. Zur Überprüfung der Exaktheit des Verfahrens wurde exemplarisch eine röntgenologische Messung in unterschiedlichen Sprunggelenkwinkeln vorgenommen. Die Ergebnisse weisen darauf hin, daß die Berechnung des Achillessehnenhebels aus den Filmdaten eine Unterschätzung der röntgenologisch festgestellten Werte beinhaltet. Damit kann die Achillessehnenkraft über das verwendete kinematische Verfahren bis ca. 5 % überschätzt werden.

Abbildung 12 verdeutlicht die Bodenreaktionskräfte sowie den Verlauf des Kraftangriffspunktes am rechten Fuß bei einem typischen Versuch.

Die Charakteristik der Bodenreaktionskräfte differiert nicht von denen beidbeinig gemessener Versuche (Brüggemann 1983 a). Maximale verti-

kale Reaktionskräfte erreichen 3.350 N, die horizontalen (anterior-posterior) ca. 1.500 N und die lateralen bis zu 1.550 N. Um die Versuche verschiedener Probanden vergleichen zu können, normalisieren wir die Maximalwerte, indem wir sie durch das individuelle Körpergewicht dividieren. Die Größe der maximalen vertikalen Kräfte zeigt eine Variationsbreite vom 3.4–5.6fachen des Körpergewichts und die der horizontalen vom 0.6–2.6fachen des Körpergewichts. Extrem hohe Variationen weisen die lateralen Kräfte auf. Dieses Resultat ist auf die unterschiedlichen Fußstellungen und den in einigen Fällen relativ breitbeinigen Absprung zurückzuführen.
Das Vektordiagramm in Abbildung 13 verdeutlicht die durchgängige Lage des Kraftvektors im Vorfußbereich und weist auf die hohen resultierenden Kraftmomente bezüglich der durch das obere Sprunggelenk verlaufenden y-Achse hin. Dennoch ist festzustellen, daß auch die Momente um x- und z-Achse Anteile am Nettomuskelkraftmoment am M.triceps surae aufweisen. Dieses Ergebnis resultiert aus einer nicht parallelen Orientierung des Fußes zu x-Achse der Meßplattform.
In Abbildung 14 sind die berechneten Kraft-Zeit-Verläufe der resultierenden Achillessehnenkraft für vier Versuchspersonen dargestellt. Die maximalen Werte erreichen bis zu 10 kN. Diese Maximalkräfte können zum interindividuellen Vergleich auf das Körpergewicht bezogen werden und erreichen einen bis zu 16fachen Wert des individuellen Körpergewichts. Mit Hilfe der Computertomografie wurde zusätzlich der Achillessehnenquerschnitt bestimmt. Mittelwert und Standardabweichung können mit $89.1 \pm 10.4\,mm^2$ angegeben werden.

Abb. 13: Vektordiagramm (Sagittalebene) beim Absprung zum Salto rückwärts (BRÜGGEMANN 1987)

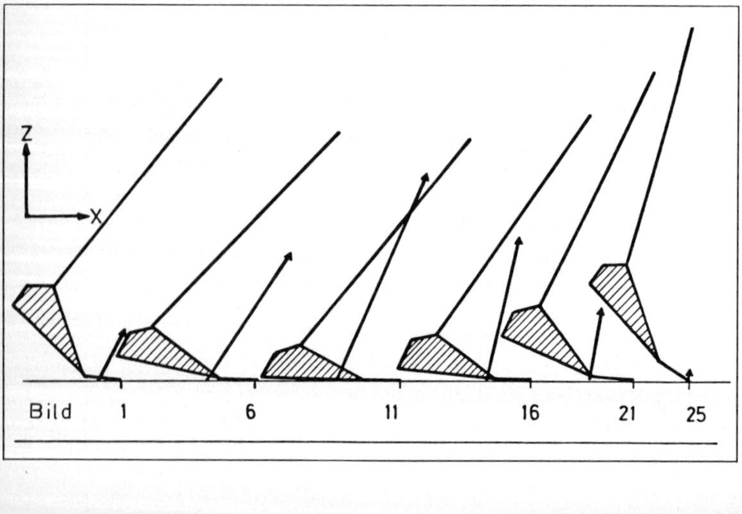

Damit erzeugt die höchste berechnete Achillessehnenkraft beim Absprung zum Salto rückwärts eine Zugbeanspruchung von 110 N/mm². YAMADA (1970) fand eine Grenzbelastung der Sehne von 55 N/mm², und WILHELM (1972) berichtete von Reißfestigkeitsgrenzen der Achillessehne von 9.125 N. Unsere Berechnungen weisen darauf hin, daß die Achillessehne während kurzer Belastungsphasen in vivo höheren Beanspruchungen standzuhalten scheint. Die Ergebnisse der Untersuchungen von STUCKE (1984) deuten auf noch höhere Belastungen der Sehne beim Absprung zum Salto rückwärts hin. Mit größter Vorsicht kann geschlossen werden, daß sich das Sehnenmaterial über einen langfristigen Adaptationsprozeß den hohen Belastungen anzupassen scheint.

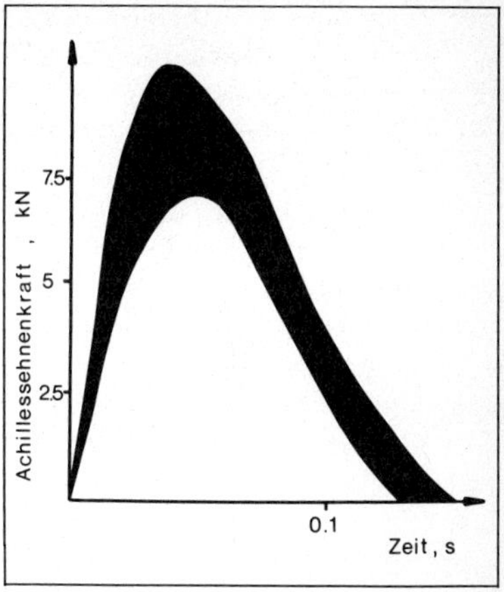

Abb. 14: Resultierende Achillessehnenkraft beim Absprung zum Salto rückwärts. Die eingefärbte Fläche kennzeichnet den Bereich, in dem die berechneten Belastungen bei vier Versuchspersonen auftreten

In der Trainingspraxis muß folglich auf eine langfristige, planmäßige Belastungserhöhung geachtet werden. Die Ergebnisse deuten ferner darauf hin, daß die Höhe der Achillessehnenbelastung unter anderem vom technischen Fertigkeitsniveau der Probanden abhängt. Auf eine günstige, symmetrische Absprunggestaltung muß folglich in der technischen Ausbildung der Athleten zur Belastungssteuerung frühzeitig großer Wert gelegt werden.

1.3.2 Belastungen des Kniegelenks beim Absprung zum Salto vorwärts

Beobachtungen in der Praxis deuten auf einen möglichen Zusammenhang von Überbeanspruchungen des Knies und häufigen Vorwärtsabsprüngen beim Bodenturnen hin. Insbesondere der Absprung zum Salto vorwärts aus dem Anlauf scheint bei häufiger Durchführung auf hartem Untergrund hohe Beanspruchungen dieses Gelenks zu implizieren. Um die Größe der im Kniegelenk auftretenden Kräfte zu quantifizieren, wurde eine Untersuchung der Sprünge von acht qualifizierten Turnern vorgenommen. Aus der Gelenkreaktionskraft und dem über das Gelenk wirkenden Nettomuskel-

kraftmoment wurde die Gelenkkraft berechnet (vgl. WINTER 1979). Eine Differenzierung in Scherkraft und Druckkraft konnte bei Berücksichtigung der räumlichen Orientierung der Tibia erfolgen. Die Bodenreaktionskräfte zeigen Maximalwerte von 9.000 bzw. 4.000 N in vertikaler und horizontaler Richtung. Die Absprungdauer variiert zwischen 110 und 150 ms.
Unter der Annahme eines konstanten Hebelarms für die Patellasehne kann das Nettomuskelkraftmoment bzgl. der Sagittalebene um das Kniegelenk analysiert werden. Bei Berücksichtigung von Muskelkraft und Gelenkreaktionskraft wird die resultierende Gelenkkraft bestimmt. Die bei den Absprüngen gemessenen Kraft-Zeit-Verläufe sind in Abbildung 15 zusammengestellt. Die Höhe der Kräfte weist darauf hin, daß der Absprung zum Salto vorwärts eine nicht zu unterschätzende Belastung für das Kniegelenk darstellt, wenn berücksichtigt wird, daß bei Annahme einer kongruenten Gelenkfläche des femuro-tibialis-Gelenks von etwa 4 cm^2 (NIGG u. a. 1981) ein mittlerer Druck von 2.250 N/cm^2 abgeschätzt werden kann.
YAMADA (1970) berichtet von einer Druckbelastungsgrenze des Knorpels von nur 500 N/cm^2. Die Ergebnisse der Untersuchung beim Salto vorwärts werden durch die Resultate von VIIDIK (1980) unterstützt, die darauf hinweisen, daß der Knorpel des Kniegelenks in vivo höheren dynamischen als statischen Druck zu tolerieren scheint. Dennoch ist den Messungen zu entnehmen, daß die Absprünge vorwärts hohe Beanspruchungen insbesondere des Kniegelenks mit sich bringen.

Abb. 15: Resultierende Gelenkkraft (res.), Scherkraft (norm.) und Druckkraft (rad.) im Kniegelenk beim Absprung zum Salto vorwärts (BRÜGGEMANN 1987)

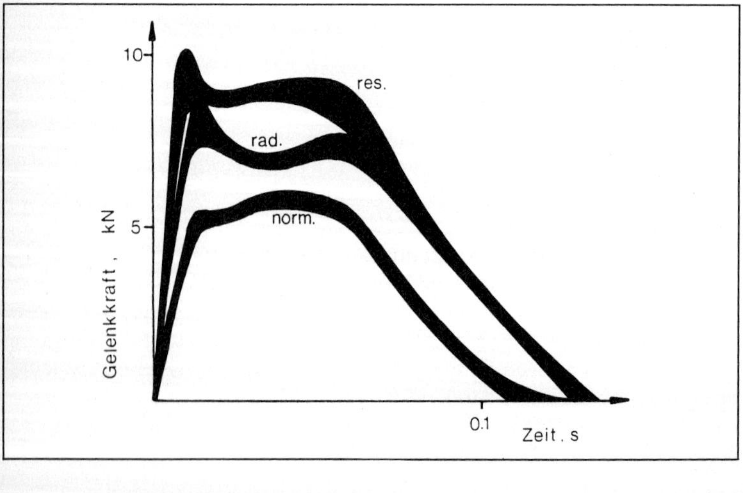

1.3.3 Belastung bei Landungen nach Abgängen

Hohe Belastungen scheinen beim Turnen besonders während der Abgänge bzw. Landungen von den Geräten aufzutreten. Obwohl die Landeareale durch technische Verbesserungen der Landematten und Änderungen im Reglement (z. B.: größere Mattenhöhen) deutliche Veränderungen erfahren haben, scheint dieser Bewegungsabschnitt noch immer einen kritischen Punkt in der Belastungssteuerung darzustellen. Es kann nicht davon ausgegangen werden, daß alle Landevorgänge mit den Füßen erfolgen und physiologische Abfang- und Dämpfmechanismen in jedem Fall wirkungsvoll eingesetzt werden können. Insbesondere bei technisch noch nicht perfekten schwierigen Abgängen und mißglückten Flugteilen muß mit unkontrollierten Landungen gerechnet werden. Den Einfluß von Landetechniken und Landematten untersuchten Nigg u. Mitarb. (1974, 1976, 1982) in umfangreichen Studien über die Beschleunigung von Unterschenkel, Hüftgelenk und Kopf. Dazu registrierten sie die vertikalen Maximalbeschleunigungen mit Hilfe von Beschleunigungsaufnehmern bei unterschiedlichen Landungen und Landebedingungen. Maximalbeschleunigungen von 30 g an der Tibia und 10 g an der Hüfte konnten bereits bei Landungen nach Fallhöhen von 1.50 m registriert werden. Die beobachteten Maximalwerte variieren in Abhängigkeit von der Landetechnik und vom dämpfenden Effekt der Beinbewegung bei den unterschiedlichen Sportlern. Der Quotient von Hüft- und Tibiabeschleunigung wurde von Nigg u. Mitarb. verwendet, um die individuelle Landetechnik zu quantifizieren. Bei der Untersuchung der schweizerischen Kunstturnnationalmannschaft konnten Dämpfungsquotienten der Beine von 0.28–0.52 analysiert werden. Dieses Resultat unterstreicht die wichtige Rolle der Landetechnik zur Reduktion der Belastung der Wirbelsäule (Nigg 1974). Der Einfluß von verschiedenen Landematten auf die Dämpfung des ersten Kraftmaximums wurde durch den Vergleich identischer Abgänge auf verschiedene Unterlagen geprüft. Untersucht wurden normale Turnmatten und speziell konstruierte schockabsorbierende Unterlagen. Bei Landungen auf der speziellen Landematte wurden im Vergleich zur Normalmatte die Beschleunigungen an der Tibia von 50 g auf 10 g und an der Hüfte von 20 g auf 8 g gedämpft (Nigg 1974). Diese Ergebnisse verdeutlichen den wichtigen Einfluß der Landematten auf die Verringerung der Beanspruchung der unteren Extremität und der Wirbelsäule. Bei Ansteigen des Schwierigkeitsgrads der Abgänge und einer Zunahme der Komplexität der Anforderungen bei der Landung wird die Wahl optimaler Landematten immer größere Bedeutung bekommen.

1.3.4 Belastung der Schultergelenke

Wie oben bereits ausgeführt, hat die Schwungtechnik an den Ringen und am Reck in den letzten 15 Jahren eine rasche Entwicklung bezüglich der Schwungamplitude und der Schwungdynamik erfahren. Verbunden mit dieser Entwicklung werden hohe Belastungen der Schultergelenke beobachtet. Im Rahmen der oben zitierten Arbeit von NISSINEN (1983) und der Arbeiten von BALLREICH, BRÜGGEMANN und NISSINEN (nicht publizierter Forschungsbericht BISp 1981) wurden auch die Reaktionskräfte an den Gelenken Schulter und Hüfte beim Ringeturnen berechnet. Aus den Resultaten dieser Arbeiten kann geschlossen werden, daß die maximalen Gelenkkräfte in Schulter und Hüfte bei fast völliger Streckung der Gelenke auftritt. Die Abschätzung der Gelenkreaktionskräfte ist in Abbildung 16 für das Schulter- und Hüftgelenk gegen die Zeit dargestellt.
Der Moment, in dem der Körperschwerpunkt die Senkrechte passiert, ist durch die vertikale gestrichelte Linie markiert. Die vertikalen Gelenkreaktionskräfte nehmen in der Abschwungphase zu, während die horizontalen Kräfte reduziert werden. Die maximalen Werte für Schulter- und Hüftgelenk können mit 2.100 N und 1.500 N für jede Körperseite angegeben werden. Analysen bei Turnern bei geringerem technischem Niveau weisen dar-

Abb. 16: Gelenkreaktionskräfte an Schulter und Hüftgelenk bei der Riesenfelge an den Ringen (BRÜGGEMANN 1987)

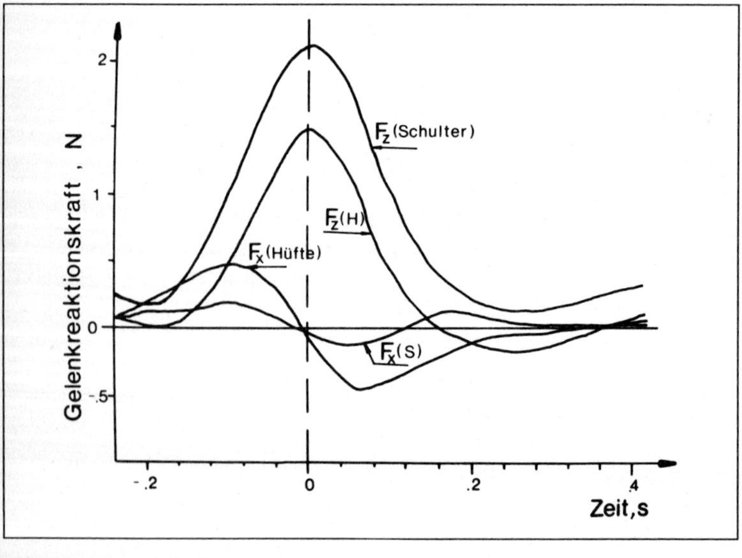

auf hin, daß bei diesen Turnern noch höhere Gelenkkräfte toleriert werden müssen. In dieser Phase der Bewegung arbeiten die Muskeln des Schultergelenks nicht vorrangig als Beweger, sondern als Gelenkstabilisatoren.
Von vergleichbar großen Beanspruchungen dieses Gelenks wird in der Literatur nicht berichtet. Für die praktische Arbeit kann geschlossen werden, daß eine hinreichende muskuläre Ausbildung der jugendlichen Turner eine notwendige Voraussetzung für den Belastungsschutz speziell bei diesen Übungen darstellt.
Zweifellos wird das muskuloskelettäre System im Kunstturnen hohen Belastungen unterworfen. Wesentliche Einflüsse auf die Größe der Beanspruchung scheinen die sportliche Technik selbst und das Sportgerät (vor allem die Landematten) zu haben. Die referierten Ergebnisse weisen darauf hin, daß für eine geeignete Belastungssteuerung ein hinreichend langer und wohlgeplanter Trainingsaufbau eine unbedingte Notwendigkeit darstellt. Die Kenntnis der Belastungscharakteristik sowie der konditionellen und technomotorischen Anforderungsprofile des Kunstturnens ist aus der Sicht der Biomechanik eine notwendige Voraussetzung für die Optimierung des Trainings im Kunst- und Gerätturnen.

Volker Nolte / Bodo Ungerechts

Wassersport

Im Verlauf der Menschheitsgeschichte haben sich viele Fortbewegungsarten in und auf dem Wasser herausgebildet, die weit über eine arbeitsbezogene Auseinandersetzung hinausgehen. Folgende sportliche Bereiche haben sich entwickelt:

1. Fortbewegung des eigenen Körpers (Schwimmen);
2. Fortbewegung eines Bootes mit eigenen Kräften (Rudern, Kanu);
3. Fortbewegung eines Bootes mit fremden Kräften (Segeln, Motorboot).

Für die ersten beiden Arten der Fortbewegung können unterschiedliche Zielsetzungen für die einzelnen Sportarten herausgestellt werden:

- Zurücklegen einer bestimmten Strecke in minimaler Zeit (Schwimmen, Rudern, Kanu-Rennsport);
- genaue Bewegung des Körpers (z. B. Synchronschwimmen) bzw. des Bootes in verschiedenen Richtungen;
- eine Kombination der beiden vorgenannten Ziele zusammen mit der Erfüllung von taktischen und umweltbedingten Aufgaben (Wasserball, Kanu-Slalom).

Grundlagen und Definitionen

Durch die Verdrängung von Wasser durch einen eingetauchten, ansonsten bewegungslosen Körper wirkt auf diesen eine senkrecht nach oben gerichtete Kraft zurück. Dieser sogenannte «statische Auftrieb» ist der Schwerkraft der Erde entgegengesetzt und bewirkt einen scheinbaren Gewichtsverlust. Bei besonders günstigem Verhältnis zwischen dem verdrängten

Wasservolumen und dem Körpergewicht kann der Körper sogar an der Wasseroberfläche aufschwimmen. Ist der Körper in Bewegung, kommen weitere Kräfte, die strömungsabhängigen oder hydrodynamischen Kräfte, hinzu. Sie überwiegen sogar mit zunehmender Geschwindigkeit die statischen Kräfte. Die Gesamtheit der hydrodynamischen Kräfte soll mit dem Begriff ‹*Wasserkraft*› bezeichnet werden. Die Wasserkraft ist ein dreidimensionaler Vektor, der sich aus den schon länger bekannten Komponenten Wasserwiderstand und hydrodynamischer Lift zusammensetzt. Je nachdem, welche Komponente überwiegt bzw. wie sich die Umströmung verhält, kann die Wasserkraft bremsend oder antreibend auf den Körper wirken.
Es wird sich im späteren zeigen, daß es wichtig ist, eine Definition des Koordinatensystems und der benutzten Bezugssysteme vorzunehmen. Grundsätzlich soll die x-Achse in die Hauptbewegungsrichtung fallen, die y-Achse ist dann die in der Horizontalebene verlaufende zweite Achse, während die z-Achse die Vertikale relativ zur Wasseroberfläche angibt.

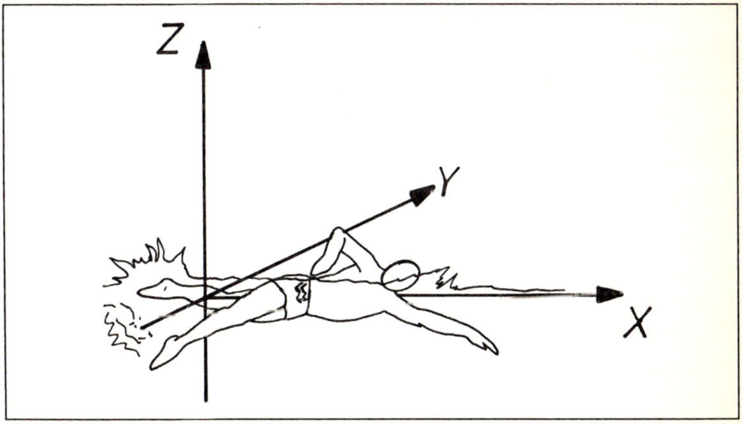

Abb. 1: Festlegung des Koordinatensystems beim Rudern, Kanu- und Schwimmsport

Bei der Untersuchung des Synchronschwimmens, des Wasserballspiels und des Kanu-Slaloms sind der obengenannten Definition angepaßte Koordinatensysteme zu finden (z. B.: x-Achse ist die Blickrichtung der Kunstschwimmerinnen zu Beginn der Übung; x-Richtung ist die Wurfrichtung des Balls beim Wasserball). Um differenzierte Untersuchungen machen zu können bzw. um besondere Bewegungen bei der Betrachtung auszu-

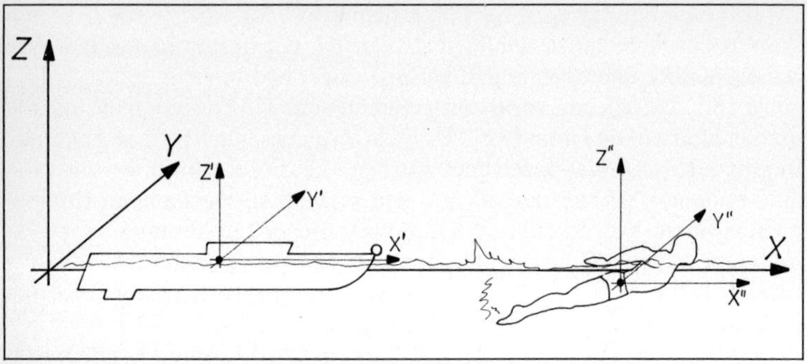

Abb. 2: Beispiele für sinnvolle Bezugssysteme; (x', y', z' – relativ zum Bootsschwerpunkt; x", y", z" – relativ zum Körperschwerpunkt)

schließen, können weitere Bezugssysteme eingeführt werden. Sehr häufig wird das Bezugssystem «Schwerpunkt» des betrachteten Körpers näher beleuchtet. In diesem neuen Bezugssystem (x', y', z') läßt sich z. B. die Bewegung der Hand relativ zum Körper (Schwimmen) oder die Bewegung des Ruders relativ zum Boot beobachten.

Einen wesentlichen Teil der biomechanischen Betrachtungen bei Wassersportarten nehmen die hydrodynamischen Grundlagen ein. Hier sind drei Begriffe hervorzuheben:

Wasserwiderstand F_W
Mit Wasserwiderstand wird die Kraft bezeichnet, die entgegen der Strömungsrichtung wirkt und den Körper in seiner Bewegung abbremst.
Der Wasserwiderstand ist abhängig von:
v – der Geschwindigkeit, mit der sich der Körper im Wasser bewegt,
c_w – dem Formbeiwert des Körpers,
A – der Stirnfläche des Körpers,
ϱ – der Dichte des Wassers.
Zwischen den genannten Einflußgrößen besteht folgender grundsätzlicher Zusammenhang:

$$F_W = \frac{1}{2} A \cdot c_w \cdot \varrho \cdot v^2$$

Vortrieb F_V
Mit Vortrieb wird die Kraft bezeichnet, die der Mensch (z. B. an den Händen oder in den Ruder- bzw. Paddelblättern) in Fahrtrichtung erzeugt.

Es gibt zwei verschiedene Arten, Vortrieb zu erzeugen. Einerseits kann durch eine Fläche (Blatt, Hand) Wasserwiderstand erzeugt werden, indem die Fläche entgegen der Fahrtrichtung bewegt wird (z. B. der erste Schlag beim Start im Kanurennsport). Oder es wird eine Fläche mit entsprechender Form bzw. entsprechendem Anstellwinkel quer zur Fahrtrichtung bewegt, wobei dann der sogenannte «hydrodynamische Lift» entsteht (COUNSILMAN 1972; NOLTE 1984b). Der Vortrieb ist also die in x-Richtung weisende Komponente der Wasserkraft. Die Wasserkraft kann durch die Widerstandskomponente bestimmt sein, indem die Antriebsfläche entgegen der Fahrtrichtung bewegt wird (z. B. der erste Schlag beim Start im Kanurennsport) oder der hydrodynamische Lift dominiert. Letzteres gilt dann, wenn die Antriebsfläche mit entsprechendem Anstellwinkel quer zur Fahrtrichtung bewegt wird; die Flächenform kann die Erzeugung des hydrodynamischen Lifts erheblich verbessern.

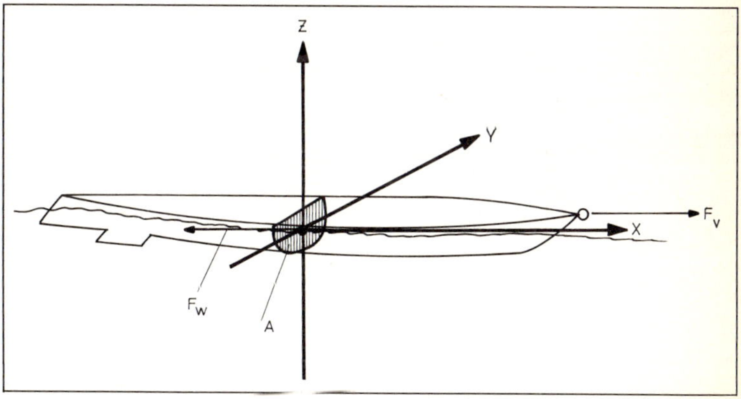

Abb. 3: Zur Erläuterung der Begriffe Wasserwiderstand F_W, Fortbewegungsgeschwindigkeit F_v und Stirnfläche A

Abb. 4: Zur Erläuterung des Begriffs Vortrieb F_V (F_R – Wasserkraft)

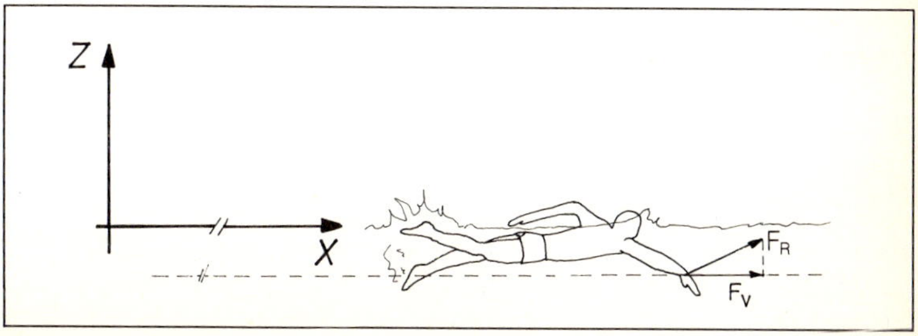

Auftrieb

Die Kraft, die das Wasser auf einen Körper senkrecht nach oben (z-Richtung) ausübt, wird Auftrieb genannt, sofern es sich um den statischen Auftrieb handelt.

Auch hier gibt es wieder zwei verschiedene Formen des Auftriebs: statischer *(F_s)* und dynamischer *(F_{hd})* Auftrieb. Der statische Auftrieb F_s wirkt der Schwerkraft G des Körpers entgegen. Nach ARCHIMEDES ist die Größe von F_s mit dem Gewicht des Wasservolumens identisch, das durch den Körper verdrängt wird. Der statische Auftrieb gehört zu den festen physikalischen Eigenschaften eines Körpers. Die Bootsbauer wissen dieses zu berücksichtigen, indem sie das zu verdrängende Wasservolumen nach dem Gewicht des Bootskörpers und dem des Menschen ausrichten. Wird der Körper durch das Wasser bewegt, so entstehen je nach seiner Form und seiner Stellung im Wasser durch den Aufprall des Wassers Kräfte an der Anprallfläche, die senkrecht nach oben gerichtet sind. Diese werden F_{hd} genannt (hierfür ist ein Wasserski zur Vorstellung am günstigten).

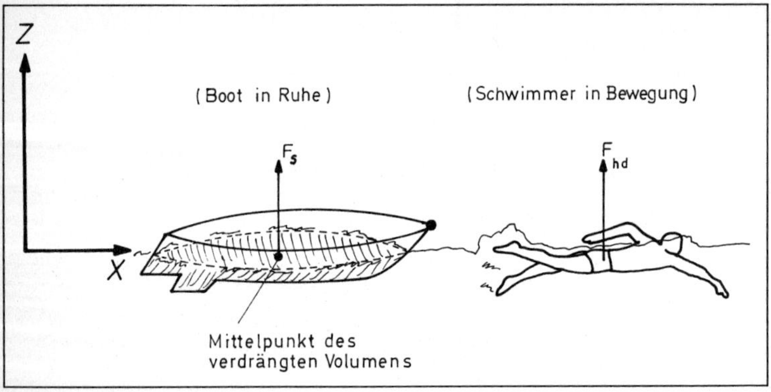

Abb. 5: Erklärung der Begriffe statischer (F_s) und dynamischer (F_{hd}) Auftrieb

Benutzt der Sportler ein Boot zur Fortbewegung, so wird bei diesem das Gewicht des Sportlers beachtet. Bei einem Brustschwimmer reicht der statische Auftrieb seines Körpers zur Ausführung der Atmung nicht aus. Nur dadurch, daß er seinen Oberkörper gegenüber der Schwimmrichtung etwas anstellt, erfährt er einen zusätzlichen dynamischen Auftrieb F_{hd}, der ein Heben des Kopfes aus dem Wasser und damit das Atmen ermöglicht.

So hinderlich der Wasserwiderstand für die Fortbewegung in dem nassen Element ist, ohne diese grundsätzliche Eigenschaft des Wassers wäre kein

Sport in und auf ihm möglich. Während der Wasserwiderstand auf der einen Seite der Fortbewegung entgegenwirkt, gibt das Wasser, genauer gesagt die Strömung, auf der anderen Seite die Möglichkeit, Kräfte zum Vortrieb, zur Durchführung von Drehung, Steuerbewegungen und zum dynamischen Auftrieb zu erzeugen. Durch die Formgebung des Geräts bzw. durch entsprechende Körperstellungen kann der Mensch versuchen, diese Gegensätzlichkeit von Widerstand und Vortrieb auszunutzen. Um den Wasserwiderstand möglichst gering zu halten, wird beim Bootsbau versucht, den Formbeiwert und die Stirnfläche unter Einhaltung der Wettkampfregeln zu minimieren. Im Schwimmsport sind die anatomischen Verhältnisse kaum zu beeinflussen, jedoch versucht der Schwimmer, eine strömungsgünstige Lage einzunehmen bzw. geeignete Badekleidung zu wählen. Dem entgegen wird die Hand-, Arm-, Fuß- und Beinhaltung so eingestellt, daß möglichst viel Vortrieb entwickelt werden kann. Die Paddel- und Ruderblätter zeichnen sich durch einen großen c_w-Wert zusammen mit einer großen Stirnfläche aus. Darüber hinaus weisen die Hand wie auch das Blatt eine Wölbung auf, mit der der hydrodynamische Lift möglichst gut ausgenutzt werden kann.

Grundlegende Meßergebnisse

Die folgenden Ausführungen dieses Kapitels sind auf die Disziplinen beschränkt, bei denen das Ziel ist, eine bestimmte Strecke in minimaler Zeit zurückzulegen (Schwimmen, Rudern, Kanurennsport). Eine Generalisierung im hier vorgesehenen Rahmen fällt für Disziplinen wie etwa den Kanuslalom sehr schwer. In den Kapiteln zu den einzelnen Sportarten wird näher darauf eingegangen werden.
Für die nun zu besprechenden Sportdisziplinen gilt ausnahmslos ihre zyklische Struktur, d. h., daß sich die Bewegung stets wiederholt. Weiterhin handelt es sich stets um intermittierende Antriebe, wobei sich also Phasen des Antriebs und des ausschließlichen Abbremsens abwechseln. Wie an den Geschwindigkeitskurven (Abb. 6, S. 274) abzulesen ist, findet sich die intermittierende Struktur beim Rudern und Brustschwimmen am ausgeprägtesten. Am wenigsten ausgeprägt ist sie beim Kraulschwimmen und Kanufahren.
Anhand der Geschwindigkeitskurven in Abbildung 6 wird deutlich, daß die Geschwindigkeitsschwankungen Δv der den Wasserwiderstand erzeugenden Körper erheblich sind (z. B. Rudern $\Delta v = 2.0\,m/s$; Kanu $\Delta v = 0.8\,m/s$; Brustschwimmen $\Delta v = 1.6\,m/s$). Nun steigt der Wasserwiderstand aber im

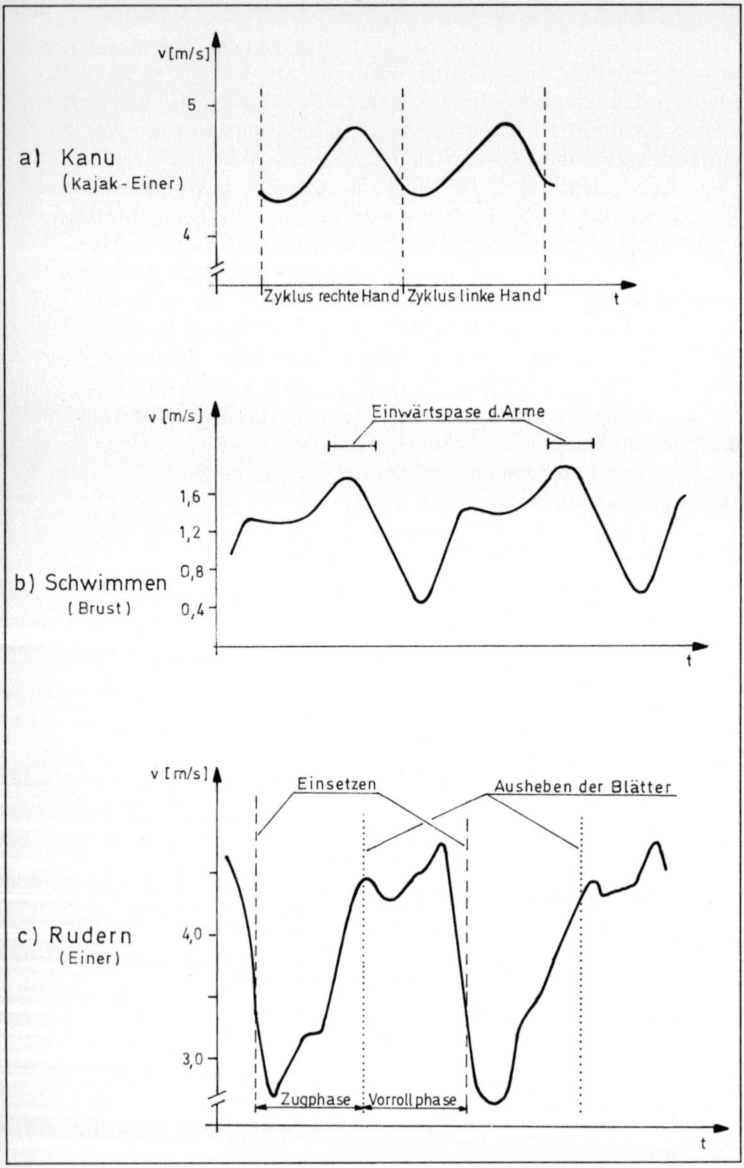

Abb. 6: Geschwindigkeit-Zeit-Verläufe für jeweils zwei Zyklen der jeweiligen sportlichen Bewegung (nach: a) FLUNKER 1986; b) REISCHLE 1982; c) NOLTE 1984 a)

Quadrat mit der Geschwindigkeit. Aus diesem Grund ist der über einen Zyklus gemittelte Wasserwiderstand um so höher, je stärker sich die Geschwindigkeit ändert. Um bei einer gleichen mittleren Geschwindigkeit den geringsten Wasserwiderstand zu erzeugen, ist eine konstante Geschwindigkeit ideal.

Ein Zahlenbeispiel soll diesen Sachverhalt verdeutlichen:

Unter der Annahme, ein Bewegungszyklus würde insgesamt zwei Sekunden dauern und bei der Formel für den Wasserwiderstand F_w würden die Faktoren $\frac{1}{2}\,\varrho\,A\,c_w$ den Wert 1 annehmen, dann würde ein Schwimmkörper bei einer konstanten Geschwindigkeit von $v = 5\,m/s$ einen Wasserwiderstand von

$$F_w = 1 \cdot 5^2 = 25 \ [N]$$

erzeugen. Würde der gleiche Schwimmkörper eine Sekunde lang mit 3 m/s und die zweite Sekunde mit 7 m/s fortbewegt werden, so würde er einen durchschnittlichen Wasserwiderstand von:

$$F_w = (1 \cdot 3^2 + 1 \cdot 7^2)/2 = 29 \ [N]$$

erzeugen. Dies wäre also um 16 % höher, obwohl der Körper in beiden Fällen nach dem Zyklus die gleiche Strecke zurückgelegt hat, d. h. die gleiche mittlere Geschwindigkeit über den Zyklus hatte.

Abb. 7: Prinzipieller Vergleich des Wasserwiderstands bei gleicher mittlerer Geschwindigkeit (Beispiel hier: ein Bewegungszyklus im Rudern.
——— zeitlicher Verlauf des Wasserwiderstands
--------- mittlerer Widerstand bei intermittierendem Antrieb
········· Wasserwiderstand bei konstanter Geschwindigkeit)

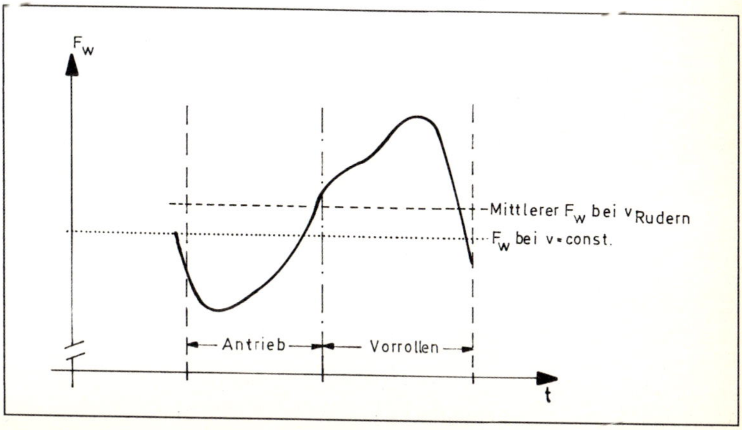

Allerdings gibt es nicht nur über einen Zyklus hinweg Geschwindigkeitsschwankungen, sondern auch über den Verlauf einer wettkampfmäßig zurückgelegten Strecke.
Dieser Geschwindigkeitsverlauf ist jedoch von den physiologischen Fähigkeiten des bzw. der Sportler abhängig. Aus diesem Grunde muß ein Ausgleich zwischen dem Ziel der Minimierung der Geschwindigkeitsänderungen und der Ausschöpfung der physiologischen Leistungsfähigkeit gefunden werden. Von diesem Konzept darf nur aus taktischen Erwägungen abgewichen werden, wenn z. B. ein Zwischenspurt, der eine deutliche Geschwindigkeitserhöhung mit sich bringt, einen wettkampfentscheidenden psychologischen Vorteil bringt. Unabhängig von all diesen Überlegungen muß der Sportler aber versuchen, in jedem einzelnen Zyklus seine ihm zur Verfügung stehenden physiologischen Fähigkeiten maximal in Vortrieb umzusetzen und gleichzeitig die Geschwindigkeitsschwankungen so klein wie möglich zu halten. Somit läßt sich aus biomechanischer Sicht das Problem der Wassersportarten auf einzelne Bewegungszyklen zurückführen, auf die dann die zu findenden Prinzipien anzuwenden sind. Die Biomechanik hat gerade in den letzten Jahren wesentliche neue Erkenntnisse in bezug auf den Antrieb selbst erbracht. Um Antrieb im Wasser erzeugen zu können, gibt es zwei Möglichkeiten (Abb. 8):

a) Die Bewegung einer Fläche im Wasser entgegen der Fahrtrichtung (d. h. entgegen der x-Richtung): Dieser Antrieb wird «Antrieb mit Widerstand» (Reischle 1979) genannt.
b) Die Bewegung einer Fläche im Wasser quer zur Fahrtrichtung (d. h. in y- bzw. z-Richtung): Dieser Antrieb wird hydrodynamischer Lift (Counsilman 1972) genannt (vgl. im einzelnen S. 291ff). Bei diesem Antrieb kann es sein, daß die Bewegung der Antriebsflächen nicht ausschließlich quer zur Bewegungsrichtung verläuft, sondern auch gegen und in Fahrtrichtung. Dieses führt zu dem auf den ersten Blick wenig einzusehenden, aber höchst vorteilhaften Phänomen, daß ein Vortrieb von einer Fläche erzeugt wird, die sich in Fahrtrichtung bewegt.

Bei allen sportlichen Bewegungen, die mit Wasser zu tun haben, kommt eine Kombination des Antriebs mit Widerstand und des hydrodynamischen Lifts vor. Dies zeigen Meßergebnisse der Wegkurven von Antriebsflächen (Abb. 9, S. 278). Der Antrieb ist um so wirkungsvoller, je mehr er unter Ausnutzung des hydrodynamischen Lifts erfolgt. Dabei kann nämlich pro Zyklus mehr Weg zurückgelegt werden, was bei gleicher Bewegungsfrequenz eine Erhöhung der Geschwindigkeit bedeutet. Dieses soll an der Prinzipskizze in Abbildung 10, S. 279 dargestellt werden (s. hierzu auch Reischle 1979).
Die Ausnutzung des hydrodynamischen Lifts erhöht also die Wirksamkeit des Antriebs im Wasser. Unter der Voraussetzung, die vom Sportler gesamt

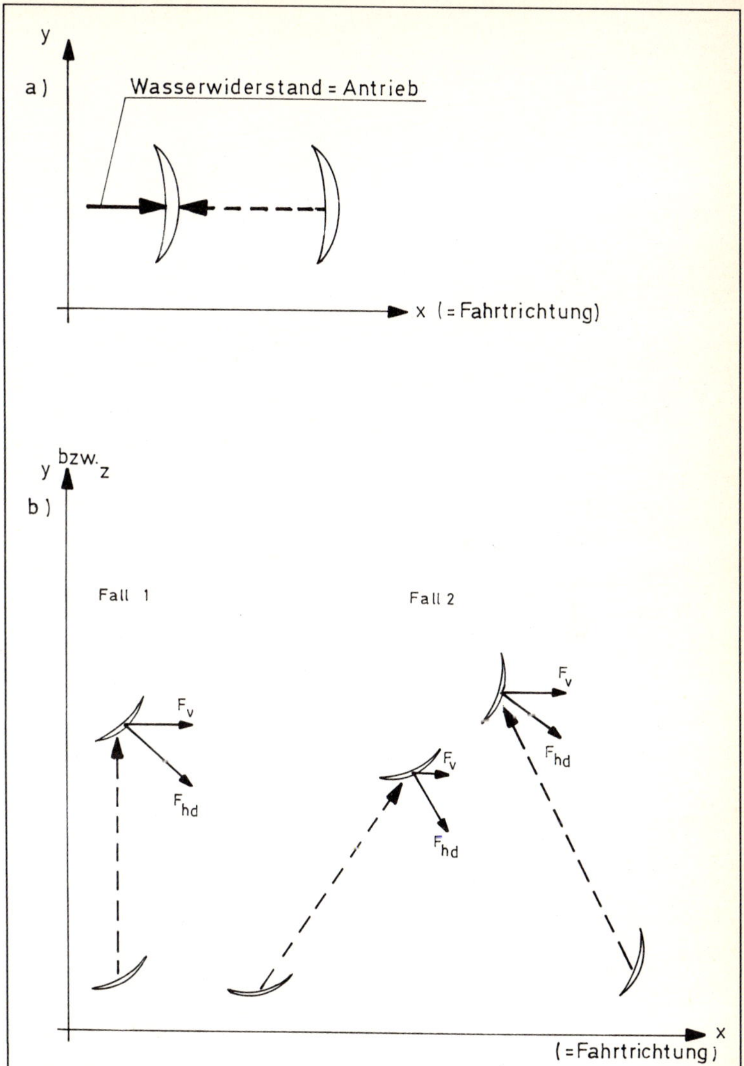

Abb. 8: Prinzipskizze zur Erzeugung von Antrieb (Projektion der Blattbewegung auf die Ebenen x,y bzw. x,z; ---> Bewegungsrichtung)

a) Antrieb mit Widerstand

b) hydrodynamischer Lift (F_{hd} hydrodynamischer Lift, F_v resultierender Vortrieb, — Bewegung der Antriebsfläche; zu beachten ist die Stellung der Fläche in bezug auf die Fahrtrichtung)

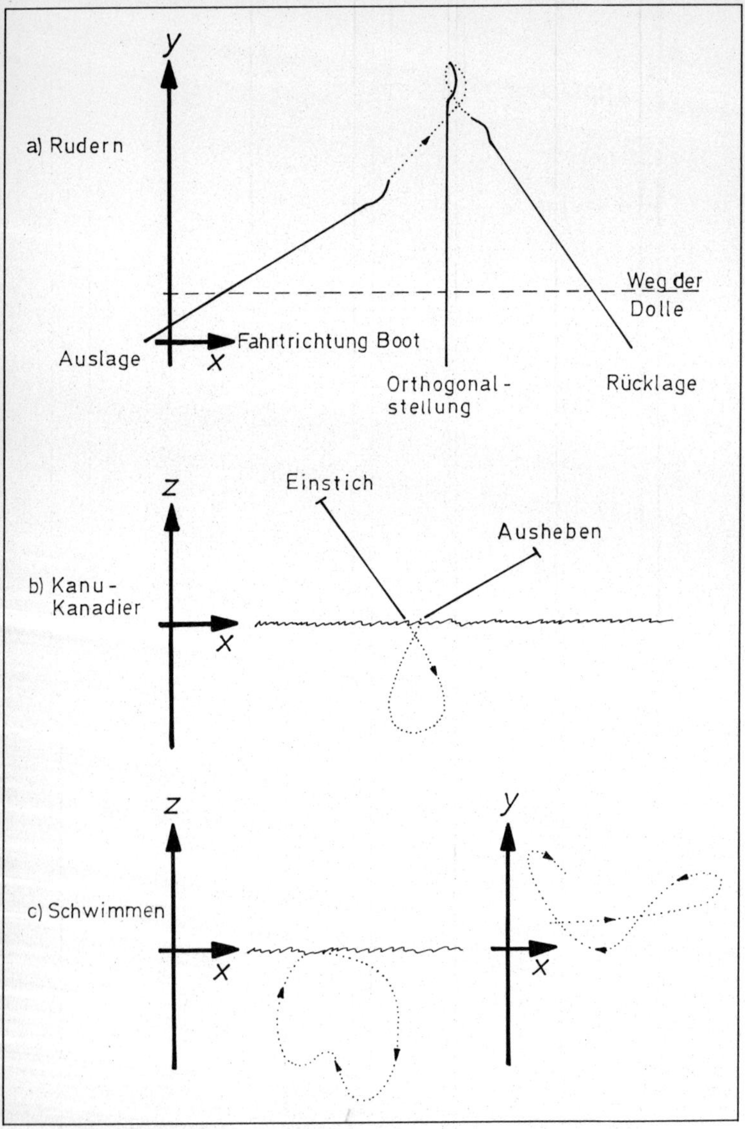

Abb. 9: Wegkurven der Antriebsfläche im Wasser
a) Rudern – Bewegung des Ruderblatts in der xy-Ebene (Nolte 1985b),
b) Kanu – Bewegung des Kanublatts in der xy-Ebene (Eike 1978),
c) Schwimmen – Bewegung der Hand in der xy- und der xz-Ebene (Counsilman 1972)

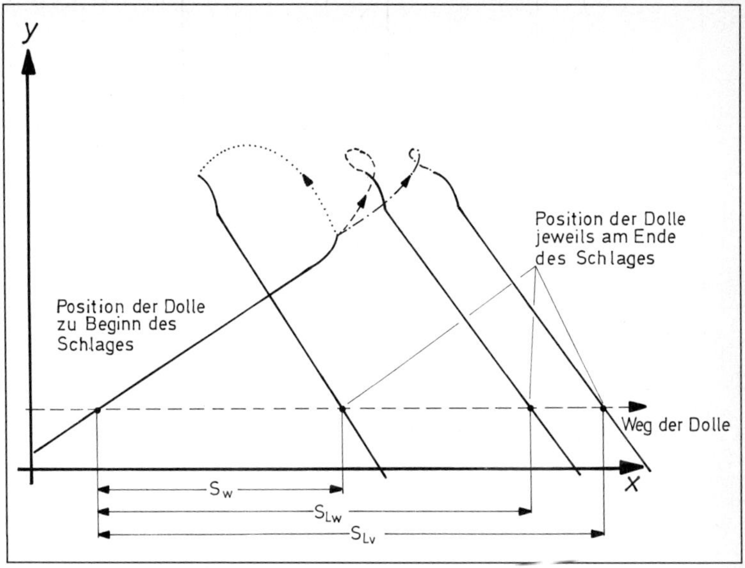

Abb. 10: Prinzipskizze zum Vergleich dreier Antriebe (Beispiel Rudern)
·········· Antrieb mit Widerstand (ausschließlich) S_w
---------- Antrieb mit Widerstand und (wenig) hydrodynamischem Lift S_{Lw}
·—·—·— Antrieb mit Widerstand und (viel) hydrodynamischem Lift S_{Lv}

aufgewandte Leistung (Vortrieb, Massenbewegung) wird P_{ges} genannt und die letztlich in Vortrieb umgesetzte Leistung wird P_v genannt, dann läßt sich die Effektivität η für die Wassersportarten wie folgt definieren:

$$\eta = P_v / P_{ges}$$

Die Effektivität in den Wassersportarten zeigt sich im Vergleich der im Vortrieb umgesetzten Leistung zu der vom Sportler aufgewandten mechanischen Gesamtleistung. Der Vortrieb wird an den Geschwindigkeitsänderungen in Fahrtrichtung des Gesamtschwerpunkts des angetriebenen Systems deutlich. Darüber hinaus bringt der Sportler Leistungen auf, die die Bewegungen insgesamt zwar erst ermöglichen, aber direkt nicht dem Vortrieb zugute kommen: Heben und Senken des Körperschwerpunkts während der Bewegung; Horizontalbeschleunigung verschiedener Teilmassen relativ zueinander. Untersuchungen haben gezeigt, daß es jedoch in der Ausnutzung der Kräfte für den Vortrieb sowie in der nutzlosen Bewegung der Teilschwerpunkte große Unterschiede zwischen verschiedenen Sportlern gibt (u. a. NOLTE 1984a, REISCHLE 1979).

Grundlegende Prinzipien

Aufgrund anthropometrischer und konditioneller Unterschiede zwischen einzelnen Sportlern wird es selbst bei effektiver Bewegungsausführung individuelle Unterschiede in der Ausführung geben. Um jedoch effektiv zu arbeiten, müssen bestimmte Prinzipien eingehalten werden. So ist es z. B. beim Rudern möglich, eine bestimmte Bewegungsamplitude dadurch zu erreichen, daß der Sportler stärker den Rollsitz ausnutzt (= geringerer Beinwinkel) oder stärker den Oberkörper einsetzt (= größere Vorlage des Oberkörpers). Der für ihn individuell effektivste Weg, die entsprechende Bewegungsamplitude zu erreichen, wird davon abhängig sein, welche Längen der Unter- und Oberschenkel in bezug auf den Oberkörper besitzen. Es lassen sich also einige Prinzipien angeben, die die sportliche Technik jeweils grundsätzlich beschreiben. Die nun folgende Aufzählung kann nicht vollständig sein. In den kommenden Teilen des Buchs über die einzelnen Wassersportarten werden diese Prinzipien beschrieben.

1. Prinzip: Ein effektiver Antrieb in den Wassersportarten wird durch einen möglichst langen Weg der Antriebsflächen im Wasser erreicht. Dabei soll der Weg entgegen der Fahrtrichtung minimiert und quer zur Fahrtrichtung (horizontal und vertikal) maximiert werden.

Eine Fläche (Hand, Ruder- oder Kanublatt) kann im Wasser nur Antrieb erzeugen, wenn sie relativ dazu bewegt wird und eine geeignete Strömung erzeugt wird. Je höher die Relativgeschwindigkeit ist, desto größer ist die Vortriebskraft, d. h., da die Zyklendauer aus energetischen Gründen nur unwesentlich verkürzt werden kann, wird eine hohe Relativgeschwindigkeit insbesondere durch eine Verlängerung des Antriebswegs zu erreichen sein. Die effektive Bewegungsrichtung ist hierbei quer zur Fahrtrichtung (d. h. y- bzw. z-Richtung), wobei auf eine richtige Stellung der Antriebsfläche zu achten ist.

2. Prinzip: Eine effektive Bewegungsausführung in den Wassersportarten zeichnet sich dadurch aus, daß die Vertikalbewegung des Systemschwerpunktes so gering wie möglich ist.

Gewisse Vertikalbewegungen müssen von dem Sportler ausgeführt werden, um überhaupt einen Antrieb im Wasser erzeugen zu können (Ein- und Austauchen der Arme bzw. der Kanu- oder Ruderblätter; Heben des Kopfes zum Atmen beim Brustschwimmen etc.). Vertikalbewegungen verbrauchen jedoch Energie durch die Hubarbeit sowie durch Veränderungen der Anströmung des vom Wasser umströmten Schwimmkörpers. Durch eine effektive Technik können diese Bewegungen minimiert werden.

3. Prinzip: Die Minimierung der Horizontalbeschleunigung von Teilmassen des Gesamtschwerpunkts während eines einzelnen Bewegungszyklus führt zu einer effektiven Technik in den Wassersportarten.

Geschwindigkeitsschwankungen der mit dem Wasser in Berührung befindlichen Schwimmkörper während des einzelnen Antriebszyklus verursachen einen erheblichen Verlust an Leistung, da der Wasserwiderstand im Quadrat mit der Fahrtgeschwindigkeit ansteigt. Eine konstante Horizontalgeschwindigkeit in Fahrtrichtung wäre die optimale Fortbewegungsform. Allerdings verursacht der ungleichförmige Antrieb (besonders deutlich beim Brustschwimmen bzw. beim Rudern) Geschwindigkeitsschwankungen, die in soweit unumgänglich sind. Zusätzlich verursachen aber horizontale Beschleunigungen von Teilmassen des Gesamtsystems (Vorschwingen des Körpers beim Kanadier zum nächsten Paddeleinsatz; Horizontalbewegungen des Körperschwerpunkts des Ruderers auf der Rollbahn etc.) Geschwindigkeitsänderungen des Schwimmkörpers. Auch hier können durch eine entsprechende Bewegungsausführung diese Horizontalbeschleunigungen beeinflußt werden, die neben der Erhöhung des Wasserwiderstands noch zusätzliche Energie in Form von Beschleunigungsarbeit verbrauchen.

4. Prinzip: Der Sportler muß durch geeignete Maßnahmen den Wasserwiderstand des Schwimmkörpers so gering wie möglich halten.

Die von der Beschaffenheit bzw. den Inhaltsstoffen und der Temperatur des Wassers abhängige Dichte ist für den einzelnen Sportler als unbeeinflußbar anzusehen und für alle am Wettkampf Beteiligten gleich. Die Abhängigkeit des Wasserwiderstands von der Schwimmgeschwindigkeit des Schwimmkörpers wurde schon in anderem Zusammenhang diskutiert. Der Sportler hat darüber hinaus durch eine entsprechende Bewegung – bzw. aber auch Bootstechnik – Einfluß auf die Faktoren ‹Stirnfläche› und ‹Formbeiwert›. Während der Ruderer und Kanute entweder die Hilfe des Bootsbauers (Konstruktion des Bootskörpers) benötigt oder aber durch unsachgemäße Behandlung des Boots (Verletzung oder Verunreinigung der Außenhaut) bzw. Trimmung (Gewichtsplazierung in Bootslängsrichtung) hier Einfluß nehmen kann, hat die Bewegungstechnik des Schwimmens direkten Einfluß auf die Größe der Stirnfläche und des Formbeiwerts.

Bodo Ungerechts

1 Schwimmen

Allen Sportarten des Bereichs Schwimmen – Sportschwimmen, Synchronschwimmen oder Wasserballspielen – ist gemeinsam, daß sie im Medium Wasser durchgeführt werden, welches durch seine stofflichen Eigenschaften Einfluß auf die Erzeugung der Kräfte nimmt (vgl. S. 268ff). Im Unterschied zu anderen Wassersportarten setzt der Mensch seinen Körper direkt zum Antrieb ein. In Zusammenhang mit dem ‹Selbst-Antrieb› kommt es zwischen den Bewegungen des Körpers und Teilen desselben und dem umgebenden Wasser zu Interaktionen, die gleichzeitig bremsende und antreibende Kräfte hervorrufen. Der Selbst-Antrieb ist von komplexerer Natur als etwa die Bewegung eines Bootes, bei dem der widerstandserzeugende Rumpf und die vortreibenden Ruder räumlich getrennt sind. Den höchsten Erklärungswert für den Selbst-Antrieb besitzen heute die Gesetzmäßigkeiten der Hydrodynamik. Sie bilden deshalb den Ausgangspunkt für die Beschreibung und Erklärung des Schwimmens.
In den folgenden Kapiteln wird der neueste Stand der Untersuchungen der Biomechanik des Schwimmens referiert. Am Anfang werden Untersuchungsergebnisse über die leistungsbestimmenden Abschnitte des Sportschwimmens – Start, Freies Schwimmen und Wenden – dargestellt. In den folgenden Kapiteln werden die Schwimmbewegungen aus hydrodynamischer Sicht zunächst beschrieben und dann unter Verwendung hydrodynamischer Modelle erklärt.

1.1 Leistungsbestimmende Abschnitte im Sportschwimmen

Im Bereich des Schwimmens werden Wettkämpfe über verschieden lange Strecken (von 50 m bis 1500 m) in verschiedenen Schwimmarten (Brustschwimmen, Rückenschwimmen, Delphinschwimmen, Kraulschwimmen) durchgeführt. Die Wettkampfstrecke kann in verschiedene Leistungsabschnitte unterteilt werden, wobei sich die Wettkampfzeit aus den verschiedenen Teilzeiten zusammensetzt: Wettkampfzeit = Startzeit + Schwimmzeit + Wendezeit.
Jede Teilzeit kann durch Anwendung entsprechender Prinzipien minimiert

werden. Die Startzeit setzt sich zusammen aus der Blockzeit, der Flugzeit und der Unterwasserphase, einer zeitlichen Folge aus Gleiten und Übergang in die Antriebsaktion. Die Blockzeit ist die Dauer vom Startsignal bis zum Verlassen des Startblocks. Für gute Schwimmer liegt sie bei 0.6 Sekunden. Die Flugphase dauert zwischen 0.1 und 0.15 Sekunden. Für die anschließende Unterwasserphase, die mit dem Erreichen der 10-m-Marke beendet ist und zwischen 3.0 und 3.15 Sekunden dauert, wiesen HAY, GUIMARAES und GRIMSTON (1983) nach, daß sie auf den «Starterfolg», d. h. gleich nach dem Startvorgang an der Spitze des Feldes zu sein, größten Einfluß nimmt, denn der Starterfolg ist zu 95 % von der Gleitfähigkeit und dem Übergang in die Schwimmbewegungen abhängig, also nicht so sehr von der Flugzeit oder Flugweite. Für den Aktiven bedeutet es z. B., daß er sich stets um eine optimale Körperhaltung bemühen muß und frühzeitig mit dem ersten Zyklus beginnt (KLAUCK 1982b, 113).

Die Wende umfaßt die Phase des unmittelbaren Anschwimmens an die Wand, in der sich die Schwimmbewegung vom Freien Schwimmen unterscheidet, die Drehphase und die Abstoßphase. Die Wendezeit ist abhängig von der Geschwindigkeit des Schwimmers zur Wand v_{Ein}, der Dauer der Richtungsänderung und der Geschwindigkeit nach dem Abstoß v_{Ab}. Beim Anschwimmen der Wand ist die Geschwindigkeit abhängig von der Schwimmart, jedoch gilt in jedem Fall, daß die Geschwindigkeit ungefähr 2 m vor der Wand reduziert wird.

Die Dauer der Richtungsänderung, Drehzeit genannt, kann über eine Sekunde betragen. Eine Ausnahme bildet die Rollwende, deren bekannte Schnelligkeit auf einer kürzeren Drehzeit beruht und darauf, daß der Körperschwerpunkt in der Drehphase nicht so nahe an die Wand gebracht werden muß. Die Geschwindigkeit nach dem Abstoß liegt etwa 25 % über der mittleren Schwimmgeschwindigkeit. Über den Zusammenhang zwischen Effizienz der Wende und Gleitfähigkeit liegen keine Befunde vor, aber in Analogie zum Startsprung kann ein hoher Zusammenhang vermutet werden.

Daß die Wendezeit von der Wettkampflänge abhängt, zeigten Untersuchungen von CHOW und Mitarbeitern (1984). Für das Freistilschwimmen konnten sie nachweisen, daß sich v_{Ein} und die Dauer der Gleitphase bei den 200- bzw. 400-m-Strecken signifikant von den Wenden der 100-m-Strecke unterscheiden. Dadurch dauern die Wenden länger, und ihr Anteil an der Wettkampfzeit nimmt zu, was Korrelationen zwischen Wende- und Wettkampfzeit bestätigen. In derselben Untersuchung sind Korrelationskoeffizienten für die 400-m-Strecke mit $r = 0.46$ und für die 1500-m-Strecke mit $r = 0.65$ angegeben. Langstreckler sollten danach den Wenden einen hohen Stellenwert einräumen und im Training das optimale Verhältnis von Energieaufwand und Nutzen durch kontrolliertes Üben schulen.

Der größte Teil der Wettkampfzeit wird zum Freien Schwimmen benutzt.

Der prozentuale Anteil ist von der Beckenlänge, also der Häufigkeit der Wenden abhängig, für einen 100-m-Wettkampf auf einer Kurzbahn liegt der Wert bei 60 %, auf einer 50-m-Bahn steigt er auf 80 %. Bei längeren Wettkampfstrecken liegt der Anteil des Freien Schwimmens bei über 70 %. Die mittlere Schwimmgeschwindigkeit v wird durch die mittlere Zyklusdistanz d, der vom Körper pro Armzyklus zurückgelegte Weg, und der mittleren Zyklusfrequenz f beschrieben:

$$v = d \cdot f \ [m/s]$$

Im Hochleistungbereich des Sportschwimmens gehören Messungen der Frequenzen zum Trainings- und Wettkampfalltag. Die dahinterstehende Vermutung, daß es eine generelle personenunabhängige optimale Kombination von mittlerer Zyklusdistanz und mittlerer Zyklusfrequenz gibt, hat sich bisher noch nicht bestätigen lassen. Häufig wiederholte Untersuchungen in Wettkampfsituationen haben nämlich gezeigt, daß Eliteschwimmer, bei nahezu gleicher mittlerer Schwimmgeschwindigkeit, deutlich voneinander abweichende Kombinationen von mittlerer Zyklusdistanz und mittlerer Zyklusfrequenz aufweisen. Das unterstützt stark die Annahme, daß jeder Aktive ein individuelles, optimales Verhältnis von mittlerer Zyklusdistanz und mittlerer Zyklusfrequenz aufweist, was von einer Kombination aus anthropometrischen und technomotorischen Bedingungen abhängen mag. Bei austrainierten Aktiven wird bei konstanter Zyklusdistanz eine Erhöhung der Schwimmgeschwindigkeit durch Frequenzsteigerung erreicht. So konnte ein Rückenschwimmer seine international guten Leistungen, die er mit Frequenzen von 38 Zyklen/min erreicht hatte, in kurzer Zeit deutlich verbessern, indem er sich auf 44 Zyklen/min umstellen ließ.
Systematische Untersuchungen über den Zusammenhang zwischen Schwimmgeschwindigkeit und Frequenz von Craig/Pendergast (1979) oder Ungerechts (1979b) zeigten, daß die Funktion einem «umgekehrten U» gleicht, d. h., ab einem bestimmten Punkt kann die Schwimmgeschwindigkeit trotz zunehmender Frequenz nicht mehr gesteigert werden.
Die längsten Zyklusdistanzen d werden für die 100-m- und 200-m-Freistilstrecken beobachtet (Männer: $2.35 < d < 2.65$ m, Frauen: $2.00 < d < 2.20$ m), gefolgt vom Schmetterlingsschwimmen (Männer: $1.96 < d < 2.30$ m, Frauen: $1.74 < d < 2.20$ m) und dem Brustschwimmen (Männer: $1.43 < d < 1.92$, Frauen: $1.40 < d < 1.71$ m). Dieses entspricht der Reihenfolge der Wettkampfrekordzeiten. Beim Rückenschwimmen werden ebenfalls große Zyklusdistanzen gemessen (Männer: $2.10 < d < 2.49$ m, Frauen: $2.05 < d < 2.21$ m), jedoch bei geringeren mittleren Zyklusfrequenzen, so daß die Schwimmgeschwindigkeit stets kleiner als beim Kraulschwimmen ist. Bisher konnte die individuell maximal mögliche Zykluslänge noch nicht wissenschaftlich abgesichert werden, und die Trainer müssen weiterhin auf Erfahrungsdaten zurückgreifen.

1.2 Intrazyklische Raumbahnen und Geschwindigkeitsprofile der vier Schwimmtechniken

Im Vergleich zur Bewegungslehre des Schwimmens, bei welcher die Beschreibung der Extremitätenbewegung auf den Körper Bezug nimmt, wird in der Biomechanik des Schwimmens ein anderes Bezugssystem, das ortsfeste Bezugssystem, gewählt (vgl. S. 269f). Die Benutzung dieses Bezugssystems ist notwendig, wenn die relative Strömungsgeschwindigkeit bestimmt werden soll. Dadurch wird gewissermaßen die Handbewegung ‹aus der Sicht des Wassers› dargestellt. Zur Bestimmung der kinematischen Merkmale wird eine Unterwasserkamera fest an einem Ort installiert, und die Aktiven schwimmen im senkrechten Abstand vorbei. Da die Handbewegung im Gegensatz zur Körperbewegung dreidimensional ist, muß für eine Analyse der Armbewegungen mit zwei Kameras simultan gearbeitet werden. Auf den Fotos sieht man die Projektion der Handbewegung jeweils in den Raumebenen (x, y; x, z; y, z).
In diesem Kapitel sollen die Raumbahnen der Handbewegung für die vier Schwimmtechniken vorgestellt werden. Die dreidimensionale Raumbahn wird auf die Hauptbewegungsrichtungen eines ortsfesten Koordinatensystems projiziert. Die jeweiligen Verläufe der Projektionen sind für die heutigen Bewegungsmuster der Handbewegungen charakteristisch, insbesondere mit den deutlichen Quer-/Seitbewegungen. Abweichungen von den Verläufen können Ausdruck einer Anpassung an individuelle, funktionell-morphologische Gegebenheiten sein.

Kraulschwimmen

Das Armmuster besteht aus drei Bewegungsphasen, deren Unterscheidung auf den Hauptbewegungsrichtungen der Hand, relativ zum ortsfesten Koordinatensystem, beruht: Abwärts-, Einwärts- und Aufwärtsphase. Alle drei Phasen werden unter Wasser ausgeführt und ergeben zusammen die in Abbildung 1, S. 286, aufgeführten Raumbahnen.
Die Abwärtsphase (xz-Ebene) beginnt nach der Phase des ‹Wasserfassens› und ist mit einer leichten Auswärtsbewegung gekoppelt. In dieser Phase ist die beschleunigende Wasserkraft durch hydrodynamischen Auftrieb und Widerstand zusammengesetzt.
Die Einwärtsphase (yz-Ebene) beginnt, wenn sich die Schulter auf Höhe der antreibenden Hand befindet. Die Hand wird hauptsächlich von der

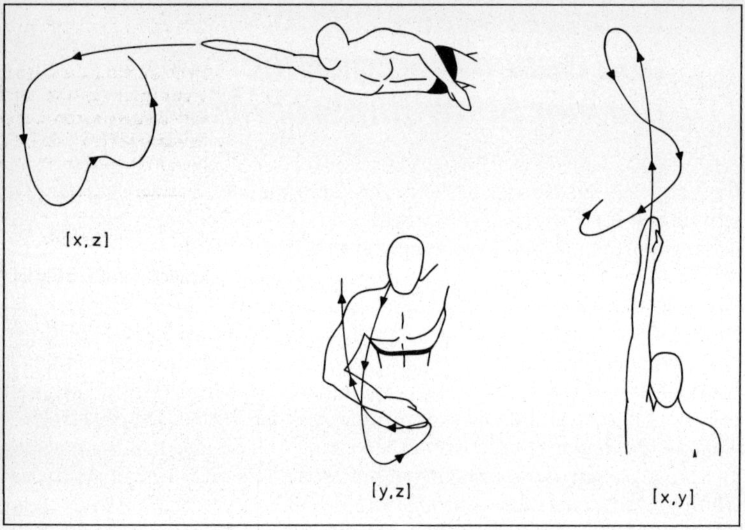

Abb. 1: Die dreidimensionale Darstellung der Raumbahnen beim Kraulschwimmen

Daumenseite angeströmt. In der xy-Ebene ist zu erkennen, daß die Bewegung auch von einer rückwärtigen Komponente überlagert ist. In dieser Phase wird der Ellenbogen bis zu 90° gebeugt.
Die abschließende Aufwärtsphase (xz-Ebene) ist, bedingt durch die Streckung des Ellenbogens, auch eine Auswärtsbewegung (xy-Ebene). Durch die Strömung über die Kleinfingerseite und den entsprechenden Anstellwinkel (≠ 90°) werden in dieser Phase die größten Strömungskräfte erzeugt.

Abb. 2: Intrazyklisches Profil der Schwimmgeschwindigkeit eines Kraulschwimmers

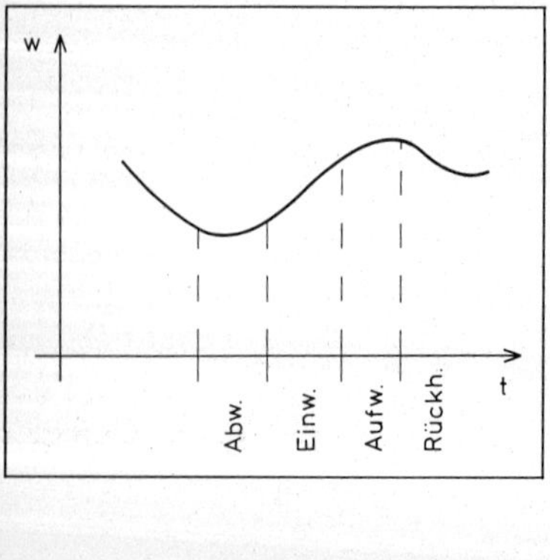

Wegen der Bedeutung für den Antrieb ist eine korrekte gestreckte Handhaltung wichtig, bis sich die Hüfte über der antreibenden Hand befindet.
Die Stelle, an der die Hand das Wasser verläßt, liegt vor der Eintauchstelle.
Der gute Schwimmer bewegt seinen Körper während der Aktion eines Armes nahezu um die Strecke von 1.30 m vorwärts.

Das intrazyklische Profil der Schwimmgeschwindigkeit in Abbildung 2 gilt für den Gesamtzyklus, d. h. den Antrieb von beiden Armen und die Beinaktionen. Die Geschwindigkeitsschwankungen zwischen Minimum und Maximum betragen bis zu 45 %.

Rückenschwimmen

Die dreidimensionale Raumbahn der Hand dieses Rückenschwimmers zeigt in der xz-Ebene, daß es zwei Abwärts- und Aufwärtsphasen gibt (Abb. 3). Die Bewegungsweite der einzelnen Phasen kann beträchtliche individuelle Schwankungen aufweisen.

Nach dem Eintauchen mit nach außen zeigender Handfläche wird die Hand abwärts und auswärts bewegt. Die Anströmung soll über die Fingerspitzen erfolgen, was durch ein starkes Rollen um die Körperlängsachse in Richtung des gestreckten Armes unterstützt wird. Eingeleitet durch eine Rotation der Hand (Supination), geht die Hand von der ersten Abwärtsphase in die erste Aufwärtsphase über. Die Supinationsbewegung begünstigt die sukzessive Ellenbogenbeugung. Die Hand wird jetzt von der Daumenseite angeströmt, dabei kommt es zu einer hohen Ausnutzung der Strömungskräfte für den Antrieb, denn die Richtung der Wasserkraft F_{Res} und die Vortriebsrichtung fallen nahezu zusammen. Zum Ende der ersten Aufwärtsphase befindet sich die Schulter auf der Höhe der Hand.

In der folgenden zweiten Abwärtsphase wird die Hand abwärts-einwärts bewegt (yz-Ebene), bedingt durch eine Streckung des Ellenbogengelenks

Abb. 3: Raumbahnen der Hand beim Rückenschwimmen

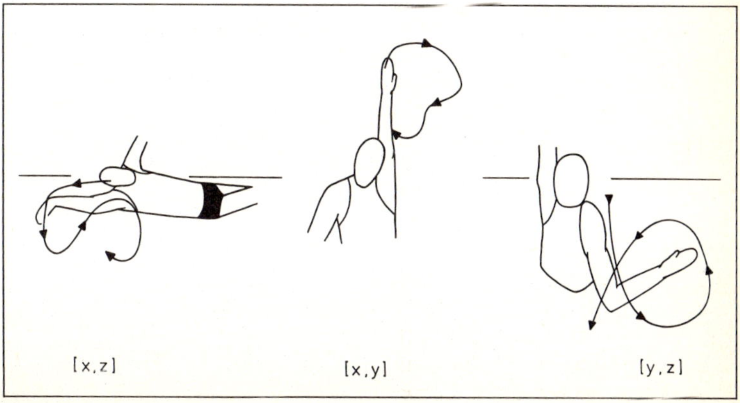

sowie durch eine mediale Oberarmrotation und durch die Pronation der Hand, d. h., der Handrücken zeigt zur Wasseroberfläche. Dabei wird die Schulter des sich bewegenden Arms angehoben, so daß der Gegenarm zum Ende der zweiten Abwärtsphase besser ins Wasser tauchen kann. Unterdessen hat sich der Körper bis zur Hüfte über die Hand bewegt.
In der verbleibenden zweiten Aufwärtsphase wird die Hand bei nahezu gestrecktem Arm zur Wasseroberfläche geführt und verläßt mit der Daumenseite das Wasser. Obgleich wünschenswert, liegen keine Untersuchungsergebnisse über die Kraftentwicklung in dieser letzten Phase vor, so daß auch keine näheren Aussagen zum richtigen Bewegungsverhalten gemacht werden können. Bei erfahrenen schnellen Rückenschwimmern befindet sich zu diesem Zeitpunkt der Gegenarm schon im Wasser, und es ist zu vermuten, daß er hauptsächlich zum Antrieb beiträgt.
Während der Unterwasseraktion eines Arms, zusammen mit der Beinbewegung, legt der Körper eine ähnlich lange Strecke wie beim Freistil zurück, nämlich zwischen 1.10 und 1.20 m. Allerdings ist beim Rückenschwimmen die Bewegungsfrequenz deutlich geringer. In der Folge ist die Schwimmgeschwindigkeit kleiner. Dies gilt für die Aktion beider Arme bei gleichzeitiger Beinbewegung. Die Schwankungen zwischen den Extremwerten der intrazyklischen Geschwindigkeit liegen bei bis zu 57 %.

Schmetterlingsschwimmen

Die Armbewegung beim Schmetterlingsschwimmen kann ebenfalls in drei antriebsrelevante Phasen eingeteilt werden: Auswärts-, Einwärts- und Aufwärtsbewegung (Abb. 4).

Abb. 4: Die Raumbahnen beider Hände beim Schmetterlingsschwimmen

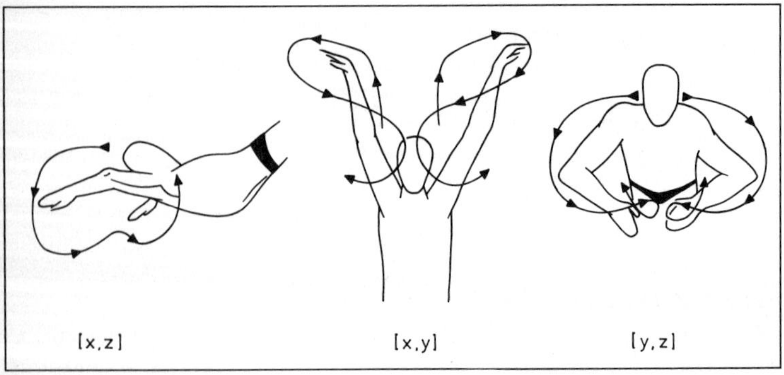

wärtsbewegung hohe Wasserkräfte auf. Während die Schiffsschraube aber über einen vollen Kreisumfang Wirkung erzeugt, ist die Einwärtsbewegung beim Brustschwimmen kurz und muß daher mit hoher Aufmerksamkeit ausgeführt werden. Der Körper wird trotz der Antriebsaktion beider Arme «nur» um 1.70–1.90 m angetrieben. Das intrazy klische Geschwindigkeitsprofil beim Brustschwimmen (Abb. 6) ist häufig Gegenstand biomechanischer Untersuchungen gewesen. Zwei Gründe sind dafür zu nennen:

a) die Geschwindigkeitsschwankungen sind z. T. beträchtlich (über 82 %),
b) die Antriebseffekte von Armen und Beinen können voneinander separiert werden.

1.3 Erklärung der Schwimmbewegungen aus hydrodynamischer Sicht

Biomechanisch betrachtet, beruht das ‹Schwimmen› auf zwei voneinander unabhängig wirkenden Kraftvektoren: statischer Auftrieb und Wasserkraft.

1. Der statische Auftrieb F_s wirkt schon im ruhenden Medium und seine Richtung ist der Gravitation (z-Richtung) entgegengerichtet; in diesem Zusammenhang entspricht das Schwimmen dem ‹fluitare – auf dem Wasser treiben› und wird durch das ARCHIMEDES-Prinzip (vgl. S. 272) beschrieben.
2. Die Wasserkraft ist auf die Eigenschaften des strömenden Wassers um feste Körper zurückzuführen. Zur Bildung der Wasserkraft tragen zwei Komponenten bei: der Widerstand F_W und der hydrodynamische Auftrieb F_{hd}. Die Richtung der Kräfte wird immer durch die Richtung der Strömungsgeschwindigkeit bestimmt. Der Widerstand F_W wirkt in entgegengesetzter Schwimmrichtung, der hydrodynamische Auftrieb F_{hd} stets senkrecht dazu.

Der Vortrieb des Körpers, als Resultat der Aktionen der Extremitäten, ist durch folgende hydrodynamische Bewegungsgleichung erfaßt:

$$m \cdot a = F_V - F_W \qquad [N]$$

Die Beschleunigung a der Körpermasse m ist das Resultat der Differenz, gebildet aus den Antriebskräften von Armen und Beinen F_V und dem entgegengesetzt wirkenden, bremsenden Widerstand F_W. Der Wasserwiderstand entspricht hier dem Gesamtwiderstand, d. h., eine Aufgliederung in Reibungs-, Form- und Wellenwiderstand unterbleibt (UNGERECHTS 1978).

Der Widerstand beim Schwimmen war Gegenstand zahlreicher Untersuchungen. Dabei wurde hauptsächlich die Schleppmethode verwandt (CLARYS 1979). Diese Ergebnisse unterliegen gewissen einschränkenden Bedingungen:

a) die Schwimmer wurden in gestreckter Körperhaltung und
b) bei gleichförmiger Geschwindigkeit geschleppt,
   d. h., da $a = 0$ ist, wird der Term $m \cdot a = 0$, und die Vortriebskräfte sind gerade gleich der Widerstandskraft. Ergebnisse der Schleppversuche zeigen, daß eine quadratische Abhängigkeit zwischen dem Widerstand und der Schleppgeschwindigkeit existiert und kaum höhere Widerstandskräfte als 200 N auftreten.

Die in der Realität vorkommenden Körperbeschleunigungen wurden bisher nur in Arbeiten von KLAUCK (1977) und UNGERECHTS (1988) berücksichtigt. KLAUCK zeigte, daß bei positiv gleichmäßig beschleunigter Bewegung ein höherer ‹Widerstandswert› auftritt als bei konstanter Geschwindigkeit. Er zeigte auch, daß der Widerstandswert bei gleichmäßig verzögerter Schleppmessung kleiner ist. Daß im Schwimmen jedoch keine gleichmäßigen Beschleunigungen oder Verzögerungen vorliegen, sondern daß dieser ungleichförmiger Natur sind, konnte UNGERECHTS (1988) deutlich für das Brustschwimmen zeigen. Für das Brustschwimmen wurden Beschleunigungsspitzen von $6-8\ m/s^2$ ermittelt, was für einen 70 kg schweren Schwimmer bei einer momentanen Geschwindigkeit von 1.4 m/s bedeutet, daß er Antriebskräfte, $F_V = m \cdot a + F_W$, von rund 600 N aufbringen muß. Vergleichbare Kräfte wurden bei dynamografischen Messungen für Brustschwimmer ermittelt.

Der Körperwiderstand stellt demnach nur eine der äußeren Kräfte dar; zusätzlich wirken noch Trägheits- und Auftriebskräfte. Der Widerstand dominiert, wenn sich der Schwimmer nahezu regungslos verhält, z. B. nach Starts und Wenden oder während der Gleitphasen beim Brustschwimmen. KLAUCK (1982a) zeigte, daß ein gleitender gestreckter Körper innerhalb einer Strecke von 2 m um rund 50 % der anfänglichen Geschwindigkeit abgebremst wird. Seine Untersuchungen zeigen weiterhin, daß es ein individuelles Gleitvermögen gibt, welches ebenfalls einen hohen Einfluß auf die Leistung beim Schwimmen hat.

Den bremsenden Kräften wirken die durch die Bewegungen der Extremitäten erzeugten Antriebskräfte entgegen. In der traditionellen Erklärung des Antriebs durch die Armbewegung wird vom Körper als Bezugssystem und vom Widerstand als einziger Antriebsursache ausgegangen (POPESCU 1978, 20; LEWIN 1977). In diesem Bezugssystem werden die Arme auf einer S-förmigen Bahn – von vorn in Richtung der Füße – bewegt. Dabei, so dieses Erklärungsmodell, entsteht ein Widerstand, welcher als bremsende Kraft der Handbewegung entgegengesetzt wirkt. In Reaktion auf diese Aktion würde der Körper angetrieben. Um einen größtmöglichen Vortriebseffekt

zu erzeugen, sollte die Hand gerade oder S-förmig, jedoch parallel zur Körperachse rückwärts bewegt werden.
Die oben skizzierten Raumbahnen aller vier Schwimmtechniken weisen hingegen kaum eine direkt nach fußwärts (in negativer x-Richtung) zeigende Komponente auf. Es stellt sich daher die Frage, in welcher Weise denn die Antriebskräfte erzeugt werden. Da offensichtlich eher Querbewegungen vorliegen, müssen andere Antriebsmodelle als das des Widerstandes oder Paddelprinzips herangezogen werden.
Die starken Querbewegungen – Bewegungen von oben nach unten, von der Seite zur Mitte oder in umgekehrter Richtung – weisen eine Analogie zu den leistungsstarken Antriebsaggregaten von Schiffen oder Flugzeugen auf, nämlich den Bewegungen der Propellerblätter. Ihre Bewegungsrichtung ist ebenfalls senkrecht zur Fortbewegungsachse des Rumpfes ausgerichtet. Durch die Bewegungen der Propellerblätter werden an der Ober- und Unterfläche Strömungen erzeugt. Wie im Einführungskapitel (vgl. S. 268ff) schon erläutert, treten dabei Strömungskräfte auf: Widerstand F_W und hydrodynamischer Auftrieb oder Lift F_{hd} (Abb. 7).
Der Begriff hydrodynamischer Auftrieb oder Lift führt immer wieder zu Mißverständnissen, da mit ihm eine nach oben gerichtete Wirkung assoziiert wird. Die Richtung des Lifts ist aber nicht notwendigerweise nach oben gerichtet, sondern immer senkrecht zur Anströmrichtung. Beide Kräfte, F_W und F_{hd}, treten auch immer gleichzeitig auf, denn sie sind die Komponenten der Wasserkraft F_R. Allerdings fällt die Verteilung der Komponenten unterschiedlich aus, je nachdem wie groß der Winkel zwischen der Anströmgeschwindigkeit und dem umströmten Körper, Anstellwinkel α genannt, ist (Abb. 8).

Abb. 7: Verteilung der Strömungskräfte (a) an einem Tragflächenprofil und (b) an einer Hand

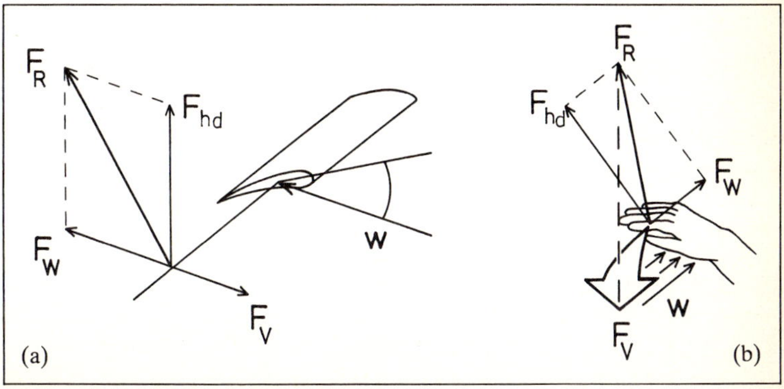

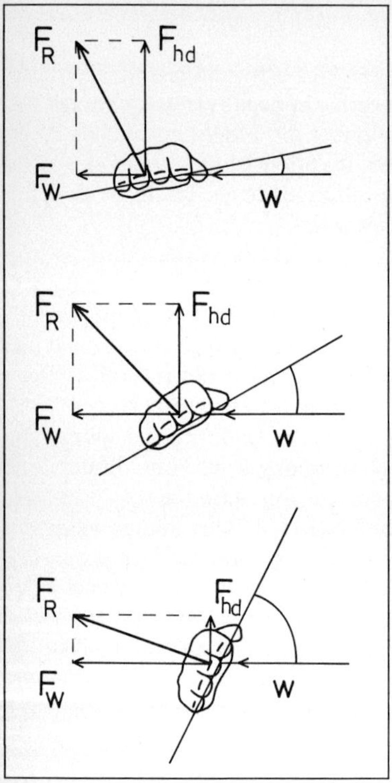

Abb. 8: Verteilung der Komponenten der Strömungskräfte F_W und F_{hd} bei unterschiedlichen Anstellwinkeln, aber konstanter Strömungsgeschwindigkeit und Handform

Abbildung 8 macht deutlich, daß die von der Strömung erzeugte Wasserkraft vom Betrag her konstant bleibt, aber in Abhängigkeit von der Richtung zu unterschiedlichen Verteilungen der Komponenten führen kann. Energetische Erhebungen haben außerdem gezeigt, daß der Wirkungsgrad eines Schwimmers deutlich günstiger ist, wenn an der Bildung der Wasserkraft eine hohe Liftkomponente beteiligt ist. Im Einleitungskapitel ist auf den Zusammenhang des Anstellwinkels und der Entwicklung des hydrodynamischen Auftriebs hingewiesen worden. Messungen im Wasserkanal entsprechend der Modelltheorie haben ergeben, daß mit zunehmendem Anstellwinkel der Hand die Widerstandskraft F_W an Einfluß gewinnt und für den Sonderfall $\alpha = 90°$ der Lift F_{hd} völlig verschwindet (Abb. 9).

Der Anstellwinkel und folglich die Strömungskräfte können durch die Handstellung beeinflußt werden, d. h., dem Anstellwinkel kommt in Kombination mit der Geschwindigkeit zwischen der Hand und der Strömung (relative Strömungsgeschwindigkeit) eine zentrale Bedeutung für den Betrag der erzeugten Strömungskräfte zu. Für den Antrieb ist aber auch die Richtung der Wasserkraft F_R von entscheidendem Einfluß; je mehr sich die Richtung von F_R mit der Schwimmrichtung (x-Richtung) deckt, desto größer ist der Antrieb. Der Anteil der Wasserkraft F_R, der nicht in x-Richtung weist, kann zur Hub- oder Seitbewegung des Körpers führen. Die Seitbewegungen sind wegen ihrer Energievergeudung stets unerwünscht, während die Hubbewegungen beim Brust- und Schmetterlingsschwimmen u. a. die Atmung unterstützen.

Zu den beachtenswerten Feinheiten bei der Antriebserzeugung durch die Hände gehören neben dem Anstellwinkel die Fingerstellung und der Einströmwinkel, (d. h. ob die Hand über die Daumenseite, Fingerspitzen oder Handrücken angeströmt wird) sowie die Rotationsbewegung der Hände in

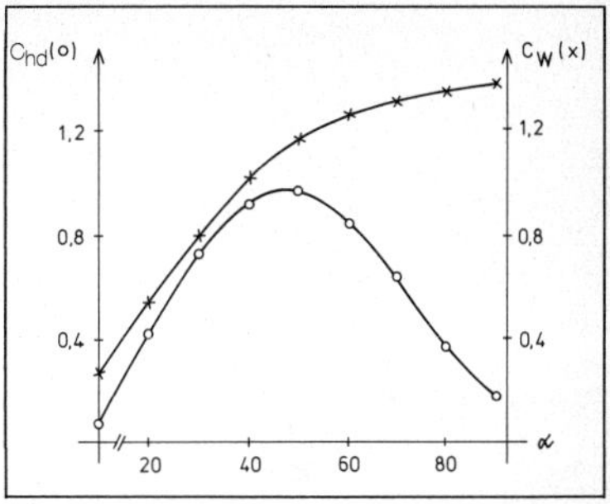

Abb. 9: Abhängigkeit der Komponenten der Strömungskräfte F_W, F_{hd}, repräsentiert durch die Strömungsbeiwerte c_W und c_{hd} vom Anstellwinkel

den Umlenkphasen. LÖHR und UNGERECHTS (1976) zeigten, daß eine leichte Spreizung der Finger (2.5 mm zwischen den Mittelgelenken) zu einer Verbesserung der Schwimmgeschwindigkeit um 0.4 % führt. Dieses Ergebnis liefert bei einer Schwimmerin, die eine 100-m-Strecke in 75 s zurücklegt, einen Zeitgewinn von 2.6 s.
FELD, THIERER und WILKE (1978, 24) untersuchten experimentell an Handmodellen den Einfluß des Einströmwinkels auf die Entwicklung der Strömungskraftkomponenten; bei Anströmung über die Kleinfingerseite (und abduziertem Daumen) werden im Vergleich zur Anströmung über die Daumenseite 25–30 % mehr Auftriebskräfte erzeugt. Für die Bewegungspraxis folgt daraus, daß bei nicht zu umgehender daumenseitiger Anströmung die relative Strömungsgeschwindigkeit erhöht werden muß.
UNGERECHTS (1979 a) wies am Beispiel des Rückarmzugs nach, daß Umlenkbewegungen der Hand nicht abrupt erfolgen sollen, sondern vor der Änderung der Bewegungsrichtung eingeleitet werden müssen, damit es zu keiner Strömungsablösung an der am Vortrieb beteiligten Hand kommt.
Der Antrieb, hervorgerufen durch die Bewegungen der oberen Extremitäten, beruht auf Kräften, die der Umströmung der Hand zuzuordnen sind sowie der Umströmung des Arms. LÖHR und UNGERECHTS (1976) ermittelten aufgrund von Windkanalmessungen, daß die Antriebswirkung der oberen Extremitäten zu 50 % der Hand und zu 50 % dem Arm zugeschrieben werden muß. Experimentelle Daten von WOOD (1979) und UNGERECHTS (1978) stützen diese Befunde.
Verglichen mit der Erklärung des Antriebs durch die oberen Extremitäten ist die Erklärung des Antriebs durch die unteren Extremitäten, also durch die Beinbewegung, noch sehr vage. Der momentane Diskussionsstand zur Schuberzeugung durch die Beine soll am Beispiel der Delphin-Kick-Bewegung und am Brustschwimmen erläutert werden. Bedingt durch die Überlagerung der Kick-Bewegung und der Körperbewegung, ist die Raumbahn des Fußes ähnlich einer zweidimensionalen Sinuskurve, was in den Lichtspuraufnahmen von REISCHLE (1976) schon gezeigt wurde. Abbildung 10, S. 296, zeigt das Ergebnis von Experimenten zur Sichtbarmachung von Strömungen während der Delphin-Kick-Bewegung, die von UNGERECHTS (1985) durchgeführt wurden.
Abbildung 10 macht deutlich, daß in den Umlenkphasen das vormals trans-

latorisch strömende Wasser in Rotation versetzt wird. Nach LIGHTHILL (1969, 435) wird bei rotierenden Wassermassen, gemessen an der aufgewandten Energie, ein höherer Impuls als bei nicht rotierenden Wassermassen erzeugt. Der Körper wird im Sinne des Rückstoßprinzips beschleunigt. Demnach müssen die größten Körperbeschleunigungen mit den Umlenkphasen während der Kick-Bewegung zusammenfallen. Dazu liegen Ergebnisse von schnell schwimmenden Delphinen vor. Nach DUBOIS und OGILVY (1978) sind die größten intrazyklischen Körperbeschleunigungen zeitlich mit der Umlenkbewegung gekoppelt.
Für das Brustschwimmen konnte UNGERECHTS (1988) zeigen, daß die maximalen Beschleunigungen von 6–8 m/s^2 während der Beinbewegung auftreten, und zwar, wenn die Füße von der Auswärts- in die Einwärtsbewegung übergehen, also ebenfalls eine Richtungsänderung vorliegt. Die Wirkung des Beinschlags hängt somit von der Betonung der Umlenkbewegung ab und wird durch eine, bei Schwimmern häufig zu beobachtende, große Beweglichkeit im Fußgelenk verbessert.
Die Erklärung des Selbst-Antriebs beim Schwimmen gewinnt dann an Bedeutung für die Praxis, wenn es gelingt, die hydrodynamischen Bedingungen auf die funktionell-morphologischen Gegebenheiten zu beziehen, was unter dem Begriff «Wassergefühl» zusammengefaßt worden ist. Die biomechanische Begleitung des Schwimmsports eröffnet Wege, diesen Prozeß zu steuern. SCHLEIHAUF (1983, 174) hat z. B. gezeigt, daß beim Kraulschwimmen die höchsten Beschleunigungen während der Endphase des Unterwasserzugs jedes Arms auftreten. Er konnte weiterhin nachweisen, daß die Hände eine propellerartige Bewegung durchführen, verbunden mit einer starken Anströmung der Hand über den Kleinfingerballen. Diese sehr technisch anmutende Beschreibung entspricht genau dem, was der Akteur wahrnimmt. Bei der Technikansteuerung macht man sich dies zunutze, indem man dem Lernenden erklärt, daß während der Endphase ein Druck auf dem Kleinfingerballen lasten muß. Die Kenntnis der Strömungsbedingungen erspart zeitraubendes Experimentieren.

Abb. 10: Raumbahnen der Füße beim Delphin-Kick und Darstellung der Umströmungsbedingungen

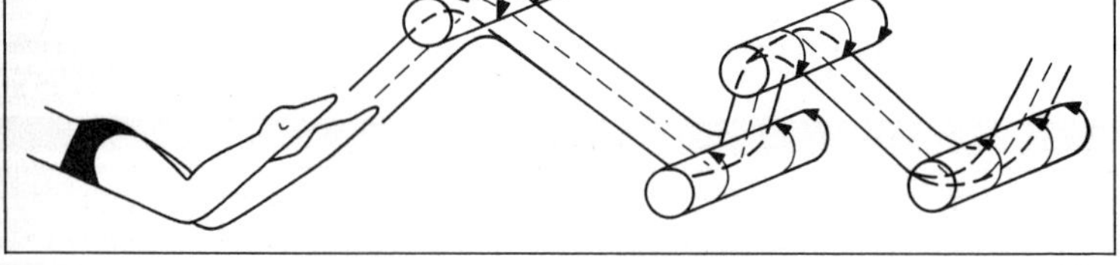

Volker Nolte

2 Rudern

Das Wettkampfprogramm im Rudern kennt acht verschiedene Bootsgattungen, die auch olympische Bootsgattungen genannt werden. Grundsätzliche Unterschiede bestehen zwischen den Skull- und Riemenbooten. Während in den Skullbooten (Einer, Doppelzweier, Doppelvierer) jeder Ruderer zwei Ruder, die Skulls, bewegt, führt jeder Ruderer in den Riemenbooten (Zweier ohne Steuermann, Zweier mit Steuermann, Vierer ohne Steuermann, Vierer mit Steuermann und Achter) nur mit einem Ruder den Antrieb aus. Obwohl die Bootsgattungen bis zu zwei Minuten bezüglich ihrer Fahrzeiten über die einheitliche 2000-m-Wettkampf-Strecke differieren und somit auch in gewissen Grenzen unterschiedliche Anforderungen in bezug auf die Bewegungsfrequenz und die motorischen Eigenschaften stellen, kann doch die Diskussion aus biomechanischer Sicht generell für alle Bootsgattungen an einem Beispiel erfolgen. Allein der Einer kennt das Problem der Mannschaftssynchronisation nicht, auf das später eingegangen wird.

Nach den Festlegungen der internationalen Wettkampfregeln ist Rudern dadurch gekennzeichnet, daß

a) der Ruderer mit dem Rücken zur Fahrtrichtung sitzt,
b) die Ruder mit dem Bootsrumpf befestigt sind,
c) nur der Sitz beweglich angebracht sein darf und
d) der Bootsrumpf ein Verdrängerboot sein muß.

Diese Regeln haben einige bedeutende Auswirkungen. So sind z. B. Konstruktionen zur Reduktion der Massenbewegungen des Ruderers in horizontaler Richtung (z. B. Rollausleger-Boot; s. NOLTE 1981, BALLE/BEIKERT/LAURIG 1983) ebenso verboten wie Bootsrümpfe, die ab einer gewissen Geschwindigkeit gleiten (z. B. wie ein Surfbrett) oder mittels Tragflügeln aufschwimmen würden.

2.1 Biomechanische Grundlagen des Ruderns

Ein erster Zugang zu der Sportart Rudern bietet eine morphologische Untersuchung mit Hilfe einer Bildserie. Die Konstruktion des Bootes mit dem festen Stemmbrett, dem beweglichen Rollsitz und den weit vom Bootsrumpf ausladenden Auslegern mit der Befestigung der Ruder in der sogenannten Dolle wird ersichtlich. Darüber hinaus erhält der Betrachter eine erste Vorstellung des Mit- und Nacheinanders der an der Bewegung beteiligten Körpergelenke.

Um nun die Ruderbewegung weiter untersuchen zu können, ist es notwendig, einige biomechanische Systeme getrennt zu betrachten. Auf das Gesamtsystem Ruderer und Boot wirken grundsätzlich zwei entgegengesetzte Kräfte: die antreibenden Kräfte am Ruderblatt und die bremsenden Kräfte auf den Bootsrumpf (Wasserwiderstand) sowie die außerhalb des Wassers befindlichen Teile (Windwiderstand).

Übersteigen die antreibenden Kräfte die Widerstandskräfte, wird das Gesamtsystem in Fahrtrichtung beschleunigt. Wirken in der Rückholphase (Vorrollen; in Abb. 1 von Bild e nach a) nur die Widerstandskräfte, wird das Gesamtsystem abgebremst.

Die antreibende Wasserkraft entsteht ausschließlich an den Ruderblättern. Diese bewegen sich zwar relativ zum Boot in einem Kreisbogen um die Dolle, doch Untersuchungen haben gezeigt, daß die Wegkurve der Blätter im Wasser

Abb. 1: Bildserie des Ruderschlags
a Einsetzen der Ruderblätter; Auslage
b Vorderzug
c Mittelzug
d Endzug
e Ausheben der Ruderblätter; Rücklage

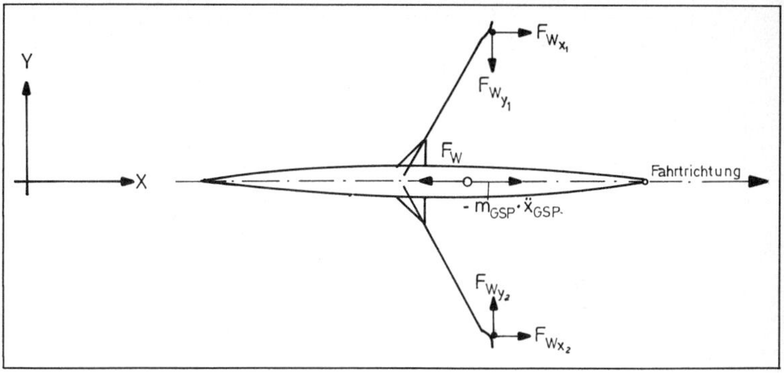

Abb. 2: Mechanisches Modell des Gesamtsystems in der xy-Ebene

insbesondere in Fahrtrichtung und quer dazu verläuft (s. S. 278, Abb. 9a). Dies liegt an der hohen Bootsgeschwindigkeit, bei der die Blätter ins Wasser eingesetzt werden, und dem großen Ruderwinkel, der beim Rudern überstrichen wird.

Um den Antrieb überhaupt zu erzielen, muß der Ruderer Bewegungen im Boot ausführen. Dabei ist er durch die Konstruktion des Bootes weitgehend festgelegt, da die Füße fest mit dem Stemmbrett verbunden sind und der Rollsitz allein in x-Richtung beweglich ist. Eine kinematische Analyse zeigt, daß sich der Körperschwerpunkt des Ruderers sowohl in x- als auch in z-Richtung bewegt, was in Abbildung 3 sehr anschaulich deutlich wird.

Abb. 3: Mehrfachbelichtung während des Ruderschlags zur Demonstration der Bewegung des KSP in x- und z-Richtung (Fotos links und unten: NOLTE)

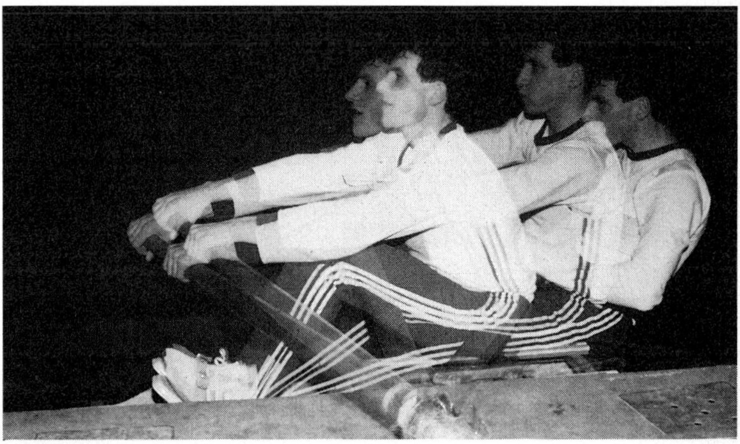

Für die Bewegung des KSP in x-Richtung muß vom Ruderer Energie aufgewandt werden. Zusätzlich werden die für diese Bewegung notwendigen Kräfte auch auf das Boot übertragen, das dadurch zusätzliche Geschwindigkeitsschwankungen aufgezwungen bekommt.
Abbildung 4 zeigt den prinzipiellen Zusammenhang der Auswirkung der Körperbewegung des Ruderers auf das Boot. In Abbildung 5 sind die Geschwindigkeitsverläufe des Gesamt- und des Bootsschwerpunkts zeitgleich aufgetragen. Die Abweichung der Bootsgeschwindigkeit von der des Gesamtschwerpunkts wird durch die Bewegung des Ruderers im Boot erzeugt. Durch diese vermehrten Geschwindigkeitsschwankungen wird der Wasserwiderstand des Bootes deutlich vergrößert. Dies bedeutet für den Ruderer, daß er versuchen muß, die zusätzlichen Einflüsse durch entsprechende Rudertechnik zu minimieren.

Zusammenfassend wendet der Ruderer folgende Energiebeträge auf, wobei sich die Prozentzahlen auf die gesamte Energie beziehen (nach Nolte 1984a):
a) für den Antrieb – Zugkraft am Ruder als Gegenkraft zur Wasserkraft (ca. 70%),
b) für die Bewegung seines KSP in x-Richtung (ca. 9%),
c) für die Bewegung seines KSP in z-Richtung (ca. 15%).

Abb. 4: Bewegung des KSP relativ zum Gesamtsystem und die Auswirkungen auf das Boot (nach Nolte 1981) (GSP – Gesamtschwerpunkt; BSP – Bootsschwerpunkt)

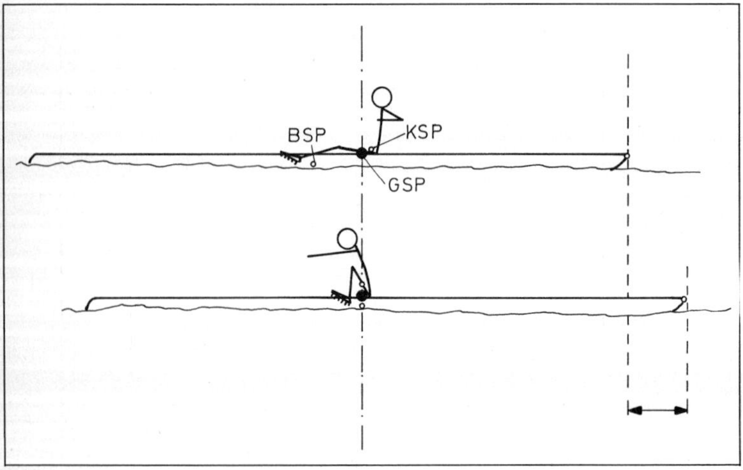

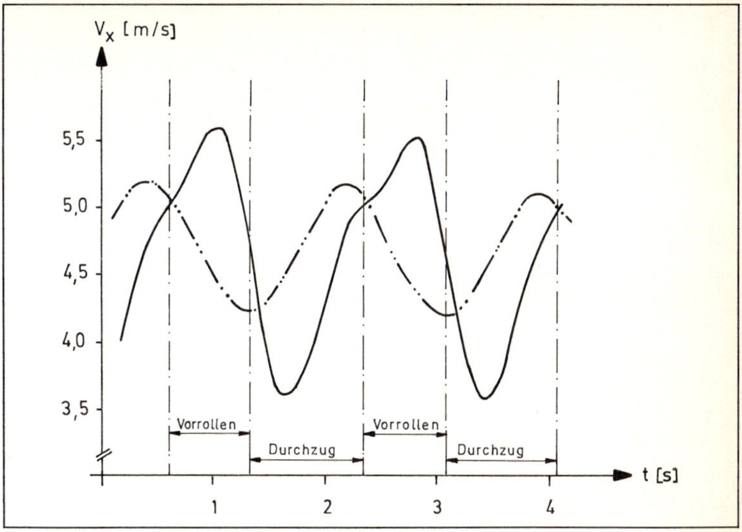

Abb. 5: Geschwindigkeit-Zeit-Verläufe des Bootsschwerpunkts (——) und des Gesamtschwerpunkts (-···-) in x-Richtung bei S. THOMA (Weltmeisterin 1981 im Einer)

Die Rudertechnik muß also gewährleisten, daß ein möglichst großer Teil der zur Verfügung stehenden Energie des Sportlers zum Antrieb genutzt werden kann. Dies bedingt zum einen, daß die hydrodynamischen Gegebenheiten möglichst geschickt ausgenutzt werden (hydrodynamischer Lift; s. auch S. 291 ff), und zum anderen, daß die Bewegungen des KSP möglichst energiesparend ausgeführt werden.

2.2 Angewandte Prinzipien der Rudertechnik

2.2.1 Der lange Ruderschlag

Im Gegensatz zum Schwimmen oder Kanusport wird das Ruderblatt beim Rudern zum Antrieb in einer Ebene geführt. Bewegungen in z-Richtung zum Antrieb sind kaum möglich. Dies liegt an der Befestigungskonstruk-

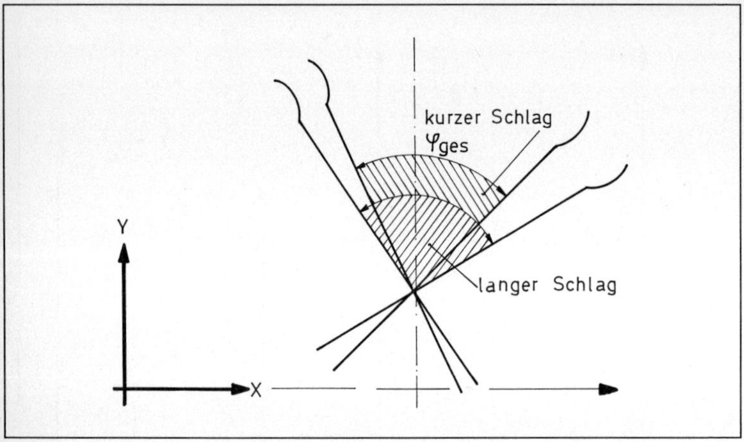

Abb. 6: Prinzipskizze zum langen Ruderschlag (nach Nolte 1984c)

tion des Ruders am Boot. Das Ruder dreht sich um einen festen Punkt am Boot und überstreicht dabei einen Winkel. Die Größe des dabei überstrichenen Winkels ist das Maß für die Länge des Ruderschlags (Abb. 6).
Da das Ruder an der Dolle befestigt ist, ist eine Vergrößerung des Wegs der Antriebsfläche im Wasser nur zu erreichen, indem das Ruder einen größeren Winkel überstreicht. Dadurch wird sogleich eine Vergrößerung der Seitwärtsbewegung des Blatts erreicht, was zu einer verbesserten Ausnutzung des hydrodynamischen Lifts führt. Insbesondere erhält die weite Auslage ein großes Gewicht, da aus anatomischen Gründen der Ruderwinkel in der Rücklage begrenzt ist. Allerdings hat der Ruderwinkel in der Auslage auch eine Grenze, nämlich dann, wenn der Anstellwinkel des Ruderblatts zu ungünstig wird. Dieser Punkt scheint in dem Bereich von 75–80° Ruderwinkel in der Auslage erreicht.

2.2.2 Minimale Vertikalbewegung des KSP

Bisher wurde in der Literatur die Bedeutung der Vertikalbewegung des Körperschwerpunkts nicht in ausreichendem Maße erkannt. Wie oben angegeben, muß der Ruderer immerhin ca. 15 % seiner gesamten Energie für diese Bewegung aufbringen. Grundsätzlich bedingt die Ruderbewegung eine vertikale Verlagerung des KSP (vgl. hierzu Abb. 7). Eine unterschiedliche Bewegungsausführung kann die Größe dieser Bewegungsamplitude stark beeinflussen, wie dies in Abbildung 7 angedeutet ist.

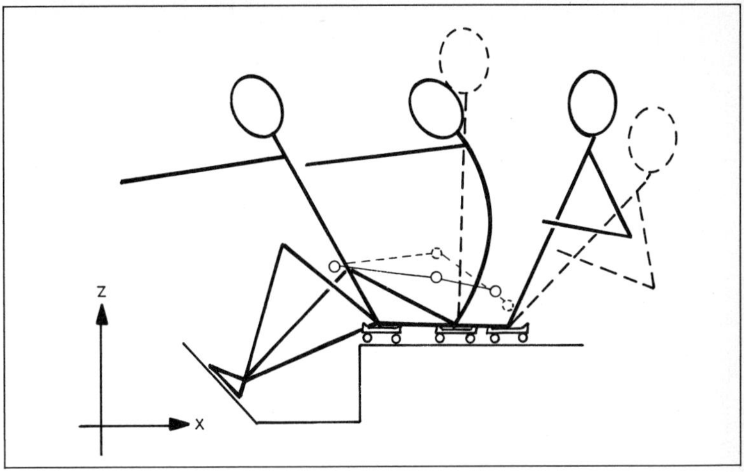

Abb. 7: Prinzipskizze zur Auswirkung der Körperhaltung auf die Vertikalbewegung des KSP: (—) gute Körperhaltung, (- - -) falsche Körperhaltung

Wie Untersuchungen gezeigt haben, gibt es erhebliche Unterschiede zwischen einzelnen Ruderern bezüglich der vertikalen Bewegung ihres Körperschwerpunkts. Nolte (1984a) konnte zeigen, daß z. B. bei den Weltmeisterschaften 1981 der DDR-Ruderer Reiche seinen KSP um 0.13 m hob und senkte, während Kolbe (Bundesrepublik Deutschland) dies nur um 0.08 m tat. Damit wird deutlich, daß durch eine entsprechende Rudertechnik in bezug auf die Vertikalbewegung des KSP Energie eingespart werden kann, die dann für den Vortrieb zur Verfügung steht. Sowohl ein übertriebenes Aufrichten des Oberkörpers im Durchzug als auch eine starke Neigung des Oberkörpers in der Rücklage sind zu vermeiden.
Als Prinzip für die Rudertechnik kann also genannt werden:
Eine effektive Rudertechnik zeigt sich darin, daß die Bewegung so ausgeführt wird, daß der Körperschwerpunkt minimale Schwankungen in z-Richtung aufweist.

2.2.3 Minimierung der Horizontalbeschleunigungen des KSP

Um einen langen Ruderschlag ausführen zu können, muß der Ruderer seinen KSP in horizontaler Richtung bewegen. Er kann jedoch die Strecke beeinflussen, wie er seinen KSP bewegen muß, um eine bestimmte Auslage erreichen zu können (Abb. 8, S. 304). Durch Verringerung dieser Strecke sinkt die benötigte Beschleunigung.

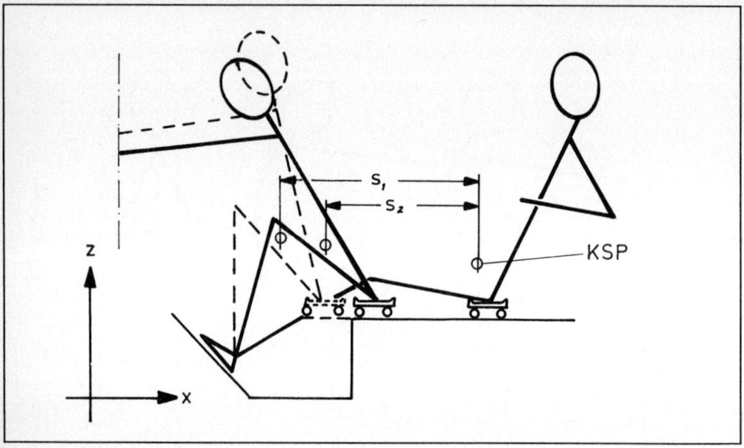

Abb. 8: Prinzipskizze zur Auswirkung der Körperhaltung auf die benötigte Bewegung des KSP in x-Richtung, um eine bestimmte Auslage zu erreichen. s_1-Weg: KSP bei ungünstiger Körperhaltung (- - -), s_2-Weg: KSP bei günstiger Körperhaltung (—)

Ebenso kann die Größe der benötigten Beschleunigung dadurch beeinflußt werden, daß der Ruderer die ihm für die Bewegung zur Verfügung stehende Zeit gut nutzt. Falls er nämlich während der Ruderbewegung eine Pause macht (z. B. nach dem Ausheben in der Rücklage), hat er zum Zurücklegen des notwendigen Weges des KSP in horizontaler Richtung weniger Zeit. Dementsprechend muß stärker beschleunigt werden.
Horizontale Beschleunigungen des KSP wirken sich jedoch nicht nur dadurch aus, daß hierfür Energie vom Ruderer aufgewendet werden muß. Vielmehr wirken diese direkt auch auf das Boot, das diese Beschleunigungen in Gegenrichtung mitmacht. Dieses Phänomen zeigt sich eindeutig in der Rückholphase, beim Vorrollen, wenn die Ruderblätter außerhalb des Wassers sind. Dadurch daß eben keine Zeit verloren wird und die Gelenkbewegungen gut abgestimmt sind, kann der Ruderer die Geschwindigkeitsschwankungen des Bootes verkleinern.
Während sich beim Durchzug Antriebskräfte und Massenbewegungen im Boot zusammen auf die Bootsgeschwindigkeit auswirken, läßt sich der Einfluß der Bewegung des Ruderers im Boot sehr gut beim Vorrollen studieren. In Abbildung 9 sind zwei verschiedene Ruderer dargestellt. Ruderer A zeigt ein gleichmäßiges Vorrollen, während Ruderer B langsamer anrollt, jedoch zum Ende noch einmal stärker die Vorrollbewegung beschleunigt und damit auch die Geschwindigkeitsschwankung des Bootes negativ beeinflußt.

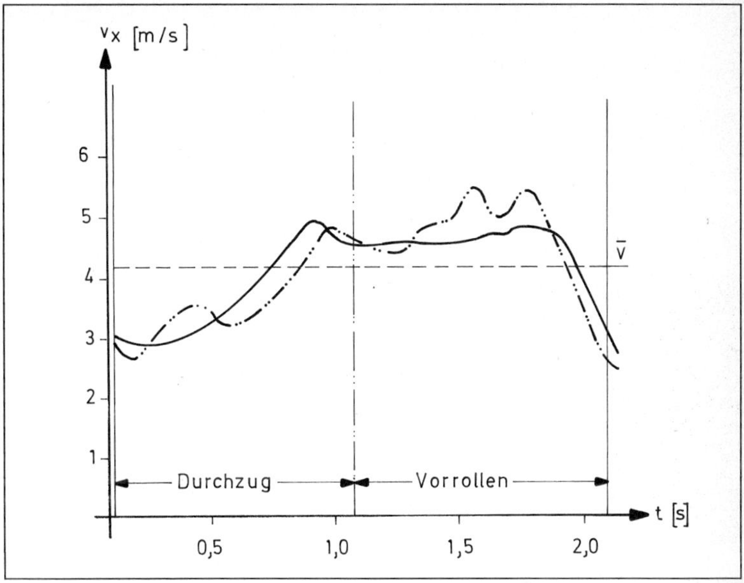

Abb. 9: Vergleich der Bootsgeschwindigkeit zweier Ruderer (A ——, B - - -), die sich in ihrer Vorrollbewegung unterscheiden

2.2.4. Mannschaftssynchronisation

In bezug auf die Abstimmungen der Arbeit jedes einzelnen in der Rudermannschaft zum Zweck der größtmöglichen gemeinsamen Leistung gibt es bislang keine abschließenden Untersuchungen. Theoretisch müßte ein «Mehrtaktrudern» (HERBERGER 1977), bei dem jeweils ein Teil der Mannschaft in der Antriebsphase arbeitet, während der andere Teil sich in der Rückholphase befindet, effektiver sein. Die intermittierende Arbeit für die Gesamtmannschaft wäre aufgehoben, und damit wären die Bootsgeschwindigkeitsschwankungen reduziert. Praktische Versuche scheiterten jedoch. Zuerst einmal gab es bootstechnische Probleme, denn um jedem Ruderer die benötigte Bewegungsfreiheit zu geben, mußte das Boot verlängert werden, was den Wasserwiderstand erhöhte. Dann gab es Probleme mit dem Zusammenspiel der einzelnen Ruderer. Schlagfrequenzwechsel waren nur sehr schwer auszuführen, ebenso wurde die gesamte Arbeit erheblich gestört, wenn nur ein Ruderer seine Bewegung veränderte.
Insbesondere die Arbeiten von SCHNEIDER (1980) lassen darauf schließen, daß eine exakte Synchronisation der zeitlichen Parameter (Einsatz, Aushe-

ben) wesentlich ist. Aus Erfahrung kann hinzugefügt werden, daß durch die gemeinsame Verbindung aller Mannschaftsmitglieder über das Stemmbrett untereinander und mit dem Boot unterschiedliche Beschleunigungen als sehr störend für die eigene Entfaltung wahrgenommen werden. Die Störungen können nun durch ungleiche Krafteinsätze beim Durchzug oder verschiedene Bewegungen beim Vorrollen zustande kommen.
Eine möglichst große Übereinstimmung der zeitlichen, räumlichen und dynamischen Parameter scheint im Mannschaftsboot von Vorteil zu sein. Allein die Riemenzweier fallen bei dieser Betrachtung in bezug auf das Erreichen der maximalen Zugkräfte heraus, da durch die Auslegeranordnung deutlich unterschiedliche Abstände der Kraftansatzpunkte zum Drehpunkt des Boots in der xy-Ebene vorhanden sind. Um einen möglichst guten Geradeauslauf des Bootes zu garantieren, müssen die Zweier-Ruderer ihre maximalen Zugkräfte zu etwas unterschiedlichen Zeitpunkten erreichen (Hänyes 1984), da sie unterschiedliche Ansatzpunkte zum Lateralplan des Bootes haben. Nicht zuletzt aus diesem Grund gelten die Riemenzweier als die technisch schwierigsten Bootsgattungen.

2.3 Auswirkungen der Biomechanik auf die Bootstechnik

Rudern ist eine sehr stark gerätebedingte Sportart. Durch die Bootskonstruktion ist die Bewegung in weiten Teilen schon vorgegeben bzw. beschränkt. Aus diesem Grund beeinflussen sich Rudertechnik und Bootstechnik direkt. So gibt die grundsätzliche Ruderplatzanordnung wesentliche Rahmen vor: Drehung des Ruders um den Festpunkt am Boot, Bewegung des Rollsitzes in Längsrichtung, Fixierung der Füße. Trotzdem besteht ein erheblicher Spielraum für die Anpassung des Geräts an die Rudertechnik und die individuellen Gegebenheiten: Die Position der Dolle in y- und z-Richtung, d. h. der Abstand der Dolle von der Bootsmitte bzw. von der Wasseroberfläche; die Ruderhebel, d. h. die Länge des gesamten Ruders und des Hebels bis zur Dolle; die Position des Stemmbretts in Längsrichtung, in der Höhe und in der Neigung zur Horizontalen.
Exemplarisch sei hier auf Maßangaben zum Dollenabstand hingewiesen. Als Durchschnittswerte können 1.57 m für den Dollenabstand und 2.98 m für die Skullänge angegeben werden. Allerdings sind sowohl individuelle Unterschiede als auch Unterschiede bei den einzelnen Bootsgattungen zu berücksichtigen. In welchem Umfang individuelle Besonderheiten wirksam werden können, zeigt sich an dem Beispiel des dreifachen Olympiasie-

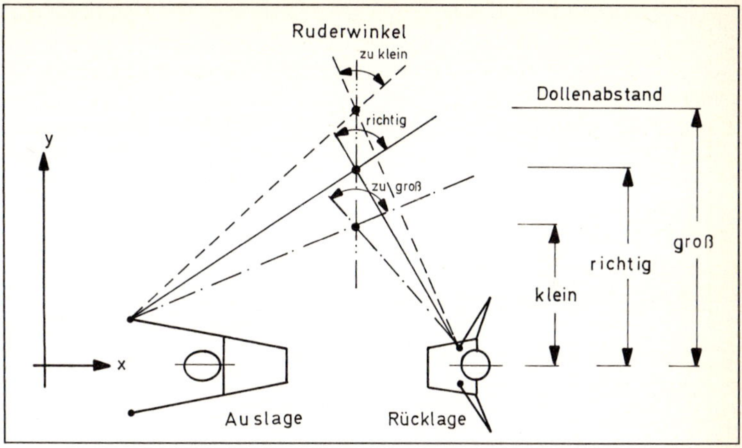

Abb. 10: Der Einfluß des Dollenabstands auf den Ruderwinkel

gers Karpinnen. Mit 2.03 m Körperlänge rudert er einen Dollenabstand von 1.61 m mit 3.03 m langen Skulls und erreicht dabei einen Ruderwinkel in der Auslage um 75°.

Die Einstellung des Bootes für die Rudertechnik und die individuellen Maße des Ruderers wird Trimmen genannt. Als zwei Beispiele für den Ein-

Abb. 11: Prinzipskizze über die Auswirkung der Dollenhöhe auf die Schlaglänge und die Richtung der Zugkraft

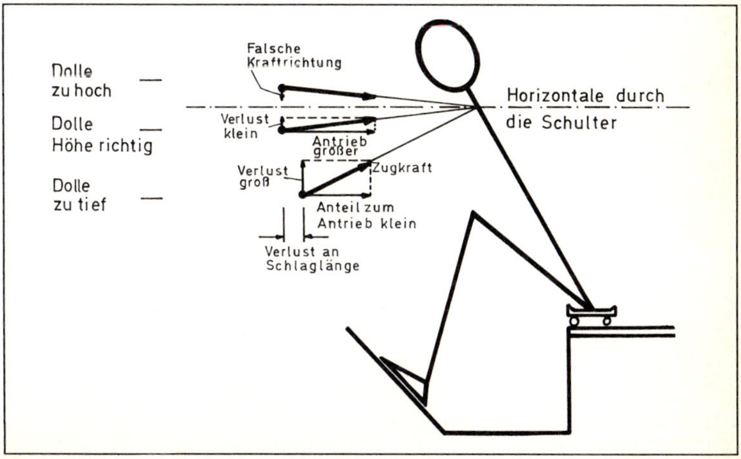

fluß der Biomechanik auf das Trimmen seien die Einstellung der Dolle in y- (= Dollenabstand) und z-Richtung (= Dollenhöhe) genannt.
Der Dollenabstand hat u. a. Einfluß auf den während des Ruderschlags überstrichenen Ruderwinkel. Der Ruderer kann während des Schlags nur eine bestimmte Zuglänge erreichen, d. h., der mögliche Weg der Hand ist vom äußersten Punkt der Auslage bis zur Position am Körper in der Rücklage gegeben. Ein zu großer Dollenabstand läßt nur einen kleinen Ruderwinkel zu; ist der Abstand zu klein, wird der Ruderwinkel ungünstig groß.
Die Dollenhöhe ist ebenfalls ein ganz wesentlicher Faktor des Trimmens. Hier haben sich die biomechanischen Erkenntnisse in den letzten Jahren besonders deutlich bemerkbar gemacht, denn die Bootseinstellung in diesem Faktor hat sich enorm zu hohen Auslegern verändert. Durch die Höhe der Ausleger wird die Schlaglänge beeinflußt und die Zugrichtung am Innenhebel vorgegeben (vgl. Abb. 10 und 11, S. 307).
Hohe Ausleger vergrößern den Ruderwinkel in der Auslage und verringern den Verlust in Form der Vertikalkomponente der Zugkraft.

2.4 Belastungsprobleme beim Rudern

Rudern wird zu Recht als Life-time-Sportart proklamiert. Nicht nur die physiologischen Auswirkungen im Bereich der allgemeinen Ausdauer sind äußerst gesund, sondern die orthopädische Belastung ist auch gering, solange keine Vorschädigung vorliegt, eine sinnvolle muskuläre Vorbereitung erfolgt ist und eine gute Rudertechnik ausgeführt wird.
Im Falle einer Vorschädigung (z. B. Bandscheibenvorfall) ist vom Rudern selbstverständlich abzuraten. Dementgegen kann Rudern jedoch sogar therapeutisch eingesetzt werden, z. B. zum Muskelaufbau im Schulter- oder Beinbereich. Es kann auch sehr gut als Ausdauertraining für korpulente Menschen dienen, da das Körpergewicht abgestützt ist.
Beim Rudern treten äußerst selten maximale Kräfte auf, da es eben eine Ausdauersportart ist, bei der die Bewegung über einen langen Zeitraum durchgeführt wird. Zudem werden keine extremen Beuge- oder Vorspannhaltungen eingenommen. Wenn es trotzdem zu orthopädischen Problemen kommt, sind diese entweder auf ein technisch falsches Krafttraining oder aber auf eine falsche Rudertechnik zurückzuführen. Die Überbelastung der Lendenwirbelsäule kann in zwei Fällen auftreten. Einerseits werden durch unsachgemäßes und technisch falsches Krafttraining Vorschädigungen erzeugt. Andererseits erfolgt bei ungenügender muskulärer Vorbereitung (z. B. bei akzelerierten Jugendlichen) eine unnatürliche Sitzposition (Rundrücken), die eine Überbelastung selbst bei geringem äußerem Widerstand hervorruft.

Christian Kaufmann

3 Kanusport

Unter Kanusport fallen die Sportarten Kanurennsport, Kanuslalom, Wildwasserabfahrtsrennen, Kanupolo, Kanusegeln und neuerdings auch Kanuakrobatik. Mit Ausnahme von Kanusegeln werden die Boote mit Hilfe von Paddeln, d. h. mit Muskelkraft angetrieben. Man unterscheidet zwischen dem sitzend mit dem Doppelpaddel gefahrenen Kajak und dem kniend gefahrenen Kanadier, bei welchem Stechpaddel verwendet werden.
Kanurennsport, Wildwasserabfahrtsrennen und Kanuslalom zählen zur Kategorie solcher Sportarten, deren vorrangiges Ziel in der Zeitminimierung beim Zurücklegen eines definierten Weges liegt. Der Wildwasserfahrer sucht innerhalb des zu befahrenden Flußabschnitts seinen Weg, wobei er sich mit unterschiedlichen Strömungen, Strudeln, Walzen, Abstürzen und auch Felsen auseinandersetzen muß.
Beim Kanuslalom, der ebenfalls im Wildwasser ausgetragen wird, schränken darüber hinaus Pflichttore die Freiheit des zu befahrenden Weges ein. Auslassen, bzw. das Befahren in falscher Reihenfolge oder Richtung, unter bestimmten Bedingungen auch nur das Berühren eines Tores ergeben Strafpunkte, die, in Form von Sekunden, zur Fahrtzeit hinzugerechnet werden.
In dem Mannschaftsspiel Kanupolo fahren die Spieler in relativ kurzen und – um Verletzungen an Mensch und Material zu vermeiden – im Bug- und Heckbereich abgerundeten Kajaks. Mit dem Ziel, Tore für die eigene Mannschaft zu erreichen, wird der Ball mit der Hand zugeworfen oder mit dem Paddel geschlagen. Als Antriebs- und Steuertechniken werden einfache Techniken aus dem Kanuslalom angewandt, die sich in stehendem Wasser mit den stark abgerundeten Booten bewährt haben.
Die Kanuakrobaten bemühen sich, unter Ausnutzung von Wellen, Walzen und Strömung spektakuläre Kerzen, Überschläge, Schrauben sowie katapultartiges Herausschießen in Form hoher Sprünge mit dem Boot zu zeigen.
In diesem Beitrag werden exemplarisch die Möglichkeiten einer biomechanischen Betrachtungsweise an den Sportarten Kanurennsport und Kanuslalom diskutiert.

3.1 Kanurennsport

Der Kanufahrer überwindet im Kanurennsport unterschiedliche Distanzen zwischen 500 m und 10000 m, wobei auf der Langstrecke alle 2000 m eine Wendemarke zu umfahren ist. Die Boote sind nicht auf Wendigkeit und auch nicht auf Gleiten, sondern für hohe Durchschnittsgeschwindigkeiten mit schlankem Rumpf und scharf auslaufenden Steven im Bug- und Heckbereich konstruiert. Sie werden im Rahmen der für die einzelnen Disziplinen vorgeschriebenen Grenzmaße konstruiert. Ihre Formen realisieren für das jeweilige Fahrergewicht ein erreichbares Minimum in bezug auf die Gesamtwirkung von Form- und Reibungswiderstand. Um den Paddelschlag möglichst nahe der Bootslängsachse beginnen zu können, ist das Vorderschiff extrem schmal gehalten, die vorgeschriebene Breite wird erst hinter der Sitzluke erreicht.
Durch die Paddelbewegung findet der Kanufahrer einen Widerstand im Wasser, so daß er sich beschleunigend mit dem Paddel abdrücken kann. Während beim Rudern der Weg des Blattes aufgrund der vorgegebenen Mechanik im wesentlichen festgelegt ist und die optimale Ausnutzung des hydrodynamischen Lifts nur noch eine Funktion von Durchzugsdynamik und Bewegungsweite darstellt, hat der Paddler die Möglichkeit, die Kurve des Paddelschlags und auch den Blattanstellwinkel im Wasser in gewissen Grenzen frei zu gestalten. Die Kunst des Paddelns besteht darin, Schlagdynamik, Weg und Anstellwinkel des Blattes so zu wählen, daß auf der Grundlage anatomischer und konditioneller Voraussetzungen der hydrodynamische Lift optimal für den Vortrieb ausgenutzt werden kann. In der schnellen Eintauchphase bereitet es besondere Probleme, Kraftentwicklung und Schlaggeschwindigkeit als Funktion des zu erwartenden Widerstands antizipatorisch zu steuern.

3.1.1 Bewegungsanalysen im Kanurennsport

Im Kanurennsport werden bei der biomechanischen Analyse der Paddelbewegung sowohl kinematografische als auch dynamografische Verfahren eingesetzt. Entsprechend den Darstellungen bei den anderen Wassersportarten (vgl. S. 297ff) liefern Hochfrequenzfilmaufzeichnungen in unterschiedlichen Projektionsebenen kinematische Parameter und Kennlinien
a) als relative Bewegungsanalyse (bezogen auf das mit dem Boot wandernde Koordinatensystem) (Abb. 1);
b) als absolute Bewegungsanalyse (feste Raumkoordinaten) (Abb. 2).

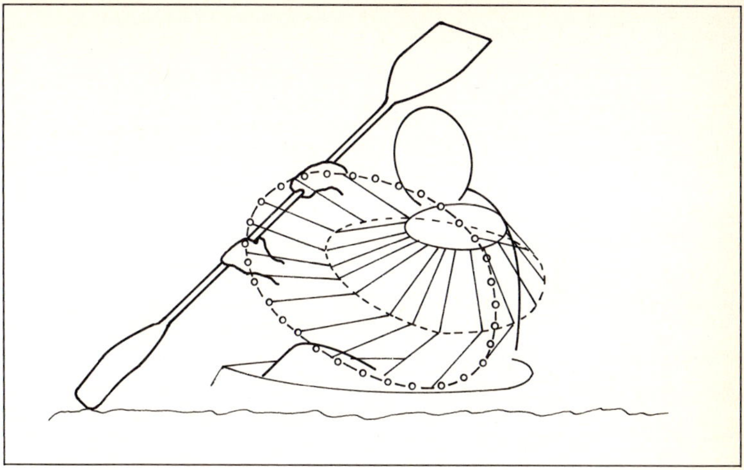

Abb. 1: Wegkennlinien von Hand- (∘—∘), Ellenbogen- (- - -) und Schultergelenkpunkt (—) in der relativen Darstellung (nach PLAGENHOEF 1979)

Abb. 2: Wegkennlinien von Hand (∘ ∘ ∘), Ellenbogen- (- - -) und Schultergelenkpunkt (—) sowie Blattansatz- (—) und Blattendpunkt (---) in der absoluten Darstellung (nach PLAGENHOEF 1979)

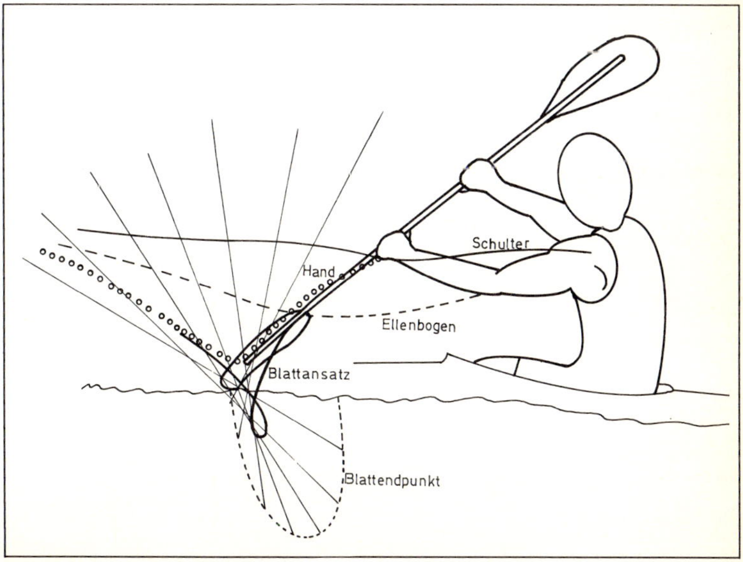

Die folgende Betrachtung bezieht sich auf Untersuchungen von PLAGENHOEF (1979), EICKE (1978) und CAPOUSEK (1980).
PLAGENHOEF (1979), der während seiner neunjährigen Studien die Bewegungen von Paddlern unterschiedlicher Leistungsklasse auf nationalen und internationalen Wettkämpfen untersuchte, ermittelte Zeiten des Gesamtzyklus sowie Abschnittszeiten als auch Winkel von Paddel- und Körpersegmenten an definierten Abschnittsgrenzen. Er konstruierte Wegkennlinien in absoluter und relativer Darstellungsform von Hand-, Ellenbogen- und Schultergelenkpunkten sowie von Blattansatz- und Blattendpunkt.
Die von ihm gefundenen Schlagzeiten liegen bei 500-m- und 1000-m-Rennen zwischen 1.0 und 1.3 Sekunden und für 10000-m-Rennen zwischen 1.3 und 1.5 Sekunden. Dabei befinden sich bei den besten Paddlern die Blätter im Durchschnitt 69% der Zyklusdauer im Wasser. Bei geringerer Schlagfrequenz verkürzt sich im Zyklus die relative Antriebszeit. Alle Paddler haben ihre kürzesten Schlagzeiten während der Endläufe. Generell läßt sich sagen, daß erfolgreiche Paddler während des Rennens einen relativ konstanten Rhythmus beibehalten und in der Lage sind, im Endspurt ihre Schlagfrequenz zu erhöhen.

Abb. 3: Die Technik im Kajak (a) (WOZNIAK 1972) und Kanadier (b)

Um die Möglichkeiten einer differenzierten Analyse im Sinne des Vergleichs bewegungshomologer Phasen und Momente zu erweitern, unterteilte Plagenhoef den Gesamtzyklus der Paddelbewegung (sowohl für den Kajak als auch für den Kanadier) in vier zeitliche Abschnitte:
Abschnitt 1 beginnt mit dem Eintauchen des Paddels und endet mit der Vertikalposition desselben (von der Seite gesehen). Abschnitt 2 erstreckt sich von hier bis zum Ende der Streckbewegung des oberen Arms. Abschnitt 3 endet im Moment des Paddelaushubs, und Abschnitt 4 beinhaltet die Überwasserphase.
Die differenzierte zeitliche Analyse liefert nach Plagenhoef (1979) für den Kajak eine ideale Aufteilung für die vier Abschnitte im Verhältnis 22 %: 42 %: 5 %: 31 %. Leistungsrelevant scheint hier vor allem Abschnitt 3 zu sein, in dem die Zeit für die Phase vom Ende der Streckbewegung des oberen Arms bis zum Aushub des Paddels gegensinnig mit der Leistung des Sportlers variiert, d. h., daß der obere Arm erst relativ spät seine volle Streckung erreichen darf.
Zur Beurteilung der Effektivität der Paddelbewegungen dienen Ortsmerkmale, unter denen vor allem die Kennlinien von Blattansatzpunkt und Blattendpunkt wesentliche Informationen liefern.

Abb. 4: Wegkennlinien von Blattansatz- (——) und Blattendpunkt (- - -) (nach Plagenhoef 1979)

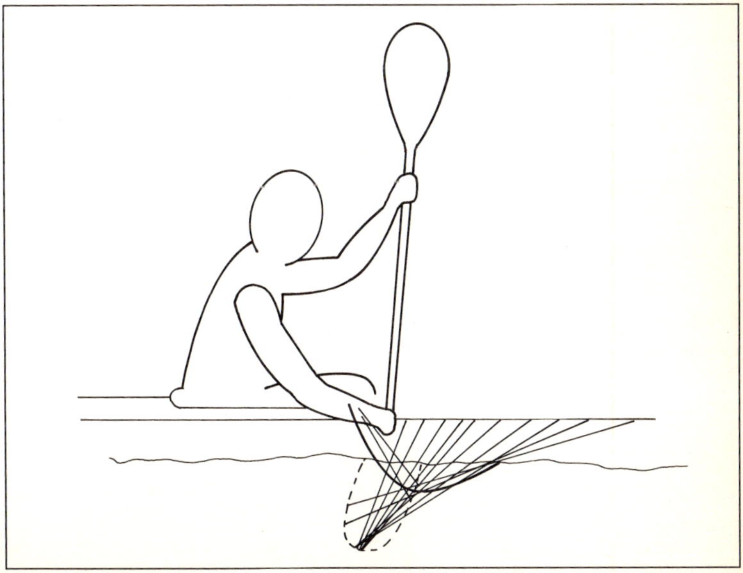

Die Kurve des Blattendpunktes in der absoluten Darstellung der Paddelbewegung zeigt den Weg des Blattes im Wasser entgegen der Fahrtrichtung. Eine schmale, von dieser Kurve eingeschlossene Fläche signalisiert einen großen Beschleunigungsweg des Bootes, eine breite Fläche einen kleinen Beschleunigungsweg bei gleicher Amplitude der relativen Paddelbewegung. Verdeutlicht durch die seitliche Projektion der Blattstellung, zeigt die Kurve des Blattansatzpunktes dagegen, inwieweit die Kraftrichtung des durch die Blattbewegung erzeugten hydrodynamischen Lifts mit der beabsichtigten Beschleunigungsrichtung übereinstimmt. In Abbildung 4, S. 313, zeigt die Kurve für den Blattendpunkt eine effektive, die für den Blattansatzpunkt eine ineffektive Blattarbeit.
Dabei hat es sich als ungünstig erwiesen, wenn sich der Drehpunkt des Blattes während des Abdrucks bei der absoluten Darstellung im Bereich des Blattes befindet, wodurch sich der proximale Blattanteil nach vorn bewegt und dem Aufbau einer optimalen Druck-Sog-Differenz entgegenwirkt. In Abbildung 5 zeigen die Kurven sowohl für den Blattansatz- als auch für den Blattendpunkt eine effektive Blattarbeit.
Demnach darf der Paddler im Bewegungsabschnitt 1, d. h. vom Eintauchen bis zur Vertikalposition des Paddels, seine obere Hand nur möglichst wenig

Abb. 5: Wegkennlinien von Blattansatz- (——) und Blattendpunkt (- - -) (nach Plagenhoef 1979)

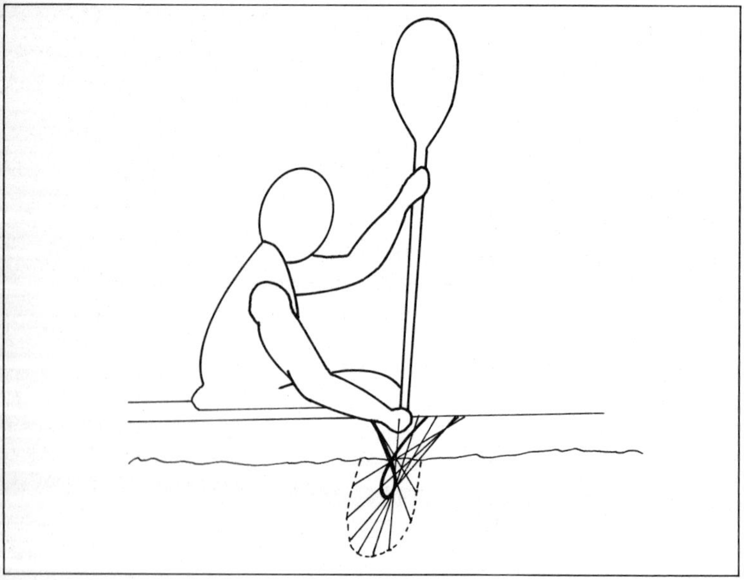

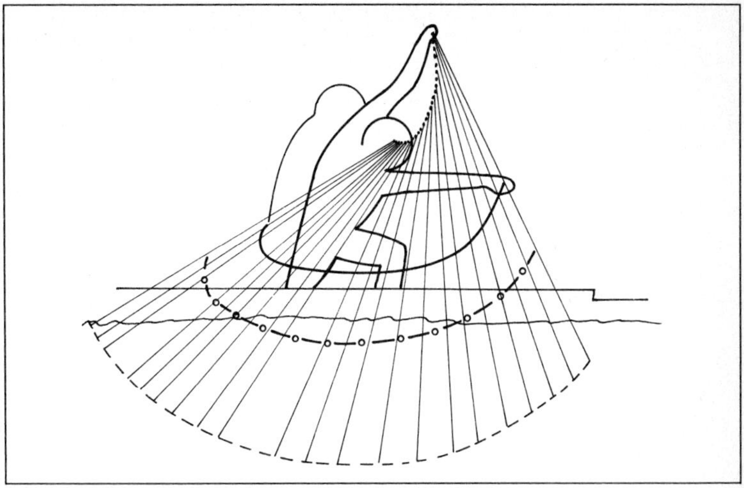

Abb. 6: Wegkennlinien der oberen Hand (······), der unteren Hand (—), von Blattansatzpunkt (∘—∘) und Blattendpunkt (- - -) bei der Kanadiertechnik in der relativen Darstellung (nach PLAGENHOEF 1979)

nach vorne bringen, was einer geringen horizontalen Bewegung des oberen Arms im Moment des Eintauchens entspricht. Besonders deutlich zeigt dies das Kinegramm einer Kanadiertechnik in relativer Darstellung, für die im Prinzip die gleichen Kriterien gelten wie für den Kajak (vgl. Abb. 6).

Optimale Eintauchwinkel der Paddel betragen nach PLAGENHOEF (1979) für den Kajak 35–40° und für den Kanadier 50–60°.

Unter Verwendung eines dynamometrischen Meßpaddels gelang es CAPOUSEK (1980), den zeitlichen Verlauf der am Paddel angreifenden Gesamtkräfte zu registrieren. Durch die ständige Winkeländerung des Blattes während der Paddelbewegung ist jedoch anzunehmen, daß nicht alle aufgezeichneten Kräfte ausschließlich dem Vortrieb dienen. Zur weiteren Klärung dieser Frage erstellte CAPOUSEK (1980) für die Startphase zwei Ökonomiekurven (vgl. Abb. 7 und 8, S. 316).

Dabei versteht er unter der Impulssumme die Summe der zum Antrieb des Bootes durch die Paddelbewegung erzeugten Kraftstöße einer definierten Anzahl von Paddelschlägen. Dann zeigt die Ökonomiekurve 1 das individuelle Verhältnis der Geschwindigkeit des Bootes zur Impulssumme für einen Sportler. Aus ihr kann man den Betrag der nach der Startphase erreichten quasikonstanten Geschwindigkeit und die Summe der dazu aufgewandten Kraftstöße ersehen. Ein steiler Kurvenanstieg verrät geringere

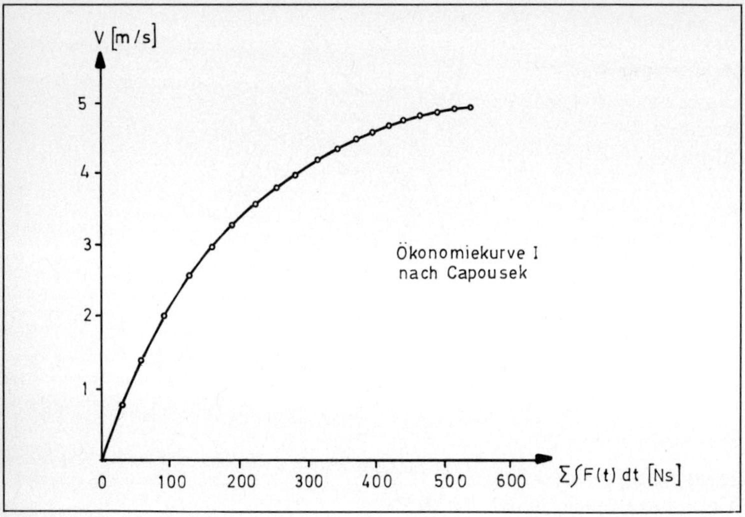

Abb. 7: Ökonomiekurve 1 nach CAPOUSEK (1980): Verhältnis von Geschwindigkeit zu Impulssumme (die in der Kurve enthaltenen Punkte geben die Zyklenzahl an)

Abb. 8: Ökonomiekurve 2 nach CAPOUSEK (1980): Verhältnis von zurückgelegtem Weg zu Impulssumme (die in der Kurve enthaltenen Punkte geben die Zyklenzahl an)

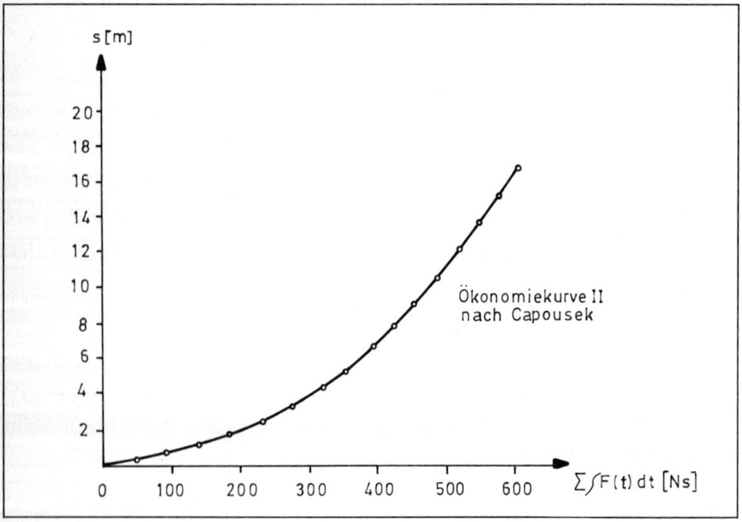

Impulssummen für die gleiche Geschwindigkeitsänderung als ein flacher Kurvenanstieg. D. h., je steiler die Kurve ist, um so ökonomischer treibt der Paddler sein Boot an. Ursachen für eine unterschiedliche Kurvensteigung dürften im anthropometrischen Bereich – insbesondere bei der Körpermasse –, aber auch in der Technik – und hier vor allem in dem individuellen Ausnutzungsgrad des hydrodynamischen Lifts – zu finden sein.

Ökonomiekurve 2 zeigt die im Verhältnis zum zurückgelegten Weg aufgewandte Impulssumme eines Paddlers während der Startphase. Ein hohes Ökonomieniveau wird durch besonders steile Kurven ausgedrückt. In den beiden Kurven ist durch die Anzahl der Punkte als zusätzliche Information die Zyklenzahl enthalten. Man erkennt durch sie die erforderliche Schlagzahl bis zum Erreichen der quasikonstanten Geschwindigkeit und den währenddessen vom Paddler zurückgelegten Weg.

Eicke (1978) untersuchte 16 Einerkanadierfahrer der nationalen Spitzenklasse. Bei ihm steht neben der Leistungsrelevanz biomechanischer Merkmale die Frage nach der Dominanz der Antriebsmechanismen im Vordergrund seiner Bemühungen. Während er leistungsrelevante Merkmale im statistischen Sinne nicht nachweisen kann, sind seine Erkenntnisse für das funktionale Verständnis der Paddelbewegung durchaus interessant. Unter anderem kommt er zu dem Ergebnis, daß die maximale Bootsbeschleunigung beim Kanadier in der Eintauchphase des Blattes erfolgt und nicht in der eigentlichen Durchzugsphase. Dabei beschreibt der Blattendpunkt in dieser Phase einen nahezu senkrechten Weg zur Fortbewegungsrichtung. Auffällig ist dabei eine Veränderung in der Dynamik des Bewegungsablaufs innerhalb der ersten drei Zyklen: Die Geschwindigkeiten des Blattendpunktes nehmen vom ersten bis zum dritten Zyklus zu. Es liegt nahe, die Geschwindigkeitszunahme beim Eintauchen als das Bemühen des Sportlers zu interpretieren, auch bei zunehmender Fahrtgeschwindigkeit den Anströmwinkel des Wassers am Blatt optimal zu gestalten.

Aus diesen Ergebnissen und theoretischen Berechnungen kommt Eicke (1978) zu dem Schluß, daß ähnlich wie beim Rudern und Schwimmen der hydrodynamische Lift als entscheidender Mechanismus für den Vortrieb angesehen werden muß. Die Tatsache, daß bei niedriger Bootsgeschwindigkeit keine größeren Beschleunigungswerte auftreten als bei hoher Bootsgeschwindigkeit, erklärt er durch die Wirkung vermehrt auftretender Anfahrwirbel. Die Invarianz der maximalen Beschleunigung in der Startphase könnte auch ein Parameter sein, der als Funktion von Blattgröße, Blattprofil, Koordinationsniveau und spezifischer Kraft die individuelle Grenze in der Ausnutzung des hydrodynamischen Lifts zeigt.

3.2 Kanuslalom

Der Slalomfahrer muß, ebenso wie der Spezialist im Kanurennsport, Schlagdynamik, Blattweg und Anstellwinkel unter Berücksichtigung der optimalen Ausnutzung des hydrodynamischen Lifts gestalten. In der konkreten Auseinandersetzung mit unterschiedlichen Strömungen, Turbulenzen, Wellen und Walzen und durch die Forderung, den Slalomkurs einzuhalten, gewinnt diese Grundtechnik einen extrem variablen Charakter. Darüber hinaus bedarf es zusätzlicher Techniken, um besondere slalomspezifische Probleme zu lösen.
Ein unmittelbarer Vergleich zwischen zwei Paddlern im Sinne einer quantitativen Bewegungsanalyse ist schwierig, da es kaum möglich ist, homologe Phasen der Bewegung unter gleichen physikalischen Bedingungen vorzufinden. Es wird daher versucht, eine rationelle Fahrweise im Kanuslalom vor dem Hintergrund muskelphysiologischer und mechanischer Gesetzmäßigkeiten zu diskutieren.

3.2.1 Das Slalomboot

Die aus Kunststoff hergestellten Boote sind relativ leicht (9–10 kg), recht robust und flach. Sitzluken mit ausgeprägter Rückenfreiheit ermöglichen dem Fahrer einen großen Bewegungsspielraum sowohl für einen variationsreichen Paddeleinsatz als auch für eine gezielte Belastungsdosierung längs des Bootes (vgl. Abb. 9).
Die stärkste Konvexität der Kiellinie zwischen erstem und zweitem Drittel und die flach auslaufenden Bug- und Heckbereiche ergeben gute Dreheigenschaften bei allen Geschwindigkeiten. Das relativ volumenreiche Vorderschiff erleichtert zusammen mit der Kielliniencharakteristik das Auftauchen beim Befahren von Abfällen. Die geradeaus laufende Kiellinie des besonders flachen Hinterschiffs ermöglicht nicht nur ein leichtes Einschneiden des Heckbereichs ins Wasser und damit ein Drehen unter Wasser, sondern läßt ein Slalomboot unter gewissen Bedingungen auch ins Gleiten kommen. Dabei reißt die Heckwelle ab, und das Boot wird durch die Bugwelle gehoben, wodurch der Reibungswiderstand sich erheblich verringert.
Eine große Bedeutung für das Steuern des Slalombootes hat die Kante. Die seitliche Kante am Übergang vom Oberdeck zum Unterschiff ist in der hinteren Hälfte des Bootes stärker ausgeprägt. In Abstimmung mit seinen Paddelbewegungen nützt sie der Slalomfahrer zum Steuern, indem er durch Variation der Hüftstellung eine Seite des Bootes tiefer eintaucht und

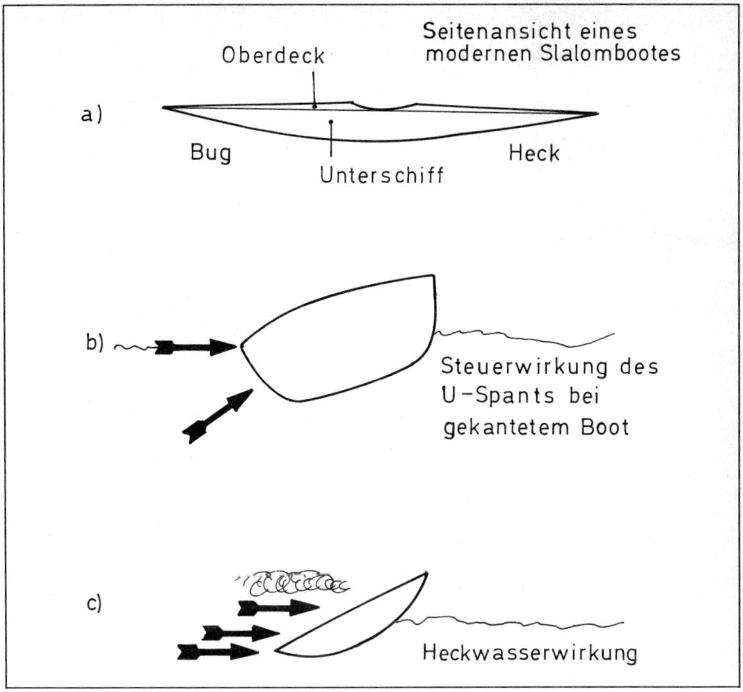

Abb. 9: Biomechanik eines modernen Slalombootes
a) Seitenansicht
b) Steuerwirkung des U-Spants bei gekantetem Boot
c) Heckwasserwirkung

Wasser auf das Oberdeck fließen läßt. Die Bootsaußenkante hat im Kanuslalom heute eine ähnliche Funktion wie die Kante beim Surfen; sie ist auch vergleichbar mit der Skiinnenkante beim alpinen Skilauf. Der Angriff äußerer Kraft kann durch die Ausnutzung des U-Spants, der den mittleren Bereich im Unterschiff bestimmt, unterstützt werden.
Das moderne Slalomboot ist also ein äußerst sensibles Instrument, mit welchem der Slalomfahrer den Angriff äußerer Kräfte gezielt steuern kann. Auf die Situation im Kanuslalom bezogen, realisiert es den Versuch eines optimalen Kompromisses zwischen den Bootseigenschaften Schnelligkeit, Wendigkeit und Führungsstabilität.
Die Aussagen zum Slalomboot machen deutlich, daß die Biomechanik des Geräts, in diesem Fall des Slalombootes, ein wichtiger Teil der Biomechanik ist.

3.2.2. Komponenten beim exzentrischen Stoß

Exzentrisch angreifende Kräfte bei beweglichen Körpern mit festen Achsen erzeugen ein Drehmoment, das eine rotatorische Beschleunigung des Körpers hervorruft. Es läßt sich über das vektorielle Produkt aus Kraftvektor und Abstandsvektor berechnen:

$$\vec{M} = \vec{a} \times \vec{l}$$

Greift dagegen eine Kraft exzentrisch an einem freibeweglichen Körper an (d. h. ohne feste Drehachse), so erfährt dieser Körper nicht nur eine rotatorische, sondern auch eine translatorische Beschleunigung.
Um dies einzusehen, läßt man am KSP, durch welchen in diesem Falle alle Drehachsen laufen, zwei entgegengesetzt gerichtete, dem Betrag nach gleich große Kräfte (Vektoren) $\vec{a}$ und $-\vec{a}$ angreifen. Ihre summarische Wirkung hebt sich auf, (entspricht dem Nullvektor). In der Gesamtkonstellation bilden der exzentrisch angreifende Vektor $\vec{a}$ mit dem zentral angreifenden Vektor $-\vec{a}$ über dem Abstandsvektor $\vec{l}$ ein Kräftepaar, welches das Drehmoment $\vec{M} = \vec{a} \times \vec{l}$ erzeugt. Bei dieser Betrachtung ist jedoch bis jetzt der zentral am KSP angreifende Vektor $\vec{a}$ unberücksichtigt geblieben. Er bewirkt die obenerwähnte translatorische Beschleunigung des Körpers.
Die translatorischen und rotatorischen Komponenten addieren sich vektoriell, wenn sich zwei exzentrische Stöße überlagern (vgl. Abb. 10).

Abb. 10: Wirkung einer exzentrisch an einem freibeweglichen System angreifenden Kraft, $\vec{M} = \vec{a} \times \vec{l}$

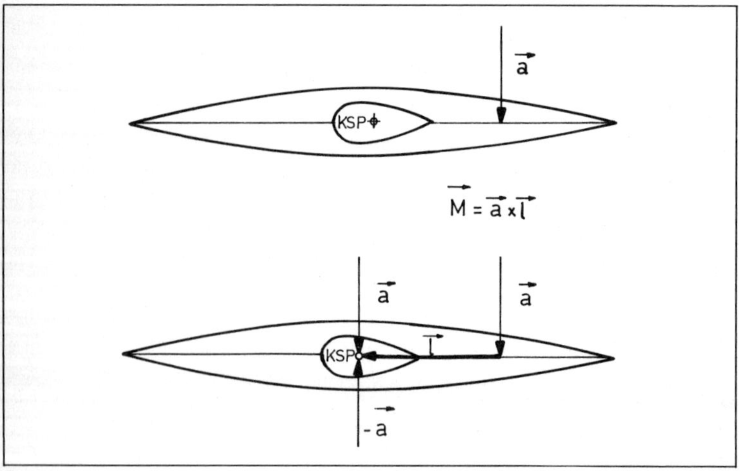

Betrachtet man das Boot einschließlich Fahrer als quasi-freibewegliches System, so ist bei allen durch betont exzentrischen Paddeleinsatz eingeleiteten Richtungsänderungen daher solchen Aktionen der Vorzug zu geben, die neben einer Steuerkomponente auch eine Vortriebskomponente im beabsichtigten Sinne erzeugen. Konterbewegungen mit dem Paddel sind praktisch nur dann angebracht, wenn eine Geschwindigkeitsreduzierung erwünscht ist oder mit Unterstützung des auf das Heck des Bootes fließenden Wassers gedreht werden soll.

3.2.3 Tendenzen der optimalen Ausnutzung innerer und äußerer Bedingungen in der Antriebs- und Steuersituation

Der Slalomfahrer berücksichtigt die Tatsache, daß die Kraft, die ein muskuläres Antriebssystem in der Auseinandersetzung mit seiner physikalischen Umwelt entwickelt, abhängig von dem Widerstand ist, der seiner Bewegung entgegengebracht wird.
Bei der Entscheidung zwischen zwei Wegen, in denen das gleiche Ziel ohne Zeiteinsparung bei unterschiedlichem Gesamtkraftaufwand zu erreichen ist, wird der Slalomfahrer immer die ökonomischere Lösung wählen. Je nach Situation wird er bemüht sein, Wege zu meiden, in denen sein Boot durch zuviel rückfließendes Wasser gebremst wird und seinen Muskeln dadurch häufiger auf Dauer ermüdende Kraftspitzen abverlangt werden. Er versucht aber auch, jene antriebsungeeigneten Bereiche, wie z. B. die turbulenten Grenzstreifen zwischen Hauptströmung und Kehrwasser, oder die stark mit Luft durchsetzten Rückstauzonen nach Abfällen wenn überhaupt, dann nur mit hoher Geschwindigkeit zu durchfahren. Hier kann das muskuläre Antriebssystem zur Beschleunigung des Bootes nur sehr geringe Kräfte entwickeln.
Bei der Betrachtung eines Slalomkurses versucht also der Spezialist sowohl das Wirkungsspektrum des Wassers auf sein Boot als auch die zu erwartenden Druckverhältnisse am Paddel abzuschätzen. Er verläßt sich auf Wasserpolster oberhalb der Felsen, die ihm das Queren erleichtern, oder nutzt die Sogwirkung hinter dem Felsen zum seitlichen Versetzen, er kalkuliert Drehwirkungen von Walzen ein und weiß, daß es sich auf einem Wellenberg leichter drehen läßt als im Tal zwischen den Wellen. Er versucht, durch Beobachtung anderer Slalomfahrer herauszufinden, inwieweit die Strömungsverhältnisse an der Oberfläche denen in tieferen Wasserregionen gleichen. Er geht davon aus, daß mit zunehmender Strömungsgeschwindigkeit auch die Geschwindigkeit der Kehrwasser wächst. Hohe Geschwindigkeitsdifferenzen zwischen Strömung und Kehrwasser belasten in gewissen

Situationen das muskuläre Antriebssystem besonders stark, wenn es dem Paddler nicht gelingt, einen Teil der gewünschten Beschleunigungskraft direkt am Boot angreifen zu lassen. Andererseits bemüht sich der Slalomfahrer, seine Muskelkraft voll einzusetzen, wenn unter Berücksichtigung des Ökonomieaspekts dadurch eine Steigerung der beabsichtigten Wirkung möglich ist. Eine Situation, in der hohe Kraftwerte situationsgerecht zur Beschleunigung des Bootes eingesetzt werden, kann der Slalomfahrer bei schneller Fahrt aus einem Kehrwasser in die Strömung auch bei mittlerer Strömungsgeschwindigkeit erzeugen: In Rücklage, leicht zur Strömung hin gekantet, erreicht das Boot den Stromzug. Der Strömungsvektor greift hinter dem Schwerpunkt des Systems an. Das Boot erfährt dadurch eine translatorische Beschleunigungskomponente stromabwärts und eine rotatorische Komponente, die bestrebt ist, den Bug stromaufwärts zu drehen.
Führt der Slalomfahrer gleichzeitig sein Paddel in leicht geschlossener Haltung auf der abströmenden Seite im Wasser nach vorne, so greift dadurch eine zweite Beschleunigungskraft exzentrisch am System an. Diese unterstützt durch ihre translatorische Wirkung die Beschleunigung stromabwärts, während das entstandene Drehmoment den Bug stromabwärts dreht. Die antagonistische Wirkung des über das Heck entstandenen Drehmoments schafft die Bedingung für eine höhere und längere Belastung des muskulären Antriebssystems und damit für eine größere Geschwindigkeitszunahme.
Im folgenden sollen Einzelaspekte wie z. B. die relative Fahrtgeschwindigkeit, die Ausnutzung von Wellenenergie, das Steuern und die Energieerhaltung beim Befahren von Aufwärtstoren behandelt werden.
Aufgrund der quadratischen Beziehung zwischen Fahrtgeschwindigkeit und Bootswiderstand im Wasser gilt im Prinzip auch beim Kanuslalom die Forderung nach Konstanz der relativen Fahrtgeschwindigkeit (vgl. S. 273ff). Im wesentlichen existieren zwei Situationen, in denen der Slalomfahrer dieser Forderung nicht gerecht werden sollte:

1. Eine Geschwindigkeitssteigerung ist dann angebracht, wenn es aufgrund der Strömungsverhältnisse möglich ist, das Boot in den Gleitzustand zu bringen.
2. Besteht beim Queren eines Flußabschnitts mit starker Strömung die Gefahr, abgetrieben zu werden, sollte sich der Paddler bemühen, seine Fahrtgeschwindigkeit zu steigern, um die Zeit des störenden Strömungseinflusses so kurz wie möglich zu halten.

Verlangt die Torkombination ein Queren des Stromzugs mit relativ gleichmäßig stehenden Wellen, so kann der Slalomfahrer dies durch «Wellenreiten» oft am schnellsten erreichen, wobei er u. U. auch noch Muskelkraft einspart. Denn während das Wasser mit hoher Geschwindigkeit am Rumpf vorbeigleitet, bewegt der Fahrer sein Boot mit dem Bug gegen die Strömung ohne Höhenverlust, wenn es im Heckbereich von einer Welle ständig gehoben wird. Seine Antriebsenergie erhält es durch eine parallel zur Wellenoberfläche wirkende Komponente der Schwerkraft. Im allgemeinen befindet sich das Boot dann im Gleitzustand und läßt sich – bezogen auf das Queren – gut mit dem Paddel und aus der Hüfte steuern. Schwieriger ist es, die richtige Höhe auf der Welle zu behalten. Fährt das Boot zu schnell den Wellenberg gegen die Strömung hinunter, kann durch extrem weites Nachhintengehen die Wellenabtriebskraft verringert werden. Gleichzeitig entlastet man das Vorderschiff, so daß es nicht durch Eintauchen ins abströmende Wasser der vorangehenden Welle zum unerwünschten Überschlag kommt (vgl. Abb. 11).

Besteht dagegen die Gefahr, über den Wellenberg nach hinten wegzurutschen, kann man durch weites Nachvornegehen das Heck entlasten, wodurch es auf dem Wellenberg eine steilere Position einnimmt. Hierdurch wird die Wellenabtriebskraft vergrößert.

Im Unterschied zum Kanurennsport, wo Fahrtrichtungsprobleme über eine im Boot integrierte Steuereinrichtung gelöst werden, muß der Slalom-

Abb. 11: Beeinflussung der Wellenabtriebskomponente $\vec{w}$ durch Vor- bzw. Zurücklehnen

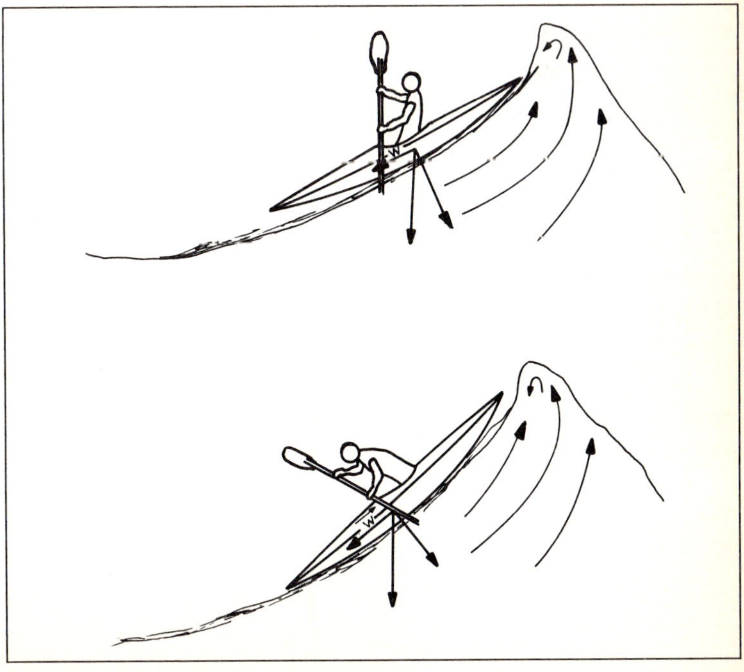

fahrer durch seine Steuerungsmanöver das Boot nicht nur drehen, sondern auch Führungskräfte entstehen lassen, die das Boot auf den gewünschten Kurs bringen. Alle hier zum Einsatz gelangenden Aktionen (Bogenschlag, Ziehschlag) sollen natürlich auch noch dem Vortrieb dienen, so daß es durch das Steuern möglichst nicht zu einem Geschwindigkeitsverlust kommt.

Bei einem Bogenschlag wird das Blatt vorne dicht am Bootsrumpf eingetaucht und auf einem Kreisbogen möglichst weit vom Bootsmittelpunkt entfernt dynamisch nach hinten geführt. Die Größe des Dreheffekts richtet sich nach dem Aktionsradius, der Blattstellung und den Strömungsverhältnissen. Ein Ziehschlag kommt zustande, wenn das Blatt aus einer vorderen, relativ weit vom Boot entfernten Position zum Boot hin gezogen wird. Bei einer ständig an Strömungsverhältnissen und relativer Bootsgeschwindigkeit orientierten Blattstellung kommt es in beiden Fällen auf der Grundlage des hydrodynamischen Lifts sowohl zu einer Dreh- als auch zu einer Beschleunigungswirkung des Bootes (vgl. Abb. 12).

Die Wirkungsdauer von Bogenschlägen ist kurz und nimmt, wenn nicht unregelmäßige Strömungsverhältnisse ausgenutzt werden können, mit zunehmender relativer Fahrtgeschwindigkeit ab. Verwandt werden Bogenschläge zur Einleitung von Richtungsänderungen, beim Steuern in den Beschleunigungsabschnitten sowie unmittelbar nach dem Erreichen eines Kehrwassers. Aufgrund ihrer kurzen Steuerwirkung ist auch die Dauer der durch sie erzeugten Führungskräfte i. A. nur gering. Ein anschließender Ziehschlag auf der Gegenseite erzeugt dagegen stärkere und länger dauernde Führungskräfte (vgl. Abb. 13).

Im Unterschied zu Bogenschlägen sind langsam ausgeführte Ziehschläge i. A. sehr wirkungsvoll, sofern zwischen Boot und Wasser eine hohe Geschwindigkeitsdifferenz besteht. Läßt man insbesondere in der zweiten Phase eines solchen Schlages durch leichtes Aufkanten des Bootes Wasser seitlich auf das Heck fließen, so bewirkt dieser seitliche Wasserangriff ein Drehmoment, das dem durch das Paddel erzeugten entgegenwirkt. Es verhindert ein Überdrehen des Bootes. Die translatorische Komponente der exzentrisch angreifenden Kraft unterstützt die Wirkung des Paddels im Bestreben, das Boot auf eine Kurvenbahn zu führen.

Eine beschleunigende Wirkung des Ziehschlags wird vor allem dann erreicht, wenn das Blatt von leicht geschlossener Stellung während des Heranführens zum Boot zunehmend weiter geschlossen wird. Der Blattöffnungswinkel entscheidet hier über das Verhältnis zwischen Dreh- und Beschleunigungswirkung. Während das Boot sich auf einer Kurvenbahn bewegt, muß der Slalomfahrer den Öffnungswinkel des Blatts verkleinern. Ausmaß und Dynamik dieser Winkeländerung richten sich nach der relativen Geschwindigkeit des Bootes, nach der Richtung, in der das Boot angeströmt wird, nach der Geschwindigkeit der Blattbewegung und nach dem

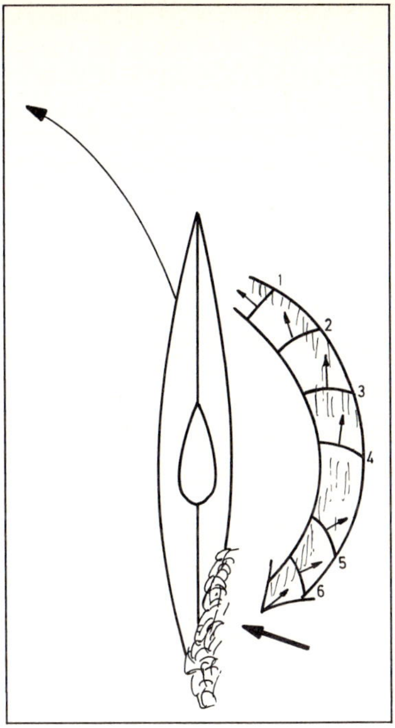

Abb. 12: Paddelführung beim Bogenschlag in relativer Darstellung mit Heckwasserwirkung und den am Blatt wirkenden Reaktionskräften

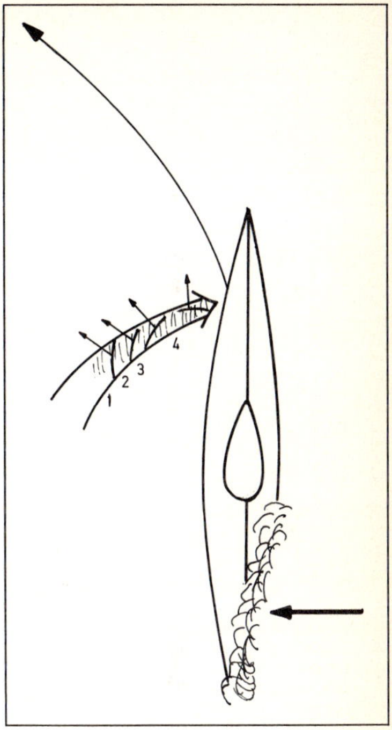

Abb. 13: Paddelführung beim Ziehschlag in relativer Darstellung mit Heckwasserwirkung und den am Blatt wirkenden Reaktionskräften

erwünschten Effekt in diesem Moment der Steueraktion. Eine verzögerte Winkelverkleinerung unterstützt die Drehwirkung auf Kosten der Vortriebskraft. Eine forcierte Winkelverkleinerung hat vor allem beschleunigende Wirkung.

Sind beispielsweise in einem Slalom stark versetzte Tore und Aufwärtstore mit ausgeprägtem Kehrwasser zu bewältigen, können diese bei schneller Anfahrt nach dem Prinzip der Energieerhaltung gemeistert werden: Während der durch Konter- oder Ziehschlag eingeleiteten Drehung schneidet das aufgekantete Boot, unterstützt durch Körperrücklage, im Heckbereich tief in das Wasser ein. Unter Wasser dreht das Boot weiter, bis es die gewünschte Richtung eingenommen hat, um durch den statischen Auftrieb beschleunigt, u. U. durch die Strömung des Kehrwassers noch zusätzlich geschoben, katapultartig in die neue Richtung zu starten. Das Abbremsen

der Drehung erfolgt durch Regulation des Aufkantwinkels und durch Paddeleinsatz.
Diese Umwandlung von kinetischer in potentielle Energie und umgekehrt bedeutet eine wesentliche Energieeinsparung des muskulären Antriebssystems bei extremen Richtungsänderungen. Soll dieses tiefe Einschneiden des Heckbereichs durch einen Ziehschlag erreicht werden, wodurch das ganze Manöver schneller und – bezogen auf die übrigen Paddelbewegungen – flüssiger ausgeführt werden kann, bedarf es einer hohen Geschwindigkeitsdifferenz zwischen dem Boot und dem umgebenden Wasser. Bei langsamer Anfahrt, d. h. geringer Geschwindigkeitsdifferenz, kann das tiefe Einschneiden nur über einen Konterschlag erreicht werden, der aber die Fahrt des Bootes mehr abbremst und dadurch die Wirkung verzögert.
Die Entwicklung der Technik im Kanuslalom läßt eine zunehmend effektivere Ausnutzung innerer und äußerer Bedingungen erkennen. Slalomboote sind heute so konstruiert, daß sie ihre Manövrierfähigkeit erst bei relativ hohen Geschwindigkeiten entfalten, d. h., das Boot muß – um gut steuerbar zu sein – schnell gefahren werden. Dies wiederum erfordert einen guten konditionellen Zustand des jeweiligen Slalomfahrers.

Wolfgang Baumann

Wintersport

Die wichtigsten Wintersportarten sind im folgenden aufgelistet, ohne dabei auf wettkampfmäßig definierte Teildisziplinen einzugehen:

- Skilauf (Ski alpin)
- Skilanglauf (Ski nordisch)
- Skisprung/Skiflug
- Eiskunstlauf
- Eisschnellauf
- Eishockey
- Schlittensport
- Bobfahren

Die Wintersportarten werden als Breitensport im wesentlichen saisongebunden ausgeübt. Das Vorhandensein von Schnee oder Eis ist Voraussetzung für die Ausführung von Eislauf, Ski alpin und Skilanglauf.
Im Leistungssport wird gelegentlich ein fast ganzjähriges Training durch besondere Bedingungen bzw. Trainingsgeräte ermöglicht, z. B. Skisprung auf befeuchteter Mattenschanze, Skilanglauf mit Skiroller auf Asphalt. Eine Erweiterung der Saison ist auch durch Kunsteisanlagen (in Hallen für Eiskunst- und Eisschnellauf, im Gelände für Rennrodel- und Bobbahnen) üblich.
In allen Disziplinen stellt das Gleiten auf der Schnee- bzw. Eisunterlage ein wesentliches Element der sportlichen Bewegung dar. Daher kommt dem Problem der Reibung zwischen dem Sportgerät und der Unterlage eine große Bedeutung zu. Mit Ausnahme der Abstoßphase beim Skilanglauf ist die Minimierung der Gleitreibung vorrangig. Da eine theoretische Behandlung dieser Frage außerordentlich schwierig ist, ist man weitgehend auf experimentelle Untersuchungsergebnisse angewiesen. Die Stichworte Kufenform, Kufenmaterial, Sohlenprofil, Wachsung sowie deren Abhängigkeiten u. a. von Temperatur und Luftfeuchtigkeit geben einen Eindruck von der damit verbundenen komplexen Problematik.

Bei einem Teil der Sportarten wird die Antriebsenergie für den Körper (+ Sportgerät) aus dem Schwerefeld der Erde, d. h. aus der Höhendifferenz zwischen Start und Ziel bezogen. Das ist der Fall z. B. beim Skilauf, Skisprung, Bobfahren und Schlittensport. Die dabei erreichbaren hohen Geschwindigkeiten bringen – zumindest im Leistungssport – einen weiteren Faktor ins Spiel: den Luftwiderstand.

Der Luftwiderstand hängt von der Körperform und der Struktur der Körperoberfläche ab. Er nimmt mit zunehmender Geschwindigkeit überproportional zu. Die Körperhaltung bzw. Geräteform sind für eine Minimierung des Luftwiderstands ebenso wichtig wie die zweckmäßige Wahl des Materials für Anzug und Gerät. Auch hier sind experimentelle Untersuchungen (u. a. im Windkanal) notwendig, um die Auswirkungen vorgegebener Veränderungen auf den Luftwiderstand zuverlässig abschätzen zu können.

Für jene Sportarten, die mit großen Geschwindigkeiten des Körpers verbunden sind, stellt die Vermeidung von Sportverletzungen als Folge unkontrollierter Bewegungen einen weiteren wichtigen Aspekt dar. Eine gewisse Sicherheit kann durch Sportkleidung (u. a. Schutzhelm) oder spezielle Gerätekonstruktionen (z. B. Sicherheitsbindung) erreicht werden. Für einen wirksamen Schutz ist jedoch die Mitwirkung des richtig informierten Sporttreibenden unabdingbar.

In einigen Sportarten, die durch mechanische Faktoren und die angesprochenen Materialfragen sehr stark bestimmt sind, ist eine modellmäßige Behandlung der Bewegung bzw. der sportlichen Leistung zweckmäßig, so z. B. im Rennrodeln, Bobfahren und Abfahrtslauf, teilweise auch im Skisprung. Auf diese Weise kann der Einfluß verschiedener Faktoren auf die Gesamtleistung relativ genau ermittelt werden.

Ansgar Schwirtz

1 Skilanglauf

1.1 Allgemeine Bemerkungen zum Skilanglauf

Der Skilanglauf gehört zu den Wettkampfdisziplinen des nordischen Skisports (Speziallanglauf der Frauen und Männer und nordische Kombination) und stellt eine Teilaufgabe beim Biathlon-Sport dar.
Betrachtet man nur die Wettkampfdisziplin Skilanglauf, so gilt es, eine vorgegebene Strecke in möglichst kurzer Zeit unter Einhaltung der Wettkampfregeln zurückzulegen. Der Skilanglauf gehört zu der Gruppe der Ausdauersportarten. Bei der Ausübung dieser Bewegung steht die Belastung des Herz-Kreislauf-Systems im Vordergrund. Neben den konditionellen Fähigkeiten entscheiden aber auch die Bewegungstechnik und das Material in sehr hohem Maße über Erfolg und Mißerfolg. Alle drei Bereiche werden mit Hilfe biomechanischer Untersuchungen durch Teilstreckenanalysen oder spezielle komplexe Analysen bearbeitet.
Wie in allen Laufdisziplinen, sind auch hier eine Vielzahl von Laufschritten erforderlich. Diese Schritte werden auf Skiern durchgeführt und durch den Antrieb mit den Stöcken unterstützt, so daß sich eine Skilanglaufbewegung vereinfacht aus drei Komponenten zusammensetzt:

- Beinabdruck (-abstoß)
- Stockabdruck (-abstoß), wechselseitig oder gleichseitig
- Gleiten, ein- oder beidbeinig

Je nach Ausführung und Kombination dieser drei Grundformen der Bewegung unterscheidet man die verschiedenen Skilanglauftechniken.
Gegenstand dieses Beitrags ist die Wettkampfsportart Skilanglauf, gesonderte Anmerkungen zum Freizeitsport werden nicht gegeben. Dennoch können die Ergebnisse unter Berücksichtigung der entsprechenden Fähigkeiten problemlos für diesen Bereich angewendet werden.
Ausgehend von einer kurzen anthropometrischen Betrachtung werden allgemeine Charakteristiken (Wettkampfregeln, Streckenlängen, mittlere Geschwindigkeiten, Zykluszeiten) des Skilanglaufs dargestellt. Im Anschluß daran werden einige Forschungsergebnisse von biomechanischen Untersuchungen angegeben. Gerade die dreidimensionalen Untersuchungen der neuen Schlittschuhschrittechniken und die elektromyografischen

Ergebnisse sollen deutlich machen, wie komplex eine umfassende biomechanische Technikanalyse der verschiedenen Lauftechniken ist. In diesen Richtungen müssen noch weitere Untersuchungen durchgeführt werden, damit die Ergebnisse dann verstärkt in die Lehre und Unterrichtspraxis (z. B. Skilanglaufschulen) einfließen können.

Einige Spezialgebiete müssen hier leider unberücksichtigt bleiben:

- verschiedene Möglichkeiten der Bauweise (Konstruktion, Material) von Skiern
- Skibindungssysteme und entsprechendes Schuhmaterial
- Technik des Wachsens

1.2 Anthropometrische Betrachtungen

Anläßlich der Nordischen Ski-WM in Oberstdorf 1987 wurden einige anthropometrische Daten von den Teilnehmern/-innen erhoben. In Tabelle 1 sind diese Daten zusammengefaßt.

DISZIPLIN	n	ALTER	GEWICHT	GROESSE	GROESSE/GEWICHT
Nordische Kombination	49	24 ± 3.0	68 ± 4.4	177 ± 5.1	2.6
Langlauf - Maenner	92	26 ± 3.3	71 ± 5.4	179 ± 5.7	2.5
Langlauf - Frauen	50	24 ± 3.3	58 ± 4.2	168 ± 4.0	2.9

Tab. 1: Anthropometrische Daten der Teilnehmer/-innen bei der Nordischen Ski-Weltmeisterschaft in Oberstdorf 1987 (vgl. Presseinformation 1987)

Vergleicht man diese Werte mit den Angaben für die Laufdisziplinen der Leichtathletik (vgl. Tab. 2, S. 129), so stellt man fest, daß sowohl die Männer als auch die Frauen mit ca. 1.78 m bzw. 1.68 m in etwa die Körpergrößen erreichen, wie wir sie bei Ausdauersportlern vorfinden. Betrachtet man allerdings die Relation von Größe zu Gewicht, so ergibt sich, daß sich sowohl die Skilangläufer als auch die Skilangläuferinnen von der Statur her von Mittel- und Langstreckenläufern/-innen unterscheiden. Bei den Männern liegt der Wert mit 2.5 deutlich unter dem Wert von 2.8, wie er bei den leichtathletischen Läufen ab 800 m vorkommt. Bei den Frauen wird ebenfalls der Wert von 3.2 nicht erreicht. Offensichtlich ist im Skilanglauf neben einer guten Ausdauerleistungsfähigkeit auch ein hohes Maß an Kraft notwendig, die nur durch wesentlich mehr Muskelmasse aufgebracht werden kann.

1.3 Allgemeine Charakteristik der Disziplin

1.3.1 Wettkampfbestimmungen – Lauftechniken

Bei der Nordischen Ski-Weltmeisterschaft in Seefeld 1985 wurden neben den Techniken Diagonalschritt, Doppelstockschub und Grätenschritt die Schlittschuhschrittechniken (SSS) erstmals in großem Umfang angewandt. Die Skier wurden nur noch mit Gleitwachs präpariert und kein Haftwachs mehr aufgetragen. Durch seitliches Ausstellen und Abdrücken von einem Ski und Gleiten auf dem anderen wurde so die ganze Strecke in der neuen Technik durchlaufen. Danach haben die Verantwortlichen im Internationalen Ski Verband (FIS) reagiert und zwei Wettkampftypen eingerichtet: Bei Rennen in der *klassischen Technik* dürfen die Lauftechniken Diagonalschritt, Doppelstockschub mit und ohne Zwischenschritt, Grätenschritt, Bogentreten (Richtungswechsel) und Abfahrtstechniken angewandt werden. Bei Wettkämpfen in der *freien Technik* sind alle Formen der Skilanglauftechniken erlaubt. Hier werden neben dem Doppelstockschub fast nur noch Schlittschuhschrittbewegungen durchgeführt. Dabei unterscheidet man zwischen:

- einseitigem Schlittschuhschritt nach links oder rechts (Siitonenschritt, Finnstep)
- beidseitigem Schlittschuhschritt mit
  - Doppelstockschüben nur zu einer Seite
  - Doppelstockschüben zu beiden Seiten
  - diagonaler Stockarbeit (nur am Berg)
  - ohne Stockeinsatz (nur in leicht fallendem Gelände)

Gleichzeitig wurde vereinbart, daß die Bestimmungen zu Stock- und Skilängen für beide Techniktypen gleichermaßen gelten sollen. Demnach gilt:

- zwei gleich lange Ski, mindestens Körperlänge, höchstens 2.30 m;
- zwei Stöcke, mindestens halbe, höchstens ganze Körperlänge;
- Bindung und Schuhe müssen den Diagonalschritt ermöglichen;

- Schuppen und Strukturen auf der Lauffläche sind erlaubt;
- Skibreite im Mittelbereich mindestens 43, maximal 47 mm;
- im Bereich der Skispitze mindestens 5 cm Schaufelaufbiegung;
- mindestens 750 g Gewicht pro Paar.

Auf der Grundlage dieser Vorgaben werden von den meisten Läufern Skilängen von 2.00–2.10 m (bei den Männern) und 1.90–2.00 m (bei den Frauen) verwendet. Die Stöcke reichen bei der klassischen Technik bis unter die Achselhöhle, bei der freien Technik sind sie etwa 5–10 cm länger. Damit beide Techniken erhalten bleiben, sollen bis auf weiteres national und international die Hälfte der Rennen im klassischen und die andere Hälfte im freien Stil ausgetragen werden. In Tabelle 2 ist die Aufteilung bei der Nordischen Ski-WM in Oberstdorf 1987 und den Olympischen Spielen in Calgary 1988 angegeben.

WETTBEWERB	LAUFSTRECKE [km]	
	klassische Technik	freie Technik
Damen - Langlauf	5, 10	20, 4*5
Herren - Langlauf	15, 30	50, 4*10
Biathlon	-	10, 20, 4*7,5
Nordische Kombination	-	15, 3*10

Tab. 2: Streckenlängen je Disziplin und Technik

Die verschiedenen Anstiege und Gesamtsteigungen sind in der Wettkampfordnung für jede Teilstrecke genau angegeben. In Oberstdorf waren z. B. Höchstanstiege bis zu 50 Höhenmetern zu überwinden. Bei den verschiedenen Rennen mußten Gesamtsteigungen von 215 m (5 km) bis 1690 m (50 km) bewältigt werden.

Gerade durch das Geländeprofil (Flachstrecken, Anstiege, Abfahrten) wird die individuelle konditionelle und technische Leistungsfähigkeit des Läufers beansprucht. Nur durch geländeangepaßtes Laufen, d. h. die ‹richtige Technik an der richtigen Stelle›, ist es möglich, mit geringem Energieaufwand effektiv und ökonomisch bei hohem Tempo zu laufen. Dabei spielen auch Renntaktik, Material und Ermüdung eine große Rolle. Daher sollte jeder Läufer ein großes Repertoire an Lauftechniken beherrschen und einen erforderlichen Wechsel ohne Zeitverlust vornehmen können.

1.3.2 Laufzeiten und mittlere Geschwindigkeiten

Die Ergebnisse von verschiedenen Wettkämpfen lassen sich aufgrund der unterschiedlichen Streckenführung und der wechselnden Schneeverhältnisse nur sehr schwer miteinander vergleichen. Gerade die absoluten Laufzeiten einzelner Athleten differieren sehr stark. In Tabelle 3 sind einige Laufzeiten und mittlere Geschwindigkeiten von verschiedenen Wettkämpfen bei der Nordischen Ski-WM 1987 zusammengestellt. Durch die Zusammenfassung der Ergebnisse in zwei Gruppen (Gruppe 1 = Platz 1–5, Gruppe 2 = Platz 21–25) ist eine Verzerrung durch Extremwerte weitgehend aufgehoben.

		PLATZ 1-5		PLATZ 21-25		
	Technik	Zeit [h: min.s]	Geschw. [m/s]	Zeit [h: min.s]	Geschw. [m/s]	Diff.zeit [min.s]
MAENNER						
15 km	klassisch	43.11,4	5.8	45.15,3	5.5	2.03,9
30 km	klassisch	1:26.36,6	5.8	1:32.44,2	5.4	6.17,6
50 km	frei	2:12.57,0	6.3	2:21.14,1	5.9	8.17,6
FRAUEN						
5 km	klassisch	14.53,0	5.6	16.16,2	5.1	1.23,2
10 km	klassisch	32.07,4	5.2	34.31,4	4.8	2.24,0
20 km	frei	58.10,0	5.7	1:00.36,0	5.5	2.26,0

Tab. 3: Laufzeiten und mittlere Geschwindigkeiten (vgl. offizielle Ergebnislisten zur Nordischen Ski-Weltmeisterschaft in Oberstdorf 1987)

Wenn man die Laufzeiten betrachtet, wird deutlich, daß man für einen Kilometer im Durchschnitt etwa 2.5–3 min benötigt.
Die Leistungsunterschiede in den Gruppen sind erstaunlich gering. Vergleicht man die Zeitdifferenzen zwischen ihnen, so verteilen sich diese 20 Plätze auf ca. 2 min bei einem 15 km langen Rennen.
Bei der Betrachtung der mittleren Laufgeschwindigkeit wird der Unterschied in den verschiedenen Techniken deutlich. Während in der klassischen Technik eine mittlere Geschwindigkeit von 6 m/s nicht erreicht wird, wird sie mit der freien Technik bei den Männern sogar beim 50-km-Rennen mit 6.3 m/s doch deutlich überschritten.
Mit Hilfe von Zwischenzeiten nach bestimmten Geländeabschnitten (An-

stiege, Abfahrten) lassen sich diese einfachen Zeit- und Geschwindigkeitsanalysen zu einer komplexen Teilstreckenanalyse erweitern und so entsprechende Rückschlüsse auf Leistungsdefizite ziehen.
Eigene Untersuchungen zur Laufgeschwindigkeit mit verschiedenen Techniken in der Ebene und in leicht ansteigendem Gelände bestätigten die in Tabelle 3 genannte Tendenz. Mit dem Diagonalschritt erreicht man maximal ca. 5.5–6 m/s, während mit den Schlittschuhschrittechniken in der Ebene sogar eine Steigerung auf über 8 m/s möglich ist.

1.3.3 Zykluszeiten

Neben der Bestimmung der Laufgeschwindigkeit ist die zeitliche Aufteilung der Bewegung in Stütz- und Flugzeiten der Ski und Stöcke bei einer Skilanglauftechnik interessant. Als Bewegungszyklus ist dann ein kompletter Schritt definiert, z. B. die Phase von ‹Stock ein links› bis ‹Stock ein links›.
Mit Hilfe von Video- und Filmaufnahmen beim Ski-Weltcup 1980 in Reit im Winkl (Kollath 1981/82) und bei den Nordischen Ski-Weltmeisterschaften 1985 in Seefeld und 1987 in Oberstdorf konnten die Zykluszeiten von verschiedenen Techniken bei Männern und Frauen ermittelt werden.
In Tabelle 4 ist die Gesamtzeit sowie die jeweilige Aufteilung in Stütz- und Flugzeit für jeden Ski und Stock einzeln dargestellt. Hier bedeutet Schlittschuhschritt nach rechts, daß die Schubrichtung von Ski und Stöcken vom linken Ski in Richtung auf den rechten Gleitski erfolgt.
Die Angaben zum beidseitigen Schlittschuhschritt und zum Diagonalschritt beziehen sich auf leicht ansteigendes Gelände, der einseitige Schlittschuhschritt wurde in der Ebene ausgeführt.
Erstaunlich ist, daß trotz deutlicher Unterschiede in den mittleren Geschwindigkeiten von 3.05 m/s bis 7.06 m/s die Gesamtzykluszeiten mit 1.11 s in etwa übereinstimmen. Die mittleren Schrittfrequenzen unterscheiden sich mit etwa 51–55 Zyklen/Minute daher ebenfalls kaum.
Der Diagonalschritt ist eine symmetrische Bewegung. Die Aufteilung in 65 % Stützphase der Ski zu 35 % Flugphase ist für beide Seiten gleich. Auch bei der Stockarbeit ergeben sich zwischen rechter und linker Seite mit 37 % Stütz zu 63 % Flug keine Unterschiede.
Beim einseitigen Schlittschuhschritt bleibt ein Ski immer als Gleitski in der Loipe, daher ist in Tabelle 4 nur der linke Abdruckski in Stütz- und Flugphase differenziert. Die Aufteilung unterscheidet sich zwischen Männern und Frauen trotz nur ca. 1 m/s Geschwindigkeitsdifferenz mit ca. 40 % Stütz- zu 60 % Flugphase kaum. Der Stockschub erfolgt mit beiden Stöcken gleichzeitig, jedoch stützen die Männer mit 23 % aufgrund der höheren Geschwindigkeit kürzer, aber vielleicht kräftiger, als die Frauen mit 29 %.

	Diagonalschritt (KOLLATH, 1982)	Schlittschuhschritt			
		einseitig n. rechts		beidseitig n.rech	
Gruppe	Maenner (n=5)	Frauen (n=19)	Maenner (n=14)	Frauen (n=11)	Maenne (n=9)
ZYKLUSDAUER					
- gesamt [s]	1.10	1.09	1.17	1.11	1.11
SKI links					
- Stuetz [%]	65	39	41	56	59
- Flug [%]	35	61	59	44	41
SKI rechts					
- Stuetz [%]	65	100	100	52	55
- Flug [%]	35	-	-	48	45
STOCK links					
- Stuetz [%]	37	29	23	44	41
- Flug [%]	63	71	77	56	59
STOCK rechts					
- Stuetz [%]	37	29	23	47	43
- Flug [%}	63	71	77	53	57
Schritt- [1/min] frequenz	54.5	55.0	51.3	54.2	54.2
Mittlere Geschwindigkeit [m/s]	4.4	5.97	7.05	3.05	3.67

Tab. 4: Zykluszeiten, Stütz- und Flugzeiten, Schrittfrequenzen und mittlere Geschwindigkeiten zu drei Haupttechniken im Skilanglauf

Insgesamt sind die Stöcke zu 56 bzw. 74 % an der Abdruckphase beteiligt. Die prozentuale Aufteilung in Stütz- und Flugzeiten beim beidseitigen Schlittschuhschritt unterscheidet sich bei Männern und Frauen nur geringfügig. Die Stützphase der Ski dauert mit ca. 55 % länger als die Flugphase. Interessant ist hier die Asymmetrie zwischen links und rechts, d. h. Skiabdruck zusammen mit und Skiabdruck ohne Doppelstockschub. Die Stützphase auf der Abdruckseite mit Doppelstockeinsatz dauert jeweils 4 % länger als auf der Seite ohne Stockschub (Männer 56–52 %, Frauen 59–55 %). Der Doppelstockeinsatz erfolgt bei diesem Schritt aufgrund der Grätschstellung der Ski leicht zeitversetzt. Das Beenden des Schubes und das Vorbringen der Stöcke erfolgt allerdings gleichzeitig. Dies führt zu Differenzen in den Stütz- und Flugzeiten der Stöcke von 2–3 %. Der Stock auf der Schubseite wird etwas schräger nach außen und näher zum Fuß hin eingesetzt. Er ist nur etwa 42 %, der Stock auf der Gleitseite aber ca. 45 % am Gesamtzyklus stützend beteiligt. Die Stöcke sind zu 71 bzw. 81 % an der eigentlichen Schubphase beteiligt.

Beim Vergleich der drei Techniken in Tabelle 4 fällt die lange Stützphase der Skier beim Diagonalschritt und die sehr kurze Stützphase der Stöcke beim einseitigen Schlittschuhschritt auf. Ebenso ist bemerkenswert, wie stark der Doppelstockeinsatz bei der beidseitigen Schlittschuhschrittechnik

zum Tragen kommt. Da diese Technik besonders bei Anstiegen zum Tragen kommt, muß die Oberkörpermuskulatur hierfür besonders trainiert sein.
Individuelle Abweichungen von diesen Werten sind selbstverständlich. So läuft Maurilio de Zolt beim beidseitigen Schlittschuhschritt, nicht zuletzt aufgrund seiner anthropometrischen Voraussetzungen, mit ca. 70 Zyklen/Minute eine wesentlich höhere Frequenz. Die prozentuale Aufteilung seiner Zykluszeit entspricht aber genau den Angaben in Tabelle 4.

1.4 Spezielle Aspekte der Bewegung

1.4.1 Der Diagonalschritt

1.4.1.1 Zur Kinematik der Bewegung

Der Diagonalschritt war bis 1985 die Haupttechnik im Skilanglauf. Heute gehört diese Technik zur Gruppe der klassischen Techniken, wird aber im Freizeitsport immer noch überwiegend angewandt. Schon häufiger waren diese Technik oder Teile davon Gegenstand sportwissenschaftlicher Untersuchungen (vgl. Baumann 1982 und 1985b, Beutel 1984, Fucci/Trozzi 1981, Gerber 1985, Kollath 1981/82, Komi 1987, Peters 1984, Pierce u. a. 1987, Skard/Larsson 1981, Thomee 1986, Vogel 1985, Waser 1977). Neben der Beschreibung und Interpretation von Einzelergebnissen stand dabei die Ermittlung einer Phasenstruktur der Bewegung im Vordergrund.
In Abbildung 1 ist ein Beispiel aus eigenen Untersuchungen zum Diagonalschritt dargestellt. Das Kinegramm zeigt acht Strichmännchen (ohne Ski) zu verschiedenen definierten Zeitpunkten aus Filmaufnahmen mit einer festen 16-mm-Locam-Kamera.
Man unterscheidet vier Funktionsphasen:

- Beinabstoßphase
- Armabstoßphase
- Gleitphase
- Schwungphase

Die zeitliche Folge der Phasen ist sowohl sukzessiv als auch simultan verlaufend, als auch teilweise überlappend.
Für die Gelenk- und Stockwinkel wurden die folgenden Werte ermittelt (vgl. Abb. 1):

- Rumpfwinkel
  - weitgehend konstant ca. 40–45°
  - schwankt während der Bewegung nur wenig

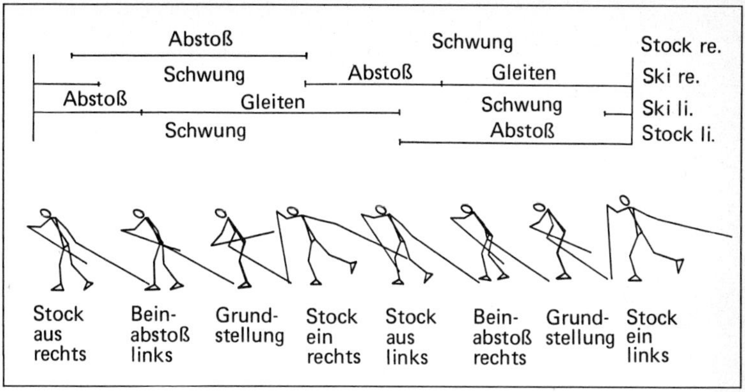

Abb. 1: Phasenstruktur zum Diagonalschritt

- Abstoßwinkel
  - wird berechnet aus der Lage des Körperschwerpunkts zur Fußspitze
  - ca. 50°, bei schwächeren Läufern ungünstiger, ca. 60°
- Stockwinkel
  - relativ zur Unterlage nach vorne gemessen
  - bei Stock ein ca. 70–80°, je nach Geschwindigkeit
  - bei Stock aus ca. 35°
- Kniewinkel
  in der Gleitphase relativ konstant bei ca. 150°
  - Beugung im Bereich von 120°–160/170°

Die Strecke, die man mit einem Diagonalschritt in der Ebene zurücklegt, schwankt bei Wettkampfläufern zwischen 2.31 m und 3.25 m (Norman/Komi 1987). Bei Freizeitläufern gehen diese Werte aufgrund der geringen Geschwindigkeit auf 1.40 m–2.20 m zurück.

1.4.1.2 Zur Dynamik des Abstoßes beim Diagonalschritt

Die auftretenden Kräfte beim Abstoß im Diagonalschritt zeigt Abbildung 2, S. 338. Bei dieser Untersuchung wurden zwei Kraftmeßplatten in einen Laufsteg in leicht ansteigendem Gelände installiert. So war es möglich, die Kräfte getrennt nach vorderer und hinterer Rolle zu betrachten. Zusätzlich zu den Kraftkurven in horizontaler und vertikaler Richtung sind zu drei Zeitpunkten die entsprechenden «Strichmännchen» aus eigenen Filmaufnahmen abgebildet. Deutlich zu erkennen ist die Entlastungsphase zu Beginn des Abstoßes (Verringerung der vertikalen Kraft). Nachdem der Roller am Boden fixiert ist (Bild Nr. 1), steigt die vertikale Kraft stark an. Die Grundstellung (Bild Nr. 2) wird erst nach dem Maximum der vertikalen

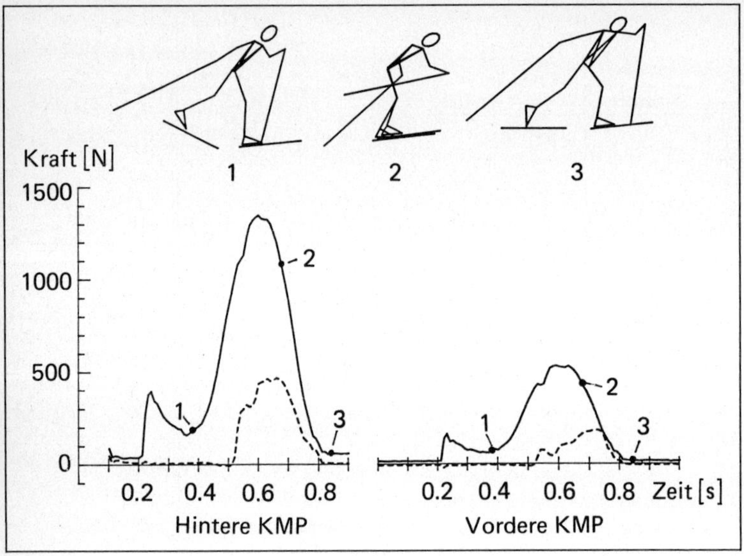

Abb. 2: Kraft-Zeit-Verläufe zum Abstoß beim Diagonalschritt mit Skiroller (J. B. v = 4.45 m/s)
- - - - = F_x, horizontal, in Bewegungsrichtung
—— = F_z, vertikal, senkrecht zur Bewegungsrichtung

Kraft erreicht, fällt aber fast mit dem Maximum der Kraft in horizontaler Richtung zusammen. Am Ende der Bewegung (Bild Nr. 3) werden über die Fußspitze kaum noch Kräfte übertragen. Die Verteilung der Kräfte auf vordere und hintere Rollen ist ca. 2:1. Der Kurvenverlauf und die zeitliche Struktur sind nahezu identisch. Es werden im allgemeinen in vertikaler Richtung Druckkräfte bis zu 1500 N erreicht. In horizontaler Richtung dagegen nur etwa 300–500 N.

Obwohl die Bewegung hier mit dem Skiroller ausgeführt wurde, ist der Verlauf der Kraftkurven mit den steilen positiven und negativen Anstiegen im Prinzip doch übertragbar. Der Abstoß als solcher ist auf dem Ski aufgrund der ungünstigeren Reibungsverhältnisse allerdings wesentlich explosiver als beim Skiroller. Die Abstoßzeit, in der horizontale Kräfte übertragen werden, beträgt nur etwa 0.15–0.20 s und dauert nicht so lange wie bei der Versuchsperson in Abbildung 2 (etwa 0.3 s).

1.4.1.3 Vergleich von Skiroller und Ski

Im Skilanglauf wird heute, wie in fast allen Bereichen des Leistungssports, ein Ganzjahrestraining durchgeführt. Für das Sommertraining ist daher das

Trainingsgerät Skiroller entwickelt worden, damit die Lauftechniken auch in den schneefreien Jahreszeiten weiter geübt werden können. Mit Hilfe eines auf etwa die Hälfte verkürzten ‹Skis auf Rollen› ist dadurch ein Langlauf auf festen Böden möglich. In Tabelle 5 sind einige mechanische Größen des Skis denen des Skirollers gegenübergestellt.

Tab. 5: Mechanische Größen zum Skiroller und Ski (vgl. Baumann 1985b)

		Ski	Skiroller
Laenge	[cm]	200-210	82-90
Breite	[mm]	44	42
Masse	[g]	450-500	1000-1400
Traegheits-moment	[kgm²]	0.25	0.15-0.20
Haftreibung		0.15-0.20	0.6 - 0.7
Gleitreibung/ Rollreibung		0.05-0.10	0.015-0.02

Die deutlich unterschiedlichen Abmessungen (Ski ca. 205 cm, Roller ca. 85 cm) und Massen (Ski ca. 500 g, Roller ca. 1200 g) führen auch zu Unterschieden im Trägheitsmoment. So hat der Ski mit 0.25 kgm^2, obwohl er wesentlich leichter ist, ein größeres Trägheitsmoment bzgl. seines Schwerpunkts als der Skiroller (0.15–0.20 kgm^2) (vgl. Baumann 1982 und 1985b). Das heißt, die eigentliche Skiführung (Anheben, Drehen etc.) ist auf dem Ski schwerer als auf dem Skiroller. Die dafür verantwortlichen Muskeln (z. B. m. tibialis, Schienbeinmuskel) sollten daher im Sommertraining speziell berücksichtigt werden.

Im Skilanglauf ist man bestrebt, die Haftreibung für einen effektiven Abstoß möglichst groß und die bremsende Gleitreibung möglichst klein zu halten. Die Reibungskräfte sind abhängig von den in Kontakt befindlichen Stoffen, ihrer Oberflächenbeschaffenheit und der Kraft, mit der die beiden Körper zusammengedrückt werden. Dieses System versucht man mit Hilfe von Haft- und Gleitwachsen oder Schuppenstrukturen entsprechend der jeweiligen Wettkampfsituation zu optimieren.

Vergleicht man die Reibungszahlen in Tabelle 5, die auch von Vogel (1985) in etwa bestätigt werden, so stellt man fest, daß man sich vom Skiroller wesentlich besser abdrücken kann (beachte Rücklaufsperre) (Haftreibung Ski: 0.15–0.20, Roller 0.6–0.7) und gleichzeitig auch noch der Rollwiderstand auf Asphalt (0.015–0.02) wesentlich geringer als der Gleitwiderstand auf dem Schnee (0.05–0.1) ist. Insgesamt ergibt sich daraus ein Faktor von 4:1 zugunsten des Rollers. Diese Unterschiede werden bei den neuen Techniken zwar geringer, auch für sie gilt aber, daß beim Skiroller für eine bestimmte Vortriebskraft wesentlich weniger Druckkraft erforderlich ist. Dadurch kann z. B. der Abstoßwinkel flacher ausfallen als beim Ski. Bei Betrachtung der Gelenkwinkel der unteren Extremität konnten keine signifikanten Unterschiede zwischen Ski und Skiroller beim Diagonalschritt festgestellt werden (Baumann 1982). Zusammenfassend stellt sich der Skiroller als ein geeignetes Trainingsgerät zur Simulation der Skilanglauftechniken im Sommer dar, jedoch sollte kein ausgesprochenes Techniktraining mit ihm durchgeführt werden.

1.4.2 Die Schlittschuhschrittechniken

Zur kinematischen Analyse der Schlittschuhschrittechniken reichen zweidimensionale Aufnahmeanordnungen nicht mehr aus. Durch das Ausstellen der Ski sind hier modellhafte Vereinfachungen auf eine ebene Bewegung mit großen Fehlern behaftet. Außerdem lassen sich einige Größen (z. B. der Ausstellwinkel) nur dreidimensional berechnen.
Bisher sind die neuen Skilanglauftechniken nur wenig biomechanisch analysiert worden (vgl. Fögen 1986, Gerber 1985, Gervais / Wronko 1988, Schäfer 1986, Smith / McNitt-Gray, Nelson 1988, Wenger / Vogel 1985, Zipfel 1983).
Wir haben bei den Nordischen Ski-Weltmeisterschaften 1985 und 1987 und beim Ski-Weltcup 1986 in Oberstdorf dreidimensionale Untersuchungen durchgeführt. Dazu haben wir jeweils zwei 35-mm-Arri-Filmkameras (50 B / s, Bildfeld ca. 12 m) und ein Paßpunktsystem 7·2·1 m benutzt. Zur Auswertung wurde die Methode der Direkten Linearen Transformation eingesetzt. Aus den dreidimensionalen Koordinatentripeln lassen sich mehrere Ansichten einer Skilanglaufbewegung darstellen. In Abbildung 3 ist der einseitige Schlittschuhschritt von vorne (a, seitlich verschoben), von oben (b, nur die Ski) und von der Seite (c) gezeigt.
Das Ausstellen des linken Skis ist deutlich zu erkennen. Die zwölf «Strichmännchen» stellen einen Gesamtzyklus dar, der sich in drei Hauptbewegungsphasen teilen läßt:

- Vorbereitungsphase (Bild 3–7): sauberes entspanntes Gleiten, Fuß-, Knie-, Hüft- und Schultergelenk stehen genau senkrecht übereinander
- Hauptphase (Bild 8–12): Stock- und Beinabdruck
- End- / Zwischenphase (Bild 1–2): durch das Aufrichten des Oberkörpers werden die Arme bis in Körperhöhe gebracht; Verlagerung des Körpergewichts auf das Gleitbein

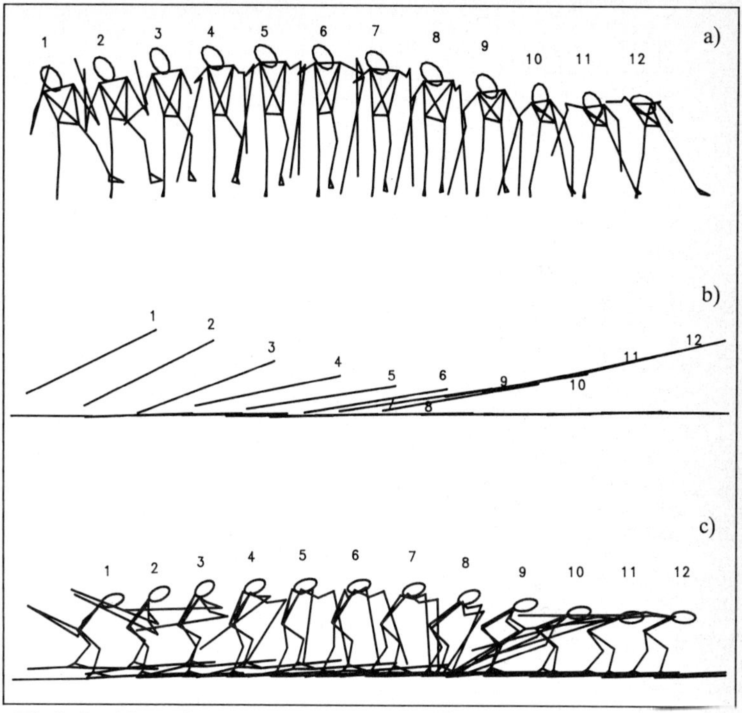

Abb. 3: Dreidimensionale Darstellung des einseitigen Schlittschuhschritts: (a) Ansicht von vorne, Bilder seitlich verschoben; (b) Aufsicht von oben auf die Ski; (c) Ansicht von der Seite
(Von Bild zu Bild 0.08 s, v = 7.58 m/s, Zyklus = 1.13 s, M. d. Z. Seefeld 1985, 15 km Männer, Platz 3)

Folgende Technikschwerpunkte sollten beim einseitigen Schlittschuhschritt beachtet werden:

- Das Abstoßbein wird je nach Geschwindigkeit bis zu einer Fußlänge vor dem Gleitbein eingesetzt. Dabei wird die Ferse des Abstoßbeins entlastet.
- Das gesamte Körpergewicht wird kurzzeitig auf das Abstoßbein verlagert. Während dieser Entlastungsphase wird das Gleitbein ähnlich der Diagonaltechnik nach vorne durchgeschoben und angestellt.
- Beinabstoß und Stockschub erfolgen gleichzeitig.
- Der Stockschub erfolgt ausschließlich in Gleitrichtung.
- Der Winkel zwischen den Skiern verringert sich bei zunehmender Geschwindigkeit.

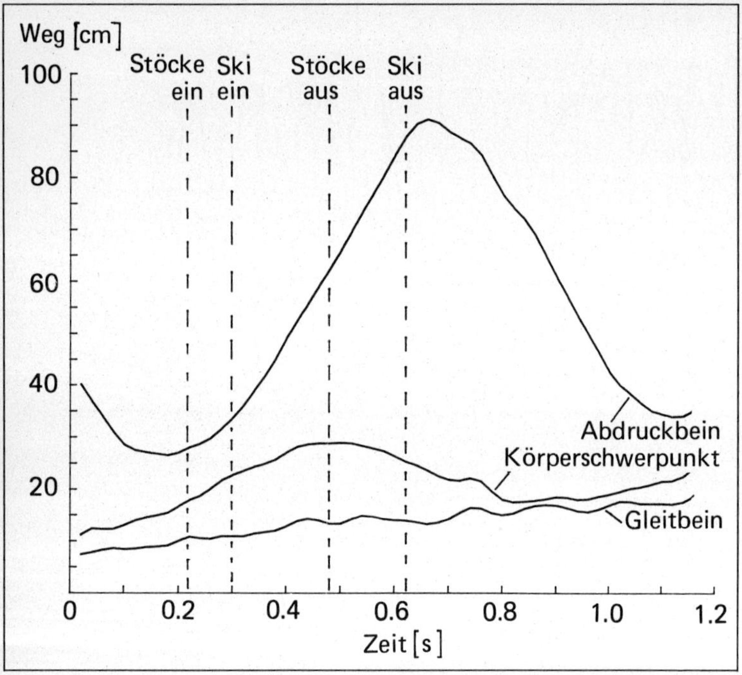

Abb. 4: Verlauf der KSP-Bewegung relativ zu Gleit- und Abdruckbein beim einseitigen Schlittschuhschritt (v = 6.33 m/s, A. B. Seefeld 1985, 5 km Frauen, Platz 1)

- Der KSP sollte sich nicht allzu weit vom Gleitbein weg bewegen. Er wird durch die Hilfe des Beinabstoßes wieder zurückverlagert.
  Zum Problem der seitlichen Bewegung des KSP ist in Abbildung 4 die Aufsicht auf die Koordinaten der Fußspitze von Gleit- und Abdruckbein in Relation zum KSP dargestellt.

Der Abdruckfuß wird danach ca. 60 cm nach außen geführt, während die KSP-Abweichung nur etwa 10 cm beträgt. Diese Werte wurden auch von den anderen Versuchspersonen (n = 33) in etwa bestätigt. In der Abbildung 5 sind zusätzlich die vier Zeitpunkte ‹Ski ein/aus›, ‹Stöcke ein/aus› eingezeichnet. Daraus ist erkennbar, daß das Maximum der KSP-Abweichung nicht mit dem Maximum der Abweichung des Fußes zusammenfällt. Nachdem die ‹Stöcke aus› sind, bewegt sich auch der KSP mit der letzten Phase des Abdrucks wieder zurück zum Gleitski. Das Maximum des seitlichen Ausstellens wird durch das Ausschwingen des Skis erst nach ‹Ski aus› erreicht.

Im Gegensatz zum einseitigen werden beim beidseitigen Schlittschuhschritt beide Ski seitlich ausgestellt. Es wird also nicht mehr in einer Spur gelaufen, sondern auf einer fest gewalzten Piste. Wie beim einseitigen, so sind die Schwankungen des KSP auch beim beidseitigen Schlittschuhschritt relativ gering.

In Abbildung 5 wird dies deutlich. Hier ist die Ansicht von oben auf die Bewegung der Füße (Verbindung Fußspitze zur Ferse) und der KSP dargestellt. Zur Verdeutlichung ist der Verlauf der Ski in etwa angedeutet. Der Fuß der Gleitbeinseite (ohne Doppelstockschub) wird sehr nahe an den Körper (fast unter den KSP) herangezogen. Dies wird von einer aufrechten Körperhaltung am Berg unterstützt. Sehr gut zu erkennen ist auch, wie sich jeweils Stütz- und Flugphase eines Skis abwechseln. Die Stützphasen überlappen sich zwischen den beiden Ski kurz. Bei abnehmender Geschwindigkeit wird sich der Winkel zwischen den Ski vergrößern, wobei diese Verteilung nicht symmetrisch zu beiden Seiten erfolgt, sondern zur Stockschubseite hin größer ausfällt.

Zur weiteren Beurteilung der neuen Techniken wurde eine Vielzahl von Winkeln ermittelt, von denen in Tabelle 6, S. 344, einige zum einseitigen Schlittschuhschritt der Männer und Frauen zusammengestellt sind. Die Werte in Tabelle 7, S. 344, beziehen sich auf den beidseitigen Schlittschuhschritt am Berg.

Abb. 5: Aufsicht auf die Fußbewegung beim beidseitigen Schlittschuhschritt am Berg in Relation zum Körperschwerpunkt (v = 4.17 m/s, Zyklus = 0.88 s, M. d. Z. Oberstdorf 1987, 50 km Männer, Platz 1)

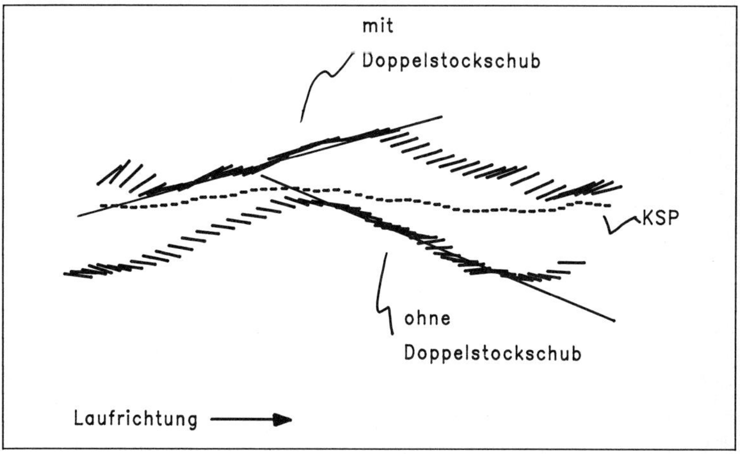

	MAENNER (n=14)			FRAUEN (n=19)		
	Stock		Ski	Stock		Ski
	ein	aus	aus	ein	aus	aus
WINKEL [grad]						
Kniegelenk						
-Abdruckbein	127	125	160	130	123	160
-Gleitbein	148	128	124	153	129	130
Vertikale/Rumpf	36	61	52	50	56	43
Lauffläche/Boden (Kantenw.)	- 4	26	34	- 5	26	34
Stock	84	27		84	27	

Tab. 6: Körper-, Kanten- und Stockwinkel beim einseitigen Schlittschuhschritt (WM Seefeld 1985)

WINKEL [grad]	Stock ein	Stock aus	Ski aus
Kniegelenk			
-Abdruckbein	127	129	165
-Gleitbein	133	123	121
Vertikale/Rumpf	39	54	39
Lauffläche/Boden (Kantenw.)	- 4	19	35

Tab. 7: Körper- und Kantenwinkel beim beidseitigen Schlittschuhschritt am Berg
(Mittelwerte aus drei Runden von G. S. beim Ski-Weltcup in Oberstdorf 1986, 50 km Männer)

Bis auf die Rumpfbewegung unterscheiden sich die Werte kaum voneinander. Bei den Männern ist mit 25° (61–36° = 25°) eine deutlich größere Amplitude bei der Schubbewegung zu erkennen als bei den Frauen mit nur 6° (56–50°). Beim beidseitigen SSS am Berg fällt diese Rumpfarbeit mit nur 15° etwas geringer aus (54–39°). Der Winkel zwischen der Lauffläche und dem Boden ist ein Parameter für das Kanten der Ski. Beim Heranführen der Ski an den Körper unter den KSP wird der Ski nicht waagerecht, sondern leicht nach innen gedreht (ca. 4°) geführt. Nach einem flachen Aufsetzen auf die gesamte Lauffläche zu Beginn der Schubphase wird er dann bis zum Ende der Stockschubphase auf 26° aufgekantet. Bis zum Ende der Skischubphase wird er dann sogar auf 34° gesteigert. Bei unseren Untersuchungen zum beidseitigen Schlittschuhschritt fanden wir ähnliche Werte (vgl. Tab. 7). Die Stockwinkel mit 84° bei ‹Stock ein› und 27° bei ‹Stock aus› entsprechen fast den Werten, die wir auch beim Diagonalschritt gefunden haben. Die Kniegelenkwinkel werden bei beiden Techniken während des Stockschubes kaum verändert. Sie bleiben in etwa konstant bei 125°. Erst gegen Ende der Schubphase, wenn die «Stöcke aus» sind, erfolgt im Mittel eine Streckung auf etwa 165°. Das Gleitbein wird beim einseitigen Schlittschuhschritt während der Schubphase von ca. 150° auf ca. 130° gebeugt. Neben den reinen Zahlenangaben zu einzelnen definierten Positionen ist der Verlauf der Winkel während eines Schritts interessant.

Abb. 6: Verlauf verschiedener Körperwinkel beim beidseitigen Schlittschuhschritt am Berg (v = 3.94 m/s, T. W. Oberstdorf 1987, 50 km Männer, Platz 2)

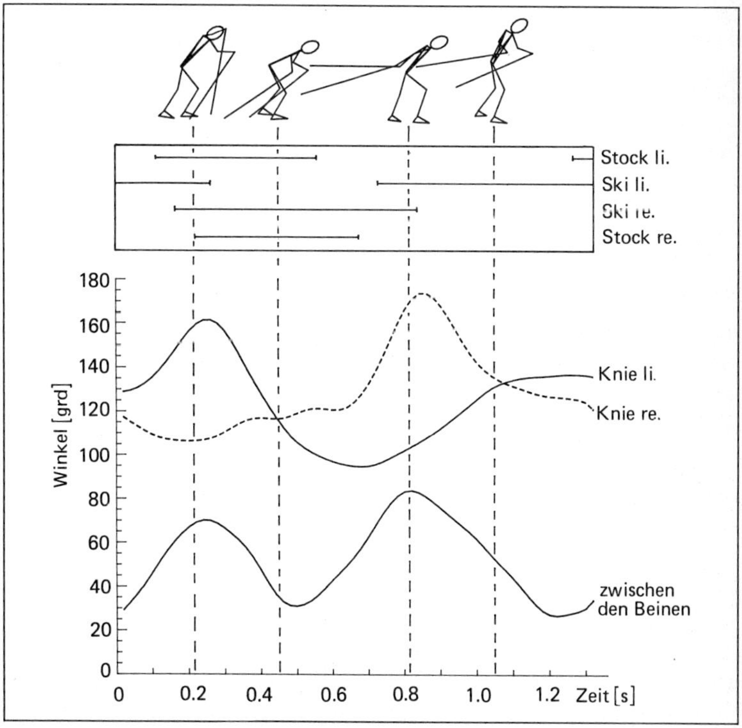

In Abbildung 6 sind die Verläufe der beiden Kniewinkel und des Winkels zwischen den Beinen, also die Abduktion bei einem Schlittschuhschritt am Berg (Thomas Wassberg), eingezeichnet. Oberhalb der Graphik sind die entsprechenden Zykluszeiten und zu sechs Zeitpunkten die Strichmännchen von der Seite eingezeichnet. Die Beugung und Streckung in den Kniegelenken von ca. 100–175° im letzten Teil des Abdrucks ist deutlich erkennbar. Zu der Seite mit Stockschub drückt man sich auch besser ab. Hier wird ein Kniewinkelmaximum von 175° im Gegensatz zu 160° auf der Seite ohne Doppelstockschub erreicht. Die Abduktion der Beine wird durch das Heranführen des Skis an den Körper im Minimum auf ca. 20° verringert. Gegen Ende der Abdruckbewegung wird das Maximum von ca. 80° erreicht.

1.4.3 Elektromyografische Untersuchungen

Zur Beurteilung der Effektivität von Trainingsmaßnahmen, speziell beim Techniktraining, ist zusätzlich zur Kinematik und Dynamik auch die Kenntnis über die muskuläre Koordination bei einer Bewegungstechnik von Bedeutung. Mit Hilfe der Elektromyografie (EMG) läßt sich die Muskelaktivität von verschiedenen Muskelgruppen erfassen. In Abbildung 7 und 8 sind zwei Beispiele von einer Trainingsuntersuchung auf Schnee (Ruhpolding 1985) zum Schlittschuhschritt und zum Diagonalschritt dargestellt. Mit Hilfe von zwei EMG-Anlagen, einer drahtgebundenen (8 Kanäle) und einer drahtlosen (6 Kanäle), war eine simultane Erfassung von 14 verschiedenen Muskeln bei verschiedenen Lauftechniken möglich. In den beiden Beispielen sind nur sechs ausgewählte Muskeln zur Bein-, Arm- und Rumpfmuskulatur dargestellt. Zur Analyse der aufgezeichneten Daten wurden die EMG-Signale der kinematischen Strukturierung (Stock/Ski ein/aus) gegenübergestellt. In Abbildung 8 sind außerdem zu zwei Zeitpunkten Konturogramme des Läufers eingezeichnet.
Auch wenn die beiden Versuche von unterschiedlichen Personen durchgeführt wurden und entsprechend der Vergleich der Amplituden inter- und intramuskulär nur äußerst bedingt möglich ist, so kann man doch sehr deutlich die unterschiedlichen Koordinationsmuster erkennen.
Es lassen sich aus diesen zwei Beispielen und der Gesamtuntersuchung folgende Teilergebnisse ableiten:

- Beim Schlittschuhschritt sind nur kurze Entlastungsphasen des m. tibialis (Schienbein) vorhanden, vor allem im letzten Teil des Abdrucks. Hier setzt genau die Aktivität der Wadenmuskeln (m. gastrocnemius) ein.
- Beim Diagonalschritt ist eine deutlich geringere Beanspruchung des m. tibialis zu erkennen, außerdem eine gleichmäßigere Verteilung von

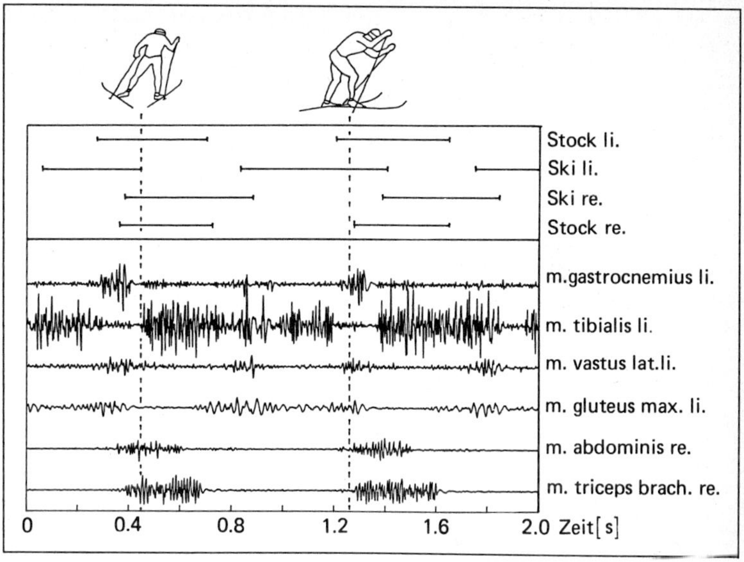

Abb. 7: Elektromyogramm von sechs Muskeln beim beidseitigen Schlittschuhschritt am Berg (Vp. : J. B.)

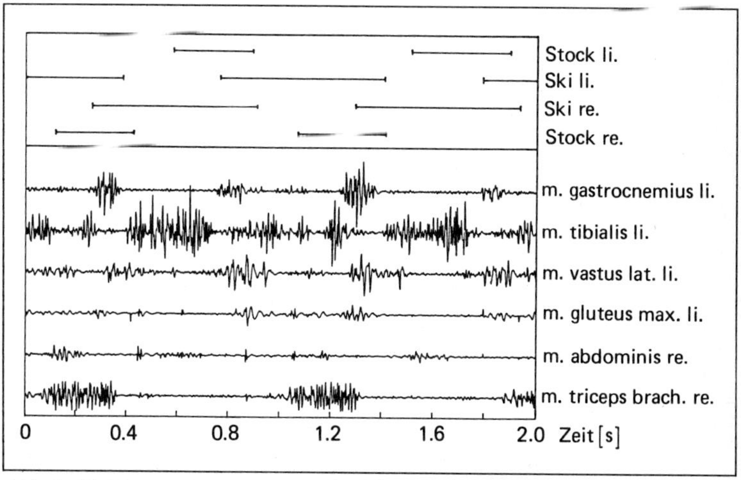

Abb. 8: Elektromyogramm von sechs Muskeln beim Diagonalschritt am Berg (Vp. : F. S.)

Be- und Entlastung. Eine deutliche Trennung der Aktivität von Schien- und Wadenbeinmuskel ist nicht erkennbar.

- Die Phasen der relativen Ruhe und Aktivität des gluteus maximus (Gesäß) sind beim Schlittschuhschritt deutlich zu unterscheiden.
- Die Bauchmuskulatur (m. abdominis) wird beim Diagonalschritt kaum, beim Schlittschuhschritt stärker und wiederum im Wechsel von Ruhe und Aktivität ausgeprägter eingesetzt.
- Die Oberkörpermuskulatur wird beim Schlittschuhschritt wesentlich stärker beansprucht als beim Diagonalschritt. Dies betrifft sowohl den Stockeinsatz als auch die notwendige Rumpfarbeit.
- Die Beinmuskulatur wird beim Schlittschuhschritt zwar länger beansprucht als beim Diagonalschritt, hat aber auch längere Erholungsphasen.

Mit Hilfe der Elektromyografie können also die unterschiedlichen Beanspruchungen bei verschiedenen Bewegungen ermittelt werden. Neben dem Vergleich von verschiedenen Wettkampftechniken auf Ski sind vor allem unterschiedliche Ausführungen bei Skiroller/Ski sowie die Affinität von Trainingsübungen zur Wettkampfübung und Änderungen der Koordination bei Ermüdung analysierbar.

Christian Kaufmann

2 Alpiner Skilauf

Der alpine Skiläufer lernt die Schwungformen zunächst auf relativ flachen Hängen bei niedrigen Geschwindigkeiten und gelangt zu steilerem Gelände sowie höheren Geschwindigkeiten, wenn zahlreiche Bewegungselemente schon automatisiert sind. Das Meistern größerer Schwierigkeiten ist i. a. schon mit einer Steigerung in den Ausprägungsgraden biomechanischer Parameter verbunden. Mit zunehmendem Können verändert sich aber auch die Bedeutung der den einzelnen Techniken zugrundeliegenden mechanischen Gesetzmäßigkeiten. Berücksichtigt man noch das breite Spektrum von Schwungtypen und Schwungvarianten, so ist es verständlich, daß die biomechanische Forschung noch keine einheitlichen Erklärungsmodelle für sämtliche alpinen Skilauftechniken parat hat.
In diesem Beitrag werden wesentliche Aspekte einer biomechanischen Theorie des alpinen Skilaufs diskutiert, die im Einklang mit empirisch gewonnenen Forschungsergebnissen stehen. Folgende Fragen charakterisieren den derzeitigen Diskussionsstand einer Biomechanik des alpinen Skilaufs:

- Welche Kräfte treten im Zusammenhang mit Skilaufbewegungen auf?
- Welche mechanischen Gesetzmäßigkeiten nutzt der Skiläufer?
- Durch welche motorischen Aktionen kann der Skiläufer in beabsichtigtem Sinne Kräfte erzeugen bzw. äußere Kraftwirkungen beeinflussen?
- Welche Eigenschaften der Skier (des Geräts) ermöglichen ihre Steuerbarkeit?
- Worin unterscheiden sich aus biomechanischer Sicht die verschiedenen Schwungformen im alpinen Skilauf?
- Welche objektiven Unterschiede in der Bewegungsausführung bestehen zwischen Skiläufern unterschiedlicher Könnensstufen?
- Gibt es Gefahren für unseren Bewegungsapparat aufgrund nicht tolerierbarer Kraftwerte und Drehmomente beim Skilauf?

Auf einen Teil dieser Fragen soll im folgenden eingegangen werden.

2.1 Besondere Kräfte beim alpinen Skilauf

Bei Zugrundelegung des Skiläufer-Ski-Systems sind alle innerhalb des Systems wirkenden Kräfte innere Kräfte. Sie treten innerhalb des Körpers, zwischen den Elementen des Bewegungsapparats und zwischen dem Skiläufer und seiner Ausrüstung auf.
Kräfte, die von außen auf das System einwirken, nennt man äußere Kräfte. Beim alpinen Skilauf sind es die Schwerkraft G bzw. ihre Komponenten, die Normalkraft N und die Hangabtriebskraft F_H, wobei sich letztere weiter in die Vortriebskraft F_V und die Querkraft F_Q zerlegen läßt.
Hinzu kommen jene äußeren, als Reaktionskräfte bezeichneten Kräfte, die durch die Auseinandersetzung des sich bewegenden Systems mit der Umgebung entstehen. Zu ihnen zählen die Gleitreibungskraft, die Schneeabräumwiderstandskraft, die Luftwiderstandskraft, die Zentripetalkraft sowie die durch geeigneten Kantendruck erzeugte Haltekraft der Kanten besonders auf eisiger Piste bei der Schrägfahrt.
Eine Beschleunigung des Skiläufer-Ski-Systems kann nur durch äußere Kräfte erfolgen. Durch innere Kräfte – damit sind hier Muskelkräfte gemeint – kann jedoch der Skiläufer seine Lage im Raum und damit die Angriffsmöglichkeit äußerer Kräfte beeinflussen: Z. B. verringert der Skiläufer den Luftwiderstand durch die Einnahme der ‹Ei-Form-Hocke›. Ein Verwringen zwischen Oberkörper und Unterkörper durch Kontraktion einer diagonalen Muskelschlinge kann dadurch, daß die Reibungskräfte nun asymmetrisch am Ski angreifen, bei flachgestellten Skiern zu einer Initialdrehung führen.
Trägheitskräfte, zu denen auch die Zentrifugalkraft zählt, sind weder innere noch äußere Kräfte. Sie drücken das Beharrungsvermögen von Körpern gegenüber Beschleunigungen aus und wirken daher nur innerhalb beschleunigter Systeme. Sie sind dem Betrag nach gleich der Beschleunigungskraft, in ihrer Richtung genau entgegengesetzt, und greifen – was für die Beschleunigungskraft nicht gelten muß – immer am Schwerpunkt des Systems an.

2.1.1 Kräfte beim Fahren in der Fallinie

Beim Fahren in der Fallinie nimmt mit zunehmender Steilheit des Hangs die Normalkraft N ab, während die Hangabtriebskraft F_H, die in diesem Falle gleich der Vortriebskraft F_V ist, wächst (vgl. Abb. 1).
Bei unveränderter Körperhaltung wandert damit auch die Projektion des

Körperschwerpunktes weiter nach vorne. Daß ein Skiläufer trotzdem die Belastung im Bereich der Schuhsohle und nicht am Schaft spürt, ist eine Funktion der Trägheitskraft, die in diesem beschleunigten System wirkt.
Erst mit dem Erreichen einer konstanten Geschwindigkeit ist die Trägheitskraft aufgehoben und eine zentrale Belastung der Skier nur über eine von der Hangneigung abhängigen Rücklage möglich.

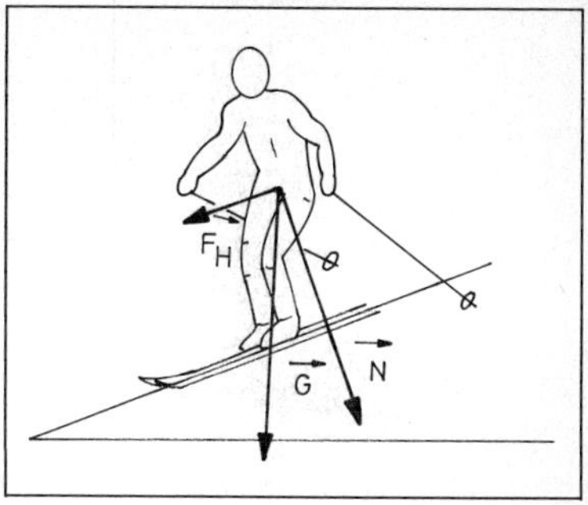

Abb. 1: Zerlegung der Schwerkraft bei der Fahrt in der Fallinie

2.1.2 Kräfte während der Schrägfahrt

Bei der Schrägfahrt verhilft nur ein Teil der Hangabtriebskraft F_H dem Skiläufer-Ski-System zur gewünschten Beschleunigung, es ist die Vortriebskraft F_V. Sie wächst mit dem Spurgefälle, das eine Funktion von Hangneigung und Spurrichtung im Hang relativ zur Fallinie darstellt. Die Querkraft F_Q erzeugt ein zeitliches Driften der Skier, wenn nicht eine ihr entgegengesetzte, dem Betrag nach gleich große Haltekraft der Kanten existiert.
Auch F_Q ist eine Funktion von Hangneigung und Spurrichtung, wobei sie durch zunehmende Steilheit des Hangs vergrößert und durch eine Annäherung der Spurrichtung an die Fallinie vermindert wird.

Abb. 2: Zerlegung der Schwerkraft bei der Hangschrägfahrt

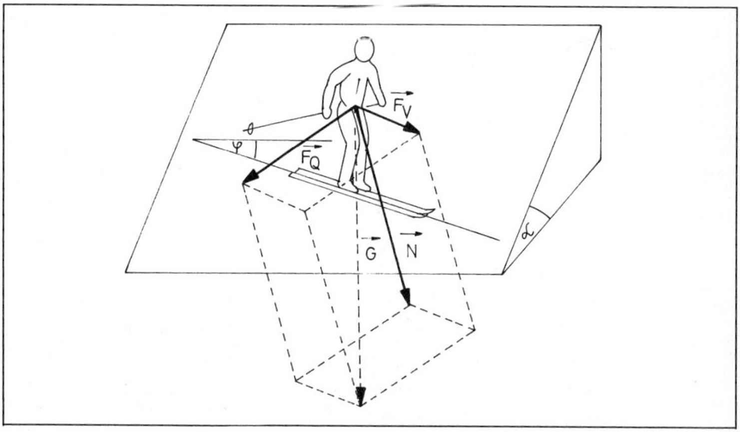

Ein Skiläufer muß bei der Schrägfahrt also um so größere Haltekräfte erzeugen, je steiler der Hang ist und um so mehr seine Spurrichtung von der Fallinie abweicht (vgl. Abb. 2).

2.1.3 Kräfte während eines Schwungs

Bei einem Schwung, der am Wendepunkt der Spur beginnt, erfährt der Skiläufer – bei Vernachlässigung der Trägheitskräfte – eine bis zur Fallinie zunehmend steiler werdende Schrägfahrtsituation, die nach dem Passieren der Fallinie kontinuierlich abnimmt. Bezogen auf die obenerwähnten Schwerkraftkomponenten bedeutet dies eine ständige Reduktion der Querkraft F_Q bis zum Erreichen der Fallinie, während die Vortriebskraft F_V wächst. Nach der Fallinie nimmt die Querkraft F_Q auf Kosten der Vortriebskraft F_V wieder zu.
Unter der Wirkung der bisher betrachteten Kräfte könnte das Skiläufer-Ski-System eine Fahrt in der Fallinie, eine Schrägfahrt sowie Seitrutschen ausführen, ein Schwung könnte bis jetzt noch nicht zustande kommen. Damit die Skier auf eine Kurvenbahn geführt werden, muß der Skiläufer eine Zentripetalkraft erzeugen, die an den Skiern angreift. Ihr entspricht eine dem Betrag nach gleich große, aber entgegengesetzt gerichtete Zentrifugalkraft, deren Wirkungslinie aber durch den Schwerpunkt des Systems geht. Da also beide Vektoren nicht auf einer Linie liegen, entsteht ein Drehmoment, das eine Kipp-Beschleunigung des Skiläufer-Ski-Systems erzeugt. Unter der Voraussetzung einer konstanten Zentripetalkraft stellt die vektorielle Summe aus Zentrifugalkraft und Querkraft eine Größe dar, die während eines Schwungs zunimmt. In der Realität ist die Situation komplizierter, da weder die Voraussetzung der Konstanz von Geschwindigkeit noch die der konstanten Krümmung erfüllt ist. Außerdem findet eine Überlagerung von translatorischer Trägheitskraft und Zentrifugalkraft statt. Im folgenden soll die translatorische Trägheitskraft in dieser Betrachtung vernachlässigt werden. Die radial nach außen wirkende Zentrifugalkraft verläuft anfangs praktisch in gegensinniger Wirkung zur Querkraft, um diese nach einer der Spurrichtung entsprechenden Winkeländerung am Ende des Schwungs in gleichsinniger Wirkung zu unterstützen (vgl. Abb. 3).
Man muß hierbei bedenken, daß die Zentrifugalkraft als Folge der Zentripetalkraft nur existiert, wenn letztere von dem Skiläufer-Ski-System auch wirklich erzeugt wird. Die Schwierigkeiten, eine gewünschte Schwungspur einzuhalten, beruhen daher nicht auf einer zu großen Zentrifugalkraft, sondern neben möglichen Unzulänglichkeiten in Technik und Ausrüstung vor allem in der Zunahme der Querkraft am Schwungende und in der Veränderung des Kurvenprofils: Das Skiläufer-Ski-System findet während eines

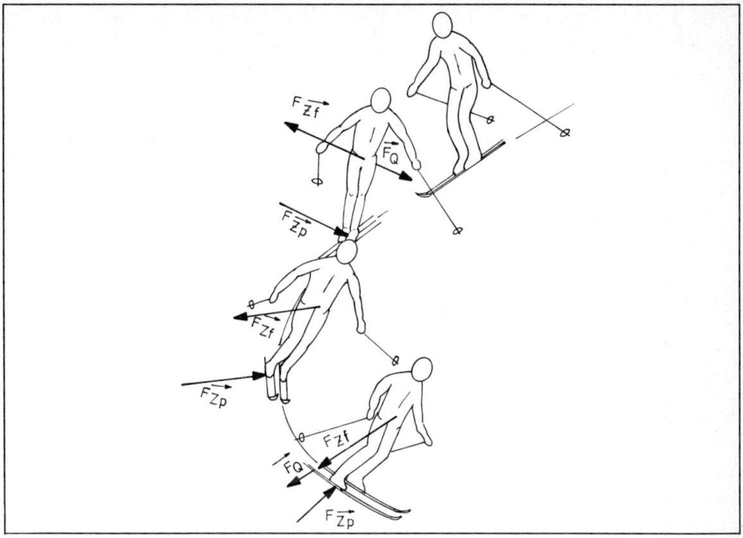

Abb. 3: Überlagerung von Zentripetalkraft, Zentrifugalkraft und Querkraft während eines Schwungs

Abb. 4: Kniewinkel- und Belastungskraftkennlinien eines Tiefschwungs (Kurven durch Mittelung geglättet) nach FUKUOKA 1971

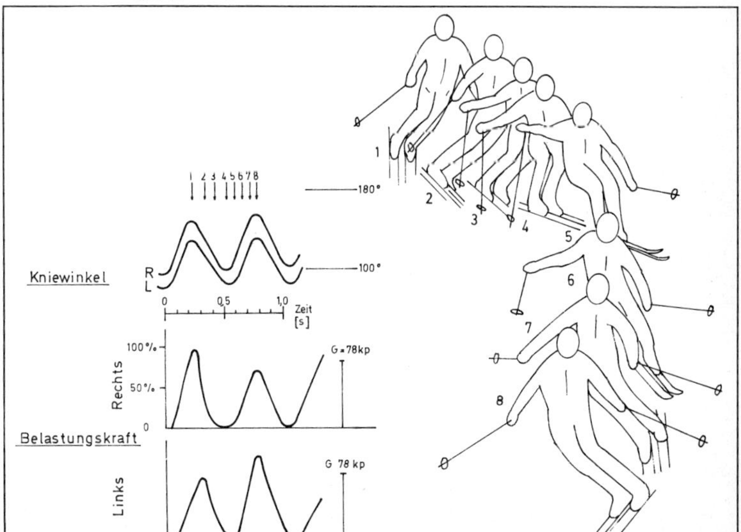

Schwungs die wechselnden Bedingungen von überhöhtem über neutrales zu hängendem Kurvenprofil am Schwungende vor.
Die in den Abbildungen 4, S. 353, und rechts dargestellten dynamografischen Kennlinien zeigen die senkrecht zur Skilauffläche wirkenden Reaktionskräfte in Abhängigkeit von der Zeit. Über sie ist es möglich, Unterschiede in gewissen Aspekten der Fahrtechnik zu objektivieren. Weitergehende empirische Aussagen über die Schwerkraftkomponenten und das Verhalten der Zentripetalkraft wären nur bei gleichzeitiger dreidimensionaler Registrierung der Bewegung des Skiläufer-Ski-Systems möglich.

2.2 Schwungauslösung

Die biomechanische Diskussion über die Ursachen des Initialimpulses, der zu Beginn eines Schwungs die Skier ein wenig in Richtung Fallinie dreht, ist noch nicht abgeschlossen. Wichtig scheint hier eine differenzierte Betrachtung unter den Aspekten Hangneigung, Geschwindigkeit und Schwungrhythmus. In flachem Gelände und bei geringer Fahrtgeschwindigkeit beginnt das Skiläufer-Ski-System aus der Schrägfahrt in Richtung Fallinie zu drehen, sobald der Skiläufer sich in Vorlage begibt und die Ski flachstellt. In dieser Haltung bewirkt das Drehmoment aus Querkraft und Schneeabräumwiderstand eine Drehung des Systems in Richtung Fallinie. Aufgrund von Taillenform und exzentrischem Bindungsmontagepunkt entsteht für den fahrenden angedrehten Ski ein weiteres Drehmoment aus Trägheitskraft und Schneeabräumwiderstand, das den Ski sogar etwas über die Fallinie dreht. In steilerem Gelände ist das Flachstellen der Skier zwangsläufig mit dem Einnehmen einer Kurveninnenlage verbunden, die zur Wahrung des Gleichgewichts eine höhere Geschwindigkeit und/oder einen kleineren Kurvenradius fordert. Im Moment des Kurvenlagenwechsels kommt es aufgrund der Trägheit des Systems zu einer kurzen Phase geringerer Belastung, die bereits Fukuoka (1971) beim Umkanten nachgewiesen hat und die von Hoppichler und Müller (1984) bestätigt wird.
In dieser Phase der leichten Drehbarkeit der Skier ist es nach dem Gesetz «actio et reactio» über Muskelkräfte möglich, vom Rumpf einen kleinen Drehimpuls auf die Beine zu übertragen. Dies geschieht entweder, indem die schwungäußere Seite des Rumpfes zurückweicht, sofern der schwunginnenseitige Stockeinsatz eine solche Bewegung nicht überflüssig macht, oder indem der vorrotierte Rumpf abgebremst wird.
Aus Darstellungen von Zalesak (1977), der anhand von Filmaufnahmen aus 15 m Höhe das Schwungverhalten von Slalomspezialisten in der Transversalebene analysierte, ist das Abbremsen eines vorrotierten Rumpfes zu Schwungbeginn eindeutig nachzuweisen.

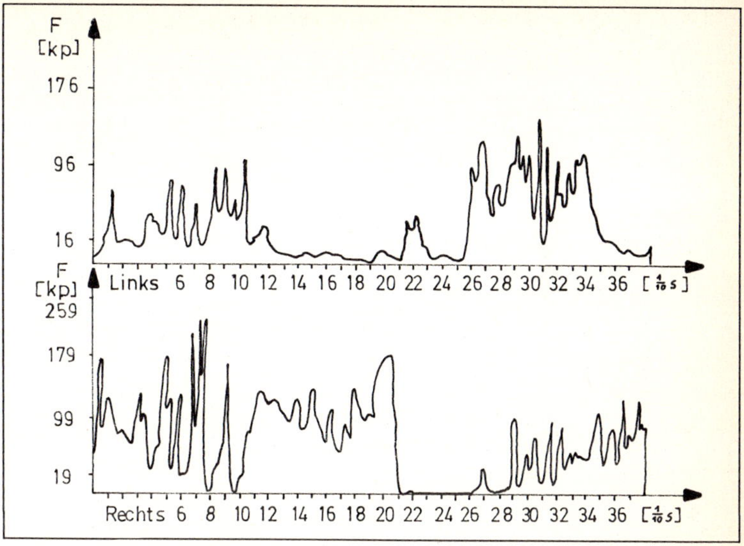

Abb. 5a: Belastungskraftkurven eines Parallelschwungs in steilem eisigem Gelände (nach HOPPICHLER und MÜLLER 1984)

Abb. 5b: Belastungskraftkurven eines Parallelschwungs in flachem griffigem Gelände (nach HOPPICHLER und MÜLLER 1984)

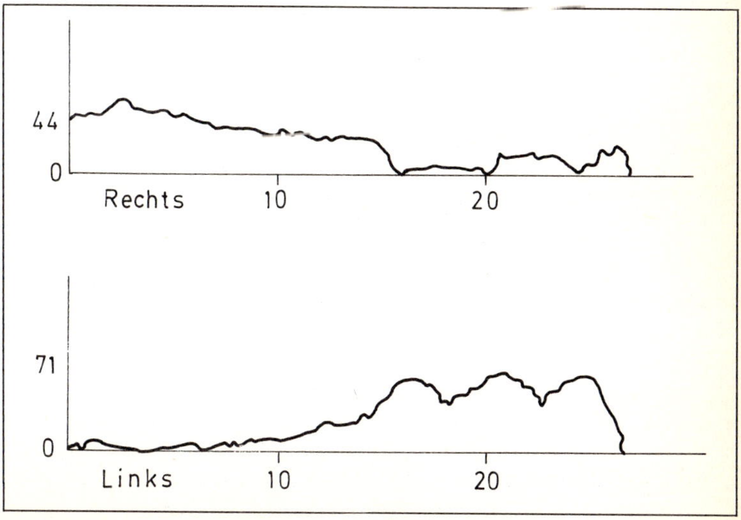

Bei einem weiteren Erklärungsversuch für das Zustandekommen des Initialimpulses nutzt man die Tatsache, daß durch Überlagerung zweier orthogonaler Drehimpulse ein Drehimpuls entsteht, dessen Drehachse senkrecht zu den beiden anderen gelagert ist. Das Kippen in die neue Innenlage stellt einen Drehimpuls dar, dessen Drehachse – wie in Abbildung 6a dargestellt – im Bereich der Skikanten lokalisiert ist. Der zweite Drehimpuls um eine zur Breitenachse parallele Achse des Systems drückt die Tendenz aus, daß der Skiläufer sich zum Schwungbeginn aus einer gewissen Rücklage des vorausgegangenen Schwungs nach vorne begibt, wobei er sicher auch die Zunahme des Spurgefälles antizipiert (vgl. Abb. 6b).
Dies entspricht den Ergebnissen von HOPPICHLER und MÜLLER (1984), die in einer differenzierten dynamografischen Analyse einen entsprechenden Belastungswechsel nachgewiesen haben. Dabei ist es gleichgültig, ob das Nachvornebringen des Körpers aktiv durch Muskeleinsatz oder durch die Wirkung von Trägheitskräften erfolgt. Bei der Überlagerung der Kippbewegung durch die Vorwärtsrotation kommt es zu einem Drehimpuls um die Längsachse des Skiläufer-Ski-Systems im gewünschten Sinne (vgl. Abb. 6c).
Weitere Erklärungsversuche findet man bei KASSAT (1984): Aufgrund des Belastungsdrucks unmittelbar vor dem Umkanten sieht auch er in der Kippphase die Voraussetzung zur Schwungeinleitung. Der diesem «Seitfallen» zugrundeliegende Drehimpuls wird wegen der geometrisch unausgewogenen Massenverteilung des Skiläufer-Ski-Systems einer skiparallel durch den Schwerpunkt verlaufenden Hauptträgheitsachse M_1 nicht gerecht. Der übrigbleibende Impulsrest erzwingt die gewünschte Drehung um die normale Hauptträgheitsachse M_2 des Systems.
In einer weiteren Betrachtung geht KASSAT auf den Wechsel von einer Seitvorbeuge rechts in eine Seitvorbeuge links ein.
Nach dem Gesetz «actio et reactio» wird dadurch ein gleich großes, aber entgegengesetzt orientiertes Drehmoment auf den Unterkörper ausgeübt. KASSAT spricht hier von Drehmomentreaktion.
Ein dynamisches Abbremsen einer Seitvorbeugebewegung erzeugt dann u. a. eine Drehmomentreaktion um die Tiefenachse in der Weise, daß bei belasteten Skiern die äußere Kante des Bergskis in den Hang gedrückt wird. Sind die Skier nicht belastet, was beim Umkanten in der Regel der Fall ist, kommt es zu einem relativen Driften der Skienden bergwärts. Aufgrund der exzentrischen Verbindung – der Schuh steht etwas hinter der Skimitte – werden die Skier dadurch in Richtung Fallinie gedreht.
Umgekehrt erzeugt das Drehmoment, das zur Vorseitbeuge führt, eine Drehmomentreaktion, die entweder über Reaktionskräfte die Kippbewegung direkt einleitet oder ihre Ausführung zumindest insofern unterstützt, als sie einen kleinen Schwung zum Hang initiiert, bei welchem die Skier unter dem Körperschwerpunkt hindurchfahren.

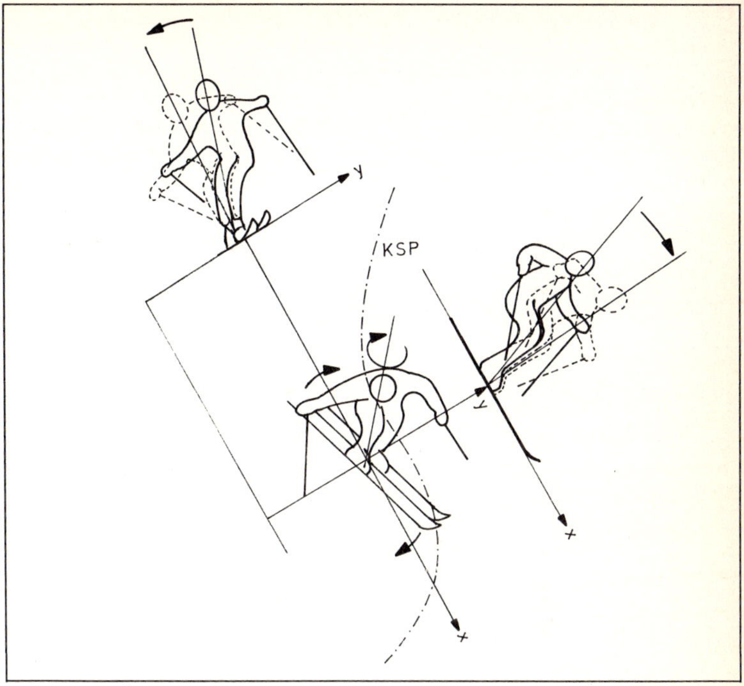

Abb. 6: Die Überlagerung zweier orthogonaler Drehimpulse führt zur Schwungauslösung
a) Aufrichten aus der Kurveninnenlage und Kippen in die neue Innenlage (von vorne gesehen)
b) Nachvornegehen aus der Rücklage (von der Seite gesehen)
c) Drehimpuls um die Längsachse

Die hier beschriebenen Mechanismen werden auch bei der Schwungauslösung aus der Schrägfahrt angewandt.
Beim dynamischen Wechsel sportlich gefahrener Schwünge kann auf die Driftphase bei der Schwungauslösung verzichtet werden. Hier muß der Skiläufer in der Steuerphase des vorangegangenen Schwungs hohe Zentripetalkräfte quer zur Fallinie und eine ausreichende Kippbeschleunigung erzeugen. Auf dieser Grundlage kann der Ski zu Schwungbeginn aufgekantet so belastet werden, daß die Schwungeinleitung schneidend erfolgt. Es ist wie ein sich ständig wiederholendes Landen und Abspringen von rechts nach links, Landen und Abspringen von links nach rechts usw., überlagert von einer der Hangabtriebskraft folgenden Bewegung talwärts.

2.3 Schwungsteuerung

Es gibt eine ganze Reihe von Steuerungsmöglichkeiten: Vom Driften in Vor- bzw. Rücklage über das belastende Aufkanten eines angewinkelten Skis bis hin zur ‹schneidenden Technik›, bei welcher die von Anfang an belasteten Skier eine schmale, gleichmäßig gekrümmte Schwungspur erzeugen. Wenn dieses ‹Schneiden› im sportlichen Skilauf als effektivste Technik anzusehen ist, so gibt es auch im Rennlauf Situationen, in denen die Skier mit dem Ziel der Geschwindigkeitsreduktion seitlich driften müssen.

Im Prinzip gehören zum Steuern alle Maßnahmen, die der Skiläufer zum Erreichen einer beabsichtigten Schwungspur einsetzt, wobei er situative Bedingungen, wie Eis- bzw. Schneebeschaffenheit, Steilheit des Hangs, Geländestruktur und Geschwindigkeit, berücksichtigen muß. Er löst das Steuerungsproblem, indem er die über die Motorik (innere Kräfte) veränderbaren Parameter wie Durchbiegungsgrad der Skier, Kantwinkel, Kurveninnenlage, Belastungsdruck und Belastungsverteilung längs der Skier entsprechend seiner Bewegungsabsicht und der situativen Bedingungen dosiert. Dabei muß davon ausgegangen werden, daß auch die Dynamik in der Veränderung dieser Parameter in den Steuerungsprozeß eingreift.

Die Lösung der Aufgabe wird durch die Tatsache erschwert, daß z. T. wechselseitige Abhängigkeiten zwischen diesen Parametern bestehen. So hängt z. B. der Durchbiegungsgrad der Ski sowohl von der Belastungskraft als auch vom Kantwinkel ab. Der Kantwinkel ist weitgehend eine Funktion der Kurveninnenlage, die selbst stark von der Geschwindigkeit und vom Kurvenradius, d. h. auch hier vom Durchbiegungsgrad der Skier bestimmt wird.

Probleme beim Steuern hat der Skiläufer u. a. beim ‹frühen Schneiden›, d. h. im schnellen Verankern der Kante unmittelbar nach der Schwungauslösung und im Finden des geeigneten Kantwinkels, unter welchem bei geringer Belastungskraft die Spur gehalten werden kann. Schwierig ist es auch, das belastende Aufkanten so zu beherrschen, daß jederzeit die Kippbewegung für die Einleitung eines neuen Schwungs ermöglicht wird.

Während die Vortriebskraft, vermindert um die ihr entgegenwirkenden Reibungskräfte, die Beschleunigung des Skiläufer-Ski-Systems in Fahrtrichtung bewirkt, muß zum Steuern eine Zentripetalkraft erzeugt werden, die das Skiläufer-Ski-System auf die angestrebte Schwungspur führt. Diese Zentripetalkraft ist die Reaktionskraft zur hangparallelen Komponente der Belastungskraft, die vom Skiläufer-Ski-System auf die Hangoberfläche wirkt (vgl. Abb. 7). Dabei ist die Belastungskraft des Skiläufer-Ski-Systems die Summe aus Schwerkraft und Trägheitskraft.

Eine Abhängigkeit der hangparallelen von der hangnormalen Komponente besteht in der Weise, daß es einer gewissen Normalkraft bedarf, um die Kante in den Schnee bzw. in das Eis zu drücken, erst dann kann es zu einer starken hangparallelen Komponente kommen. Andererseits ist bekannt, daß sich eine zu tief in den Untergrund gedrückte Kante ‹festbeißt› und dadurch die Fahrt abbremst.

Eine Radiusverkürzung innerhalb des Schwungs verlangt bei schneidender Fahrweise sowohl eine Vergrößerung der hangparallelen Komponente der Belastungskraft als auch des Kantwinkels α.

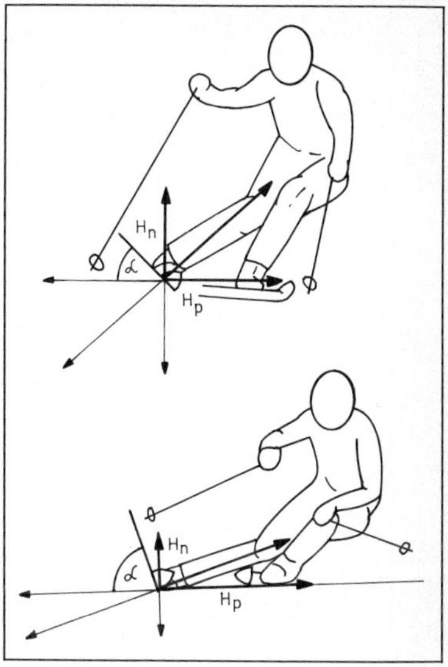

Abb. 7: Zerlegung der durch die Belastungskraft erzeugten Reaktionskraft (Zentripetalkraft) in eine hangparallele und eine hangnormale Komponente bei unterschiedlichem Kantwinkel α

Hoppichler und Müller (1984) haben die größte Belastungskraft in ihren Untersuchungen direkt nach dem Überwinden der Fallinie registriert. Bei ausreichender Innenlage – denn nur so ist es möglich, die Skier entsprechend durchzubiegen – und geeignetem Kantwinkel α kann der Skiläufer in diesem Bereich die stärkste Richtungsänderung erzeugen. Eine Bestätigung dieser These findet sich bei Nachbauer (1987), der sowohl im Slalom als auch im Riesenslalom die stärksten Krümmungen der Fahrspuren nach dem Passieren der Fallinie registrierte.

Die Belastungskraft kann vom Skiläufer während des Schwungs durch das Beschleunigen von Körperteilen in oder entgegengesetzt zur Kraftrichtung reguliert werden (z. B. Strecken der Beine, Aufrichten des Rumpfes, dynamisches Anheben des Innenskis oder das Abbremsen dieser Bewegungen bzw. das «In-die-Hocke-Gehen»). Zu diesen Aktionen zählen auch die Kippbewegungen, ohne Veränderung von Knie- und Hüftwinkel, in denen der Systemschwerpunkt relativ zu den Skiern beschleunigt wird. Eine korrekte Hüftstellung, in der das Becken stärker bogeneinwärts gelagert ist, als es einer gestreckten Innenlageposition entspräche, ermöglicht auch dann einen großen Kantwinkel α, wenn die Innenlage des Gesamtkörpers nicht extrem ist.

Als Beispiel dafür, wie die Dynamik in der Veränderung der Parameter das Steuern beeinflußt, soll ein Mechanismus aufgezeigt werden, der ein Über-

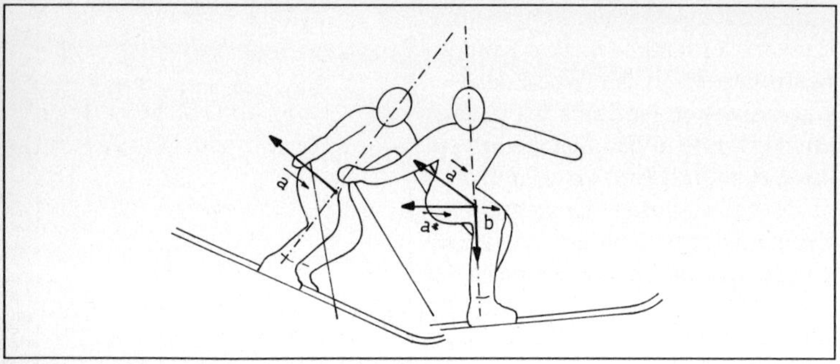

Abb. 8: Entstehen eines Korrekturimpulses um die Längsachse des Skiläufer-Ski-Systems durch Aufrichten aus der Innenlage

drehen am Schwungende verhindert: Während bei der Schwungeinleitung die Kippbewegung von einem Nachvornegehen überlagert wird und es dadurch zu einem Initialimpuls um die hangnormale Achse kommt, kann der Skiläufer einen entsprechenden Mechanismus zum Abbremsen seines Drehimpulses am Ende des Schwungs erzeugen. Der gewünschte Effekt entsteht, wenn ein durch das Flacherwerden der Schwungspur unterstütztes ‹In-Rücklage-Gehen› am Schwungende von der Aufrichtbewegung aus der Innenlage überlagert wird (vgl. Abb. 8).
Der Impuls um eine zur Breitenachse parallele Achse wird durch das Aufrichten, das als Impuls um eine zur Tiefenachse parallele Achse anzusehen ist, überlagert. Dadurch entsteht ein Korrekturimpuls um die Systemlängsachse, der den vorhandenen Drehimpuls um die Längsachse vermindert.
Für Abbildung 8 ergibt sich dann, daß der Drehimpulsvektor $\vec{a}$ der Aufrichtbewegung durch das Inrücklagegehen am Schwungende eine Richtungsänderung erfährt und zu $\vec{a}^*$ wird. Es gilt: $\vec{a} + \vec{b} = \vec{a}^*$. Hier charakterisiert $\vec{b}$ den Drehimpuls, der durch die Überlagerung beider Bewegungen entsteht und am Abbremsen der Schwungdrehung beteiligt ist.

2.4 Kurveninnenlage und Gleichgewicht

Ein Schwung trägt seinen Namen entsprechend der Bewegungscharakteristik beim Schwungwechsel. So gibt es neben der Klassifizierung in Hoch- und Tiefschwünge auch eine solche in Umsteige- und Parallelschwünge.

Gemeinsames Merkmal aller Schwünge ist jedoch das Einnehmen der Kurveninnenlage durch den Skiläufer zu Beginn des Schwungs, aus der sich der Skiläufer am Ende des Schwungs wieder aufrichten muß.
Diese Kippbewegungen um eine zur Tiefenachse parallele Achse können, wie oben bereits dargestellt, unter den Aspekten Gleichgewicht, Schwungauslösung und Steuern betrachtet werden.
Im folgenden sollen die Möglichkeiten zur Ausführung von Kippbewegungen beim alpinen Skilauf exemplarisch diskutiert werden:
Zu Beginn eines Schwungs läßt sich der Skiläufer praktisch im Vertrauen auf die sich einstellenden Zentripetalkräfte in die Kurve fallen, um gegen Schwungende sich mit Hilfe größerer Zentripetalkräfte, als es dem Gleichgewichtsaspekt der Innenlage entspräche, wieder aufzurichten.
Ein Unterschätzen der Zentripetalkräfte stoppt oder verzögert die Schwungauslösung und führt in der Schwungsteuerung im allgemeinen zum Sturz über die Außenkante.
Ein grobes Überschätzen der Zentripetalkräfte beim Schwungbeginn kann z. T. durch den Stockeinsatz kompensiert werden. In der Steuerphase hilft dann meistens nur noch das Klammern, d. h. ein Ausscheren des Innenskis.
Der geübte Skiläufer beherrscht eine ganze Reihe motorischer Aktionen, über welche er das Kippen in die Kurveninnenlage erreichen kann. So wird z. B. bei einem Schwung mit stark rutschendem Schwungende die Rutschphase durch druckverstärkendes Aufkanten beendet (vgl. Abb. 9). Der daraus resultierende Drehimpuls um eine zur Tiefenachse parallele Achse kippt den Skiläufer von einer Kurveninnenlage in die entgegengesetzte Innenlage.

Abb. 9: Rutschphase mit plötzlichem Kanteneinsatz

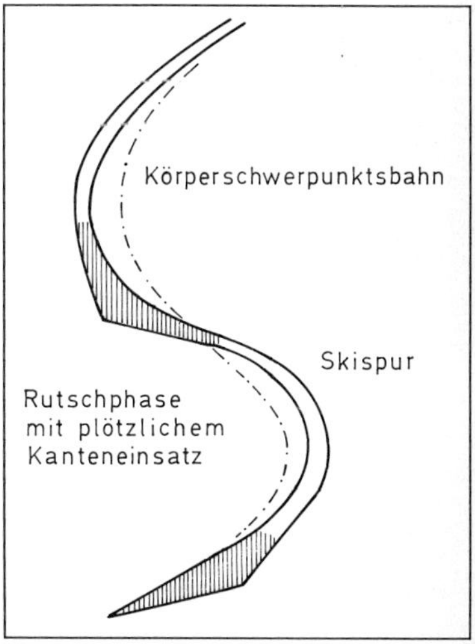

Fährt dagegen ein Skiläufer schneidend einen Schwung, so kann er durch Erhöhung der Belastungskraft bei geeignetem Kantwinkel eine Radiusverkürzung hervorrufen. Wird die Geschwindigkeit dadurch nicht reduziert, so erfolgt der Wechsel der Kurvenlage durch Zunahme der Zentripetalkraft. Die Skier fahren von der bogenäußeren Position eines Schwungs unter dem Schwerpunkt hindurch in die bogenäußere Position des neuen Schwungs.
Neben dem Mechanismus des «druckverstärkenden Aufkantens» kommt in einigen Schwüngen eine

besondere Technik zum Einnehmen der Kurveninnenlage zum Tragen. Klassische Beispiele sind die Umsteigeschwünge und der Jetschwung.
Bei Umsteigeschwüngen ist es möglich, durch einen seitlichen Schritt unter dem Schwerpunkt hindurch in die neue Kurveninnenlage zu gelangen. Die Umsteigebewegung dient bei entsprechendem Kantwinkel der Skier aber auch der Druckverstärkung im Sinne der Radiusverkürzung.
Beim Jetschwung, der nach wie vor im Slalomlauf Bedeutung hat, erfolgt der Wechsel der Kurvenlage, indem der Skiläufer während des schnellen Nachvornebringens von Unterschenkel und Ski die Ski talwärts dreht. Bezogen auf den damit eingeleiteten Schwung befindet sich der Körperschwerpunkt des Skiläufers nun in der neuen Innenposition.
Die hier dargestellten Aktionen zur Auslösung der Kippbewegungen können beliebig kombiniert, d. h. sich unterstützend eingesetzt werden. Amplitude und Dynamik der Kippbewegungen orientieren sich an Schwungradius, Fahrgeschwindigkeit und Schwungfrequenz.

2.5 Schlußbetrachtung

Aus der Tatsache, daß offensichtlich alle ursprünglich unter dem Gleichgewichtsaspekt betrachteten Bewegungen des Skiläufers Steuerfunktionen besitzen und für jede gewünschte Reaktion im Grunde jeweils mehrere sich z. T. unterstützende Mechanismen zur Verfügung stehen, wird die hohe Komplexität der Skilaufbewegung deutlich.
Der Skiläufer beherrscht nicht nur unter dem translatorischen Aspekt den dreidimensionalen Raum, sondern nutzt auch Drehbewegungen um alle drei Achsen des Skiläufer-Ski-Systems. Die Betrachtung der Impulsüberlagerung mag zum tieferen biomechanischen Verständnis der Skilaufbewegungen beitragen, zeigt aber auch gleichzeitig die Schwierigkeiten einer umfassenden quantitativen biomechanischen Analyse auf.
Das biomechanische Wissen über die Skilaufbewegungen wird daher auch weiterhin vor allem durch die Anwendung theoretisch-mechanischer Gesetzmäßigkeiten geprägt sein, ohne deren Hilfe noch so exakt gemessene Parameter auch in Zukunft nicht interpretiert werden können. Andererseits darf man hoffen, daß auch im alpinen Skilauf durch eine Zunahme biomechanisch-empirischer Meßergebnisse die vorhandenen theoretischen Ansätze präzisiert und ergänzt werden.
Erfolgversprechend gestalten sich auch die Versuche mit skilaufenden Robotern, die über Fernsteuerung motorische Aktionen auf Skiern im Gelände ausführen. Sie eröffnen die Möglichkeit, die theoretisch angenommenen Mechanismen der Schwungauslösung und Schwungsteuerung empirisch auf Effektivität zu prüfen (vgl. Deng 1984).

Jürgen Klauck

3 Skispringen

Das Skispringen gehört zu den Wintersportarten, die zwar nur von einer kleinen Zahl Aktiver betrieben werden, ständig jedoch großes Interesse bei Zuschauern finden. Die Attraktivität des Skisprungs hat ihre Wurzeln darin, daß der Aktive sich in einer Bewegungssituation außerhalb des Normal-Üblichen befindet und in der Bewältigung dieser Situation eine persönliche Bestätigung sucht. Für den Zuschauer haftet dieser Sportart das Odium der Gefährlichkeit wie auch des Ungewöhnlichen an – eine Kombination, die immer schon Anreize des Miterlebens geboten hat.
Dieser Sportart (olympische Disziplin seit 1924) wird bereits seit über 60 Jahren wissenschaftliches Interesse entgegengebracht, lange bevor eine Sportwissenschaft in unserem heutigen Sinne etabliert war. Der Wissenschaftsbereich, der sich vor allen Dingen mit dieser Sportart auseinandergesetzt hat, war die Physik, speziell in ihrem Teilbereich Mechanik. Hier finden wir die ersten Ansätze in einer Arbeit von STRAUMANN (1926), die sich mit der Mechanik des Skispringens, vor allem mit der Flugphase, beschäftigt. Bereits ein Jahr später liegt vom gleichen Verfasser ein Werk vor, das eine mechanische Analyse von Luftwiderstand und Flugweg und die daraus resultierenden Anforderungen an die Konstruktion von Skisprungschanzen vorstellt. In der Folgezeit erschienen eine Fülle von Publikationen, die sich mit Einzelfragen des Gesamtkomplexes Skisprung beschäftigten.
Für die biomechanische Betrachtung dieser Sportart ergibt sich als erste Aufgabe die Erstellung einer an physikalischen Einflußgrößen orientierten Bewegungsbeschreibung (3.1). Das nächste Ziel besteht in der Modellbildung (im mathematisch-physikalischen Sinn) für die Bewegung des Springers in einzelnen Abschnitten. Der Modellbildung schließt sich unter Hinzuziehung empirischer Beschreibungsgrößen die Modellüberprüfung an, welche die physikalische Modellvorstellung, gegebenenfalls unter physikalisch sinnvollen Korrekturprozessen, an die gemessene Realität annähert (3.2). In diesen Vorgang eingeschlossen ist die Frage, wie empfindlich bestimmte physikalische Ergebnisgrößen (z. B. Weite beim Skispringen) auf die Änderung einzelner abhängiger Größen reagieren. Der praktische Sinn dieser Sensibilitätsanalyse besteht in der Beantwortung der Fragen, wie stark die Bewegung vom Aktiven selbst gestaltet werden kann und welche physikalischen Konsequenzen erwartet werden können.
Die vorstehende Darstellung bezieht sich im wesentlichen auf die Besprechung einiger physikalischer Phänomene, wie sie beim Skispringen auftre-

ten. Innerhalb des vorgegebenen Rahmens konnte die Darstellung zwangsläufig nur skizzenhaft und umrißartig unter Außerachtlassung zahlreicher Einzelergebnisse aus der Literatur, insbesondere aus sozialistischen Ländern (UdSSR, DDR, ČSSR) erfolgen. Darüber hinaus kann festgestellt werden, daß einige mechanische Probleme dieser Sportart sowohl in modelltheoretischer als auch in meßmethodischer Hinsicht noch einer Klärung bedürfen. Als Beispiele seien hier die Rolle aerodynamischer Einflüsse auf die Absprungbewegung oder etwa die Behandlung der Rotation in der Flugphase angesprochen. Insofern sind somit Anreize vorhanden, die naturwissenschaftliche Durchdringung des Skisprungs voranzutreiben.

3.1 Bewegungsbeschreibung und physikalische Bedingungen

Die Ausführung des Skisprungs geschieht auf der Sprungschanze, deren Konstruktion und Anlage den Regeln der FIS unterliegen. Die Anlage besteht aus einem Sprungturm, der Anlaufbahn, dem Schanzentisch, der Aufsprungbahn und dem Anlauf. Dabei ist es unerheblich, ob ein natürlich vorgegebener Geländeverlauf ausgenutzt wird (‹Naturschanze›) oder eine komplette Neukonstruktion geschaffen wurde. Der Aufbau einer Sprunganlage ist beispielhaft in der Abbildung 1 wiedergegeben.
Internationale Wettkämpfe werden auf 70-m-Schanzen (Normalschanze), 90-m-Schanzen und Flugschanzen ausgetragen; alle genannten Anlagen sind in ihrer Profilierung ähnlich gestaltet und unterscheiden sich lediglich in der ohne Gefährdung des Springers erzielbaren Sprungweite. Der Bewegungsablauf ist ebenfalls für den Aktiven bei allen Anlagen ähnlich. Er beginnt mit dem Einspringen in die Anlaufbahn. Unter der Wirkung der Schwerkraft gleitet der Springer auf Skiern den zunächst gradlinigen, später konkav gekrümmten Hang hinunter. In dieser Phase wirken neben der Schwerkraft die Reibungskraft zwischen Ski und Unterlage (Schnee oder Matte) und die Luftwiderstandskraft auf den Springer. Im gekrümmten Teil der Anlaufbahn erhöht sich der Anteil der Reibungskraft durch die Einwirkung der Zentrifugalkraft, die einen verstärkten «Andruck» des Sportlers auf die Bahn bewirkt. Während des Anlaufs verharrt der Springer in einer geduckten Anfahrtshaltung, die den Einfluß der (bewegungshemmenden) Luftwiderstandskraft nach Möglichkeit zu reduzieren sucht. Auf den Reibungswiderstand wird durch geeignete Präparierung der Skier (Auftragen von Wachs) im Sinne einer Reduzierung Einfluß genommen.
Am Ende der Anlaufbahn, wo sich der wiederum geradlinige, nur noch

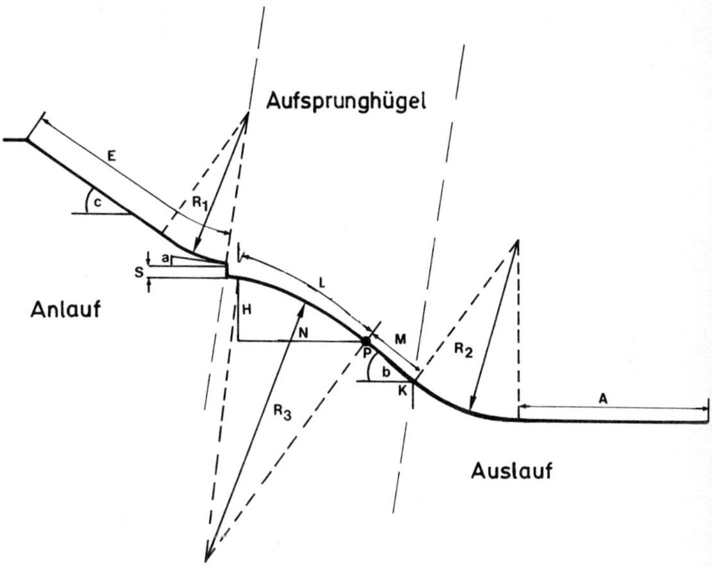

Anlauf

Gesamte max. Anlauflänge . . . . E = 82 m

Winkel der Geradenstrecke mit der Horizontalen . . . . c = 37 Grad

Winkel des Schanzentischendes mit der Horizontalen . . . . a = 11,5 Grad

Radius des gekrümmten Teils der Anlaufstrecke . . . . R 1 = zunehmend von 80–100 m

Höhe des Schanzentisches (Ende) über dem Aufsprunghügel . . . s = 2,5 m

Aufsprunghügel

Länge der Aufsprungbahn vom Fußpunkt des Schanzentisches bis zum «Normpunkt» P . . . . . L = 70 m

Radius des gekrümmten Teils der Auf sprungbahn . . . . . . R 3 = zunehmend von 150–240 m

Länge des Geradenstücks . . . . M = 15 m

Länge der Aufsprungbahn bis zum «kritischen» Punkt K . . . . . . L + M = 85 m

Winkel des Geradenstücks mit der Horizontalen . . . b = 37 Grad

Höhenunterschied: Anfang der Aufsprungbahn-Normpunkt H = 33,2 m

Horiz. Entfernung: Anf. der Aufsprungbahn-Normpunkt N = 62,5 m

Verhältnis H/N . . . . H/N = 0,53

Auslauf

Radius des gekrümmten Teilstückes . . . . R 2 = 115 m

Länge des horizontalen Geradenteils . . . . A = 150 m

Abb. 1: Aufbau einer Skisprunganlage («Sprungschanze») – Beispiel Oberstdorf

gering gegen die Horizontale (abwärts) geneigte Schanzentisch befindet, vollzieht der Springer den Absprung. Dieser erfolgt durch starkes Abdrükken aus der Anfahrtsstellung mit gleichzeitiger Drehung in die Vorlage. Unmittelbar anschließend verläßt der Springer die Schanze, seine Bewegung wird nun im freien Flug weitergeführt bis zur Landung auf der Aufsprungbahn. Im Gegensatz zu der längs des Schanzenprofils geführten Bewegung während der Anfahrt verfügt der Springer während des Flugs über keinerlei Kontakt mit einer festen Unterlage, und seine Bewegung vollzieht sich nach der Vorgabe von Fluggeschwindigkeit und -richtung bei Flugbeginn allein unter dem Einfluß von Schwerkraft und den Kräften, die zwischen ihm und der umgebenden Luft wirken. Die Hauptaufgabe für den Springer besteht darin, durch Einnahme und Kontrolle einer geeigneten Körper- und Skihaltung den Flug so zu gestalten, daß eine möglichst große Flugstrecke zurückgelegt wird, die ihrerseits zu einem guten Weitenergebnis führt. Der physikalische Effekt besteht hier in der Erzeugung von Luftkräften, die in ihrer Wirkungsrichtung der Schwerkraft entgegengerichtet sind und somit die mit der Erdbeschleunigung verbundene Fallbewegung reduzieren. Die Bewältigung dieser von der Norm abweichenden Bewegungsaufgabe findet Eingang in die leistungssportliche Bewertung des ‹Sprungs› durch die Vergabe von Haltungsnoten durch ein Kampfgericht. Die Gesamtsprungleistung besteht in einer nach den FIS-Regeln gewichteten Kombination von Flughaltungsnoten und gemessener Flugweite, die sich aus der längs des Profils der Aufsprungbahn zurückgelegten Streckenentfernung des Landepunkts vom Ende des Schanzentisches ergibt. Für die weitengültige Landestelle ist der Ort auf der Aufsprungbahn festgelegt, an dem beide Füße des Springers nach dem Aufsetzen der Ski sich in größtmöglicher Bodennähe befinden. Der Landevorgang selbst wird vom Springer durch das Verlassen seiner fluggünstigen Haltung (‹Aufmachen›) eingeleitet. Durch diese Bewegung wird die flugunterstützende Wechselwirkung zwischen Körper/Ski und der umgebenden Luft dahingehend geändert, daß eine rasche Annäherung des Springers an die Aufsprungbahn stattfindet. Auch dieser Prozeß erfordert eine sichere Bewältigung einer ungewohnten Bewegungssituation durch den Aktiven und wird in der Haltungsnote berücksichtigt. Mit der erfolgten Landung ist der ‹Skisprung› beendet; im folgenden Auslauf verringert der Springer beim Durchfahren einer ebenfalls konvex gekrümmten Bahn seine Geschwindigkeit bis zum Stillstand.

3.2 Physikalische Modelle und experimentelle Befunde

Der geschilderte Ablauf der Bewegung für den Skispringer von dem Eintritt in die Anlaufbahn bis zur Landung läßt aus physikalischen wie bewegungsfunktionalen Gründen eine Unterteilung des Gesamtablaufs in die Einzelphasen Anfahrt, Absprung, Flug und Landung als sinnvoll erscheinen. Es ist Aufgabe dieses Kapitels, für die einzelnen Bewegungsabschnitte mathematisch-physikalische Modellvorstellungen zum Bewegungsverhalten des Springers zu entwickeln und quantitative Angaben zu einzelnen Größen zu vermitteln. Insbesondere soll dargelegt werden, innerhalb welchen Rahmens eine Bewegungssteuerung durch den Sportler selbst in den einzelnen Abschnitten vorgenommen werden kann.

3.2.1 Anlauf

Mit dem Durchfahren der geneigten Anlaufstrecke wird das Ziel verfolgt, dem Springer eine hohe Geschwindigkeit als Anfangsbedingung für den nachfolgenden Flug zu verleihen. Die physikalische Modellierung der Anlaufkinematik geschieht durch die Betrachtung der äußeren Kräfte, die am gemeinsamen Körperschwerpunkt von Springer und Ski wirken. Bezeichnen wir mit G die Gewichtskraft des zusammengesetzten Systems, mit F_W die Luftwiderstandskraft und sei F_R die Reibungskraft zwischen Ski und Unterlage, dann gilt mit den in Abbildung 2 eingetragenen Wirkungsrichtungen ein Kräftegleichgewicht für die Bewegung des Gesamtsystems.

Abb. 2: Äußere Kräfte am Schwerpunkt von Ski und Springer in der Anfahrt

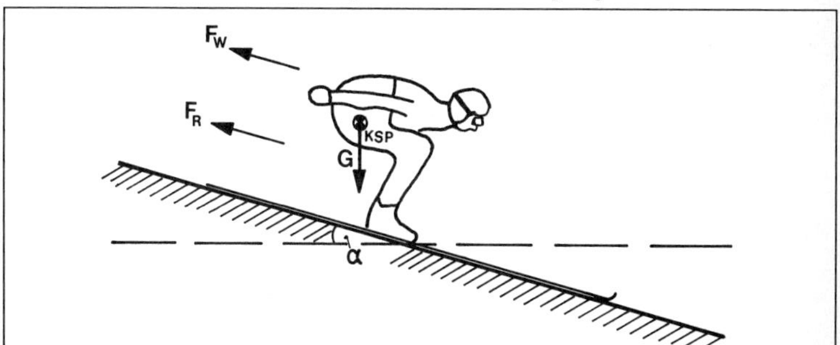

Wir erhalten für die Bewegung der Gesamtmasse von Ski und Springer (m) in der Bahnrichtung (s), die unter einem Winkel (α) gegen die Horizontale geneigt ist:

$$G \cdot \sin\alpha - F_w - F_R - m \cdot \frac{d^2s}{dt^2} = 0 \qquad (1)$$

Hierbei bedeutet $G \cdot \sin\alpha$ die hangabwärts gerichtete Komponente der Schwerkraft; d^2s/dt^2 stellt die zeitliche Änderung der Bewegungsgeschwindigkeit (v) dar und hat die Einheit einer Beschleunigung. Für die Kräfte F_W und F_R werden üblicherweise folgende Ansätze gemacht:

$$F_w = \frac{1}{2}\varrho \cdot c_W \cdot S \cdot v^2 \qquad (2)$$

ϱ: Dichte der Luft $[kg/m^3]$
c_W: Widerstandsbeiwert [–]
S: Widerstandsfläche $[m^2]$
v: Bahngeschwindigkeit [m/s]

$$F_R = \mu \cdot G \cdot \cos\alpha \qquad (3a)$$

μ: Gleitreibungskoeffizient [–]
G: Körpergewichtskraft [N]

Für die Fahrt im gekrümmten Teil der Anfahrt ergibt sich für F_R zusätzlich unter der Einwirkung der Zentrifugalkraft:

$$F_R = \mu\left[G \cdot \cos\alpha + m \cdot \frac{v^2}{r}\right] \qquad (3b)$$

r: Radius der gekrümmten Bahn [m]
Unter Einbeziehung der Tatsache, daß $G = m \cdot g$ (g: Erdbeschleunigung) ist, erhalten wir für F_R:

$$F_R = m\,(\mu \cdot g \cdot \cos\alpha + \mu\frac{v^2}{r}) \qquad (4)$$

Mit den genannten Einzelbeiträgen erhalten wir insgesamt für die momentane Geschwindigkeitsänderung für den Schwerpunkt von Springer und Ski:

$$\frac{dv}{dt} = g \cdot \sin\alpha - \mu\left(g\cos\alpha + \frac{v^2}{R}\right) - \frac{1}{2}\varrho \cdot c_W \cdot \frac{S}{m} \cdot v^2 \qquad (5)$$

Diese Gleichung (5) gibt an, wie sich der Geschwindigkeitszustand unter dem Einfluß der Schwerkraft-, Luftwiderstands- und Reibungsverhältnisse ändert. Den Geschwindigkeits-Zeit-Verlauf erhalten wir unmittelbar durch exakte oder näherungsweise Integration dieser Gleichung. Der Vorzug der so formulierten Darstellung ergibt sich durch die Tatsache, daß eine quantitative Behandlung des Bewegungsproblems entweder in Richtung einer Prädiktion des Geschwindigkeitsverhaltens (bei Vorliegen aller Einflußgrößen), z. B. zur Anpassung an ein bestimmtes Schanzenprofil, oder in Richtung einer Diagnostik (aus einem gemessenen Geschwindigkeitsverlauf längs der Anlaufstrecke) etwa zur Ermittlung einer guten Anfahrtshaltung möglich wird. Auf die mathematische Behandlung der Bewegungsgleichung kann allerdings hier nicht näher eingegangen werden. Von der sportpraktischen Seite her sind die Größen μ und $c_W \cdot S/m$ von Bedeutung: Der Reibungskoeffizient stellt ein quantitatives Maß für die Güte der Behandlung (Wachsen) des Sprungskis dar. Die absolute Größe des Reibungskoeffizienten wird von König (1952) mit 0.02 bis 0.05 (je nach Schneebeschaffenheit) angegeben; für Mattenuntergrund wurden am Institut für Biomechanik der DSHS Werte im Bereich von 0.05 bis 0.08 ermittelt. Die Größe $c_W \cdot S/m$ charakterisiert in Verbindung mit der Körpermasse die durch die Körperhaltung des Springers bestimmte widerstandswirksame Fläche. Diese Fläche kann für eine gute Anfahrtshaltung nach Messungen von Watanabe/Ohtsuki (1971) in der Größenordnung von 0.22 bis $0.24\,m^2$ angegeben werden. Zum Erreichen einer hohen Endgeschwindigkeit ist nach Gleichung (5) eine Minimierung sowohl des Reibungskoeffizienten als auch der widerstandswirksamen Flächen anzustreben. Aus der gleichen Beziehung (5) folgt auch eine Bevorzugung von Springern, die bei annähernd gleicher widerstandswirksamer Fläche über eine größere Körpermasse verfügen.

Bei Wettkämpfen findet entsprechend den FIS-Regeln eine offiziell registrierte Messung der mittleren Geschwindigkeit kurz vor Erreichen des Schanzentisches – also am Ende der Anfahrtsstrecke – statt. Einen Überblick über erreichte Geschwindigkeiten gibt die Tabelle 1. Die angegebenen Meßwerte sind die offiziell anläßlich der Nordischen Skiweltmeisterschaft 1987 in Oberstdorf ermittelten Resultate.

Tab. 1: Anlaufgeschwindigkeiten am Ende des Anlaufabschnitts für die 70-m- und 90-m-Schanze (Nordische Ski-WM 1987 Oberstdorf)

Schanze		**Mittelwert [km/h]**	**Streuung [km/h]**	**Bereich [km/h]**
70 m	1. D.	83.4	0.3	82.7–84.2
	2. D.	83.6	0.4	82.7–84.5
90 m	1. D.	94.1	0.4	93.2–95.1
	2. D.	93.7	0.4	92.8–94.6

Die Streuungswerte in Tabelle 1 können als ausgesprochen gering angesehen werden. Sie legen den Schluß nahe, daß die Springer für den nachfolgenden Absprung unbeschadet ihrer Qualifikation jeweils über nahezu gleiche kinematische Voraussetzungen verfügen.

3.2.2 Absprung

Im Absprung vollzieht der Springer den Übergang von der, von außen betrachtet, passiven Abfahrt zu einem kontrollierten Flug. Die Ziele der Aktion durch den Springer bestehen dabei einmal in einem Wechsel der Körperposition von der Abfahrts- in die Flughaltung, zum anderen in dem Versuch, die Anfangsbedingungen für den Flug (Geschwindigkeit und Richtung der Bewegung beim Verlassen des Schanzentisches) möglichst günstig zu gestalten. Der Übergang von der Abfahrts- in die Flughaltung geschieht durch aktive Streckung in Fuß-, Knie- und Hüftgelenk. Eine Übersicht über die auftretenden Variationen der Gelenkwinkel ist in der Abbildung 3 gegeben.
Der wesentliche Anteil (gut zwei Drittel) der Streckbewegung und damit der Hebung des Körperschwerpunkts wird durch die Vergrößerung des Winkels im Kniegelenk bewirkt, den restlichen Beitrag liefern die Bewegungen im Hüft- und im Fußgelenk. Die bei der Absprungbewegung wirkende Bodenreaktionskraft führt nach Maßgabe ihrer absoluten Größe

Abb. 3: Körperpositionen beim Absprung (BAUMANN 1979 a)

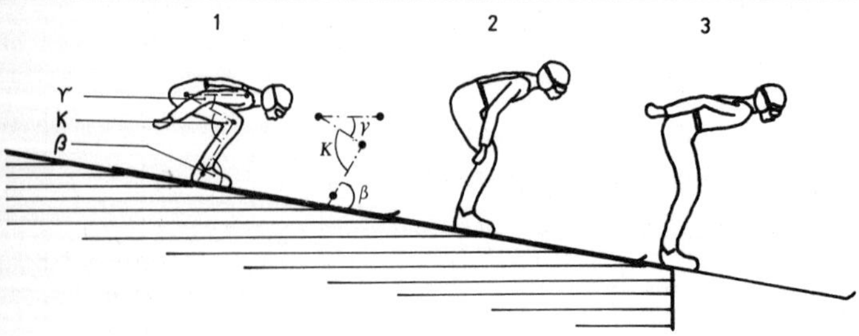

	1	2	3
γ [°]	24 ± 6	88 ± 13	106 ± 15
K [°]	83 ± 10	132 ± 11	156 ± 10
β [°]	64 ± 6	72 ± 5	79 ± 5
	1. Beginn der Bewegung	2. Zeitpunkt maximaler Streckgeschwindigkeit	3. Verlassen des Schanzentisches

und Dauer zur Erzeugung einer zusätzlichen Geschwindigkeitskomponente des Körperschwerpunkts, deren Richtung fast ausschließlich senkrecht (normal) zur Bahnrichtung (Richtung der Schanzentischneigung) verläuft. Der Grund für diese Feststellung ist darin zu suchen, daß beim Absprung nur Reaktionskräfte in Bahnrichtung übertragen werden können, die in ihrer Größenordnung der Reibungskraft zwischen Ski und Schanze entsprechen. Die durch den Absprung gewonnene Komponente der Körperschwerpunktsgeschwindigkeit addiert sich geometrisch (d. h. unter Berücksichtigung ihrer Richtung) zu der aus der Anfahrt entstandenen Geschwindigkeitskomponente parallel zum Schanzentisch, so daß sich die resultierende Gesamtgeschwindigkeit des Körperschwerpunkts dem Betrage nach vergrößert und in ihrer Richtung verändert. Eine Übersicht über die Geschwindigkeitsänderungen vermittelt quantitativ die Tabelle 2.

v_{An} [km/h]	85			100		
v_n [km/h]	3.6	7.2	10.8	3.6	7.2	10.8
v_o [km/h]	85.08	85.30	85.68	100.06	100.26	100.58
$\Delta\alpha$ [°]	2.4	4.8	7.2	2.1	4.1	6.2

Tab. 2: Resultierende Abfluggeschwindigkeit (v_o) und Änderung der Richtung $\Delta\alpha$ in Abhängigkeit von Anlaufgeschwindigkeit (v_{An}) und der Normalgeschwindigkeit (v_n) aus dem Absprung

Bei realen Absprüngen sind für v_n Maximalwerte um 8.3 km/h (= 2.30 m/s) (Mittelwert) gemessen worden (vgl. Baumann 1979a). Berücksichtigt man, daß der Schanzentisch im Bereich von etwa 10 Grad unterhalb der Horizontalen geneigt ist, so machen die Daten der Tabelle 2 deutlich, daß auch ein noch so kräftiger Absprung nicht dazu führt, daß der Springer die Schanze in einer nach oben gerichteten Bewegung verläßt, d. h., die Flugbahn wird von Anbeginn stets nach unten gerichtet sein. Nichtsdestoweniger wird durch die Absprungbewegung – auch bei geringer Intensität – eine erhebliche prozentuale Änderung der Bewegungsrichtung des Springers (bezogen auf die Richtung des Schanzentisches) erreicht; demgegenüber ist für die Änderung der absoluten Bewegungsgeschwindigkeit nur ein relativ unbedeutender Zuwachs zu verzeichnen. Ein grundlegendes Problem für den Springer beim Absprung besteht darin, den zeitlich/örtlichen Verlauf der Absprungbewegung (Dauer 0.25-0.35 s) so zu gestalten, daß das Maximum der Normalgeschwindigkeit des Körperschwerpunkts des Springers zwar noch auf der Schanze, aber zeitlich unmittelbar kurz vor dem Verlassen des Schanzentisches erreicht wird. In diesem Fall wird die Wirkung der Körperstreckung zu einer optimalen Entfaltung gebracht, d. h., es wird eine größtmögliche Änderung der Richtung der Bewegungsgeschwindigkeit erzielt, ohne daß wie bei einem zu frühen Ende des Absprungs eine durch die neue Körperhaltung widerstandsbedingte Reduzierung der Bewegungsgeschwindigkeit bereits auf dem Schanzentisch stattfindet. Wird andererseits die Absprungbewegung zu spät eingeleitet, so wird durch das alsbaldige Verlassen des Schanzentisches die Wirksamkeit der Streckbewegung, die dann z. T. in der Luft erfolgen muß, erheblich reduziert.

3.2.3 Flug

Mit dem Verlassen des Schanzentisches beginnt für den Springer die Flugphase, d. h. der Abschnitt, der fast allein die entscheidenden Kriterien für die sportliche Bewertung der Gesamtbewegung liefert. Die physikalischen Bedingungen, unter denen der Flug seinen Anfang nimmt, sind unveränderbar gegeben. Die mathematisch-physikalische Analyse des Flugabschnitts erfolgt wiederum durch die Betrachtung äußerer Kräfte, die auf den Schwerpunkt des Gesamtsystems von Springer und Ski wirken und so die translatorische Bewegung bestimmen. Für das Kräftesystem im Flug müssen nach den vorherigen Ausführungen (vgl. S. 366) die Schwerkraft und die Wechselwirkungskräfte zwischen der umgebenden Luft und dem Springer inklusive Ski betrachtet werden. Dabei wird die ‹Luftkraft› in sinnvoller Weise in je eine Komponente in die momentane Bewegungsrichtung (Widerstandskraft) und senkrecht dazu (Auftriebskraft) aufgespalten. Einen Überblick über die Kräfteverhältnisse vermittelt die Abbildung 4.

Abb. 4: Kräfte in der Flugphase beim Skisprung
G: Gewichtskraft, F_W: Widerstandskraft, F_A: Auftriebskraft, φ: Winkel der Bewegungsrichtung mit der Horizontalen

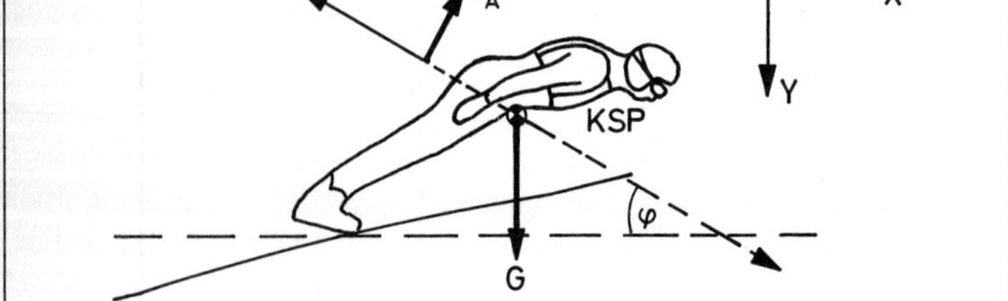

Für die Teilbewegungen in x- und y-Richtung erhalten wir die Beziehungen:

$$\frac{d^2x}{dt^2} = \frac{1}{m}\left[-F_{Wx} + F_{Ax}\right] \tag{6a}$$

$$\frac{d^2y}{dt^2} = \frac{1}{m}\left[g - F_{Wy} - F_{Ay}\right] \tag{6b}$$

Die größen $F_{Ax,y}$, $F_{Wx,y}$ stellen jeweils die Komponenten der Vektoren F_A, F_W in die jeweilige Koordinatenrichtung x, y dar. Mit m wird die Gesamtmasse von Springer plus Ski bezeichnet. Für die Kräfte F_W und F_A werden entsprechend ihrer Natur die gleichen strukturellen Ansätze in Form der Gleichung (2) verwendet:

$$F_W = \frac{1}{2}\varrho\, c_W \cdot S \cdot v^2 \tag{7a}$$

$$F_A = \frac{1}{2}\varrho\, c_A \cdot S \cdot v^2 \tag{7b}$$

Hierbei stellt der Term $c_A \cdot S$ in Analogie zu dem Ausdruck $c_W \cdot S$ die auftriebwirksame Stirnfläche dar.
Mit den genannten Ansätzen erhalten wir unter Beachtung der Geometrie nach Abbildung 4 die Bewegungsgleichungen

$$\frac{d^2x}{dt^2} = -\frac{1}{2}\varrho\, v^2\left[\frac{c_W \cdot S}{m} \cdot \cos\varphi - \frac{c_A \cdot S}{m}\sin\varphi\right] \tag{8a}$$

$$\frac{d^2y}{dt^2} = g - \frac{1}{2}\varrho\, v^2\left[\frac{c_W \cdot S}{m} \cdot \sin\varphi - \frac{c_A \cdot S}{m}\cos\varphi\right] \tag{8b}$$

Eine allgemeine Lösung für dieses Gleichungssystem kann nicht in geschlossener mathematischer Form angegeben werden, es sind jedoch unter bestimmten Annahmen Näherungslösungen möglich (vgl. z. B. HOCHMUTH 1958/59), die eine Rekonstruktion der gesamten Flugbahn erlauben. Durch diese Vorgehensweise ist Gelegenheit gegeben, den Einfluß der verschiedenen Parameter auf die Flugbahn und somit die Sprungweite quantitativ zu untersuchen. Von besonderem Interesse sind in diesem Zusammenhang Untersuchungen, die sich mit den Folgen geänderter Anfangsbedingungen (Betrag und Richtung der Bahngeschwindigkeit im Gefolge der Absprungbewegung) beschäftigen. Hier ergab sich (BAUMANN 1979a), daß mit kleinerem Abflugwinkel (gegen die Horizontale gemessen) unter sonst gleichen Bedingungen eine Vergrößerung der gemessenen Weite zu registrieren war. Ein gleicher Effekt wurde für eine – relativ geringfügige – Erhöhung der Abfluggeschwindigkeit festgestellt. Weitere wesentliche Faktoren stellen gemäß Gleichung (8a) und (8b) die Größen

$c_W \cdot S/m$ und $c_A \cdot S/m$ dar: Die Einzelparameter S und m berücksichtigen ja unmittelbar individuelle Körpereigenschaften eines jeden Springers, so daß etwa von Springern der gleichen Auftriebs- bzw. Widerstandsfläche S die mit der kleineren Gesamtmasse gegenüber den anderen im Vorteil sind, da in diesem Fall die flugverlängernden Faktoren S/m größer sind (vgl. REMISOW 1977) – im Gegensatz zu den Vorteilen, die nach den Ausführungen auf Seite 369, Gleichung (5), bei der Anfahrt vorliegen. Zur Verdeutlichung dieses Sachverhalts wird in Abbildung 5 der Bahnkurvenverlauf für den Flug zweier Springer dargestellt, die sich bei sonst gleichen Bedingungen nur durch ihre Masse unterscheiden.

Die Beziehung zwischen den Modellparametern der Gleichungen (8a) und (8b) und der ‹Gestaltung› oder ‹Bewältigung› des Fluges durch den Springer wird hergestellt durch die Verknüpfung von Parametern der Flughaltung (Körper- und Orientierungswinkel zur Flugbahn), die aktiv vom Springer gestaltet werden können. Zur Veranschaulichung gehen wir aus von den in Abbildung 6 skizzierten Winkeln, welche die (steuerbare) Körperhaltung beschreiben.

Eine Zusammenfassung von Daten über Körper- und Haltungswinkel, die der jeweiligen «optimalen» Flugposition entsprechen, wird anhand von Li-

Abb. 5: Bahnkurven für den Flug zweier Springer mit unterschiedlicher Gesamtmasse (m) von Körper und Ski – 1: m = 60 kg, 2: m = 90 kg. Schanzenprofil: Mattenschanze (70 m) Hinterzarten. Daten nach MEIER (1977)

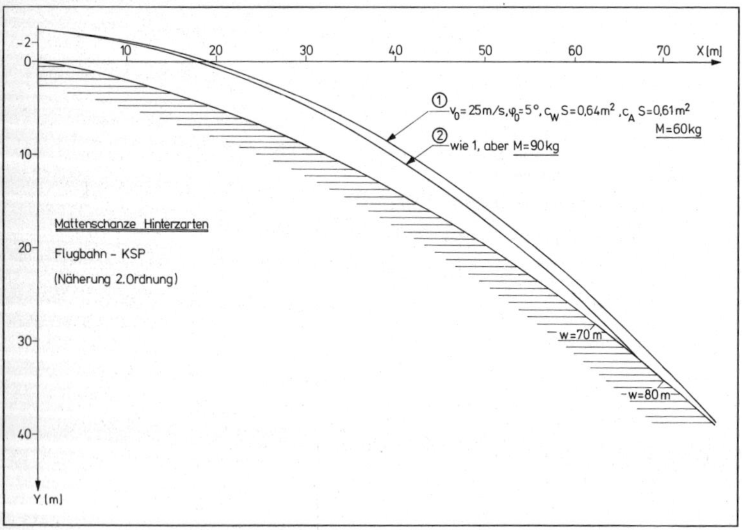

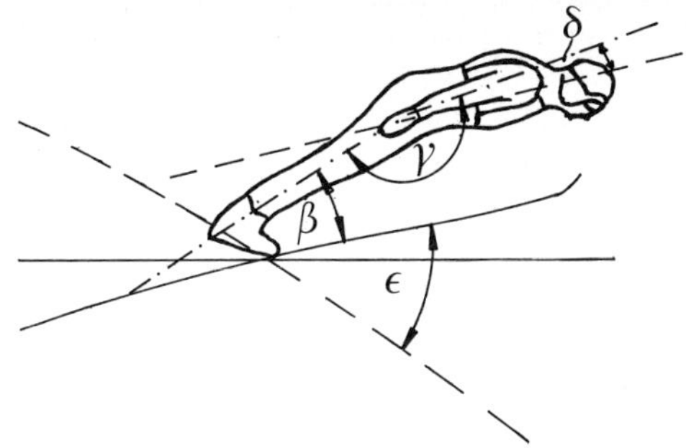

Abb. 6: Körperwinkel zur Beschreibung der Flughaltung

teraturdaten und den Resultaten an Messungen des Instituts für Biomechanik in Tabelle 3 gegeben.
Die Daten der Tabelle 3 geben eine Entwicklung wieder, welche die Flugtechnik des Skispringers im zitierten Zeitraum genommen hat: Hier kommen die Flugdaten aus Messungen des Instituts für Biomechanik denen nahe, wie sie von Tani und Iuchi (1971) anhand von Windkanalmessungen am Springermodell gewonnen wurden. Baumann (1979a) äußert dazu die Vermutung, daß mit dieser Haltung das Auftriebs-Widerstands-Verhältnis (c_A/c_W) vergrößert wird. Als wesentliche Kontrollvariable wird insbesondere der Winkel zwischen Ski und Unterschenkel (β) angesehen, der sich bei schlechteren Springern deutlich nach größeren Werten hin verschiebt. Die Herstellung eines kausalen Zusammenhangs zwischen Haltungspara-

Tab. 3: Körper- und Haltungswinkel für die «optimale» Flughaltung. Winkeldefinitionen nach Abbildung 6 (Baumann 1979a)

Autor	**Körperwinkel/Haltungswinkel (Grad)**			
	ε	β	γ	δ
Nagornyj (1955)	10–30	50	150	–20
Hochmuth (1958)	30–40	70	130	–20
Tani/Iuchi (1971)	20–30	20	158	2
Inst. f. Biomechanik (1978) beste 10 Springer	30	22	150	8

metern und mathematisch-physikalischen Modellgrößen erweist sich jedoch wegen der weitgehend unbekannten komplexen Wechselbeziehungen aerodynamischer Natur zwischen einzelnen Körperteilen bzw. zwischen Körper und Ski als extrem schwierig. Nichtsdestoweniger ist es dennoch möglich, dem Trainer und Aktiven durch objektive biomechanische Daten des Fluges, die aus gezielter punktueller Flugbeobachtung gewonnen sind, Mittel und Wege zur Flugbeurteilung zu eröffnen. So konnte zum Beispiel nachgewiesen werden, daß dem Springer in der Flugphase Möglichkeiten gegeben sind, etwa einen mißglückten Absprung am Schanzentisch in seiner Wirkung auf die gemessene Weite durch einen guten Flug weitestgehend zu kompensieren. Dieser Tatbestand trägt einerseits zur Erklärung bei, warum von verschiedenen Autoren nur sehr schwache statistische Zusammenhänge etwa zwischen der Abfluggeschwindigkeit und der Flugweite ermittelt wurden (vgl. Komi et al. 1974, Remisow 1976, Baumann 1979a); andererseits werden damit Tendenzen unterstützt, nach denen eine Verlagerung des Beobachtungsschwerpunkts in Training und Wettkampf vom Absprung zum Flug hin angestrebt werden sollte.

3.2.4 Landung

Bei der Wiederherstellung des Bodenkontakts sieht sich der Springer mit dem Problem konfrontiert, Bodenreaktionskräfte und Reibungskräfte mit ihren kinematischen Folgen muskulär so zu kompensieren, daß eine – in die Haltungswertung einbezogene – äußere Stabilität seiner translatorischen Bewegung gewährleistet ist. Bewegungstechnische Möglichkeiten sind dem Springer entweder durch die Einnahme einer Ausfallstellung im Moment des Aufsprungs (Telemarklandung) oder durch die einfachere Landung ohne Ausfallstellung gegeben. Die Belastung, die der Bewegungsapparat dabei erfährt, ist abhängig von der absoluten Bahngeschwindigkeit zum Zeitpunkt des Aufsprungs und von dem Winkel, den die Richtung der Bewegungsgeschwindigkeit mit der Richtung der Aufsprungbahn bildet. Einen Eindruck von der Größenordnung der auftretenden Kräfte bei der Landung sollen Angaben nach Grozin (zit. nach Reichert 1978) vermitteln, die sich bei einer Sprungweite von 70 – 80 m für einen Aufsprungwinkel von 10 Grad zu ca. 3000 N beziffern, für einen Aufsprungwinkel von 8.4 Grad sich bereits auf ca. 2000 N reduzieren. Die Rolle des Aufsprungwinkels bezüglich der Belastung des Springers bei der Landung verlangt einerseits besondere Rücksicht bei der Konstruktion des Schanzenprofils im Aufsprungbereich; andererseits ist der Springer gefordert, seinen Flug möglichst parallel zur Aufsprungbahn zu ‹steuern›, ein Postulat, das außer zu geringeren bestehenden Aufsprungbelastungen auch zu größeren Flugweiten führt.

Wolfgang Baumann

4 Schlittensport

Der Schlitten stellt das älteste Transportmittel dar, dessen sich der Mensch bedient hat. Bereits beim Bau der ägyptischen Pyramiden hat man tonnenschwere Steinbrocken auf sogenannten Schleifen transportiert. Wesentlich vergnüglicher ist das Schlittenfahren, sei es mit dem Pferdeschlitten oder – schon sportlicher – mit dem uns bekannten Schlitten bei der Abfahrt am Berg, der schon im 16. Jahrhundert bekannt war. Vor etwa hundert Jahren begann die Entwicklung des Schlittensports, die schließlich zum heutigen, wettkampfmäßig betriebenen Rennrodeln auf Kunsteisbahnen geführt hat.

Wesentliche Grundlage für Freizeit- oder Rennrodeln ist das Gefälle der Rodelbahn und die geringe Reibung zwischen den Schlittenkufen und der Schnee- oder Eisunterlage. Die Geschwindigkeit des Schlittens wird weitgehend durch die mechanischen Bedingungen von Fahrzeug und Bahn bestimmt; nur geringfügigen Einfluß haben die Steuerungsmaßnahmen des Fahrers.

Im Rennrodeln, wo es bei Gesamtzeiten um 45 Sekunden auf Zeitdifferenzen von Hundertstelsekunden ankommt, hat das fahrerische Vermögen des Athleten letztlich doch entscheidende Bedeutung. Wie stark die mechanischen Bedingungen die Fahrt des Schlittens bestimmen, zeigt die Tatsache, daß moderne Kunsteisrodelbahnen nach dem Prinzip konstruiert werden, daß das minimal gesteuerte Fahrzeug die vorberechnete Fahrlinie einhält (Deyle 1985). Ein schwacher Fahrer kann im Grunde nur durch zu starke, kaum durch zu schwache Steuerungsmaßnahmen den Schlitten am Erreichen des Ziels hindern.

4.1 Mechanisches Modell der Abfahrt beim Rennrodeln

Zielsetzung beim Rennrodeln ist das Durchfahren der vorgegebenen Bahn in kürzester Zeit. Nach dem oben Gesagten kann man erwarten, daß eine relativ einfache mathematische Beschreibung der Abfahrtsmechanik den Zusammenhang zwischen den Einflußgrößen und der Zielgröße ‹Fahrzeit› genügend genau beschreibt.

Ein triviales Modell wäre die Annahme einer Abfahrt *ohne Energieverlust*, d. h. die vollständige Umsetzung der potentiellen Energie aufgrund des Höhenunterschieds zwischen Start- und Zielmarke in kinetische Energie:

$$E_{pot}\,(\text{Start}) = E_{kin}\,(\text{Ziel})$$

$$m \cdot g \cdot H = \frac{m}{2} v^2$$

$$v = \sqrt{2 \cdot g \cdot H}$$

Dabei bedeuten
m = Masse von Schlitten + Fahrer
g = Erdbeschleunigung (= 9,81 m/s²)
H = Höhendifferenz zwischen Start und Ziel
v = Endgeschwindigkeit des Schlittens
Bei einer normalen Höhendifferenz von H = 120 m ergäbe sich – ohne Berücksichtigung der von Null verschiedenen Anfangsgeschwindigkeit – eine Endgeschwindigkeit von

$$v = \sqrt{2 \cdot 9{,}81 \frac{m}{s^2} \cdot 120\,m} = 174{,}7\,km/h,$$

ein Ergebnis, das sowohl durch die Praxis ($v_{max} < 130$ km/h) als auch durch weitere theoretische Überlegungen widerlegt wird.

Bei der ‹verlustfreien› Abfahrt ist vernachlässigt worden, daß in der Realität durch die Reibung zwischen Kufen und Bahn und durch den Luftwiderstand des Schlittens mit dem Fahrer Verluste an mechanischer Energie verbunden sind, die sich in einer Reduzierung der Endgeschwindigkeit bzw. einer Erhöhung der Fahrzeit bemerkbar machen. Im folgenden wird ein Modell vorgestellt, das in detaillierter Weise diese und andere Einflußgrößen berücksichtigt.
Die Zielgröße Fahrzeit des Schlittens wird im wesentlichen bestimmt von den geometrischen Eigenschaften der Bahn – Gefälle, Art und Anzahl der Kurven – sowie von den physikalischen Größen Material, Oberflächenbeschaffenheit und Temperatur der Bahn und der Schlittenkufen, Anfangsgeschwindigkeit, Luftwiderstand und Masse des besetzten Fahrzeugs. Die grundsätzliche Bedeutung dieser Faktoren für die Bahngeschwindigkeit des Schlittens ist bekannt. Voraussetzung für die optimale Anpassung von Schlittenkonstruktion, Fahrereigenschaften und Fahrtechnik an die gegebenen Bedingungen ist jedoch die Kenntnis der quantitativen Ausprägungen und wechselseitigen Zusammenhänge dieser Größen mit der Fahrgeschwindigkeit des Schlittens.
Zunächst reduziert man Rennschlitten und Fahrer auf einen Punkt, den Massenmittelpunkt, in dem alle auf das Fahrzeug wirkenden Flächen- und

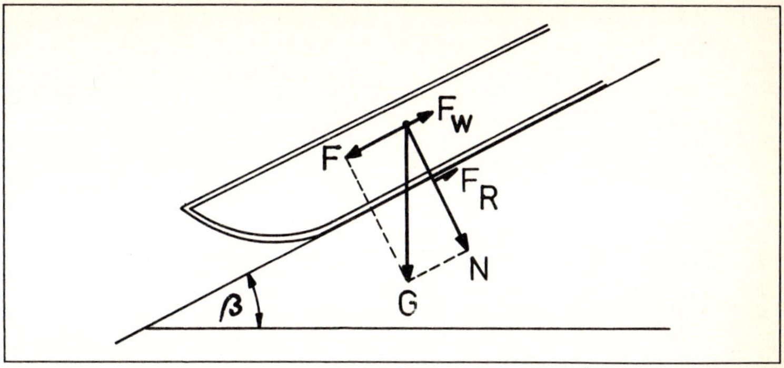

Abb. 1: Kräfte in der Bewegungsebene. G = Gewichtskraft, N = Normalkraft, F = Antriebskraft, F_W = Luftwiderstand, F_R = Reibungswiderstand, β = Neigungswinkel der Bahn

Volumenkräfte angreifen. Im einfachsten Fall, der geradlinigen Abfahrt auf geneigter Ebene, wirken in der Bewegungsebene die in Abbildung 1 dargestellten äußeren Kräfte auf den Schlitten.
Unter diesen Bedingungen läßt sich die Bewegungsgleichung des Systems in folgender Form schreiben:

$$m \cdot \frac{d^2x}{dt^2} = F - F_W - F_R \quad \text{oder}$$

$$m \cdot \frac{d^2x}{dt^2} = m \cdot g \cdot \sin\beta - \frac{1}{2} c_w \varrho A \left(\frac{dx}{dt}\right)^2 - \mu g\, m \cdot \cos\beta \qquad (1)$$

Dabei bedeuten:

x = Wegkoordinate in Bahnrichtung

$\frac{dx}{dt}$ = Geschwindigkeit in Bahnrichtung

$\frac{d^2x}{dt^2}$ = Beschleunigung in Bahnrichtung

β = Neigungswinkel der Bahn

m = Masse von Schlitten und Fahrer

g = Erdbeschleunigung

$\frac{1}{2} c_W \varrho A$ = Luftwiderstandsfaktor

μ = Gleitreibungskoeffizient

$F_W = \frac{1}{2} c_W \varrho A$

$F_R = \mu \cdot g \cdot m \cdot \cos\beta$

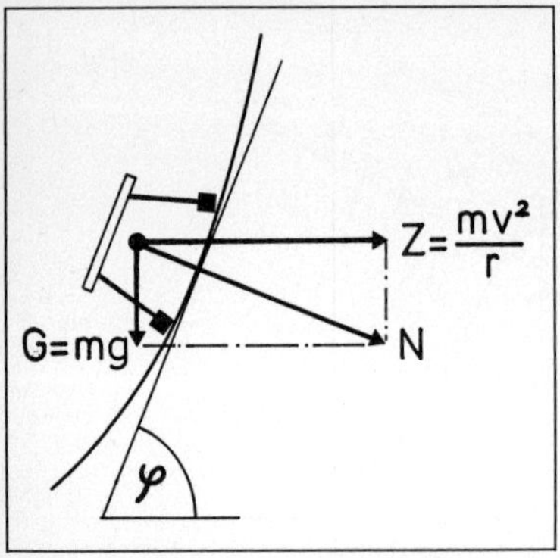

Abb. 2: Kräfte im Querschnitt der Bahn. G = Gewichtskraft, N = Normalkraft, Z = Zentrifugalkraft, m = Masse von Schlitten + Fahrer, v = Fahrgeschwindigkeit, r = Kurvenradius, φ = Überhöhungswinkel

Bei Kurvenfahrten entsteht durch die radial nach außen gerichtete zentrifugale Beschleunigung eine Druckkraft auf die Bahn, die eine zusätzliche Reibungskraft erzeugt. Die Querkomponente dieser Kraft kann durch entsprechende Überhöhung vollständig kompensiert werden. In Abbildung 2 sind die Kräfte im Bahnquerschnitt schematisch dargestellt.

Die Größe der zusätzlichen Druckkraft wächst linear mit der Masse, dem reziproken Kurvenradius und dem Quadrat der Fahrgeschwindigkeit. Der Überhöhungswinkel φ ist proportional der Zentrifugalbeschleunigung v^2/r. (Diese Zentrifugalbeschleunigung wirkt auch auf den Fahrer. Die Konstruktion der Bahn muß gewährleisten, daß die Gesamtbeschleunigung das 4.5fache der Erdbeschleunigung nicht überschreitet [dabei würde der Körper das 4.5fache seines Gewichts ‹wiegen›].) Berücksichtigen wir näherungsweise den hemmenden Einfluß der Reibung in Kurven, dann erhalten wir aus Gleichung (1):

$$m\frac{d^2x}{dt^2} = m \cdot g \cdot \sin\beta - \frac{1}{2}c_W\varrho A\left(\frac{dx}{dt}\right)^2 - \mu mg\cos\beta - \frac{m\mu}{r}\left(\frac{dx}{dt}\right)^2 \quad (2)$$

und nach Division durch m und Umordnung schließlich

$$\frac{d^2x}{dt^2} + \left(\frac{c_W\varrho A}{2m} + \frac{\mu}{r}\right)\left(\frac{dx}{dt}\right)^2 - g(\sin\beta - \mu\cos\beta) = 0$$

Das ist eine nichtlineare Differentialgleichung 2. Ordnung, deren Lösungsfunktion $x(t)$ den zurückgelegten Weg in Abhängigkeit von der Zeit beschreibt. Die uns interessierenden Funktionen $v(x)$ bzw. $t(x)$ ergeben sich mit

$$\frac{c_W\varrho A}{2m} + \frac{\mu}{r} = b,$$

$$\sqrt{\frac{g(\sin\beta - \mu\cos\beta)}{b}} = v_l \text{ (Grenzgeschwindigkeit)}$$

und v_o = Anfangsgeschwindigkeit, in folgender Form

$$v(x) = \sqrt{v_l^2 + (v_o^2 - v_l^2)\exp(-2bx)} \tag{3}$$

$$t(v(x)) = \frac{1}{b}\operatorname{artanh}\frac{v_l(v(x) - v_o)}{v_l^2 - v(x)v_o} \tag{4}$$

Gleichung (3) bzw. (4) beschreiben die Geschwindigkeit bzw. die Zeit in Abhängigkeit des zurückgelegten Wegs. Die dabei berücksichtigten Einflußgrößen sind die Masse von Schlitten und Fahrer, die Anfangsgeschwindigkeit des Fahrzeugs am Start, die Gleitreibung zwischen Kufen und Eis, der Luftwiderstand des besetzten Fahrzeugs, die Neigung (Gefälle) der Bahn und die Radien der Kurven.

4.2 Validierung des Modells

Um ein solches Modell als Beschreibung der Realität für die Beantwortung konkreter Fragen einzusetzen, ist es an experimentellen Befunden (Messungen) zu überprüfen (Validierung des Modells). Die Überprüfung dieses Modells erfolgte am Beispiel einer Rennrodelweltmeisterschaft auf der Kunsteisbahn in Berchtesgaden/Königssee (Baumann 1973).
Die geometrischen Parameter der Bahn wurden durch Vermessung gewonnen: Längen, Neigungswinkel und Kurvenradien wurden für 15 Bahnabschnitte ermittelt.
Von über 200 Abfahrten der vier Endläufe der Männer wurden bestimmt: Die Geschwindigkeit des Schlittens unmittelbar (ca. 1 m) nach der Startlichtschranke, die Zwischenzeiten für acht aufeinanderfolgende Streckenabschnitte ($s_1 - s_8$) und die Gesamtzeit. Von elf Startern konnte das Gesamtgewicht bestimmt werden.
Für den Gleitreibungskoeffizienten wurde der technische Näherungswert für Stahl auf Eis bei trockener Reibung eingesetzt. Zur Abschätzung des Luftwiderstands wurde ein Versuchsbericht des Instituts für Aerodynamik der Deutschen Forschungsanstalt für Luft- und Raumfahrt e. V. (Friedrichs 1967) herangezogen. Als Kriterium für die Übereinstimmung des theoretischen Modells mit den Wettkampfleistungen wurden die nach Gleichung (4) berechneten Zwischen- und Gesamtzeiten und die mit Lichtschranken gemessenen Zwischenzeiten gewählt.
Im allgemeinen ergab sich eine Übereinstimmung zwischen berechneten und gemessenen Werten von besser als 98%. Abfahrten, bei denen durch Kontrolle aufeinanderfolgender Zwischenzeiten und der Videoaufzeich-

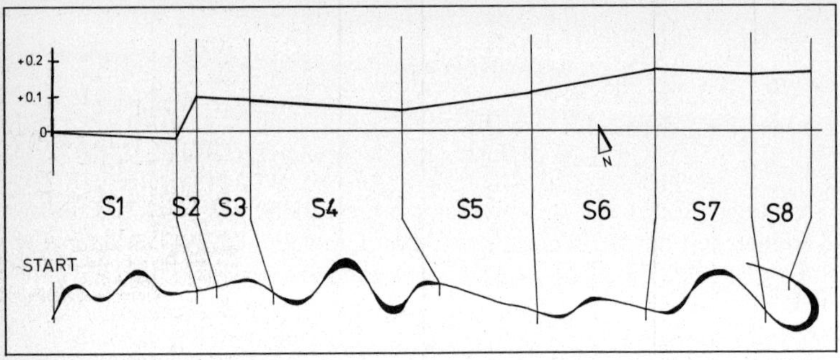

Abb. 3: Vergleich der zeitlichen Abweichungen zwischen Modellrechnung (Polygonzug) und Bahnrekordlauf (Abszisse) in Zehntelsekunden. s1 – s8 = aufeinanderfolgende Streckenabschnitte mit unterschiedlichem Gefälle und verschiedenen Kurvenradien

nung gröbere Fahrfehler nicht festgestellt wurden, beschreibt das Modell mit einer Genauigkeit von 1%.

In Abbildung 3 sind die zeitlichen Abweichungen des Bahnrekordlaufs von den theoretischen Werten (Abszisse) dargestellt. Das Maximum der Abweichung liegt bei der Gesamtzeit: Nach dem Modell ergibt sich eine um knapp 2/10 Sekunden geringere Fahrzeit als beim realen Lauf. Diese Ergebnisse bestätigen eindrucksvoll die Brauchbarkeit des Modells für eine genaue Abschätzung des Einflusses der betrachteten mechanischen Faktoren auf den Fahrverlauf und die Wettkampfleistung.

4.3 Anwendung des Modells

Von besonderer Bedeutung ist die Kenntnis des Einflusses der verschiedenen Faktoren auf die sportliche Leistung. Sie liefert die Grundlage für ein systematisches Vorgehen bei der Verbesserung der Leistung. In einer Parametervariation wurden die Faktoren Anfangsgeschwindigkeit, Gleitreibungskoeffizient und Luftwiderstandsfaktor variiert und ihr Einfluß auf die Gesamtzeit in Abhängigkeit von der Gewichtskraft berechnet. Die Ergebnisse sind in Abbildung 4a – 4c dargestellt. (Die Ergebnisse sind korrekt für die Bahn in Berchtesgaden/Königssee. Für andere Bahnen sind analoge Berechnungen durchführbar.)

Für eine jeweils ca. 10%ige Zunahme der numerischen Werte der mechanischen Faktoren sind die Änderungen der Gesamtzeit in nachstehender Ta-

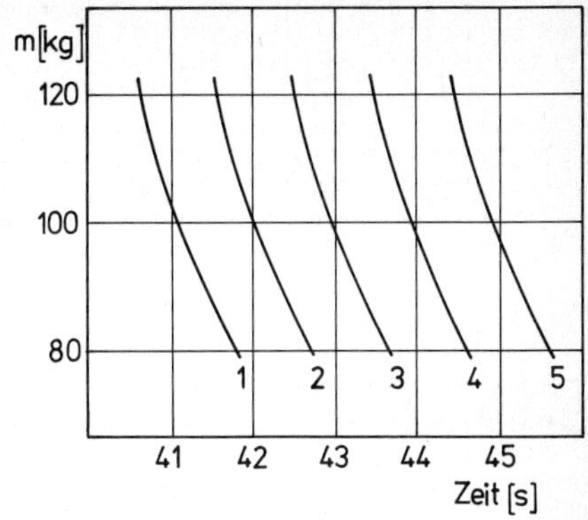

Abb. 4a: Einfluß verschiedener Anfangsgeschwindigkeiten auf die gesamte Fahrzeit bei verschiedenen Massen. 1 – 5: Variation der Anfangsgeschwindigkeit von 4.5 bis 10.5 m/s in Schritten von je 1.5 m/s

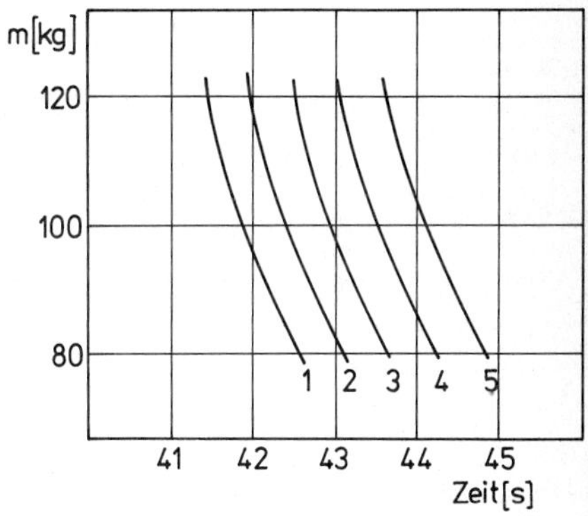

Abb. 4b: Einfluß verschiedener Reibungskoeffizienten auf die gesamte Fahrzeit bei verschiedenen Massen. 1 – 5: Variation des Reibungskoeffizienten von 6 bis $14 \cdot 10^{-3}$ in Schritten von $2 \cdot 10^{-3}$

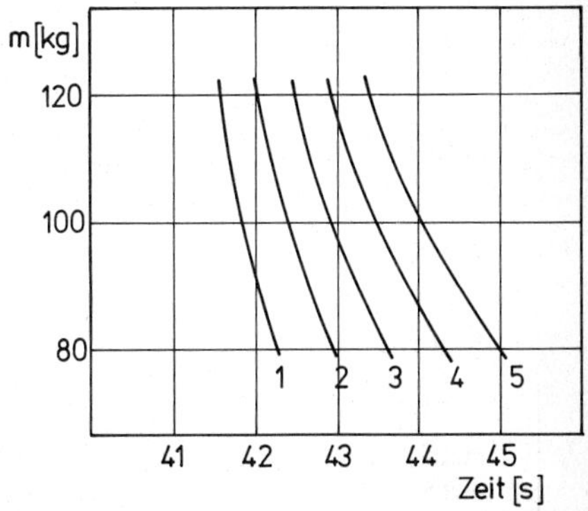

Abb. 4c: Einfluß verschiedener Luftwiderstandsfaktoren auf die gesamte Fahrzeit bei verschiedenen Massen. 1 – 5: Variation des Luftwiderstandsfaktors von 48 bis $72 \cdot 10^{-4}$ Ns^2/m^2 in Schritten von $6 \cdot 10^{-4}$ Ns^2/m^2 (gültig für eine Gesamtmasse m = 100 kg). Zusätzlich wurde der Widerstandsfaktor mit der Masse wie folgt variiert: $\Delta m = +/- 1\,kg \Rightarrow \Delta F_R = +/-3 \cdot 10^{-4}$ Ns^2/m^2

belle zusammengefaßt. Dabei sind folgende mittlere Werte zugrunde gelegt: Anfangsgeschwindigkeit $v_0 = 7.5$ m/s, Gewichtskraft G = 100 kg, Gleitreibungskoeffizient $\mu = 0.01$, Luftwiderstandsfaktor = $6 \cdot 10^{-2}$ Ns^2/m^2.

Größe	**Änderung**	**Resultierende Änderung der Gesamtzeit**
Gewichtskraft	+ 10 kg	− 0.25 bis − 0.35 s
Anfangsgeschwindigkeit	+ 1 m/s	− 0.6 s
Reibungskoeffizient	+ 10 %	+ 0.25 bis + 0.30 s
Luftwiderstand	+ 10 %	+ 0.45 bis + 0.70 s

Tab. 1: Änderungen der Gesamtzeit bei Veränderung der numerischen Werte der mechanischen Faktoren

Im einzelnen ergibt sich für die Modellrechnungen:

Gewichtskraft
Die Gewichtskraft setzt sich zusammen aus dem Gewicht des Schlittens und dem des Fahrers. Da die Gewichte der Fahrer innerhalb eines Wettbewerbs (einschl. Bekleidung) Unterschiede bis zu 25 kg aufweisen, was Zeitdifferenzen von 0.6 bis 0.9 Sekunden zugunsten der schwereren Fahrer entspricht (vgl. Tab. 1), kann der offiziellen Begrenzung des Schlittengewichts auf 22 kg zur Herstellung einer gewissen Chancengleichheit nur ein bescheidener Erfolg zugesprochen werden. In der offensichtlich nicht unberechtigten Diskussion über die Einführung von Gewichtsklassen bzw. Begrenzung des Gesamtgewichts wird mitunter argumentiert, daß die Vorteile des schwereren Fahrers auf der Geraden durch Nachteile bei der Kurvenfahrt – hervorgerufen durch höhere Zentrifugalkräfte, erschwerte Lenkung und erhöhte Gleitreibung – in etwa kompensiert werden.
Als Beitrag zur Klärung dieser Frage wurde nach dem Modell der Geschwindigkeitszuwachs in Abhängigkeit vom Gesamtgewicht beim Durchfahren bestimmter Streckenabschnitte berechnet (Abb. 5). Der Kurvenradius von r = 10 m entspricht etwa dem kleinsten bei Kunstrodelbahnen vorkommenden Radius. Als Doppel-S-Kurve wurde der Streckenabschnitt s_4 (Abb. 3) der Berchtesgadener Bahn gewählt. Zum Vergleich dient eine Gerade von 100 m Länge. Gemäß der unterschiedlich möglichen Anordnung dieser Bahnelemente im oberen, mittleren oder unteren Bereich der Gesamtstrecke wurden die Einfahrgeschwindigkeiten 20 m/s, 25 m/s und 30 m/s gewählt.
Als Resultat kann zusammengefaßt werden: Auf allen vorgegebenen Bahnelementen und bei allen Geschwindigkeiten ist der Geschwindig-

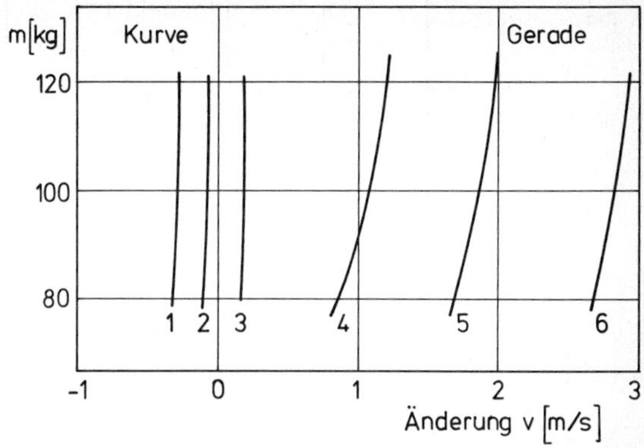

Abb. 5: Einfluß der Masse m auf die Geschwindigkeitsänderung beim Durchfahren bestimmter Streckenabschnitte (1, 2, 3: Kurve mit Radius r = 10 m; 4, 5, 6: Gerade). Einfahrgeschwindigkeiten: 1 u. 4. = 20 m/s, 2 u. 5 = 25 m/s, 3 u. 6 = 30 m/s

keitszuwachs (-abnahme) am Ende nach Durchfahren der Strecke für den schweren Fahrer größer (kleiner) als für den leichten.
Einschränkend ist zu bemerken, daß dieses Modell nicht den komplizierten Lenkungsvorgang – Verlagerung des Oberkörpers, Gurtzug, Kufendruck – berücksichtigt, der bei dem durch radiale Beschleunigung bis zum fünffachen vergrößerten Körpergewicht gewiß erschwert wird und möglicherweise eine optimale, nicht aber maximale Ausprägung des Merkmals Körpergewicht erfordert. Ein Gewichtsausgleich zwischen ungleich schweren Fahrern durch Zusatzgewichte erscheint aus mehreren Gründen problematisch. Der Einfluß der Schwerpunktverlagerung, die inadäquate Veränderung des Luftwiderstands, das Verhältnis von aktiver zu passiver Masse auf das Fahrverhalten des Schlittens und seine Steuerung sind noch zu wenig abgeklärt, um eine zweckmäßige Änderung des Reglements zu erlauben.

Anfangsgeschwindigkeit
Der fliegende Start beim Rennrodeln wird durch kräftigen Armzug an den oberhalb der Startlinie gelegenen Startbügeln eingeleitet. Dadurch wird eine aktive Beschleunigung des Schlittens durch den Fahrer ermöglicht. Die von uns gemessenen Anfangsgeschwindigkeiten liegen zwischen 7 und 8 m/s. Diese Differenz bewirkt rechnerisch Unterschiede von mehr als 1 % der Gesamtfahrzeit. Dem schnellkräftigen Armzug an den Startbügeln ist daher große Bedeutung beizumessen. Die spezielle Systematik der Startbewegung wurde von Brüggemann und Ernst (1977) untersucht. Unerheblich für die Erreichung einer hohen Anfangsgeschwindigkeit ist das schnelle oder langsame Einnehmen der liegenden Fahrhaltung.

Reibungswiderstand

Die zwischen Stahlkufe und Eis entstehende bewegungshemmende Gleitreibungskraft hängt ab von Material, Oberflächenbeschaffenheit, Temperatur und Druck der Berührungsflächen. Die für die Modellberechnungen eingesetzten Werte des Gleitreibungskoeffizienten gelten unter der Voraussetzung, daß die Schlittenkufen exakt in Fahrtrichtung zeigen. Das ist sicher nur näherungsweise erfüllt. Während der ständigen Querbewegungen der flexiblen Böcke, vor allem aber bei Kurvenfahrten treten Querkomponenten der Druckkräfte auf, die die Reibungskräfte erheblich vergrößern. Wenn beispielsweise in einer Kurve die aus Gewichtskraft und Zentrifugalkraft resultierende Kraftrichtung um nur 5 – 10° von der Bahnnormalen (= Senkrechte auf dem Bahnquerschnitt) abweicht (falsche Fahrhöhe – ungünstiger Überhöhungswinkel), bedeutet dies eine Erhöhung der Reibungskraft um bis zu 100 % im Vergleich zur Geradeausfahrt. Gegenüber diesen Störeinflüssen, die in wechselnder Stärke und Richtung während der ganzen Fahrt wirksam sind, ist der Effekt geringfügig möglicher Veränderungen des Reibungskoeffizienten wahrscheinlich zu vernachlässigen.

Zweckmäßiger ist die Überprüfung von Schlittenkonstruktion und damit verbunden auch der Fahrtechnik speziell in den Kurven im Hinblick auf folgende Merkmale: Länge, Form und Kantungswinkel der Kufen. Sie beeinflussen die kontravarianten Größen Lenkbarkeit und Spurtreue, hängen aber auch mit dem Flächendruck der Kufen und einer möglichen Schmierfilmbildung (Eisschmelze durch Druck) zusammen. Es ist zu untersuchen, welche Querkräfte, Kufenbelastungen und Reibungswiderstände bei stetiger Richtungsänderung über große Bereiche der Kurve entstehen und wie sie sich auf die Geschwindigkeit des Schlittens auswirken. In gleicher Weise sind unstetige Richtungsänderungen, bei denen die Kurve in einem Polygonzug durchfahren wird, auf ihre bewegungstechnische Realisierung und ihre Auswirkungen auf die Fahrgeschwindigkeit zu analysieren. Diese offenen Fragen können nur mit erheblichem experimentellen Aufwand, kaum aber mit theoretischen Modellen in für die Praxis brauchbarer Genauigkeit beantwortet werden.

Luftwiderstand

Der Luftwiderstand wird wesentlich durch die Haltung des Fahrers, aber auch durch Oberflächenbeschaffenheit der Kleidung und Formgebung des Schlittens bestimmt. Die liegende Haltung mit leicht gebeugten Knien und tiefer Schulter erschwert zweifellos eine ständige optische Orientierung über den zu durchfahrenden Streckenabschnitt. Durch kurzzeitiges Anheben des Kopfes wird eine intermittierende Informationsaufnahme erreicht. Je besser die Streckenkenntnis und das Orientierungsvermögen des Fahrers sind, desto seltener ist diese Art der Orientierung notwendig. Immerhin steigt der Luftwiderstand beim Anheben des Kopfes um bis zu 15 % an. Die strömungsgünstigste Körperhaltung ist individuell verschieden und kann im Windkanal bestimmt werden. Als alleiniges Kriterium sollte sie jedoch nicht herangezogen werden. Vielmehr ist dabei zu berücksichtigen, daß bei dieser Körperhaltung eine ausreichende Orientierung über den Streckenverlauf möglich ist und die kombinierte Lenktechnik nicht beeinträchtigt wird. Auch die Formgebung des Schlittens ist von erheblicher Bedeutung. Die aerodynamische Verkleidung von antriebslosen Fahrzeugen, die sich mit Geschwindigkeiten von mehr als 100 km/h bewegen, hat zweifellos nicht nur einen kosmetischen Effekt, wie die Entwicklung von Schlitten und Fahrerbekleidung in den letzten Jahren eindrucksvoll bewiesen hat.

In diesem Sonderfall der starken mechanischen Determiniertheit der Zielgröße hat ein relativ einfaches Modell ausgereicht, um die wesentlichen Einflußgrößen der sportlichen Leistung hinreichend genau abzuschätzen und gezielte Maßnahmen zur Leistungsverbesserung abzuleiten.

Sportspiele

Im Vergleich zu Sportdisziplinen der Leichtathletik, wie Kugelstoßen und Weitsprung, Hochsprung und Sprint, aber auch im Vergleich zum Rudern oder Gewichtheben sind Sportspiele ausgesprochen komplex. Die Komplexität besteht in mehrfacher Hinsicht. So spielt man bei den meisten Spielen gegen einen Gegner und ist auf Partner angewiesen, mit denen man interagieren muß. Spiele sind aber zweitens auch in dem Sinne komplex, daß das sportlich relevante Handlungsergebnis sich im allgemeinen aus einer mehr oder weniger großen Anzahl von Einzelaktionen zusammensetzt: Bis es im Tennis z. B. zu einem Punktgewinn kommt, finden im allgemeinen eine Reihe von Ballwechseln statt, und beim Fußballspielen ist es noch nicht einmal ungewöhnlich, wenn während eines Spiels der Ball über fünf bis acht Stationen läuft, bis ein Torerfolg erzielt wird.
Beide Formen der Komplexität haben Auswirkungen auf eine biomechanische Betrachtung von Spielen. Zum einen ist zu berücksichtigen, daß für Spiele – im Unterschied zu den oben exemplarisch aufgeführten Einzeldisziplinen – ein umfassendes Leistungskriterium als Grundlage biomechanischer Analysen und Optimierungen oft nicht angegeben werden kann. Vielmehr muß auf einzelne Techniken zurückgegriffen werden, deren Ausführungsqualität nicht eindeutig festgelegt werden kann. Der hohe Anteil an Interaktionen schränkt den Anteil biomechanischer Aufklärung in dem Sinne ein, daß – neben dem immer auch zu berücksichtigenden psychologischen Anteil – Aspekte der (Kleingruppen-) Soziologie zu berücksichtigen sind. Entsprechend verringert sich der biomechanische Anteil an der Aufklärung der komplexen Spielleistung.
Trotz dieser einschränkenden Bedingungen ist der Anteil der Biomechanik an der Aufklärung der Leistungsfähigkeit von Sportspielern zum Teil beträchtlich. Dies zeigt sich vor allem in einer Fülle von vorliegenden Untersuchungen, in denen einzelne, für Sportspiele zentrale Techniken analy-

siert worden sind. Einen Einblick in diese Forschungsrichtung gibt KOLLATH in seinem Beitrag ‹Technikanalysen im Sportspiel›. Zur Verdeutlichung hat er exemplarisch auf Techniken des Fußballs, des Handballs, des Volleyballs und des Badmintons zurückgegriffen. Eine Vollständigkeit konnte hier sowohl wegen des begrenzten Umfangs dieses Buches als auch wegen der zum Teil noch fehlenden systematischen Bearbeitung einzelner Sportspiele nicht erreicht werden.
Weniger bekannt ist ein Ansatz der biomechanischen Analyse für Sportspiele, wie er von STUCKE in dem Kapitel ‹Elemente des Sportspiels› vorgestellt wird. STUCKE differenziert nicht nach den einzelnen Sporttechniken, sondern nach den übergreifenden Spielelementen, wie sie jeweils für Gruppen von Spielen von Bedeutung sind. Entsprechend behandelt er spielspezifische Lauf- und Sprungbewegungen sowie Ballwürfe und Ballschläge.

Helmut Stucke

1 Elemente des Sportspiels

Handlungen in Sportspielen setzen sich aus einer Reihe von Einzelaktionen zusammen, die in vorbereitende und in Abschlußoperationen unterteilt werden können. Als vorbereitende Operationen können Start-, Lauf- und Sprungbewegungen angesehen werden (1.1). Sie bilden die Grundlage für ein erfolgreiches Spiel. Demgegenüber dienen Wurfbewegungen (1.2) und Schlagbewegungen (1.3) sowohl als vorbereitende Operationen (Abspielen oder Ballwechsel) als auch als Abschlußoperationen (Torwurf bzw. Torschuß oder Punktgewinn).

1.1 Vorbereitende Operationen

1.1.1 Körperbewegungen auf der Stelle

Zu den Körperbewegungen auf der Stelle gehören Bewegungen in der Konzentrationsphase, z. B. beim Warten auf den Aufschlag, bei Täuschungen und Abwehrhandlungen in Mannschaftsspielen u. ä. Sie können nur bei bestimmten Lagen des Körperschwerpunkts (KSP) erfolgen. Entscheidend ist dabei, ob die Lotrechte des KSP sich noch im Bereich der Fläche befindet, die durch äußere Umrisse der beiden Füße gebildet wird. Dies ist die Voraussetzung für das Erhalten des Gleichgewichts und der Stabilität der Bewegung (Fidelius 1971, 1978; Bober 1977). Die Stabilität und damit auch die Fähigkeit, mehr Körperteilbewegungen ohne Gleichgewichtsverlust ausführen zu können, wird verbessert, wenn man folgende Aspekte berücksichtigt, die man auch als Stabilitätskriterien bezeichnen kann.

- Eine breitbeinige Körperhaltung führt zur Vergrößerung der oben definierten Fläche.
- Das Lot des KSP soll sich im mittleren Bereich dieser Fläche befinden. Dies gestattet einen größeren Bewegungsumfang des KSP, also auch der einzelnen Körperteile in horizontaler Richtung.
- Das Lot des KSP soll vor den Fußgelenken liegen. Diese Maßnahme gewährleistet die Anspannung der Wadenmuskulatur, die sehr stark ist und eventuelle Störungen, z. B. eine Einwirkung des Gegners, ausgleichen kann. Liegt das KSP-Lot im Fersenbereich, kann eine solche Störung u. U. nicht bewältigt werden, da die hier zum Ausgleich erforderlichen Dorsalflexoren schwach sind. Dann ist die Gefahr des Fallens nach hinten besonders groß.
- Die Stabilität erhöht sich, wenn sich der KSP möglichst tief befindet. Das Kippmoment wird dadurch von den horizontalen Massenkräften um einen Punkt auf dem Rand der Fläche verkleinert. Außerdem erleichtert dies den Start zu einer Bewegung.

1.1.2 Startbewegungen

Ausschlagggebend für die Startgeschwindigkeit sind die Positionen der einzelnen Körperteile in der Startbereitschaft (wenn man die Fähigkeit der Kraftentwicklung der Muskulatur und die Eigenschaften des Nervensystems als gegeben annimmt). Da man bei vielen Startstellungen nicht weiß, in welcher Richtung man laufen wird (z. B. Aufschlagreturn im Tennis), muß in diesen Fällen die Startposition einen universellen Charakter haben. Dies wird vor allem durch eine symmetrische Körperhaltung erreicht, wodurch seitliche bzw. Vorwärts-seitwärts-Bewegungen in beide Richtungen begünstigt werden. Für alle Startvarianten gilt es, die Kraftübertragung zwischen den Füßen und dem Boden von Anfang an dorsal vom Fußgelenk zu leiten, also im Bereich des Mittelfußes. Dies resultiert aus der bereits erwähnten Tatsache, daß nur dann die Wadenmuskulatur (M.triceps surae) vorgespannt wird und sofort arbeiten kann. Bei Menschen mit schwacher Wadenmuskulatur, was typisch für ältere Personen ist, findet man beim Starten und auch im Laufen diese Kraftübertragung im Fersenbereich. Dadurch wird die Wadenmuskulatur kaum belastet, und die Kraftübertragung erfolgt hauptsächlich direkt über den Unterschenkelknochen (Tibia) (PAUWELS 1965). Der Nachteil dieser Übertragungsform ist der kleine Beitrag der Wadenmuskulatur zur Erzeugung des horizontalen Kraftimpulses. Dieser Kraftimpuls entscheidet aber über die horizontale Geschwindigkeit des KSP.

Als weitere Kriterien für einen guten Start kann man aufzählen:

- Die Position der Beine soll asymmetrisch sein, wobei die KSP-Lotrechte in der vorderen Hälfte der Verbindungslinie zwischen den Füßen liegen soll. Kennt man die beabsichtigte Bewegungsrichtung, dann ist es immer günstiger, das stärkere Bein hinten zu plazieren. Diese Anordnung führt zur zeitlichen Aufteilung der Arbeit der Beinmuskulatur der beiden Beine: Zuerst wird die Kraft am hinteren Bein entwickelt und dann am vorderen. Solange der KSP sich hinter dem Vorderfuß befindet, können die Kniestrecker dieses Beins nicht arbeiten, die Hauptarbeit wird von den Plantarflexoren am Fußgelenk (Wadenmuskulatur) und den Kniestreckern des Hinterbeins geleistet, was zur Verlagerung des KSP nach vorne führt. In der zweiten Phase, wenn sich die Kniestrecker des Hinterbeins bereits stark verkürzt haben und deswegen keine große Kraft entwickeln können, verkürzen sich die Kniestrecker des Vorderbeins und geben dem Körper einen zusätzlichen Antrieb. Bei symmetrischer Anordnung der Beine wird der Antrieb fast nur von einem Bein erzeugt, was eindeutig ungünstiger ist.
- Der KSP soll, primär durch eine große Beugung in den Knien, möglichst tief liegen. Er muß einen möglichst langen horizontalen Beschleunigungsweg haben, um einen großen horizontalen Kraftimpuls zu erzeugen. Durch die Beugung der Beine in den Knien können die Kniestrekker sich auf einem längeren Weg verkürzen, als wenn sie am Anfang weniger gebeugt wären. Dadurch können sie einerseits mehr Arbeit leisten und andererseits den Beschleunigungsweg des KSP verlängern. Die tiefe Lage des KSP, die durch starke Beugung in den Knie- und Hüftgelenken entsteht, führt zur Entstehung eines größeren horizontalen Kraftimpulses gegenüber dem vertikalen Impuls.

1.1.3 Laufbewegungen

Fast jedes Ballspiel besteht zum größten Teil aus Laufbewegungen, die sich von denen in den leichtathletischen Laufdisziplinen grundlegend unterscheiden. Differenzierungen ergeben sich hinsichtlich der Art des Laufens sowie seiner Intensität, hinsichtlich Laufgeschwindigkeiten, Laufstrecken u. ä. Diese Komponenten sind für jedes Ballspiel spezifisch. Untersuchungen von LUKSHINOV (nach DZIASKO/NAGLAK 1983) haben ergeben, daß im

Fußballspiel ein Mittelstürmer durchschnittlich ca. 23 min und ein Mittelfeldspieler ca. 28 min in Bewegung ist. Im Handball wurde eine durchschnittliche Laufstrecke eines Spielers mit 4163 m, im Volleyball (5 Sätze) mit 175 m bei Angreifern, 320 m bei Stellern und im Basketball mit ca. 3800 m ermittelt (GRADOWSKA 1973). Die Zahl der Laufstarts beträgt im Handball bis zu 389 und im Basketball bis zu 436.

Trotz der aufgezeigten Sportspielspezifik des Laufens erscheint es erforderlich, die Biomechanik der Laufbewegungen zunächst allgemein zu betrachten.

Aufgrund der überragenden Bedeutung der Ermüdung beim Laufen sind die Laufbewegungen bisher eine Domäne der Herz- und Kreislaufforschung gewesen. Dabei beschränkt man sich meistens auf wenige Parameter, wie z. B. Laufgeschwindigkeit, Laufstrecke, Dauer der Pausen, Sauerstoffverbrauch und Laktatwerte. Die Laufgeschwindigkeit wird dabei als ein Maß dafür benutzt, wieviel kinetische Energie (E) erzeugt wurde. Man verwendet dabei die Formel $E = m \cdot v^2/2$, worin m die Masse und v die Laufgeschwindigkeit ist. Dabei wird die mechanische Energie, die durch die Muskelarbeit produziert wird, nur zum Teil als Laufantrieb ausgenutzt. Die Laufgeschwindigkeit kann also nicht direkt mit Sauerstoffverbrauch bzw. Laktatwerten in Verbindung gebracht werden; dazwischen liegt nämlich ein biomechanischer Vorgang, dessen Effizienz (Wirkungsgrad) unterschiedlich sein kann. Diese Problematik wird in der deutschsprachigen Literatur wenig beachtet.

1.1.4 Bioenergetik des Laufens

Die Bewegung eines Systems (hier des Menschen) entsteht durch äußere Kräfte, die auf dieses System wirken. Sieht man vom Einfluß des Luftwiderstands ab, dann wirken nur die Kraft B, welche der Boden auf die Füße ausübt, und die Gewichtskraft G. Es gilt also mit a als Beschleunigung des KSP und m als Masse des Körpers nach dem Newtonschen Grundgesetz für die horizontale (x) und vertikale Richtung (z):

$$m \cdot a_x = B_x \quad \text{und} \quad m \cdot a_z = B_z - G \qquad (1)$$

Die daraus resultierenden Geschwindigkeitsdifferenzen des KSP nach (t_2) und vor (t_1) der Kontaktphase ergeben sich aus den Integrationen dieser Formeln:

$$v_{x2} - v_{x1} = \int B_x \, dt / m \qquad (2)$$

$$\text{und } v_{z2} - v_{z1} = \int (B_z - G) \, dt / m \qquad (3)$$

Die mittlere Laufgeschwindigkeit v_L in der Zeitspanne Δt resultiert aus der

Integration der momentanen horizontalen Geschwindigkeiten v_x. Sie ergibt sich also aus der Formel:

$$v_L = \int v_x \, dt / \Delta t \tag{4}$$

Durch die Messung der Bodenkraft in jeder Stützphase kann man also den Verlauf der Laufgeschwindigkeit berechnen. Je nach Bewegungstechnik können die Schwankungen der momentanen Geschwindigkeit v_x unterschiedlich sein. Dies geschieht während der Kontaktphasen, da sie in den Flugphasen unverändert bleibt (wenn man den Luftwiderstand vernachlässigt). Für das Verständnis von Ermüdungsprozessen muß man wissen, in welcher Relation die Laufgeschwindigkeit mit dem Energieverbrauch steht und wofür überhaupt die Energie gebraucht wird.
Die mechanische Energie E_m für eine Bewegung in der Ebene berechnet sich nach der folgenden Formel (Pestel 1969, Zaciorskij 1987):

$$E_m = E_{pot(KSP)} + E_{kin(KSP)} + \Sigma E_{trans-i(KSP)} + \Sigma E_{rot-i} \tag{5}$$

Darin bedeuten: $E_{pot(KSP)}$, $E_{kin(KSP)}$ – die potentielle bzw. kinetische Energie des KSP, $E_{trans\text{-}i(KSP)}$ – die translatorische Energie eines Gliedes bezogen auf den KSP und $E_{rot\text{-}i}$ – die rotatorische Energie eines Gliedes.
Setzt man in diese Formel die Definitionen der einzelnen Summanden ein, erhält man:

$$E_m = m \cdot g \cdot h_{KSP} + \frac{m \cdot v_{KSP}^2}{2} + \frac{\Sigma m_i \cdot v_{i(KSP)}^2}{2} + \frac{\Sigma I_i \cdot \omega_i^2}{2} \tag{6}$$

worin m – Masse des Menschen, m_i – Masse eines Gliedes, h_{KSP} – Höhe des KSP bezüglich eines definierten Niveaus (z. B. des Bodens), v_{KSP} – Geschwindigkeit des KSP, $v_{i(KSP)}$ – Geschwindigkeit des Schwerpunkts eines Gliedes gegenüber dem KSP, I_i – Trägheitsmoment eines Gliedes um die Schwerpunktachse, die senkrecht zur Bewegungsebene steht, sowie ω_i – Winkelgeschwindigkeit sind.
Man sieht aus diesen Formeln, daß die mechanische Energie sich aus mehreren Bestandteilen zusammensetzt und daß der Term, in dem die Geschwindigkeit vom KSP auftritt, nur ein Teil der gesamten Energie ist.
Die Änderungen der mechanischen Energie des menschlichen Körpers erfolgen durch die Energieumwandlungen in den Muskeln. Dies geschieht durch komplexe physiologische (biochemische) Prozesse, die hier nicht weiter behandelt werden. Als Folge dieser Energieumwandlungen ändert sich der mechanische Zustand des Muskels; er ändert seine Spannung. In Abhängigkeit davon, in welchem mechanischen Zustand sich die benachbarten Muskelpartien, die z. B. auf das gleiche Gelenk wirken, befinden, kann sich der Muskel verkürzen, verlängern oder unverändert bleiben. Aus diesen Aktivitäten resultiert u. a. die zeitlich veränderliche äußere Kraft, also die Bodenkraft.

Nach den Gesetzen der Mechanik entspricht die Änderung der mechanischen Energie eines Körpersystems in einem Zeitabschnitt der Arbeit, die die äußeren und die inneren Kräfte und Momente geleistet haben (PESTEL 1969). Als innere Kräfte bzw. Momente sind im allgemeinen alle Kräfte und Momente zu berücksichtigen, die irgendeine Verformung in dem System verursachen oder beeinflussen, also Arbeit leisten. Dazu gehören Muskelkräfte, Gelenkkräfte, Kräfte in den Bändern, Reibungskräfte in allen Geweben u. ä. Aus dem zeitlichen Verlauf der einzelnen Komponenten der mechanischen Energie lassen sich weitere Informationen gewinnen.
Während einer Bewegung ändern sich durch die äußeren und inneren Kräfte alle drei Terme der rechten Seite der Formel (6). Die Änderung der mechanischen Energie des KSP ($E_{pot(KSP)} + E_{kin(KSP)}$) erfolgt durch die Arbeit der äußeren Kräfte: in horizontaler Richtung durch die Kraft B_x und in vertikaler Richtung durch die Kraft ($B_z - G$). Diese Arbeit, oft als äußere bzw. externe Arbeit bezeichnet, läßt sich mit der Formel

$$W_{ext} = \int B_x \cdot v_x \, dt + \int (B_z - G) \cdot v_z \, dt \qquad (7)$$

berechnen. Der erste Term der rechten Seite dieser Formel bezeichnet die horizontale Arbeit, also die eigentliche Laufantriebsarbeit, der zweite die vertikale Arbeit, die keinen Beitrag zur Vorwärtsbewegung leistet. Diese beiden Anteile bezeichnet mal als $W_{ext(x)}$ und $W_{ext(z)}$, so daß man schreiben kann:

$$W_{ext} = W_{ext(x)} + W_{ext(z)} \qquad (8)$$

Als interne (innere) Arbeit W_{int} wird die Arbeit bezeichnet, die die Änderung der Energie der einzelnen Glieder verursacht; sie ist auf die zeitliche Änderung von restlichen Termen der rechten Seite in der Formel (6) zurückzuführen. Zusammenfassend gilt also

$$\Delta E_m = W_{ext(x)} + W_{ext(z)} + W_{int} \qquad (9)$$

In der Literatur kann man sehr unterschiedliche Definitionen der Arbeit finden. Dies geht vor allem auf eine unterschiedliche Definition des Begriffs ‹Wirkungsgrad› zurück. Leider ist man nicht in der Lage, einen der wichtigsten Wirkungsgrade, den metabolischen Wirkungsgrad, zu berechnen, der über die Effektivität der Umwandlung der metabolischen in die mechanische Energie des Muskels eine Aussage macht. Dazu ist es erforderlich, die Arbeit eines Muskels zu messen bzw. zu berechnen, was bisher unmöglich ist. Die erzeugte Menge der mechanischen Energie durch die Muskeln bleibt also unbekannt, das Zwischenprodukt, die mechanische Energie der Glieder und ihre zeitlichen Differenzen, lassen sich aber ermitteln.
Betrachtet man die Arbeit der äußeren horizontalen Kraft $W_{ext(x)}$ als das

Endprodukt, was durchaus legitim erscheint, und bezieht man sie auf die Änderung der mechanischen Energie ΔE_m, dann kann man den folgenden Ausdruck als Bewegungseffizienz bezeichnen:

$$\mu = \frac{W_{ext(x)}}{\Delta E_m} \qquad (10)$$

Es gibt zahlreiche experimentelle Untersuchungen über die Bioenergetik (vgl. ZACIORSKIJ 1987). Unterschiedliche Ansätze, Definitionen, Methoden und Genauigkeiten beeinträchtigen ihre Vergleichbarkeit. Leider können nur wenige von ihnen eine direkte sportpraktische Relevanz aufweisen, etwa im Sinne eines Vergleichs zwischen guten und weniger guten Läufern. Aus den Untersuchungen kann man einige Schlüsse ziehen, die sich zwar auf das Laufen allgemein beziehen, aber auch für die speziellen Laufbewegungen in Spielen zu berücksichtigen sind.

- Der Inhalt der mechanischen Energie des gesamten Körpers sowie der einzelnen Glieder des Körpers soll möglichst konstant sein.
- Überflüssige Körperbewegungen sollen vermieden werden.
- Bei Spitzenläufern ist die gesamte äußere Arbeit sowie ihre beiden Komponenten, die vertikale und die horizontale, kleiner als bei schlechten Läufern.
- Der vertikale Weg des KSP und die äußere vertikale Arbeit sind bei besseren Langstreckenläufern kleiner.
- Die größere Differenz der horizontalen Geschwindigkeit während einer Stützphase verursacht eine Vergrößerung der äußeren horizontalen Arbeit.

1.1.5 Sprungbewegungen

Bei Sprungbewegungen kann man zwei Arten von Zielen erkennen:

a) das Erreichen einer maximalen Höhe mit einem Körperteil: z. B. Kopfball im Fußball, Smash im Tennis oder im Volleyball;

b) das Erreichen eines bestimmten Raumpunktes mit einem Körperteil: z. B. Abwehr im Volleyball (Hechtbagger) und Sprung zum Ball im Handball.

Daß die beiden Ziele einander nicht ausschließen, zeigt sich z. B. beim Rebound im Basketball. Er ist sowohl unter a) als auch unter b) zu fassen.

Die Sprungfähigkeit, d. h. die Fähigkeit, möglichst hoch zu springen, gehört in fast allen Mannschaftsspielen zu den wichtigsten Eigenschaften eines Spielers. In der sportlichen Praxis und auch in der Literatur spricht man einfach von der ‹Sprungkraft›.

Als Ausgangspunkt für eine physikalische Analyse eines Sprungs dienen die Gleichungen (1)–(3) (vgl. S. 392), die für jede beliebige Bewegung anwendbar sind. Die Flughöhe des KSP h_3 gegenüber seiner Höhe am Ende der Kontaktphase ergibt sich aus der bekannten Formel

$$h_3 = \frac{v_{z2}^{\,2}}{2 \cdot g} \qquad (11)$$

und seine Höhe h_2 nach der Stützphase aus dem Zeitintegral

$$h_2 = \int v_{1z}\, dt + \int I_z\, dt / m \qquad (12)$$

wo $I_z = \int (B_z - G)\, dt$ der vertikale Kraftstoß ist.
Fügt man noch die Höhe h_1 des KSP gegenüber dem Boden am Anfang der Kontaktphase hinzu, dann ergibt sich die Sprunghöhe des KSP h in bezug auf das Bodenniveau als:

$$h = h_1 + h_2 + h_3 \qquad (13)$$

In rein mechanischer Hinsicht könnte gefolgert werden, daß man alle Teilhöhen maximieren muß, damit auch die resultierende Höhe maximal wird. Auch die sportliche Praxis scheint dies zu bestätigen: Spieler, die groß sind, springen höher, weil sie eine günstige Höhe h_1 haben. Bei ihnen ist, bedingt durch die anatomischen Verhältnisse, auch die Höhe h_2 größer. Selbst wenn die Höhe h_3 gegenüber einem kleineren Spieler geringer ist, sind im allgemeinen die Vorteile der zwei anderen Höhen so groß, daß der große Spieler höher springt.
Eine biomechanische Analyse von verschiedenen Sprungarten zeigt aber, daß in einem Sprung nicht die maximal möglichen, sondern kleinere Höhen h_1 und h_2 auftreten. Daß diese Höhen nicht maximal sein können, ergibt sich u. a. aus der Tatsache, daß die Maximierung von h_1 automatisch zur Reduktion der Höhe h_2 führt: Eine hohe Lage des KSP beim Fußaufsetzen würde man nur dann erreichen, wenn die wichtigsten Gelenke gestreckt sind, so daß in der nachfolgenden Phase kein nennenswerter vertikaler Weg des KSP möglich ist. In Wirklichkeit kommt es nach dem Aufsetzen des Fußes zu einer Abwärtsbewegung des KSP, die zu einer gewissen Verlängerung seiner nachfolgenden Aufwärtsbewegung beiträgt. Physiologisch läßt sich dies damit erklären, daß die Strecker durch die Beugung im Hüft-, Knie- und Fußgelenk gedehnt werden, wodurch ein größerer Kraftimpuls bei der nachfolgenden Verkürzung erzeugt wird. Dabei spielt die Energiespeicherung in den Geweben (nicht nur in den Muskeln) und die Geschwindigkeit ihrer Umwandlung in die kinetische Energie die entscheidende Rolle. Das bekannte ‹Prinzip der Anfangskraft› (vgl. HOCHMUTH 1967) entspricht in etwa diesem Phänomen, obwohl zu seiner Formulierung nicht die Analyse der Muskelkräfte, sondern die Analyse der Bodenreaktionskraft geführt hat. Behauptungen, wonach die Muskeldehnungsreflexe dabei eine Rolle spielen, sind bis jetzt noch unbewiesen.

Untersuchungen von vertikalen Sprüngen aus dem Stand haben gezeigt, daß eine schnelle Abwärtsbewegung des KSP sich positiv auf die Sprunghöhe auswirkt. Man kann davon ausgehen, daß dies auch auf alle Sprungarten in den Ballspielen zutrifft. Welches Ausmaß diese Bewegung haben soll, kann man nicht im Sinne einer physikalischen Gesetzmäßigkeit festlegen: Dies ist von den individuellen Eigenschaften des Bewegungsapparates abhängig.

Bezüglich anderer, die Sprunghöhe beeinflussender Parameter kann man für allgemeine Sprungbewegungen folgende Schlüsse ziehen: Dabei sind auch hier die Einschränkungen zu berücksichtigen, die sich aus der Spezifik des jeweiligen Sportspiels ergeben.

a) Ein beidbeiniger Standsprung ist vorteilhafter als ein einbeiniger Sprung, zumal beim beidbeinigen Sprung die Muskulatur beider Beine arbeiten kann und dadurch die maximale Belastung eines Beins reduziert wird.
b) Ein Sprung mit Anlauf ist günstiger als ein Sprung aus dem Stand. Als Gründe hierfür können angegeben werden:
   - Beim Sprung mit Anlauf ist die Bodenkraft größer als beim Sprung ohne Anlauf. Dies bedeutet, daß auch die Kraft der Beinstrecker nach mechanischen Gesetzen größer sein muß. Die anschließende Muskelverkürzung erfolgt also auf einem höheren Kraftniveau.
   - Die Bodenkraft steigt beim Sprung mit Anlauf schneller an. Folglich ist auch der Anstieg der Muskelkräfte bei ihrer Dehnung steiler als beim Standsprung. Alles deutet darauf hin, daß dies von Vorteil ist.
   - Die kinetische Laufenergie des Körpers wird am Anfang der Stützphase reduziert. Ein Teil davon wird in die Verformungsenergie der einzelnen Gewebe umgewandelt, die anschließend als kinetische Energie zurückgewonnen wird. Die Menge der gespeicherten Energie muß größer sein, wenn die Reduktion der kinetischen Energie sich erhöht. Beim Sprung ohne Anlauf ist sie nur gering bzw. gleich Null, falls überhaupt keine Abwärtsbewegung des KSP auftritt.

1.2 Ballwurf

1.2.1 Unterschiede zwischen Ballwürfen und Ballschlägen

Die Spezifik der Ballspiele ist durch das Spielobjekt ‹Ball› gegeben. Der Unterschied zwischen einem Ballspiel und anderen Sportarten liegt in der Zielsetzung einer Aktion bzw. einer Bewegung. Das Ziel einer Aktion oder einer Standardoperation ist es, dem Ball eine gewünschte Kinematik, d. h.

Bewegungsrichtung, Geschwindigkeit und Drall zu geben. Diesem Ziel ist die Kinetik der einzelnen Körperteile des Spielers und ggf. des Sportgerätes (Schlägers) untergeordnet. Die Art des Zusammenhangs (Kinetik des Spielers – Kinematik des Balls) ist durch die Länge der Kontaktpunkte zwischen dem Ball und einem Körperteil (Hand, Hände, Fuß) bzw. dem Schläger determiniert. Demnach kann der Ball:

a) geworfen (Handball, Basketball, Baseball u. a.),
b) gestoßen mit einem Körperteil (Fußball, Volleyball, Faustball),
c) gestoßen mit einem Schläger (Tennis, Badminton, Tischtennis, Squash u. a.) werden.

Vom Werfen eines Balls (a) wird gesprochen, wenn er während einer Zeit von mindestens ca. 0.3 Sekunden im Kontakt mit einer bzw. mit beiden Händen des Spielers bleibt. In dieser Zeitspanne ist die Kinematik des Balls praktisch identisch mit der Kinematik der Hand bzw. der Hände. Sie ist durch die Spielregeln und die Ballgröße, aber nicht durch die physikalischen Eigenschaften des Balls, wie z. B. seines Absprungverhaltens determiniert. Die darauf folgende Flugbahn des Balls resultiert aus dem Kraftimpuls, der ihm während der Kontaktzeit von der Hand erteilt wurde.
Ist die Kontaktzeit zwischen dem Ball und einem Körperteil sehr kurz (max. 0.01–0.03 s), dann liegt ein Stoßvorgang vor (b). In der Mechanik wird ein solcher Vorgang gesondert behandelt, da er eine eigene Spezifik aufweist. Im Gegensatz zum geworfenen Ball ist die Kinematik des gestoßenen Balls am Anfang der Flugphase nicht identisch mit der Kinematik des Kontaktteils des menschlichen Körpers. Sie wird vielmehr durch den Zustand der angrenzenden Körperteile und die physikalischen Eigenschaften des Balls entscheidend beeinflußt (siehe dazu S. 404 ff).
In Spielen mit einem Schläger wird die Kinematik des Balls primär durch den Stoßvorgang Ball–Schläger beeinflußt (c). Auch dieser Vorgang ist sehr kurz (max. 0.02 s) und läßt sich ähnlich wie der Stoß ohne Schläger beschreiben, wobei allerdings die physikalischen Eigenschaften des Schlägers dabei eine wesentliche Rolle spielen. Auch hier ist die Kinematik des Balls am Anfang der Flugphase nicht identisch mit der Kinematik der Kontaktstelle des Schlägers oder mit der Kinematik der Hand (vgl. S. 410).

1.2.2 Wurf im Handball

Wie beim Werfen allgemein ist beim Ballwurf im Handball die Kinematik des Balls während der Kontaktphase identisch mit der Kinematik der Hand bzw. der beiden Hände. Die Zielsetzung des Ballwurfs ist auf zwei Komponenten gerichtet, und zwar auf die Wurfgenauigkeit und die Ballgeschwindigkeit. Während im Basketball die Wurfgenauigkeit eindeutig dominiert, ist im Handball die Wurfstärke von zumindest gleich großer Be-

deutung. Für die Wurfstärke ergibt sich für den Sonderfall des Ballwurfs aus dem Stand im Handball die folgende Berechnung:
Betrachtet man die Zeitspanne, in der der Ball seine Geschwindigkeit von 0 bis zur Abfluggeschwindigkeit v_o vergrößert, dann ergeben sich aus den Zeitintegralen des Newtonschen Gesetzes (wenn man das Ballgewicht vernachlässigt):

$$\vec{F} = m_B \cdot \vec{a_B}$$

die drei Raumkomponenten der Abfluggeschwindigkeit des Balls

$$v_{oi} = \int F_i \, dt / m_B = I_{Fi} / m_B$$

Durch nochmalige Integration erhält man die Komponenten des Weges s des Balls

$$s_i = \int v_{Bi} \, dt$$

Darin bedeuten: F: der Kraftvektor, mit dem die Hand auf den Ball wirkt, a_B: der Beschleunigungsvektor des Balls, m_B: die Masse des Balls, i: die Raumkomponenten x, y, z, v_{Bi}: die momentane Geschwindigkeitskomponente des Balls und I_{Fi}: die Kraftimpulse.
Für die Beantwortung der Frage, welche Voraussetzungen notwendig sind, damit die resultierende Abfluggeschwindigkeit des Balls ihr Maximum erreicht, kann man die obigen Formeln zuerst nach ausschließlich mathematischen Kriterien analysieren. Geht man zunächst von dem Sonderfall aus, daß eine Achse des Raumkoordinatensystems der Abflugrichtung des Balls entspricht, z. B. die x-Achse, dann ergibt sich, daß die Kraft, die in dieser Richtung wirkt, und die Ballkontaktzeit zu maximieren sind, weil dadurch auch der Kraftimpuls I_{Fx} maximal wird. Die Einbeziehung der y- und z-Komponenten des Kraftimpulses wären nach diesen Überlegungen überflüssig, da sie nichts zur Erhöhung der Ballgeschwindigkeit beitragen.
Weitere Aufschlüsse ergeben sich aus den Variationen der einzelnen Parameter. Variiert man z. B. die zeitlichen Verläufe der Geschwindigkeit während der Kontaktzeit und berechnet man für jede Variation den dazugehörigen Kraft- bzw. Beschleunigungsverlauf, so ergibt sich, daß ein späteres Erreichen des Kraftmaximums zur Vergrößerung der Abfluggeschwindigkeit des Balls führt.
Der beschriebene Sonderfall ist für die Praxis deshalb ohne Bedeutung, da eventuell bestehende Zusammenhänge zwischen den einzelnen Parametern nicht berücksichtigt werden. Dies zeigt der Zusammenhang zwischen der Kraft und der Kontaktzeit: Je größer die Kraft ist, desto kürzer wird die Kontaktzeit, weil aufgrund der anatomischen Verhältnisse der Weg s des Balls nicht beliebig zu vergrößern ist. Auch die Vernachlässigung der x- und y-Komponenten der Kraft ist nicht zulässig, da man nicht weiß, ob ihr Auftreten die x-Komponente des Kraftimpulses positiv beeinflußt oder nicht, wie später noch ausführlich behandelt werden soll.

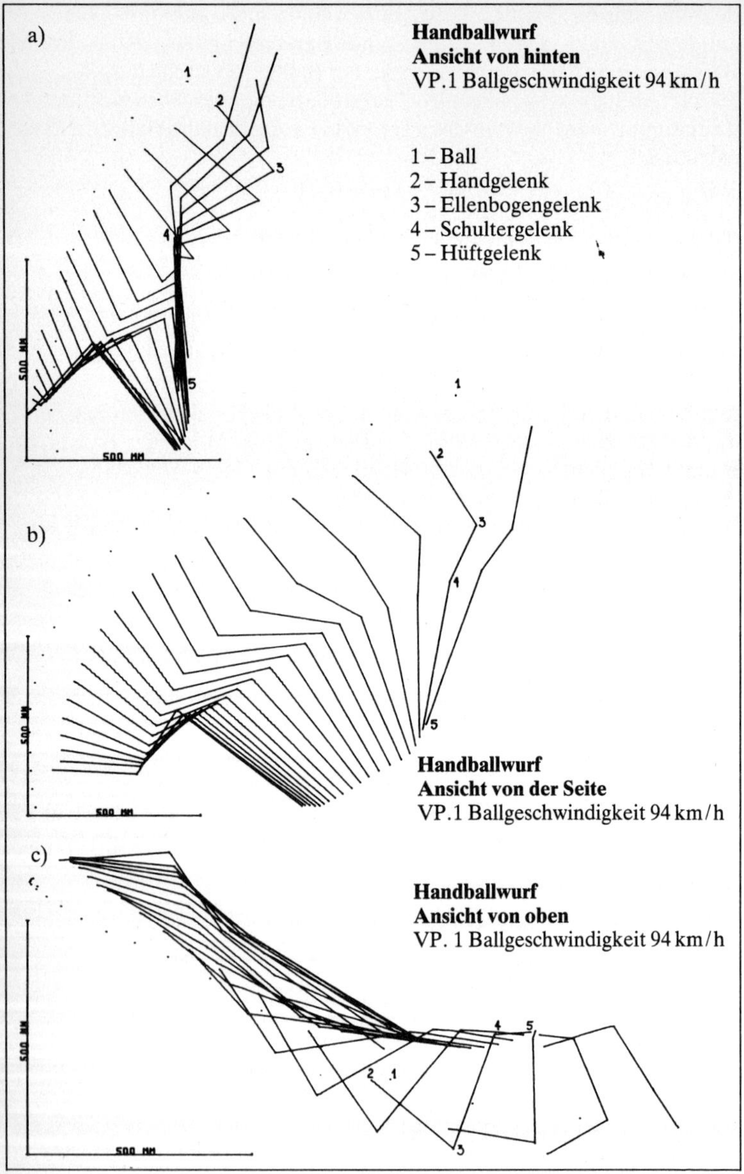

Abb. 1 a, b, c: Kinegramme eines Handballwurfs aus dem Stand
Zeitliche Abstände: 1/60 s

In Abbildung 1 sind Bewegungskinegramme eines guten Handballwurfs dargestellt. Sie stammen aus einer komplexen biomechanischen Analyse dieser Standardoperation an 15 Spielern von unterschiedlichem Spielniveau. Aus Gründen der Übersichtlichkeit wurden nur Positionen der wichtigsten Gelenke und ihrer Verbindungslinien in zeitlichen Abständen von 0.0166 Sekunden (60 Hz) aufgezeichnet. Man kann solche Kinegramme in verschiedenen Formen erstellen, z. B. als Zentralprojektionen (wie der Betrachter ein dreidimensionales Objekt wirklich sieht) oder eine Parallelprojektion (wie der Betrachter ein Objekt durch ein Fernglas aus großer Entfernung sieht). Hier wird die zweite Form gewählt, zumal sie verzerrungsfrei ist und viele direkte Informationen liefert, ohne daß man auf rechnerische Werte zurückgreifen muß. Aus diesen Kinegrammen ist sofort zu erkennen, wie sich die Projektionen der Bahnkrümmungen eines Punktes verändern und in welchen Phasen die einzelnen Gelenke beschleunigt bzw. gebremst werden.

Berechnet man aus dieser Weg-Zeit-Kurve Geschwindigkeitsdiagramme (vgl. Abb. 1d), können translatorische Geschwindigkeiten sowie Geschwindigkeitsänderungen direkt abgelesen werden.

Stehen gleiche Kinegramme von verschiedenen Spielern zur Verfügung, so lassen sich Vergleiche und Beurteilungen anstellen, aus denen man u. U. Hinweise für das Training ableiten kann.

Abb. 1d: Geschwindigkeitsdiagramm eines Handballwurfs aus dem Stand

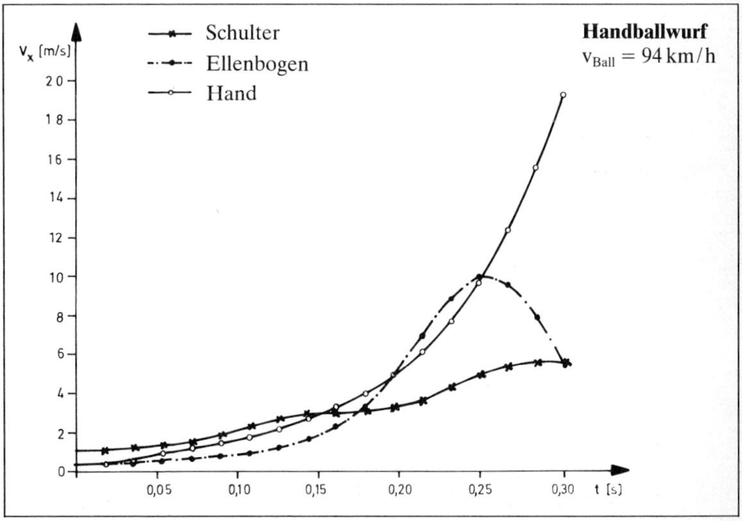

In dieser Untersuchung wurden u. a. folgende Charakteristika für gute Würfe ersichtlich:

1. Bei guten Würfen ist der Beschleunigungsweg des Balles länger als bei schlechten. Allerdings ist zu berücksichtigen, daß der Beschleunigungsweg des letzten Gliedes bei dieser Wurfart nicht dem maximal möglichen Weg entspricht, sondern kleiner ist.
2. Bei guten Würfen sind die Krümmungen der Bahnen von allen Gelenkpunkten kleiner als bei schlechten. Mehrfache Krümmungsänderungen sind nachteilig, weil sie mit zusätzlichem Energieaufwand verbunden sind und nicht zur Steigerung der Ballgeschwindigkeit direkt beitragen. Die starken Krümmungen am Anfang der Bewegung, die typisch für alle Wurf- und Schlagbewegungen sind, kann man auf die Eigenart der kinematischen Kette zurückführen. Es ist offensichtlich so, daß die Kraftentwicklung in den einzelnen Muskeln günstiger ist, wenn eine gekrümmte Bahn auftritt.
3. Bei guten Würfen sind die maximalen Geschwindigkeiten der einzelnen Gelenkpunkte größer als bei schlechten.
4. Bei guten Würfen ist der Zuwachs an Winkelgeschwindigkeit eines Gliedes nach der Abbremsung seines proximalen Gelenks größer.

Diese Untersuchungsergebnisse stehen im Widerspruch zu HOCHMUTHS Aussagen von 1967, sie stützen dessen Aussagen von 1981, nach denen die maximalen Geschwindigkeiten der einzelnen Körperteile nicht zeitgleich auftreten.

Die Hand bzw. die Hand mit dem Ball bilden das Endglied einer kinematischen Kette, die ihren Anfang an der Berührungsstelle mit dem Boden hat. Betrachtet man die ganze Kette, oder nur die letzten Glieder dieser Kette, dann kann man die Geschwindigkeiten des Endgliedes der Kette v_{End} in diesem Zeitpunkt mit der Formel beschreiben:

$$v_{End} = v_{Anf} + \Sigma v_{Gel/di-i} \qquad (17)$$

Dabei bedeuten: v_{Anf}: die absolute Geschwindigkeit des ersten Gelenks in der Kette, $v_{Gel/di-i}$: die relative Geschwindigkeit jedes Gelenks in bezug auf das proximal zu ihm liegende Gelenk.

Nach ausschließlich mathematischen Kriterien wird v_{End} maximiert, wenn jeder Term der rechten Seite ebenfalls maximiert wird. Wird aber die Biomechanik des Bewegungsapparates in Betracht gezogen, dann muß man noch die Eigenschaften der Kraftentwicklung in den Muskeln berücksichtigen. Die Kraft in einem Muskel ist nicht beliebig variierbar; sie hat eine Charakteristik, die ihre Entwicklung und dabei auch den Maximalwert determiniert. Außerdem hängt die Effizienz ihrer Wirkung von Kräften ab, die durch die Bewegung entstehen. Diese Kräfte, die man als Massen-, Beschleunigungs- oder Trägheitskräfte bezeichnet, können die Wirkung der Muskulatur begünstigen. Beim gleichzeitigen Auftreten der Geschwindigkeitsmaxima tritt dieser Effekt nicht auf. Es ist sogar ein negativer Einfluß möglich, was zur Reduktion der maximalen Geschwindigkeit des distalen Gliedes führt. Im allgemeinen haben die Trägheitskräfte einen positiven Einfluß, wenn das proximal gelegene Gelenk abgebremst wird. Daraus kann man folgern, daß die beste Effizienz der Muskulatur durch das aufeinanderfolgende Erreichen der maximalen Geschwindigkeit der Gelenke in der kinematischen Kette erreicht wird.

1.2.3 Basketballwürfe

Der Korbwurf im Basketball ist eine Operation, in der die Wurfgenauigkeit gegenüber der Wurfstärke Priorität besitzt. Dies ergibt sich daraus, daß die Höhe des Korbes, sein Durchmesser, der Durchmesser des Balls, die Wurfhöhe und die Entfernung zum Korb die Variationsmöglichkeiten der Wurfbewegung beträchtlich einschränken. Man kann durch die Analyse der Wurfparabel mit Berücksichtigung der genannten geometrischen Gegebenheiten die Kombinationen von Abfluggeschwindigkeiten und Abflugwinkeln des Balls berechnen, die zum erfolgreichen Wurf führen. Aussagen zum Bereich der Abflugwinkel des Balls, die die größte Wurftoleranz gewährleisten, sind vor allem für die Praxis von großer Bedeutung. Die Wurfsicherheit wird erhöht, wenn ein definierter Fehler, z. B. die Winkelabweichung von 1°, eine minimale Abweichung in der Wurfweite verursacht. Durch Variationen von verschiedenen Wurfparametern liegt z. B. für die Wurfweite von 4.6 m und die Wurfhöhe von 2.13 m der günstige Abflugwinkel zwischen 49 und 55°. Die vorliegenden Ergebnisse von experimentellen Untersuchungen (vgl. Hay 1978) zeigen, daß tatsächlich die meisten Würfe in diesem Bereich liegen.

Die Frage, welcher von den beiden Parametern, Abflugwinkel oder Abfluggeschwindigkeit, die Genauigkeit der Würfe mehr beeinflußt, ist zugunsten des Abflugwinkels geklärt worden. Eine Untersuchung an vier Spielern (vgl. Toyoshima u. a. 1981) zeigte, daß die Geschwindigkeit die Genauigkeit gegenüber dem Korbzentrum zu 65 bis 85 % negativ beeinflußte, wobei die Streuung der Geschwindigkeit bei den untersuchten Spielern kleiner als die Streuung des Abflugwinkels war, was man erwarten konnte.

Praxisrelevante Ergebnisse lassen sich auch mittels kinematografischer Vergleichsuntersuchungen erzielen. Penrose und Blanksby (1976) zeigten signifikante Unterschiede bei Sprungwürfen von leistungsdifferenten Versuchsgruppen. Dazu gehören u. a.:

- der letzte Schritt bei besseren Spielern ist kürzer und höher,
- das Handverlassen des Balls bei besseren Spielern erfolgt später als bei schlechteren Spielern,

- schwächere Spieler richten den Rumpf weniger auf als bessere Spieler,
- der Weg des Balls vor dem Absprung ist bei stärkeren Spielern länger als bei schwächeren,
- der Bewegungsablauf der besseren Spieler ist stabiler.

1.3 Grundlagen des Ballschlags

1.3.1 Balleigenschaften

Der Ballwurf wurde ohne Berücksichtigung der physikalischen Eigenschaften des Balls behandelt. Diese brauchte man nicht zu betrachten, da beim Wurf die Kinematik der Hand identisch mit der Kinematik des Balls ist. Grundsätzlich anders sind aber Vorgänge bei Ballkontaktzeiten, die zwischen 0.02 und 0.03 Sekunden betragen. Um z. B. einem Ball, dessen Masse 0.3 Kilogramm beträgt, in 0.01 Sekunden eine Geschwindigkeit von 30 m/s zu erteilen (Beispiel vom Schmetterschlag im Volleyball), braucht man nach dem Impulssatz eine mittlere Kraft von

$$F = m \cdot a = \frac{0.3\,\text{kg} \cdot 30\,\text{m/s}}{0.01\,\text{s}} = 900\,\text{N}$$

die der mittleren Beschleunigung von $3000\,\text{m/s}^2$, also ca. 300 g entspricht. Ein Vorgang aber, bei dem Kräfte auftreten, die beträchtlich höher als das Gewicht eines beteiligten Körpers sind, wird als Stoß bzw. Stoßvorgang bezeichnet (in diesem Sinne ist z. B. der Kugelstoß kein Stoß). Außer Ballwürfen und vielleicht einigen Spielelementen im Volleyball (das Zuspiel im Volleyball ist nicht notwendigerweise als Stoß zu betrachten), gehören alle kurzzeitigen Ballberührungen in Ballspielen eindeutig zu den Stoßvorgängen. Dabei braucht die Berührung des Balls nicht mit einem Körperteil des Spielers zu erfolgen, sondern kann auch Kontakt mit Schläger, Boden, Wand (Squash) oder Tischtennisplatte beinhalten.

1.3.1.1 Energieverlust

Der wettkampfgerechte Ball muß in bezug auf das Absprungverhalten bestimmte Anforderungen erfüllen. Diese ergeben sich aus der Spezifik des einzelnen Spiels und werden von dem jeweiligen Verband festgelegt. Zwecks Quantifizierung dieses Ballverhaltens wird ein Koeffizient definiert, dessen Wert auf experimentellem Wege gefunden wird. Es handelt sich dabei um einen Fallversuch, in dem der Ball aus einer Höhe h_1 herunterfällt und bis auf die Höhe h_2 zurückspringt.

Der Wert des Koeffizienten ergibt sich aus der Formel

$$e = \sqrt{\frac{h_2}{h_1}} = \frac{v_2}{v_1} \tag{18}$$

Dabei sind v_1 und v_2 die Ballgeschwindigkeiten unmittelbar vor bzw. nach dem Bodenkontakt. Der Koeffizient wird als Stoßzahl, Elastizitätskoeffizient, Restitutionskoeffizient u. ä. bezeichnet. Die Werte dieses Koeffizienten variieren zwischen ca. 0.4 (Squash) und ca. 0.8 (Tischtennis) (PLAGENHOEF 1973). Sie gelten nur für bestimmte Versuchsanordnungen und sind nur bedingt miteinander vergleichbar. Bei Änderung der Art des Bodens, der Fallhöhe bzw. der Fallgeschwindigkeit erhält man zum Teil stark unterschiedliche Werte.

Die Fähigkeit eines Balls, von einem anderen Körper abzuspringen, beruht auf seinen visco-elastischen Eigenschaften. Die Innenluft und die Hülle bilden ein Feder-Dämpfer-System, in dem die Umwandlungen der Energie möglich sind. Hinsichtlich des Ortes der Energieumwandlung kann man z. B. bei Tennisbällen zwischen Druckbällen und drucklosen Bällen unterscheiden. Bei Druckbällen, die am meisten verbreitet sind, erfolgt die Energieumwandlung hauptsächlich durch die Änderung des Luftdrucks innerhalb des Balls, wobei die Hülle dabei eine sekundäre Rolle spielt. In der ersten Phase des Stoßes – der Kompression – wird das Volumen des Balls verkleinert und dadurch der Druck erhöht. Das Kraftmaximum wird erreicht, bevor der Druck maximal wird. Die zeitliche Differenz zwischen dem Kraftmaximum und der maximalen Verformung ist auf den Energieverlust zurückzuführen. Bei ideal-elastischen Bällen würde das Kraftmaximum mit dem Druckmaximum übereinstimmen. In der zweiten Phase des Stoßvorgangs – der Expansion – vergrößert sich das Ballvolumen, so daß am Ende bzw. kurz danach der Ball seine ursprüngliche runde Form annimmt. Das Absprungverhalten der Druckbälle, also auch die Größe des Energieverlustes, läßt sich durch die Änderung des Luftdrucks regulieren. Die Druckerhöhung führt zum besseren Absprungverhalten. In der sportlichen Praxis sind folgende Faktoren von Bedeutung:

- Temperatur: Das Sprungverhalten der Druckbälle ist bei niedrigen Temperaturen schlechter als bei hohen, da der Innendruck dadurch geringer wird.
- Luftdiffusion: Da der Innendruck des Balls höher ist als der atmosphärische Druck, diffundiert die Luft nach außen, so daß es zu einem allmählichen Druckausgleich kommt. Tennisbälle, die nicht in einer Druckdose gelagert werden, verlieren dadurch ihren ursprünglichen Druck.

Das Absprungverhalten der drucklosen Bälle resultiert aus den elastischen Eigenschaften der Hülle. Die drucklosen Tennisbälle haben beispielsweise eine steifere Hülle und verändern ihre Eigenschaften langsamer als die Druckbälle. Trotz dieses eindeutigen Vorteils haben sie sich bisher gegenüber den Druckbällen nicht durchsetzen können. Eine extrem weiche Hülle weist der Squashball auf, wodurch sein Energieverlust sehr hoch ist. Nach einigen Spielminuten ist deshalb die Temperatur der Hülle stark erhöht.

1.3.1.2 Reibungsverhalten

Eine andere wichtige Eigenschaft des Balls ist sein Reibungsverhalten. Von dieser Eigenschaft hängt die Art des Kontaktes des Balls mit dem Boden, dem Schläger, der Hand usw. ab.

Im allgemeinen lassen sich folgende Arten von Ballkontakten unterscheiden:

1. Abrollen: Bei ausreichenden Reibungskräften rollt der Ball ab, ohne daß dabei eine relative Bewegung (Schlupf) zwischen der Kontaktfläche des Balls und dem Untergrund auftritt.
2. Gleiten: Bei unzureichender Reibungskraft kommt es zu einer relativen Bewegung zwischen der Kontaktfläche des Balls und dem Untergrund, die darin zum Ausdruck kommt, daß der Ball nach dem Bodenkontakt in horizontaler Richtung kaum abgebremst wird und seinen Drall beibehält, z. B. ein sogenannter Aufsetzer im Fußball auf nassem Rasen.
3. Rollen und Gleiten: Beide Phänomene treten gleichzeitig auf, wenn auch in unterschiedlicher Ausprägung, z. B. verschiedene Slice-Bälle im Tennis.

Das Reibungsverhalten bzw. die Fähigkeit des Balls, tangentiale Stoßkräfte zu entwickeln, ist mitentscheidend für Parameter wie Abfluggeschwindigkeit, Abflugwinkel und Drall. Da es keine Reibungstheorie gibt, aus der man das Reibungsverhalten eines Körpers ableiten könnte, ist man auf experimentelle Versuche angewiesen. Es ist aber sehr schwierig, praxisgerechte Versuche zu konzipieren, zumal man gleichzeitig sowohl Kräfte wie auch die kinematischen Parameter messen muß. Von besonderer Bedeutung wäre die Bestimmung des Haftreibungskoeffizienten, da man daraus die Grenze zwischen dem Abrollen und dem Gleiten bestimmen könnte. Dies wiederum ist wichtig, weil das Gleiten des Balls auf der Oberfläche eines Körpers (Schläger, Hand, Fuß u. ä.) kein stabiler Vorgang ist.

Als Haftreibungskoeffizient bezeichnet man das Verhältnis der zur Stoßfläche tangentialen Kraft F_t zur normalen Kraft F_n, bei dem noch kein Rutschen auftritt:

$$\mu = \frac{F_t}{F_n} \tag{19}$$

Wird das Verhältnis der beiden Kräfte größer als μ, liegt ein Rutschvorgang vor. Aus dieser Formel kann man entnehmen, daß die Wahrscheinlichkeit des Übergangs vom Rollen zum Gleiten dann wächst, wenn bei

einem Stoß mit einer kleinen Normalkraft F_n und einer großen Tangentialkraft F_t zu rechnen ist. Dies ist bei einem kleineren Einfallswinkel in bezug auf den Schläger eher zu erwarten als bei einem größeren Winkel, so daß sehr kleine Einfallswinkel zu vermeiden sind. Man muß dabei aber bedenken, daß kleine Winkel, solange sie den Grenzwert nicht erreichen, günstiger für die Erzeugung eines großen Dralls sind.
Eine Vorstellung über die Größenordnung des Haftreibungskoeffizienten auf dem Untergrund ‹Holz› geben einige Werte aus der Literatur (vgl. PLAGENHOEF 1973): Tennis und Tischtennis (0.25), Basketball (0.28), Volleyball (0.3), Squash (0.45). Es ist anzunehmen, daß sich diese Werte unter spielrelevanten Bedingungen ändern.

1.3.1.3 Flugverhalten

Während der Flugphase wirkt auf ein Flugobjekt eine Kraft, die seine Bahn bestimmt. Man kann diese Kraft nur experimentell ermitteln, wenn man aus entsprechend genauen kinemetrischen Versuchen die Beschleunigung berechnet und mit der Masse des Objekts multipliziert. Sowohl die Größe wie auch die Richtung dieser Kraft variieren während der ganzen Flugphase: Nur ein Bestandteil dieser Kraft, die Gewichtskraft, bleibt immer konstant. Die zweite Komponente dieser Kraft, die man als Luftkraft bezeichnen kann, kann man wiederum in verschiedene Komponenten zerlegen, denen man besondere Eigenschaften zuschreiben kann.
Auf das Flugobjekt wirkt immer ein Luftdruck (Kraft bezogen auf die Flächeneinheit), der entlang der Balloberfläche unterschiedliche Werte annehmen kann. Aus dieser Druckverteilung resultiert eine Kraft, die im sogenannten Druckmittelpunkt wirkt. Dieser Punkt muß nicht unbedingt mit dem Schwerpunkt des Objekts übereinstimmen: Liegt ein solcher Fall vor, entsteht eine Rotation des Objekts.
Für die Betrachtung der Flugbahn eines Balls ist die Luftwiderstandskraft von größter Bedeutung. Darunter versteht man die Kraft, die entgegen der Bewegungsrichtung des Balls wirkt. Ihre Größe ist primär von der Geschwindigkeit, dem Durchmesser und der Oberflächenbeschaffenheit des Balls abhängig: Mit steigendem Durchmesser und steigender Geschwindigkeit wächst die Luftwiderstandskraft, wobei man allerdings nicht pauschal sagen kann, daß sie proportional zum Quadrat der Geschwindigkeit ist. Ihre Wirkung, d. h. der Einfluß auf die Änderung der Geschwindigkeit und der Flugbahn des Balls verstärkt sich, wenn das spezifische Gewicht des Balls kleiner wird. Der Tischtennisball wird stärker abgebremst als z. B. der Fußball, obwohl die Luftwiderstandskraft des Fußballs bei gleicher Geschwindigkeit größer ist als die des Tischtennisballs.
Einen nicht zu vernachlässigenden Einfluß auf diese Kraft hat das spezifische Gewicht der Luft: Seine Reduktion verringert diese Kraft. Dies tritt auf, wenn der Luftdruck kleiner bzw. wenn die Lufttemperatur erhöht

wird. Kommen diese beiden Einflüsse zusammen, z. B. wenn man in einem hochgelegenen Land wie z. B. Mexico im Sommer Fußball oder Tennis spielt, dann kann es zu entsprechenden Anpassungsproblemen kommen. Da die Bälle weiter fliegen als normal, ist ohne Anpassung an diese Gegebenheiten mit einer höheren Quote von mißlungenen Pässen und Freistößen im Fußball bzw. Doppelfehlern beim Aufschlag im Tennis zu rechnen.
Mit einem Sonderfall hat man es zu tun, falls die Luftwiderstandskraft nicht im Schwerpunkt des Balls wirkt. Dieser Fall tritt auf, wenn die geometrische Mitte des Balls (Volumenmittelpunkt) nicht mit seinem Schwerpunkt übereinstimmt, also wenn der Ball ‹eiert›. Dies kann durch eine mangelhafte Herstellung oder auch durch das Ventil hervorgerufen werden.
Einem Ball kann man durch entsprechende Kraftimpulsrichtung während der Kontaktphase eine starke Rotation geben. Begriffe wie Sidespin, Slice, Effet, Topspin, Rückspin u. ä. geben verschiedene Rotationsstärken und Drehrichtungen des Balls wieder. Die Rotation des Balls in der Flugphase verursacht eine Druckverteilung an der Oberfläche des Balls, die zur Entstehung des sog. *Magnuseffektes* führt. Dabei entsteht eine Kraft, die senkrecht zur Drehachse des Balls wirkt: Sie kann also alle möglichen Richtungen im dreidimensionalen Raum haben. Bei einem Slice wirkt sie entgegen der Gewichtskraft, so daß die Flugbahn flacher ist und der Ball weiter fliegt; bei einem Topspin verkürzt sie die Flugweite, weil sie die Wirkung der Gewichtskraft verstärkt.
Der Magnuseffekt hat in der sportlichen Praxis an Bedeutung gewonnen: Er erlaubt andere Spieltechniken und vergrößert die Variationsmöglichkeiten des Spieles. Vor allem im Tennis und Tischtennis (STUCKE u. a.1986) sind in den letzten 10–15 Jahren durch seine gezielte Ausnutzung neue Spieltechniken entstanden. Von einer nicht zu unterschätzenden Bedeutung in der sportlichen Praxis ist die Abhängigkeit zwischen der Kraft, die durch diesen Effekt entsteht, und der translatorischen bzw. der rotatorischen Geschwindigkeit. Diese Kraft wächst mit steigender Rotationsgeschwindigkeit bis zu einem Optimum, d. h., bei einer bestimmten Rotationsgeschwindigkeit bzw. einem bestimmten Verhältnis der beiden Geschwindigkeiten ist diese Kraft am größten. Dies würde bedeuten, daß eine weitere Steigerung der Rotation den Magnuseffekt vermindert. Auf ein solches Phänomen weisen einige Technikexperimente (vgl. AKADEMISCHER VEREIN HÜTTE 1954) hin.
Ein weiteres Beispiel für den Magnuseffekt ist der Flatteraufschlag im Volleyball. Da die Luftwiderstandskraft in diesem Fall nicht im Schwerpunkt wirkt, entsteht um den Ball ein Moment, welches eine Rotation des Balls hervorruft bzw. verändert und zu einer neuen Druckverteilung auf der Oberfläche führt. Dies wiederum führt zu einer Änderung der Flugbahn, so daß ein guter Flatteraufschlag schwer zu antizipieren und damit schwer anzunehmen ist.

1.3.2 Ballschlag und Stoßvorgang

Ein Ballschlag liegt vor, wenn eine kurze Kontaktzeit (kleiner als ca. 0.02 s) gegeben ist und die auftretenden Kräfte weit über der Gewichtskraft des Balls liegen. Berücksichtigt man die in der Mechanik üblichen Begriffe wie Körper bzw. Körpersystem, dann kann man in den Ballspielen folgende Stoßarten unterscheiden:

1. Stoßvorgang zwischen einem Körper (Ball) und einem beweglichen Körpersystem (menschlicher Körper mit bzw. ohne Schläger);
2. Stoßvorgang zwischen einem Körper mit endlicher Masse (Ball) und einem unbeweglichen Körper mit unendlicher Masse (Boden, Wand, Platte).

In dieser Klassifizierung fehlt der Stoßvorgang zwischen zwei Körpern von beliebigen Massen. Dies entspricht aber der Realität, weil im Sport der Ball nicht mit einem Körper gestoßen wird, sondern mit einem Körpersystem. Der stoßende Teil – Schläger oder ein Körperglied – ist immer mit einem anderen Körperglied verbunden. Dies bedeutet, daß an den Verbindungsstellen auch Kräfte wirken können, deren Berücksichtigung bei Analysen der Stoßvorgänge notwendig ist. Deshalb ist es im Normalfall auch nicht statthaft, den Impulserhaltungssatz für den Stoß von zwei Körpern z. B. in der bekannten Form

$$m_s \cdot \vec{v}_{S1} + m_B \cdot \vec{v}_{B1} = m_S \cdot \vec{v}_{S2} + m_B \cdot \vec{v}_{B2} \qquad (20)$$

(mit m_S und m_B: Massen von Schläger [Stoßteil] und Ball; $\vec{v}_{S1}$ und $\vec{v}_{B1}$: Geschwindigkeiten von Schläger und Ball vor dem Stoß; $\vec{v}_{S2}$ und $\vec{v}_{B2}$: Geschwindigkeiten nach dem Stoß) anzuwenden. Weitere, meistens nicht vorliegende Anwendungsvoraussetzungen sind, daß keine äußeren Kräfte außer der Stoßkraft auf die beiden Körper wirken. Gegen die Verwendung dieser Formel spricht weiterhin, daß der Stoßvorgang zwischen zwei Körpern nur dann vollständig beschrieben wird, wenn ein zentrischer Stoß vorliegt. Diese Stoßart setzt per Definition voraus, daß die Stoßkraft durch die Schwerpunkte der beteiligten Körper geht. Dies kommt aber in keinem Ballspiel vor, so daß sich in Wirklichkeit außer den translatorischen Geschwindigkeiten auch die Winkelgeschwindigkeiten ändern. Man muß also formelmäßig sowohl die Existenz eines Körpersystems wie auch eines nichtzentrischen Stoßes berücksichtigen.

Will man die Betrachtungen nur auf ein Stoßteil und den Ball beschränken, so ist es zuerst erforderlich, die Art der Kräfte und Momente an der Verbindungsstelle zum proximal liegenden Glied näher zu untersuchen. Ist der Schläger das stoßende Teil, so hat man eine flächenartige Verbindung – den Griff – zur Hand bzw. zu den beiden Händen bei beidhändigen Schlägen. Die resultierende Wirkung der willkürlich steuerbaren Druckverteilung entlang der Grifffläche kann man als eine Kraft und ein Moment darstellen

(Agashin 1977). Bei Schlägen ohne Schläger wird die Verbindung zum proximalen Glied durch das Gelenk, die Muskel- sowie die Bänderansätze gebildet. An diesen Stellen treten Kräfte auf, die ebenfalls willkürlich veränderbar sind. Ihre resultierende Wirkung auf das stoßende Teil läßt sich als eine Kraft und ein Moment in dem Gelenk darstellen.
Zwischen der Stoßkraft und der Kraft am Griff bzw. am Gelenk besteht eine wechselseitige Wirkung: Die Stoßkraft erzeugt eine Reaktionskraft, die ihrerseits die bestehenden Kräfte im Gelenk beeinflußt. Die Beziehungen zwischen den relevanten Parametern vor und nach dem Schlag lassen sich in vektorieller Schreibweise wie folgt ausdrücken:

$$m_S \cdot \vec{v}_{S1} + m_B \cdot \vec{v}_{B1} + \vec{p}_G = m_s \cdot \vec{v}_{S2} + m_B \cdot \vec{v}_{B2} \qquad (21)$$

$$\vec{D}_{S1} + \vec{L}_I + \vec{p}_{MG} = \vec{D}_{S2} \qquad (21\,a)$$

$$\vec{D}_{B1} = \vec{D}_{B2} \qquad (21\,b)$$

Darin bedeuten: p_G – Impuls der Gelenkkraft F_G (Zeitintegral dieser Kraft) am Griff bzw. im Gelenk; $\vec{D}_{S1}$, $\vec{D}_{S2}$, $\vec{D}_{B1}$, $\vec{D}_{B2}$ – Drall des Stoßgliedes und des Balls vor (1) und nach (2) dem Stoß bezüglich des Punktes, in dem die Stoßkraft wirkt; $\vec{L}_I$ – Drehimpuls der Gelenkkraft F_G (Moment des Impulses $\vec{p}_G$) um diesen Punkt und $\vec{p}_{MG}$ – Impuls des Gelenkmoments M_G. Die anderen Bezeichnungen entsprechen den Bezeichnungen in Formel (20).
Zwischen den Drallausdrücken $\vec{D}_i$ in den obigen Formeln, den Winkelgeschwindigkeiten $\vec{\omega}_i$, den Trägheitsmomenten um die Schwerpunktachsen I_i und den Abständen zwischen dem Ballkontaktpunkt und den Schwerpunkten $\vec{r}_i$ besteht die Abhängigkeit

$$\vec{D}_i = I_i \cdot \vec{\omega}_i + \vec{r}_i \cdot m_i \cdot \vec{v}_i \qquad (22)$$

Diese Formeln sehen auf den ersten Blick wie die in der Mechanik üblichen Formeln für den Stoßvorgang aus, sie beinhalten aber wichtige biomechanische Elemente. Die Gelenkkraft F_G und das Gelenkmoment M_G während der Kontaktzeit mit dem Ball sind nicht zu berechnen, da sie durch die Wirkung der Muskulatur beeinflußt werden. Sie sind auf jeden Fall eine Funktion der Vorspannung (d. h. des Zustandes der Muskulatur unmittelbar vor dem Ballkontakt) und der Stoßkraft. Die Kinematik des Gelenks während des Stoßes ist ebenfalls nicht zu prognostizieren, weil sie auch vom Sportler steuerbar ist; sie kann die Stoßkraft nur teilweise beeinflussen. Im Unterschied zu mechanischen Systemen kann während des Schlags dem stoßenden Teil die Energie von anderen Körperteilen zugeführt werden, so daß die Summe der Energie des Stoßteils und des Balls trotz des Verlustes durch den Stoßvorgang nach dem Stoß größer als vor dem Stoß sein kann.

1.3.3 Stoßmittelpunkt

Eine besondere Bedeutung ist dem Gelenkimpuls p_G beizumessen. Er setzt sich aus dem Impuls $\vec{p}_F$, der durch die Wirkung der Muskulatur zustande kommt, und aus dem Anteil $\vec{p}_R$, der aufgrund des Balltreffens entsteht, zusammen. Der Impuls $\vec{p}_R$, der als Reaktionsimpuls bezeichnet wird, hat die besondere Eigenschaft, daß seine Größe durch die Ortslage des Gelenks sehr stark beeinflußt wird: Er ist gleich Null, wenn sich das Gelenk an einer bestimmten Stelle in bezug auf den Schwerpunkt und die Ballkontaktstelle befindet. Diese Stelle wird meistens als ‹Stoßmittelpunkt› bezeichnet und ergibt sich aus der Formel:

$$s = \frac{I_c}{m \cdot \vec{r}} \qquad (23)$$

wobei s: Abstand zwischen reaktionsfreiem Punkt und Schwerpunkt des Schlägers, I_c: Trägheitsmoment des Schlägers um die Schwerpunktachse, m: Masse des Schlägers und $\vec{r}$: Abstand zwischen Balltreffpunkt und Schwerpunkt bedeuten.

In der Praxis ist immer mit Reaktionsimpulsen zu rechnen, weil das menschliche Gelenk bzw. der Griff am Schläger nicht einen Punkt, sondern eine Fläche bilden. Da dieser Impuls sehr hohe Werte annehmen und dadurch das Gelenk stark belasten kann, ist es natürlich erstrebenswert, ihn zu reduzieren. Dies wird beim Bauen von Schlägern dadurch berücksichtigt, daß sich der Stoßmittelpunkt beim korrekten Balltreffen im Griffbereich befindet (Hatze 1976b).

Das Gelenk im Stoßmittelpunkt hat noch andere, für die Spielpraxis interessante Eigenschaften. Mit der Annahme, daß die Muskulatur passiv ist, gilt:

a) Die Bewegung des Gelenks während des Stoßvorgangs hat keinen Einfluß auf die Abfluggeschwindigkeit des Balls, wenn das Gelenk im Stoßmittelpunkt liegt. Wird aber der Ball so getroffen, daß das Gelenk nicht im Stoßmittelpunkt liegt, dann ist die Geschwindigkeitsänderung des Gelenks für die Abfluggeschwindigkeit des Balls von Bedeutung.
b) Bewegt sich das Gelenk während des Stoßes, entsteht im allgemeinen ein Reaktionsimpuls. Dies gilt aber nur für den Fall, daß eine Geschwindigkeitsänderung vorliegt. Kommt es dabei nicht zu einer Geschwindigkeitsänderung, entsteht dieser Impuls nicht.

1.3.4 Ballabfluggeschwindigkeit

Die bisherigen Ausführungen verdeutlichen, daß der Ballschlag ein sehr komplexer Vorgang ist. Im Unterschied zu einem Stoßvorgang in der Mechanik treten hier Faktoren auf, die willkürlich steuerbar und deswegen nicht prognostizierbar sind. Dies bedeutet aber nicht, daß die obigen Formeln ungeeignet wären, Aussagen zu ermöglichen, die für die sportliche Praxis relevant sind. Eine große Bedeutung hat z. B. die Frage, wie man einen möglichst großen Zuwachs der Ballgeschwindigkeit $\Delta v_B = v_{B2} - v_{B1}$ erreichen kann, oder die Frage nach einem möglichst großen Drall des abfliegenden Balls.
Für die eindeutige Berechnung der kinematischen Parameter der beiden Körper nach dem Stoß reichen diese Formeln nicht aus, weil die Anzahl der Unbekannten größer als die Anzahl der Gleichungen ist. Man ist also gezwungen, bestimmte Annahmen zu treffen, die die Aufstellung von weiteren Gleichungen ermöglichen.
Zu solchen Annahmen gehören:
a) Kinematik des Gelenks,
b) Energieverlust,
c) tangentialer Kraftstoßimpuls,
d) Impuls vom Gelenkmoment.

Variiert man die einzelnen Parameter und die getroffenen Annahmen, so kann man ihren Einfluß auf die Kinematik des Balls nach dem Schlag beurteilen. Im folgenden beschränken wir uns bei einem Rechenbeispiel auf die Analyse des Einflusses der wichtigen Parameter auf die Abfluggeschwindigkeit des Balls.
Im einzelnen sollen Ball- und Schlägermerkmale nach dem Stoß berechnet werden. Weiter vereinfachend wird davon ausgegangen, daß der Ball keine Rotation hat, zentrisch getroffen wird und seine Geschwindigkeitsrichtung senkrecht zur Schlägeroberfläche verläuft. Außerdem wird das Moment am Griff vernachlässigt. Aus diesen Annahmen ergibt sich, daß dem Ball keine Rotation erteilt wird und sein Abflugwinkel unverändert bleibt. Weil im Tennis ein solcher Fall denkbar ist, werden hier Werte eingesetzt, die dem Tennisschläger in etwa entsprechen:
Masse des Balls: 0.085 kg, Masse des Schlägers: 0.4 kg, Trägheitsmoment des Schlägers um seine Schwerpunktachse: 0.02 kgm^2, Abstand zwischen Gelenk und Schwerpunkt: 0.3 m und Abstand zwischen Ballkontaktpunkt und Schwerpunkt: 0.2 m.
Folgende kinetische Merkmale werden angenommen: Ballgeschwindigkeit: 0 m/s, Geschwindigkeit des Schlägerschwerpunkts: 15 m/s und Winkelgeschwindigkeit des Schlägers: 1/20 s. Außerdem müssen die Stoßzahl (vgl. Gleichung (18)) und ein Koeffizient, der die Änderung der Geschwin-

digkeit des Griffs (Gelenks) charakterisiert, angegeben werden. Nimmt man für diese Parameter Werte von 0.5 bzw. 1 an (die Geschwindigkeit des Griffs soll unverändert bleiben), kommt man u. a. zu folgenden Ergebnissen:

- Die Geschwindigkeit des Ballkontaktpunktes reduziert sich von 19 auf 11.16 m/s,
- die Winkelgeschwindigkeit des Schlägers reduziert sich von 20 auf 4.32 1/s,
- am Ball wirkt ein Kraftimpuls von 1.76 Ns,
- die Abfluggeschwindigkeit des Balls beträgt 20.66 m/s.

Um den Einfluß der angenommenen Parameter zu untersuchen, kann man verschiedene Parameterstudien durchführen. Im Rahmen der angenommenen Parameterbereiche kann man z. B. die Parameterkombination erhalten, die eine definierte Zielgröße, z. B. die Abfluggeschwindigkeit des Balls, maximiert. Solche Optimierungsverfahren (s. auch Seite 417 f) haben aber erst dann eine praktische Bedeutung, wenn die angenommenen Parameterbereiche realistisch sind; so wäre z. B. die Annahme der Stoßzahl mit 1 eindeutig unrealistisch.

Ausgehend von den obigen Werten, kommt man aufgrund verschiedener Parameteränderungen zu folgenden Ergebnissen:

- Durch die Erhöhung der Ballgeschwindigkeit von 0 auf 10 m/s erhöht sich die Abfluggeschwindigkeit des Balls $\vec{v}_{B2}$ von 20.66 auf 21.53 m/s.
- Mit einer Stoßzahl von 0.8 statt 0.5 steigt $\vec{v}_{B2}$ von 20.66 auf 24.79 m/s und der Kraftimpuls am Ball von 1.76 auf 2.11 Ns. Der Energieverlust durch den Stoß ist also beträchtlich.
- Eine Erhöhung der Masse des Balls von 0.085 auf 0.1 kg vermindert $\vec{v}_{B2}$ von 20.66 auf 19.7 m/s.
- Verringert man die Geschwindigkeit des Griffs nach dem Stoß um 50 % (statt 9: 4.5 m/s), so erhöht sich $\vec{v}_{B2}$ von 20.66 auf 20.89 m/s.

Vergleicht man diese Werte mit den Ergebnissen von experimentellen Untersuchungen (VAN GHELUVE/HEBBELINCK 1985), so muß man feststellen, daß sie bei einigen Schlägen ziemlich stark von den tatsächlichen Werten abweichen. Es ist dies vor allem darauf zurückzuführen, daß in diesem Beispiel nur der Schläger und nicht der Schläger mit der Hand als Stoßteil angenommen wurde. Die oben angeführte Modellrechnung ergibt höhere Werte der Abfluggeschwindigkeit des Balls, zumal die Masse des stoßenden Teils vergrößert wird.

In Abbildung 2 sind Kinegramme eines Tennisaufschlags zu sehen. Die numerischen Ergebnisse der Auswertung dieses Versuchs zeigen, daß man eine gute Übereinstimmung von experimentellen und tatsächlichen Werten erhält, wenn der Schläger zusammen mit der Hand als Stoßteil betrachtet wird.

Die Analysen von experimentellen Untersuchungen und die rechnerischen Verfahren erlauben die Formulierung von allgemein geltenden Regeln.

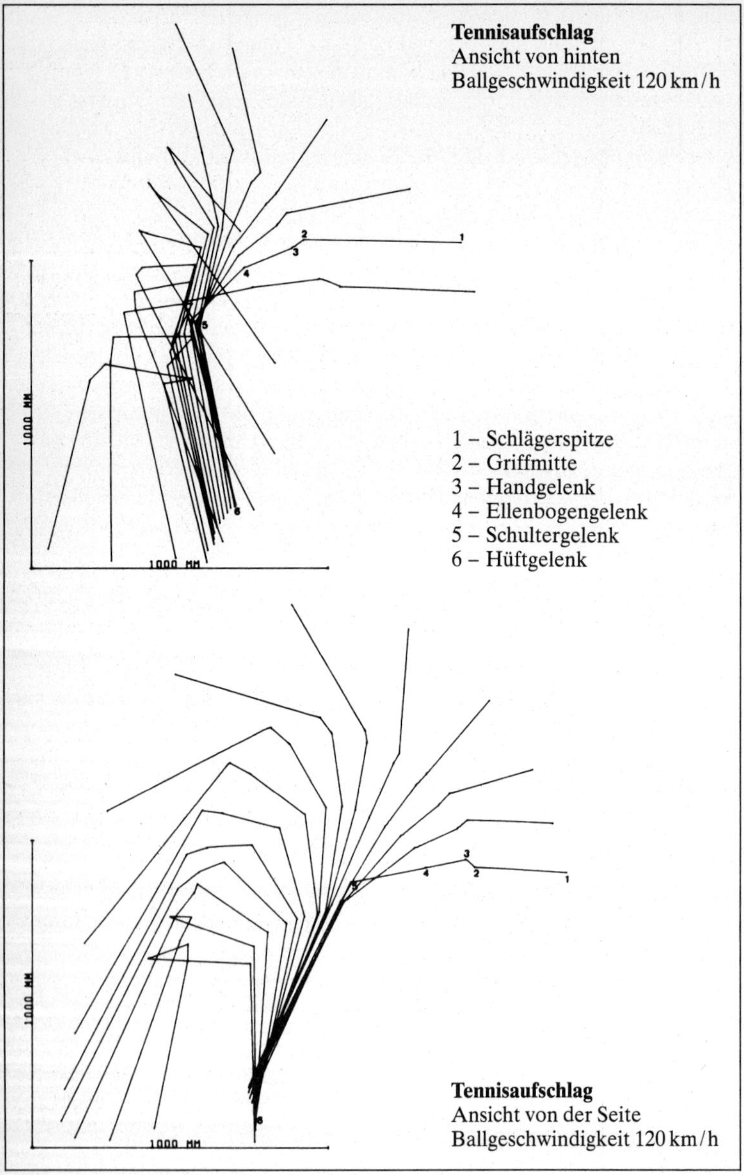

Abb. 2: Kinegramme eines Tennisaufschlags: Balltreffpunkt: zwischen dem zehnten und elften Bild. Bildfrequenz: 60/s.

Die wichtigsten werden mit kurzen Erläuterungen zusammengefaßt:

a) Eine Erhöhung der Masse m_s führt zur Vergrößerung der Ballgeschwindigkeit.
Dies bedeutet, daß ein Schläger mit einem größeren Gewicht dem Spieler Vorteile verschafft. Die Tatsache, daß man im Tennis einen Trend zu leichteren Schlägern beobachten kann, widerspricht dieser Feststellung nicht: Mit einem schweren Schläger ist es für einen Spieler schwieriger, hohe Schlägergeschwindigkeiten zu erreichen, da diese höhere Leistungen der Muskulatur erfordern. In vielen Spielsituationen muß man aber dem Schläger hohe Beschleunigungen erteilen, so daß das Gewicht eines Schlägers sich nicht nur an den Erfordernissen der Stoßgesetze orientieren kann.
Eine andere Methode, die Masse des Stoßteils zu erhöhen, ist die Einbeziehung eines bzw. mehrerer Körperglieder. Wird die Griffkraft und das Griffmoment am Schläger so groß, daß es zwischen Hand und Schläger während des Stoßes kaum zu einer Geometrieänderung kommt, so bilden diese beiden Glieder das stoßende Teil. Eine weitere Erhöhung der Schlagmasse ist durch das Erzeugen einer großen Kraft im Handgelenk bzw. im Ellenbogengelenk möglich. Ist diese Kraft ausreichend groß, so bleibt das Gelenk auch während des Stoßes fixiert. Dies geschieht durch die Wirkung der antagonistischen Muskelkräfte; die Masse des Stoßteils kann man also durch bewußte Steuerung der Muskelaktivität variieren.
Möchte man beurteilen, welche Körperglieder als Stoßglieder bei einem Schlag beteiligt waren, muß man die Änderung der einzelnen Gelenkwinkel betrachten: Die unveränderten Winkel weisen auf die Beteiligung anliegender Körperteile hin. Wegen der Kürze des Stoßvorgangs ist die visuelle Beobachtung dafür ungeeignet; man muß eine Video- bzw. Filmkamera, am besten mit hoher Bildfrequenz, einsetzen.

b) Eine Vergrößerung des Trägheitsmoments des Stoßteils erhöht die Ballabfluggeschwindigkeit.
Eine Erhöhung der Masse des Stoßteils vergrößert fast immer das Trägheitsmoment und damit die Ballabfluggeschwindigkeit. Es ist aber auch möglich, ohne die Erhöhung der Masse des Schlägers sein Trägheitsmoment zu verändern. Ein Tennisschläger mit vergrößertem Kopf hat ein größeres Trägheitsmoment um seine Längsachse als ein normaler Schläger mit gleichem Gewicht. Liegt die Ballkontaktstelle nicht auf dieser Achse, was normalerweise sein sollte, ist die Abfluggeschwindigkeit des Balles bei solch einem Schläger größer. Man könnte sagen, daß der großköpfige Schläger mehr Widerstand gegen die Drehung um seine

Längsachse leistet. Leider berücksichtigt man in der Praxis bei Schlägertests nicht ihre Trägheitsmomente, obwohl ihre Ermittlung experimentell recht einfach ist (Pendelversuch).
Bei Spielen ohne Schläger läßt sich das Trägheitsmoment des Stoßteils ebenfalls verändern, wenn es aus mehreren Gliedern besteht. Während kleinere Gelenkwinkel das Trägheitsmoment verringern, ist dieses bei gestreckten Stellungen am größten.

c) Eine Verringerung des Energieverlustes steigert die Ballgeschwindigkeit.
Da der Energieverlust beim Stoßvorgang eine Funktion von vielen Eigenschaften des Schlägers ist, versucht man durch neuartige Materialien und Konstruktionen den Energieverlust zu verringern. Meistens weist jedoch ein ‹schneller Schläger›, also ein Schläger mit einem geringen Energieverlust, einige negative Eigenschaften auf, so daß man einen solchen Schläger nicht ohne weiteres empfehlen kann. Im allgemeinen wird ein Kompromiß zwischen dem Energieverlust und der ‹Ballkontrolle› gesucht.

d) Die Erhöhung der Geschwindigkeit der Kontaktstelle steigert die Abfluggeschwindigkeit des Balls.
Diese Fragestellung erscheint zunächst trivial. Das Problem entsteht bei der Frage, auf welche Weise diese Erhöhung erreicht wird. Die Bewegung des stoßenden Teils setzt sich im allgemeinen aus einem translatorischen und einem rotatorischen Anteil zusammen. Diese Anteile können auch bei gleicher Geschwindigkeit der Kontaktstelle unterschiedlich sein. In solchen Fällen ist die kinetische Energie des stoßenden Teils auch unterschiedlich: Die Vergrößerung der Rotation verringert die kinetische Energie und umgekehrt – die Erhöhung des translatorischen Anteils, also der Geschwindigkeit des Schwerpunkts dieses Teils, erhöht die kinetische Energie. Im extremen Fall – beim fehlenden rotatorischen Anteil – erreicht die kinetische Energie das Maximum. Bekanntlich ist mehr Arbeit der Muskulatur erforderlich, je höher die kinetische Energie wird. Daraus kann man folgern:

e) Durch die Erhöhung des rotatorischen Anteils der Bewegung kann die Geschwindigkeit der Kontaktstelle erhöht werden.
Dies wird meistens durch ein Abbremsen des proximalen Gelenks des Stoßteils erreicht. Bei allen Aufschlägen sieht man dieses Phänomen sehr deutlich: Die fehlende rotatorische Bewegung ist ein markantes Zeichen eines mangelhaften Tennisaufschlags.
Als Alternative zur Berechnung der kinetischen Parameter des Balls, des Kontaktteils und des Reaktionsimpulses bietet sich die experimen-

telle Analyse an, auch wenn sie sehr aufwendig ist. Vorteile dieser Analyse gegenüber dem Berechnungsverfahren bestehen primär darin, daß man auf unsichere Annahmen, z. B. über den Energieverlust und die Tangentialkräfte, nicht angewiesen ist.

1.4 Bewegungskriterien bei Ballschlägen

1.4.1 Ballschlag als Optimierungsvorgang

Die Kinematik des von einem Schläger oder von einem Körperteil gestoßenen Balls hängt von den beschriebenen Einflußgrößen ab (vgl. S. 409f). Sie beziehen sich – ohne Ausnahme – auf die Kontaktzeit. Die Bedeutung der Vorgänge vor dem Balltreffen für die Kinematik des Balls wächst mit der zeitlichen und räumlichen Näherung zum Balltreffpunkt. Demnach kommt den unmittelbar davor liegenden Bewegungen der Körperteile, die als vorbereitende Bewegungen zu bezeichnen sind, die größte Bedeutung zu. Obwohl an diesen Bewegungen alle Körperteile beteiligt sind, ist den direkt am Ballkontakt beteiligten Körpergliedern größere Bedeutung als den anderen Gliedern einzuräumen.

Das Erreichen eines bestimmten kinetischen Zustands im Zeitpunkt des Balltreffens entspricht dem Optimierungsvorgang eines komplexen, gesteuerten Systems. Als ein solches System kann man das stoßende Teil mit bzw. ohne den Schläger betrachten. Es setzt sich aus einem oder mehreren Körpergliedern zusammen, hat Antriebe (Muskeln) und Steuerungsmechanismen, deren ‹Funktionsphilosophie› kaum bekannt ist. Seine Arbeitsweise könnte man durch die Zielfunktion (Optimierungskriterium) und Funktionsbedingungen (Kriterien) beschreiben. Das Problem besteht aber in der qualitativen und in der mathematischen Formulierung dieser Kriterien: Da hierfür Erkenntnisse nicht in ausreichendem Maße vorliegen, ist man auf Annahmen angewiesen. Sie müssen mit physikalischen, biomechanischen, physiologischen, neurophysiologischen u. ä. Gegebenheiten übereinstimmen und die Spezifik der Bewegung berücksichtigen. Dazu gehören z. B. Kriterien über innere Kräfte, Biegemomente der Knochen, Muskelkraftverläufe u. ä. Diese Kriterien kann man nicht exakt formulieren, man kann lediglich einen Bereich bzw. eine Grenze vorgeben. Wir beschränken uns hier auf die beschreibende Formulierung von einigen spezifischen Kriterien, die offensichtlich eine überragende Rolle bei Ballschlägen spielen.

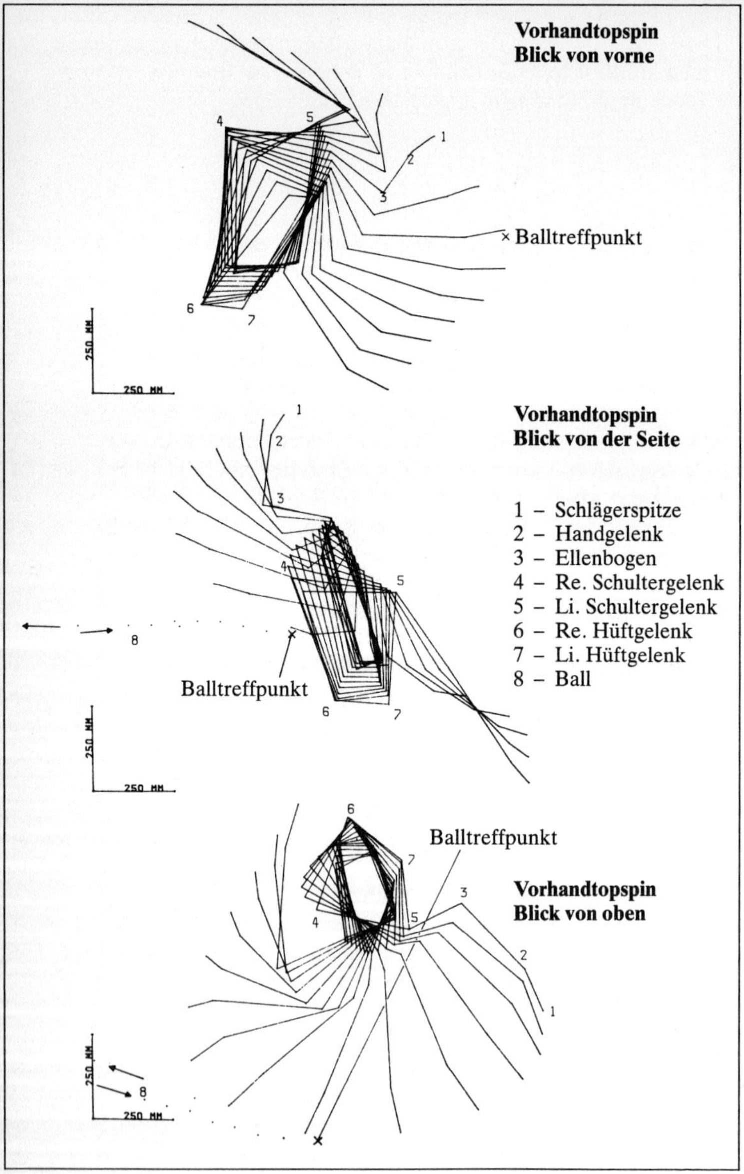

Abb. 3a, b, c: Kinegramme eines typischen Ballschlags im Tischtennis. Vorhandtopspin von Jörg Roßkopf. Bildfrequenz 60/s.

1.4.2 Beispiele von Kriterien

1. «Eine Bewegung muß so gestaltet werden, daß die Wahrscheinlichkeit eines unvorhergesehenen Ereignisses sehr gering wird.» (Stabilitätskriterium)
   Jede sportliche Bewegung ist zumindest in groben Zügen ‹vorprogrammiert›. Weicht der Bewegungsablauf von dem ‹Programm› ab bzw. werden die äußeren Bedingungen nicht berücksichtigt, kann es zu beträchtlichen Störungen in der Bewegungsausführung kommen. Typische Störungen entstehen durch:
   a) den Übergang von der Haftreibung zur Gleitreibung: Dies kann zwar bei einigen Bewegungen vorprogrammiert sein (Tennis auf AschepIätzen, Grätsche im Fußball), in der Regel ist es aber unerwünscht;
   b) das Auftreten von Kraftmomenten, die die Bewegung so verändern, daß die Rückkehr zur beabsichtigten Bewegung unmöglich wird: Eine Bewegung ist u. a. eine Funktion der Stelle, wo die Bodenkraft wirkt, also wo der Fuß bzw. die Füße sich befinden. Die Variationsmöglichkeiten einer gezielten Bewegung sind also durch die Fußstellung maßgeblich beeinflußt. Stehen z. B. bei einem Tennisaufschlag die Füße eng zusammen, so resultieren daraus weniger Bewegungsmöglichkeiten als aus einem breitbeinigen Stand;
   c) die Einwirkung des Gegenspieler.
2. «Die maximalen Beschleunigungen der stoßenden Massen sind durch die biomechanischen Eigenschaften der beteiligten Glieder limitiert.» (Kriterium der limitierten Beschleunigungen)
   Dieses allgemein formulierte Kriterium soll zum Ausdruck bringen, daß die inneren Kräfte und Momente in den Muskeln, Gelenken, Knochen, Bändern u. ä. begrenzte Werte erreichen können. Sie können, aufgrund der biologischen Streuung und des Trainingszustands, sehr unterschiedlich sein und sind zum größten Teil bisher unbekannt. Man muß sie aber in den Optimierungsverfahren berücksichtigen, um unrealistische Bewegungsvarianten zu eliminieren.
3. «Der Einsatz der Muskulatur wird so gestaltet, daß die entstehenden Trägheitskräfte das Erreichen des Bewegungsziels begünstigen.» (Kriterium der Ausnutzung der Trägheitskräfte)
   Ein einfaches Beispiel soll die Bedeutung dieses Kriteriums verdeutlichen: Wird das zum stoßenden Glied proximal liegende Glied abgebremst, dann entsteht in dem gemeinsamen Gelenk eine Kraft, die die Bewegung des stoßenden Gliedes verändert. Um den Fall möglichst einfach darstellen zu können, wird unterstellt, daß diese Kraft senkrecht zur Längsachse des Gliedes gerichtet ist und entgegen der Bewegungsrichtung seines Schwerpunkts wirkt.
   Sie bewirkt folgendes:

- Der Schwerpunkt wird abgebremst, also seine Geschwindigkeit vermindert;
- das Moment von dieser Kraft um die Schwerpunktachse verursacht die Rotation des Gliedes;
- das dorsale Gelenk wird beschleunigt.

Dieser Vorgang erfolgt ohne Beteiligung der Muskulatur an dem betroffenen Gelenk; die Trägheitskräfte (auch Massen- bzw. Beschleunigungskräfte genannt) des vorletzten Gliedes sind die Ursache einer günstigen Bewegungsgestaltung. Sie wiederum entstehen durch die Muskelkräfte des vorletzten oder auch drittletzten Gliedes. Der Einsatz der Muskulatur des letzten Gliedes wird natürlich diesen Effekt verstärken. Das vielleicht bekannteste Beispiel dafür ist die Schlägerbewegung beim Aufschlag im Tennis kurz vor dem Balltreffen (siehe Abb. 2 – Ansicht von der Seite). Durch Abbremsen der Hand erhöht sich die Winkelgeschwindigkeit des Schlägers und damit die Geschwindigkeit des Balltreffpunktes. Ein fehlendes Abbremsen ist die Hauptursache für einen fehlerhaften Aufschlag. Es ist erstaunlich, daß dies auch bei Spielern der Weltklasse zu sehen ist.

Ein anderes Beispiel für die Ausnutzung der Trägheitskräfte ist die Schleife, die die Hand bei der Ausholbewegung zum Aufschlag im Tennis ausführt: Der Schläger, ähnlich einem Pendel, läßt sich gut beschleunigen, wenn man die Krafteinwirkung mit seinen Trägheitskräften synchronisiert.

4. «Der Beschleunigungsvorgang der Schlagfläche soll im Moment des Ballkontakts bereits abgeschlossen sein.» (Kriterium des abgeschlossenen Beschleunigungsvorgangs)
   Dieses Kriterium besagt, daß im Moment des Ballkontakts die maximale Geschwindigkeit auftreten sollte. Es handelt sich dabei um:
   - das Erreichen der maximalen Geschwindigkeit, die dem Abschluß des Beschleunigungsvorgangs entspricht;
   - eine möglichst kleine Abweichung vom Geschwindigkeitsmaximum des Schlägers bzw. der Hand, falls der Ball nicht im beabsichtigten Zeit- bzw. Raumpunkt getroffen wird. In der direkten Umgebung der maximalen Geschwindigkeit ist der absolute Wert der Beschleunigung kleiner als in den weiter von ihr entfernten Bereichen. Dies bedeutet, daß beim gleichen zeitlichen Fehler bezüglich des Balltreffens die Abweichung der Geschwindigkeit vom Sollwert auch geringer ist.
5. «Zwischen der maximalen Beschleunigung des Schlägers und dem Balltreffpunkt soll eine möglichst große Zeitspanne sein.» (Kriterium des zeitlichen Abstands der maximalen Beschleunigung zum Balltreffpunkt)
   Dieses Kriterium ist eine Erweiterung des letzten Kriteriums und ergibt sich ebenfalls aus den Genauigkeitsanforderungen. Der frühe Zeitpunkt

der maximalen Beschleunigung hat zur Folge, daß man nicht gezwungen ist, kurz vor dem Balltreffen noch stark zu beschleunigen. Frühe Antizipation des Balls, sofortige Bewegungsanleitung und ein langer Weg des Schlägers bis zum Balltreffpunkt maximieren diesen Abstand.

6. «Die Krümmung der Bewegungsbahn der Ballkontaktfläche des stoßenden Gliedes soll stetig reduziert werden und am Balltreffpunkt ihr Minimum erreichen.» (Kriterium der Reduktion der Bahnkrümmungen)
Auch dieses Kriterium ergibt sich primär aus den Anforderungen an die Genauigkeit des Schlages. Eine starke Krümmung der Bahn bedeutet eine schnelle Änderung der Bewegungsrichtung. Da der beabsichtigte Balltreffpunkt nie exakt erreicht wird, ist der Fehler, der daraus resultiert, auch groß. Weist die Bahn in der Gegend des Balltreffpunktes keine Krümmung auf, wird der Schlag genauer. Der Fehler, der durch veränderte Neigung der Schlagfläche entsteht, wird also minimiert.

Diese Kriterien kann man nicht wahllos auf jede Schlagart anwenden. Im konkreten Fall muß man eine gezielte Auswahl treffen, die der Spezifik der Rahmenbedingungen für diese Bewegung entsprechen. Es ist zu erwarten, daß mit der Verbreitung der mathematischen Optimierungsmethoden weitere Kriterien aufgestellt und überprüft werden.

Erich Kollath

2 Technikanalysen in den Sportspielen

Neben verschiedenen anderen Einflußgrößen wird die sportliche Leistung eines einzelnen oder einer Mannschaft in den Sportspielen durch technische Fertigkeiten beeinflußt. In der Vergangenheit beruhte das Erlernen und Verbessern sportlicher Techniken fast ausschließlich auf der Basis subjektiver Einschätzungen und dem Erfahrungswissen des Trainers. Gerade in den Sportspielen vollzieht sich jedoch gegenwärtig diesbezüglich ein spürbarer Wandel. In immer stärkerem Maße werden die Möglichkeiten der Biomechanik genutzt, um an Hand quantitativer Meßdaten objektive Informationen über die sportliche Technik zu erhalten.

Im Vergleich zur Leichtathletik oder zum Turnen ist die Zahl derzeit vorliegender biomechanischer Analysen in den Sportspielen noch gering. Dies liegt einerseits daran, daß man in den zuerst genannten Disziplinen bereits frühzeitig den Wert biomechanischer Informationen erkannt und vielfältige Aktivitäten entwickelt hat. Andererseits wird in den Sportspielen der Kondition und vor allem der Taktik im Hinblick auf die sportliche Leistung ein hoher Stellenwert eingeräumt. Als Folge davon wurden experimentelle Untersuchungen der Technik vielfach vernachlässigt.

Im Mittelpunkt des vorliegenden Beitrags steht die Darstellung von Ergebnissen aus Technikanalysen verschiedener Sportspiele. Neben der reinen Präsentation von Meßresultaten wird dabei auch auf deren Praxisbezug eingegangen. Da aus vielen Disziplinen leider nur vereinzelte Beiträge vorliegen, werden hier lediglich die Sportspiele angesprochen, die öfters aus biomechanischer Sicht untersucht wurden: dies sind Fußball, Handball, Volleyball und Badminton. Die folgenden Aussagen sind nicht nach Problemstellungen, sondern überwiegend den jeweiligen Techniken entsprechend geordnet. Dabei wird dem Leser durch die lose Aneinanderreihung wesentlich erscheinender Ansätze und Ergebnisse ein Überblick über derzeit vorliegende biomechanische Analysen in den erwähnten Sportspielen ermöglicht.

2.1 Fußball

Das Erlernen fußballspezifischer Techniken wurde lange Zeit vorwiegend durch die subjektiven Vorstellungen des Trainers geprägt. Erst in jüngster Vergangenheit haben sich etliche Untersucher mit der Analyse typischer Bewegungen dieser Sportart befaßt. Die überwiegend aus dem angloamerikanischen Sprachraum stammenden Autoren widmen sich dabei der Schußbewegung, dem Kopfballspiel sowie dem Einwurf.

2.1.1 Die Schußbewegung

Zur Schußbewegung liegt eine Vielzahl verschieden ausgerichteter Analysen vor, wovon einige wesentliche hier angesprochen werden. Stoner/Ben-Sira (1981) untersuchten Unterschiede in der Schußbewegung auf mittlere (25 m) und lange Entfernung (45 m) bei sieben Profispielern. Erwartungsgemäß stellte sich heraus, daß hierbei die mechanische Energie von Rumpf, oberer Extremität und Standbein generell zugunsten der Energie des Schußbeins abnahm. Bei Schüssen über die weitere Distanz war die Bewegungsamplitude im Hüftgelenk größer und der letzte Anlaufschritt länger als bei den Schüssen über 25 m. Das Maß an Kniegelenkstreckung zeigte jedoch bei beiden Varianten keine Unterschiede.

Einen aufwendigen Versuchsaufbau wählten Roberts/Metcalfe (1967), die Schußbewegungen von Spielern verschiedenen Leistungsniveaus sowohl von vorne, von der Seite als auch von oben filmisch registrierten. Dabei wird deutlich (siehe Abb. 1), daß sich die Fußspitze beim Spannstoß keinesfalls, wie vielfach angenommen, geradlinig, sondern auf einer bogenförmigen Bahn zum Ball bewegt. Daher bedarf eine exakte kinematische Analyse dieser Schußtechnik einer dreidimensionalen Versuchsanordnung. Die Autoren kommen zu dem Ergebnis, daß ein schräger Anlauf zum Ball durch eine intensive Hüftdrehung die für die Ballgeschwindigkeit wichtige laterale Fußbewegung auf Schußbeinseite begünstigt. Weiter stellen sie fest, daß bei einem ‹guten› Treffen des Balls dessen Maximalgeschwindigkeit die des Fußes um 18–25 km/h übersteigen kann.

Abb. 1: Aufsicht auf die Schußbewegung mit Hervorhebung des Weges der Fußspitze (Roberts/Metcalfe 1967)

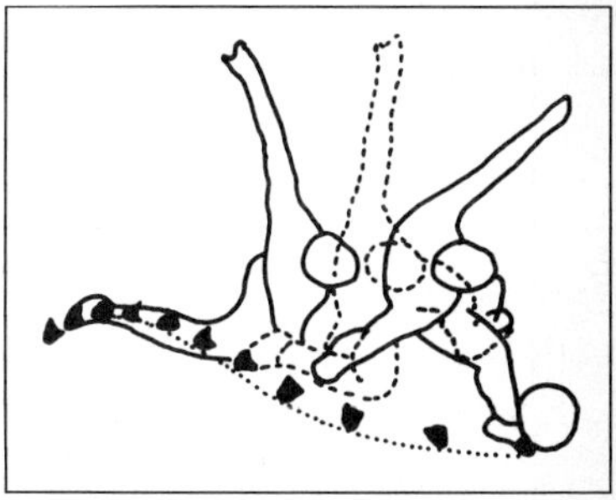

Nach PLAGENHOEF (1971) sind für maximale Ballgeschwindigkeiten beim Spannstoß sowohl die zeitliche Abstimmung der Geschwindigkeitserhöhung und -verringerung von Ober-, Unterschenkel und Fuß des Spielbeins als auch das Treffen des Fußes auf den Ball wichtig. Wird der Oberschenkel schnell abgebremst, so ist zur darauffolgenden Beschleunigung des Unterschenkels weniger Muskelkraft erforderlich. Wird umgekehrt weniger Muskelkraft zur Abbremsung des Oberschenkels aufgebracht, so müssen die Unterschenkelstrecker zur Erreichung einer gleich großen Geschwindigkeit überaus mehr Kraft entwickeln. In diesen Zusammenhängen sieht PLAGENHOEF auch Ursachen von Muskelverletzungen. Es wird deutlich, daß man die Bewegungen der Einzelglieder des mechanisch als offene kinematische Kette anzusehenden Schußbeins nicht isoliert sehen darf. Die Änderung des Bewegungszustandes eines Segments wirkt sich auch auf den der übrigen Teilkörper aus.
Bei einer am Institut für Biomechanik in Köln durchgeführten Untersuchung hatten vier Bundesliga- und zwei Amateurspieler die Aufgabe, Schüsse mit maximaler Geschwindigkeit auszuführen. Dabei wurde speziell der Geschwindigkeits-Zeit-Verlauf bestimmter Gelenkachsenpunkte und der Augenblick des Balltreffpunktes untersucht. Ein Beispiel des kinematografisch bestimmten zeitlichen Verlaufs der Geschwindigkeit von Hüft-, Kniegelenk, Knöchel und Fußspitze des Spielbeins ist Abbildung 2 zu entnehmen.

Abb. 2: Geschwindigkeitsverlauf von Hüfte, Knie, Knöchel und Fußspitze bei einem Spannstoß des Nationalspielers L. M. (KOLLATH 1983b)

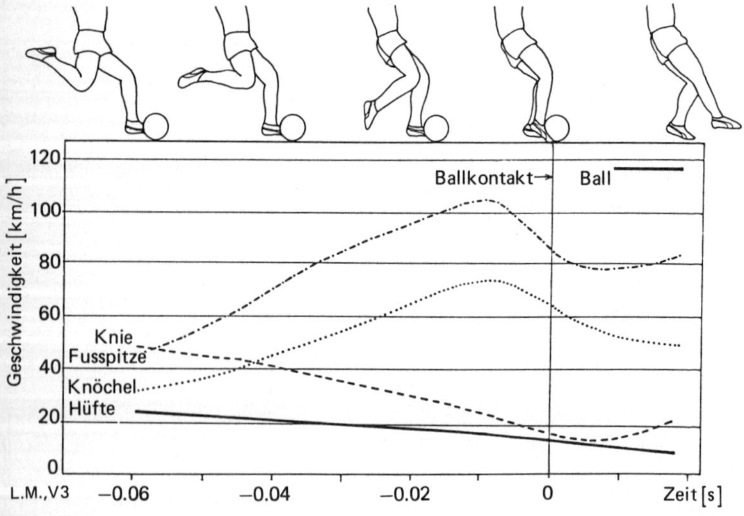

Aus dieser Grafik geht hervor, daß bereits am Anfang des Vorschwingens des Spielbeins der Oberschenkel abgebremst und langsamer vorwärts bewegt wird als der Unterschenkel. Knöchel und Fußspitze hingegen erreichen zunehmend größere Geschwindigkeiten, deren Maxima hier etwa 0.01 s vor dem Ballkontakt auftreten. Das gesamte Bein hat demnach zum Zeitpunkt der ersten Ballberührung durch den Fuß bereits eine geringere Geschwindigkeit als zuvor. Dies ist auf den Einsatz der kniegelenkbeugenden Muskulatur zurückzuführen, welche in dieser Phase gleichsam mit den Kniestreckern aktiv ist. Durch die kurzzeitige Anspannung von Ober-, Unterschenkel- und auch Fußmuskulatur wird die Voraussetzung für eine günstige Impulsübertragung der Körperbewegung auf den Ball geschaffen. Zur Beantwortung der zweiten Fragestellung dieses Beitrags werden von der gleichen Untersuchung nun je drei Filmbilder der Treffphase eines gelungenen (Profi L. M., 118 km/h) und eines mißlungenen Versuchs (Amateur W. P., 95 km/h) gegenübergestellt (siehe Abb. 3).
Während der Ball vom Profi korrekt mit dem Spann getroffen wird, trifft der Amateur hier den Ball eher mit dem Vorderfuß. Dies führt zu einer verletzungsträchtigen Überstreckung des Fußes, woraus wegen einer schlechteren Impulsübertragung und zudem geringeren Geschwindigkeit des Spielbeins eine verminderte Ballgeschwindigkeit resultiert. Für das Training dieser Schußtechnik kann demnach empfohlen werden, durch

Abb. 3: Fußhaltungen während der Treffphase beim Spannstoß; obere Reihe Amateur W. P., untere Reihe Nationalspieler L. M.

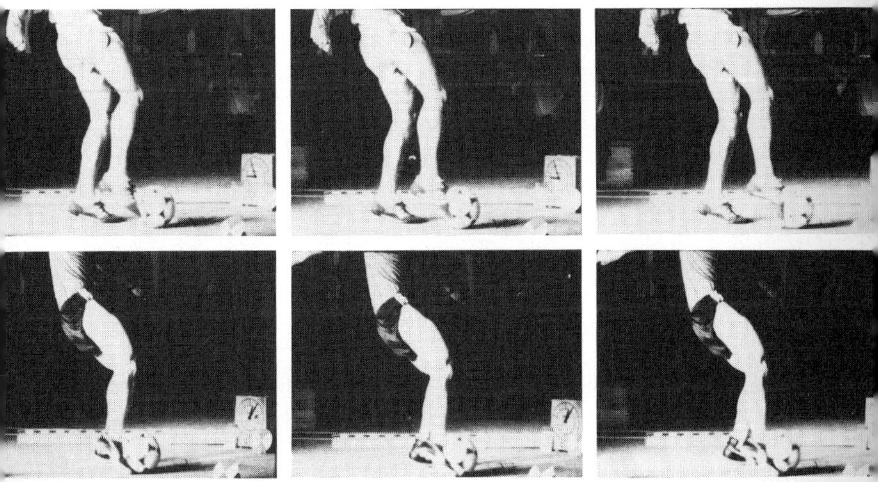

eine zunächst langsamere Ausholbewegung die Konzentration auf das Treffen des Balls mit dem Fußspann zu erleichtern. Erst nachdem ein hohes Maß an Treffsicherheit besteht, sollte über eine schnellere Spielbeinbewegung eine weitere Erhöhung der Ballgeschwindigkeit angestrebt werden.

Neben diesen exemplarischen biomechanisch ausgerichteten Betrachtungen wurden alle Schußversuche dieser Untersuchung auch einer statistischen Analyse unterzogen. Hieraus ergeben sich nach ASAMI/NOLTE (1983) die folgenden praxisnahen Empfehlungen:

- Je größer die Fußgeschwindigkeit vor dem Ballkontakt und je kürzer die Kontaktzeit Fuß/Ball ist, desto größer ist auch die Ballgeschwindigkeit;
- je mehr der Ball im Bereich des Vorderfußes getroffen wird und je mehr der Fuß dadurch überstreckt wird, desto geringer ist die Ballgeschwindigkeit.

Demnach ist das Starrhalten des Fußes während des Ballkontaktes im Hinblick auf das Erreichen einer maximalen Ballgeschwindigkeit wirkungsvoller als z. B. die oft zitierte Fixierung des oberen Sprunggelenks.

2.1.2 Das Kopfballspiel

Auf das Kopfballspiel bezogene Messungen zielen neben einer Betrachtung der Technik auch zumeist auf mögliche Gefährdungen des Spielers hierbei ab. Für diese weist TOWNEND (1987) auf der Grundlage eines mechanischen Modells nach, daß leichtere Spieler infolge ihrer geringeren Körpermasse unter gleichen Bedingungen einem größeren Impuls ausgesetzt sind als schwere Spieler. Während die Masse von Kopf und Ball sowie deren Stoßzahl modellmäßig festgelegt sind, ist allein die für den Impuls wesentliche Geschwindigkeit des Balls relativ zum Kopf durch den Spieler selbst kontrollierbar.

Unter Zuhilfenahme von Beschleunigungsmessern bestimmten BURSLEM/LEES (1987) Beschleunigungen und Verzögerungen des Kopfes beim Kopfballspiel. Zur Interpretation der Meßwerte wurden zeitgleich Filmaufnahmen durchgeführt. Als Probanden standen sowohl geübte als auch ungeübte Fußballspieler zur Verfügung. Die Ergebnisse der negativen Beschleunigung des Kopfes beim Ballkontakt weisen eine erstaunlich große Streubreite auf. Hohe Werte bei ungeübten Probanden werden auf mangelnde Fähigkeiten zurückgeführt, unmittelbar vor und während des Ballkontaktes den Kopf zu fixieren.

In diesem Zusammenhang vertritt TYSVAER (1985) die Meinung, daß durch eine verbesserte Kopfballtechnik Verletzungen minimiert werden und Muskulatur, Bandscheiben und Bänder in der betreffenden Körperregion die äußeren Kräfte aufnehmen.

2.1.3 Der Einwurf

Da ein besonders weiter Einwurf zweifelsohne zu spieltaktischen Vorteilen führen kann, wurde diese Bewegung auch aus biomechanischer Sicht untersucht. LEVENDUSKY et al. (1985) fanden heraus, daß bei Abflugwinkeln zwischen 25 und 30 Grad maximale Winkelgeschwindigkeiten der beteiligten Körpersegmente erreicht werden. Dies führt zu einer Zunahme der Abfluggeschwindigkeit des Balls, die ihrerseits die Wurfweite stark beeinflußt.

MESSIER/BRODY (1986) stellten fest, daß eine schnelle Rumpfbewegung sowie intensive Schulter- und Ellbogenstreckung vor dem Abwurf einen bedeutenden Einfluß auf weitenbestimmende Parameter ausüben. Dem Einwurf nach einem Handstand-Überschlag werden potentiell bessere Möglichkeiten zum Erreichen großer Weiten eingeräumt als der konventionellen Technik.

Ergebnissen einer kinematisch-dynamischen Analyse von KOLLATH/SCHWIRTZ (1987) zufolge sind Einwürfe aus dem Stand und mit Anlauf durch ein überaus heterogenes äußeres Erscheinungsbild gekennzeichnet. Auf Weitenverbesserungen abgezielte Technikhinweise sollten sich daher nicht überwiegend auf die Geometrie der Körperhaltung beziehen. Als besonders weitenfördernd stellte sich eine hohe Beschleunigung des Balls unmittelbar vor dem Abwurf heraus (s. Abb. 4).

Abb. 4: Geschwindigkeits-Zeit-Verlauf des Balls beim Einwurf mit Anlauf (KOLLATH/SCHWIRTZ 1987)

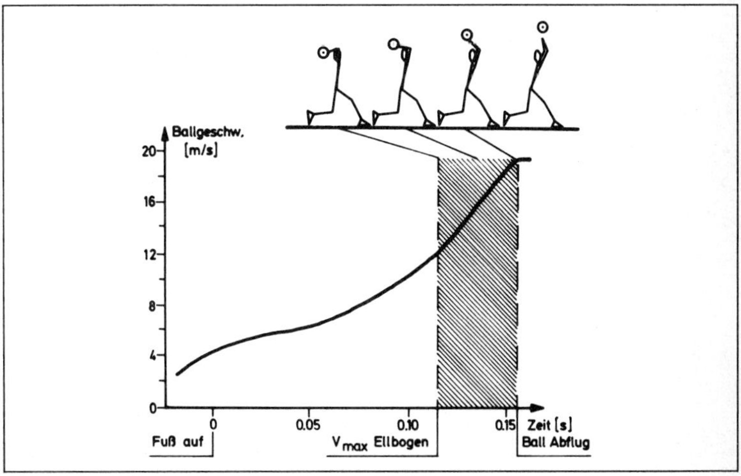

Neben der bereits aufgrund mechanischer Überlegungen wichtigen Abfluggeschwindigkeit des Balls ist im Hinblick auf eine große Wurfweite für den Praktiker zudem folgendes wissenswert:
Beim Einwurf aus dem Stand sind ein schnelles Vorschieben der Hüfte beim Ausholen und eine bei gleichem Beschleunigungsweg verkürzte Abwurfzeit anzustreben. Beim Einwurf mit Anlauf ist auf eine hohe Anlaufgeschwindigkeit sowie einen längeren Beschleunigungsweg des Balls während einer längeren Abwurfzeit zu achten. Hierzu trägt ein tieferes rückwärtiges Absenken des Balls zu Beginn des Abwurfs bei. Technikhinweise des Trainers sollten sich weniger auf Gelenkwinkel von Beinen, Rumpf und Armen, sondern mehr auf die dominanten Größen Abflugwinkel und -geschwindigkeit des Balls beziehen.

2.2 Handball

Verständlicherweise befassen sich biomechanische Untersuchungen des Handballsports vorrangig mit den dort üblichen Wurfarten. Eine Durchsicht einschlägiger Literaturbeiträge macht deutlich, daß die Autoren auf unterschiedliche Weise vorgehen. Überwiegend wird ein eher ganzheitlicher Ansatz gewählt, wobei mehr das Resultat der Wurfbewegung im Vordergrund steht. Hierbei interessieren vorrangig die erzielte Ballgeschwindigkeit, die Zielgenauigkeit, der Effekt unterschiedlich schwerer Handbälle oder die Dauer der Wurfbewegung. Andererseits wird detailliert auf das Zusammenwirken der einzelnen Armsegmente beim Wurf eingegangen. Derartig spezielle Ansätze sind primär darauf ausgerichtet, Grundsätzliches über den untersuchten Bewegungsablauf zu erkunden.

2.2.1 Ganzheitliche Analysen verschiedener Wurftechniken

In keiner der hier aufgeführten Literaturbeiträge fehlt die Angabe der erreichten Ballgeschwindigkeit. Um diese interessante Größe zu bestimmen, bedienen sich die Autoren verschiedener Meßmethoden: Überwiegend kamen Lichtschranken zum Einsatz, bisweilen geschah dies aber auch durch die Auswertung von Hochfrequenzfilmen oder den Einsatz einer Kraftmeßplatte. Tabelle 1 ermöglicht einen Überblick über Maxima und Mittelwerte der gemessenen Ballgeschwindigkeiten bei männlichen und weiblichen Spielern verschiedenen Leistungsniveaus.
Die höchsten Werte stammen aus einer Untersuchung von Teske (1972), an

Autor (Jahr)	**Spielklasse**	**Ballgeschwindigkeit Maximum**	**[m/s] Mittelwert**
Tworozylo/ Zarek (1970)	keine Angabe, M	23.8	21.8
Teske (1972)	Bundesliga, M	31.2	26.2
Küster (1973)	Verbands- und Regionalliga, F	18.6	15.9
Kastner/Pollany/ Sobotka (1978)	Fortgeschrittene und nat. Spitzenklasse, M	26.1	18.5
Olberg (1979)	Oberliga, M	26.0	18.0
Kröger (1987)	Kreisklasse bis Bundesliga, M	26.1	22.4

Tab. 1: Maximale und mittlere Ballgeschwindigkeiten bei männlichen (M) und weiblichen (W) Handballspielern

der nur Bundesligaspieler teilnahmen. Deren Aufgabe bestand allein darin, bei freigestellter Technik aus dem Stand oder mit Anlauf den Handball mit größtmöglicher Geschwindigkeit gegen eine Torwand zu werfen. Die zwölf Besten erreichten dabei 27.9–31.2 m/s (100.5–112.3 km/h).
Geringere Ballgeschwindigkeiten ergaben sich bei den übrigen Messungen hauptsächlich aus zwei Gründen: Zum einen gehörten die Spieler nicht ausschließlich der höchsten Spielklasse an, zum anderen hatten die Probanden stets zusätzliche Vorgaben zu erfüllen, die das Erreichen höherer Ballgeschwindigkeiten erschwerten.
Ohne auf Details der Technik näher einzugehen, untersuchten Tworozylo und Zarek (1970) die erreichten Ballgeschwindigkeiten bei sieben nicht näher beschriebenen Wurfarten. Dabei stellte sich heraus, daß die Probanden beim Schlagwurf aus dem Lauf ohne Stemmschritt die größten Ballgeschwindigkeiten erreichten.
Küster (1973) befaßte sich mit der Frage, ob die Ballgeschwindigkeit bei Handballspielerinnen unterschiedlichen Leistungsniveaus gesteigert werden kann. Um dies zu erreichen, wurden im Training von vier Probandengruppen Bälle mit einer Masse von 600 g benutzt, die somit deutlich schwerer waren als die Wettkampfbälle (Masse 325–400 g). Diese Maßnahme führte jedoch nur bei den ranghöchsten Spielerinnen der Regionalliga zu signifikanten Steigerungen der Ballgeschwindigkeit von 14.5 m/s auf 15.6 m/s. Mögliche Änderungen des Bewegungsablaufs wurden leider nicht berücksichtigt.
Olberg (1979) ging der praxisnahen Frage nach, ob bei Schlagwürfen aus dem Stand auf vier Zielpunkte im Tor (oben rechts, unten rechts, oben links und unten links) ein Zusammenhang zwischen Ballgeschwindigkeit

und exakt quantifizierter Wurfgenauigkeit besteht. Es wurden Rückraum- und Kreisspieler einer Oberligamannschaft untersucht. Die Auswertung ergab folgende Ergebnisse:

- Würfe auf die Ziele ‹unten› erfolgen mit signifikant höheren Ballgeschwindigkeiten als auf die Ziele ‹oben›.
- Rückraumspieler erreichen hochsignifikant höhere Ballgeschwindigkeiten als Kreisspieler.
- In bezug auf die Wurfgenauigkeit ergeben sich zwischen den vier Zielpunkten keine Unterschiede.
- Die Rückraumspieler erzielen signifikant höhere Punktzahlen und werfen damit präziser als die Kreisspieler.

Als Erklärung führt der Autor auf, daß ein Rückraumspieler in der Lage sein muß, auch aus ungünstiger Position (weite Entfernung zum Tor, Behinderung durch den Gegner) erfolgreich zu sein. Er erhält in Training und Wettkampf somit mehr Gelegenheit, seine Wurfhärte und -genauigkeit zu schulen als der Kreisspieler. Dieser benötigt nicht ein derart hohes Maß an Ballgeschwindigkeit und Präzision wie der Rückraumspieler. Dennoch sollte ein derartiges Ergebnis den Trainer dazu veranlassen, das bestehende Ungleichgewicht beider Spielpositionen abzubauen. Insbesondere ist eine Verbesserung der Wurfgenauigkeit des Kreisspielers in spielnahen Situationen anzustreben, da allein schon hierdurch auch ohne größere Ballgeschwindigkeit eine höhere Trefferquote erwartet werden kann.

KASTNER/POLLANY/SOBOTKA (1978) untersuchten zwei Varianten des Schlagwurfs: die klassische Form mit langer Ausholbewegung und die mit verkürzter Ausholbewegung. Der Ball wird dabei jeweils entweder kopfhoch oder hüfthoch abgeworfen. Während die erstgenannte Ausführung zumeist von Anfängern und mäßig Fortgeschrittenen angewandt wird, sieht man die zweite Form fast ausschließlich nur bei höherklassigen Spielern. Die Ergebnisse von Wurfzeit und Ballgeschwindigkeit der Gruppen ‹Meisterstufe› (12 Spieler der höchsten österreichischen Spielklasse, 96 Würfe) und ‹Fortgeschrittene› (13 wöchentlich einmal trainierende Studenten, 104 Würfe) sind Tabelle 2 zu entnehmen.

Erwartungsgemäß unterscheidet sich die Bewegungsdauer der Varianten ‹kurz› und ‹lang› in beiden Gruppen hochsignifikant voneinander. Beim kopfhohen Schlagwurf führt die verkürzte Ausholbewegung jeweils zu deutlich geringeren Ballgeschwindigkeiten. Dies gilt bei der hüfthohen Ausführung jedoch nur für die ‹Fortgeschrittenen›. Den leistungsstärkeren Spielern gelingt es trotz deutlich kürzerer Zeit für die Ausholbewegung, den Ball im Mittel nur geringfügig langsamer (17.2 m/s gegenüber 17.9 m/s) abzuwerfen. Hieraus ziehen die Autoren folgende Schlußfolgerungen:

1. Beim *Paßspiel* über größere Distanzen bietet die längere Ausholbewegung Vorteile. Die Genauigkeit wird erhöht und die Flugzeit des Balls wegen der größeren Ballgeschwindigkeit verringert. Das Passen über

Wurfform	**Meisterstufe**		**Fortgeschrittene**	
	t_W **[s]**	v_B **[m/s]**	t_W **[s]**	v_B **[m/s]**
Schlagwurf kopfhoch lange Ausholbewegung	1.09	20.3	1.11	18.4
Schlagwurf kopfhoch kurze Ausholbewegung	0.80	18.5	0.86	16.4
Schlagwurf hüfthoch lange Ausholbewegung	1.22	17.9	1.04	17.2
Schlagwurf hüfthoch kurze Ausholbewegung	0.85	17.0	0.74	15.7

Tab. 2: Mittelwerte von Wurfzeit t_W und Ballgeschwindigkeit v_B bei verschiedenen Wurfformen in unterschiedlichen Leistungsklassen (KASTNER/POLLANY/SOBOTKA 1978)

geringere Distanzen sollte durch verkürztes Ausholen gekennzeichnet sein. Die engere Deckung erfordert ein schnelleres Kombinationsspiel, wobei die Flugzeit des Balls wegen der kurzen Distanzen von untergeordneter Bedeutung ist.

2. Beim *Torwurf* kommt der Wurf mit längerer Ausholbewegung nur dann in Frage, wenn sich der Torhüter in einer ungünstigen Abwehrposition befindet (z. B. versperrte Sicht). In Wahlsituationen sollte der kopfhohe gegenüber dem hüfthohen Schlagwurf bevorzugt werden, da hierbei aus kürzerer Bewegungszeit höhere Ballgeschwindigkeiten erzielt werden.

Im Wettkampf dominieren sowohl beim Paßspiel als auch beim Torwurf die ‹kurzen› Würfe. Dies sollte jedoch nicht zu einer Geringschätzung der Variante ‹lang› verleiten. Insbesondere bei der Einleitung eines Schnellangriffs, einem wesentlichen Faktor für Erfolg oder Mißerfolg im heutigen Hallenhandball, ist die Beherrschung eines gleichsam präzise und schnell durchgeführten weiten Zuspiels unerläßlich und daher nicht allein auf den Anfängerbereich zu begrenzen.

2.2.2 Analysen der Armbewegung bei verschiedenen Wurftechniken

Während in den bisher genannten Beiträgen die Wurftechnik mehr als ganzheitliches Phänomen betrachtet wurde, sollen nunmehr detaillierte biomechanische Analysen der Armbewegung bei verschiedenen Wurfformen im Handball vorgestellt werden.

In einer umfangreichen Abhandlung befaßt sich MÜLLER (1982) mit dem

Stemmwurf aus dem Stand und dem Sprungwurf bei Werfern unterschiedlichen Leistungsniveaus. Ferner wird auf mögliche Änderungen des Bewegungsablaufs durch Verwendung eines schwereren 800-g-Balls im Gegensatz zum 500-g-Ball eingegangen. Der Autor bedient sich sowohl der Hochfrequenz-Kinematografie zur Berechnung von Weg, Geschwindigkeit und Beschleunigung definierter Gelenkachsenpunkte als auch der Elektromyografie zur Messung der elektrischen Aktivitäten von Agonisten und Antagonisten des Ober-, Unterarms und der Hand.
In Abbildung 5 ist der Geschwindigkeits- und Beschleunigungs-Zeit-Verlauf von sechs Auswertpunkten bei einem Sprungwurf eines Spielers der europäischen Spitzenklasse dargestellt.
Der zeitliche Verlauf der sechs Kennpunkte ist durch ein stetiges Ansteigen bis zum Maximum und nachfolgenden Geschwindigkeitsrückgang gekennzeichnet. Die Maxima von Geschwindigkeit und Beschleunigung vergrößern sich distalorientiert. Zu einer starken Beschleunigung von Mittelhand und Ball tragen jedoch nicht nur die zeitlich aufeinanderfolgenden Maximalgeschwindigkeiten von Hüfte, Schulter, Ellbogen und Handgelenk bei, sondern auch die Verzögerungen von Ellbogen und Handgelenk. Müller belegt quantitativ, daß dieser Effekt beim Stemmwurf eines leistungsschwächeren Spielers in deutlich geringerem Maße auftritt.
Aus den Elektromyogrammen kann entnommen werden, daß im Idealfall der Agonist bis zum Geschwindigkeitsmaximum des jeweiligen Gliedes maximal kontrahiert wird und anschließend durch maximalen Einsatz des Antagonisten abgelöst wird. Als besonders auffällig muß herausgestellt werden, daß die Extensoren des Handgelenks bei den leistungsschwächeren Spielern in deutlich geringerem Maße eingesetzt werden als bei den besseren Spielern. Hier wird offensichtlich der geschwindigkeitserhöhende Verzögerungseffekt der antagonistischen Muskulatur nicht vollwertig genutzt.
Würfe mit dem wesentlich schwereren 800-g-Trainingsball sind durch veränderte Koordinationsmuster gekennzeichnet. Dies trifft für alle Leistungsklassen zu, am gravierendsten jedoch für die Spieler niederen Niveaus. Insbesondere für das Training Jugendlicher dürfte daher dieser Ball ungeeignet sein. Abschließend wird empfohlen, in ein spezielles Krafttraining neben den Agonisten verstärkt auch die Antagonisten einzubeziehen.
Delamarche et al. (1987) vertreten die Auffassung, daß in bisherigen biomechanischen Untersuchungen zum Schlagwurf im Handball die Armdrehung in bezug zum Rumpf vernachlässigt wurde. Um hierüber Näheres in Erfahrung zu bringen, wurden 25 Wurfversuche von fünf französischen Spitzenspielern durch Verwendung einer Stroboskopanlage und zweier Fotokameras aufgezeichnet und kinematisch ausgewertet. Dabei stellte sich heraus, daß der Wurfarm zunächst passiv durch das Vorschieben des Rumpfes in Drehung versetzt wird. Etwa 40 ms vor dem Abwurf kehrt sich

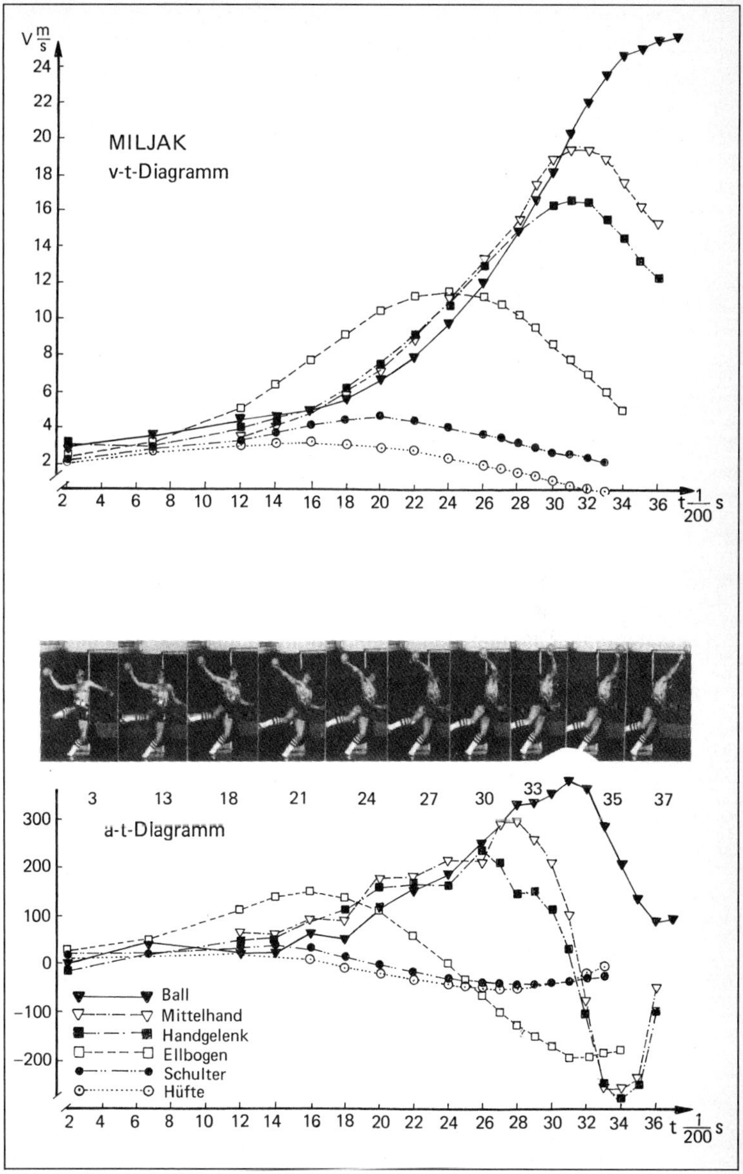

Abb. 5: Geschwindigkeits- und Beschleunigungs-Zeit-Diagramm eines Sprungwurfs (MÜLLER 1982)

diese Bewegung plötzlich in eine aktive Rotation des Oberarms um, die bis nach dem Abwurf anhält. Die Autoren kommen zu dem Ergebnis, daß die Qualität der Verknüpfung von äußerer und innerer Rotation des Arms zweifelsohne die Wirksamkeit eines Schlagwurfs beeinflußt.

Ebenfalls Aussagen zu Teilkörperbewegungen des Oberarms beim Wurf enthält eine Untersuchung von KRÖGER (1987). Hieran nahmen je zwei Spieler aus den acht Klassen von der 1. Bundesliga bis zur Kreisklasse teil. Es handelt sich dabei um eine dreidimensionale Videoanalyse des Schlagwurfs, die bewußt an Vertretern verschiedener Leistungsklassen vorgenommen wurde. Eine Zielstellung dieses Beitrags besteht darin, folgende von TUTJOWITSCH (1976) formulierte Modellvorstellungen am Beispiel des Schlagwurfs zu überprüfen:

- Die Reihenfolge im Antrieb jeder Masse muß eingehalten werden, wobei mit der größten Masse begonnen werden muß;
- der Antrieb der letzten Masse soll dann beginnen, wenn die Geschwindigkeit der vorangehenden Masse ihr Maximum erreicht hat;
- die Geschwindigkeit der letzten Masse soll in jenem Augenblick maximal werden, wenn die Geschwindigkeit der vorangehenden Masse auf Null absinkt.

Trotz heterogenen Untersuchungsgutes stellten sich große Übereinstimmungen mit den genannten Modellvorstellungen heraus, die auch in Einklang mit den zuvor zitierten Resultaten von MÜLLER stehen. Durch unterschiedlich häufiges Training ist es den Probanden offenbar gelungen, den individuellen Bewegungsablauf im Sinne der theoretischen Vorstellung von TUTJOWITSCH zu optimieren. Obwohl die Spieler aus sehr verschiedenen Leistungsklassen stammten und zudem über unterschiedliche Körperbaumaße verfügten, zeigten die Geschwindigkeits-Zeit-Kurven verschiedener Gelenkpunkte annähernd analoge Verlaufscharakteristika. Diesem Ergebnis zufolge sollte die Geschwindigkeit eines einzelnen Gelenkpunkts niemals losgelöst vom gesamten Körper betrachtet werden. Erhöhungen der Ballgeschwindigkeit resultierten stets aus Geschwindigkeitserhöhungen in allen Gelenken. Ebenso waren die prozentualen Anteile der Maximalgeschwindigkeiten einzelner Gelenkachsenpunkte an der Ballgeschwindigkeit nahezu gleich bei allen Probanden verteilt: Hüfte 5 %, Schulter 19 %, Ellbogen 38 % und Hand 69 %. Die von MÜLLER (1982) aufgrund elektromyografischer Untersuchungen hervorgehobene Wichtigkeit der Geschwindigkeitsreduktion nach Überschreiten des Maximums zeigte jedoch hier statistisch gesehen keine Relevanz.

Abschließend wird nochmals betont, daß sowohl Beschleunigungswege als auch Geschwindigkeitsmaxima einzelner Gelenkpunkte untereinander signifikant korrelieren. Zum Zweck der Verbesserung der Wurftechnik sollte der Trainer niemals die Bewegungen von Hüfte, Schulter, Ellbogen oder Hand isoliert betrachten, sondern vielmehr als eng ineinander verzahnte Teile einer offenen kinematischen Kette ansehen. Hier zeigen sich deutliche Parallelen zu den Anmerkungen von PLAGENHOEF (1971) bezüglich des Zusammenwirkens der Bewegungen von Ober-, Unterschenkel und Fuß beim Spannstoß, denen das gleiche Prinzip wie beim Handballwurf zugrunde liegt.

2.3 Volleyball

Während sich biomechanische Analysen der Sportspiele Fußball und Handball nahezu ausschließlich mit der Schuß- und Wurfbewegung befassen, sind beim Volleyballspiel verschiedene spezifische Techniken Gegenstand experimenteller Untersuchungen. Aufgrund systematischer Beobachtungen von FIEDLER (1985) kann man annähernd von folgender Häufigkeitsverteilung ausgehen: 17 % aller Aktionen im Spielverlauf sind Angaben, 22 % entfallen auf das obere Zuspiel, 21 % auf Angriffsschläge, 28 % auf Blockaktionen und 11 % auf die Feldabwehr.
Größtes Interesse fanden aus biomechanischer Sicht Untersuchungen der Angriffsschläge. Hierbei wurden der vorbereitende Anlauf, der Absprung, die Schmetterschlagbewegung sowie die jeweils erreichte maximale Ballgeschwindigkeit mit kinematischen und z. T. dynamischen Methoden analysiert. Aber auch über die Ballannahme liegen experimentelle Ergebnisse vor, die ebenso wie ein Technikvergleich von weiblichen und männlichen Spitzenspielern in diesem Beitrag angesprochen werden.

2.3.1 Anlauf und Absprung

Wie FIEDLER (1985) betont auch HEUCHERT u. a. (1978) die Bedeutsamkeit von Anlauf- und Absprungbewegungen beim Volleyball. Er stellt fest, daß über 50 % aller Spielhandlungen mit Ball ‹Sprünge› sind und ein Spieler in einem Fünfsatzspiel oberer Spielklasse bis zu 150 Sprünge ausführt. Daher wandte sich der Autor der Fragestellung zu, ob Zusammenhänge zwischen der Länge des letzten Anlaufschritts vor sowie dem Kniegelenkwinkel während des Absprungs und der Sprunghöhe bestehen. Als Probanden standen Jugendliche im Alter von 10–12 Jahren zur Verfügung. Diese führten im Verlauf der Untersuchung Hockstrecksprünge, Reichhöhensprünge und imitierte Angriffsschläge aus. Der Absprung erfolgte beidfüßig nach Kontakt mit einer Kraftmeßlatte und wurde zudem filmisch erfaßt. HEUCHERT u. a. stellten fest, daß Verlängerungen des letzten An-

laufschritts im Bereich von 1.25–1.84 m tendenziell zu Überhöhungen der Hüfte von 46–70 cm führen. Ebenso begünstigt ein geringeres Beugeminimum im Kniegelenk während des Absprungs zwischen 90 Grad und 124 Grad eine größere Sprunghöhe. Wurde der letzte Anlaufschritt verlängert, so wurde zuvor stets die Anlaufgeschwindigkeit erhöht und auch der KSP tiefer abgesenkt. Zudem waren die Spieler dann in der Lage, einen größeren vertikalen Beschleunigungsimpuls zu erzeugen, woraus eine gesteigerte Überhöhung des Hüftpunktes resultierte.
Olivier (1981) ging einer in der Praxis vielfach diskutierten Frage nach: Welche Absprungtechnik in bezug auf Schrittstellung, Reihenfolge des Aufsetzens der Füße und deren Position nach dem Aufsetzen soll empfohlen werden, um beim nachfolgenden Schmetterschlag eine große Sprunghöhe und eine günstige Stellung zum Ball zu erreichen? Hierzu wurden Videoaufzeichnungen und Filme von 99 Bundes- und Regionalligaspielern sowie 52 Schülern und Sportstudenten beobachtet und qualitativ ausgewertet. Das Ergebnis besagt, daß nahezu 60 % aller Rechtshänder unter den leistungsstärkeren Spielern einen Zweitaktaufsatz in Schrittstellung mit Rechts-links-Beinfolge ausführten und nur etwa 20 % dieselbe Konstellation bei parallel-geschlossener Fußstellung wählten. Leider beruht dieses Resultat allein auf Häufigkeitsverteilungen ohne Stützung auf biomechanische Meßdaten.
In einer Studie von Möser/Saborowski (1974) wurde auf die Bewegung von Fuß-, Hüft- und Handgelenk beim beidbeinigen Absprung zum frontalen Angriffsschlag eingegangen. Die Geschwindigkeiten dieser Gelenkachsenpunkte wurden in einem Laborversuch mit Hilfe der Lichtspurfotografie (Frequenz 50 Hz) bestimmt. Dabei stellte sich heraus, daß die drei Geschwindigkeitsmaxima nicht gleichzeitig auftreten, sondern zeitlich um durchschnittlich 0.09 s verschoben sind. Dieses Ergebnis widerspricht demnach der zu diesem Zeitpunkt noch gültigen Auffassung von Hochmuth (1967), derzufolge die Geschwindigkeiten aller an einer Beschleunigung beteiligten Körperteile zum Zwecke des Erreichens einer großen Geschwindigkeit des KSP zum gleichen Zeitpunkt ihr Maximum erreichen sollen. Mittlerweile gilt als erwiesen, daß bei derartigen Bewegungen die Geschwindigkeitsmaxima der beteiligten Teilmassen nacheinanderfolgend auftreten (Hochmuth 1981).
In einer weiteren kinematischen Analyse wird sowohl auf den letzten Anlaufschritt, den Absprung als auch auf die Flugphase bis kurz nach dem Balltreffpunkt eingegangen. Auf diese Phasen konzentriert sich Leidig (1986), der frontale Angriffsschläge von bundesdeutschen Spitzenspielern untersucht. Dabei stellt sich heraus, daß die Probanden trotz annähernd gleichen Leistungsniveaus die Bewegung unterschiedlich ausführen. So beginnt ein Spieler die Stützphase mit geringerer Anlaufgeschwindigkeit, beugt dann stärker in Knie- und Hüftgelenk und senkt seinen KSP in der

längeren Stützphase stärker ab. Die insgesamt kürzere Flugphase beginnt mit einer steileren KSP-Kurve, wobei nach kurzer Ausholbewegung der Ball unmittelbar nach Erreichen der maximalen KSP-Steighöhe mit hoher Geschwindigkeit die Hand verläßt. Die Bewegung eines anderen nationalen Spitzenspielers ist durch gänzlich andere Merkmalsausprägungen charakterisiert: größere Anlaufgeschwindigkeit, geringfügige Beugung in Knie- und Hüftgelenk, weniger starke KSP-Absenkung, kürzere Absprungdauer, größere Abfluggeschwindigkeit des KSP bei weiträumiger KSP-Flugkurve, längere Flugzeit mit ausgeprägter Armausholbewegung, aber geringere Ballgeschwindigkeit. Dieser Individualvergleich legt nahe, im Techniktraining nicht einseitig eine der beiden Formen zu bevorzugen. Die Entscheidung über ein ‹langsames steiles› oder ‹schnelles flaches› Stemmen hängt wesentlich vom momentanen Niveau der Muskelkraft des Athleten ab. In jedem Fall sollte durch zunächst exzentrische Arbeitsweise eine große Vorspannung in der Beinstreckmuskulatur erzeugt werden, die der anschließenden konzentrischen Streckung zum Zwecke des Erreichens einer hohen vertikalen Abfluggeschwindigkeit des KSP zugute kommt. Zwei Beispiele zum zeitlichen Verlauf der letztgenannten Größe können Abbildung 6 entnommen werden.

Abb. 6: Zeitlicher Verlauf der Vertikalgeschwindigkeit des KSP vom Aufsetzen des Stemmbeins bis zum Balltreffpunkt (LEIDIG 1986)

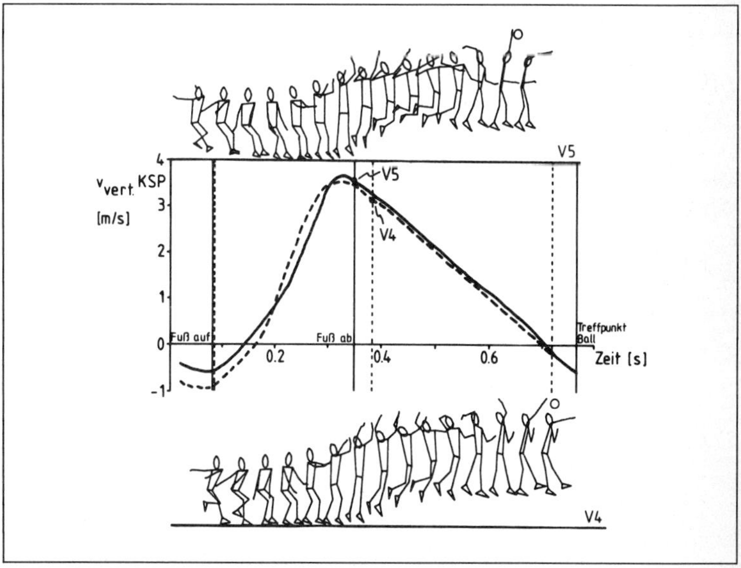

Beide Kurven verdeutlichen nochmals die zuvor geschilderten unterschiedlichen Ausführungen: kurze Stützphase, hohe Abfluggeschwindigkeit, lange Flugphase bei V 5 (durchgezogene Linie) und lange Stützphase, geringe Abfluggeschwindigkeit und kurze Flugphase bei V 4 (gestrichelte Linie).

2.3.2 Schlagbewegung und Ballgeschwindigkeit

Nunmehr wird speziell auf die Bewegungen von Ober-, Unterarm und Hand beim Schmetterschlag sowie die sich hieraus ergebenden Ballgeschwindigkeiten eingegangen. Zunächst sei eine Untersuchung von Gülke (1979) genannt, bei der mit Hilfe der 16-mm-Filmtechnik frontale Angriffsschläge von Volleyballspielern der Bundesliga (Gruppe A) und Regionalliga (Gruppe B) aufgezeichnet und nachfolgend ausgewertet wurden. Der Autor stellte in bezug auf die schlagvorbereitende Armbewegung zwei Techniken fest: Die leistungsstärkeren Spieler senkten hierbei das Ellbogengelenk des Schlagarms bis *unter* die Schulterachse ab, während die leistungsschwächeren Spieler das Ellbogengelenk im Verlauf der gesamten Aushol- und Schlagbewegung stets *oberhalb* der Schulterachse führten. Erwartungsgemäß erreichten die Probanden der Gruppe A überzufällig größere mittlere Ballgeschwindigkeiten (23.0 m/s) als die der Gruppe B (20.8 m/s). Der zeitliche Verlauf der Geschwindigkeiten von Schulter-, Ellbogen- und Handgelenk des Schlagarms in der Beschleunigungsphase war jedoch nicht signifikant verschieden. Dies traf aber auf den Hüftgelenkwinkel zu. Die Amplitude dieses Winkels war bei den leistungsstärkeren Spielern deutlich größer als in der Vergleichsgruppe. Gülke schließt aus dieser intensiveren ‹Bogenspannung› auf einen stärkeren Einsatz der Bauchmuskulatur, wodurch der Rumpf schneller vorwärts bewegt wird und somit neben anderen Faktoren zu der erhöhten Ballgeschwindigkeit beiträgt. Die Frage, ob der stärkere Rumpfeinsatz durch ein Absenken des Ellbogens unterhalb der Schulterachse begünstigt wird, bleibt nach Meinung des Autors jedoch noch offen.

Wie Gülke heben u.a. auch Leidig (1986) und Iwoilow (1984) hervor, daß die Geschwindigkeit der Hand im Treffpunkt nicht in direkter Abhängigkeit zur Abfluggeschwindigkeit des Balls steht. Von größerer Bedeutung ist hierbei neben der Art des Ball-Hand-Kontakts die Gelenkfestigkeit der beteiligten Körpersegmente. Durch Anspannung der entsprechenden Muskulatur können Gelenke kurzfristig fixiert werden, wodurch eine bessere Impulsübertragung auf den Ball ermöglicht wird.

In vielen experimentellen Arbeiten im Volleyball wird neben verschiedenen Fragen zur Technik auch auf die erreichte Ballgeschwindigkeit bei Schmetterschlägen eingegangen. Diese Größe wird zumeist durch Digitalisierung von Video- oder Filmbildern bestimmt. Auf einem anderen Prinzip beruht eine von FRÖHNER u. a. (1978) entwickelte Meßvorrichtung. Sie besteht aus Lichtschranken und ist derzeit auf die Erfassung von Schlägen in einem Winkel von etwa 90 Grad zum Netz begrenzt. Eine Weiterentwicklung der Anlage soll auch alle übrigen Angriffsschläge ebenso wie die Sprunghöhe, die Schlaggenauigkeit und den gesamten Bewegungsablauf einbeziehen. Da der Aufbau auch die Ausführung schneller Schlagfolgen erlaubt, ist er nach Ansicht der Autoren zum Erhalt von Sofortinformationen im Training geeignet. Aus Tabelle 3 kann man Angaben über erreichte Ballgeschwindigkeiten bei Angriffsschlägen von männlichen und weiblichen Volleyballspielern verschiedenen Leistungsniveaus entnehmen.

Autor (Jahr)	**Spielklasse**	**Ballgeschwindigkeit Maximum**	**[m/s] Mittelwert**
ANDRESEN (1975)	Spitzenspieler	27.0	–
FRÖHNER u. a. (1978)	Mittel, M	29.2	17.3–24.9
	ohne Angabe, F	22.9	17.3
TOYODA (o. J.)[1]	ohne Angabe	27.0	–
NELSON (o. J.)[1]	ohne Angabe	27.8	–
GÜLKE (1979)	Bundesliga, M	26.9	23.0
	Verbandsliga, M	24.7	20.8
LEIDIG (1986)	Bundes-und Regionalliga, M	25.0	20.0
KNITSCH (1987)	Bundesliga, F	22.0	19.0

Tab. 3: Maximale und mittlere Ballgeschwindigkeiten bei Angriffsschlägen von männlichen (M) und weiblichen (W) Volleyballspielern
[1] zitiert nach FRÖHNER u. a. (1978)

Die Geschwindigkeitswerte verdeutlichen, daß die Spieler der verteidigenden Manschaft bei mißlungener Blockaktion nur geringe Chancen besitzen, derartige Angriffsschläge erfolgreich abzuwehren. So ist es nicht verwunderlich, daß der Schmetterball nach FIEDLER (1985) zu der gewinnbringendsten Technik dieser Sportart zählt.

2.3.3 Ballannahme

In ausführlicher Weise handelt IWOILOW (1984) die Ballannahme ab, indem er näher auf die Baggertechnik eingeht. Dabei wird neben der Kinematografie auch die Elektromyografie eingesetzt, um Informationen über die

Aktivität an dieser Bewegung beteiligter Muskeln zu erhalten. Als Beispiel sei die Annahme eines 6.4 m/s schnellen Balles aufgeführt. Abbildung 7 enthält ein Kinegramm, Geschwindigkeitskurven der Armgelenke, eine Umrißzeichnung sowie Elektromyogramme von vier Muskeln.
Die Baggertechnik ist durch eine gleitende Bewegung der gestreckten Arme nach vorne-oben, ein Aufrichten des Rumpfes sowie durch Streckung der Fuß- und Kniegelenke gekennzeichnet. Die Armbewegung wird im Augenblick der Ballberührung abgebremst. Kurz vor der Kontaktphase setzt die bioelektrische Aktivität der Armmuskulatur ein und nimmt hiernach wieder gleichmäßig ab. Dieses Muster wird als Beispiel für eine gelungene Bewegungsausführung angesehen.
Die Annahme eines mit einer Geschwindigkeit von 18 m/s wesentlich schneller heranfliegenden Balles ist nach Untersuchungen des gleichen Autors durch einen völlig anderen Bewegungsablauf gekennzeichnet. In der Ausgangshaltung wird der Oberkörper aufrechter gehalten, gleichzeitig nehmen Hüft- und Kniegelenke deutlich geringere Beugestellungen ein. Ebenfalls vor der Ballannahme ist eine vergleichsweise stärkere Anspannung der gleichen wie in Abbildung 7 berücksichtigten Armmuskeln festzustellen. Nach dieser ausgeprägten Vorinnervation zeigt sich beim Ballkontakt selbst und der nachfolgenden Aufwärtsrückwärtsbewegung des KSP eine gesteigerte Amplitude der Aktionspotentiale. Dies ist auf die Beibehaltung statischer Muskeltätigkeit zurückzuführen, wodurch eine gestreckte Armhaltung gewährleistet wird. Während des etwa 0.02 s andauernden Ballkontakts bewegen sich die Unterarme nach hinten-unten, wodurch die Geschwindigkeit des abprallenden Balls auf 9.9 m/s reduziert wird. Während also bei geringen Ballgeschwindigkeiten um 5 m/s die Arme dem Ball entgegengestreckt werden, ist zur Verminderung der kinetischen Energie schnell heranfliegender Bälle der KSP einschließlich der Arme rückwärts zu bewegen.

2.3.4 Technikvergleich weiblicher und männlicher Spitzenspieler

Eine mit identischer Versuchs- und Auswerteanordnung wie bei LEIDIG (1986) durchgeführte kinematische Analyse von KNITSCH (1987) ermöglicht eine vergleichende Gegenüberstellung des frontalen Angriffsschlags von weiblichen und männlichen Bundesligaspielern. Einleitend ist festzustellen, daß sich wie bei den Männern auch bei den Frauen trotz homogenen Leistungsniveaus deutliche intraindividuelle Unterschiede im Bewegungsablauf zeigten. So wandten die Probandinnen beim Übergang vom Anlauf zum Absprung verschiedene Techniken an: einerseits den ‹Stemmsprung› mit größerer Vertikalgeschwindigkeit (−1.2 m/s) unter steilerer

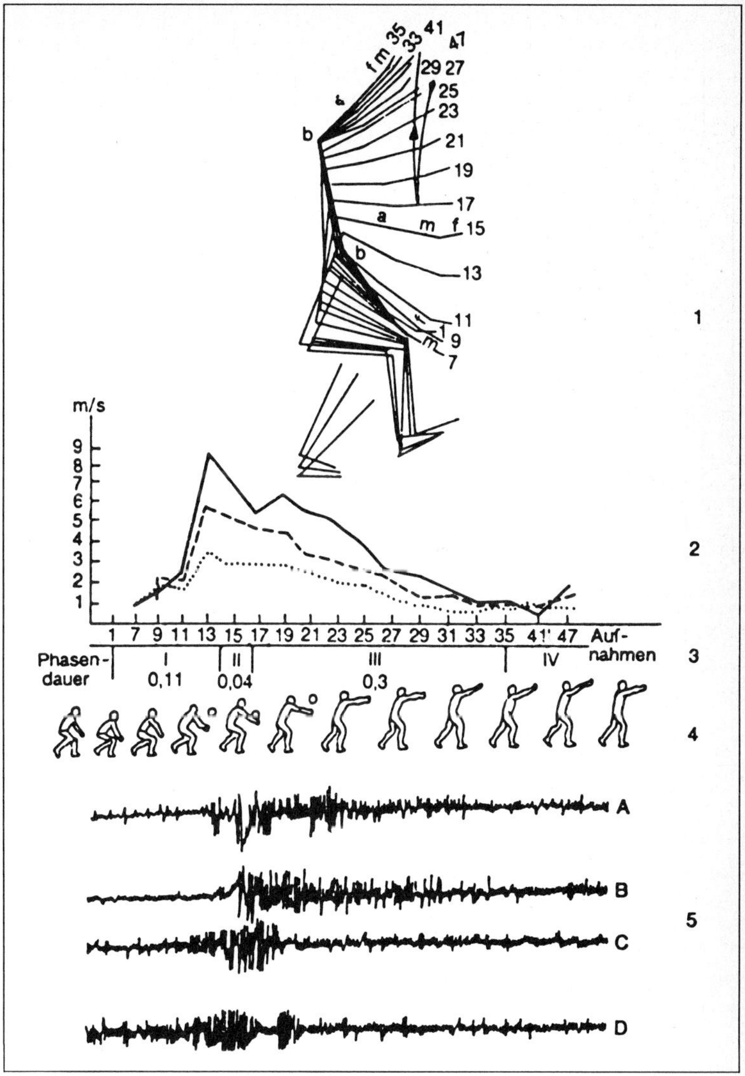

Abb. 7: Annahme eines 6.4 m/s schnellen Balls;
1. Zyklogramm, 2. Geschwindigkeitsverlauf von Handgelenk (durchgezogene Linie), Ellbogengelenk (gestrichelte Linie) und Schultergelenk (gepunktete Linie), 3. Phasendauer und Chronogramm, 4. Reihenbilder, 5. Elektromyogramme;
A: Ellbogenbeuger, B: Ellbogenstrecker, C: Handgelenk- und Fingerbeuger, D: Handgelenk- und Fingerstrecker (IWOILOW 1984)

Abwärtsneigung der Richtung der resultierenden KSP-Geschwindigkeit (−22°) und andererseits den ‹Stemmschritt› mit geringerer Vertikalgeschwindigkeit (−0.7 m/s) unter flacherer Richtung der resultierenden KSP-Geschwindigkeit (−14°). Im Hinblick auf eine größtmögliche Überhöhung des KSP in der Flugphase trat jedoch trotz weiterer Unterschiedlichkeiten keine der beiden Varianten besonders hervor. Wesentliche kinematische Beschreibungsgrößen, die den Unterschied zwischen frontalen Angriffsschlägen von weiblichen und männlichen Spielern der nationalen Spitzenklasse kennzeichnen, sind in Tabelle 4 zusammengestellt.

Merkmal	**Frauen [n = 12]**	**Männer [n = 8]**
Horizontalgeschw. des KSP [m/s]		
– bei Stützbeginn:	2.9	3.2
– bei Stützende:	1.0	1.7
– Geschwindigkeitsdifferenz	−1.9	−1.5
Vertikalgeschw. des KSP [m/s]		
– bei Stützbeginn:	−1.0	−0.8
– bei Stützende:	3.0	3.4
– Geschwindigkeitsdifferenz:	4.0	4.2
Result. Abfluggeschw. des KSP [m/s]:	3.2	3.7
Abflugwinkel des KSP [Grad]:	72	70
Dauer der Absprung-Stützphase [s]:	0.27	0.32
KSP-Überhöhung in der Flugphase [cm]:	46	59
Abfluggeschwindigkeit des Balls [m/s]:	22	25

Tab. 4: Mittelwerte kinematischer Größen des frontalen Angriffsschlags von weiblichen und männlichen Spitzenspielern (Knitsch 1987 und Leidig 1986)

Obwohl diese Gegenüberstellung nicht auf großen Stichproben beruht, kann dennoch auf tendenzielle Unterschiede hingewiesen werden. Offenbar beginnen und beenden die Männer die Absprung-Stützphase mit einer größeren Horizontalgeschwindigkeit des KSP. Die Geschwindigkeitsdifferenz zwischen Stützende und Stützbeginn fällt jedoch bei den Frauen höher aus. In vertikaler Richtung ist die größere vertikale KSP-Abfluggeschwindigkeit der Männer auffällig, die dann auch aufgrund einschlägiger mechanischer Gesetzmäßigkeiten zu einer gesteigerten Überhöhung des KSP in der Flugphase führt. Während der Abflugwinkel kaum verschieden ist, ist der letzte Stütz vor der Flugphase jedoch bei den Frauen von deutlich kürzerer Dauer als bei den Männern. Das während des letzten Bodenkontaktes entwickelte größere Maß an beschleunigender Muskelkraft ermöglicht den männlichen Spielern ein höheres Treffen des Balls als den Frauen.

2.4 Badminton

Nachdem bisher ausgewählte Techniken aus Mannschaftssportarten angesprochen wurden, soll nunmehr auch auf die individuellen Rückschlagspiele eingegangen werden. Bei einer Durchsicht der einschlägigen Literatur fällt auf, daß zum Tennis, Tischtennis oder Squash nur vereinzelte oder keine biomechanischen Analysen vorliegen (das Literaturverzeichnis enthält auch diese Beiträge). Eine bemerkenswerte Ausnahme stellt in diesem Zusammenhang die im Vergleich zu Tennis oder Tischtennis weniger verbreitete Sportart Badminton dar. Ausgangspunkt experimenteller Untersuchungen in diesem Sportspiel ist dabei zumeist der Umstand, daß die äußerst schnell ausgeführten Bewegungen von Schlagarm und Schläger mit dem bloßen Auge kaum erkennbar sind und daher ein elementares Interesse an objektiven Informationen besteht. Offenbar wurde erkannt, daß durch das Wissen um grundlegende Zusammenhänge das Erkennen von Fehlern und die Vermittlung von Korrekturen durch den Trainer erleichtert wird.

2.4.1 Analysen des Vorhand-Smash

Sowohl aus Fachmethodikbüchern, z. B. NIESNER/RANZMAYER (1982) oder BOECKH-BEHRENS (1983), als auch aus zahlreichen systematischen Spielerbeobachtungen, z. B. BOCHOW/WEBER (1986), HANEKLAUS (1985) oder CHOWDHURY (1987), kann man entnehmen, daß der Vorhand-Schmetterball (Smash) zu den gewinnbringendsten Schlagformen zählt. Entsprechend großes Interesse fand dann auch diese Technik bei kinematischen Messungen. GOWITZKE/WADDELL (1979) fanden nach Filmauswertungen von zwei rechtwinklig zueinander aufgestellten Hochfrequenzkameras heraus, daß hohe Ballgeschwindigkeiten nicht allein durch schnell ausgeführte Beuge- und Streckbewegungen der Armgelenke und des Schlägers zustande kommen. Auch die Einwärtsdrehung des Unterarms (Pronation) ist in diesem Zusammenhang als maßgeblicher Faktor anzusehen. Hierdurch können außer Flexoren und Extensoren auch eine Rotation bewirkende Muskeln an der Bewegung beteiligt werden, die eine stärkere Beschleunigung des Schlägers begünstigen.
Mit einer Gegenüberstellung von Vorhand-Smashs einer weiblichen und eines männlichen deutschen Spitzenspielers/-erin befassen sich KOLLATH/BOCHOW/WESTERMANN (1983). Die Darstellung und Diskussion der zweidimensionalen 16-mm-Filmanalyse wurden auf die Geschwindigkeit von Armgelenkpunkten, Schlägerkopf und Ball begrenzt. Je ein Beispiel kann aus Abbildung 8 entnommen werden.

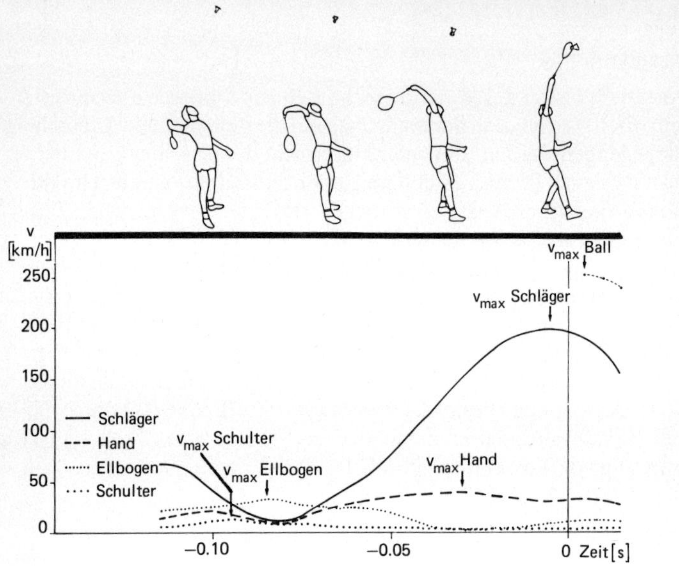

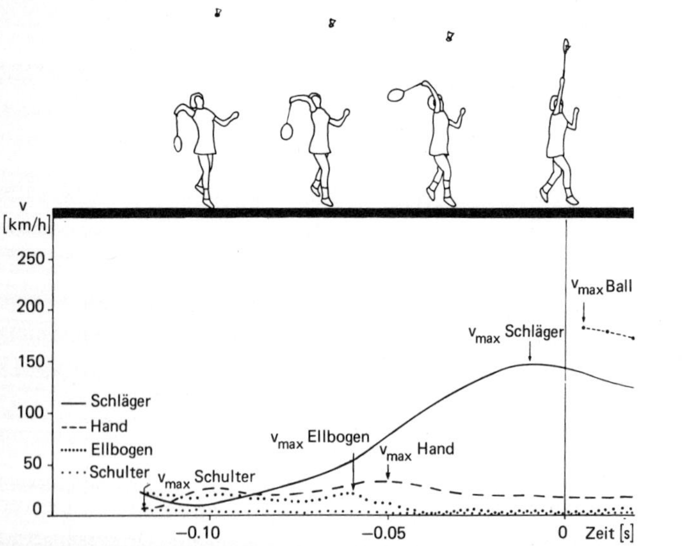

Abb. 8: Zeitlicher Verlauf der Geschwindigkeit von Schulter-, Ellbogen-, Handgelenk und Schlägerkopf beim Vorhand-Smash; oben: männlicher, unten: weibliche Spitzenspieler/-in

Wie bei vergleichbaren Schlag- und Wurfbewegungen erkennt man auch hier, daß die distal der Schulter gelegenen Abtastpunkte jeweils höhere Geschwindigkeitsmaxima erreichen. Deren Beträge sind hier beim Mann im Durchschnitt 30% höher als bei der Frau. Die gesamte sogenannte Schwungschleife, von der tiefsten rückwärtigen Schlägerposition bis zum Balltreffpunkt, ist beim männlichen Spieler durch eine etwa um 30% kürzere Dauer sowie eine um ca. 50% größere mittlere Beschleunigung des Schlägerkopfes gekennzeichnet. Verlängerungen der Schwungschleifendauer gehen stets mit einer Abnahme der betrachteten Geschwindigkeitsmaxima und vor allem einer Reduktion der Ballgeschwindigkeit einher.
Mit zwei verschiedenen Ausführungsmöglichkeiten des Vorhand-Smash beschäftigt sich WESTERMANN (1985). Dabei wird exemplarisch untersucht, ob die subjektiven Einschätzungen in bezug auf zwei Varianten zutreffen: *Aus dem Stand* soll wegen der ruhigeren Schlagposition eine genauere Plazierung der Bälle möglich sein. *Aus dem Umsprung* soll bei höherem Treffpunkt eine steilere Flugkurve und höhere Geschwindigkeit des Balls erreichbar sein. Umrißzeichnungen beider Formen können Abbildung 9 entnommen werden.
Aus Aufwandsgründen wurde die Hochfrequenz-Filmanalyse (300 Bilder/s) auf die Auswertung von insgesamt 24 Versuchen von zwei Spielern (B. W., Deutscher Meister Herren-Doppel 1979 und H. K., Deutscher

Abb. 9: Kinegramme eines Vorhand-Smashs aus dem Stand (links) und aus dem Umsprung (rechts) von H. K.

Meister Herren-Einzel 1985) begrenzt. Die Probanden hatten die Aufgabe, auf mittelhohes Zuspiel den Ball möglichst ‹hart› und nahe an die Seitenauslinie zu schmettern. Im einzelnen ergaben sich folgende Resultate:

- Zielgenauigkeit: Unter Anwendung beider Techniken plazierten die Probanden die Bälle durchschnittlich etwa 1 m von der Seitenlinie entfernt ins Spielfeld. Diesbezüglich ergab sich also kein Unterschied zwischen den Varianten.
- Maximale Ballgeschwindigkeit: Mittelwerte jeweils um 81 m/s besagen, daß sowohl bei Schmetterbällen aus dem Stand als auch aus dem Umsprung der Ball die Schlägerfläche mit fast identischen Maximalgeschwindigkeiten verläßt.
- Schlägerkopfhöhe: Nach Durchschreiten des Steigmaximums wird der Ball bei der Ausführung im Sprung durchschnittlich nur um (nicht signifikante) 4 cm höher getroffen als bei der Technikvariante aus dem Stand.
- KSP-Höhe: Der Ball wird aus dem Stand 3 cm nach Durchschreiten der maximalen KSP-Höhe getroffen. Beim Umsprung beträgt diese Differenz im Mittel jedoch 9 cm.

Aus Abbildung 10 kann man anhand der Umrißzeichnungen sowie der ergänzenden Meßdaten eines typischen Versuchs von H. K. entnehmen, wie deutlich der Ball beim Umsprung im abfallenden Teil der Wegkurve des KSP getroffen wird.

Abb. 10: Umrißzeichnungen mit Angabe der KSP-Höhe und Zeitspanne bis zum Balltreffpunkt beim Smash aus dem Umsprung

	Beginn Schwungschleife	Maximum KSP	Treffpunkt
h_{KSP} [m]:	1.32	1.33	1.25
Δt [s]:	0.18	0,14	0

Bezogen auf die hier untersuchten Spieler ist also festzustellen, daß sich Vorhand-Smashs aus dem Stand und aus dem Umsprung hinsichtlich Zielgenauigkeit, ‹Schlaghärte› und Schlägerhöhe im Balltreffpunkt nur unwesentlich voneinander unterscheiden. Beim Umsprung wurde der KSP um etwa 15 cm vertikal angehoben, der Treffpunkt des Balls erfolgte aber 9 cm tiefer. Die sich hieraus für die Spielpraxis ergebende Empfehlung besagt, daß keine der beiden Formen einseitig bevorzugt werden sollte. Vielmehr muß der Spieler bereits im Training deren situationsgemäße Anwendung erlernen. Der wegen der großen zu verrichtenden Hubarbeit als anstrengender empfundene Smash aus dem Umsprung ist anzuwenden, wenn nicht genügend Zeit bleibt, ‹hinter den Ball› zu laufen. Ansonsten ist aus ökonomischen Gründen der Smash aus dem Stand zu bevorzugen.
Sehr sinnvoll kann der Schlag aus dem Sprung jedoch aus spieltaktischer Sicht sein. Im Verlauf der Flugphase bieten sich dem Spieler sowohl diverse Technikvarianten als auch Täuschungsmöglichkeiten wie verzögerter Schlag, tropfenförmig hinter das Netz fallender Ball oder angeschnittener Smash, wodurch man den Gegner eher in eine Defensivhaltung zwingen kann.

2.4.2 Analyse des Vorhand-Clear

Nicht nur der zu Angriffszwecken genutzte Smash, sondern auch der in der Defensive den Gegner weit in seine hintere Spielfeldhälfte treibende Clear kann sowohl aus dem Stand als auch aus einem Umsprung gespielt werden. Zur Weltspitze zählende asiatische Spieler wenden häufiger den nach einem Stemmschritt aus dem Stand geschlagenen Clear an, wohingegen bei Europäern der Vorhand-Clear überwiegend aus dem Umsprung erfolgt. Eine kombinierte kinematisch-dynamische Untersuchung von GROTH (1987) sollte dazu beitragen, Unterschiede bzw. Gemeinsamkeiten beider Techniken hervorzuheben, um diese anschließend praxisnah diskutieren zu können. Aus meßtechnischen Gründen konnte der Versuch nicht im Verlaufe eines Matches durchgeführt werden, da der Stützkontakt des hinteren Beins jeweils auf der Oberfläche einer im Boden eingelassenen Kraftmeßplatte erfolgen mußte. Kinegramme mit charakteristischen Kraft-Zeit-Kurven sind in Abbildung 11, S. 448, enthalten.
Alle drei Kraftkomponenten weisen unmittelbar nach Stützbeginn ihre Maxima auf, die durch das betonte Aufsetzen des Fußes hervorgerufen werden. Größere Höchstbeträge sind stets beim Umsprung zu erkennen. Der Verlauf von F_y und F_z macht deutlich, daß zum Abbremsen des Rückwärtslaufs am Anfang des Bodenkontakts deutlich höhere äußere Kräfte auf den Bewegungsapparat des Sportlers einwirken als beim beschleunigten Abstoß gegen Ende. Zusammen mit Ergebnissen der kinematischen

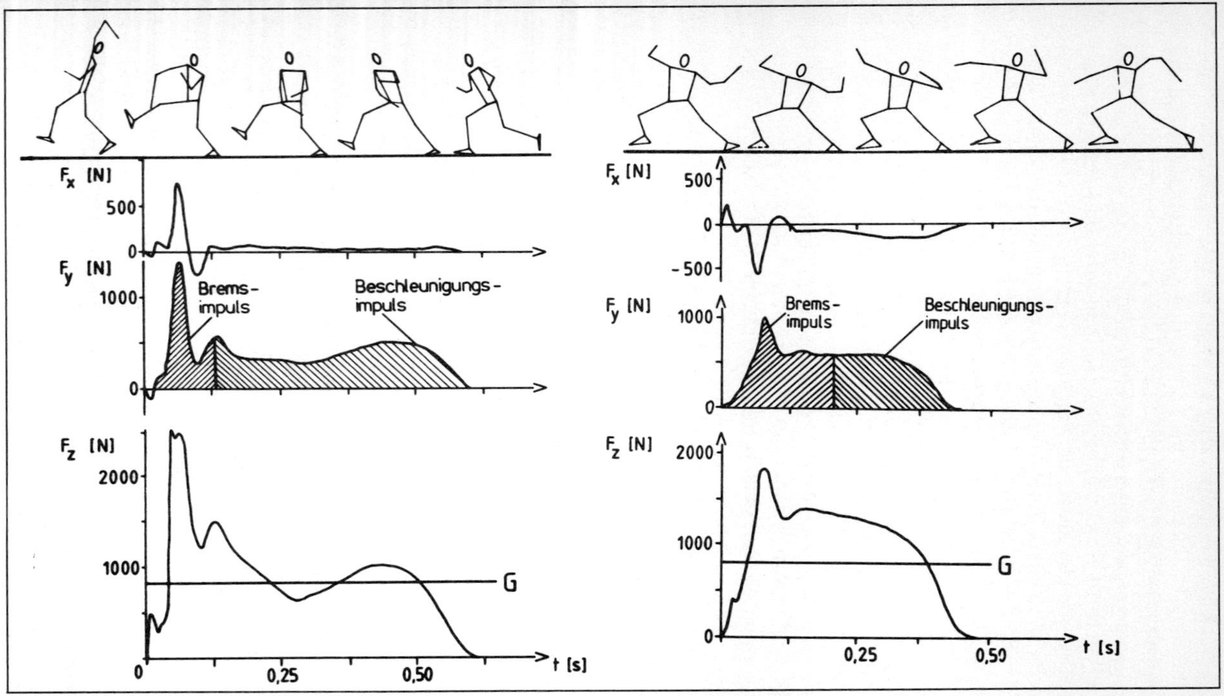

Abb. 11: Zeitlicher Verlauf der Bodenreaktionskraft quer zur Bewegungsrichtung (F_x), in der Bewegungsebene (F_y) und in der Senkrechten (F_z); G=Körpergewicht des Spielers; links: Clear aus dem Umsprung, rechts: Clear aus dem Stand mit Stemmschritt

Auswertung kann die eingangs gestellte Frage wie folgt beantwortet werden:
Entscheidet sich der Spieler für einen Umsprung, so kann er sich ein langsameres Zurücklaufen mit frühem Treffen des Balls ‹leisten›. Allerdings geschieht dies ‹auf Kosten› einer größeren Fallgeschwindigkeit bei Stützbeginn und einer stärkeren Absenkung des KSP in der insgesamt längeren Kontaktphase mit höheren äußeren Reaktionskräften. Beim Clear aus dem Stand mit Stemmschritt ist hingegen ein schnellerer Rückwärtslauf notwendig. In der etwa 20 % kürzeren Stützphase treten geringere Bodenreaktionskräfte auf. Weiterhin schlägt der Spieler den Ball erst nach Beendigung des Bodenkontakts in der Vorwärtsbewegung und kann mit geringerer Horizontalgeschwindigkeit als beim Umsprung in Richtung Spielfeldmitte laufen. Dies ermöglicht ihm, sich früher auf den nächsten Ball des Gegners einzustellen. Solchen Spielern dagegen, die überwiegend den Smash und Clear aus dem Umsprung anwenden, kann die Einbeziehung von Übungsformen zur Förderung der exzentrischen Muskelkraft des linken Beins beim Rechtshänder und umgekehrt empfohlen werden. Durch Tiefsprünge oder andere sogenannte reaktive Trainingsformen kann der Spieler die muskuläre Voraussetzung dafür schaffen, in verkürzter Zeit die Rückwärtsbewegung abzubremsen und schnell in Richtung Spielfeldmitte zu beschleunigen.

2.4.3 Analyse konditioneller Anforderungen

Generell besteht in den Rückschlagspielen ein besonders enges Bedingungsgefüge zwischen technischen Fertigkeiten auf der einen und konditioneller Anforderung auf der anderen Seite. Jeder Spieler ist bemüht, seinen Gegner durch präzise Angriffsschläge in Bedrängnis zu bringen, ihn in ungünstigen Positionen zu Fehlern zu zwingen, um so zu Vorteilen zu gelangen. Um mit einem experimentellen Ansatz einen ersten Einblick in das konditionelle Anforderungprofil während eines Badminton-Wettkampfs zu erhalten, bestimmten Kollath/Bochow/Quade (1987) Laufwege, -geschwindigkeiten und mittlere Beschleunigungen bei nationalen und internationalen Spitzenspielern. Dabei ermöglichte eine an der Hallendecke angebrachte Video-Shutterkamera die Aufnahme der Horizontalbewegung des Spielers. Bei der nachfolgenden zweidimensionalen Bild-für-Bild-Digitalisierung diente die Hüftkoordinate als näherungsweiser Repräsentant des KSP. So wurde u. a. das Viertelfinalspiel des späteren Internationalen Deutschen Meisters von 1986 ausgewertet, woraus exemplarisch ein Weg-Weg- und ein Geschwindigkeits-Zeit-Verlauf in Abbildung 12, S. 450, dargestellt sind.
Die Wegdarstellung (Abb. 12a) macht deutlich, daß M. F. nach dem Auf-

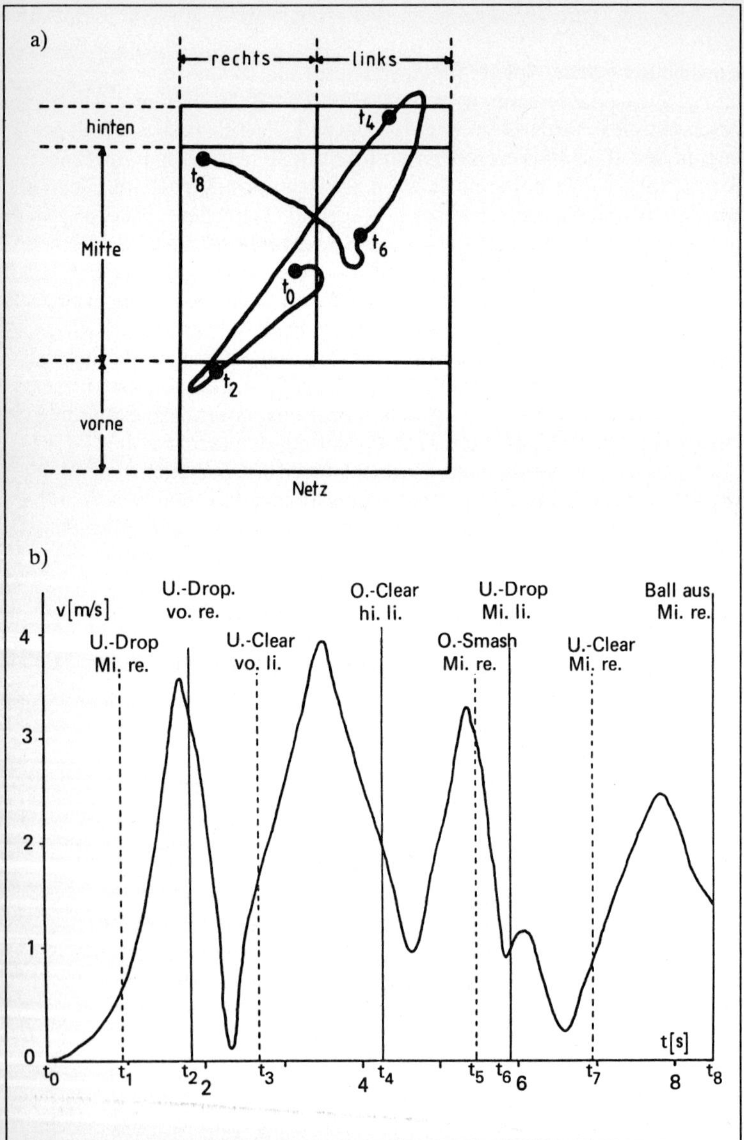

Abb. 12: Projektion des Laufwegs (a) und Geschwindigkeits-Zeit-Verlauf (b) von M. F.; Ballwechsel zum 10:2 gegen Y. P., 1. Satz; t_o, t_8: Beginn, Ende des Ballwechsels, t_2, t_4, t_6: Schlagausführungen von M. F.

schlag (t_o) zu einem Lauf ans Netz gezwungen wird und bei t_2 den kurz gespielten Ball erreicht. Um den darauffolgenden weiten Clear im Zeitpunkt t_4 zu erreichen, muß M. F. einen langen diagonalen Laufweg zurücklegen. In diesem ca. 8.5s langen Ballwechsel legt M. F. eine Strecke von 17 m zurück. Weit mehr Aussagekraft im Hinblick auf die konditionelle Anforderung beinhaltet die Geschwindigkeits-Zeit-Darstellung (Abb. 12b). Deren wellenförmiger Verlauf mit Beträgen zwischen etwa Null (kurzzeitige Ruhe) und 4 m/s (hier Höchstbetrag) besagt, daß der Spieler vor und nach dem Schlag ständig zu Brems- und Beschleunigungsbewegungen gezwungen ist. Es kann behauptet werden, daß die Charakteristik des Geschwindigkeits-Zeit-Verlaufs die badmintonspezifischen Anforderungen an das Laufvermögen in treffender Weise beschreibt. Derartige Meßresultate bieten wichtige Anregungen zur inhaltlichen Gestaltung des Trainings. In Zweisatzspielen mit durchschnittlich 340 Schlägen pro Spieler (abzüglich ca. 12% eigener Aufschläge) muß ein deutscher Spitzenspieler demnach ca. 300 Mal aus verschiedenen Positionen innerhalb des Spielfelds den Ball zurückschlagen. Dabei stellen die zahlreichen Richtungsänderungen mit kurz aufeinanderfolgenden negativen und positiven Beschleunigungen hohe Anforderungen an Schlagtechnik und konditionelle Leistungsfähigkeit des Spielers. Daher sollten z. B. schon im Verlauf der Vorbereitungsperiode hin und wieder kurzzeitige Richtungsänderungen in Dauerläufe einbezogen werden, die einer Kräftigung der Beinmuskulatur sowie einer Gewöhnung an das häufige Abbremsen und Beschleunigen im Spiel dienen. Ein in der Wettkampfphase absolviertes Schnelligkeitstraining sollte in Verbindung mit präzise retournierten Bällen unter Beachtung der spieltypischen Maximalgeschwindigkeiten durchgeführt werden.

2.5 Abschlußbemerkungen

Wie die genannten Beispiele verdeutlichen, liefern Technikanalysen auf der Basis biomechanischer Untersuchungsansätze nicht unwesentliche Beiträge zur Erforschung der Sportspiele. Deren Komplexität, insbesondere in den Mannschaftsspielen, bereitet jedoch den Vertretern aller Wissenschaftsbereiche beim Versuch einer systematischen Durchdringung derzeit noch große Probleme. Nach CAVANAGH (1979) hemmen bzw. erschweren folgende Umstände die Aktivitäten der Biomechanik bei Wettkampfanalysen in den Sportspielen: gegenseitige Beeinflussung durch mehrere Spieler, keine vorgegebenen Bewegungsrichtungen, nahezu ausschließlich dreidimensionale Bewegungen, Einfluß verschiedener und z. T. während des

Spiels wechselnder Bodeneigenschaften sowie Eigenschaften von Sportschuhen und -geräten. Eine gleichzeitige Berücksichtigung all dieser Faktoren in einem umfassenden Lösungsansatz muß am unvertretbar hohen Meßaufwand scheitern. Daher ist zunächst eine Abkehr von der komplexen Spielsituation und eine Hinwendung zu ausgesuchten Elementen der jeweiligen Sportart sinnvoll. Weiterentwicklungen der Meß- und Auswertmethodik sowie eine wachsende Zahl von der Wichtigkeit biomechanischer Analysen in den Ballspielen überzeugter Sportpraktiker und -wissenschaftler kann dazu beitragen, den momentanen Erkenntnisstand gewinnbringend zu erweitern.

Anhang

Literaturverzeichnis

ADAM, K.: Kleine Schriften zum Rudertraining. Berlin 1982.

ADAM, K. / LENK, H. / NOWACKI, P. / RULFFS, M. / SCHRÖDER, W.: Rudertraining. Bad Homburg 1977.

AGASHIN, F.: Biomechanik der Schlagbewegungen (in russ.). Moskau 1977

AKADEMISCHER VEREIN HÜTTE e. V. (Hrsg.): Des Ingenieurs Taschenbuch. Berlin 1954.

ALLMANN, H.: Die Struktur und Biomechanik des Stabhochsprungs. In: Leichtathletik-Magazin 3 (1983) 38, 21–24 und 39, 21–24.

AMADIO, C. A.: Biomechanische Analyse des Dreisprungs. Unveröffentl. Dissertation Deutsche Sporthochschule Köln 1985.

ANDRESEN, R.: Volleyball, Training Technik Taktik. DSB Trainerbibliothek, Band 13. Berlin 1975.

ARNOLD, M.: Technische Aspekte des Dreisprungs. In: Die Lehre der Leichtathletik 36 (1985) 51/52, 1827–1828.

ASAMI, T. / NOLTE, V.: Analysis of Powerful Kicking. In: H. MATSUI, K. KOBAYASHI (Eds.): Biomechanics VIII-B. Nagoya 1983, 695–700.

ASMUSSEN, E.: Movement of Man and Study of Man in Motion. In: P. V. KOMI (Ed.): Biomechanics V–A. Baltimore 1976, 23–40.

BAJIN, B.: Goniometric analysis of the pushoff phase during the 1 ½ somersault in men's gymnastic vaulting. In: J. TERAUDS (Ed.): Science in gymnastics. Del Mar, California 1979, 1–8.

BALLÉ, W. / BEIKERT, E. / LAURIG, W.: Beurteilung peripherer und zentraler Beanspruchung beim Rudertraining. In: Sportwissenschaft 13 (1983) 4, 407–418.

BALLREICH, R.: Weg- und Zeitmerkmale von Sprintbewegungen. Berlin 1969.

BALLREICH, R.: Weitsprung-Analyse. Modell und Ergebnis einer multivarianten Analyse kinematischer und dynamischer Merkmale von Sprungbewegungen. Berlin 1970.

BALLREICH, R.: Modell zur Bestimmung biomechanischer Einflußgrößen sportmotorischer Leistungen und zur Schätzung ihrer Einflußhöhe. In: Leistungssport 9 (1979) 4, 363–366.

BALLREICH, R.: Zum Entwicklungstrend der Biomechanik des Sports und der interdisziplinären Bewegungsforschung. In: R. BALLREICH, A. KUHLOW (Hrsg.): Beiträge zur Biomechanik des Sports. Schorndorf 1980, 12–17.

BALLREICH, R.: Analyse und Ansteuerung sportmotorischer Techniken aus trainingsmethodischer und biomechanischer Sicht. In: Leistungssport 11 (1981) 6, 513–526.

BALLREICH, R.: Grundlagen der Modelltheorie. In: R. BALLREICH, W. BAUMANN (Hrsg.): Grundlagen der Biomechanik des Sports. Stuttgart 1988, 108–135.

BALLREICH, R.: Untersuchungsziele der Biomechanik des Sports. In: R. BALLREICH / W. BAUMANN (Hrsg.): Grundlagen der Biomechanik des Sports. Stuttgart 1988, 13–54 (a).

BALLREICH, R.: Grundlagen der Modellmethode. In: R. BALLREICH / W. BAUMANN (Hrsg.): Grundlagen der Biomechanik des Sports. Stuttgart 1988, 108–136 (b).

BALLREICH, R. / BAUMANN, W.: Einführung in die Forschungsmethoden der Biomechanik des Sports. In: R. BALLREICH, W. BAUMANN et al.: Trainingswissenschaft 1. Einführung in Forschungsmethoden. Bad Homburg 1982, 39–133.

BALLREICH, R. / BRÜGGEMANN, G. P.: Biomechanik des Weitsprungs. In: R. BALLREICH, A. KUHLOW (Hrsg.): Biomechanik der Leichtathletik. Stuttgart 1986, 28–47.

BALLREICH, R. / GABEL, H.: Einfluß von Schrittlänge und Schrittfrequenz auf die Laufzeit in Sprintdisziplinen. In: Leistungssport 5 (1975) 5, 346–351.

BALLREICH, R.: / KUHLOW, A.: Begriffsbestimmung, Objekt- und Problembereich der Biomechanik des Sports. In: Sportwissenschaft 4 (1974) 4, 337–356.

BALLREICH, R. / KUHLOW, A.: Beiträge zur Biomechanik des Sports. Schorndorf 1980.

BALLREICH, R. / KUHLOW, A.: Biomechanik des Kugelstoßes. In: R. BALLREICH, A. KUHLOW: Biomechanik der Leichtathletik. Stuttgart 1986, 98–109.

BALLREICH, R. / NICOL, N. / ERNST, H.: Kugelstoß Männer. In: R. BALLREICH, A. KUHLOW (Hrsg.): Beiträge zur Biomechanik des Sports. Schorndorf 1980, 83–109.

BARTER, J. T.: Estimation of the Mass of the Body Segments. Ohio 1957.

BARTONIETZ, K.: Die aerodynamischen Eigenschaften von Speer und Diskus besser nutzen. In: Der Leichtathlet (1984) 7, 7–10.

BASHENOW, L. B. / BIRJUKOW, B. W.: Einige philosophische Probleme der Modellierung biologischer Objekte. In: H. MATTHEIS, F. PLIQUETT (Hrsg.): Mathematische Modellierung von Lebensprozessen. Berlin 1972, 42–57.

BÄUMLER, G. / SCHNEIDER, K.: Sportmechanik. München 1981.

BAUER, W. L.: Einsatz von Dehnungsmeßstreifen zur Untersuchung von Lernvorgängen bei Turnübungen am Reck. In: Sonderdruck Meßtechnische Briefe 12 (1976) 2, 24–30.

BAUER, W. L.: Mathematical Modelling and Optimization and their Influence on Sports Movements. In: W. BAUMANN (Ed.): Biomechanik und sportliche Leistung – Biomechanics and Performance in Sports. Schorndorf 1983, 129–144.

BAUERSFELD, K. H. / SCHRÖTER, G.: Grundlagen der Leichtathletik. Berlin 1979, 1980.

BAUMANN, W.: Über die kinematische Bewegungsanalyse. In: Medizinische Welt 19 (1968) 40, 2168.

BAUMANN, W.: Biomechanik. In: Leistungssport 2 (1972) 1, 47–53 (a).

BAUMANN, W.: Ein mathematisches Modell der Abfahrtsmechanik beim Rennrodeln. In: Deutsche Sporthochschule Köln (Hrsg.): Perspektiven der Sportwissenschaft. Schorndorf 1972, 11–19 (b).

BAUMANN, W.: The Influence of Mechanical Factors on Speed in Tobogganing. In: S. CERQUIGLINI/A. VENERANDO/J. WARTENWEILER (Eds.): Biomechanics III. Basel 1973, 453–461.

BAUMANN, W.: Kinematic and Dynamic Characteristics of the Sprint Start. In: P. KOMI (Ed.): Biomechanics V–B. Baltimore 1976, 194–199.

BAUMANN, W.: The Biomechanical Study of Ski-Jumping. In: Proceedings of International Symposium of Science in Skiing. Zao (Yamagata Prefecture, Japan) 1979, 70–95 (a).

BAUMANN, W.: Sprint Start Characteristics of Female Sprinters. In: A. AYALON (Ed.): Proceedings of an International Seminar Biomechanics of Sport Games and Sport Activities. Wingate Institute 1979, 80–86 (b).

BAUMANN, W.: On mechanical load on the human body during sport activities. In: A. MORECKI, K. FIDELIUS, K. KEDZIOR, A. WIT (Eds.): Biomechanics VII–B. Baltimore 1981, 79–87.

BAUMANN, W.: Zum Techniktraining im Skilanglauf unter besonderer Berücksichtigung des Skirollers. Unveröffentl. FIS Langlauftrainerseminar 1982.

BAUMANN, W.: Application of Biomechanics Research to Sport. In: H. MATSUI, K. KOBAYASHI (Eds.): Biomechanics VIII–B. Champaign 1983, 722–734.

BAUMANN, W.: Biomechanische Analyse des 100-m-Sprints der Frauen. In: N. MÜLLER, D. AUGUSTIN et al. (Red.): Frauenleichtathletik. Niedernhausen/Taunus 1985, 203–210 (a).

BAUMANN, W.: L'évaluation de differentes techniques dans le ski de fond. In: Journees d'Automne de l'Acaps (Abstracts). Beaune 1985, 61 (b).

BAUMANN, W.: The Mechanics of the Roller Ski and its Influence on Technique in Cross Country Skiing. In: S. M. PERREN, E. SCHNEIDER (Eds.): Biomechanics Current Interdisciplinary Research. Dordrecht 1985, 711–716 (c).

BAUMANN, W./SCHWIRTZ, A./GROSS, V.: Biomechanik des Kurzstreckenlaufs. In: R. BALLREICH, A. KUHLOW (Hrsg.): Biomechanik der Leichtathletik. Stuttgart 1986, 1–15.

BAUMROCK, R.: Sicherheit durch Druckaufbau. In: A. HOTZ (Red.): Bericht über den 8. Kongreß des Arbeitskreises Skilauf an Schulen. Braunwald 1985, 121–123.

BECKET, R./CHANG, K.: An Evaluation of the Kinematics of Gait by Minimum Energy. In: Journal of Biomechanics 1 (1968) 147–159.

BEIKERT, E./BALLÉ, W./SMOLKA, R.: Entwicklung und Erprobung eines Meßsystems für Felduntersuchungen im Rudern. In: H. RIEDER, K. BÖS, H. MECHLING, K. REISCHLE (Hrsg.): Motorik und Bewegungsforschung. Ein Beitrag zum Lernen im Sport. Köln 1983.

BERNSTEIN, N. A.: Modelle als Mittel des Studiums nervalmotorischer Prozesse. In: Vorträge der Akademie der Pädagogischen Wissenschaften der RSF SR 2 (1958), 89.

BERTALANFFY, L. V./BEIER, W./LAUE, R.: Biophysik des Fließgleichgewichts. Berlin 1977.

BEUTEL, B.: Räumlicher und zeitlicher Verlauf von Kraft und Kraftangriffspunkt während der Abstoßphase des Diagonalschritts im Skilanglauf. Unveröffentl. Diplomarbeit Deutsche Sporthochschule Köln 1984.

BOBER, T.: Objektive Kriterien in der Bewegungstechnik (polnisch). In: Zeszyty Naukowe AWF Warschau (1977) 22, 61–77.

BOCHOW, W./WEBER, K.: Systematische computergestützte Spielerbeobachtung im Badminton in verschiedenen Leistungsklassen. In: Leistungssport 16 (1986) 5, 25–31.

BOECKH-BEHRENS, W.-U.: Badminton heute. Krefeld 1983.

Brüggemann, P.: Biomechanical analysis of selected vaults on the longhorse. In: J. Terauds (Ed.): Science in gymnastics. Del Mar, California 1979, 9–24.

Brüggemann, P.: Biomechanische Analyse symmetrischer Absprungbewegungen im Gerätturnen. Berlin 1983 (a).

Brüggemann, P.: Kinematics and kinetics of the backward somersault take-off from the floor. In: H. Matsui, K. Kobayashi (Eds.): Biomechanics VIII-B. Champaign 1983, 793–800 (b).

Brüggemann, P.: Biomechanik des Sports. In: K. Carl, D. Kayser, H. Mechling, W. Preising (Hrsg.): Handbuch Sport, Bd. 1. Düsseldorf 1984, 259–302.

Brüggemann, P.: Mechanical Load on the Achilles Tendon during Rapid Dynamic Sport Movements. In: S. M. Perren, M. Schneider (Eds.): Biomechanics: Current Interdisciplinary Research. Dordrecht, Nederlands 1985, 669–674.

Brüggemann, P.: Biomechanik des Gerätturnens. In Vorbereitung.

Brüggemann, P.: Biomechanics in Gymnastics. In: Van Gheluwe, B./J. Atha: Current research in sports biomechanics. Medicine and Sport Science. Vol 25, Germering 1987, 142–176.

Brüggemann, P./Ernst, H.: Biomechanische Untersuchung des Startverhaltens beim Rennrodeln. In: Leistungssport 7 (1977) 2, 120–126.

Brüggemann, P./Nissinen, M.: Analyse kinematischer Merkmale des Handstützüberschlags beim Pferdsprung (Kinematics of the handspring vault). In: Leistungssport 11 (1981) 6, 537–547.

Brüggemann, P./Nissinen, M.: Geräteoptimierung im Kunstturnen aus der Sicht der Biomechanik. In: U. Göhner (Hrsg.): Verletzungsrisiken und Belastungen im Kunstturnen. Schorndorf 1982, 100–113.

Buchmann, R./Marhold, G./Gutewort, W./Bauer, R./Möser, G./Schnabel, G.: Gegenstand, Aufgaben und Einordnung der Biomechanik sportlicher Bewegungen. In: Theorie und Praxis der Körperkultur 23 (1974) 5, 458–465.

Burslem, I./Lees, A.: Qualification of Impact Acceleration of the Head during the Heading of a Football. In: T. Reilly, A. Lees (Eds.): Abstract First World Congress of Science and Football. Liverpool 1987, 16.

Capousek, J.: Bericht zum Forschungsvorhaben «Kanusport». Unveröffentl. Arbeit 1980.

Capozzo, L. T./Pedotti, A.: A general computing method for the analysis of human locomotion. In: Journal of Biomechanics 8 (1975) 307–320.

Carraso, R.: Essai de systematique d'enseignement de la gymnastique aux agres. Paris 1972.

Cavanagh, P.: Instrumentation and Methodology of Biomechanics of Sport Games and Sport Activities. In: A. Ayalon (Ed.): Biomechanics of sport games and sport activities. Netanya 1979, 12–18.

Cheetham, P. J.: The Men's Handspring front one and a half Somersault Vault. In: J. Terauds (Ed.): Biomechanics in Sport. Del Mar, California 1982, 231–247.

Chow, J. W.-C./Jacobson, D. H.: Studies of Human Locomotion via Optimal Programming. In: Mathematical Biosciences 10 (1971) 3/4, 239–306.

Chow, J. W.-C./Hay, J. G./Wilson, B. D./Imel, C.: Turning Techniques of Elite Swimmers. In: Journal of Sport Science 2 (1984) 241–255.

Chowdhury, A.: Computergestützte systematische Spielerbeobachtung im Leistungsbadminton der Damen (internationale Spitzenklasse). Unveröffentl. Diplomarbeit Deutsche Sporthochschule Köln 1987.

Clarys, J. P.: Human Morphology and Hydrodynamics. In. J. Terauds, W. Bedingfield (Eds.): Swimming III. Baltimore 1979, 3–41.

CLAUSER, C. E. / MCCONVILLE, J. T. / YOUNG, J. W.: Weight, Volume and Center of Mass of the Human Body. Ohio 1969.

COUNSILMAN, J. E.: The Application of Bernoulli's Principle to Human Propulsion in Water. Indiana University 1972.

COUNSILMAN, J. E.: Handbuch des Sportschwimmens. Bockenem / Harz 1980.

CRAIG, A. B. / PENDERGAST, D. R.: Relationship of Stroke Rate, Distance per Stroke, and Velocity in Competitive Swimming. In: Medicine and Science in Sports and Exercises 11 (1979), 278–283.

DÄHNE, R.: Theoretische Bestimmung des Körperschwerpunktes durch Vereinigung der Teilschwerpunkte auf grafischem Wege. In: Theorie und Praxis der Körperkultur 15 (1966) 9, 836.

DAINIS, A.: Cinematographic analysis of the handspring vault. In: Research Quarterly 50 (1979) 3, 341–349.

DAINIS, A.: A Model for Gymnastic Vaulting. In: Medicine and Science in Sports and Exercise 13 (1981) 1, 34–43.

DAPENA, J.: Mechanics of Translation in the Fosbury-Flop. In: Medicine and Sports and Exercises 12 (1980) 1, 38–44 (a).

DAPENA, J.: Mechanics of Rotation in the Fosbury-Flop. In: Medicine and Sports and Exercises 12 (1980) 1, 45–53 (b).

DELAMARCHE, P. / VAN HOECKE, J. / CHAGNEAU, F.: La rotation du bras par rapport au tronc lors de la phase finale du tir en handball. In: Journees d'automne de l'acaps, «Activites physiques sports». Rennes 1987, 148–149.

DENGG, E.: Maxi Skimunkulus – Österreichs Skiroboter. In: Ski + Tennis. Sonderheft Skilauf Spezial 9 (1984) 146, 50.

DESSUREAULT, J.: Etude des facteurs cinétiques et cinématiques au lancer du poids. In: F. LANDRY, W. A. R. ORBAN (Eds.): Biomechanics of Sports and Kinanthropometry. Miami 1978, 91–101.

DEUTSCHER LEICHTATHLETIK VERBAND: Amtliche Leichtathletikbestimmungen.

DEUTSCHER VERBAND FÜR DAS SKILEHRWESEN: Skilehrplan 2. München 1981[6].

DEUTSCHER VERBAND FÜR DAS SKILEHRWESEN: Skilehrplan 4: Skilanglauf / Technik, Methodik, Praxis. München 1984.

DEUTSCHER VERBAND FÜR DAS SKILEHRWESEN: Skilehrplan 5: Skilanglauf / Training, Ausrüstung, Mechanik. München 1985.

DEYLE, W.: Kombinierte Kunsteisbahn für Bob und Rodel Sarajevo-Trebevic. In: Sportstättenbau und Bäderanlagen 19 (1985), 17–35.

DICKWACH, H.: Methode zur Bestimmung des Körperschwerpunkts aus der Lage der Gelenkpunkte. In: Theorie und Praxis der Körperkultur 16 (1967) 12, 1108–1115.

DILLMAN, C. J. / CHEETHAM, P. J. / SMITH, S. L.: A Kinematic Analysis of Men's Olympic Long Horse Vaulting. In: International Journal of Sport Biomechanics 1 (1985), 96–110.

DJATSCHKOW, W. M.: Die Steuerung und Optimierung des Trainingsprozesses. Berlin 1974.

DONSKOI, D. D.: Grundlagen der Biomechanik. Berlin (Ost) 1975.

DUBOIS, A. B. / OGILVY, C. S.: Forces on the Tail Surface of Swimming Fish: Thrust, Drag and Acceleration in Blue fish (Pomatomus Saltatrix). In: Journal of Experimental Biology 77 (1978) 6, 225–241.

DUSENBURY, J. S.: A Kinetic Comparison of Forward and Reverse Giant Swing on the Still Rings as Performed by Gymnasts with Varying Body Type. M. S. Thesis, University of Massachusetts 1968.

DYSON, G.: The Mechanics of Athletics. London 1973[6], 188–227.

DZIASKO, J./NAGLAK, Z.: Theorie der Mannschaftsspiele (polnisch). PWN Warschau 1983.

EICKE, U.: Kinematische Analyse der Startphase im Einerkanadier. Unveröffentl. Diplomarbeit Deutsche Sporthochschule Köln 1978.

FELD, R./THIERER, R./WILKE, K.: Der Einfluß der Seitbewegung der Hand beim Kraularmzug auf den Vortrieb. In: Beiheft zu Leistungssport (1978) 14, 4–29.

FELLER, I.: Absprünge rückwärts im Kunstturnen. Unveröffentl. Diplomarbeit am Laboratorium für Biomechanik der ETH 1975.

FETZ, F./DREES, A.: Schwerpunktshöhe als Eignungsmerkmal. Frankfurt a.M. 1966.

FETZ, F./OPAVSKI, P.: Biomechanik des Gerätturnens. Frankfurt 1968.

FIDELIUS, K.: Analyse der Bewegungstechniken in Mannschaftsspielen (polnisch). In: Zeszyty Naukowe AWF Warschau (1978), 63.

FIDELIUS, K. u. a.: Ausgewählte Probleme der Theorie der Mannschaftssportarten (polnisch). In: Zeszyty Naukowe AWF Wroclaw (1971), 54–78.

FIEDLER, M.: Volleyball. Berlin (Ost) 1985.

FLUNKER, M.: Biomechanische Betrachtungen zur Bootsbewegung beim Kajak-Flachbahn-Einer. Unveröffentl. Diplomarbeit Deutsche Sporthochschule Köln 1986.

FÖGEN, J.: Dreidimensionale kinematische Analyse des einseitigen Schlittschuhschritts im Skilanglauf der Herren. Unveröffentl. Diplomarbeit Deutsche Sporthochschule Köln 1986.

FRIEDRICHS, R.: Windkanalmessungen an 6 Rodelschlitten. Unveröffentl. Manuskript (DVL) 1967.

FRIGO, C./PEDOTTI, A.: Determination of Muscle Length During Locomotion. In: E. ASMUSSEN, K. JORGENSEN (Eds.): Biomechanics VI–A. Baltimore 1978, 355–360.

FRÖHNER, B./KOWITZ, M./WAGNER, K.: Zur Optimierung der Ballgeschwindigkeit bei Angriffsschlägen im Volleyball. In: Wissenschaftliche Zeitschrift der Deutschen Hochschule für Körperkultur Leipzig 20 (1978) 2, 117–125.

FUCCI, S./TROZZI, V.: Analisi biomecanica del passo alternato dello sci di fondo. Roma 1981.

FUKASHIRO, S./MIYASHITA, M.: An Estimation of the Velocities of the Take-off Phases in 18m Triple Jump. In: Medicine and Science in Sports and Exercises 15 (1983) 4, 309–312.

FUKUOKA, T.: Zur Biomechanik und Kybernetik des alpinen Skilaufs. Frankfurt a. M. 1971[1].

GANSLEN, R. V.: Aerodynamic and Mechanical Forces in Discus Flight. In: Athletic Journal LXIV (1964), 50–89.

GANSLEN, R. V.: Die Mechanik des Stabhochsprunges. Frankfurt a. M. 1965.

GEESE, R.: Stabhochsprung – zur Wahl des richtigen Stabes. In: Die Lehre der Leichtathletik 35 (1984) 44, 1565–1566.

GEESE, R./WOZNIK, T.: Stabhochsprung. In: Die Lehre der Leichtathletik 31 (1980) 45, 1465–1472 und 46, 1499–1502.

GERBER, E.: Neue Blickwinkel im Langlauf. Derendingen 1985.

GERVAIS, P./WRONKO, C.: The Marathon Skate in Nordic Skiing Performed on Roller Skates, Roller Skis and Snow Skis. In: International Journal of Sport Biomechanics 4 (1988) 1, 38–49.

GÖHNER, U.: Bewegungsanalyse im Sport. Schorndorf 1979.

GOWITZKE, B. A./WADDELL, D. B.: Technique of Badminton Stroke Production. In: J. TERAUDS (Ed.): Science in Racquet Sports. Del Mar 1979, 17–41.

GRADOWSKA, T.: Topografie des Kampfes in ausgewählten Mannschaftsballspielen (polnisch). In: Sport Wyczynowy-Warschau (1973) 3, 45.

GREGOR, R. / WHITING, W. / McCOY, R.: Kinematic Analysis of Olympic Discus Throwers. In: International Journal of Sport Biomechanics 1 (1985), 131–138.

GRIGALKA, O. Y.: Shot Putting. Moscow 1970.

GRIGALKA, O. Y.: Shot Putting and Discus Throwing. In: F. I. S: Track and Field Coaches. Moscow 1974, 423–447.

GROH, H. / BAUMANN, W.: Joint and Muscle Forces Acting in the Leg during Gait. In: P. KOMI (Ed.): Biomechanics V–A. Baltimore 1976, 328–333.

GROPPEL, J. L. / DILLMAN, C. J. / LARDNER, T. J.: Derivation and Validation of Equations of Motion to Predict Ball Spin upon Impact in Tennis. In: Journal of Sports Sciences 1 (1983) 1, 111–120.

GROS, H.-J.: Computerized Analysis of the Pole Vault utilizing Biomechanics Cinematography and Direct Force Measurements. Unveröffentl. Dissertation. Edmonton 1982.

GROS, H.-J. / TERAUDS, J.: Möglichkeiten der Interpretation biomechanischer Kennlinien im Stabhochsprung. In: Die Lehre der Leichtathletik 34 (1983) 23, 755–758.

GROTH, M.: Kinematisch-dynamische Analyse des Badminton Vorhand-Überhand-Clear aus dem Umsprung und aus dem Stemmschritt. Unveröffentl. Diplomarbeit Deutsche Sporthochschule Köln 1987.

GÜLKE, T.: Vergleich der biomechanischen Bewegungsmerkmale bei frontalen Angriffsschlägen im Volleyball zwischen zwei Gruppen verschiedener Spielklassen. Unveröffentl. Diplomarbeit Deutsche Sporthochschule Köln 1979.

GÜTSCHOW, W.: Mechanik des Getriebes Ruderer / Ruder. In: Schiffstechnik (1955 / 56) 3, 230–236.

GUNDLACH, H.: Laufgeschwindigkeit und Schrittgestaltung im 100-m-Lauf. In: Theorie und Praxis der Körperkultur. Berlin 12 (1963) 3, 254–267; 4, 346–359; 5, 418–425.

GUNDLACH, H. u. a.: Olympische Analysen. Leipzig 1973.

GUTEWORT, W. / PÖHLMANN, R.: Biomechanik – Motorik. In: Theorie und Praxis der Körperkultur 15 (1966) 6, 595–604.

GUTEWORT, W. / MARHOLD, G.: Biomechanische Verfahren zur Analyse der sportlichen Technik und ihrer Anwendungsaspekte. In: Theorie und Praxis der Körperkultur 23 (1974) 1, 6–8.

HÄNYES, B.: Das Meßboot im Deutschen Ruderverband. In: V. NOLTE (Red.): Bericht zum 13. FISA-Trainercolloquium 1984. Minden 1984, 142–158.

HANAVAN, E. P.: A Mathematical Model of the Human Body. Ohio 1964.

HANEKLAUS, P.: Computergestützte systematische Spielerbeobachtung im Leistungsbadminton der Herren (internationale Spitzenklasse). Unveröffentl. Diplomarbeit Deutsche Sporthochschule Köln 1985.

HARBORDT, S.: Computersimulation in den Sozialwissenschaften 1. Reinbek 1974.

HARTMANN, C.: Kraftfluß und Dämpfung in Tennisschlägern verschiedener Fabrikate beim Rückhandschlag. In: Leistungssport 14 (1984) 5, 54.

HATZE, H.: Eine Fundamentalhypothese der Bewegungslehre. In: Sportwissenschaft 6 (1976) 2, 155–171 (a).

HATZE, H.: Forces and Duration of Impact, and Grip Tightness during the Tennis Stroke. In: Medicine and Science in Sports 8 (1976) 2, 88–95 (b).

HATZE, H.: A Comprehensive Model for Human Motion Simulation and its Application to the Take-off Phase of the Long Jump. In: Journal of Biomechanics 14 (1981) 3, 135–142.

HATZE H.: Computerized Optimization of Sports Motions. In: Journal of Sports Science 1 (1983) 1, 3–12.

HAY, J. G.: Die Haytechnik: Das Nonplusultra im Hochsprung? In: Leistungssport 3 (1973) 4, 309–314.

HAY, J. G.: The Biomechanics of Sport Techniques. Prentice Hall, Englewood Cliffs 1978.

HAY, J. G.: The Identification and Ordering of the Technical Factors limiting Performance. Unveröffentl. Vortrag auf dem Weltkongreß für Sportmedizin 1978.

HAY, J. G.: The Most Significant Research of the Past Decade: Biomechanics. In: The Academy Papers. The American Academy of Physical Education. Preston 1982.

HAY, J. G. / GUIMARAES, A. C. S. / GRIMSTONE, S. K.: A Quantitative Look at Swimming Biomechanics. In: Swimming Technique 20 (1983) 2, 11–17.

HAY, J. G. / WILSON, B. D. / DAPENA, J. / WOODWORTH, G. O.: A Computational Technique to Determine the Angular Momentum of a Human Body. In: Journal of Biomechanics 10 (1977) 4, 269–277.

HECKHAUSEN, H.: «Interdisziplinäre Forschung» zwischen Intra-, Multi- und Chimären-Disziplinarität. In: Zentrum für interdisziplinäre Forschung (Hrsg.): Jahresbericht ZiF 85/86. Bielefeld 1986, 18–40.

HEGER, H.: Verletzung und Belastung der Achillessehne des Gerätturners. In: Praxis der Leibesübungen 7 (1966) 2, 27–29.

HENRY, F. M.: Force-Time Characters of the Sprint Start. In: Research Quarterly 23 (1952) 3, 301–318.

HERBERGER, E.: Rudern. Berlin (Ost) 1967, 1977[4].

HEUCHERT, R. / VOIGT, T. / WITTMANN, F.: Untersuchungen zum volleyballspezifischen Absprung und Darstellung erster Ergebnisse. In: Wissenschaftliche Zeitschrift der Deutschen Hochschule für Körperkultur Leipzig 20 (1978) 2, 137–143.

HOCHMUTH, G.: Untersuchungen über den Einfluß der Absprungbewegung auf die Sprungweite beim Skispringen. Unveröffentl. Dissertation TH Dresden 1958.

HOCHMUTH, G.: Untersuchungen über den Einfluß der Absprungbewegung auf die Sprungweite beim Skispringen. In: Wissenschaftliche Zeitung der deutschen Hochschule für Körperkultur Leipzig 1 (1958/59) 29–57.

HOCHMUTH, G.: Biomechanik sportlicher Bewegungen. Berlin 1967[1], 1981[4], 1982[5].

HOCHMUTH, G. / MARHOLD, G.: Zur Weiterentwicklung biomechanischer Prinzipien. In: Theorie und Praxis der Körperkultur 27 (1978) 3, 202–212.

HOPPICHLER, F. / MÜLLER, E.: Biomechanische Analyse grundlegender alpiner Skilauftechniken. In: Ski + Tennis, Sonderheft Skilauf Spezial 9 (1984) 146, 40–49.

HOTHMER, J.: Bewegung von Rennruderbooten während eines Schlages. Unveröffentl. Diplomarbeit Deutsche Sporthochschule Köln 1953.

HUTT, E.: Zwei Regeln für eine größtmögliche Leistungsausbeute im Dreisprung. In: Leichtathletik-Magazin 3 (1983) 50, 25–28.

HUTT, E.: Dreisprung-Analyse: WM 1983 Helsinki. In: Leichtathletik-Magazin 4 (1984) 4, 17–20 und 24, 21–24.

IKAI, M.: Dynamics of Sprint Running with Respect to the Speed Curve. In: J. WARTENWEILER, E. JOKL et al. (Eds.): Biomechanics. Basel 1968, 282–290.

IKEGAMI, Y. / MIURA, M. / MATSUI, H. / HASHIMOTO, I.: Biomechanical Analysis of the Javelin Throw. In: A. MORECKI, K. FIDELIUS, K. KEDZIOR, A. WIT (Eds.): Biomechanics VII–B. Baltimore 1981, 271–276.

IWOILOW, A. W.: Volleyball. Berlin (Ost) 1984.

JANDA, W. J.: Das Steuern von Schwüngen. In: Arbeitsgemeinschaft zur Ausbildung im Skilauf an Hochschulen AASH (Hrsg.): Skilauf in der Sportlehrerausbildung. Esslingen 1984, 8, 7–23.

JARVER, J./BOASE, G.: Die horizontalen Sprünge. In: Die Lehre der Leichtathletik 35 (1984) 47, 1670–1672.

JONATH, U./HAAG, E./KREMPEL, R.: Leichtathletik 1. Laufen und Springen. Reinbek 1977.

KAELIN, X./STRICKER, J./FERRETTI, E.: Bewegungsquantifizieren, Entwicklung einer Methode für das Quantifizieren der Leistung beim Salto vorwärts und Illustration an zwei Beispielen. Unveröffentl. Diplomarbeit ETH 1979.

KANEKO, M./ITO, A./PUCHIMOTO, T. u. a.: Mechanische Effizienz im Langlauf. In: Sport Wyczynowy (polnisch) 193 (1981) 1, 9–13.

KASSAT, G.: Schein und Wirklichkeit parallelen Skifahrens. Münster 1984.

KASTNER, J./POLLANY, W./SOBOTKA, R.: Der Schlagwurf im Handball. In: Leistungssport 8 (1978) 4, 287–298.

KAUFMANN, CH.: Zum Belastungsverhalten im alpinen Skilauf. In: Praxis der Leibesübungen 14 (1973) 1, 11–13.

KAUFMANN, CH.: Biomechanik und alpiner Skilauf. In: Das Skimagazin 10 (1974) 4, 55–57.

KELLER, P.: Biomechanische Untersuchung im Stabhochsprung. Unveröffentl. Diplomarbeit ETH Zürich 1974.

KITASALO, J./AURA, P./LUKTANNEN, P.: Biomechanische und anthropometrische Aspekte des Hochsprungs. In: Leistungssport 12 (1982) 2, 146–151.

KLAUCK, J.: Der Wasserwiderstand des menschlichen Körpers bei beschleunigter Bewegung. In: W. DECKER, M. LÄMMER (Hrsg.): Kölner Beiträge zur Sportwissenschaft. 5. Jahrbuch der DSHS Köln. Schorndorf 1977, 25–36.

KLAUCK, J.: Ein Verfahren zur Bestimmung kinematischer Bewegungsmerkmale von Schwimmern in der Gleitphase. In: C. KREITER, K. WILLIMCZIK (Red.): 3. Sportwissenschaftlicher Hochschultag '80. dvs-protokoll Nr. 2. Clausthal-Zellerfeld 1982, 38–47 (a).

KLAUCK, J.: Bewegung und Aufenthalt im Wasser. In: G. VOLCK (Hrsg.): Schwimmen in der Schule. Schorndorf 1982, 86–114 (b).

KLAUS, G./LIEBSCHER, H.: Wörterbuch der Kybernetik. Berlin 1976.

KNITSCH, K.: Kinematische Analyse des frontalen Angriffsschlags im Volleyball bei Bundesligaspielerinnen. Unveröffentl. Staatsexamensarbeit Deutsche Sporthochschule Köln 1987.

KOCH, K.: Sportkunde für den Unterricht in der Sekundarstufe II. Schorndorf 1984[3].

KÖNIG, H.: Theorie des Skispringens angewandt auf die Flugschanze in Oberstdorf. In: Fortschritt der Uhrentechnik durch Forschung – Vom Skispringen zum Skiflug. Festschrift für Herrn Dr. Ing. Straumann. Stuttgart 1952, 235–253.

KÖRNDLE, H./LIPPENS, V.: Vom Ziehen und Treten. In: V. NOLTE (Red.): Bericht zum 13. FISA-Trainercolloquium 1984. Minden 1984, 159–185.

KOLLATH, E.: Zur Kinetik des Weitsprungs unter besonderer Berücksichtigung der Gelenkbelastung. Unveröffentl. Dissertation Deutsche Sporthochschule Köln 1980.

KOLLATH, E.: Biomechanische Analyse des Diagonalschritts beim Skilauf. In: Kölner Beiträge zur Sportwissenschaft. 10./11. Jahrbuch der DSHS Köln. Köln 1981/82, 187–197 (a).

KOLLATH, E.: Biomechanische Analyse weitenbestimmender und gelenkbelastender Größen beim Weitsprung. In: Die Lehre der Leichtathletik 33 (1982) 38, 1275–1277.

KOLLATH, E.: Zur Diskussion... Über den Einfluß der horizontalen und vertikalen Abfluggeschwindigkeit beim Absprung des Weitsprungs. In: Die Lehre der Leichtathletik 33 (1982) 50, 1674 (b).

KOLLATH, E.: Speerwurf. In: R. BALLREICH, W. BAUMANN (Hrsg.): Biomechanische Leistungsdiagnostik, Ziele – Organisation – Ergebnisse. Berlin 1983, 87–98 (a).

KOLLATH, E.: Analyse des Innenspannstoßes aus biomechanischer Sicht. In: Fußballtraining 2 (1983) 5, 15–20 (b).

KOLLATH, E.: Zum Einfluß einzelner Körpersegmente auf die vertikale Abfluggeschwindigkeit des KSP beim 100-m-Hürdenlauf. In: Leistungssport 13 (1983) 4, 37–43 (c).

KOLLATH, E./TUSKER, F.: Mechanische Belastung des oberen Sprunggelenks beim 100-m-Hürdenlauf. In: Kölner Beiträge zur Sportwissenschaft. 13. Jahrbuch der DSHS Köln. St. Augustin 1984, 59–67.

KOLLATH, E./SCHWIRTZ, A.: Biomechanische Analyse in den Sportspielen unter Zuhilfenahme der Videotechnik. In: W. DECKER, M. LÄMMER (Red.): Kölner Beiträge zur Sportwissenschaft. 14. Jahrbuch der DSHS Köln. Köln 1985, 79–86.

KOLLATH, E./SCHWIRTZ, A.: Biomechanical Analysis of the Soccer Throw-in. In: T. REILLY, A. LEES (Eds.): Abstracts First World Congress of Science and Football. Liverpool 1987, 460–467.

KOLLATH, E./BOCHOW, W./WESTERMANN, J.: Biomechanische Analyse der Vorhand-Smashs eines weiblichen und männlichen Spitzenspielers. In: Badminton-Sport 31 (1983) 11, 16–18.

KOLLATH, E./BOCHOW, W./QUADE, K.: Kinematische Wettkampfanalyse im Badminton. In: Leistungssport 17 (1987) 3, 21–25.

KOMI, P. V.: Force Measurements During Cross-Country Skiing. In: International Journal of Sport Biomechanics 3 (1987) 4, 370–381.

KOMI, P./NELSON, R./PULLI, M.: Biomechanik des Skisprungs. In: Leistungssport 4 (1974) 4, 431–450.

KRÖGER, U.: Dreidimensionale biomechanische Analyse des Schlagwurfs im Hallenhandball. Unveröffentl. Diplomarbeit Deutsche Sporthochschule Köln 1987.

KRUBER, A./LEHNARTZ, K.: Der Stabhochsprung. Frankfurt 1975.

KÜSTER, G.: Der Einfluß bestimmter Trainingsmethoden auf die Wurfkraft bei Handballspielerinnen unterschiedlichen Leistungsniveaus. Unveröffentl. Diplomarbeit Deutsche Sporthochschule Köln 1973.

LAURIG, W.: Elektromyografie. In: K. WILLIMCZIK (Hrsg.): Forschungsmethoden in der Sportwissenschaft. Grundkurs Datenerhebung 1. Ahrensburg 1983[2], 63–88.

LEIDIG, A.: Der frontale Angriffsschlag im Volleyball nach hohem Zuspiel. Unveröffentl. Diplomarbeit Deutsche Sporthochschule Köln 1986.

LEIRICH, J./RIELING, K.: Zur strukturellen Anordnung der Übungen des Gerätturnens: Die Sprungbewegungen. In: Theorie und Praxis der Körperkultur 18, (1969) 2, 139–147.

LEIRICH, J./RIELING, K.: Zur strukturellen Anordnung der Übungen des Gerätturnens: Die Überschlagbewegungen. In: Theorie und Praxis der Körperkultur 17 (1968) 12, 1073–1084.

LETZELTER, M.: Schrittzahl, Schrittlänge und Schrittfrequenz beim Sprint der Frauen. In: P. KNEBEL (Red.): Olympische Analysen. Berlin 1974, 47–54.

LETZELTER, M.: Hürdensprint. Berlin 1977.

LEVENDUSKY, T. A./CLINGER, C. D./MILLER, R. I./ARMSTRONG, C. W.: Soccer Throw-in Kinematics. In: J. TERAUDS, J. N. BARHAM (Eds.): Biomechanics of Sports II. Colorado 1985, 258–268.

LEWIN, G.: Schwimmsport. Berlin 1977[6].

LIGHTHILL, M. J.: Hydromechanics of Aquatic Animal Propulsion. In: Annual Review of Fluid Mechanics 1 (1969) 1, 413–446.

LINDHOLM, L. E.: An Optoelectronic Instrument for Remote On-line Movement Monitoring. In: R. C. NELSON, C. A. MOREHOUSE (Eds.): Biomechanics IV. Baltimore 1974, 510–512.

LÖHR, R. / UNGERECHTS, B.: Experimentelle Bestimmung der optimalen Fingerstellung beim Kraulschwimmen. In: Leistungssport 6 (1976) 4, 312–314.

MACELLARI, V. / ROSSI, M. / BUGARINI, M.: Human Motion Monitoring. In: D. A. WINTER, R. W. NORMAN, R. P. WELLS, K. C. HAYES, A. E. PATLA (Eds.): Biomechanics IX–B. Champaign 1985, 260–264.

MADER, A. / HOLLMANN, W.: Die Bedeutung der Stoffwechselleistungsfähigkeit des Elite-Ruderers in Training und Wettkampf. In: Beiheft Leistungssport 9 (1977), 8–62.

MANN, R. W. et al.: Precise, Rapid, Automatic 3–D Position and Orientation Tracking of Multiple Moving Bodies. In: H. MATSUI, K. KOBAYASHI (Eds.): Biomechanics VIII–B. Champaign 1983, 1104–1112.

MARCHAND, F. et al.: Feasibility Study for a 3–D Bilateral Motion Analysis Laboratory. In: D. E. WINTER, R. W. NORMAN, R. P. WELLS, K. C. HAYES, A. E. PATLA (Eds.): Biomechanics IX–B. Champaign 1985, 251–254.

MARHOLD, G.: Über die Belastungsgrößen bei Übungen an den Ringen. In: Theorie und Praxis der Körperkultur 10 (1961) 4, 439–444.

MARHOLD, G.: Biomechanical Analysis of the Shotput. In: R. C. NELSON, C. A. MOREHOUSE (Eds.): Biomechanics IV. London 1974, 175–179.

MARINO, G. W. / DILLMANN, C. J.: Multiple Regression Models of the Mechanics of the Acceleration Phase of Ice Skating. In: F. LANDRY, W. A. R. ORBAN (Eds.): Biomechanics of Sports and Kinanthropometry. Miami 1978, 193–201.

MATTHEIS, H. / PLIQUETT, F.: Mathematische Modellierungen von Lebensprozessen. Berlin 1972.

MCCOY, W / GREGOR, R. / WHITING, W. / RICH, R. et al.: Kinematic Analysis of Elite Shotputters. In: Track Technique (1984) 3, 2868–2871.

MEIER, R.: Skifliegen – Schanzenbau. Unveröffentl. Diplomarbeit ETH Zürich 1977.

MENZEL, H.-J.: Biomechanik des Speerwurfs. In: R. BALLREICH, A. KUHLOW (Hrsg.): Biomechanik der Leichtathletik. Stuttgart 1986, 110–120.

MERO, A. / LUHTANEN, P. / KOMI, P. V.: A Biomechanical Study of the Sprint Start. In: Scandinavian Journal of Sports Sciences 5 (1983) 1, 20–28.

MESSIER, S. P. / BRODY, M. A.: Mechanics of Translation and Rotation During Conventional and Handspring Soccer Throw-ins. In: International Journal of Sports Biomechanics 2 (1986), 301–315.

MILLER, D. / MORRISON, W. E.: Prediction of Segmental Parameters Using the Hanavan Human Body Model. In: Medicine and Science in Sports 7 (1975) 3, 207–212.

MÖSER, G. / SABOROWSKI, I.: Zum biomechanischen Prinzip der Koordination von Teilimpulsen beim frontalen Angriffsschlag im Volleyballspiel. In: Theorie und Praxis der Körperkultur 23 (1974) 7, 640–647.

MORAWSKI, J. M.: Control Systems Approach to a Ski-Turn Analysis. In: Journal of Biomechanics 6 (1973) 3, 267–279.

MORTIMER, E.: Basketball Shooting. In: Research Quarterly 22 (1951) 2, 234–243.

MOUCHBAHANI, R.: Biomechanische Untersuchungen der «mittleren» und «engen» Startstellung beim Sprintstart. Unveröffentl. Diplomarbeit Deutsche Sporthochschule Köln 1983.

MÜLLER, E.: Zur Bewegungsübertragung bei Wurfbewegungen. In: Leistungssport 12 (1982) 4, 314–324.

MÜLLER, A. F.: Biomechanik des Hochsprungs. In: R. BALLREICH, A. KUHLOW (Hrsg.): Biomechanik der Leichtathletik. Stuttgart 1986, 48–60.

NACHBAUER, W.: Fahrlinie im Torlauf und Riesentorlauf. In: Leistungssport 17 (1987) 6, 17–21.

NAGORNYJ, V. E.: Der Luftwiderstand und die Technik im Sprunglauf (russisch). In: Theorie und Praxis der Körperkultur 14 (1965) 12, 892–901.

NAPIER, J.: Using the Wind in Discus Throwing. In: Athletic Journal (1972) 2, 78–80.

NELSON, R. C. / GROSS, T. S. / STREET, G. M.: Vaults Performed by Female Olympic Gymnasts: A Biomechanical Profile. In: International Journal of Sport Biomechanics 1 (1985) 2, 111–121.

NETT, T.: Die Technik beim Stoß und Wurf. Berlin-Charlottenburg o. J.

NETT, T.: Zur Ökonomie der Dreisprungleistung. In: Die Lehre der Leichtathletik 21 (1970) 22, 773–776.

NIESNER, H.-W. / RANZMAYER, J.-H.: Badminton. Training, Technik, Taktik. Reinbek 1982.

NIGG, B. M.: Sprung, Springen, Sprünge. Zürich 1974.

NIGG, B. M.: Biomechanik. Zürich 1977.

NIGG, B. M.: Elektronische Methoden der Biomechanik (Dynamografie, Accelerometrie, Goniometrie). In: K. WILLIMCZIK (Hrsg.): Forschungsmethoden in der Sportwissenschaft. Grundkurs Datenerhebung 1. Ahrensburg 1983[2], 39–62.

NIGG, B. M./DENOTH, J./NEUKOMM, P. A.: Quantifying the load on the human body: Problems and Some Possible Solutions. In: A. MORECKI, K. FIDELIUS, K. KEDZIOR, A. WITT (Eds.): Biomechanics VII-B. Baltimore 1981, 88–99.

NIGG, B. M. / DENOTH, J. / UNOLD, E.: Belastungen des menschlichen Bewegungsapparates bei ausgewählten Bewegungen des Gerätturnens. In: U. GÖHNER (Hrsg.): Verletzungsrisiken und Belastungen im Kunstturnen. Schorndorf 1982, 20–38.

NIGG, B. M. / ROETHLIN, K. / WARTENWEILER, J.: Biomechanische Messungen beim Speerwerfen. In: Jugend und Sport 31 (1974) 6, 218–220.

NIGG, B. M. / SPIRIG, J.: Erschütterungsmessungen beim Kunstturnen. In: Leistungssport 6 (1976) 2, 91–96.

NISSINEN, M.: Kinematic and Kinetic Analysis of the Giant Swing on Rings. In: H. MATSUI, K. KOBAYASHI (Eds.): Biomechanics VIII–B. Champaign 1983, 781–786.

NIXDORF, E.: Biomechanik des Dreisprungs. In: R. BALLREICH, A. KUHLOW (Hrsg.): Biomechanik der Leichtathletik. Stuttgart 1986, 61–70.

NIXDORF, E. / BRÜGGEMANN, G. P.: Zur Absprungvorbereitung beim Weitsprung. In: Lehre der Leichtathletik 33 (1982) 46, 1539–1541.

NOLTE, V.: Über die Wissenschaft beim Rollausleger. In: Rudersport (1981) 30, 639–642.

NOLTE, V.: Rudertechnik und ihre Analyse: Der Arbeitsbereich im Skullboot. In: Rudersport (1982) 20, 468–469 (a).

NOLTE, V.: Die Stemmbretteinstellung und der Ruderwinkel in der Rückenlage. In: Rudersport (1982) 25, 544–545 (b).

NOLTE, V.: Die Rudertechnik. In: Rudersport, Trainerjournal (1982) 34, I–XII (c).

NOLTE, V.: Die Effektivität des Ruderschlags. Berlin 1984 (a).

NOLTE, V.: Wie wird ein Ruderboot angetrieben? In: Leistungssport 14 (1984) 6, 11–16 (b).

NOLTE, V.: Rudertechnik. In: V. NOLTE (Red.): Bericht zum 13. FISA-Trainercolloquium 1984. Minden 1984, 31–41 (c).

NOLTE, V.: Grundlegende Erkenntnisse der Biomechanik im Rudern. In: V. NOLTE (Red.): Bericht zum 13. FISA-Trainercolloquium 1984. Minden 1984, 114–141 (d).

NOLTE, V.: Trimmen von Booten. In: Schriftenreihe der Ruderakademie Ratzeburg. Saarbrücken 1985 (a).

NOLTE, V.: So rudert die Weltklasse – Einer. In: Rudersport (1985) 31, 674–676 (b).

NORMAN, R. W./KOMI, P. V.: Mechanical Energetics of World Class Cross-Country Skiing. In: International Journal of Sport Biomechanics 3 (1987) 4, 353–369.

NUBAR, Y./CONTINI, R.: A Minimal Principle in Biomechanics. In: Bulletin of Mathematical Biophysics 23 (1961), 377–391.

OLBERG, J.: Quantitative Bestimmung der Wurfgenauigkeit und Ballspielgeschwindigkeit im Hallenhandball am Beispiel von Oberligaspielern. Unveröffentl. Diplomarbeit Deutsche Sporthochschule Köln 1979.

OLIVIER, N.: Die Absprungtechnik als leistungsrelevanter Teil des Angriffsschlages. In: Deutsche Volleyball-Zeitschrift 5, Beilage Lehre und Praxis des Volleyballspiels (1981) 5, 22–24.

OMEGA SPORTS TIMING: Los Angeles 84 Athletic, Intermediate and Final Times all Events. In: Omega Electronics S.A. (Hrsg.): Supplement to «Coliseum 1932–1984» Le Mont S/Lausanne 1985.

PAUL, J. P: Bioengineering studies of the forces transmitted by joints. In: R. M. KENEDY (Ed.): Biomechanics and related Bioengineering Topics. Oxford 1965, 369–380.

PAUWELS, F.: Gesammelte Abhandlungen zur funktionellen Anatomie des Bewegungsapparates. Berlin 1965.

PAYNE, A./BLADER, F. B.: The Mechanics of the Sprint Start. In: J. VREDENBREGT, J. WARTENWEILER (Eds.): Biomechanics II. Basel 1971, 225–231.

PAYNE, A. H./BARKER, P.: Comparison of the Take-off Forces in the Flic-Flac and the Back Somersault in Gymnastics. In: P. KOMI (Ed.): Biomechanics V–B. Baltimore 1976, 314–321.

PEDOTTI, A./KRISHNAN, V. V./STARK, L.: Optimization of Muscle-force Sequenzing in Human Locomotion. In: Mathematical Biosciences 38 (1978) 1, 57–76.

PEEK, R. W.: A Cinematographical and Mechanical Analysis of the Straight Arm Backward Giant Swing on the Still Rings. M. S. Thesis, Springfield College 1968.

PENROSE, T./BLANKSBY, B.: Film Analysis: Two Methods of Basketball Jump Shooting Techniques by Two Groups of Different Ability Levels. In: Australian Journal of Health, Physical Education and Rekreation (1976) 3, 14–22.

PERSON, R. S.: Einige allgemeine Fragen der mathematischen Analyse bioelektrischer Prozesse. In: H. MATTHEIS, F. PLIQUETT (Hrsg.): Mathematische Modellierungen von Lebensprozessen. Berlin 1972, 104–111.

PESTEL, E.: Technische Mechanik. Mannheim 1969.

PETERS, R.: Kinematische Analyse des Doppelstockschubes und Diagonalschrittes beim Skilanglauf. Unveröffentl. Diplomarbeit Deutsche Sporthochschule Köln 1984.

PIERCE, J. C./POPE, N. H./RENSTROM, T./JOHNSON, R. J./DUFEK, J./DILLMAN, C.: Force Measurement in Cross-Country Skiing. In: International Journal of Sport Biomechanics 3 (1987) 4, 382–391.

PLAGENHOEF, S.: Fundamentals of Tennis. Englewood Cliffs 1970.

PLAGENHOEF, S.: Patterns of Human Motion. Englewood Cliffs 1971, New Jersey 1973.

PLAGENHOEF, S.: Biomechanical Analysis of Olympic Flatwater Kayaking and Canoeing. In: Research Quarterly 50 (1979) 3, 443–459.

POPESCU, H.: Schwimmen – Technik, Methodik, Training. München 1978.

PREISS, R.: Computersimulation zur Entwicklung sportmotorischer Techniken. Ahrensburg 1987.

PREISS, R. u. a.: Biomechanisch gestützte Entwicklung neuer Flugteile beim Reckturnen. Unveröffentl. Forschungsbericht Institut für Sportwissenschaften Frankfurt, AG Biomechanik 1983.

PRESSEINFORMATION zur 14. Leichtathletik Europameisterschaft 1986: Persönliche Angaben zu den Teilnehmern(innen). Stuttgart 1986.

PRESSEINFORMATION zur Nordischen Ski Weltmeisterschaft 1987: Biographien zu den Teilnehmern(innen). Oberstdorf 1987.

PRYOR, D./LOCKWOOD, H.: The Discus Throw. In: F. WILT, T. ECKER (Eds.): International Track and Field Coaching Encyclopedia. New York 1970, 256–276.

RATOV, I./BOIKO, E./BYVSHEV, O./POPOV, G.: Rhythm and Velocity Characteristics of Movements and their Changes in Discus. In: E. ASMUSSEN, K. JØRGENSEN (Eds.): Biomechanics VI–B. Baltimore 1977, 61–63.

REICHERT, F.: Skispringen. In: F. REICHERT (Red.): Skisport. Berlin 1978, 34–55.

REISCHLE, K.: Das Antriebsprogramm beim Schwimmen. In: Leistungssport 6 (1976) 4, 302–311.

REISCHLE, K.: Strukturanalysen von Schwimmbewegungen. In: H. EBERSPÄCHER, A. H. TREBELS (Red.): Sportwissenschaftliche Forschung als Praxisproblem. Bad Homburg 1979.

REISCHLE, K.: Biomechanische Analyse von Schwimmtechniken. In: C. KREITER, K. WILLIMCZIK (Red.): 3. Sportwissenschaftlicher Hochschultag '80. dvs-protokoll Nr. 2. Clausthal-Zellerfeld 1982, 81–91.

REMISOW, L. P.: Optimale Flugsteuerung des Skispringers durch den Angriffswinkel (russ.). In: Theorie und Praxis der Körperkultur (Moskau) (1976) 1, 16–19.

REMISOW, L. P.: Einfluß der Haltung des Skispringers und seine Körperabmessungen auf die Flugweite (russ.). In: Theorie und Praxis der Körperkultur (Moskau) (1977) 1, 12–14.

ROBERTS, E. M./METCALFE, A.: Mechanical Analysis of Kicking. In: J. WARTENWEILER (Ed.): Biomechanics I. Basel 1967, 315–319.

ROTH, K.: Sportmotorische Tests. In: K. WILLIMCZIK (Hrsg.): Forschungsmethoden in der Sportwissenschaft. Grundkurs Datenerhebung 1. Ahrensburg 1983², 89–134.

ROUX, W.: Gesammelte Abhandlungen über Entwicklungsmechanik der Organisation. Vol. I and II. Leipzig 1895.

SACHS, L.: Angewandte Statistik. Berlin 1973.

SALE, G. D./JUDD, L. R.: Dynamometric Instrumentation of the Rings for Analysis of Gymnastics Movements. In: Medicine and Science in Sports and Exercise 6 (1974) 3, 209–216.

SCHÄFER, U.: Dreidimensionale kinematische Analyse des einseitigen Schlittschuhschrittes im Skilanglauf der Damen. Unveröffentl. Diplomarbeit Deutsche Sporthochschule Köln 1986.

SCHLEIHAUF, R. E.: An Analysis of Skill Acquisition in Swimming. In: G. A. WOOD (Ed.): Collected papers on Sports Biomechanics. University of Western Australia, Nedlands 1983, 117–141.

SCHLÜTER, W./NIXDORF, E.: Kinematische Beschreibung und Analyse der Diskuswurftechnik. In: Leistungssport 14 (1984) 6, 17–22.

SCHMOLINSKY, G.: Untersuchungen über den Geschwindigkeitsverlauf im 110-m-

Hürdenlauf der Männer. In: Theorie und Praxis der Körperkultur 8 (1959) 3, 234–242.

SCHMOLINSKY, G. (Hrsg.): Leichtathletik. Berlin 1971[5], 1980[10].

SCHNEIDER, E.: Leistungsanalyse bei Rudermannschaften. Bad Homburg 1980.

SCHPENKE, J.: Zur Technik des Kugelstoßens. In: Der Leichtathlet 10 (1973) 17, 8–9.

SCHRÖDER, W.: Rudern. Reinbek 1985[3].

SCHRÖDER, W. / DURSTELER, H.-J. / HÄNYES, B. / TROCH, C. P.: Biomechanische Leistungsdiagnose Rudern. Unveröffentl. Arbeitsberichte. Hamburg 1980, 1981.

SCHWEIZER VERBAND FÜR SKILAUF (Hrsg.): Ski Schweiz. Derendingen 1985.

SCHWIRTZ, A. / GROSS, V. / BAUMANN, W. / KOLLATH, E.: Biomechanik des Hürdenlaufs. In: R. BALLREICH, A. KUHLOW (Hrsg.): Biomechanik der Leichtathletik. Stuttgart 1986, 16–27.

SEIREG, A. / ARVIKAR, R. J.: The Prediction of Muscular Loadsharing and Joint Forces on the Lower Extremities During Walking. In: Journal of Biomechanics 8 (1975) 2, 89–102.

SHAPIRO, R.: Direct Linear Transformation Method for Three-Dimensional Cinematography. In: The Research Quarterly 49 (1978) 2, 197–205.

SIMONYI, G. / FELTON, S.: Die Sylvestertechnik beim Diskuswurf. In: Die Lehre der Leichtathletik 23 (1972) 29, 1149–1153.

SKARD, H. / LARSSON, O.: Skilanglauf Technik. München 1981.

SMITH, G. A. / MCNITT-GRAY, J. / NELSON, R. C.: Kinematic Analysis of Alternade Stride Skating in Cross-Country Skiing. In: International Journal of Sport Biomechanics 4 (1988) 1, 49–59.

SOLIMAN, A. H.: Dynamografische Untersuchungen der Stützphase beim Sprint. Unveröffentl. Dissertation Leipzig 1964.

SÖLL, H.: Biomechanik in der Sportpraxis, Gerätturnen. Schorndorf 1975.

STACHOWIAK, H.: Allgemeine Modelltheorie. Wien 1973.

STONER, L. T. / BEN-SIRA, D.: Variation in Movement Patterns of Professional Soccer Players when Executing a Long Range In-step Soccer Kick. In: A. MORECKI, K. FIDELIUS, K. KEDZIOR, A. WIT (Eds.): Biomechanics VII–B. Baltimore 1981, 337–342.

STRAUMANN, R.: Vom Gleitsprung und seinem Einfluß auf den Schanzenbau. In: Der Winter (1926) 20.

STRAUMANN, R.: Vom Skiweitsprung und seiner Mechanik. In: «Ski», Jahrbuch des Schweiz. Ski-Verbandes XXII. Bern 1927, 34–64.

STUCKE, H.: Zu dynamischen Belastungen des oberen Sprunggelenks und seines Sehnen- und Bandapparates. Unveröffentl. Dissertation Deutsche Sporthochschule Köln 1984.

STUCKE, H. / MOSBLECH, S. / LEISS, J.: Tischtennis und Biomechanik. In: Tischtennis Sport 40 (1986) 10, 22–24 und 11, 23–27.

TANCIC, D.: Moderne Techniken des Hochsprungs. In: Die Lehre der Leichtathletik 29 (1978) 22, 753; 23, 789–792; 24, 825–828; 25, 861–863; 26, 900.

TANI, I. / IUCHI, M.: Flight-Mechanical Investigation of Ski-Jumping. In: Soc. of Ski Science (Hitachi Ltd, Tokyo) (Ed.): Scientific Study of Skiing in Japan (papers in European languages). (1971) 33–52.

TAYLOR, J.: Behavior of the Discus Throwing. In: Athletic Journal (1932) 4, 9–10/45–46.

TERAUDS, J.: Optimum Angle for the Competition Javelin as Determined by its Aerodynamic and Ballistic Characteristics. In: R. NELSON, C. MOREHOUSE (Eds.): Biomechanics IV. London 1974, 180–183.

TERAUDS, J.: Release Characteristics of International Discus and Javelin Throwers. In: Modern Athlete and Coach 14 (1976) 1, 28–30.

TERAUDS, J.: Computerized Biomechanical Analysis of selected Javelin Throwers at the 1976 Montreal Olympiad. In: Track and Field Quarterly Review 78 (1978) 1, 29–31 (a).

TERAUDS, J.: Technical Analysis of the Discus. In: Scholastic Coach 47 (1978) 8, 98–106 (b).

TERAUDS, J.: Introduction to Biomechanics Kinematography and Video as Tods for the Research and Coach. In: J. TERAUDS (Ed.): Biomechanics in Sports. Research Center For Sports, Del Mar 1982, 71–80.

TERAUDS, J.: Biomechanics in Sports. Research Center For Sports, Del Mar 1982.

TERAUDS, J.: Biomechanics of the Javelin Throw. Del Mar, California 1985.

TESKE, P.: «Peter wirft härter». In: Bild-Zeitung 19.11.1972. Hamburg 1972.

THEVENIN, J.: Gymnastique – vers un langage commun. In: Education Physique et Sport (1979) 157, 64–68.

THOMEE, K.: Kinematische und dynamische Analyse des Diagonalschrittes mit dem Skiroller. Unveröffentl. Diplomarbeit Deutsche Sporthochschule Köln 1986.

TIUPA, W. W. / RAIZIN, L. M. / KAIMIN, M. A.: Besonderheiten der dynamischen Charakteristik der Stützphase beim Sprint (in russ.). In: Theorie und Praxis der Körperkultur (Moskau) (1978) 5, 12–16 (a).

TIUPA, W. W. / ALESHINSKY, S. J. / KAIMIN, M. A. / PRIMAKOW, J. N.: Über den Mechanismus der Wechselwirkung zwischen dem Sprinter und dem Boden (in russ.). In: Theorie und Praxis der Körperkultur (Moskau) (1978) 9, 9–13 (b).

TOLLE, H.: Optimierungsverfahren für Variationsaufgaben mit gewöhnlichen Differentialgleichungen als Nebenbedingungen. Berlin 1971.

TOMASZEWSKI, T. u. a.: Struktur und Regulierungsmechanismen der menschlichen Aktivitäten (polnisch). Warschau 1977.

TOWNEND, M. S.: Is Heading the Ball a Dangerous Activity. In: T. REILLY, A. LEES (Eds.): Abstracts First World Congress of Science and Football. Liverpool 1987, 237–242.

TOYOSHIMA, S. / HOSHIKAWA, T. / IKEGAMI, Y.: Effects of Initial Ball Velocity and Angle of Projection on Accuracy in Basketball Shooting. In: A. MORECKI, K. FIDELIUS, K. KEDZIOR, A. WIT (Eds.): Biomechanics VII–B. Baltimore 1981, 525–530.

TUTJOWITSCH, V. N.: Theorie der sportlichen Würfe, Teil 1–3. In: Beiheft zu Leistungssport 7 (1976).

TWOROZYLO, M. / ZAREK, J.: Wydawnictwo, Sport i Turystika. Warschau 1970.

TYSVAER, A.: Case Report: Cervical Disk Herniation in a Football Player. In: British Journal of Sports Medicine 19 (1985), 43–44.

UNGERECHTS, B.: Der Strömungswiderstand als bewegungshemmender Faktor. In: Beiheft zu Leistungssport 14 (1978), 58–71.

UNGERECHTS, B.: Optimizing Propulsion in Swimming by Rotation of the Hands. In: J. TERAUDS, W. BEDINGFIELD (Eds.): Swimming II. Baltimore 1979, 55–61 (a).

UNGERECHTS, B.: Über den Wert der Zugzahl-Ermittlung im Schwimmsport. In: Leistungssport 9 (1979) 5, 353–363 (b).

UNGERECHTS, B.: Considerations of the Butterfly Kick Based on Hydrodynamical Experiments. In: S. M. PERREN, E. SCHNEIDER (Eds.): Biomechanics: Current Interdisciplinary Research. Dordrecht 1985, 705–710.

UNGERECHTS, B.: The Relation of Peak Body Acceleration and Phases of Movements in Swimming. In: B. E. UNGERECHTS, K. WILKE, K. REISCHLE (Eds.): Swimming Science V. Champaign 1988, 61–66.

UNGERECHTS, B.: Evaluation der biomechanischen Einflußgrößen auf die Schwimmgeschwindigkeit aus hydrodynamischer Sicht. In: KURZ, D. / WILLIMCZIK, K. (Hrsg.): Bielefelder Beiträge zur Sportwissenschaft. Bielefeld 1989.

VAN GHELUWE, B.: Computerized Three-dimensional Cinematography for any Abitray Camera Setup. In: E. ASMUSSEN, K. JØRGENSEN (Eds.): Biomechanics VI–A. Baltimore 1978, 343–348.

VAN GHELUWE, B. / HEBBELINCK, M.: The Kinematics of the Service Movement in Tennis: A Three-Dimensional Cinematographical Approach. In: D. A. WINTER, R. W. NORMAN, R. P. WELLS, K. C. HAYES, A. E. PATLA (Eds.): Biomechanics IX–B. Champaign 1985, 521–532.

VAN GHELUWE, B. / HEBBELINCK, M.: Muscle Actions and Ground Reaction Forces in Tennis. In: International Journal of Sport Biomechanics 2 (1986) 2, 88–99.

VAUGHAN, C.: A Basic Program for Nonlinear Optimization Studies in Sport Biomechanics. In: International Journal of Sport Biomechanics 1 (1985), 63–72.

VIIDIK, A.: Elastomechanik biologischer Gewebe. In: H. COTTA, H. KRAHL, K. STEINBRÜCK (Hrsg.): Die Belastungstoleranz des Bewegungsapparates. Stuttgart 1980, 124–135.

VIITASALO, J. T./ AURA, O./ LUHTANEN, P.: Biomechanische und anthropometrische Aspekte des Hochsprungs. In: Leistungssport 11 (1981) 6, 537–547.

VOGEL, A.: Skilanglauf. München 1985.

VOIGT, H.: Wirkungen der Luftkräfte auf die Flugweite beim Diskuswurf. In: Die Leibeserziehung 21 (1972) 9, 319–326.

VOLLMER, E.: Rekorde auf einen Blick. In: Leichtathletik Fördergesellschaft mbH (Hrsg.): DLV-Jahrbuch 1987/88. Darmstadt 1987, 163–208.

WALLENTIN, T.: Wegstreckenanalyse beim 100-m-Lauf und beim Hürdensprint. Unveröffentl. Diplomarbeit Deutsche Sporthochschule Köln 1987.

WARD, B.: Analysis of Dallas Long's Shot Putting. In: Track Techniques 39 (1970), 1232–1233.

WASER, J.: Filmanalyse biomechanischer Parameter beim Skilanglauf. In: F. FETZ (Hrsg.): Biomechanik des Skilaufs. Innsbruck 1977, 108–117.

WATANABE, K. / OHTSUKI, T.: Postural Changes and Aerodynamic Forces in Alpine Skiing. In: Ergonomics 20 (1971) 2, 121–131.

WEBB, B.: A NEU look at the Discus. In: Athletic Journal (1976) 2, 68–72.

WEISSPFENNIG, G. / SIMON, W.: Stabhochsprung. Berlin 1980.

WENGER, U. / VOGEL, A.: Die neue Technik beim Skilanglauf, Siitonen-Finnstep-Skating. Oberhaching 1985.

WESTERMANN, J.: Biomechanische Analyse des Vorhand-Smash im Badminton bei Anwendung verschiedener geläufiger Techniken. Unveröffentl. Diplomarbeit Deutsche Sporthochschule Köln 1985.

WILHELM, K.: Die statische und dynamische Belastbarkeit der Achillessehne. In: Research in Experimental Medicine (1972) 132, 157–159.

WILLIAMS, K. R.: A Comparison of 2-D Versus 3-D Analysis of Distance Running Kinematics. In: D. A. WINTER, R. W. NORMAN, R. P. WELLS, K. C. HAYES, A. E. PATLA (Eds.): Biomechanics IX–B. Champaign 1985, 331–336.

WILLIMCZIK, K.: Wissenschaftstheoretische Aspekte einer Sportwissenschaft. Frankfurt a. M. 1968.

WILLIMCZIK, K.: Leistungsbestimmende Bewegungsmerkmale der 110-m-Hürdentechnik. Berlin 1972.

WILLIMCZIK, K.: Der Entwicklungsstand der sportwissenschaftlichen Wissenschaftstheorie. In: Sportwissenschaft 10 (1980) 4, 337–359.

WILLIMCZIK, K.: Grundkurs Statistik. Ahrensburg 1982[2].

Willimczik, K.: Die biomechanische Betrachtungsweise. In: K. Willimczik, K. Roth: Bewegungslehre. Reinbek 1983, 22–53 (a).

Willimczik, K.: Kinematografie. In: R. Singer, K. Willimczik (Hrsg.): Forschungsmethoden in der Sportwissenschaft. Grundkurs Datenerhebung 1. Ahrensburg 1983², 9–38 (b).

Willimczik, K.: Einführung in die Fehlerrechnung. In: R. Singer, K. Willimczik (Hrsg.): Forschungsmethoden in der Sportwissenschaft. Grundkurs Datenerhebung 1. Ahrensburg 1983², 177–191 (c).

Willimczik, K. / Singer, R.: Einführung in die Versuchsplanung. In: R. Singer, K. Willimczik (Hrsg.): Forschungsmethoden in der Sportwissenschaft. Grundkurs Datenerhebung 2. Ahrensburg 1985², 9–38.

Winter, D. A.: Biomechanics of Human Movement. New York 1979.

Wood, T. C.: A Fluid Dynamic Analysis of the Propulsive Potential of the Hand and Forearm in Swimming. In: J. Terauds, W. Bedingfield (Eds.): Swimming III. Baltimore 1979, 62–69.

Wozniak, K. H.: Kanusport. Berlin (DDR) 1972².

Woznik, T.: Biomechanik des Stabhochsprungs. In: R. Ballreich, A. Kuhlow (Hrsg.): Biomechanik der Leichtathletik. Stuttgart 1986, 71–88.

Woznik, T. / Geese, R.: Modell zur Bestimmung biomechanischer Einflußgrößen der Stabhochsprungleistung und zur Schätzung ihrer Einflußhöhe. In: Leistungssport 10 (1980) 4, 315–327.

Yamada, H.: Strength of Biological Material. New York 1970.

Zaciorskij, W. M.: The Present and Future of the Biomechanics of Sports. In: F. Landry, W. A. R. Orban (Eds.): Biomechanics of Sports and Kinanthropometry. Miami 1978, 11–18.

Zaciorskij, W. M.: Biomechanische Grundlagen der Ausdauer. Berlin 1987.

Zaciorskij, W. M. / Lanka, J. E. / Shalmanov, A. A.: Biomechanische Probleme des Kugelstoßens. In: Leistungssport 10 (1980) 2, 132–142.

Zaciorskij, W. M. / Lanka, J. E. / Shalmanov, A. A.: Biomechanical Analysis of Shot Putting Technique. In: Exercise and Sport Sciences Reviews 9 (1981), 353–389.

Zaciorskij, W. M. / Aruin, A. S. / Selujanow, W. N.: Biomechanik des menschlichen Bewegungsapparates. Berlin 1984.

Zalesak, M.: Biomechanische Charakteristik der Phasenstruktur der Bewegung des Skiläufers im Slalomschwung. In: F. Fetz (Hrsg.): Zur Biomechanik des Skilaufs. Innsbruck 1977, 58–67.

Zipfel, G.: Der einseitige Schlittschuhschritt im Skilanglauf – Funktionell anatomische Analyse, Phasenstruktur und trainingsmethodische Konsequenzen. Unveröffentl. Studienbegleitende Arbeit, Trainerakademie Köln 1983.

Sachregister

Die Autoren

Dr. Klaus Willimczik ist Professor an der Abteilung Sportwissenschaft der Universität Bielefeld.
Arbeitsschwerpunkte: Bewegungslehre, Wissenschaftstheorie der Sportwissenschaft, Sportwissenschaftliche Methodenlehre.

Dr. Rainer Ballreich ist Professor am Institut für Sportwissenschaften der Universität Frankfurt.
Arbeitsschwerpunkte: Biomechanische Modellbildung, Leistungsdiagnostik, Technikanalysen, Anforderungsprofile.

Dr. Wolfgang Baumann ist Professor am Institut für Biomechanik der Deutschen Sporthochschule Köln.
Arbeitsschwerpunkte: Biomechanische Arbeitsmethoden, Biomechanische Diagnostik, Belastung des Bewegungsapparates, Wechselwirkungen zwischen Sportgerät und Sportler.

Dr. Gert-Peter Brüggemann ist Professor am Institut für Leichtathletik und Turnen der Deutschen Sporthochschule Köln.
Arbeitsschwerpunkte: Biomechanik des Kunstturnens und der Leichtathletik, Steuerung konditioneller und technomotorischer Fähigkeiten in Kunstturnen und Leichtathletik.

Volker Gross ist Wissenschaftlicher Mitarbeiter am Institut für Biomechanik der Deutschen Sporthochschule Köln.
Arbeitsschwerpunkte: Leistungsdiagnose, Technikanalysen und Trainingssteuerung in Gewichtheben u. in der Leichtathletik.

Christian Kaufmann ist Wissenschaftlicher Mitarbeiter am Institut für Sportwissenschaft der Universität Gießen.
Arbeitsschwerpunkte: Umsetzung der Erkenntnisse aus den Bereichen Bewegungslehre und Biomechanik in die Sportpraxis sowie biomechanische Betrachtung verschiedener Sportarten.

Jürgen Klauck ist Diplomphysiker und Wissenschaftlicher Mitarbeiter am Institut für Biomechanik der Deutschen Sporthochschule Köln.
Arbeitsschwerpunkte: Analog-Meßtechnik, Elektromyografie, Biomechanik der Wassersportarten.

Dr. Erich Kollath ist Wissenschaftlicher Mitarbeiter am Institut für Sportspiele der Deutschen Sporthochschule Köln.
Arbeitsschwerpunkte: Kinematisch-dynamische Analysen sportlicher Bewegungen, insbesondere in den Sportspielen.

Dr. Hans-Joachim Menzel ist Wissenschaftlicher Mitarbeiter am Institut für Sportwissenschaften der Universität Frankfurt.
Arbeitsschwerpunkte: Biomechanische Leistungsdiagnostik (Leichtathletik, Tennis), Optimierung des konditionellen Leistungszustandes.

Dr. Volker Nolte ist Ingenieur in der Abteilung Entwicklung und Werksplanung der Fa. KST-Motorenversuch und Lehrwart im deutschen Ruderverband.
Arbeitsschwerpunkte: Biomechanik, Rudern, Training, Trainerausbildung.

Karl Quade ist Wissenschaftlicher Mitarbeiter am Institut für Biomechanik der Deutschen Sporthochschule Köln.
Arbeitsschwerpunkte: Biomechanische Modellierung des menschlichen Körpers, Technik- und Belastungsanalysen bei sportlichen Bewegungen, Biomechanik im Volleyballspiel.

Elisabeth Sahre ist Wissenschaftliche Mitarbeiterin an der Abteilung Sportwissenschaft der Universität Bielefeld.

Arbeitsschwerpunkte: Sportpsychologie, Theorie der Sportarten (Leichtathletik, Spiele).

WOLFGANG SCHÖLLHORN ist Wissenschaftlicher Mitarbeiter am Institut für Sportwissenschaften der Universität Frankfurt.
Arbeitsschwerpunkte: Technikanalyse und Technikansteuerung.

ANSGAR SCHWIRTZ ist Wissenschaftlicher Mitarbeiter am Institut für Biomechanik der Deutschen Sporthochschule Köln.
Arbeitsschwerpunkte: Biomechanische Leistungsdiagnose in den Disziplinen Leichtathletik und Skilanglauf, Erstellung von Technikanalysen und konditionellen Anforderungsprofilen.

DR. HELMUT STUCKE ist Wissenschaftlicher Mitarbeiter am Institut für Biomechanik der Deutschen Sporthochschule Köln.
Arbeitsschwerpunkte: Biomechanik der Spiele, Energetik.

DR. BODO E. UNGERECHTS ist Wissenschaftlicher Mitarbeiter am Olympiastützpunkt Hannover/Wolfsburg.
Arbeitsschwerpunkte: Biomechanik des Schwimmens, Leistungsdiagnostik, Technikanalysen verschiedener Sportarten am OSP.